中国农垦农场志丛

湖　南

大通湖区（农场）志

中国农垦农场志丛编纂委员会　组编

湖南大通湖区（农场）志编纂委员会　主编

中国农业出版社

北　京

图书在版编目（CIP）数据

湖南大通湖区（农场）志 / 中国农垦农场志丛编纂
委员会组编；湖南大通湖区（农场）志编纂委员会主编
. —北京：中国农业出版社，2022.12
（中国农垦农场志丛）
ISBN 978-7-109-30646-2

Ⅰ.①湖…　Ⅱ.①中…②湖…　Ⅲ.①国营农场—概
况—益阳　Ⅳ.①F324.1

中国国家版本馆 CIP 数据核字（2023）第 070790 号

出　版　人：刘天金
丛书统筹：王庆宁　赵世元
审　稿　组：干锦春　薛　波
编　辑　组：杨金妹　王庆宁　周　珊　李　梅　刘昊阳　黄　曦　吕　睿　赵世元　刘佳玫
　　　　　　李海锋　王玉水　李兴旺　蔡雪青　刘金华　张潇逸　耿韶磊　徐志平　常　静
工　艺　组：毛志强　王　宏　吴丽婷
设　计　组：姜　欣　关晓迪　王　晨　杨　婧
发行宣传：王贺春　蔡　鸣　李　晶　雷云钊　曹建丽
技术支持：王芳芳　赵晓红　张　瑶

湖南大通湖区（农场）志

HuNan DaTongHu Qu（NongChang）Zhi

中国农业出版社出版

地址：北京市朝阳区麦子店街 18 号楼
邮编：100125
责任编辑：吕　睿
版式设计：王　晨　责任校对：吴丽婷
印刷：北京通州皇家印刷厂
版次：2022 年 12 月第 1 版
印次：2022 年 12 月北京第 1 次印刷
发行：新华书店北京发行所
开本：889mm×1194mm　1/16
印张：36.75　插页：18
字数：883 千字
定价：398.00 元

大通湖区"十四五"交通规划图

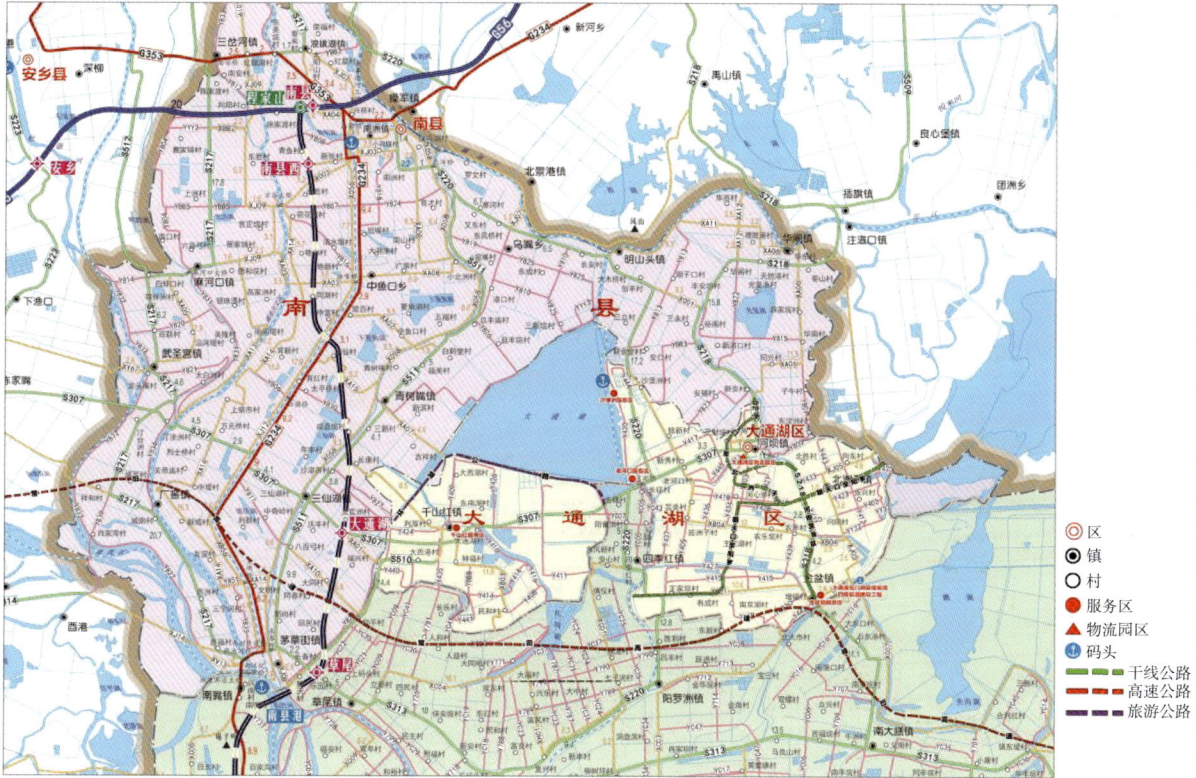

图例:
- ◎ 区
- ◉ 镇
- ○ 村
- ● 服务区
- ▲ 物流园区
- ⚓ 码头
- ━ 干线公路
- ━ 高速公路
- ━ 旅游公路

大通湖区国土空间总体规划（2021—2035年）
区域城镇体系规划图

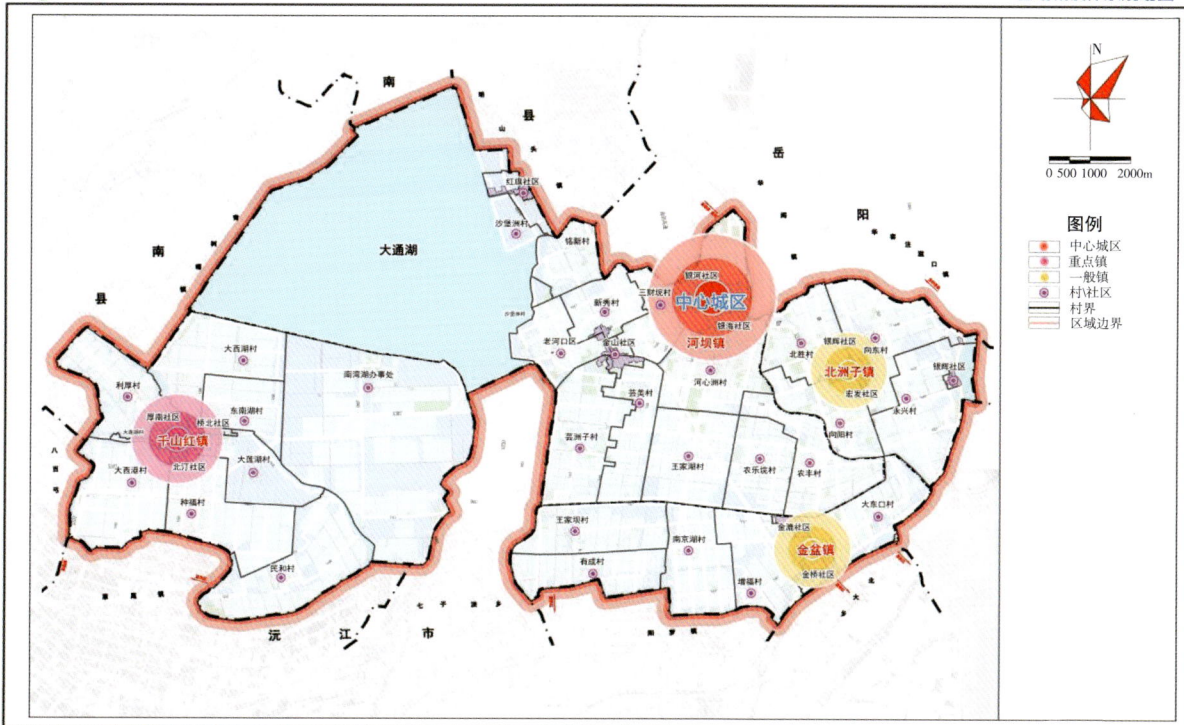

图例:
- 中心城区
- 重点镇
- 一般镇
- 村\社区
- 村界
- 区域边界

大通湖区河坝镇中心城区鸟瞰 ■

大通湖区政府办公大楼鸟瞰 ■

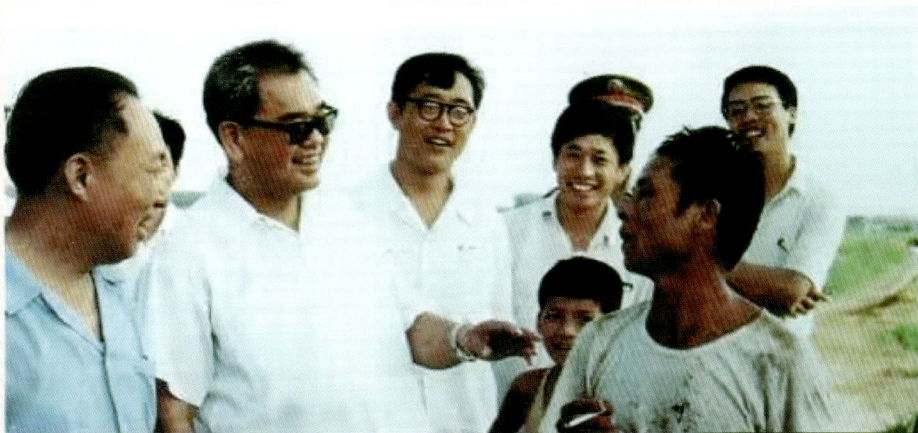

1981年，时任湖南省委书记毛致用（左二）来大通湖农场视察

1988年，时任湖南省委书记熊清泉（左一）
来大通湖农场视察

1991年3月15日，全国政协委员、原农垦部副部长吕清（前排左二）
来大通湖农场视察

2016年9月，时任益阳市委副书记、市长许显辉（左四）
来大通湖区调研经济社会发展和重点项目建设情况

2015年12月，时任益阳市委书记胡忠雄（前排左二）
来大通湖区调研湘益康制药有限公司发展情况

2017 年 3 月，时任益阳市委书记瞿海（前排左二）调研
大通湖水环境治理情况

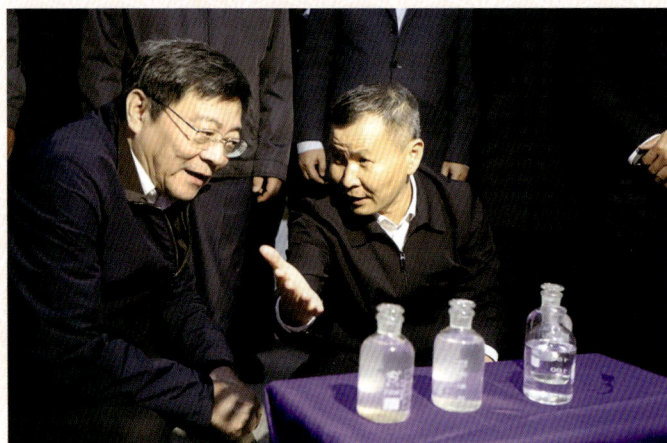

2019 年 10 月，时任湖南省委书记杜家毫（左）来大通湖区
视察水环境治理工作

2019 年 10 月，时任湖南省委书记杜家毫（右二）来
大通湖区视察水环境治理工作

2020 年 3 月，时任湖南省委常委、省纪委书记、省监委主任傅奎（右三）来
大通湖区调研疫情防控和经济社会发展情况

2021 年 3 月，时任湖南省副省长隋忠诚（左二）来大通湖区调研春耕备耕工作，了解集中育秧情况 ■

2022 年 7 月，湖南省省长毛伟明（左一）来大通湖区视察水环境治理工作 ■

1950 年春，大通湖垦殖区东大堤挑筑工地 ■

1954 年冬，东大堤加筑顺利完工 ■

大堤挑筑打硪场景 ■

农场"双抢"场景 ■

农场用水车打水浇灌 ■

二、农垦历史

建场初期的晒谷坪

农场联合收割机收割早稻

翻耕土地

原大通湖农场糖厂

原大通湖农场大米加工厂

原大通湖农场纺纱厂

原大通湖农场副食品厂

大通湖区智慧育秧大棚育秧

全自动育秧系统

无人机植保

插秧机插秧

抛秧机抛插早稻 ◣

生物化防治水稻病虫害 ◣

收割机收割早稻 ◣

全自动墒情测报数字设备 ◤

湖南宏硕生物科技有限公司"洞庭晶玉"再生稻大米、稻蟹大米生产车间 ◤

金健粮食（益阳）有限公司生产车间 ◤

大通湖区麦帝食品有限公司 ◤

大通湖区思创传动有限公司

大通湖区纺织有限公司

大通湖区污水处理厂

湖南亲嘴娃食品有限公司生产车间 ■

光伏发电 ■

2008年重点合作项目签约仪式 ▮

2011年，中国共产党建党90周年大通湖区全区"十佳基层党组织"颁奖活动 ▮

2019年6月，大通湖区金盆镇举办龙虾美食暨乡村音乐节

龙虾美食节直播带货现场

2019年10月1日，大通湖区庆祝中华人民共和国成立70周年升国旗仪式

连续举办8届的大通湖区"金秋品蟹美食节"（图为2020年金秋品蟹美食节）

"金秋品蟹美食节"群众竞技——河蟹捆绑比赛

2020年大通湖区稻渔产业高质量发展暨智慧农业论坛

2020年感动大通湖十大新闻人物表彰会

大通湖大闸蟹广告登上高铁

中共大通湖区委召开第14届全运会冠军刘亭表扬奖励大会

美丽大通湖一角

307 省道

"最美农村路"——湖南省益阳大通湖国家湿地公园环湖观光路

田园风光

湖光水色

"最美农村路"——湖南省益阳大通湖国家湿地公园环湖观光路

油菜花海 ▮

迎风招展的紫云英 ▮

美丽的桃花园 ▮

收获水草

管理水草

水清草茂 ◼

国家一级保护动物"青头潜鸭" ◼

国家二级保护动物"小天鹅" ◼

国家一级保护动物"黄胸鹀" ◼

双色并蒂莲 ◼

水草小景观 ◼

环湖自行车道 ◼

七、文化体育

诵读红色经典

连续 6 季的湖乡歌手擂台赛
（此为第 5 季总决赛现场）

连续举办 7 届的大通湖区"春晚"（此为 2012 年大通湖区春晚现场）

职工男子篮球赛 ◼

2019 年环城跑 ◼

职工气排球比赛 ◼

金盆镇大东口村彝族年活动

"重走红军走过的路"健步行比赛

清蒸大闸蟹

全虾宴

大通湖风干鱼

大通湖金鲤鱼

八、丰收大通湖

生态大鳙鱼

大通湖大鳜鱼

蟹皇、蟹后评比

优质稻喜获丰收

大通湖区河坝镇脐橙丰收

大通湖区葡萄丰收

灌装鹅卵石防汛

志愿者为防汛队员义务理发

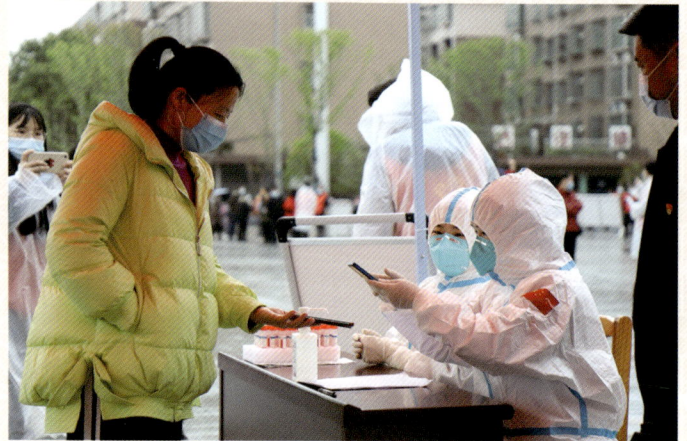

新冠疫情核酸检测

测量体温排查新冠疫情患者

河坝镇中心完小学生端午节和敬老院老人一起包粽子

义务植树 ■

志愿者清扫积雪 ■

禁毒宣传 ■

撒融雪剂确保道路畅通 ■

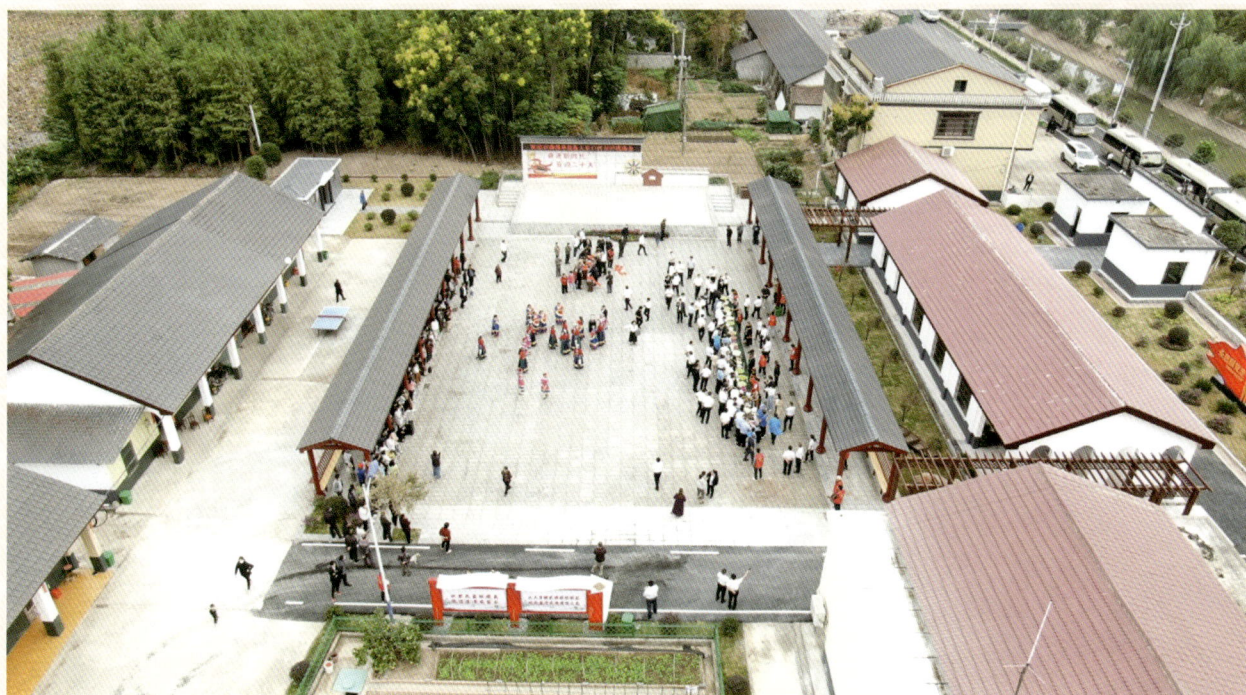
金盆镇大东口村村民服务中心 ■

大通湖区生态公园

大通湖区文体活动中心

送文化下乡

精准扶贫，送肥料下乡

大通湖区第一中学

大通湖区第一中学 2015 年被评为"全国青少年校园足球特色学校"，图为训练场景

大通湖区人民医院

大通湖农场获得国务院嘉奖

2010年8月，中国工程院院士，杂交水稻之父袁隆平为大通湖区金盆镇香稻村题词"湖南香稻第一村"

大通湖大米获得农产品地理标志产品登记证书

大通湖区荣获湖南省农村人居环境整治先进县市区称号

2019 年，大通湖区获"中国河蟹之乡"称号

湖南美丽乡村示范村——千山红镇大西港村

中国农垦农场志丛编纂委员会

主　任

张兴旺

副主任

左常升　李尚兰　刘天金　彭剑良　程景民　王润雷

成　员（按垦区排序）

肖辉利　毕国生　苗冰松　茹栋梅　赵永华　杜　鑫

陈　亮　王守聪　许如庆　姜建友　唐冬寿　王良贵

郭宋玉　兰永清　马常春　张金龙　李胜强　马艳青

黄文沐　张安明　王明魁　徐　斌　田李文　张元鑫

余　繁　林　木　王　韬　张懿笃　杨毅青　段志强

武洪斌　熊　斌　冯天华　朱云生　常　芳

中国农垦农场志丛编纂委员会办公室

主　任

王润雷

副主任

王　生　刘爱芳　武新宇　明　星

成　员

胡从九　刘琢琬　干锦春　王庆宁

— 1 —

中国农垦农场志

湖南大通湖区(农场)志编纂委员会

主　任：何军田　　王新宇　　罗立峰

副主任：孙功伟　　姜利文　　熊志元　　练世宏　　张　辉

　　　　樊浪波　　刘建明　　谭铁军　　刘　文　　周　军

成　员：向见军　　康祥军　　廖红辉　　丁　杰　　曹金辉

　　　　曾　平　　刘义雄　　徐晓玲　　罗凭辉　　欧阳文波

　　　　张志华　　彭　穆　　肖霞荣　　张建平　　戴丽华

　　　　刘文卫　　刘　进　　孙志云　　杜　敏　　胡耀武

　　　　张　俭　　杨超军　　皮光辉　　向桂华　　唐志强

　　　　卜清华　　郭泰山　　欧忠良　　徐才清　　卢永德

　　　　李海宏　　曹　骏　　徐　钢　　吴峥杰　　汪惜辉

　　　　吴　铭　　王庆尧　　蔡　敏　　张　军　　孙玉兵

　　　　樊克俭　　李　政　　胡　华　　徐小元　　张科华

　　　　孙　朴　　何庆辉　　高　塬　　方信丰　　伍　杰

　　　　罗红伟　　彭　勇　　黄　冶　　裴宏伟　　杨益良

中国农垦农场志

湖南大通湖区(农场)志编纂委员会办公室

主　　任：张建平　戴丽华

副 主 任：梁　辉　毛远安

总　　纂：陈新元

编　　辑：文知平　李振华　戴丽华

彩版组编：徐　钢

校　　对：戴丽华　梁　辉

湖南大通湖区(农场)志审稿人员(大通湖区)

王新宇　罗立峰　姜利文　刘建明　张志华　张建平

陈新元　戴丽华　余政良　黄国权　李建良

总 序

中国农垦农场志丛自 2017 年开始酝酿，历经几度春秋寒暑，终于在建党 100 周年之际，陆续面世。在此，谨向所有为修此志作出贡献、付出心血的同志表示诚挚的敬意和由衷的感谢！

中国共产党领导开创的农垦事业，为中华人民共和国的诞生和发展立下汗马功劳。八十余年来，农垦事业的发展与共和国的命运紧密相连，在使命履行中，农场成长为国有农业经济的骨干和代表，成为国家在关键时刻抓得住、用得上的重要力量。

如果将农垦比作大厦，那么农场就是砖瓦，是基本单位。在全国 31 个省（自治区、直辖市，港澳台除外），分布着 1800 多个农垦农场。这些星罗棋布的农场如一颗颗玉珠，明暗随农垦的历史进程而起伏；当其融汇在一起，则又映射出农垦事业波澜壮阔的历史画卷，绽放着"艰苦奋斗、勇于开拓"的精神光芒。

（一）

"农垦"概念源于历史悠久的"屯田"。早在秦汉时期就有了移民垦荒，至汉武帝时创立军屯，用于保障军粮供应。之后，历代沿袭屯田这一做法，充实国库，供养军队。

中国共产党借鉴历代屯田经验，发动群众垦荒造田。1933年2月，中华苏维埃共和国临时中央政府颁布《开垦荒地荒田办法》，规定"县区土地部、乡政府要马上调查统计本地所有荒田荒地，切实计划、发动群众去开荒"。到抗日战争时期，中国共产党大规模地发动军人进行农垦实践，肩负起支援抗战的特殊使命，农垦事业正式登上了历史舞台。

20世纪30年代末至40年代初，抗日战争进入相持阶段，在日军扫荡和国民党军事包围、经济封锁等多重压力下，陕甘宁边区生活日益困难。"我们曾经弄到几乎没有衣穿，没有油吃，没有纸、没有菜，战士没有鞋袜，工作人员在冬天没有被盖。"毛泽东同志曾这样讲道。

面对艰难处境，中共中央决定开展"自己动手，丰衣足食"的生产自救。1939年2月2日，毛泽东同志在延安生产动员大会上发出"自己动手"的号召。1940年2月10日，中共中央、中央军委发出《关于开展生产运动的指示》，要求各部队"一面战斗、一面生产、一面学习"。于是，陕甘宁边区掀起了一场轰轰烈烈的大生产运动。

这个时期，抗日根据地的第一个农场——光华农场诞生了。1939年冬，根据中共中央的决定，光华农场在延安筹办，生产牛奶、蔬菜等食物。同时，进行农业科学实验、技术推广，示范带动周边群众。这不同于古代屯田，开创了农垦示范带动的历史先河。

在大生产运动中，还有一面"旗帜"高高飘扬，让人肃然起敬，它就是举世闻名的南泥湾大生产运动。

1940年6—7月，为了解陕甘宁边区自然状况、促进边区建设事业发展，在中共中央财政经济部的支持下，边区政府建设厅的农林科学家乐天宇等一行6人，历时47天，全面考察了边区的森林自然状况，并完成了《陕甘宁边区森林考察团报告书》，报告建议垦殖南泥洼（即南泥湾）。之后，朱德总司令亲自前往南泥洼考察，谋划南泥洼的开发建设。

1941年春天，受中共中央的委托，王震将军率领三五九旅进驻南泥湾。那时，南泥湾俗称"烂泥湾"，"方圆百里山连山"，战士们"只见梢林不见天"，身边做伴的是满山窜的狼豹黄羊。在这种艰苦处境中，战士们攻坚克难，一手拿枪，一手拿镐，练兵开荒两不误，把"烂泥湾"变成了陕北的"好江南"。从1941年到1944年，仅仅几年时间，三五九旅的粮食产量由0.12万石猛增到3.7万石，上缴公粮1万石，达到了耕一余一。与此同时，工业、商业、运输业、畜牧业和建筑业也得到了迅速发展。

南泥湾大生产运动，作为中国共产党第一次大规模的军垦，被视为农垦事业的开端，南泥湾也成为农垦事业和农垦精神的发祥地。

进入解放战争时期，建立巩固的东北根据地成为中共中央全方位战略的重要组成部分。毛泽东同志在1945年12月28日为中共中央起草的《建立巩固的东北根据地》中，明确指出"我党现时在东北的任务，是建立根据地，是在东满、北满、西满建立巩固的军事政治的根据地"，要求"除集中行动负有重大作战任务的野战兵团外，一切部队和机关，必须在战斗和工作之暇从事生产"。

紧接着，1947年，公营农场兴起的大幕拉开了。

这一年春天，中共中央东北局财经委员会召开会议，主持财经工作的陈云、李富春同志在分析时势后指出：东北行政委员会和各省都要"试办公营农场，进行机械化农业实验，以迎接解放后的农村建设"。

这一年夏天，在松江省政府的指导下，松江省省营第一农场（今宁安农场）创建。省政府主任秘书李在人为场长，他带领着一支18人的队伍，在今尚志市一面坡太平沟开犁生产，一身泥、一身汗地拉开了"北大荒第一犁"。

这一年冬天，原辽北军区司令部作训科科长周亚光带领人马，冒着严寒风雪，到通北县赵光区实地踏查，以日伪开拓团训练学校旧址为基础，建成了我国第一个公营机械化农场——通北机械农场。

之后，花园、永安、平阳等一批公营农场纷纷在战火的硝烟中诞生。与此同时，一部分身残志坚的荣誉军人和被解放的国民党军人，向东北荒原宣战，艰苦拓荒、艰辛创业，创建了一批荣军农场和解放团农场。

再将视线转向华北。这一时期，在河北省衡水湖的前身"千顷洼"所在地，华北人民政府农业部利用一批来自联合国善后救济总署的农业机械，建成了华北解放区第一个机械化公营农场——冀衡农场。

除了机械化农场，在那个主要靠人力耕种的年代，一些拖拉机站和机务人员培训班诞生在东北、华北大地上，推广农业机械化技术，成为新中国农机事业人才培养的"摇篮"。新中国的第一位女拖拉机手梁军正是优秀代表之一。

（二）

中华人民共和国成立后农垦事业步入了发展的"快车道"。

1949 年 10 月 1 日，新中国成立了，百废待兴。新的历史阶段提出了新课题、新任务：恢复和发展生产，医治战争创伤，安置转业官兵，巩固国防，稳定新生的人民政权。

这没有硝烟的"新战场"，更需要垦荒生产的支持。

1949 年 12 月 5 日，中央人民政府人民革命军事委员会发布《关于 1950 年军队参加生产建设工作的指示》，号召全军"除继续作战和服勤务者而外，应当负担一部分生产任务，使我人民解放军不仅是一支国防军，而且是一支生产军"。

1952 年 2 月 1 日，毛泽东主席发布《人民革命军事委员会命令》："你们现在可以把战斗的武器保存起来，拿起生产建设的武器。"批准中国人民解放军 31 个师转为建设师，其中有 15 个师参加农业生产建设。

垦荒战鼓已擂响，刚跨进和平年代的解放军官兵们，又背起行囊，扑向荒原，将"作战地图变成生产地图"，把"炮兵的瞄准仪变成建设者的水平仪"，让"战马变成耕马"，在戈壁荒漠、三江平原、南国边疆安营扎寨，攻坚克难，辛苦耕耘，创造了农垦事业的一个又一个奇迹。

1. 将戈壁荒漠变成绿洲

1950 年 1 月，王震将军向驻疆部队发布开展大生产运动的命令，动员 11 万余名官兵就地屯垦，创建军垦农场。

垦荒之战有多难，这些有着南泥湾精神的农垦战士就有多拼。

没有房子住，就搭草棚子、住地窝子；粮食不够吃，就用盐水煮麦粒；没有拖拉机和畜力，就多人拉犁开荒种地……

然而，戈壁滩缺水，缺"农业的命根子"，这是痛中之痛！

没有水，战士们就自己修渠，自伐木料，自制筐担，自搓绳索，自开块石。修渠中涌现了很多动人故事，据原新疆兵团农二师师长王德昌回忆，1951年冬天，一名来自湖南的女战士，面对磨断的绳子，情急之下，割下心爱的辫子，接上绳子背起了石头。

在战士们全力以赴的努力下，十八团渠、红星渠、和平渠、八一胜利渠等一条条大地的"新动脉"，奔涌在戈壁滩上。

1954年10月，经中共中央批准，新疆生产建设兵团成立，陶峙岳被任命为司令员，新疆维吾尔自治区党委书记王恩茂兼任第一政委，张仲瀚任第二政委。努力开荒生产的驻疆屯垦官兵终于有了正式的新身份，工作中心由武装斗争转为经济建设，新疆地区的屯垦进入了新的阶段。

之后，新疆生产建设兵团重点开发了北疆的准噶尔盆地、南疆的塔里木河流域及伊犁、博乐、塔城等边远地区。战士们鼓足干劲，兴修水利、垦荒造田、种粮种棉、修路架桥，一座座城市拔地而起，荒漠变绿洲。

2. 将荒原沼泽变成粮仓

在新疆屯垦热火朝天之时，北大荒也进入了波澜壮阔的开发阶段，三江平原成为"主战场"。

1954年8月，中共中央农村工作部同意并批转了农业部党组《关于开发东北荒地的农建二师移垦东北问题的报告》，同时上报中央军委批准。9月，第一批集体转业的"移民大军"——农建二师由山东开赴北大荒。这支8000多人的齐鲁官兵队伍以荒原为家，创建了二九○、二九一和十一农场。

同年，王震将军视察黑龙江汤原后，萌发了开发北大荒的设想。领命的是第五师副师长余友清，他打头阵，率一支先遣队到密山、虎林一带踏查荒原，于 1955 年元旦，在虎林县（今虎林市）西岗创建了铁道兵第一个农场，以部队番号命名为"八五〇部农场"。

1955 年，经中共中央同意，铁道兵 9 个师近两万人挺进北大荒，在密山、虎林、饶河一带开荒建场，拉开了向三江平原发起总攻的序幕，在八五〇部农场周围建起了一批八字头的农场。

1958 年 1 月，中央军委发出《关于动员十万干部转业复员参加生产建设的指示》，要求全军复员转业官兵去开发北大荒。命令一下，十万转业官兵及家属，浩浩荡荡进军三江平原，支边青年、知识青年也前赴后继地进攻这片古老的荒原。

垦荒大军不惧苦、不畏难，鏖战多年，荒原变良田。1964 年盛夏，国家副主席董必武来到北大荒视察，面对麦香千里即兴赋诗："斩棘披荆忆老兵，大荒已变大粮屯。"

3. 将荒郊野岭变成胶园

如果说农垦大军在戈壁滩、北大荒打赢了漂亮的要粮要棉战役，那么，在南国边疆，则打赢了一场在世界看来不可能胜利的翻身仗。

1950 年，朝鲜战争爆发后，帝国主义对我国实行经济封锁，重要战略物资天然橡胶被禁运，我国国防和经济建设面临严重威胁。

当时世界公认天然橡胶的种植地域不能超过北纬 17°，我国被国际上许多专家划为"植胶禁区"。

但命运应该掌握在自己手中，中共中央作出"一定要建立自己的橡胶基地"的战略决策。1951 年 8 月，政务院通过《关于扩大培植橡胶树的决定》，由副总理兼财政经济委员会主任陈云亲自主持这项工作。同年 11 月，华南垦殖局成立，中共中央华南分局第一书记叶剑英兼任局长，开始探索橡胶种植。

1952 年 3 月，两万名中国人民解放军临危受命，组建成林业工程第一师、第二师和一个独立团，开赴海南、湛江、合浦等地，住茅棚、战台风、斗猛兽，白手起家垦殖橡胶。

大规模垦殖橡胶，急需胶籽。"一粒胶籽，一两黄金"成为战斗口号，战士们不惜一切代价收集胶籽。有一位叫陈金照的小战士，运送胶籽时遇到山洪，被战友们找到时已没有了呼吸，而背上箩筐里的胶籽却一粒没丢⋯⋯

正是有了千千万万个把橡胶看得重于生命的陈金照们，1957 年春天，华南垦殖局种植的第一批橡胶树，流出了第一滴胶乳。

1960 年以后，大批转业官兵加入海南岛植胶队伍，建成第一个橡胶生产基地，还大面积种植了剑麻、香茅、咖啡等多种热带作物。同时，又有数万名转业官兵和湖南移民汇聚云南边疆，用血汗浇灌出了我国第二个橡胶生产基地。

在新疆、东北和华南三大军垦战役打响之时，其他省份也开始试办农场。1952 年，在政务院关于"各县在可能范围内尽量地办起和办好一两个国营农场"的要求下，全国各地农场如雨后春笋般发展起来。1956 年，农垦部成立，王震将军被任命为部长，统一管理全国的军垦农场和地方农场。

随着农垦管理走向规范化，农垦事业也蓬勃发展起来。江西建成多个综合垦殖场，发展茶、果、桑、林等多种生产；北京市郊、天津市郊、上海崇明岛等地建起了主要为城市提供副食品的国营农场；陕西、安徽、河南、西藏等省区建立发展了农牧场群⋯⋯

到 1966 年，全国建成国营农场 1958 个，拥有职工 292.77 万人，拥有耕地面积 345457 公顷，农垦成为我国农业战线一支引人瞩目的生力军。

（三）

前进的道路并不总是平坦的。"文化大革命"持续十年，使党、国家和各族人民遭到新中国成立以来时间最长、范围最广、损失最大的挫折，农垦系统也不能幸免。农场平均主义盛行，从 1967 年至 1978 年，农垦系统连续亏损 12 年。

"没有一个冬天不可逾越，没有一个春天不会来临。"1978 年，党的十一届三中全会召开，如同一声春雷，唤醒了沉睡的中华大地。手握改革开放这一法宝，全党全社会朝着社会主义现代化建设方向大步前进。

在这种大形势下，农垦人深知，国营农场作为社会主义全民所有制企业，应当而且有条件走在农业现代化的前列，继续发挥带头和示范作用。

于是，农垦人自觉承担起推进实现农业现代化的重大使命，乘着改革开放的春风，开始进行一系列的上下求索。

1978年9月，国务院召开了人民公社、国营农场试办农工商联合企业座谈会，决定在我国试办农工商联合企业，农垦系统积极响应。作为现代化大农业的尝试，机械化水平较高且具有一定工商业经验的农垦企业，在农工商综合经营改革中如鱼得水，打破了单一种粮的局面，开启了农垦一二三产业全面发展的大门。

农工商综合经营只是农垦改革的一部分，农垦改革的关键在于打破平均主义，调动生产积极性。

为调动企业积极性，1979年2月，国务院批转了财政部、国家农垦总局《关于农垦企业实行财务包干的暂行规定》。自此，农垦开始实行财务大包干，突破了"千家花钱，一家（中央）平衡"的统收统支方式，解决了农垦企业吃国家"大锅饭"的问题。

为调动企业职工的积极性，从1979年根据财务包干的要求恢复"包、定、奖"生产责任制，到1980年后一些农场实行以"大包干"到户为主要形式的家庭联产承包责任制，再到1983年借鉴农村改革经验，全面兴办家庭农场，逐渐建立大农场套小农场的双层经营体制，形成"家家有场长，户户搞核算"的蓬勃发展气象。

为调动企业经营者的积极性，1984年下半年，农垦系统在全国选择100多个企业试点推行场（厂）长、经理负责制，1988年全国农垦有60%以上的企业实行了这项改革，继而又借鉴城市国有企业改革经验，全面推行多种形式承包经营责任制，进一步明确主管部门与企业的权责利关系。

以上这些改革主要是在企业层面，以单项改革为主，虽然触及了国家、企业和职工的最直接、最根本的利益关系，但还没有完全解决传统体制下影响农垦经济发展的深层次矛盾和困难。

"历史总是在不断解决问题中前进的。"1992 年，继邓小平南方谈话之后，党的十四大明确提出，要建立社会主义市场经济体制。市场经济为农垦改革进一步指明了方向，但农垦如何改革才能步入这个轨道，真正成为现代化农业的引领者？

关于国营大中型企业如何走向市场，早在 1991 年 9 月中共中央就召开工作会议，强调要转换企业经营机制。1992 年 7 月，国务院发布《全民所有制工业企业转换经营机制条例》，明确提出企业转换经营机制的目标是："使企业适应市场的要求，成为依法自主经营、自负盈亏、自我发展、自我约束的商品生产和经营单位，成为独立享有民事权利和承担民事义务的企业法人。"

为转换农垦企业的经营机制，针对在干部制度上的"铁交椅"、用工制度上的"铁饭碗"和分配制度上的"大锅饭"问题，农垦实施了干部聘任制、全员劳动合同制以及劳动报酬与工效挂钩的三项制度改革，为农垦企业建立在用人、用工和收入分配上的竞争机制起到了重要促进作用。

1993 年，十四届三中全会再次擂响战鼓，指出要进一步转换国有企业经营机制，建立适应市场经济要求，产权清晰、权责明确、政企分开、管理科学的现代企业制度。

农业部积极响应，1994 年决定实施"三百工程"，即在全国农垦选择百家国有农场进行现代企业制度试点、组建发展百家企业集团、建设和做强百家良种企业，标志着农垦企业的改革开始深入到企业制度本身。

同年，针对有些农场仍为职工家庭农场，承包户垫付生产、生活费用这一问题，根据当年 1 月召开的全国农业工作会议要求，全国农垦系统开始实行"四到户"和"两自理"，即土地、核算、盈亏、风险到户，生产费、生活费由职工自理。这一举措彻底打破了"大锅饭"，开启了国有农场农业双层经营体制改革的新发展阶段。

然而，在推进市场经济进程中，以行政管理手段为主的垦区传统管理体制，逐渐成为束缚企业改革的桎梏。

垦区管理体制改革迫在眉睫。1995 年，农业部在湖北省武汉市召开全国农垦经济体制改革工作会议，在总结各垦区实践的基础上，确立了农垦管理体制的改革思路：逐步弱化行政职能，加快实体化进程，积极向集团化、公司化过渡。以此会议为标志，垦区管理体制改革全面启动。北京、天津、黑龙江等17个垦区按照集团化方向推进。此时，出于实际需要，大部分垦区在推进集团化改革中仍保留了农垦管理部门牌子和部分行政管理职能。

"前途是光明的，道路是曲折的。"由于农垦自身存在的政企不分、产权不清、社会负担过重等深层次矛盾逐渐暴露，加之农产品价格低迷、激烈的市场竞争等外部因素叠加，从1997年开始，农垦企业开始步入长达5年的亏损徘徊期。

然而，农垦人不放弃、不妥协，终于在2002年"守得云开见月明"。这一年，中共十六大召开，农垦也在不断调整和改革中，告别"五连亏"，盈利13亿。

2002年后，集团化垦区按照"产业化、集团化、股份化"的要求，加快了对集团母公司、产业化专业公司的公司制改造和资源整合，逐步将国有优质资产集中到主导产业，进一步建立健全现代企业制度，形成了一批大公司、大集团，提升了农垦企业的核心竞争力。

与此同时，国有农场也在企业化、公司化改造方面进行了积极探索，综合考虑是否具备企业经营条件、能否剥离办社会职能等因素，因地制宜、分类指导。一是办社会职能可以移交的农场，按公司制等企业组织形式进行改革；办社会职能剥离需要过渡期的农场，逐步向公司制企业过渡。如广东、云南、上海、宁夏等集团化垦区，结合农场体制改革，打破传统农场界限，组建产业化专业公司，并以此为纽带，进一步将垦区内产业关联农场由子公司改为产业公司的生产基地（或基地分公司），建立了集团与加工企业、农场生产基地间新的运行体制。二是不具备企业经营条件的农场，改为乡、镇或行政区，向政权组织过渡。如2003年前后，一些垦区的部分农场连年严重亏损，有的甚至濒临破产。湖南、湖北、河北等垦区经省委、省政府批准，对农场管理体制进行革新，把农场管理权下放到市县，实行属地管理，一些农场建立农场管理区，赋予必要的政府职能，给予财税优惠政策。

这些改革离不开农垦职工的默默支持，农垦的改革也不会忽视职工的生活保障。1986年，根据《中共中央、国务院批转农牧渔业部〈关于农垦经济体制改革问题的报告〉的通知》要求，农垦系统突破职工住房由国家分配的制度，实行住房商品化，调动职工自己动手、改善住房的积极性。1992 年，农垦系统根据国务院关于企业职工养老保险制度改革的精神，开始改变职工养老保险金由企业独自承担的局面，此后逐步建立并完善国家、企业、职工三方共同承担的社会保障制度，减轻农场养老负担的同时，也减少了农场职工的后顾之忧，保障了农场改革的顺利推进。

从 1986 年至十八大前夕，从努力打破传统高度集中封闭管理的计划经济体制，到坚定社会主义市场经济体制方向；从在企业层面改革，以单项改革和放权让利为主，到深入管理体制，以制度建设为核心、多项改革综合配套协调推进为主：农垦企业一步一个脚印，走上符合自身实际的改革道路，管理体制更加适应市场经济，企业经营机制更加灵活高效。

这一阶段，农垦系统一手抓改革，一手抓开放，积极跳出"封闭"死胡同，走向开放的康庄大道。从利用外资在经营等领域涉足并深入合作，大力发展"三资"企业和"三来一补"项目；到注重"引进来"，引进资金、技术设备和管理理念等；再到积极实施"走出去"战略，与中东、东盟、日本等地区和国家进行经贸合作出口商品，甚至扎根境外建基地、办企业、搞加工、拓市场：农垦改革开放风生水起逐浪高，逐步形成"两个市场、两种资源"的对外开放格局。

（四）

党的十八大以来，以习近平同志为核心的党中央迎难而上，作出全面深化改革的决定，农垦改革也进入全面深化和进一步完善阶段。

2015 年 11 月，中共中央、国务院印发《关于进一步推进农垦改革发展的意见》（简称《意见》），吹响了新一轮农垦改革发展的号角。《意见》明确要求，新时期农垦改革发展要以推进垦区集团化、农场企业化改革为主线，努力把农垦建设成为保障国家粮食安全和重要农产品有效供给的国家队、中国特色新型农业现代化的示范区、农业对外合作的排头兵、安边固疆的稳定器。

2016 年 5 月 25 日，习近平总书记在黑龙江省考察时指出，要深化国有农垦体制改革，以垦区集团化、农场企业化为主线，推动资源资产整合、产业优化升级，建设现代农业大基地、大企业、大产业，努力形成农业领域的航母。

2018年9月25日，习近平总书记再次来到黑龙江省进行考察，他强调，要深化农垦体制改革，全面增强农垦内生动力、发展活力、整体实力，更好发挥农垦在现代农业建设中的骨干作用。

农垦从来没有像今天这样更接近中华民族伟大复兴的梦想！农垦人更加振奋了，以壮士断腕的勇气、背水一战的决心继续农垦改革发展攻坚战。

1. 取得了累累硕果

——坚持集团化改革主导方向，形成和壮大了一批具有较强竞争力的现代农业企业集团。黑龙江北大荒去行政化改革、江苏农垦农业板块上市、北京首农食品资源整合……农垦深化体制机制改革多点开花、逐步深入。以资本为纽带的母子公司管理体制不断完善，现代公司治理体系进一步健全。市县管理农场的省份区域集团化改革稳步推进，已组建区域集团和产业公司超过300家，一大批农场注册成为公司制企业，成为真正的市场主体。

——创新和完善农垦农业双层经营体制，强化大农场的统一经营服务能力，提高适度规模经营水平。截至2020年，据不完全统计，全国农垦规模化经营土地面积5500多万亩，约占农垦耕地面积的70.5%，现代农业之路越走越宽。

——改革国有农场办社会职能，让农垦企业政企分开、社企分开，彻底甩掉历史包袱。截至2020年，全国农垦有改革任务的1500多个农场完成办社会职能改革，松绑后的步伐更加矫健有力。

——推动农垦国有土地使用权确权登记发证，唤醒沉睡已久的农垦土地资源。截至2020年，土地确权登记发证率达到96.3%，使土地也能变成金子注入农垦企业，为推进农垦土地资源资产化、资本化打下坚实基础。

——积极推进对外开放，农垦农业对外合作先行者和排头兵的地位更加突出。合作领域从粮食、天然橡胶行业扩展到油料、糖业、果菜等多种产业，从单个环节向全产业链延伸，对外合作范围不断拓展。截至 2020 年，全国共有 15 个垦区在 45 个国家和地区投资设立了 84 家农业企业，累计投资超过 370 亿元。

2. 在发展中改革，在改革中发展

农垦企业不仅有改革的硕果，更以改革创新为动力，在扶贫开发、产业发展、打造农业领域航母方面交出了漂亮的成绩单。

——聚力农垦扶贫开发，打赢农垦脱贫攻坚战。从 20 世纪 90 年代起，农垦系统开始扶贫开发。"十三五"时期，农垦系统针对 304 个重点贫困农场，绘制扶贫作战图，逐个建立扶贫档案，坚持"一场一卡一评价"。坚持产业扶贫，组织开展技术培训、现场观摩、产销对接，增强贫困农场自我"造血"能力。甘肃农垦永昌农场建成高原夏菜示范园区，江西宜丰黄冈山垦殖场大力发展旅游产业，广东农垦新华农场打造绿色生态茶园……贫困农场产业发展蒸蒸日上，全部如期脱贫摘帽，相对落后农场、边境农场和生态脆弱区农场等农垦"三场"踏上全面振兴之路。

——推动产业高质量发展，现代农业产业体系、生产体系、经营体系不断完善。初步建成一批稳定可靠的大型生产基地，保障粮食、天然橡胶、牛奶、肉类等重要农产品的供给；推广一批环境友好型种养新技术、种养循环新模式，提升产品质量的同时促进节本增效；制定发布一系列生鲜乳、稻米等农产品的团体标准，守护"舌尖上的安全"；相继成立种业、乳业、节水农业等产业技术联盟，形成共商共建共享的合力；逐渐形成"以中国农垦公共品牌为核心、农垦系统品牌联合舰队为依托"的品牌矩阵，品牌美誉度、影响力进一步扩大。

——打造形成农业领域航母，向培育具有国际竞争力的现代农业企业集团迈出坚实步伐。黑龙江北大荒、北京首农、上海光明三个集团资产和营收双超千亿元，在发展中乘风破浪：黑龙江北大荒农垦集团实现机械化全覆盖，连续多年粮食产量稳定在 400 亿斤以上，推动产业高端化、智能化、绿色化，全力打造"北大荒绿色智慧厨房"；北京首农集团坚持科技和品牌双轮驱动，不断提升完善"从田间到餐桌"的全产业链条；上海光明食品集团坚持品牌化经营、国际化发展道路，加快农业

"走出去"步伐，进行国际化供应链、产业链建设，海外营收占集团总营收20%左右，极大地增强了对全世界优质资源的获取能力和配置能力。

千淘万漉虽辛苦，吹尽狂沙始到金。迈入"十四五"，农垦改革目标基本完成，正式开启了高质量发展的新篇章，正在加快建设现代农业的大基地、大企业、大产业，全力打造农业领域航母。

（五）

八十多年来，从人畜拉犁到无人机械作业，从一产独大到三产融合，从单项经营到全产业链，从垦区"小社会"到农业"集团军"，农垦发生了翻天覆地的变化。然而，无论农垦怎样变，变中都有不变。

——不变的是一路始终听党话、跟党走的绝对忠诚。从抗战和解放战争时期垦荒供应军粮，到新中国成立初期发展生产、巩固国防，再到改革开放后逐步成为现代农业建设的"排头兵"，农垦始终坚持全面贯彻党的领导。而农垦从孕育诞生到发展壮大，更离不开党的坚强领导。毫不动摇地坚持贯彻党对农垦的领导，是农垦人奋力前行的坚强保障。

——不变的是服务国家核心利益的初心和使命。肩负历史赋予的保障供给、屯垦戍边、示范引领的使命，农垦系统始终站在讲政治的高度，把完成国家战略任务放在首位。在三年困难时期、"非典"肆虐、汶川大地震、新冠肺炎疫情突发等关键时刻，农垦系统都能"调得动、顶得上、应得急"，为国家大局稳定作出突出贡献。

——不变的是"艰苦奋斗、勇于开拓"的农垦精神。从抗日战争时一手拿枪、一手拿镐的南泥湾大生产，到新中国成立后新疆、东北和华南的三大军垦战役，再到改革开放后艰难但从未退缩的改革创新、坚定且铿锵有力的发展步伐，"艰苦奋斗、勇于开拓"始终是农垦人不变的本色，始终是农垦人攻坚克难的"传家宝"。

农垦精神和文化生于农垦沃土，在红色文化、军旅文化、知青文化等文化中孕育，也在一代代人的传承下，不断被注入新的时代内涵，成为农垦事业发展的不竭动力。

"大力弘扬'艰苦奋斗、勇于开拓'的农垦精神，推进农垦文化建设，汇聚起推动农垦改革发展的强大精神力量。"中央农垦改革发展文件这样要求。在新时代、新征程中，记录、传承农垦精神，弘扬农垦文化是农垦人的职责所在。

（六）

随着垦区集团化、农场企业化改革的深入，农垦的企业属性越来越突出，加之有些农场的历史资料、文献文物不同程度遗失和损坏，不少老一辈农垦人也已年至期颐，农垦历史、人文、社会、文化等方面的保护传承需求也越来越迫切。

传承农垦历史文化，志书是十分重要的载体。然而，目前只有少数农场编写出版过农场史志类书籍。因此，为弘扬农垦精神和文化，完整记录展示农场发展改革历程，保存农垦系统重要历史资料，在农业农村部党组的坚强领导下，农垦局主动作为，牵头组织开展中国农垦农场志丛编纂工作。

工欲善其事，必先利其器。2019年，借全国第二轮修志工作结束、第三轮修志工作启动的契机，农业农村部启动中国农垦农场志丛编纂工作，广泛收集地方志相关文献资料，实地走访调研、拜访专家、咨询座谈、征求意见等。在充足的前期准备工作基础上，制定了中国农垦农场志丛编纂工作方案，拟按照前期探索、总结经验、逐步推进的整体安排，统筹推进中国农垦农场志丛编纂工作，这一方案得到了农业农村部领导的高度认可和充分肯定。

编纂工作启动后，层层落实责任。农业农村部专门成立了中国农垦农场志丛编纂委员会，研究解决农场志编纂、出版工作中的重大事项；编纂委员会下设办公室，负责志书编纂的具体组织协调工作；各省级农垦管理部门成立农场志编纂工作机构，负责协调本区域农场志的组织编纂、质量审查等工作；参与编纂的农场成立了农场志编纂工作小组，明确专职人员，落实工作经费，建立配套机制，保证了编纂工作的顺利进行。

质量是志书的生命和价值所在。为保证志书质量，我们组织专家编写了《农场志编纂技术手册》，举办农场志编纂工作培训班，召开农场志编纂工作推进会和研讨会，到农场实地调研督导，尽全力把好志书编纂的史实关、政治关、体例关、文字关和出版关。我们本着"时间服从质量"的原则，将精品意识贯穿编纂工作始终。坚持分步实施、稳步推进，成熟一本出版一本，成熟一批出版一批。

中国农垦农场志丛是我国第一次较为系统地记录展示农场形成发展脉络、改革发展历程的志书。它是一扇窗口，让读者了解农场，理解农垦；它是一条纽带，让农垦人牢记历史，让农垦精神代代传承；它是一本教科书，为今后农垦继续深化改革开放、引领现代农业建设、服务乡村振兴战略指引道路。

修志为用。希望此志能够"尽其用"，对读者有所裨益。希望广大农垦人能够从此志汲取营养，不忘初心、牢记使命，一茬接着一茬干、一棒接着一棒跑，在新时代继续发挥农垦精神，续写农垦改革发展新辉煌，为实现中华民族伟大复兴的中国梦不懈努力！

中国农垦农场志丛编纂委员会

2021 年 7 月

大
通
湖

湖南大通湖区(农场)志
HUNAN DATONGHU QU(NONGCHANG) ZHI

序

盛世修志，志载盛世。《湖南大通湖区（农场）志》的出版问世，是大通湖人民政治生活中的一件大事，是农垦文化建设的重大成果。可喜可贺。

大通湖区是湖南省最大的农场改制管理区。20世纪50年代，此地筑堤挽垸、围湖造田，创办国营农场，担负起蓄洪垦殖、发展国有农业经济的特殊使命；60年代大搞粮食生产，不遗余力地为国家增加粮食供给；70年代兴办工业，拓展农垦经济发展新途径；80年代走农工商一体化经营之路，经济建设和社会事业发展步入快车道；90年代力求变革体制机制，转变经济增长方式，以适应社会主义市场经济新形势。2000年起改场、建镇、设区，推进农垦事业创新发展，奋力实现全面小康，建功新时代，政治、经济、社会、文化、生态文明建设诸领域成绩斐然，城乡面貌焕然一新，人民群众获得感、幸福感不断提升。七十年波澜壮阔，沧桑巨变。一代又一代农垦人秉持"艰苦奋斗，勇于开拓"的农垦精神，不惧艰难险阻，历经跌宕起伏，将昔日洪水泛滥、芦苇丛生、人烟稀少的湖洲荒滩，建设成了阡陌纵横、物产丰饶的鱼米之乡和人民幸福安康的美丽家园，为国家开发土地资源、保障商品供给、扩大劳动就业、促进区域建设发展作出了重大贡献。其间既有成功的经验，也有失误的教训。这一切，都值得我们满怀崇敬，深情载述。

修志问道，以启未来。一方历史沿革、自然地理、政治经济、社会人文，常以志载之，以求观兴废、知得失、通古今、察未来。在农业农村部的统一组织和部署安排下，大通湖区于2020年10月启动区志编修工作。区委、区管委会率笔耕之士，坚持历史唯物主义的基本原理和实事求是的修志原则，聚各方之卓见，广征博采，包罗兼括，从浩繁复杂的史料中查证核实，科学取舍，纠谬拾遗，删繁补简，历两年有余之艰辛，纂成志书，使历史成镜、后人可鉴。新编区志既与区内原来的几个农渔场的场志有传承关系，又有许多新增史料；既对几部场志所述事物进行了统一整合载录，又按历史脉络准确记述了建区后20年的发展历程。它篇目清晰、排列有序、结构严谨、文字朴实，观点正确、详今明古，融思想性、科学性、资料性于一体，蕴褒贬于述事中，明规律于兴衰内，客观载述了大通湖的历史与现状，彰显了农垦特色和时代风貌，是一部真实、全面、系统反映大通湖历史的百科全书，足以起到存史、资政、教化的作用。

区志修纂，玉汝于成。各级、各单位组成工作专班，千方百计发掘整理、提供资料，艰苦备尝；编纂人员殚精竭虑，苦心求索，三易篇目，四易其稿；农业农村部、中国农业出版社和省市地方志的专家及区内有关同志，高屋建瓴，悉心指导，认真审读，关爱非常。在志书付梓之际，谨向以上各方深表谢忱。

历史是最好的教科书。期望全区党政干部和广大群众，读志、懂志、用志，了解区情得力量，明优势、识劣势，从历史的经验教训中汲取智慧，在实现中华民族伟大复兴的征程中，踔厉奋发、勇毅前行，为建设富饶美丽幸福大通湖续写新的时代篇章。

是为序。

中共大通湖区委书记　王新宇

2022 年 11 月

凡例

湖南大通湖区(农场)志
HUNAN DATONGHU QU(NONGCHANG) ZHI

一、以马克思列宁主义、毛泽东思想、邓小平理论、"三个代表"重要思想、科学发展观、习近平新时代中国特色社会主义思想为指导，坚持辩证唯物主义和历史唯物主义的立场、观点和方法，存真求实，全面、客观、系统记述中国农垦农场改革发展进程和取得成果，传承弘扬农垦农场历史文化，激发爱国、爱垦、爱场热情，为探索中国农垦农场改革发展道路、引领现代农业建设、服务乡村振兴战略提供历史智慧和现实借鉴。

二、为全面反映入志事物的沿革脉络，各志的时间上限追溯至事物发端，下限一般截至 2020 年，个别重大事项延至定稿前。详今明古，着重反映时代特色和农场特点。

三、记述地域范围以下限年份的辖区为主。为体现农场在更大区域内的价值，本书有时从更开阔的区域视野记述与农场相关的内容。

四、统一采用编章节目体，横排门类，纵述史实。篇目设置主线清晰，层次分明，事实突出，大事咸录。

五、综合运用述、记、志、传、图、表、录等各种体裁，以志体为主。

创新体裁运用，记述简略取宜。

六、全书统一使用规范的现代语体文记述，行文朴实、严谨、简洁、流畅，具有较强可读性。

七、人物传略遵循"生不立传"原则，人物传主按生年排序，只选录对本区（农场）发展有重大影响的人物。

八、入志数据均采用国家统计部门数据。当某项数据缺乏时，适当采用主管部门或主办单位档案的数据，以使读者窥见全貌。

九、数字用法、标点符号、计量单位均执行相关的国家标准，如《出版物上数字用法》（GB/T15835—2011）、《标点符号用法》（GB/T15834—2011）、《国际单位制及其应用》（GB/3101—1993）。历史上习用的计量单位，如斗、石、里、尺、磅、华氏度等，出现在引文时照录。尊重多数读者的阅读习惯，全书对"亩"不作统一换算。

十、封建朝代的纪年，使用朝代年号纪年加注公元年份；中华民国成立后的纪年，一律使用公元纪年。志中所称"改革开放前（后）"，以1978年12月中共十一届三中全会召开为界。

十一、对旧志、古籍中的繁体字、冷僻字使用简化字或通用字替换，易引起误解的则保留。

十二、记述各个历史时期的党派、机构、职务、地名等，均以当时名称为准。对频繁使用的名称，首次用全称并括注简称，其后用简称。

中国农垦农场志

目 录

第三编　农林牧渔业

第四编 工业 建筑业

第五编　第三产业

第六编　中共地方组织

第七编　地方行政

第十一编 民政 扶贫

第十二编　城乡建设

第十五编　人口　人文

附　　录

概　述

一

大通湖区（本书中简称为"区"）位于湖南省益阳市北部，地处洞庭湖平原腹地。地理坐标东经 112°15′18″—112°42′02″，北纬 29°01′19″—29°19′16″，东西长 33.7 千米，南北宽 19.96 千米，总面积 379.31 平方千米。区东临东洞庭湖，南连沅江市南大膳、阳罗、草尾镇，西接南县茅草街、青树嘴镇，北界南县乌咀、明山、华阁和华容县注滋口等乡镇。2020 年末辖河坝、北洲子、金盆、千山红 4 镇和南湾湖办事处，总人口 10.46 万人。

早在五六千年前的新石器时代，大通湖所在地域已形成河网交错的平原地貌，有先民繁衍生息。秦汉时期（公元前 221 年起），这块"洞庭之野"开始向沼泽化发展，经过漫长的历史演变，逐步成为烟波浩渺的"八百里洞庭"。大通湖为其中的一部分，是"洞庭湖的心脏"。清咸丰二年（1852 年）和同治十二年（1873 年），荆江南岸被洪水冲开，分别形成藕池口和松滋口，加上原有的太平、调弦两口，长江洪水常年携大量泥沙经四口南侵，使洞庭湖水域不断缩小。清光绪年间（1875—1908年），赤磊洪道冲积扇与藕池河东支冲积扇合围，大通湖从东洞庭湖分割出来，时有湖面 320 平方千米，东通东洞庭，南连南洞庭，西注目平湖，北纳藕池水，四通八达，故称大通湖。

中华人民共和国成立前，大通湖先后围筑大小堤垸 108 个，洲土湖泊分属南县、沅江、湘阴、华容、岳阳等县管辖。大通湖地区河湖交错、芦苇丛生、钉螺密布、洪水泛滥，渔樵垦民随水进退，谋取生计。1950 年 1 月，经中央人民政府批准，湖南省政府按照"蓄洪第一，垦殖第二"的方针，组织实施大通湖蓄洪垦殖工程，建成统一的大通湖大垸，成为长江流域第一个蓄洪垦殖区。区内湖泊洲土面积 467 平方千米，全部收归国有，用于江湖调蓄和创建国营农场。同年 3 月和翌年 2 月，分别成立大通湖蓄洪垦殖管理处和大通湖特区政府，统一管理蓄洪垦殖事业和行政、社会事宜。1951 年 3 月正式成立国营大通湖农场，开启新湖南农垦事业。1959 年 3 月成立地方国营千山红农场，1962 年 11 月大通湖农场分为大通湖、北洲子、金盆农场，四场均属省管。1965 年 5

月，大通湖农场划出洲土湖泊约 6 万亩*给部队创建南湾湖军垦农场，1972 年 3 月又划出养殖分场单独建制为地属国营大通湖渔场。2000 年 9 月农场体制改革，以 6 个农渔场为辖域，设立大通湖区管理委员会（正县级），比照县级政府赋予职能职权，全面管理区域内的经济社会事务。原 4 个国营农场改建为镇，并设立南湾湖、沙堡洲办事处，分别管理南湾湖军垦农场和大通湖渔场地域的社会事务。是时起，区内相沿 50 年的农场管理组织体系变革为政府行政架构，农垦事业进入新的发展时期。

区内为典型的湖积围垦平原，有耕地 24.6 万亩、水产养殖面积 17.8 万亩、林地 2.76 万亩。土地平旷，河湖沟渠密布，地面海拔高程 24～32 米，坡度小于千分之三。成土母质系河湖沉积物，土层深厚、土壤肥沃，无重金属污染，适宜生产多种优质农产品，为国家现代农业示范区。12.4 万亩的大通湖是湖南省最大的内陆静水湖泊，素享"洞庭之心"和"三湘第一湖"美誉。湖内水生动植物群落发达，有鱼类资源 108 种，为"中国河蟹之乡""中国（益阳）淡水鱼都""大通湖国家湿地公园"核心区，是国家级水产品健康养殖基地和重要的候鸟迁徙栖息地之一，旅游发展前景广阔。

区属中亚热带向北亚热带过渡的大陆性季风湿润气候区，四季分明，热量丰富，雨水充沛。春季寒流频繁、低温寡照，仲夏多雨易涝，夏末初秋高温干旱，仲秋艳阳高照，冬季严寒期短，霜、冰冻强度一般为弱至中等。常年平均气温 17℃，年日照时数 1576.4 小时，太阳辐射总量每平方厘米 105.1 千卡，无霜期 269 天，年均降水量 1274.6 毫米，蒸发量 1181.3 毫米，相对湿度 84%，年均地表径流 1.94 亿立方米。东洞庭外湖和大通湖内湖累年超警戒水位发生概率分别为 48.6%和 57.8%，2000 年后发生频次呈现减少趋势。

二

区内各农场创建初期，以围湖造田、拓荒垦殖为主，担负起国家赋予的增加农产品供给、积累建设资金、示范农业农村的历史使命。农垦事业从无到有，农垦经济起步发展，生产规模逐渐扩大。20 世纪 60 年代，各场坚持"以粮为纲"方针，大力发展以水稻为主体的粮食生产，每年的粮食作物用地面积占总耕地面积的 80%～90%，同时积极发展畜牧水产业，被定为湖南省粮食生产基地和生猪、禽蛋、水产品外贸出口基地之一，年农业产值在社会总产值中的比重达 80%。1972 年起，按照"围绕农业办工业，办好工业促农业"的思路，以建成投产糖厂为标志，各农场工业开始规模发展，先后创办了纺织、造纸

---

* 亩为非法定计量单位，1 亩≈666.67 平方米。——编者注

制板、粮油食品加工、砖瓦建材等多家企业，工业经济比重逐年增加。1978 年，区内 4 个农场共完成工农业总产值 5900 多万元，比 1971 年增长 1.68 倍，年均增长 24％。至 1980 年，工业产值首次超过农业产值，占社会总产值的 50％。在此期间，各农场调整农业种植结构，逐年压缩粮食生产面积，发展甘蔗、棉花、油菜、苎麻等经济作物，满足场办工业的生产需要。

1978 年 12 月中共十一届三中全会后，各农场把工作重点转移到经济建设上来，以落实"放权让利"改革举措为重点，解放和发展生产力，开始全方位突破高度集中的计划经济体制和经营管理模式。1979 年起执行国家对农垦企业"独立核算、自负盈亏、盈利留用、亏损不补"的财务包干制度，结束了统收统支、层层吃"大锅饭"的历史。1984 年全面实行农业家庭联产承包，建立"统分结合"的双层经营体制，对工商企业推行厂长（经理）负责制，改革实施利益分配办法，充分调动企业和职工的生产经营积极性。同时持续加大工业投入，新办工业企业，扩大工业规模，初步构建起甘蔗糖业、纺织、造纸制板、食品加工、建筑建材等五大工业体系。不断优化调整农业结构，巩固扩大工业原料生产基地，加快发展商贸流通和交通运输业，建立多形式、多渠道的商品产购销网络，基本形成了农业提供原料、工业加工增值、产供销自成体系的农工商一体化经营格局，农场经济保持了较长时期的快速增长。1991 年，4 个农场完成工农业总产值 3.24 亿元，比 1978 年增长 447％，年均增幅 34.4％，工业、农业产值之比约为 6：4，第三产业增加值占生产总值的 20％左右。1979—1991 年的 13 年间，包括大通湖渔场在内的五大农渔场均年年盈利，共实现利润 1.05 亿元，上交国家税金 1.03 亿元。

1992 年起，各场按照构建社会主义市场经济体制框架的要求，结合自身实际，致力于巩固农业基础，提高蔗、棉、粮、油等主要农产品产量，扩大工业规模和加强工业提质升级改造，转换企业经营机制，力求适应发展市场经济的新形势。由于农场体制不顺，社会负担沉重，经济结构不合理，企业产权不明晰，增长方式粗放，加之工农业产品价格低迷和激烈的市场竞争，各农场大批企业先后关停倒闭，耕地抛荒现象普遍，又连续遭遇特大洪涝灾害造成较大经济损失，各农场经济形势自 1995 年开始急剧恶化，陷入了连年亏损、难以运行的困境。2000 年，区内 4 个农场工农业总产值 3.44 亿元，比 1992 年增长 3.48％，年均增速仅 0.43％。1992—2000 年累计净亏损 2.95 亿元，年均亏损 3270 余万元。

2000 年 1 月，中共湖南省委、省政府出台《关于国有大中型农场体制改革的意见》。是年 9 月，区内农场撤场、建镇、设区，建立一级行政体制和财政体制，农垦经济开始步入良性发展轨道。2001 年进行农业管理体制改革，原农场的分场、生产队撤销改建为行政村。坚持土地国有属性，实行责任田和经营田"两田制"管理。嗣后，区内有序推进农村税费改革，落实各项惠农政策，坚持市场导向调整优化产业结构，以土地流转为基础培育新型农业经济组织，促进了现代农业发展。2001—2005年，区深化国有企业产权制度改革，区属国有资本全部退出一般性竞争行业。区通过招商引资培育新的经济增长点，发展壮大实体经济。2005年，实现国内生产总值6.79亿元，比2000年增长1倍多，年均增长24.57%，社会消费品零售总额2.42亿元，年均增长5.47%。2006—2010年"十一五"期间，完成国内生产总值42.56亿元，社会消费品零售总额19.94亿元，5年年均增长44.83%和64.79%。2012年，全区财政总收入2.23亿元，实现了三年翻一番。

2012年10月中共十八大后，区贯彻新发展理念，全面深化各领域的改革，发挥市场配置资源的决定性作用，根据自身资源禀赋和国家产业政策，有效调整优化产业结构，推动产业转型升级。在农业领域转变发展方式，逐步改变传统产业格局，提升技术和物质装备水平，构建起了比较优势明显，以优质粮油、生态果蔬、特色水产、生猪规模化繁养为主体的现代农业产业。先后有21个农产品获国家"三品一标"认证，"大通湖大闸蟹""大通湖大米"被评定为国家地理标志产品。在工业领域通过招商引资，淘汰落后产能，推进新型工业化，使一批优质企业得以发展壮大，初步建立了以医药、新能源、食品、纺织、机械制造为支柱的现代工业体系。同时加快发展了现代商贸服务业、现代物流业、金融保险业、邮政通信业、生态旅游业和房地产业。

2020年，区内建有优质稻种植基地18万亩和10万头规模化生猪养殖基地，市级以上农业产业化龙头企业20家。全年生产粮食12.3万吨、蔬菜35万吨、虾蟹1.02万吨。出栏生猪10.27万头、鲜鱼3.77万吨。年内有规模以上工业企业33家，其中国家级高新技术企业5家，年产值过亿元的18家。有商贸零售市场主体3100余家，限额以上商贸企业27家，住宿餐饮个体户760多家，限额以上住宿餐饮企业3家。全区生产总值39.44亿元，分别比2000年、2010年增长15倍和2.1倍。其中第一产业增加值14.56亿元、第二产业增加值10.42亿元、第三产业增加值14.46亿元，三次产业结构之比为36.9：26.4：36.7。社会消费品零售总额19.61亿元，比2010年增长280%。财政总收入2.91亿元，比上年增长3.4%，为2001年的13倍多。

三

大通湖区内的交通基础设施建设，经多年艰苦努力，逐步形成内外循环通达的公路网络。建区后累计投资17.56亿元，新建改建公路936千米，其中省道65.87千米、县乡道

267.73 千米、村道 590.62 千米、旅游专用公路 11.87 千米。2020 年，省道 S307 建成通车，区正式融入全国高速公路网，实现全部自然村通水泥（沥青）路，通达率 100%。该年底，全区共有营运客车 206 台、运营线路 28 条，其中城乡公交车辆 155 台、公交线路 14 条，年客运量 44.2 万人次；营运货车 748 台，年货运量 1236 万吨。2021 年 2 月开工建设大通湖通用机场，设水陆跑道各一条，用于低空旅游、低空物流、应急救援、农林作用和飞行员培训等。

大通湖区于 1965 年并入湘北电网，至 20 世纪 90 年代共有 35 千伏变电站 3 座、变压器 263 台，年用电量约 5500 千瓦时，供电保证率 80% 左右。2002 年起逐步理顺电力管理体制，实现区内用电"同网同价"。至 2020 年累计投资近 5 亿元，实施农村电网改造和提质升级改造，建有 220 千伏和 110 千伏变电站各 1 座，35 千伏变电站 3 座，总容量 54.96 万千伏安，高低压线路总长 1879.37 千米，实现了电网运行安全可靠，供电保证率达 100%。该年底有用电客户 4.8 万户，年用电量 1.46 亿千瓦时，比 2002 年分别增长 30% 和 153%。

2000 年前，区内农场的城镇建设相对滞后。建区后坚持规划引领，不断拓展多元化投资渠道，推进新型城镇化建设。至 2020 年，河坝中心城区建成区面积 4.6 平方千米，常住人口 2.2 万人，分别比 2000 年增加两倍和一倍多。城区给排水、供电供气、通信网络、环境卫生、绿化亮化等基础设施更为完善，文化教育、医疗卫生、商贸流通、娱乐休闲等公共服务功能齐备，是洞庭湖生态经济区的中心城镇之一，2020 年入列国家卫生城镇。北洲子、金盆、千山红等 3 镇的集镇经历年开发建设，市政设施逐步提质升级，城镇功能结构得到优化，人居环境不断改善。2020 年，3 镇镇区建成面积 4.9 平方千米，常住人口 2.75 万人，比 2000 年分别增长 64%、47%。

区内的教育事业与农垦开发建设同时起步。各场成立之初即开办小学和学前教育，嗣后建立农场联校和分场学校，并开设初中教学班。1970—1971 年，初中与小学分设，各场成立职工子弟中学，开设高中教学班。1996—1997 年，完成普及九年制义务教育，扫除了青壮年文盲，各场分别通过省级"两基"达标验收。2000 年，全区有中心完小 4 所、村级小学 14 所、初级中学 5 所、高中学校 2 所，在校学生 1.46 万余人，在职教师 831 人。在此期间，各场坚持开展中等职业技术教育，培养农场建设实用人才，多形式发展成人教育，提高职工文化水平和职业能力。建区后，区委、区管委会坚持教育适度超前发展的理念，持续加强教育基础设施建设和教师队伍建设，调整优化教育布局，不断改善办学条件。2020 年，共有小学 15 所、初级中学 4 所、高中学校 1 所，在校中小学生 7542 人、教职工 627 人；有各类幼儿园 26 所，在园幼儿 2401 人。全年教育经费投入 1.09 亿元，学生人均支出标准达 1.34 万元。大通湖区第一中学为市级示范完全中学，2001—2020 年累计高考上线人数 1360 人，上线率 21.2%。

区内医疗卫生事业发端于农场初创时期，逐步形成了总场、分场、生产队三级医疗卫生服务网络。后随农垦建设发展，各场加强医疗卫生基础设施和医疗队伍建设，不断改善医疗服务条件，持续开展爱国卫生运动，强化各类传染病和血吸虫病防治，加强预防接种和妇幼保健工作，有力地保护职工群众身体健康。2000 年，各农场共有综合职工医院 5 所，分场和主要工业企业卫生所（室）22 家，医护人员 532 人。2001 年起，区内深化医疗卫生体制改革，以原大通湖农场职工医院为基础组建区人民医院，成立区妇幼保健站、区疾病预防控制中心、区计划生育服务站和各镇卫生院，在各行政村、城镇社区设立卫生室，持续加大医疗卫生事业投入，更新升级基础设施和诊疗设备，加强医疗服务队伍能力提升，全面推进卫生防疫、疾病控制、妇幼保健、基本公共卫生服务和居民卫生健康等工作，开展城乡环境卫生整治，全区医疗服务水平和群众卫生健康保障水平有了大幅提高。2020 年，实行医疗、医保、医药联动改革，建成以区人民医院为龙头，民营综合医院和各镇卫生院、村（社区）卫生室为基础的全域紧密型医共体，形成了政府主导、部门协同、区镇整合、防治一体的医疗卫生服务新体系。该年底，全区共有医疗卫生机构 77 家，其中公办医院 5 家、民办医院 1 家、公卫机构 2 家、村（社区）卫生室 58 家、个体诊所 11 家，医护人员 602 人。5 家公立医院有医护人员 350 人，其中高级技术职称人员 22 人、中级技术职称人员 99 人，区人民医院为二级甲等综合医院。全年公立医院门诊患者 9.78 万人次，住院治疗 1.75 万人次。

大通湖的科学技术工作在周边地区具有一定优势。20 世纪 50—60 年代，各场成立农业科研机构，开展良种选育和科学试验，推广应用先进生产技术，逐步提高科学种田水平。80 年代建立完善总场、分场、生产队三级农业科技网络，成立各类专业科技组织，进行科研科普和技术推广。至 2000 年，区内五大农渔场有各类专业技术人员 3200 多人，其中中、高级科技人员 820 余人。多项科技成果转化为现实生产力，促进了经济社会发展。建区后，管理区多渠道、多层次加大科技投入，健全各种科技机构，深化科技合作和技术攻关，一大批先进技术应用于现代农业、工业制造和生态环保等领域，提高了区域高质量发展的核心竞争力。2020 年，全区有各类专业技术人员 753 人，其中中、高级技术职称人员 435 人；各类科协组织 35 家，国家级高新技术企业 5 家，省市创星企业和科技型企业 19 家。

区内文化事业一直保持良好的发展态势。各场建立不久，均建有工人俱乐部，开设电影放映厅、歌舞厅、书报阅览室、游艺活动室等，还组建专业团体进行文艺演出，丰富职工群众业余文化生活。千山红农场花鼓戏剧团编导演的大型现代花鼓戏《水乡锣鼓》，在1990年江南六省地方戏曲调演和1991年湖南省"映山红民间艺术节"中，均获花鼓戏曲类一等奖，并进京参加全国地方戏曲汇报演出。1992年，各场分别成立电视台，在镇区和主要工业企业开设有线电视网络，无线发射覆盖农场区域及周边乡镇、可收看节目30多套，电视入户率90%以上。2000年建区后先后成立书画、摄影、舞蹈等多种群众文化组织，逐步完善镇、村（社区）文化设施，经常组织开展书画、摄影展和舞蹈比赛。部分文艺爱好者先后创作多部反映农垦历史和时代风貌的文学、艺术作品，多次获得市级以上奖励。2007年起连年举办春节联欢晚会，并进行现场直播，邀请专业团队开展"送文化下乡"活动。区电视台于2007年起先后举办"湖乡歌手擂台赛"，打造大众明星。2012—2020年每年举办1次以上大型群众文艺汇演，弘扬爱党爱国精神和农垦精神。2020年新建的区文体中心，成为群众文化活动的主要场所。

区内体育事业跟上时代发展步伐。各农场自建场始，经常组织职工群众开展球类、棋牌类、田径等比赛活动。1963年起发展校园体育，对学生进行训练考核。1971年后，各中小学校每年举办1次学生田径运动会，选派选手参加省、地青少年运动会，为高校输送了一批体育特长生。建区后，区加大体育设施建设投入，在镇、村（社区）设立文体广场，在各中小学校建立高标准运动场，连续多年举办"迎国庆"篮球赛、职工气排球赛和群众广场舞比赛，先后举行多项目的全民健身运动会和校园体育运动会，多次遴选选手参加市级的各类体育赛事，并取得优秀成绩。2019年和2020年，刘亭分别获得全国柔道锦标赛和第十四届全运会女子柔道48公斤级冠军。

四

大通湖的农垦历史，是一部波澜壮阔、战天斗地的创业史，砥砺前行、为国奉献的奋斗史，勇于开拓、成就辉煌的改革创新史。70年间，在中国共产党的领导下，历代农垦人赓续接力，薪火相传，坚持发扬"艰苦奋斗，勇于开拓"的农垦精神，历经艰难曲折，用辛劳和智慧推动农垦事业不断向前发展，为国家、为社会主义建设作出了重大贡献。20世纪50—60年代，农垦人筑堤开渠，围湖造田，将荒洲变粮仓，年年超额完成上交国家粮食任务。70年代，农场敢为人先，"集中力量办大事"，农田水利建设、交通电力等基础设施建设和农垦工业建设都取得一定成效，为之后的发展打下了一定基础。80年代，农场坚持以经济建设为中心，推进各个领域改革，农垦事业持续快速发展，经济实力显著增强。90年代，在遭遇重大自然灾害等、经济形势急剧变化的背景下，农场负重奋进，竭力阻遏经济滑坡，千方百计履行纳税义务，努力维护好社会稳定，积极推进体制变革，使农垦事业迈入了全新发展阶段。2000年改场建镇设区后，管理区逐步建立健全行政、财政、司法体制和社会保障体系，坚持以人民为中心，全面深化改革，持续推进重大基础设施建设、现代产业建设、新型城镇建设、民生事业建设和生态环境建设，扎实开展脱贫攻坚，实现了经济社会可持续健康发展。区内人民群众生活水平和幸福指数大幅提升。2020年，区内贫困人口全部按期脱贫出列。全体居民人均可支配收入2.46万元，其中城镇居民3.21万元、农村居民1.85万元，分别比2000年增长6倍、11.2倍。年末居民储蓄存款余款37.54亿元，同比增长10.8倍。城镇和农村居民人均住房面积分别达44平方米和51.3平方米，百户拥有家用小汽车31.8台。

70年的大通湖农垦历史，既有成功的宝贵经验，也有失误的沉痛教训。1992年后农场体制机制改革滞后，经营管理粗放，产业建设没有新的突破，部分决策失误，不经科学论证盲目投资新上大项目，造成很大损失；建区后区将大湖经营权转让给私营主，致使大湖水生态受到严重破坏等，令人永远牢记，从中吸取教训。站在"两个一百年"奋斗目标的历史交汇点，大通湖人民充满期待和信心，一定能够在习近平新时代中国特色社会主义思想指引下，在中共大通湖区委、区管委会的正确领导下，不忘初心使命，继续艰苦奋斗、勇于开拓，为推进农垦事业不断创新发展作出更大贡献！

大 事 记

● **1949 年**　7 月　大通湖解放，其时大通湖约有洲土水域 70 万亩，分属南县、沅江、湘阴、华容、岳阳 5 县管辖，其中大部分属南县、沅江县（今沅江市）辖域。大通湖渔樵农牧民约 6 万人，随水进退，结庐居住者十之五六。

冬　中央批准开发大通湖，长江水利委员会和湖南省水利局组建大通湖工程处。

● **1950 年**　1 月　大通湖工程处调集沅江、南县、湘阴 3 县 4 万余民工建成大东口横堤，由 108 个大小堤垸组成的大通湖大垸形成，洲土湖泊面积为 467 平方千米。

3 月　湖南省人民政府颁布《大通湖蓄洪垦殖试验区管理条例》，确定"蓄洪第一，垦殖第二"的方针。

4 月　成立大通湖蓄洪垦殖管理处，建立党支部，隶属湖南省农林厅党组，有党员 5 名，年末发展到 16 名。

6 月　湖南省农林厅接收旧政权设在大通湖的省农业机械垦殖处的人员和机械及财物，移交大通湖蓄洪垦殖管理处兴建机械化试验农场。

8 月　管理处接管南县、沅江、湘阴 3 县管辖的大通湖渔场及当地的渔民会。

10 月　管理处建立渔业管理所，时有渔民 2873 户，组成 72 个捕捞小组，当年秋冬捕捞鲜鱼 725 吨。

12 月 2 日　湖南省委副书记、省政府主席王首道在窑堡主持移民建场工作会议，对大垸开发和移民建场等工作进行具体部署，为大通湖农场的建立奠基，后被誉为具有历史意义的"窑堡会议"。

12 月 25 日　湖南省委决定，中共南县县委副书记王惠庭调任大通湖蓄洪垦殖管理处处长。

● **1951 年**　1 月 6 日　为移民建场，湖南省政府责成湘阴、沅江、南县将滞留垸内的渔樵农牧民于 3 月底前全部迁回原籍参加土地改革。3 县共迁出 2.9 万人，剩下的 1.7 万人由管理处就地安置。

同月　中共常德地委批准，建立中共大通湖蓄洪垦殖管理处委员会，党委委员 9 名，书记王惠庭。

2 月　中南军政委员会决定，成立大通湖特区人民政府，共辖 13 个乡、近百个行政村，总人口约 6 万人。王惠庭为区长。

3 月　大通湖农场成立，随即招收农业工人 1224 人，开展农垦建设。

3 月 6 日　大通湖特区召开首次人民代表大会，与会代表 274 人，主要议题是划乡建政，同时审议通过生产、治安、修堤等决议。

6 月 16 日　中南军政委员会决定，成立大通湖蓄洪垦殖区管理委员会，王惠庭为主任兼管理处处长。

7 月　特区政府调集近 3000 名民工修建三才垸安全区，历时 100 天。安全区堤长 13 千米，高程 34.5 米，完成土方 36.8 万方。

8 月　农场成立新民主主义青年团委员会，隶属常德专区团工委领导，有团员 200 名，设 6 个团支部。

9 月　大通湖农场职工子弟学校创建。

1952 年　2 月　湖南省人民政府决定：大通湖特区、管理处和大通湖农场组成政、事、企三合一联合体。三块牌子，一套人马。原设在窑堡的管理处和特区政府迁往三吉河坝与大通湖农场合署办公。

3 月　大通湖农场工会委员会成立。年底有会员 1413 人。下设 16 个分工会，134 个工会小组。

4 月　王惠庭参加中国农民代表团赴苏联考察访问，9 月归国。

12 月　经中共常德地委批准，建立中共大通湖特区委员会，党委委员 9 名，书记为王惠庭。有党员 40 名，党支部 2 个，党小组 5 个。

1953 年　6 月 16 日　大通湖特区改为南县大通湖区，区政府迁设在老河口。年底老河口乡移民、土地并入农场，区政府再迁河口乡。

7 月　经中共湖南省委批准，建立中共国营大通湖农场委员会，李哲、吴玉玺分别任正、副书记，农场按副地级建制。

12 月　南县大通湖区政府组织第二次移民，从三吉河坝、老河口、新农、窑堡 4 个乡，共移出 1400 多户、6000 余人。

1954 年　2 月　垦复小南洲、九百弓和复兴洲、芸洲、新淤洲、再淤洲、农乐垸等地，全场耕地面积增加至 7.89 万亩，分设 4 个作业区、15 个耕作队。

6 月　洞庭湖地域连降暴雨，当月雨量 684.2 毫米，内、外湖水位陡涨。全场动员抗洪保垸。

7 月 25 日晚 9 时，三才垸北面大堤溃决，农场遵照省防汛指挥部命令，炸开东口横堤放水，大通湖垸全部蓄洪。

8 月，农场大部分职工以作业区为单位，分别转移到衡阳、常德、华容和郴州借地生产。

11 月 6—14 日　农场召开第二次职工代表大会，与会代表 425 人。会议号召全体职工群策群力、渡过难关，共同努力快速复场。

同月　组建洞庭湖堤垸修复工程大通湖总队，李哲任总队长兼政委，下辖 5 个大队，有民工近万人。历时 4 个多月超额完成工程任务，共计完成土石方 140 多万方。

1955 年　2 月　遵照湖南省委援建新农场指示，调出干部职工 176 人，支援西洞庭农场创建。

6 月　农场党委决定，凡招工来场的职工，经总场批准，可将其家属迁到所在单位，当年有妇女劳动力 639 人来场参加生产劳动。

冬　组织劳动力 4000 余人，围垦王家湖、丁家团湖，扩大耕地 2 万亩。

12 月　中共国营大通湖农场监察委员会成立，由 7 人组成，党委副书记兼任监委书记，设专职副书记 1 名、专干 1 名。

1956 年　3 月　全场职工代表大会召开，会期 6 天，出席代表 579 人。主要议题是传达湖南省农场工作会议精神，学习农业发展纲要，安排当年生产工作任务。

6 月 2 日　农场召开首次党员代表大会，正式代表 114 名，列席代表 74 名，会期 8 天。大会选举 11 名委员、3 名候补委员组成党的委员会，徐顺为书记。大会强调，国营农场的基本任务是保证粮食及工业原料生产，支援国家工业化建设，积累经验、培养干部，在农业合作化运动中起示范作用。大会选举徐顺为湖南省第一次党代会代表。

7 月 10—13 日　总场召开青年社会主义建设积极分子大会。160 多名优秀团员和青年积极分子受到表彰。

11 月　干部职工工资改革，全场 3389 人的人均月工资由 22.23 元增加至 30.41 元，增长 36.8%。

冬　党委成立血防领导小组，加强防治血吸虫病，多次组织灭螺大会战，共灭螺 6.5 万亩，查出感染者 1489 人，并分批治疗。

12月　省、地委决定，大通湖农场改为县（处）级建制。

1957年　2月1日　农场农业工人薪酬支付方式由级别工资改为计件工资，按作业定额等级记工分。

1958年　3月　由农场副场长、老红军尹保仁带领 2000 多名干群进行的北洲子围垦工程结束，扩大耕地面积 2.03 万亩。

5月　农场组织 156 名干部、205 名生产骨干和技工支援钱粮湖的创建。

12月14日　由 7 人组成的大通湖农场监察委员会建立，徐顺任书记。

冬　农场接收南县滨湖剧团，新组建大通湖丰收剧团（1961年改为文工团）。

1959年　3月　国家农垦部部长王震在湖南省委书记谭余保陪同下来场视察。王震在全场干部大会上作重要讲话。

同月　省、地委决定，金盆北洲劳改农场撤走后的 5 万亩土地、大通湖区庆成乡（有成垸、玉成垸）的 1.34 万亩土地和大通湖养殖场的 12 万多亩土地全部划归大通湖农场，分别成立七、八分场和养殖分场。大通湖农场辖域面积达 40.6 万亩，成为全省规模最大的国营农垦企业。

6月17日　大通湖农场召开第二次党员代表大会，会期 4 天，出席代表 163 人，列席代表 117 人。选举 13 人组成党委会，徐顺任书记。

12月　农场接收慈利县修建水库的移民 643 户、2718 人来场定居参加生产建设。

本年　全场共建职工家属住房 495 栋，建筑面积共 15.3 万平方米，人均 5.5 平方米。

1960年　2月29日　大通湖农场召开第三次党代表大会，会期 2 天，到会代表 180 人，列席代表 120 人。大会选举 15 人为第三届党委会委员，从中推选 5 人组成常委会，徐顺为书记。大会推选徐顺为湖南省第三次党代表大会代表。

26日　省、地委批准，将沅江县草尾公社的尼古湖、猴子口等地约 8000 亩土地，划归大通湖农场。

1961年　2月　广州军区某部来大通湖农场借地生产，共借耕地 2955 亩。

6月　沅江县地方国营千山红农场升格为省属国营农场。

6月20日　大通湖农场开展"四爱"（爱国、爱场、爱劳动、爱护国家财产）、"三保"（保证出勤，保证爱护国家财产、保证听党的话）社会主义教育，至 7 月 25 日结束。

1962 年 2 月 千山红农场被评为湖南省"先进农场"，副场长夏沛然参加了表彰大会。

10 月 大通湖农场农科所扩建为湖南省农垦科学研究所，受省农垦局和大通湖农场双重领导。

11 月 湖南省人民政府决定，大通湖农场实行"三场分治"，新建立北洲子、金盆农场。大通湖、千山红、北洲子、金盆 4 家农场均为县级建制的政企合一的农垦企业，实行省地双层领导，以地管为主。

1963 年 1 月 10 日 大通湖农场农机修理厂上收为湖南省农林垦殖局农业机械修理厂，后划归益阳地区管理，改为滨湖柴油机厂。1987 年 8 月，该厂整体迁往益阳。厂房宿舍合计折价 280 万元，转让给大通湖农场。

2 月 9—16 日 大通湖农场召开职工代表暨劳动模范表彰大会，共有 625 名职工代表、385 名劳动模范参会。会后随即掀起社会主义教育和春耕生产两个高潮。

4 月 30 日 湖南省大通湖区水利管理委员会（水管会）成立，益阳地委书记兼任主任。水管会主要负责大通湖垸的水利规划、建设和管理工作。

同月 根据省、地领导协调，北洲子农场舵杆洲划归南县管辖。

10 月 各农场调整职工工资，调整面 40% 左右，人均月增工资约 2 元。

1964 年 2 月 18 日 大通湖农场党委部署学解放军，开展"五好"竞赛活动。当年评选"五好个人"1898 人、"四好个人"2444 人、"三好个人"2004 人。

4 月 6 日 各农场党委作出《关于组织全体干部职工学习毛主席著作的决定》，总场成立学习毛主席著作委员会，场属各单位成立分会，基层单位成立学习小组。年内共有学习小组 245 个，评出学习先进集体 7 个、积极分子 137 人。

5 月 各农场党委转发农垦部《关于国营农场干部参加劳动的指示》。规定各级干部参加劳动的时间：生产队干部每年 4~6 个月、分场干部 2~4 个月、总场干部 1~2 个月，并以此作为干部考核鉴定的重要内容。

11 月 25 日—29 日 各农场党委召开三级干部会议，传达贯彻地委征兵整组工作会议精神，开展征兵和民兵整组工作。

1965年 3—4月　贯彻中央关于"精兵简政"的指示，各场大力精减机构，下放人员，充实基层。4场共精减机构近40个，下放360名各级干部充实基层，下放280多名手工劳动者到农业生产第一线。

5月　中国人民解放军第47军与大通湖农场党委商定，在肖公庙一带扩划土地5.9万亩，创建南湾湖军垦农场。

6月24日　中国民航湖南省管理局与大通湖、北洲子农场签订飞机治虫和修建农用机场协议，是年水稻飞机治虫面积12.8万亩。

11月3日　益阳专署决定，金盆农场两个农业生产队的全部耕地4600亩及耕牛、房屋全部移交安置安化移民（后归制沅江县四季红公社），两队职工家属由总场另行安排。

12月　大通湖农场划出土地3.7万亩给沅江县，建立四季红公社。

1966年 3月1日　各场对农业生产实行"三定一奖"（定任务、成本、利润，设超产奖）；对超额完成任务者发给奖励工资；对畜牧业生产实行按产计酬，即定额计分、按分付酬；对病假工资，福利金分配和口粮分配进行了相应调整。

6月　千山红农场召开首次党代表大会，会期3天。大会选举7人组成首届党委会，张同刚任书记。农场有党员330名，下设4个党总支、42个党支部。

7月6日　湖南省委直属农林场党校开办千山红分校，第一期有各场党员、干部和职工613人参加学习培训。

1967年 7月　大通湖围湖造田工程竣工，农场和沅江、南县及解放军共2万余人奋战半年多，在大通湖南部围湖造田8万多亩。

1968年 3月　北洲子职工子弟中学建成开学，首招2个班，学生106人。

6月15日　湖南省农垦局分配全省农场赴大寨参观学习名额400名，其中大通湖分配到100名。区内各农渔场分批派员前往参观学习。

冬　千山红农场贯彻在南湾湖召开的"湘北会议"精神，修筑战备公路和开挖战备航道。农场与周边公社共同奋战3个月，建成胜天至肖公庙战备公路26.49千米，开挖草尾至大通湖湖口的"五七运河"13.5千米。

1969年 1月　北洲子农场场部机关由农河闸迁至十字沟。

7—8月　持续大雨，渍涝严重。各场早稻严重减产，亩产仅100多斤。

11 月　北洲子农场开挖向阳河，同时兴建向阳闸。

1970 年　1 月　各场根据省地军事机关要求，开始组建民兵独立营，建立领导班子，培训骨干。组建工作于 2 月初全部完成。

11 月　北洲子农场兴修北间堤，堤长 6348 米、堤顶高程 34 米、堤面宽 5 米，共完成土方 29 万立方米。

1971 年　6 月　大通湖农场召开第五次党代表大会，会期 3 天，出席代表 270 人。大会选举 18 名委员组成党委会，张树森任书记。

8 月 11 日　千山红农场召开第二次党代会，会期 3 天，到会代表 156 人。大会选举 17 名委员组成第二届党委会，郑术斌任书记。大会一致通过《关于加强党委革命化建设的决议》。

1972 年　1 月 28 日　金盆农场召开第一次党代表大会，会期 3 天，与会代表 112 人。大会选举 11 人组成党委会，曾阳生任书记。

3 月　大通湖农场召开经济工作大会，号召全场职工"奋发图强，自力更生，勤俭节约，艰苦奋斗，不用'亏心钱'，不吃'亏心粮'，摘掉'亏损帽'，生产'跨纲要'，一年打个翻身仗"。当年农场扭亏为盈，实现利润 6 万多元。

同月　地委批准，将大通湖农场养殖分场划出，单独建制为益阳地区大通湖水产养殖场，隶属地区农管局。1978 年改属地区农业局，更名为大通湖渔场。

4 月 23 日　北洲子农场召开第一次党代表大会，时间 2 天，与会正式代表 81 人，列席 10 人。大会选举 12 名委员组成党委会，余德华任书记。

同月　北洲子外湖水位上涨，大量东方田鼠向垸内转移，严重危害庄稼，并导致钩端螺旋体病暴发，患者 500 多人。农场发动群众开展灭鼠运动。

12 月　由国家投资在 4 个农场新建的糖厂投产，日处理甘蔗能力 1400 吨。

1973 年　10 月 25 日　湖南省调整工资调查试点工作组来大通湖试点，确定该场等级工资制上调 1 级的 482 人，上调 2 级的 287 人，总调整面为 58.7%，调资后每月增资总额 7470 元，增长 12.6%。清理核实 1.07 万名实行工分制人员，适当调高工分计酬值。

冬　北洲子农场加固北干堤，大堤高程增至 36 米，堤面宽增至 6 米。

1974 年　2 月 22 日　北洲子农场遭十级大风袭击，倒塌房屋 122 间。

10月　湖南省政府在胡子口隔堤北洲子堤段召开全省水利机械化施工现场会。

同月　大通湖农场开始进行大规模"条田化"建设，组织人力、机械开渠修路，平整土地，形成渠、路、林带网络。奋战两个冬春，完成土石方240多万立方米，建成条田2万多亩。

● **1975年**　1月　大通湖农场修订农田建设规划，将全场8.5万亩耕地整合成8大片、126大块、710小块，建成"渠闸配套，水旱轮作、旱涝保收、稳产高产"的高标准林网化农田。

5月30日　湖南省血防办在北洲子农场召开打井现场经验交流会，该场筹资打井35口，从饮水上切断血吸虫病源。

9月10日　大通湖农场党委书记贺隆配代表地区各农场赴昔阳参加会议，并进京参加国庆观礼。

11月中下旬　霜冻持续4天，12月又连续霜冻21天，造成农场甘蔗种茎冻坏，工业蔗糖分流失，当年白糖减产近五成。

● **1976年**　9月18日　各场以职工子弟学校操坪为中心会场，共组织近7万人沉痛悼念毛泽东逝世。此前数天，按照上级统一部署，各级各单位设立悼念场所，组织群众开展悼念活动。

12月10—27日　大通湖农场党委书记贺隆配、千山红农场党委书记谢银生赴北京参加会议。

● **1977年**　2月　各场党委按照湖南省、地委部署，开展内部整党整风，9月末结束。通过整顿，调整充实了各级领导班子，增强了党的战斗力。

6月　各农场先后召开党委扩大会和三级干部大会，贯彻落实中共中央提出的"调整、改革、整顿、提高"方针，集中主要精力把农业搞上去，压缩基本建设规模，搞好工业调整。

10月12日　国务院批准教育部意见，宣布当年恢复高考。各场立即动员应届高中毕业生和社会青年报考，大通湖农场参考773人，被大专院校录取25人、中专录取20人。

● **1978年**　1月20日　各场总结近几年血防工作，制定1978—1980年血防工作规划。

8月　纵卷叶螟危害晚稻，湖南省民航局派出飞机来场喷洒农药。金盆农场受治面积2万亩、北洲子农场受治面积1.3万亩。

9月10日　地区农管局召开农场工业、财务工作会议，推介大通湖农场"围绕农业办工业、办好工业促农业"的经验。

11月　各场狠抓甘蔗贮种工作。地区农管局印发资料推介大通湖农场一分场二队"定点留种，选地挖窖，适时贮藏，防烧防冻，专人管理"的经验。

同月　大通湖农场农科所培育的"洞庭一号"棉花新品种，获益阳地区科技成果一等奖。

1979 年　2月　各场相继举办三级干部学习班，历时半个月。班上主要学习贯彻党的十一届三中全会精神，把全党工作重点转移到社会主义建设上来。

3月　各场分别召开各种会议，认真贯彻国务院批转财政部、国家农垦总局《关于农垦企业实行财务包干的暂行规定》，实行农场"独立核算，自负盈亏，盈利留用，亏损不补"的财务包干办法。

6月3日　农垦部在大通湖农场召开"南方国营农场化学除草经验交流会"。中央及南方14个省、市的有关部门和专家学者共120人参加。

7月　大通湖农场被评为1978年湖南省"红旗单位"。

11月11日　农垦部授予金盆农场"经营管理先进单位"称号。

同月　农垦部于武汉召开全国国营农场经营管理工作会议。会上肯定了大通湖农场"一家班"养猪经验。

1980 年　1月4日　根据中共中央、国务院关于给全国职工中40％的人提升工资级别的决定，各场成立调资领导小组，开展调资工作。大通湖农场有职工14925人，其中工分制12333人，升级5617人，占总数的45.5％；工资制2592人，升级1054人，占总数的40.7％。

4月　各场相继成立纪律检查委员会。

5月　农垦部副部长赵凡来各场视察。

同月　水利部召开的长江中下游防洪会议，确定大通湖大垸为湖南省十大重点确保垸之一。

6月　北洲子飞机场水泥跑道及附属设施建成，国家投资21万元。

12月15日　中国社会科学院农业经济研究所对大通湖农场扭亏增盈进行调查研究，并撰写了题为《改善经营管理，巩固和发展国营农场经济》的调查报告。

1981 年　1月26日　各场先后制定《1981年经营管理有关规定》，重点落实专业承包、联产计酬责任制。

3月15日　北洲子农场造纸厂建成投产。

4月　湖南省委书记毛致用来各场视察。

8月　各场先后成立农业自然资源调查和农业区划委员会。委员会下设综合、畜水、农机、农经、工交、土壤气象、水工测绘、环保科技9个小组，启动农业普查区划工作。

9月　滨湖地区县委书记流动现场会在大通湖农场召开。省委领导毛致用、万达主持会议。常德、益阳、岳阳3地区的地、市、县委书记及农场党委书记参加会议。

本年　大通湖农场四分场青年高春华、金盆第一中学教师易杜良被授予全国"新长征突击手"称号。

● **1982年**　1月　各场相继成立农场工会筹备小组，着手各级工会组织恢复重建工作。

4月2日　大通湖农场召开第六次党代表大会，会期3天，出席代表150名。大会选举产生由9名委员组成的第六届党委会，袁冬生任书记。

4月6日　千山红农场召开第三次党代表大会，会期3天，出席代表127名。大会选举产生由9名委员组成的第三届党委会，刘文光任书记。

同月　千山红农场农艺师陈安球在水稻杂交组合研究中成效突出，被评为湖南省"劳动模范"。此前，他还荣获"全国农垦先进工作者"称号。

6月　大通湖农场被评为湖南省"社会主义现代化建设先进集体"。

9月　各场相继恢复党校。

同月　大通湖糖厂余热发电续建工程动工，自筹资金50万元，银行贷款245万元。年底建成投产。

12月　各场相继成立农业、工程、财会技术职称评定委员会，启动专业技术职称评定工作。

同年　"千红15-8"中熟早稻品种获地区科研成果一等奖；"千红8122-1"中熟晚籼和"千红8124-1"中熟晚粳参加湖南省优质米鉴定会，获省级"优质稻米"称号。

● **1983年**　1月　各场相继出台对农业实行"统一经营、三级管理、承包到户、收支包干"的政策规定，组成三级班子开展土地承包到户工作，实现了农业家庭联产承包到户责任制。

3月　各场先后印发《关于耕牛农具折价卖给职工的具体规定》，并公布《农业职工宿舍折价计费实施办法》。翌年3—4月，所有公养畜禽及圈舍、农机具、农业家庭住房均折价让售给各承包户。

8月　各场相继成立落实知识分子政策领导小组。

8月28日　各场召开三级干部大会，传达上级关于"严厉打击刑事犯罪活动，综合治理社会治安"的精神。严格执行中央"坚决打击，一网打尽"方针，巩固和发展安定团结的政治局面。

10月　地委机构改革工作组进驻千山红农场，按干部"四化"要求，协助场党委调整各级领导班子。

12月　各农场先后召开党代表大会，会期3天，均选举产生由7人组成的新一届党委会，各场新当选的党委书记为：大通湖罗明华、北洲子蔡镇铭、金盆袁焕彩、千山红刘文光。

● **1984年**　1月　北洲子农场职工肖传明承包耕地114亩，兴办湖南农垦第一个家庭农场。此前两年该耕地共产稻谷4.7万公斤，上交4万公斤，全家劳均年收入4269元。

2月　益阳地区税务局农垦分局成立，接管原大通湖税务所，并在各场设立税务所。

3月22日　地委组织各县市和农场党委书记赴江、浙、沪考察学习，历时半个月。各场借鉴经验，解放思想，全面推进改革，把经济建设的重点放在发展商品生产上。

6月10日　大通湖农场召开全体家庭农场场长会议，民主选举产生由11人组成的家庭农场协会理事会。会议通过协会章程，规定家庭农场7项义务、8项权利，并对验收合格者颁发"家庭农场证书"。

7月　由农牧渔业部，湖南省农管局，益阳、岳阳、常德地区农管局及省属13大农场有关负责人组成的企业整顿四级联合蹲点调查组进驻大通湖农场，开展综合改革全面调研，至9月结束。调查组共撰写调研报告10篇，对农场深化改革、扩大开放、提高效益起到了指导作用。

8月12日　大通湖农场对工业企业改革出台8项措施，内容涉及企业管理体制、工资及奖金、经济联合、人事劳动管理、计划财务管理、生产经营管理、厂长负责制、企业职工住房等。随后对教育体制、医疗制度提出改革方案。

16 日　金盆农场鼓励职工私人建房，计划建设 500 栋，实行私建公助，砖瓦房每栋补助 500 元。

同月　湖南省农科院在北洲子农场召开棉花密植免耕技术鉴定会，全国农业科技界 50 多人到会。此前 5 月时，湖南省农科院研究员李璞在北洲子农场指导该技术的应用。

9 月 1 日　大通湖农场率先实行机构改革，总场机关实行党、政、企三线分设。改革后，场部科室由原来的 22 个减为 4 个，干部由 139 人减至 53 人，全场三级行管理人员由 533 人减至 243 人。其中 27 名副科级以上干部（含场级 3 人）退居二线。随后，其他三个农场进行改革，转换职能，精减机构人员。

12 月 20 日　大通湖渔场冬季大湖捕捞生产开始，是年大湖鲜鱼产量 950 吨。

本年　千山红农场被湖南省儿童少年工作委员会评为"托幼工作先进单位"。

● **1985 年**　1 月 11 日—15 日　根据地委部署，各场开始全面系统整党，先后召开党委会、党委扩大会，各党支部召开党员大会进行动员。整党围绕"统一思想，整顿作风，加强纪律，纯洁组织"4 项任务进行。

3 月　金盆农场与山东省青岛木器厂签订经济技术合同，7 月组建胺基板厂工程筹备指挥部，9 月破土动工，合计投资 784 万元。

4 月 20 日　各场为改善知识分子和科技人员待遇，调整相关政策，凡在职有中级以上职称和中专以上学历的国家干部，从 1985 年元月起，向上浮动一级工资；每月分别发给津贴 8 元和 6 元，同时发给资料费、燃煤、肉食等补贴。

5 月 8 日　地委书记何晓明到 4 个农场调研后，召开全区各县市和农场党委书记会议，强调要把国营农场真正办成社会主义农业的示范基地。要求着重做好 3 项工作：围绕增强企业活力，坚决简政放权；经营方针上坚决走贸、工、农一体化路子；抓好集镇建设，使之逐步成为农场的经济、政治和文化中心。

7 月 16 日　金盆农场 79 名代干、144 名代教、29 名代医经考核审批，转为国家编制。此前的 1984 年 8 月，大通湖农场为 432 名上述"三代"人员解决国家编制。千山红、北洲子农场和大通湖渔场的"三代"人员，符合条件者也先后转为国家编制。

9月22日　全国农垦产品展销会在北京展览馆开幕。区内各农场参展样品主要有纤维板、白砂糖、文化纸、纯麻纱、混纺纱、精干麻及食品酒类共20多个品种。

● **1986年**　2月26日　地委发文确认大通湖、北洲子、金盆、茶盘洲、千山红5个国营农场为正县级国营企业，按正县（处）级配备干部。

4月2日　大通湖农场改革医疗管理办法，实行"分灶吃饭"。职工医院单独核算，经费包干，适当补贴，自负盈亏，节余留用，亏损不补。场属机关及企事业单位医疗费自行包干。职工门诊、住院费一律现金结算，到各自单位列报。

4月6日，地委书记何晓明在大通湖农场主持召开联防工作会议，处理调解场、乡纠纷，并成立大通湖水域社会治安联防委员会，实行大湖周边场、县、乡联防联管。此后，大湖水域治安形势保持平稳。

10日　大通湖农场突遭雷雨大风冰雹袭击，油菜等春收作物及早稻秧田受灾面积3.76万亩。其他各农场均不同程度受灾。

5月9日　地委决定，将大通湖渔场定为副县级单位，划属地区农管局管理。5月26日地委决定渔场仍由地区农业局管理。

7月　各农场先后成立职称改革工作领导小组，全面铺开职称晋升评定工作。

8月28日　大通湖农场举行建场35周年庆祝大会暨万锭纱厂投产典礼。农场历任领导和地委行署及省、地农管局领导应邀莅临，省属各农场派员祝贺。

10月8日　大通湖渔场试用机械围网捕捞，首网捕鱼8万公斤。后每年机械捕捞量占总渔获量的70%以上。

● **1987年**　1月　益阳地区供销社设在各农场的贸易公司整体移交农场管理。

5月　各农场相继成立环境保护领导小组。随后组建环保科，对工业"三废"开展检测治理，农业上扩大生物防治病虫害规模。环保工作提上农场议事日程。

6月2—5日　湖南省农管局在大通湖农场召开全省农垦工作会议，主要议题是完善企业内部分配关系、加快工业企业承包经营试点工作、力争年内全部实行承包经营责任制。

6月23日　湖南省民航局在大通湖农场召开飞机喷施微肥现场会。来自省内教学、科研和生产单位的40多名专家、代表参加。会议一致认为：采用飞机大面积喷施甘蔗稀土、水稻锌肥，低耗高效、增产增收效果明显。此项技术获地区科技进步奖。

7月22日　湖南省委书记毛致用一行32人到千山红农场视察、参观葡萄酒厂。

8月23日　行署专员孙振华带领相关部门单位负责人在千山红农场召开5大农场现场办公会，各农场场长参加。

9月15日　行署任命白森安为大通湖农场场长，农场实行场长负责制。

11月22日　大通湖农场举行场长就职仪式。地委、行署有关领导，省、地农管局及省属各农场领导莅临。区内其他农场于1988年实行场长负责制。1990年底，终止场长负责制，恢复党委领导下的场长分工负责制。

本年　各农场经济形势达建场以来最佳状态。4个农场工农业总产值1.8亿元，利税突破2000万元，农业全面丰收，工业规模扩大。大通湖农场人均年收入814元，名列湖南省县、市、农场前三名。

1988年　2月7日　大通湖农场作出规定，原由农业单位负担的总场管理费及其他费用转由工业企业负担，实行"以工补农"。

3月　金盆农场曹智兰（女）当选为省第七届人民代表大会代表。

5月　中共中央顾问委员会常委王首道为《大通湖农场志》题写书名，并题词"大通湖农场经过艰苦创业，已具规模，应继续实行农工商综合经营，深化改革，发展生产力，为实现农业现代化稳步前进"。其他3个农场相继成立农场志编纂委员会和编辑组。

6月1日　湖南省委副书记、省人大常委会主任刘夫生视察金盆农场，并为该场题词"勇于改革，开拓前进"，随后还视察了其他3个农场。

9月8日　各场遭遇特大秋汛，湖南省委书记熊清泉、省军区司令员蒋金流、地委书记吴向东一行30人到各农渔场指导抗洪抢险工作。

9月11日　内湖水位达29.94米，超历史最高水位0.41米。大通湖农场一分场三队通湖渍堤溃决，淹没农田7860亩，受灾486户、近1700人，直接经济损失210余万元。

12月16日　金盆农场"早香17"香稻米获首届中国食品博览会银质奖。

1989年　6月18日　地委书记吴向东、行署专员孙振华率地直有关部门负责人到各场召开经济工作流动现场会，解决各场改革与发展的有关问题。

9月22日　各场庆祝第一个"老人节"，开展"敬老人，办实事"群众性活动。

10月17日　地区行署在千山红农场召开地属国营农、渔场颁发土地使用证书现场会。共颁发《国有土地使用证》4868份。

11月　各场成立除"六害"统一行动领导小组，打击和查禁取缔卖淫嫖娼、聚众赌博、制作贩卖传播淫秽物品、拐卖妇女儿童、私种吸食贩运毒品和利用封建迷信骗财害人（简称"六害"）等社会丑恶现象。至翌年春，除"六害"统一行动取得阶段性成果。

同月　金盆农场5000锭纱厂建成投产，可生产32支、21支纯棉纱及21支、10支、11支棉麻混纺纱。经省、地测试中心测定，分别达到一等一级和上等一级标准。

12月29日　经地区行署企业管理指导委员会审定，同意农垦系统22家企业为省级预备企业。

1990年　3月　各场选定一个农业生产队，进行农村社会主义思想教育试点。1992年，农场先后成立社教领导小组，共组成21个社教工作队到各分场开展面上社教工作，促进了农场的两个文明建设。

4月12日　地区行署批复：同意大通湖农场定为大型（三）国营农业企业，明确场级干部职级不变。划型级别根据生产经营和效益情况有升有降，不搞终身制。

5月19—22日　地委、行署领导组织相关部门单位负责人到地属农场现场办公，研究农场工业发展等问题。决定由农业银行提供专项贷款用于各场火电改建，解决部分计划内钢材、汽油指标，帮助各农场解决一些基础设施，如公路、通信等问题。

5月26日　各场开展"洪水无情人有情，捐粮捐款助灾民"活动，支援安化、桃江灾区。

11月至翌年初　各农场分别召开党代表会议，选举终止场长负责制后的新一届农场党委会。各农场当选书记为：大通湖白森安，北洲子谌定邦，金盆伏思进，千山红田长庚。

1991年　1月4日　各场开展交通运输市场的治理整顿。

3月15日　全国政协委员、原农垦部副部长吕清和解放军原总后勤部副部长胥光义来大通湖农场视察。

6月4日　国务院副总理邹家华率"长江三峡考察团"一行百余人，在湖南省委、省政府主要领导陪同下，来大通湖农场视察。

6月21日　地委任命王建邦为大通湖农场党委书记。

7月14—16日　湖南省领导储波等来区视察大通湖内湖防汛工作。

8月1日　北洲子农场纸厂1500千瓦汽轮发电机组投产。

9月　各农场加强职工教育，先后出台《1991—1995年职工教育规划》。

10月　全国政协副主席王光英率政协"长江三峡考察团"来大通湖农场视察。

10月7日　各场对"五保户"定性与供养标准作出规定。对"五保户"由其所在单位负责保其吃、穿、住、医、葬。其供养费标准随职工退休金的提高而相应增加。

11月11日　时任中央书记处候补书记温家宝在考察洞庭湖区农业结构调整和粮食生产基地建设行程中，来大通湖农场视察，了解农场农垦事业发展情况。

11月12日　中南5省100人代表团来大通湖渔场考察大湖淡水养殖。

12月8日　大通湖农场与湖北人民大垸农场缔结友好农场协议、在大通湖农场举行签字仪式。

● **1992年**　2月17日　大通湖农场在河坝集镇举办"金猴显圣"元宵灯会，共展出大型彩灯240多盏，各色串灯及小型彩灯2万多盏。参加观灯赏景、游艺猜谜者络绎不绝。

4月20日　各场遭受特大暴雨和雷电冰雹袭击，一个多小时降雨39.6毫米，遍地冰雹。大通湖农场2000多户受灾，死1人、伤85人，倒塌房屋450间，损坏春收作物3万多亩，直接经济损失240万元。

5月　各农场根据国家住房制度改革的政策规定，对机关和企、事业单位的公有住房进行让售，实现住房商品化。至11月，共让售住房304栋、16.1万平方米，折价449.1万元。

6月　北洲子农场规定，自然增长劳动力转职工，需一次性缴纳养老保险金。转为固定工资制职工，17~25岁每人交600元，26~30岁每人交1000元；转为非固定制职工，17~25岁每人交600元，26~30岁每人交800元。转职工后按规定缴纳个人应缴部分的养老金。

7月　香港客商投资30万元，建立大通湖农场首家合资企业"通泰染织有限公司"。

10月　湖南省经委等有关部门核定：大通湖糖厂为中型一档工业企业，大通湖纱厂为中型二档工业企业。

● **1993年**　3月　根据上级精神，各场作出减轻农工负担决定，采取"加强领导、控制标准、强化监督、总场支持、各方协调"5条措施减负。北洲子农场全年为农户减负40万元，亩均11.37元，劳均40元。

6月6日　大通湖农场成立文学艺术界联合会，下设文学戏剧、书法美术、音乐舞蹈、摄影4个文艺协会，有会员170人。

8月1日　湖南省长陈邦柱一行34人从沅江到各农场视察洞庭湖水利情况。

8月28日　北洲子农场召开第五次党代表大会，选举9名委员组成党委会，毛国斌任书记。

同月　益阳佳倍实业公司租赁北洲子农场纱厂，租期从1994年1月开始，每月租金7万元，分季交付。

● **1994年**　1月6日　湖南省人大常委会主任董志文一行30人到大通湖渔场视察。

同日　大通湖农场辖区内王家坝遗址发掘出土石斧、石凿、石刀和陶鼎、陶盆等文物，鉴定为新石器时代遗存，距今约6000年，属大溪文化，是研究洞庭湖历史地理变迁的实证。遗址被列为县级文物保护单位，保护区面积5600平方米。

3月13日　湖南省委书记王茂林来大通湖视察工作。

3月17日　大通湖农场纪委组织有关部门负责人进驻纱厂，开展反贪污、反贿赂、反偷盗斗争。至年底，共查获经济犯罪6起、违法案件2起，查出违纪违法人员26名。查出贪污、受贿等违纪金额58万多元，追回57万元，2名党员受到留党察看处分、8名违法人员移交司法机关处理。

4月　千山红农场女职工孙群珍爱国爱场，承包经营十多年，年均交售稻谷5吨、甘蔗40吨，被评为全国"劳动模范"。

5月8日　大通湖农场敲响拍卖国有土地使用权第一锣，将河坝镇文化中路550平方米的国有土地使用权推向市场，拍卖成交价每平方米502元。

5月18日　时任湖南省政协主席刘正率政协委员来大通湖考察。

6月21日　湖南省农管局在大通湖召开"三百工程"会议，宣布大通湖为全国农垦百家现代企业制度试点农场、百家商品生产基地农场、百项科技项目试点农场。

7月　各场按照权利与义务相统一的原则，先后执行职工信誉证制度，对符合条件的职工颁发《职工信誉证》，享受农场规定的公费医疗、退休、工效挂钩、调资升级、住房补贴及其他优惠福利待遇。

7月8日　千山红葡萄酒厂生产的"蟠桃宴"牌波尔特，在国际工贸产品博览会上获国际金奖。

8月3日　大通湖农场修建河坝至老河口轮渡的油路，全长9.2千米，国庆通车，耗资118万元。

8月18日　北洲子农场进行客车产权竞卖，7台客车及营运线路底价共41.4万元，竞拍成交63.3万元。

12月　千山红农场获湖南省政府颁发的"血防达标"荣誉证书和奖杯，农场血防办获湖南省血防工作领导小组授予的湖南省"血吸虫病防治工作先进单位"称号。

同月　湖南省农垦局授予北洲子农场加工厂1994年湖南省"农垦系统先进单位"称号。

● **1995年**　1月5日　大通湖农场推行风险抵押制度，在职干部按职务向所在单位缴纳风险金：场级每人1500元，科级1200元，干部1000元，职工500元。年终决算，单位完成计划任务者风险抵押金全退并计息，完不成任务者风险金按比例扣减。其他各农场相继实行这一制度，以强化全员风险意识。

4月　千山红农场职工医院院长谭资源被评为湖南省"劳动模范"。

5月22日　遵照国务院《关于职工工作时间的规定》，各场从6月起实行每周5天工作制。工厂企业和农业单位可视生产经营情况，由单位具体安排。

7月　时任国家农垦总局局长曾毓庄一行来大通湖了解防汛情况。

10月12日　洞庭湖第一期扫尾工程湖子口隔堤北洲子堤段加固工程破土动工。

10月16日　各农场党委召开纪检工作会议，贯彻中纪委《关于领导干部廉洁自律补充规定》精神，强调不准用公款吃喝玩乐、不准接受对执行公务有影响的宴请。

1996 年
2月25日　大通湖农场召开三届三次职工暨工会会员代表大会，主要审议决定农业职工退休养老办法，努力提高农业职工退休待遇。

3月25日—4月5日　益阳市委组织部、市纪委、市农村部组织调查组在大通湖渔场就渔场党委廉政建设问题进行调查。

6月6日　大通湖商业公司、纱厂，千山红葡萄酒厂等企业因严重亏损，无力偿还到期债务，经益阳市中级人民法院裁定宣告破产。此后，众多企业通过多种形式进行产权制度改革，场属国有资本退出一般性竞争行业。

同月　益阳市委书记李江带队到各场检查防汛工作。国家防汛抗旱指挥部一行10人对农场防汛大堤会诊，提出生物防浪建议。

7月　各场遭遇特大洪水威胁。22日外湖水位35.82米，超危险水位1.32米，超历史最高水位0.73米。高危水位持续35天。各农场在上级党委政府的领导和支持下，先后组织4万多劳力日夜防守外湖一线大堤和胡子口隔堤。经一个半月的艰苦作战，确保了大通湖大垸万无一失。

8月2日　大通湖农场开展赈灾募捐工作：干部职工每人捐一个月工资；离退休人员捐半个月退休金；农业劳动力每人捐50元；工商个体户每户捐400～800元。

同月　湖南省委、省政府主要领导王茂林、杨正午，民政部部长多吉才让分别来农场视察灾情，慰问受灾群众。

12月4日　大通湖渔场机械围网捕鱼，一网创22万公斤纪录，被誉为"三湘第一网"。

1997 年
3月7日　大通湖农场成立职工困难互助救济会，选举产生理事32人。

7月1日　各农场组织盛大的群众游行，庆祝香港回归。

7月16日　各农场转发益阳市委、市政府《关于全面推进国有企业改革的决定》，力争用两年时间，基本完成国有中小型企业的机制转换，推进企业尽快走向市场，实现两个根本性转变。

9月23日　大通湖农场决定争取多项措施，进一步解决企业转型中部分职工生活困难问题。对下岗待岗职工，其生活费须与在岗人员同步发放；同一家庭的职工均待岗歇业的，应优先安置；各单位招录下岗待岗职工的，给予政策优惠；鼓励困难职工自谋职业，从事农业生产的，各项上缴利费给予优惠或免除；总场适当安排一些基建项目，吸纳下岗职工，用以工代赈方式使其增加收入；各单位福利费主要用于帮助特困职工。

10月3—11日　大通湖渔场赴益阳参加第三届国际竹文化节，并设展馆，重点展示鱼产品和珍珠产品。

11月18日　大通湖渔场冬季开湖，本年大湖鲜鱼产量1900吨，为历史最高产量。

● **1998年**　1月18日　大通湖糖厂改制为股份制企业，干部职工参股1000万元，其中本厂500万元；其余500万元分配场级干部每人1万元、科级6000元、股级4000元、一般干部3000元、生产队干部2000元、职工1000元。

2月24日　大通湖农场决定全民集资，兴修水利，提高防洪能力。集资标准：在岗工资制人员月工资的50％，离退休人员月退休金的25％，月工资200元以下的每人50元，农业劳动力每人75元，摊贩每户200～400元。总场向所属工商企业和驻场单位征收防汛保安费，每单位3000～5000元，个体工商业每户400～800元。

4月2日　大通湖农场决定实行生产队政务公开制度。

4月8日　根据地委精神，各农场全面实行干部人事制度改革：男年满55周岁、女满50周岁基本实行内部退休。大通湖农场共内退119人。

7月14日　大通湖内湖水位达28.53米，超防汛水位0.03米，大通湖农场一分场三队通湖隔堤继1988年溃决后再次决口，淹没农田8190亩，经济损失2000余万元。

7月29日　内湖水位达30.02米，8月20日外湖水位达36.20米，均超历史纪录，高危水位持续43天。各场全民投入防汛抢险。大通湖农场先后组织万余职工上堤，耗用木材400立方米、黄砂卵石6282立方米、编织袋3465万条、彩条布3万多米，加上其他防汛器材总价值约600万元。

8月18—9月10日　中国人民解放军43军123师368团炮兵营221名官兵奉命执行农场抗洪抢险任务，历时20多天。

21日　千山红农场西溃堤出现险情，120米堤段整体下滑0.6米，出现管涌26处。大通湖大垸西部近8万人口、20万亩土地受严重威胁。该农场组织 4000 多名干部职工抢险，省、市领导胡彪、周伯华和李江亲临现场指挥，900 多名解放军官兵，邻近农场和沅江、南县组织的 1700 多名民工驰援，经 4 昼夜奋战，化险为夷。

10 月 17 日　千山红农场党委书记、场长杜玮被评为湖南省"抗洪抢险功臣"，荣获全国"五一劳动奖章"。

● **1999 年**　4 月 4 日　湖南省委书记杨正午、省长储波等省、市领导到各场检查防汛工作。

5 月 17 日　各场实行紧缩开支政策。大通湖农场清理移动电话和住宅电话。该场清理出公费配置的移动电话 29 部、传呼机 88 个，收回资金 4.5 万元。

5 日　大通湖农场对教育系统实行体制和教学改革：实行校长负责制；用人实行"双向选择、竞争上岗、分类聘任、转岗分流"聘任制；实行由基础工资、活性工资和质量工资组成的结构工资制；执行素质教育，实现德、智、体、美、劳全面发展。

8 月 2 日　大通湖农场召开经济工作会议，推出三项改革措施。一、管理体制改革：精减机构人员；延长土地承包期；加强"大农场"服务体系建设；排灌体系实行分区集中联排。二、工商企业改革：下岗分流，减员增效；推进以产权改革为重点的股份制、股份合作制及租赁、出售、兼并、破产；按所负责任和贡献分配，拉开收入档次。三、农场体制改革：积极争取农场建立一级财政体制；农业分场实行报账制，工商单位实行会计委派制和财务监督员制；加大财务监督力度。

9 月　各农场经济运行极度艰难，面临前所未有的生存危机。至 9 月，大通湖农场亏损 2281 万元，同比增亏 1766 万元。全场总资产 2.1 亿元，负债近 2 亿元，资产负债率 94.4%。

12 月 17 日　各农场充实"610 办公室"，加大力度打击邪教组织、严防邪教活动。

● **2000 年**　1 月　各农场党委组织干群学习讨论湖南省委、省政府于 1 月 24 日印发的《关于国有大中型农场体制改革的意见》。

同月　各农场开展第五次全国人口普查工作。

3 月 24 日　益阳市国有农场体制改革领导小组成立，市委副书记刘国湘任组长、市领导陆国柱、李皋、魏遐林任副组长，市直有关部门及沅江市、南县和6大农（渔）场主要负责人共25人为成员。

3月29日　益阳市农场体制改革动员大会在大通湖农场召开，部署国有农场体制改革，市委、市政府主要领导出席并讲话。

4月4日　益阳市大通湖区筹备工作组进驻大通湖农场，全面启动新区筹建工作。

6月15日　市委第14次常委会会议就农场体制改革问题作出决定：市属国有农场实行改场建镇设区；根据精兵简政的原则，大通湖区下设11个党政机构；区机关编制控制在200人以内，近期控制在150人以内；4个镇编制不超过100人，2个办事处编制不超过30人（也可不给编制，由渔场和军垦农场自行安排人员）。

7月8日　益阳市市长蔡力峰检查农场防汛救灾工作后，当晚召开大通湖筹备工作组和各场党委全体成员会议，要求顾全大局，严肃政令，抓好防汛抗灾和经济工作，注意防止和克服某些不利因素，切实维护社会政治稳定和改革的正常秩序，以良好的精神面貌迎接新区的诞生。

8月17日　益阳市委副书记李书坤，市委常委、组织部部长谢超英代表市委来大通湖区召开4农场副处级以上干部会议，宣布区委、区管委会领导成员任职名单和4镇、2办事处主要负责人提名。次日，召开各农场机关干部和企事业单位主要负责人大会，动员做好改场建镇设区各项工作。同时决定各镇成立临时工作委员会，由市委提名的镇党委书记挂帅。

8月23日　区委、区管委会召开工作会议，理清全盘工作的指导思想和新区经济发展的大体思路。总的指导思想：坚定不移地贯彻"两手抓，两手都要硬"的方针，促进两个文明建设协调发展；坚持不懈地做好优化环境、土地挖潜、改革创新三篇文章，实现农民纯收入、财政收入两个翻番目标；坚持党的宗旨，转变干部作风，一切从群众利益出发，开创新区安定团结的政治局面。新区经济发展的大体思路：以农业为基础、工业为主导、接长产业链、创建增长点，向科技要高产、向管理要效益。

8月26日　益阳市国有农场体制改革领导小组召开工作会议，主要研究机构编制，公务员录用，财政、养老保险社会统筹和国有土地管理等四个问题。

8月29日　区召开全区冬季农业动员大会。区领导班子、各镇工委全体成员、分场负责人等共 210 多人参加。

9 月 11 日 益阳市委下发《关于设立中国共产党益阳市大通湖区委员会和纪委检查委员会的通知》,明确大通湖区委设委员 9 名,其中书记 1 名、副书记 4 名;纪委设委员 5 名,其中书记 1 名、副书记 1 名。经湖南省编委办同意,益阳市委、市政府决定设立益阳市大通湖区管理委员会(正县级),比照县级政府赋予职能职权,全面负责管理区域内的经济社会事务。大通湖区配区长 1 名,副区长 4 名。

9 月 14 日 湖南省民政厅印发《关于益阳市大通湖等五个农场改制设镇的批复》,撤销 4 个农场建制,建立镇人民政府。

9 月 25 日 益阳市编委按照党政机构综合设置和精干高效的原则,确定大通湖区的机构设置和编制配备。共设 11 个工作机构,配备财政全额预算事业编 200 名。所需人员纳入国家公务员管理范围。机关后勤服务人员事业编制按机关编制总数的 9% 配备,共 18 名。区直机关领导职数共配 35 名。

同日 区委决定:区管委会及其下属区财政局、工业贸易局、农业水利局、社会发展局、建设交通局、国土国资局、劳动和社会保障局均设立党组。28 日,区委决定各镇设立党委和纪委。各镇设党委委员 9 名,其中书记 1 名、副书记 4 名;设纪委委员 5 名,其中书记 1 名。

9 月 29 日 益阳市政府发文,设立沙堡洲办事处,以大通湖渔场场部所在地管辖地域为管辖范围,总面积 4.6 平方公里。设立南湾湖办事处,以南湾湖军垦农场的管辖地域为管辖范围,总面积 40 平方公里。

10 月 8 日 大通湖区设立一级财政。益阳市对大通湖区在分税制的基础上,实行"核定基数、超收全留、短收自负"的财政体制。体制上交和体制补助基数一定 5 年不变。

10 月 12—16 日 河坝、北洲子、金盆、千山红 4 镇分别召开第一次党代表会议,选举产生镇党委会,党委委员均为 9 名。

11 月 1—3 日 各镇先后召开第一届人民代表大会第一次会议,选举镇人大主席、镇长和副镇长。

12 月 4 日 区委发文明确各镇党政机关配制配备和设置内设机构设置,分别设立 7 个办公室:党政综合、农业水利、工业贸易、计划生育、社会事务、城镇建设和综合治理。

12月18日　中国共产党益阳市大通湖区委员会（以下简称"区委"），益阳市大通湖区管理委员会（以下简称"区管委会"）正式挂牌成立。

同月　区委、区管委会制订《大通湖区国民经济和社会发展第十个五年规划》。

同月底　撤销原农场分场、生产队和集镇建制，组建村（社区）自治组织，全区共设76个村民委员会、10个社区居民委员会。

2001年　1月18日　区委部署"三个代表"重要思想教育活动。同时决定开展创建先进区委、"六好"镇党委、"五好"村党支部"三级联创"活动。

1月31日　区委、区管委会决定，开展干部下村支农活动，组织区、镇机关干部下村支农，集中一个月时间突出抓好春耕生产及各项工作，确保全区农业与农村工作起好步。

3月8日　区委、区管委会决定，2001年全区抓好造福利民十件大事：大通湖大桥奠基开工，支持大东口电排建设，河坝新城规划与开发启动，理顺电力管理体制，全区电视联网，农业综合开发，东大堤纳入洞庭湖二期治理，成立信用合作联社，北洲子干堤造林工程等。明确各项工作牵头人、责任部门，规定了完成时间。

3月22日　为深化干部制度改革，加强对党政领导干部选拔任用的监督，区委印发《选拔任用党政领导干部实行任前公示制暂行办法》。同日，区委还下发《关于加强科（局）级干部队伍建设的意见》，主要内容是强化干部培训、实行干部考察责任制、严格干部任用程序、严格控制领导干部职数等。7月5日和14日，区委又分别作出任免科局级领导干部实行票决制和领导干部试用期制的规定。

3月23日　区委印发《关于加强农村基层党组织建设的意见》，切实加强村党支部班子建设，努力提高农村党员素质，严格党的组织管理。

4月16日　全区各镇启动"十星级文明农户"（十星即五爱、致富、法纪、计生、科技、新风、文教、团结、义务、卫生）创建活动。

6月8日　各镇分别召开第一次党代表会议第二次会议，选举产生镇纪委会。

6月19日　区委召开扩大会议，审议通过《区委、区管委会领导班子成员党风廉政建设和反腐败工作责任目标》《实行党风廉政建设责任制的暂行规定》《大通湖区党风廉政建设责任制实施办法》和《大通湖区反腐败工作部门责任制》4个文件。后于同月 27 日召开区第一次党风廉政建设暨反腐败斗争会议，各单位主要负责人签订《党风廉政建设责任状》。

9月7日　区纪委、区委党群部进行离任审计的暂行规定；10月23日，对党政机关领导干部收入申报的规定。

10月11日　区管委召开全区甘蔗糖业产业化流动现场会，与会人员参观了各镇共 21 个甘蔗种植、牛羊养殖、糖企改制典型。

12月10日　区纪委、监察审计局决定，即日开始至翌年元月 10 日，在全区开展为期 1 个月的"治理红包礼金活动月"活动。

● **2002 年**

1月31日　春节临近，区委、区管委会开展察民情、送温暖活动。共组织资金 358 万元，足额发放退休养老金和下岗人员生活费；发放"五保户"供养金 25 万元、低保金 15.3 万元、优待抚恤金 14.8 万元；慰问老劳模、老党员、复员军人、特困职工，共发放 1.6 万元。

3月1日　由湖南省公路局承建的大通湖大桥举行奠基仪式。大桥选址于省道监茅线（S202）大通湖辖区内老河口轮渡处。该桥于 2004 年 1 月竣工通车，桥长 246.5 米，12 跨、每跨 20 米，面宽 9.25 米，中心高度 35 米，总投资 1887 万元。

4月17日　区完成教育系统人事制度改革，全区核定教师编制 831 人，分流 242 人，占 29.1%。

4月28日　区委、区管委会作出加快城镇建设的决定。目标任务是：逐步建立一批布局合理、设施配套、功能齐全、经济繁荣、环境优美、两个文明协调发展的新型城镇，将其培育成新的经济增长点。

7月23日　启动电力体制改革，撤销原各农场机电公司，组建"益阳市大通湖区电力有限责任公司"，下设镇供电营业所，原所属人员通过竞聘上岗、社会保险统筹、自主择业等途径分流安置。

8月24日　区遭遇特大秋汛，外湖水位 35.36 米、内湖水位 29.77 米，均超过警戒水位。湖南省、益阳市防汛指挥部领导文选德、吴向东、贺同新、余国荣、蔡力峰等于晚 8 时在大通湖区紧急会商，决定立即调入砾石 1 万立方米、编织袋 10 万条。同时由国防科技大学、长沙工程兵学院、长沙炮兵学院组织 500 名官兵支援抗洪抢险（9月1日撤离）。区委发布动员令：全党动员，全民动员，全力以赴，确保区内不溃一堤一垸。

同月　区废止原农场各自不同的农业职工养老保险统筹办法，按统一办法、标准实行农业职工养老区级统筹。资金来源由田土收益（每亩征收国有土地使用费 60 元）、个人缴费（参保农业职工每人每月 15～20 元）和区级财政补贴三方面组成。10 月，启动城镇企业职工社会养老保险。2003 年 7 月，从事农业生产的原农场职工纳入全省农垦企业职工基本养老保险统筹。

11 月 1 日　区委组织喜迎十六大召开书法、绘画、摄影比赛，共收集作品 150 幅，展出作品 120 幅，其中 18 幅分获一、二、三等奖。

11 月 26 日　区召开大通湖渔场划归大通湖区管理交接大会，即日起，大通湖区全面接管大通湖渔场的政治、经济、文化及社会事务。

11 月 28 日　区全面开工建设河坝中心城区映湖路、玉湖路、文化路和明珠广场等"三路一场"工程，一期工程总投资 3000 万元，可新增城区面积 538 亩。

本年　大通湖区获益阳市两个文明建设目标管理考核第一名，受到益阳市政府通报表彰和 20 万元奖励。

2003 年

1 月 7 日　区委、区管委会印发《关于大力发展非公有制经济的决定》。此后于 4 月 15 日制发《鼓励工业企业投资与发展优惠政策》，内容包括用地优惠、财政奖励、行政优惠和招商引资奖励等 14 条政策措施。

2 月 12 日　大通湖区经济工作会议召开。会议明确 2003 年经济发展预期目标：国内生产总值、社会固定资产投资、财政收入和居民人均收入比上年增长 10% 以上。

3 月 16 日　河坝镇新城区 757 平方米土地使用权以每平方米 800 元的价格成功出让，揭开区房地产开发序幕。

3 月 28 日　区委、区管委会印发 4 万份《告全区人民书》，宣传发动全区人民防"非典"。

5 月 20 日　益阳市综治委在大通湖渔场召开联防联管工作会议，落实联防联管责任，完善工作制度。会议决定成立领导机构，毗邻渔场的 3 个县市区、8 个乡镇、46 个村为成员单位。市领导谢超英、李赤宇出席会议。

17 日　湖南省人大常委会副主任庞道沐、市委副书记张硕辅为大东口电排站一期工程竣工仪式剪彩。

7 月 3 日　益阳市委书记蒋作斌一行来区督战防洪抗灾工作。

同月　大通湖区2002—2005年世界银行贷款——英国赠款中国结核病控制项目正式启动。该项目总投资40万元。区管委会设立结核病防治所，发布了《关于免费检查、治疗传染性肺结核病的公告》，把防治结核病定为民心工程、德政工程。

10月21日　区管委会与益阳市电业局签订区电力公司由省、市电力部门代管协议，结束了区内原农场自办电力的历史。

10月28日　区委召开全区党员代表大会，应到代表74名、实到62名。会议选举罗智斌等13人为市第三次党代表大会代表。

同月　区管委组团参加湖南（深圳）投资贸易洽谈会，共签订5个项目，合同金额1.13亿元。

同月　各镇客运车站被益阳市汽车运输公司整体收购。

11月14日　区召开全区第一届残疾人代表大会，成立大通湖区残疾人联合会，余政良当选为联合会主席。

11月22日　区管委会根据国家、省有关文件精神，制发《大通湖区从事农业生产职工基本养老保险实施细则》。

● **2004年**　1月13日　区委举办"赞发展新面貌，奔小康好前景"迎新春文艺晚会。

2月5日　区劳动和社会保障局、财政局与农业银行大通湖分理处联合推出农业职工退休养老保险金储蓄卡，实现全区退休职工养老金按时足额和社会化发放。

2月29日　区管委会制发《关于加快国有企业改革的决定》。要求用2年时间，使全区43家未完成产权制度改革的企业全部实现民营。

同月　千山红镇从湖南省农科院引进珍珠养殖项目，由个私业主在大莲湖渔场投资150万元，养殖珍珠700亩。

3月17日　益阳市民政部门重新审批认定区内低保对象，低保人数由上年的4788人调整为3728人，每人每月低保金由23.8元调至54元。

3月30日　大通湖渔场大湖首次成功拍租，总租金628万元。此后按年递增，每年增收约150万元。

同日　区老年科学技术工作者协会成立，选举白森安为会长，有老科协会员53名，均具中级以上专技职称。

4月6日　2003年度民主评议党员活动结束。全区6820名党员，有

6007 人参加评议，评定优秀党员 281 名、合格党员 5725 名、不合格党员 1 名，34 名党员被除名。

4 月 23 日　区成立"受援助学领导小组"，共募集捐款 4.68 万元，资助贫困学生 86 人。

6 月 7—8 日　全国高考日。全区考生 453 名，录取 342 人，录取率 75.5％，其中 213 人超本科线，上线率 47％。2005 年，本科上线 245 人，创历史新高。

7 月 1 日　区委召开庆祝中国共产党成立八十三周年大会。大会表彰了全区 10 个先进基层党组织，10 名优秀党务工作者，100 名优秀党员。

7 月 2—14 日　区实施中国健康扶贫工程"021 项目"，中国初级卫生保健基金会赞助区人民医院电子胃镜一台和上消化道疾病普查药具等共价值 50 余万元，用于开展上消化道疾病普查。共初查 1.6 万余人，发现阳性 4600 多人，胃镜参检 1300 余人，发现早期癌变 1 人。

8 月 6 日　区内成立第一家养殖协会——"北洲子镇养殖协会"，法定代表人贺白云，注册登记会员 34 户，资产 246.6 万元。

10 月 21—25 日　区管委会组织代表团，携带 4 个系列、30 种农产品参加"湘洽会"和"益阳市首届农展会"，共签约 4 个项目，项目资金 7300 万元，完成交易额 4200 万元。

● **2005 年**　1 月　开展农业职工养老保险扩面。全区近 1.7 万人缴费参保，参保率 99％。同年启动新型农村合作医疗，共 7.67 万人参加。

3 月 9 日　市委组织的"益阳市优秀共产党员事迹报告团"来区巡回演讲。金盆镇敬老院院长李国华为报告团成员。

3 月 12 日　区内自凌晨起突降大雪，气温骤降至 −2 摄氏度，致使 13.5 万亩农作物遭受近 20 年来罕见春雪灾害，经济损失 1600 多万元。

4 月 28 日　全区第一届村民委员会和村党支部换届选举结束。76 个行政村选举产生村委会成员 294 人，村支委会成员 266 人。

同月　河坝镇敬老院获湖南省"五保之家建设工程示范单位"称号。

7 月 8 日　区委、区管委会召开落实国有农垦企业职工及家属城镇居民政策工作会议，全面启动"农转非"工作。全区有 4300 多人在自愿申请的原则下，经相关部门复核审批，转为城镇户口。

8 月 28 日　全国"招商状元"——四川攀枝花市副市长胡松兴率经贸考

察团来区参加招商引资重点项目推介会。

9月28日　区委、区管委会发出通知在全区掀起水利、城镇、交通、三电（电力、电讯、电视）四大基础设施建设高潮，并提出了措施和要求。

同月　全区对92名晚期血吸虫病人实施免费治疗，每人发放营养费300元；至11月25日，完成秋季化疗4133人。此前于元月4—5日，区内人畜同步化疗和动物血防工作经省、市两级血防单位验收达标。

10月9日　区疾控中心与区农水局处置4起禽流感疫情，对122名密接人员进行医学观察7天，未见异常。北洲子镇捕杀、无害化处理疑似疫鸭近2000羽。

同月　全区投资147万元，改造7所中、小学危房，总面积9807平方米。

10月25日　区管委会组团参加益阳市第一届农产品展销会，参展农产品30多种，签订合同6份，签约金额1.5亿元，贸易成交额1280万元。"口口香"系列大米和"大通湖牌"系列水产品被列入益阳市15大知名品牌。

2006年

1月　区委、区管委会开展"送温暖、解难题"春节慰问活动，走访慰问居民1500多户，发放慰问金60多万元。

2月9日　区召开区委经济工作会议，各级负责人886人参加。会议提出"十一五"期间经济社会发展总体思路、目标、举措，部署安排2006年工作。表彰2005年度三个文明建设先进，共设奖23个，发放奖金41万多元。

2月10日　农村信用社大通湖分社正式挂牌营业。至2006年底，该社存款余额1200万元，累计放贷和收贷1100万元，收贷平衡。

27—28日　各镇先后召开第二次党代表会议，选举产生新一届党委班子。随后，相继召开第二届人大第一次会议，选举产生镇长、副镇长和人大主席。

同月　金盆镇敬老院院长李国华被湖南省人民政府授予"为民办实事先进个人"称号，荣立一等功。

3月2日　湖南省委副书记、省长周伯华，副省长杨泰波一行来大通湖区专项督查防汛准备工作。

3月26—27日　益阳市委书记蒋作斌，市委常委、市委秘书长周再华，副市长徐耀辉带领市交通、农业、林业、卫生等局负责人，到大通湖区开展社会主义新农村建设调研。

3月29日　区党史工作领导小组，党史正本编委会、党史联络组、党史办成立。同年5月12日，区启动区党史正本编纂工作。

3月30日　河坝中心城区生态公园正式开园，公园占地110亩，设有中心广场、腾飞广场、文化走廊、水上亭台、运动场所、人工湖等人文景观，绿化覆盖率60%。与之配套的东侧胡子口沿湖1058米防汛堤风光带，包括堤内硬化公路于翌年5月1日建成开放。

6月1日　全区选派76名区、镇机关党员干部到各村任职。

6月2日　区长办公会研究农民减负工作，决定每亩责任田收费80元（其中共同生产费30元，养老统筹金50元）；发租经营田收费比上年每亩减少20元，最高每亩不超过200元；拍租经营田进行合同管理、规模经营，公开收费标准。25日，区委、区管委会正式制定《2006年农民负担监督管理工作方案》，并发放农民负担与补贴监督卡2万份。

9月5日　出台《大通湖区镇机构改革实施方案》，镇工作机构设置为"四办一所"，即党政综合办、经济发展办、民政与劳动保障办、人口和计生办和财政所。财政所实行区镇共管、以区为主的管理体制。

9月7日　美国蒙大拿州农场主迈克夫妇、美国养牛专家让迪、香港新邦集团董事长等一行8人，来区考察以牛、羊养殖为主的招商项目。

9月20日　大通湖区水产养殖协会在沙堡洲成立，548户参加，养殖面积18万亩。

9月25—28日　区管委会组团参加"第一届中国中部投资贸易博览会"，会上邀请11家客户洽谈10个重点项目，签订招商项目2个。

10月19日　中国林业产业协会秘书长寇文正、益阳市副市长肖彬及参加中国第二届杨树产业可持续发展高峰论坛会的近300名专家，来区考察天运集团在南湾湖种植的1.5万亩杨树基地。

10月22日　区委举办纪念红军长征胜利70周年革命歌曲大合唱比赛，共有14个单位650人参加。

11月5日　香港食物环境卫生署的领导和专家应邀来大通湖渔场实地考察。"大通湖牌"水产品完全符合《供港澳食用水生动物检验检疫管理办法》之规定，确定大通湖渔场4.3万亩养殖水面为供港基地，供港水产品贴挂"大通湖"标识。

11 月 25 日　湖南省第八届农博会上，大通湖区参展的"口口香"系列大米获中国稻米博览会金奖。

同月　区完成全区有线电视网络升级改造工程，共投资 500 万元，架设光纤干线 5 公里、支线 198 公里。

12 月 18 日　省道 S202 华茅公路升级改造工程开工典礼在大通湖区举行。该工程估算投资 2.55 亿元，起于南县华阁镇，途经丰安坝、河口、河坝镇、大通湖大桥、千山红镇，止于茅草街接线的五七运河桥头，全长 57.36 公里。

本年　全区标准粮田建设项目纳入国家优质粮食产业工程，总投资 965 万元（其中国家投资 800 万元）。承担国家超级稻 100 亩核心示范项目（河坝镇三源村）取得成功：平均单产 752.9 千克。全区共种植超级稻 5 万亩，其中一季稻 3.8 万亩、早稻 1.2 万亩，亩产比非超级稻品种分别高 50 千克和 104 千克。

本年　大通湖区在益阳市"三个文明"考核中排名第二，获奖金 20 万元。

2007 年　1 月 5 日　益阳市委书记蒋作斌及胡忠雄、周再华、徐耀辉等市领导来区调研，考察了城区建设和多个规模企业，对交通建设、培育特色产业和品牌、营造湖湘美景等工作提出意见。

同月　区委、区管委会开展"送温暖、献爱心"春节慰问活动。共筹资 80 万元，由各镇、各部门分别走访贫困家庭、优抚对象、孤寡老人 2000 户（人）。

2 月 4 日　区举办"和平水产之夜——走进春天"大通湖区 2007 年春节电视文艺晚会。湖南省内外知名专业演员及河南杂技团到场献艺。

3 月 12 日　大通湖区 4 个乡镇、76 个行政村、1.49 万农户的信息和数据全部录入中国农民补贴网。

3 月 14 日　湖南省出口水产品安全管理"三下乡"活动启动仪式在大通湖区举行。活动主题是"品质生活、共享和谐"，旨在增强人民群众食品安全意识。

同月　区管委会制发《关于进一步加强农民负担监察管理工作的通知》及《补充通知》。决定从 2007 年起，取消责任田所负担的每亩 50 元的国有土地收益金，"一事一议"筹资额年人均不超过 15 元，国家所有惠农补贴资金实行打卡社会化发放。

4月 10 日　大通湖区农村警务室建设全面完成，正式挂牌办公。全区 76 个行政村共设 22 个村级警务室，按照"1 室 1 警、4～5 名协警"安排警力，统一要求配置装备。

4月 18 日　区委、区管委会举办基层干部培训班，对全区 300 余名村支书、主任、会计进行政策和业务培训；29 日，举办"三调联动"（人民调解、司法调解、行政调解，对接联动）培训，全区 60 多名综治工作者参加；5月 31 日，区管委会举办第三届人民调解员培训班，100 余名人民调解员参加培训。

4月 22 日　北洲子镇经公开推选、民主评议，从全镇 70 余个"十星级"农户中评选出"十佳农民"，赴北京参观游览天安门、故宫、长城和京郊的"新农村示范村"。

4月 25—26 日　区人民法院和区检察院挂牌成立。

5月 16 日　益阳市委书记蒋作斌一行来区调研农民减负工作，要求高度重视农民减负问题，查找、整改减负工作中的不足，立足长远，利用丰富的土地资源减轻农民负担。

6月 1 日　"大通湖"牌中华绒螯蟹、鳙鱼、青鱼获"绿色 A 级食品"称号，"大通湖"牌鳙鱼、中华绒螯蟹获湖南省"名牌水产品"称号；同年 10 月 25 日，"大通湖牌"大闸蟹获中国第二届食品博览会金奖；12 月 14 日，经省工商行政管理局认定，"大通湖牌"及图标被评为省"著名商标"。

6月 18 日　投资 400 万元新建的区人民医院门诊大楼落成。建筑面积 2500 平方米。

6月 30 日　全国政协原副主席毛致用、湖南省高院原院长詹顺初等来区视察。

同月　全区组织 2000 余人，在外湖一线防洪大堤日夜值守，采用投饵毒杀、设防诱杀等办法，捕杀田鼠近 100 吨。7月 13 日，"洞庭湖区鼠传疾病防控工作会议"在大通湖区召开，国家防控中心专家组，湖南省卫生厅、湖南省疾控中心、湖南省卫生监督所及益阳、岳阳、常德三市领导参加。

7月11—12日　区内遭受暴雨袭击，两日降雨160毫米，造成10万亩农作物受渍，受灾人口1.5万人，直接经济损失2800多万元。

8月22日　大通湖区被定为益阳市全市唯一的省级农村药品"两网"建设示范单位。

8月31日　全国人大代表益阳组一行50人来区开展年度专题调研活动。

同月　区委出台《加强党员干部和机关作风建设，实行"十个不准"的规定》，并制发"十个不准"卡片1800份分发各单位。

9月4—6日　在第三届湘台经贸交流与合作论坛益阳投资说明会暨重点项目签约仪式活动中，大通湖区签约项目3个，合同引资2.1亿元。

11月5日　天运林工集团投资1.2亿元在千山红镇新建的年产10万立方米的天健纤维板厂竣工投产。

11月8日　区管委会出动工作人员360人次，在区内开展血吸虫病免费血样检验，共检验29800人，耗资15万元。

11月22日　湖南省财政厅、国土资源厅联合批复，同意在大通湖区实施5368亩省级土地整理项目。该项目计划投资670万元，包括平整土地3000亩，新修、整修沟渠114665米，硬化田间道路1001米，维修、改造机埠2座，新植防护林树苗8538棵等。

11月25日　口口香米业5万吨大米加工生产线项目建成投产。

同月　各镇第二届人民代表大会换届选举工作结束，共选举产生镇人大代表225名，选举产生新一届人大主席团和镇政府领导班子。

12月6日　根据省、市有关政策精神，区管委会出台《关于深化国有农场税费改革的通知》，将国有土地承包费中类似农村乡镇"五项统筹"的收费全部免除，完善农场改制的各项配套改革，确保农工负担不反弹。

本年　大通湖区投资1100万元硬化农村公路46.2千米。

本年　大通湖区连续5年被评为湖南省"人口与计划生育优质服务先进县（区）"。

● **2008年**　1月　区内出现近30年来持续时间最长、强度最大的降雪和冰冻天气。降雪量300毫米，最低气温零下6度。作物受灾，房屋受损，湖面冰层厚度200毫米，冻死鲜鱼580吨，直接经济损失约1800万元。区委全力组织抗灾救灾。

3月6日　大通湖区首届（北京）工作汇报会在京举行，30余位在京工作的大通湖籍乡友参加会议。以谢志华为会长、徐孟州为顾问的大通湖"北京同乡会"成立。

同月　区对 13 家重点企业实行区级领导联系规模企业和向企业派驻首席服务员制度。

5月8日　区党政办公楼及市民广场建成投入使用，占地 36 亩，建筑面积 8200 多平方米，总投资 2200 万元，工期历时 500 天。

5月16日　区管委会在益阳市华天酒店举办投资说明会，签订十大投资项目。合同引资 5.7 亿元。其中，大通湖渔场与冷水江市盛达物资有限公司正式签订 12.4 万亩大湖使用权等资产转让 49 年的合同，转让金额 8520 万元。

5月30日　益阳市委常委会议决定，大通湖区为"益阳市建设统筹城乡发展试验区"。9月10日，省、市发展和改革委领导和专家一行 60 人来区考察调研，推进城乡统筹工作。

同月　四川汶川于 12 日发生地震，区、镇机关干部和企业向灾区累计捐款 130 多万元，其中交纳特殊党费者 1768 人，金额 13 万多元。

7月4—7日　区管委会组团前往深圳参加承接产业转移招商推介会。期间举行大通湖籍广东省商界人士座谈会，成立大通湖区（广东）同乡会暨经济促进会。

8月　国家发放渔业机械捕捞船舶油补 146.9 万元，由渔场按政策直补到船，并经上级验收合格。

9月12日　召开全区教师节大会。区主要领导、全体教职员工、离退休教师代表等 775 人参会。大会对 10 名"十佳教师"颁发了荣誉证书及每人 1000 元奖金。

10月13日　湖南省委宣传部和省农业厅等单位组织"盘点十年农博"宣传报道活动，《经济日报》等 6 家中央新闻单位，《香港商报》《国际日报》2 家对外媒体和《湖南日报》《湖南卫视》等 14 家省内新闻媒体记者云集大通湖渔场，专题采访报道"大通湖牌"水产品。

11月24日　大通湖区首届"河蟹美食节"暨"大湖捕捞节"新闻发布会在益阳嘉宁娜国际大酒店举行。活动分三部分：大通湖水产广告词有奖征集活动颁奖；大通湖淡水生态养殖湖泊旅游发展高峰论坛；大通湖大闸蟹品尝和开湖起鱼观摩。省、市有关领导及专家教授、媒体记者

100 余名嘉宾莅会。

本年　区委、区管委会招募 106 名机关干部为志愿者，全面启动以帮扶"老、少、弱"为主要内容的"关爱民生工程"。

2009 年　1 月 9 日　区委、区管委会开展"送温暖、解难题"慰问活动，慰问困难家庭 2000 户（人），慰问金额 100 多万元，户均 500 元，其中特困户户均 1000 元。

1 月 16 日　大通湖区"盛世之春"2009 年春节联欢晚会举办。

5 日　由湖南尔药制药有限公司投资的湘易康药用辅料有限公司在大通湖区注册成立，正式进驻大通湖。

13 日　大通湖区召开统筹城乡工作会议，统筹城乡发展按照"两流转、三集中、三保障"的基本思路，确定河坝镇芸美村、北洲子镇顺和村、金盆镇王家坝村、千山红镇西港村 4 个中心村庄及 4 镇、渔场 5 个安居小区选址。

同月　口口香米业股份有限公司入选共青团中央第一批"青年就业创业见习基地"。

同月　河坝镇获"省级安全生产示范乡镇"荣誉称号。

3 月 10 日　益阳市副市长罗智斌率市人民银行、中国银行、农业银行、工商银行等金融机构负责人来区开展"金融促增长、信贷早春行"活动。本次活动共对接银企 11 对，签约资金 2.6 亿元。

28 日　各镇 33 个农村党员干部现代远程教育设备全部安装完毕。33 个村级终端接收站点成为提高村支两委党员干部综合素质的培训中心、农村学习职业技能的传授中心和丰富农民群众业余文化生活的文娱中心。

同月　大通湖区被列入全省 21 个棉花主产区（县、市），区内良种种植户享受每亩 15 元的补贴，棉农年受惠总额 120 万余元。

4 月 19 日　千山红镇与深圳市来泰轩实业有限公司签署投资合作协议，该公司预计投入 3600 万元，在千山红镇建立 5 万吨南瓜食品加工厂，主要生产南瓜粉、南瓜酥饼、南瓜面系列产品。7 月 1 日启动厂房建设。

同月　农业部批准大通湖区第三期标准粮田建设项目，核准由国家投资 600 万元、省级配套投资 300 万元。项目建设地点位于金盆镇、千山红镇，规划建设标准粮田 3 万亩。

6 月 22 日　启动实施《大通湖渔场职工管理安置方案》。至 2010 年底，

1460 余名在册职工全部置换身份，按双向选择原则得到妥善安置。

6月30日　益阳市全市社会治安综合治理工作现场会在大通湖区召开。100 多位与会人员现场参观金盆镇基层警务室、司法所等单位。

7月1日　大通湖区举行"三项行动"启动仪式暨投资项目集中签约活动，共签约项目 10 个，总投资额 4.9 亿元。

7月14日　大通湖区港洽会签约项目——艺景休闲农业综合开发项目到位 120 万港币，区利用外资项目实现零的突破。

8月5日　益阳市农业产业化领导小组审定，报市政府批准：大通湖区生态水产、四海农业、民源科技、大通湖水产开发、鑫众纸业 5 家企业成为市级龙头企业。至此大通湖区农业产业化龙头企业总数为 21 家，其中省级 5 家、市级 16 家，农业产业化率在 80% 以上，居全市前列。

8月10日　天恩棉业投资 5000 万元新建的有商务洽谈、宴会、娱乐、会展、政务接待等功能的天恩宾馆土建工程竣工。

9月8日　大通湖区人大联工委、政协联工委正式挂牌成立。两机构为市人大、市政协的正处级派出机构，实行两块牌子、一套班子，合署办公。

9月11日　区召开全区党员干部大会，全面部署"察民情、护民利、解民需"党员干部进村入户大走访活动。

9月26日　区举行国庆 60 周年全民健身运动会开幕式暨环城跑运动会。

11月18日　大通湖区被评为 2009 年全国"粮食生产先进县（农场）"，余政良被评为"全国粮食生产先进工作者"。

11月19日　省道 202 线升级改造工程千山红段竣工通车。

11月20日　区举办第二届"大通湖捕捞节""河蟹美食节"，湖南省、益阳市有关领导和韩国南海郡郡守郑炫台等应邀出席。

本年　大通湖区获评湖南省 2009 年度农村工作先进单位。

● **2010 年**　1月17日　大通湖区被评为 2009 年度益阳市"社会治安综合治理工作省级先进区、县（市）"。

1月18日　大通湖区共有 6071 名持《再就业优惠证》灵活就业人员享受社保补贴，补贴资金共 1300 多万元。

2月1日，口口香米业 300 多名员工与公司正式签订劳动合同，成为全区首家与员工建立正式劳动合同关系的民营企业。

同月　大通湖区按政策调整企业职工基本养老金标准，1.7万多名退休（退职）职工养老金人均上涨137元/月。

2日　大通湖区召开经济工作会议，明确2010年全区经济工作的总方针是保增长、转方式、强基础、促和谐、上水平。

3月2日　河坝镇河万村等25个村被市政府授予"益阳社会主义新农村建设示范村"称号。

同日　区妇联开展"走进基层、关爱女性"走访慰问活动，举办"五好文明家庭""三好女性"系列创建活动和"法治宣传与依法维权"等五大活动，纪念"三八"国际劳动妇女节100周年。

3月12日　大通湖区全面建立资助救助、门诊救助、住院救助、临时救助、慈善医疗救助"五位一体"的城乡医疗救助模式，实现"一站式"结算服务，逐步推行"五保户"在乡镇、县级医疗卫生机构住院医疗"零支付"做法。

3月23日　区举行湖南烟村生态农牧科技股份有限公司落户大通湖区签约仪式，公司注册资金5000万元，项目成果核心技术获得国家发明专利，拥有"烟村风味飘香猪肉"产业化品牌。

4月13日　湖南省委副书记、省长周强和省、市有关领导来区调研粮食生产，强调湖南作为粮食生产大省，要牢牢把握住产业化发展主线，认真组织实施"湘米工程"战略，着力打造具有国际影响力的"湘米品牌"。

4月29日　区委印发《大通湖区机关作风建设年活动实施方案》，主要任务是"五治五兴"，即治贪、治懒、治散、治庸、治玩，兴密切联系群众之风、兴艰苦奋斗之风、兴求真务实之风、兴批评与自我批评之风、兴学习之风。主要做法有：开展大走访活动；开展帮扶共建活动；开展创先争优活动；开展阳光政务活动；开展谈话谈心活动；开展机关规范化管理活动。

同月　区城投公司相继启动五一西路扩建工程、垃圾处理场、污水处理场、盛世华都小区基础设施建设项目、老三运河改造工程、廉租房建设项目6项重点民生工程建设。

同月　彭锦辉被授予全国劳动模范称号。

5月9日　湖南农业大学与大通湖区举行"校区合作"签约仪式。双方就开展全面战略合作和 12 个合作项目达成共识，签署协议。

同月　大通湖锦大渔村被评为"湖南省五星级乡村旅游服务区（点）"。

5 月 11 日　大通湖渔场百味鱼馆、锦大渔村入选益阳市首届"美味益阳"十大特色农家乐。

5 月 17 日　大通湖法院被湖南省高级人民法院授予"全省优秀法院"称号。

5 月 30 日　区重点支持建设项目——口口香米业第二期扩规项目举行启动仪式。总投资 4200 多万元，建设 9 个仓容量为 4500 吨的高标准圆筒仓。

同日　大通湖区垃圾处理场工程开工，占地面积 10 公顷，采用卫生填埋处理工艺，总库容 120 万立方米，日处理垃圾 120 吨，计划投资 3900 多万元。

8 月 2 日　中国工程院院士、"杂交水稻之父"袁隆平在省农科院为金盆镇香稻村题名"湖南香稻第一村"。

8 月 28 日　区委区管委会印发《大通湖区鼓励投资的若干规定》，重点鼓励扶持投资额在 500 万元人民币以上且土地投资强度达到 50 万元/亩以上的新建项目。

9 月 19 日　区公安消防中队正式挂牌成立。

同月　启动农村"四洁（清洁田园、路渠、村组、庭院）"工程和文明卫生城镇"两创"工作。

同月　湖南省第十一届运动会上，金盆籍运动员彭雅琼、刘亭分别在青少年组女子柔道 64 公斤级甲组、青少年组女子柔道 48 公斤级乙组比赛中荣获冠军。

10 月 10 日　大通湖渔场举行益阳"中国淡水鱼都"命名评审会。

10 月 24 日　由益阳市政府，湖南省旅游局、省畜牧水产局和省湘菜产业促进会共同主办的中国·益阳首届水产品博览会暨大通湖大闸蟹美食旅游节在益阳奥林匹克体育公园举行。

10 月 25 日　区举行大通湖区建区 10 周年庆典报告会，500 余人参加。报告会前后，采用多种形式展示新区 10 年建设成就，宣传弘扬农垦精神，凝心聚力推进农垦事业创新发展。

同月　区启动 2011 年城镇居民医疗保险缴费参保工作，规定参保居民可享受医疗费最高报销比例80％，最高报销限额由原来的5万元增至6万元。

11月18—24日　大通湖区湖南烟村生态农牧科技股份有限公司产品"烟村低胆固醇功能性猪肉"获2010年中国中部（湖南）国际农博会金奖。

同月　河坝镇河万村被全国妇联授予"全国妇联基层组织建设示范村"称号，被湖南省妇联授予"巾帼示范村"称号。

● 2011年　1月8日　金盆镇香稻村入选"中国幸福村"名录。

同月　千山红镇农技站长胡跃庭被评为湖南省创先争优"十佳农技站长"，为益阳市唯一获此殊荣者。

同月　农业部公布全国首批1276个畜禽标准化示范场名单，大通湖区科羽养殖有限公司荣获2010—2012年"蛋鸡标准化示范场"称号。

3月25—27日　日本双日食料株式会社负责人多良贵佑、日本丸八村松株式会社负责人山野正腾等来区实地考察天泓食品有限公司水产品加工厂。

4月20日　益阳市审计局大通湖区分局挂牌成立。

25日　环境保护部生态司副司长李远一行来区察看大通湖渔场小康村农业发展公司生态环保建设情况。

5月28日，在第四届中国绿色村庄会上，金盆镇香稻村村入选"中国特色村"名录，成为湖南省本年度唯一获此殊荣的村庄。

31日　台湾威霖集团董事长林戊坤率团来区考察。

同月　金盆镇舒海军获"全国优秀农村信息员"奖章。

6月13日　区防汛指挥部召开防汛抗灾紧急会商会，要求把防汛救灾作为当前压倒一切的中心工作抓紧抓好抓实。

7月1日　区委、区管委会召开庆祝建党90周年大会，表彰了先进基层党组织、优秀党务工作者和优秀共产党员，全面部署、大力推进"凝聚力工程"，深入开展创先争优活动。

8月5日　大通湖区召开第一届政协工作联络委员会第一次会议。

8月9日　大通湖区召开党员代表大会，与会代表89名，大会选举产生出席益阳市第五次党代会的9名代表。

8月11日　大通湖法院社会抚养费征收分局挂牌。

9月6日 全国人大代表益阳小组来区开展生态圈建设专题调研，旨在促进大通湖水产业和旅游业的发展，全面发挥大通湖水资源的综合效益，打造环大通湖生态圈建设。

同日 区委发布《公开选拔镇（场）领导干部公告》，启动公开选拔镇（场）领导干部工作，于次年3月公开选拔科级领导干部3名。

9月20日 益阳市三吉司法鉴定所在区人民医院挂牌成立。

10月22日 益阳市政府主办、区管委会承办的"大通湖大湖捕捞节、大闸蟹美食旅游节"在大通湖渔场举行开幕式。

10月24日 大通湖区召开新型农村养老保险和城镇居民养老保险动员大会，全面铺开全区城乡居民养老保险试点工作。

10月25日 益阳市大通湖区官方微博在新益网正式开通。

11月22日 湖南省出入境检验检疫局与大通湖区签署出口水生动物质量安全管理示范区建设合作备忘录。

12月2日 大通湖区2011年度综治工作考核名列益阳市第一名。28日，大通湖区被评为全省2011年度"社会治安综合治理考核先进单位"，被湖南省政府授予"平安县市区"称号。

同月 大通湖区被评为全国"平安农机"示范区；河坝镇获"全国文明村镇"称号。

同月 大通湖天泓渔业股份有限公司被认定为湖南省农业产业化省级龙头企业。

同年 湖南天运生物技术集团有限公司科研项目《资源节约型无人工甲醛释放人造板制造关键技术》获本年度省级科技进步奖一等奖。

● **2012年** 1月18日 湖南省电力公司益阳大通湖电力局挂牌成立。

1月31日 农业部认定大通湖区为国家现代农业示范区。

2月22日 区委召开专题会议对"三为"（为发展献计、为企业解难、为群众办事）集中服务主题活动月进行部署。24日，举行启动仪式。

3月16日 农业部农垦局项目验收专家组，对湖南省粮食行业中唯一一家农垦农产品质量追溯建设试点单位口口香米业进行建设项目验收。

3月21日 大通湖区举行"金融促发展、信贷早春行"政、银、企对接暨项目签约活动。21家企业与8家金融机构签订了32个项目合作协议，意向贷款金额10亿元。

3月24日　大通湖区入围湖南省2012年农村环境连片整治项目计划。示范区为河坝镇所辖的新山村等15个连片行政村。该项目于次年通过省级验收。

4月27日　大通湖渔场被授牌"全国农业标准化示范场（河蟹）"。

5月3日　益阳市委副书记、市长胡忠雄一行来到北洲子镇，就新型村级治理模式、土地流转、农村清洁工程等开展调研，充分肯定该镇"四位一体"新型村级治理模式的"四个一"标准做法。同日还对区开展交通会战、工业园会战情况进行调研督查。

5月7日　益阳市2010年环洞庭湖项目总结表彰暨实施2011年环洞庭湖项目现场会在大通湖区召开。大通湖区被评为2010年度"环洞庭湖项目建设先进单位"。

5月11—12日　大通湖区普降暴雨，降水量186.8毫米，全区4镇2办、24万亩耕地全部受渍。12日下午，区防汛抗旱指挥部召开紧急会商会，安排防汛救灾工作。

同月　金盆镇敬老院获益阳市"四星级敬老院"称号。

6月7日　湖南省高院党组书记、院长康为民一行来大通湖区人民法院调研指导"两庭"建设工作。

6月15日　大通湖区举行全区各镇食品药品监管站授牌仪式暨食品药品安全宣传周活动，为各监管站配发摩托车、电脑、数码相机等设备。

6月29日　大通湖区人民医院新住院大楼建设项目举行奠基开工仪式，市、区领导共同为新大楼挥镐奠基。该项目总投资4500万元，总建筑面积1.28万平方米，规划床位250张，于2014年竣工投入使用。该项目被评为2013—2014年度"湖南省优质工程"。

7月6日　大通湖大桥通过省、市桥梁专家，交通运输部门及各参建单位的竣工验收。

8月8—9日　大通湖区代表队获益阳市第12届大众运动会围棋团体第一名，个人围棋赛冠、亚军。

8月20日　益阳市巡察述廉评议和廉政考评组到大通湖区对区委，区管委会，区人大、政协联工委班子成员、公检法负责人进行民主测评。

同月　区出台《关于进一步规范党政机关和事业单位人事编制管理的意见》，就编制控制、录用人员、人事管理和责任追究等作出具体决定。

9月3日　大通湖大闸蟹地理标志产品保护申请通过省级评审。

9月17日　大通湖区工业园获批省级工业集中区。

同月　大通湖区四个项目列入湖南省"十二五"十大环保工程。其中，大通湖湖泊生态环境保护试点项目列入重点湖库水环境保护工程；垃圾处理场项目列入城镇污水生活垃圾处理设施配套工程；农村环境综合整治推进项目和河坝镇农村环境连片示范项目列入农村环境综合整治工程。

11月11日　大通湖天区泓渔业股份有限公司和湖南文理学院共同完成的"大通湖大闸蟹原生态放养产业化关键技术研究与示范"项目科技成果鉴定会在长沙召开，并通过省级鉴定。

11月14日　大通湖区管委会、中国农业银行股份有限公司益阳大通湖支行、林丰小额贷款有限公司在农业银行签订三方合作协议，林丰小额贷款有限公司于次月挂牌成立。

11月28日　由益阳市政府主办、市外事侨务旅游局与大通湖区管委会共同承办的第五届"大湖捕捞节、大闸蟹美食旅游节"在大通湖渔场举行。中国渔业协会河蟹分会负责人授予沙堡洲办事处"中国河蟹之乡"牌匾，招商项目签约代表、客商、媒体代表及当地群众5000余人参加节会。"两节"招商引资项目签约合同资金总额达22.87亿元。

12月16日　湖南省人大常委会副主任蔡力峰一行在益阳市市长胡忠雄，市人大常委会副主任徐云波、李渐辉等陪同下来大通湖区视察工作，并观看了大通湖区宣传推介专题片——《洞庭之心》。

2013年　1月23日　大通湖区举行大通湖区交通运输和环境保护局、大通湖区城乡规划和建设管理局成立揭牌仪式。

同月　湖南锦大特种水产有限公司获农业部授予的"全国休闲渔业示范基地"称号。

3月　经湖南省民政厅报请湖南省政府批准，大通湖区设立沙堡洲镇，辖区包括原大通湖渔场及沙堡洲办事处所辖范围，镇政府驻沙堡洲。

3月16日　农业部农垦局调研组来大通湖区调研垦区建设工作，查看集中育秧、危房改造、集中居住等情况，提出将"两个率先"（率先实现农业现代化，率先全面建成农垦小康社会）作为今后一段时间农垦建设的目标。

4月8日　国务院综改办调研组一行来大通湖区调研办社会职能工作情

况，对大通湖区由原农场（企业）管理逐步改革为政府承担和管理的大通湖模式给予了充分肯定。

同日　湖南省农业厅一行调研考察大通湖区机械化育插秧生产。大通湖区作为国家现代农业示范区，通过发展水稻机械化育插秧突破农业生产全程机械化、确保国家粮食安全、引领现代农业示范区建设，水稻生产综合机械化水平达到 88% 以上，走在全省前列。

15 日　区召开大通湖国家湿地公园总规编制会议，部署开展大通湖国家湿地公园总规编制和国家湿地公园申报工作。

19 日　由《人民日报》《湖南日报》、湖南卫视、《农民日报》、湖南红网、《科技日报》、华声在线、《益阳日报》等中央、省、市多家主流媒体组成的记者团采访大通湖区农机闹春耕。

同月　省发展和改革委批复将益阳大通湖舵杆洲风电场项目列入 2013 年第一批开展前期工作的风电项目。

5 月　2013 年"欢乐潇湘，幸福大通湖"系列群众文化活动首次正式启动。活动内容由群众文艺汇演活动、"益阳花鼓大戏台"活动、"周末广场电影院"活动、"欢乐潇湘　舞动大通湖"广场舞蹈大赛、"欢乐潇湘　快乐家庭"竞赛活动 5 部分组成。

6 月 4 日　北洲子镇获评"湖南省最具民生幸福感乡镇"。

6 月 27 日　口口香米业工人陈方志荣获"湖南省优秀农民工"称号。

7 月 5 日　区劳动和社会保障局获授"省级文明单位"称号。

7 月 10 日　河坝镇河万村获"全国民主法治示范村"称号。

7 月 18 日　国家质检总局发布公告，批准大通湖大闸蟹为国家地理标志保护产品。

8 月 14 日　湖南省委常委、统战部部长李微微率"全省统一战线助推洞庭湖生态经济建设考察团"一行 70 人来区考察。

8 月 15 日　国家农垦总局超级稻首席专家凌励一行来区考察晚稻超级稻试验、推广和生产情况。

8 月 16 日　大通湖区三吉河坝大桥正式建成通车。

同月　国清农机农民专业合作社获"全国农机合作社示范社"殊荣。

同月　金盆镇卫生院护士长刘立辉获全国 2010—2011 年度全国无偿献血奖铜奖。

同月　区组建交通建设投资有限责任公司，隶属于区交通运输和环境保护局。公司建立企业法人管理机构，注册资本为人民币 5000 万元。

11 月 2 日　"大通湖牌"大闸蟹在中国渔业协会河蟹分会主办的第三届中国名蟹大赛评选中获"中国十大名蟹"称号。

11 月 13 日　大通湖区举行重大工业项目集中签约暨开工仪式，签约 3 个重大工业项目，协议投资总额近 7 亿元。

11 月 15 日　"2013 年湖南国际旅游节——益阳市第六届大通湖大闸蟹美食旅游节"在沙堡洲镇举行，展示"生态大通湖"的魅力与风采。

12 月 15 日　首届中国大通湖食品安全高峰论坛在大通湖区举行。益阳市委副书记、市长胡忠雄出席并讲话。

12 月 18 日　区污水处理厂建设项目由湖南凯天环保有限公司中标。该厂选址于河坝镇三源村，工程占地 1.72 公顷，总建筑面积 2355 平方米，总投资 1553 万元。于次年 12 月建成投入试运营。

● **2014 年**　1 月 1 日　区全面启动大通湖区第三次全国经济普查入户登记。

1 月 23 日　大通湖区召开全区村"两委"换届选举工作动员会，启动"两委"换届选举。

同月　大通湖区获 2013 年湖南省"水稻集中育秧先进县（市、区）"称号；区农技中心被农业部授予"全国农业先进集体"称号，韩志军被授予"全国农业先进个人"称号。

3 月 5 日　大通湖区召开深入开展党的群众路线教育实践活动动员大会，安排部署全区教育实践活动。

3 月 12 日　湖南省委督导组常务副组长、省人大常委会委员、株洲市人大常委会原主任姜玉泉来大通湖区指导督查党的群众路线教育实践活动。

20 日　农业部直属机关纪委书记李尚兰率农业部和省农业厅"百乡万户调查"活动调研组，来大通湖区深入田间地头，调研水稻全程机械化生产。

同月　金盆镇金濑社区被评为省"科普示范社区"，郭元满、李富民分获"省级科技示范户"称号。

4 月　大通湖区检察院被授予"省先进基层检察院"称号。

5 月 14 日　区管委会召开大通湖良好湖泊保护项目工作会，部署安排项目实施工作。该项目分 5 年实施，概算投资 14 亿元。

6月19日　大通湖区老年活动中心建设工程竣工投入使用。

同月　大通湖区环洞庭湖基本农田重大工程项目经行政验收评定，为全省优良级。

7月6日　11时许，沙堡洲镇大湖三千亩处溃堤两处滑坡，全区400余名劳力上堤，调运彩条布6000平方米、编织袋1万余条，采取开沟导浸、卵石压撑、外坡隔渗等措施抢险救灾，化险为夷。

7月29日　益阳市委书记魏旋君、市委副书记丛培模、市人大常委会主任徐云波带领全市重大项目巡回视察人员来大通湖区视察重大项目，详细了解S217（河南段）道路升级改造工程、银河示范社区建设等重大项目建设进展情况。

7月30日晚　"欢乐潇湘·幸福大通湖"群众文艺汇演在区广电中心上演。

7月31日　"第十一届海峡两岸媒体来湘联合采访活动"采访团一行30余人，来大通湖区参观现代农业示范基地，探访大通湖生态养殖点。

8月5日　大通湖区"双季水稻全程机械化增产模式攻关示范"项目在全国高产创建暨增产模式攻关培训班上进行经验推介。

10月　湖南大通湖农场有限公司的有机食品通过国内权威有机产品标识认证机构南京国环认证中心认证，获得有机转换产品认证证书。

11月1—2日　大通湖区举办首届秋季品蟹帐篷节。

11月22日　湖南省美丽乡村考核小组及益阳市农村部相关领导到金盆镇王家坝村进行美丽乡村创建检查验收，本年年底该村荣获省级"美丽乡村创建示范村"称号。

12月5日　北洲子镇获省级"生态乡镇"称号。

同月　天泓渔业加入国家河蟹产业技术创新战略联盟。

同月　国家林业局批准试点建设大通湖国家湿地公园，公园总面积13.41万亩。2019年12月该公园正式获批为国家湿地公园。

● **2015年**　1月　区管委会成立"大通湖区开展农民工工资支付专项检查领导协调小组"，对全区重点行业和重点用人单位开展拖欠农民工工资专项整治行动。

3月2日　大通湖常信城市广场项目举行签约仪式。

3月27日　大通湖区召开县级公立医院综合改革新闻发布会，通报区人民医院综合改革有关政策及相关工作情况。

4月22日　区管委会成立涉农资金专项整治行动领导小组，印发涉农资金整治行动实施方案，召开专题会议安排部署。

4月30日　河坝镇王业村邱国清获湖南省"劳动模范"荣誉称号。

5月21日　大通湖区召开动员会，推进国有农用地承包租赁清理整治暨壮大村级集体经济工作，并出台了实施意见。

同月　大通湖区出台《关于支持创新创业园区发展的实施意见》，从财政、金融、土地供应、公共服务平台建设等方面给予政策支持，推动园区加快发展。

6月17日　大通湖区举行洞庭湖生态经济区现场推进会暨S217沙老段建设项目开工仪式。

7月21日　益阳市2015年重点项目巡回视察及全市上半年经济形势会的与会人员来区视察重点项目建设情况，市委书记胡忠雄、市长许显辉等市级领导及市直部门和各县、市、区负责人参加视察。

7月30日　区委、区管委会下发《关于创建省级卫生城区的决定》，计划从2015年起，通过三年努力，将中心城区创建为省级卫生城区。同时下发创建实施方案，将创卫工作纳入年度绩效考核。

同月　湖南省农委、省调查总队、湖南农业大学及屈原区农业局有关专家一行，对大通湖区承担的"四双"（即双季双超级稻双机插双过600公斤）超高产技术集成攻关项目进行测产验收，项目早稻产量在全省排名第三。

8月26日　大通湖区举办"欢乐潇湘，文明益阳"纪念抗日战争胜利70周年合唱赛。

同月　大通湖区一中获评"全国青少年校园特色学校"。

9月10日　区城市建设投资开发有限公司与湖南南方宇航工业有限公司合作的大通湖中心城区自来水厂建设及配套管网改造建设项目举行签约仪式。

9月23日　大通湖区召开精准扶贫暨农村基层组织建设工作会议，就推动全区精准扶贫、加强基层党建、发展村级集体经济、开展"一进二访"活动进行全面部署。

9月24日　湖南省再生稻高效高产技术示范现场观摩会在区召开。

9月26日　湖南省交通运输厅厅长刘明欣一行来大通湖区调研交通运输工作，益阳市长许显辉、常务副市长杨跃涛参加调研。

11月17日　湖南省美丽乡村示范村建设考核组来北洲子镇北胜村考核美丽乡村示范创建工作，该项工作顺利通过考核。

同月　大通湖区综治民调以总分88.43分位列湖南省县、市、区第七、全市第一；5个镇综治民调位列全市前十，沙堡洲镇继续位列全市第一。

24日　大通湖区召开区委、区管委会机构改革暨镇村区划调整改革工作动员会，下发《改革方案》和《区镇村区划调整改革工作实施方案》。

同月　省政府批复，沙堡洲镇与河坝镇建制合并设立河坝镇，保留大通湖渔场企业性质，行政职能剥离并入河坝镇。同时，全区建制村由原78个合并为27个。

12月10日　区人大政协联工委组织人大代表、政协委员开展集中视察活动，16名省、市人大代表，4名市政协委员，8名区政协工作联络委员参加视察。

12月23日　益阳市委书记胡忠雄率领市直相关部门主要负责人，来区现场办公，从交通、城镇、园区建设等方面，帮助解决大通湖区自身难以解决的突出问题。

2016年

1月4日　大通湖区召开加快实体经济发展座谈会，明确2016年为推动实体经济建设的攻坚年，以"八个突出"（现代农业、盘活存量、交通会战、园区建设、新兴产业、抓好融资、招商引资、中心城区建设和管理）为抓手，推进实体经济建设工作。

2月2日　大通湖区市场和质量监督管理局挂牌成立。

2月5日　大通湖区建设交通环保局成立，并举行揭牌仪式。

2月4—6日　区委、区管委会、区人大政协联工委领导带队赴各村、社区走访慰问困难对象，全区共有2485名党员干部参加"送温暖、解难题"募捐活动，募集资金14.8万余元，加上城乡临时救助、优抚和五保资金共60.96万元慰问金，分别发放到全区2000名困难群众手中。

同月　湖南亲嘴娃食品有限公司正式投产。

3月1日　大通湖区婚姻家庭纠纷人民调解委员会正式挂牌启动。

3月24日　区召开防范和处置非法集资工作会议，安排部署综合整治专项工作。

3月29日 大通湖常信城市广场项目举行开工仪式，东大渔光互补项目一期、常信城市广场、中心城区自来水厂、湘韵大酒店、众仁旺种猪生态养殖加工等5个重点项目宣布开工（开业），同时签约13个项目，总投资额达20多亿元。

3月30日 大通湖区举办庆祝建党95周年暨"欢乐潇湘文化益阳"大型群众文艺汇演。

4月29日 区成立益阳市首家合作共建办税服务大厅。

7月1日 区委召开庆祝中国共产党成立95周年大会，会上表彰10个先进基层党组织、30名优秀共产党员、5名优秀党务工作者、5名优秀基层党组织书记。

同月 大通湖农村商业银行正式挂牌开业。

同月 国家水稻产业技术体系栽培与土肥实验室主任章秀福，国家水稻产业技术体系栽培与土肥岗位科学家、湖南农业大学教授唐启源，湖南粮油局原局长、农业部专家指导组成员李克勤等专家团来千山红镇宏硕生态农业合作社水稻产学研基地，实地查看水稻机直播示范等科研试验示范现场，给予指导并肯定。

8月29日 大通湖区举行不动产登记首证颁发仪式。

9月9日 大通湖区举行庆祝第32个教师节暨优秀教师表彰大会。

9月13日 河坝银河社区成立大通湖区老年大学并举行开班仪式。

10月20日 大通湖区法学会成立暨第一次会员代表大会召开。大会选举产生第一届理事会理事29人、常务理事19人、会长1人、常务副会长1人、副会长9人、秘书长1人、副秘书长1人。

同月 在益阳市第一届美食文化旅游节上，大通湖区参选的锦大渔村"金银盘蟹"入选"十大名菜"，厨师曹刚获"十大名厨"称号，湘韵大酒店获"十大名店"优胜奖。

11月6日 首届中国大通湖金秋品蟹美食节在锦大渔村景区举行，此后每年举办一次。

12月19日 益阳市委书记瞿海，市委副书记、市长张值恒调研区经济社会发展情况，肯定大通湖区"一湖一电一路一企一中心"等重点工作取得的成效，强调要加快特色产业发展，在农业上要做精品、高端、观光农业，打造全省乃至全国的优质农产品供应基地；创生态品牌，使大通湖虾、蟹、鱼等大通湖品牌产品唱响全国，走向世界。

● **2017 年**　1月17日　大通湖区召开党（工）委书记履行基层党建工作责任述职评议会议，对各镇党委书记、区社会发展局党工委书记和区直机关党委副书记进行述职评议。

2月7日　区委、区管委会制发《大通湖区2017年五项重点工作目标考核办法》，对交通建设、产业（园区）建设、城镇建设、民生建设、生态建设等五项重点工作分项制定考核细则，安排奖金200万～300万元，主要奖励给项目建设、管理、推进等方面的有功人员；同时均设"一票否决"项目，重奖重罚全力推进。此考核办法延续五年，促推了大通湖区五项重点建设的发展。

2月17日　大通湖区与湖南粮食集团举行战略合作框架协议签约仪式。湖南粮食集团董事长谢文辉，副董事长、总裁杨永圣等出席相关活动。

3月24日　召开全区农业农村暨精准扶贫工作会议，表彰"十佳合作社"，部署全年农业农村工作。

4月7日　武汉大学水生态专家于丹教授及其团队来区考察大通湖，为水环境治理把脉问诊。后于12月正式达成合作，成立大通湖生态修复工作站，实施大湖水生植被工程。

26日　益阳市中航天信飞防现场演示会在区开展，中航、博航、高垅三家无人机生产企业进行飞防演示。

5月8—10日　环境保护部督导组进驻大通湖区，开展国家良好湖泊调研与专项指导活动，并召开大通湖水环境治理督导反馈及问题整改对策座谈会，对区委、区管委会"五治六字"治理措施给予积极评价。

5月27日　大通湖区召开"双创"工作动员会，部署推进创建省级卫生城区和省级文明城区的"双创"工作，号召全区上下同创同建、共创共享，掀起"双创"热潮。

5月29日　S217省道河南线升级改造工程大通湖垸内标段13.7千米全线通车。该工程于2014年7月开工，路面宽9米，总投资约1.5亿元。

6月1—2日　湖南省再生稻试验示范与水稻全程机械化轻简栽培现场观摩会在区召开。

6月28日　大通湖区国电南自光伏发电项目一期工程正式并网发电，标志着全市最大、全区首个湖南省"十三五"规划新能源项目建设取得阶段性胜利，开启"渔光互补"模式。

7月1日　区启动防汛Ⅲ级应急响应，各级防汛人员开赴外湖一线大堤防汛。

7月4日　外湖水位达35.22米，超警戒水位2.02米，东大堤向东闸出现险情。经一个昼夜除险，险情排除，共耗用物资价值115万元。是年底重建向东闸。

7月25日　区委第一轮巡查工作正式开始。

8月17日　湖南省农委专家组到千山红镇进行再生稻精量机直播示范验收。

8月24日　中国国际工程咨询公司主任、教授何平与国家发改委洞庭湖生态经济区规划中期评估专家组一行7人来区调研。

9月2日　益阳市委书记瞿海一行，来区视察点评秋季项目建设情况。

9月22日　国家环保局水污染防治行动计划专项督导组来区开展相关工作督查。

同月　大通湖区动工新建益南高速大通湖连接线，全长30.89千米，按一线公路标准建设，设计时速80千米，路面宽18米，双向四车道，总投资7.8亿元。2019年底试通车，2020年5月正式通车。

10月22日　国际水稻研究所高级作物生理学家彭少兵带领专家组，来千山红镇大西湖村对机械精量穴直播的一季晚稻进行测产。

10月24日　中国管理科学研究院农业专家黄宝库一行来区调研水环境治理工作。

10月27日　大通湖区第二届金秋品蟹美食节在河坝镇锦大渔村景区举行。

10月29日　益阳市委书记瞿海来区向党员干部传达党的十九大精神，并调研水环境治理和脱贫攻坚工作。

10月30日　湖南省委书记杜家毫来区专题调研洞庭湖区生态文明建设和环境保护治理情况。杜书记考察后指出，治理大通湖，关键要在退养、疏浚、活水上下功夫。要全面禁止投肥养殖，做到人放天养、顺其自然，逐步恢复自然生态链，保护生物多样性；要实施河湖连通工程，加强垸内水网清淤疏浚，变死水为活水；要加大湖区生活污水、垃圾处理和农业面源污染防治力度，加快形成绿色发展方式和生活方式，堵住污染源头。省委常委、省委秘书长谢建辉参加调研。

11月3日   区委会议决定下发《2017年大通湖区特色品牌评选实施方案》，按照创新性、时效性、影响力三个方面的标准，在五项重点工作，特别是重点项目建设、招商引资、立项争资以及其他重点工作中评定特色品牌工作在全区推广，并在区委经济工作会议上通报表扬和奖励。

11月27日   益阳市委宣讲团来区举行学习贯彻党的十九大精神报告会。

12月25日   大通湖五七运河引水工程建设正式开工，翌年5月底竣工投入使用，总投资7000万元。

12月26日   河坝中心城区"一河两岸"综合整治PPP项目开工。

● **2018年**   1月3日   区开展"院士专家益阳行"活动。中国工程院院士、华南农大教授、博士生导师罗锡文，省再生稻首席专家、湖南农大教授、博士生导师唐启源来区推进科研成果应用校企合作。

1月16日   环境保护部来区开展水污染防治现场核查，"水十条"考核组听取了近两年来大通湖治理工作情况汇报，与省、区、市相关负责人共同研讨大通湖水环境治理面临困难和应对处理方法。

1月25日   益阳市教育督导评估组来区督导区管委会履行教育职责情况。

同月   经长沙市仲裁委员会仲裁，依法解除大通湖渔场与湖南天泓渔业有限公司订立的49年期限的《大通湖大湖养殖使用权等资产转让合同》及其补充协议，收回大湖经营权和"大通湖"注册商标权证。

2月27日   大通湖区召开区委政法工作暨扫黑除恶专项斗争工作会议，安排部署2018年全区政法工作，对扫黑除恶专项斗争进行动员。

4月18日   益阳市委书记瞿海巡河，视察大通湖水环境治理情况，到五门闸察看东洞庭湖水系情况。

4月19—20日   中国电建集团江西电力建设有限公司董事长邹胜萍率队来区考察，并签订30亿元项目投资合作框架协议，开发建设大通湖农渔业互联网和沙堡洲特色小镇项目。

6月5日   区委、区管委会办公室印发《关于进一步开展国有农用田承包租赁清理整治工作的通知》，持续加大责任田、经营田清理整治力度，推进土地有序、集中流转，壮大村集体经济。至2020年，全区27个村集体共归集掌控耕地3.65万亩，统一向外集中流转面积8.6万亩。

6月8、10日　在各镇、南湾湖办事处举办"食安天下·醉美大通湖"田园风光绘画采风活动，来自国家和省级美术协会、摄影协会、作家协会、文联等单位的40余名艺术家参加。

同月　华源农业成功研发小龙虾繁育技术——蜂窝式龙虾繁育，填补了湖南省在小龙虾繁育技术上的空白，成功申请国家专利。

7月1日　湖南省第五环保督察组来区开展环保督察，重点督查中央环保督察组2017年对大通湖区反馈的九大问题等。

7月2—3日　市委书记瞿海赴南县、大通湖区、沅江市调研大通湖流域水环境综合治理五大专项行动实施情况，并在大通湖区召开书记专题会议。要求综合施策，系统治理，打好截污、垃圾治理、大型养殖退出、清淤清废、禁捕、农业面源污染治理和生态修复七大攻坚战。

7月17日　大通湖水环境治理暨污染防治攻坚"百日会战"启动。

7月18日　"2018年大通湖金盆龙虾美食文化节"在金盆镇五门闸成功举办。

7月28日　首批大通湖龙虾登陆阿联酋市场，这是益阳市小龙虾鲜活水产品首次批量出口至国外。

9月18日　国家863计划重大项目"绿色超级稻新品种选育"展示观摩现场会在千山红镇生态农业产业园举行，来自全国水稻科研院所的120余名科研骨干参加。

9月29日　北洲子镇北胜村举办高档优质稻米田间现场拍卖会，湖南粮食集团有限责任公司等10多家粮食企业参加。最高成交价达每50千克228元，高出普通稻谷价一倍。

10月12日　大通湖区全面启动全区农村人居环境整治行动。

11月3日　"风起金秋、蟹舞菊黄"——2018大通湖金秋品蟹美食节暨益阳市十大美景美食评选活动在大通湖区举办。

11月15日　国家第四生态环境保护督察组第三小组一行4人来区进行环保督察。

11月29日　湖南省发展和改革委员会副主任汤兹、省司法厅副厅长张维杰一行7人，来区调研洞庭湖保护条例立法工作。

12月12日　大通湖区通过本年度河（湖）长制市级考核验收。

2019 年　1月18日　共青团大通湖区委青年咨询团成立。

1月25日　区管委会通过《大通湖区2019—2021年禁毒人民战争暨创建全国禁毒示范城市实施方案》，于2月20日召开全区动员大会，开启创建全国禁毒示范城市序幕。在2020年湖南省禁毒工作群众满意度调查中，大通湖区以94.52分总体评价得分名列全省第六位，居全市第一。

2月21日　益阳市文化科技卫生"三下乡"活动服务团走进"美丽乡村"河坝镇王家湖村。

3月14日　根据省、市要求，区委制定《益阳市大通湖区机构改革方案》和《实施方案》。改革后，区委、区管委会共设置机构18个，有工作部门17个，优化职能配置，创新体制机制，统筹推进其他各项改革。同月，区召开深化机构改革动员大会，6月全面完成各项机构改革任务。

3月24日　武汉大学生命科学学院教授、博士生导师于丹来大通湖区调研指导大通湖区水环境治理工作。

3月29日　大通湖区举行"精准扶贫亮化惠民"公益捐赠启动仪式，省、市扶贫办相关领导参加。

4月1日　益阳市委第二巡察组巡察大通湖区工作动员会召开。市委第二巡察组长郭年山讲话，区委书记何军田作表态发言。

4月3日　大通湖区召开脱贫攻坚突出问题整改、贫困退出、行业扶贫和改善贫困户人居环境工作大会。

15日　区监察工作委员会等17个新组建和改建更名机构集中挂牌。

18日　区总工会举办的"亲近湿地·秀美大通湖"环湖健步行活动在河坝镇沙堡洲村举行，全区各行各业的27支队伍近600名干部、职工参加。

4月23—24日　湖南省人大常委会副主任刘莲玉率省人大常委会水污染防治"一法两条例"执法检查组一行，来区检查国家《水污染防治法》和省《湘江保护条例》《饮用水源保护条例》的实施情况。

5月6日　益阳市委书记瞿海带领市直相关部门负责人，赴沅江市、南县、大通湖区督查大通湖水环境治理工作，并主持召开调度会，强调要深入贯彻落实习近平生态文明思想，坚决打好污染防治攻坚战。

5月27日　千山红镇稻蟹特色产业园成功申报为全省现代农业特色产业园省级示范园。

26—28日　国际科学与和平周中国组织委员会副主任、北京中大飞天神鹰航空器科技有限公司总裁、火箭军原科技开发局局长李金果一行对大通湖通用机场选址进行考察。

6月1日　大通湖区金盆镇举办龙虾美食暨乡村音乐节。本次活动以"品金盆龙虾，游洞庭湿地、赏美丽乡村、听乡村音乐"为主题，吸引了一大批来自周边的长沙、岳阳、常德的游客。

6月18—21日　国务院经普办张金龙一行来区进行经济普查。

6月26日　金盆镇被评为湖南省"一、二、三产业融合强镇（稻虾产业）"。

7月11日　红网集团来区签订大通湖融媒体中心建设项目合作协议，9月正式成立区融媒体中心。

7月30日　全国人大常委会办公厅牵头，人民日报、新华社、中央广播电视总台等多家媒体组成中华环保世纪行采访团，来区采访大通湖水生态修复情况。

7月31日　国家林业和草原局湿地管理司处长王隆富率队来区验收评估大通湖国家湿地公园试点建设情况。

8月2日　大通湖区与长沙银行举行政银合作签约仪式。2020年12月，长沙银行大通湖支行挂牌成立。

8月14日　由湖南省作物学会、华中农业大学、四川省农科院、湖南省农业农村厅、湖南省水稻研究所、湖南杂交水稻研究中心等单位的知名专家学者组成的验收团，对湖南农业大学国家水稻产业技术体系岗位专家团队在大通湖区宏硕生态农业农机合作社实施的机抛机收再生稻"四防一增"高产高效栽培技术示范片进行了头季现场测产。

8月20日　大通湖区殡仪馆建设项目在河坝镇芸洲子村正式开工。2020年5月1日投入使用。

19日　益阳市委书记瞿海一行赴沅江市、大通湖区、南县调研高速公路建设和大通湖水环境治理工作，要求确保南益高速公路益阳至草尾段在国庆前通车、确保大通湖稳定在Ⅴ类水质。

20日　"我和祖国共成长"益阳市时代故事报告会走进大通湖。来自全市各单位的7名演讲者讲述了与祖国共成长的故事，180余人现场观听宣讲。

同日　大通湖区举办庆祝中华人民共和国成立70周年宣讲报告会。

25 日和 27 日　湖南省委第八巡回指导组长崔永平和益阳市委主题教育第十三指导组，分别来区调研督导"不忘初心、牢记使命"主题教育。

10 月 1 日　区举行庄严的升国旗仪式，庆祝中华人民共和国成立 70 周年。区领导、退休老同志代表，区直和部分驻区单位干部、职工代表共 400 余人参加。

10 月 15—16 日　湖南省委书记杜家毫来区视察，就河道采砂、造纸企业退出、芦苇产业后续发展和大通湖流域综合治理等问题，与省直相关部门和益阳市、县（区）主要负责同志座谈交流，共同商议污染防治工作。

10 月 23 日　由益阳市委宣传部、市文旅广体局主办，大通湖区文旅广体局协办的"益阳花鼓大戏台"送戏下乡巡演活动在金盆镇工人俱乐部广场举行。

10 月 25 日　以"蟹行天下·鱼米飘香"为主题的大通湖馆亮相"湘思湘品　益城益味"2019 全球湘商大会·益阳美食文化旅游节，吸引了不少游客观赏。

10 月 30 日　大通湖区与中国电建集团中南勘测设计研究院有限公司签署风能、太阳能、生物质发电项目合作协议。

11 月 6 日　湖南省韶山管理局党委书记、局长晏晓明一行来区考察大湖治理（水草种植）工作。

同日　香港食物环境卫生署渔业主任李华匡一行来区调研出境水生动物检验检疫监管等情况。

11 月 8 日　益阳市市场监督管理局在大通湖区召开大通湖流域洗涤用品专项整治行动动员部署会议，启动禁止生产、销售、使用含磷洗涤品的专项治理行动。

11 月 27 日　大通湖区与上海海洋大学科技园签订大通湖大闸蟹技术合作协议。

12 月 18 日　上海农垦采购代表团英恋君一行来区考察名优特食品资源，省农垦管理服务站调研员李志宏陪同。

同月　大通湖东岸环湖公路工程项目开工，全长 11.78 千米。2020 年 10 月建成通车，总投资约 7000 万元。

本年　大通湖区获批省级优质农副产品（大闸蟹）供应示范基地。

● **2020 年**   1 月 8 日   区举行大通湖区人民医院"二级甲等医院"揭牌仪式。

1 月 22 日   区召开大通湖区新型冠状病毒肺炎疫情防控专题会议，按中央和省、市要求，全面启动疫情防控工作。

1 月 31 日   市委书记瞿海来大通湖区，采取"四不两直"方式督查新冠肺炎疫情防控工作。

3 月 3 日   湖南省委常委、省纪委书记、省监委主任傅奎来区调研疫情防控和经济社会发展情况。

3 月 13 日   益阳市委副书记、市长张值恒来区调研大通湖流域水环境综合治理工作。要求全市相关部门和相关区、县、市要坚持源头治理、科学治理、协同治理，严格落实湖南省第 6 号省总河长令的各项工作要求，确保实现大通湖水质Ⅳ类年度目标。

3 月 16 日   区委召开脱贫攻坚、农业农村暨推进乡村振兴工作会议。下发《大通湖区脱贫攻坚挂牌督战行动方案》《大通湖区脱贫攻坚"大排查、大整改"工作实施方案》，谋划 2020 年"三农"工作，统筹做好脱贫攻坚与乡村振兴的转型衔接，全面部署打赢脱贫攻坚收官战。

3 月 20 日   区人社部门组织的区第一辆运送农民工的大巴专车发往益阳火车站，返乡农民工乘坐农民工返岗专列前往广东。

4 月 15 日   区委书记何军田专程前往韶山，就毛泽东故居周边水塘的水环境治理与当地负责人进行探讨。之后邀请武汉大学生命科学学院博士生导师于丹"把脉问诊"，提出适用于湖南丘陵地区山塘水系水草种植和水生生物链重新构建的方案，用大通湖水草助力韶山水环境治理，多次在景区水塘无偿种下轮叶黑藻、常绿大苦草等逾 10 吨，实现景区水系水下生态恢复与重建。

4 月 28 日   区举行大通湖大湖东岸长江经济带绿色发展生态步道项目开工仪式。

5 月 18 日   区文体中心动工兴建。该项目占地 46.48 亩，总建筑面积 2.4 万平方米，总投资 1.57 亿元。包括区融媒体中心、职工演艺中心、游泳馆、健身馆、室内篮球场、气排球场、电影院、新华书店、工人文化宫、室外大型市民活动广场等。翌年 9 月投入使用。

5 月 20—22 日   益阳市人民政府督导评估团一行来区督导评估本年度履行教育职责和义务教育教师工资待遇落实情况。

5月26日　益阳市委书记瞿海，市领导胡安邦、汤瑞祥一行来区开展稻虾养殖、防汛备汛相关工作调研。翌日召开大通湖流域水环境治理工作座谈会。

同日　香港工商联名誉会长、力嘉龙科技集团董事长曹力农一行来区招商考察。

8月26日　大通湖区召开紧密型医供体建设动员大会暨医共体授牌仪式，全面启动区紧密型医共体建设，推动新形势下全区卫生健康事业跨越发展。

9月7日　大通湖区与益阳湘运集团公司、温州冰壶楼餐饮有限公司举行投资合作签约仪式。

9月8—9日　益阳市委书记瞿海一行来区调研大通湖流域水环境综合治理工作，并主持召开专题会议，认真听取相关市直部门和县（区、市）推进农业面源污染治理、乡镇污水处理、环湖生态修复等工作情况汇报，以及武汉大学生命科学学院于丹教授团队的意见和建议，部署后段治理工作。

9月10日　大通湖区召开第36届教师节庆祝大会，表彰3名"师德标兵"、12名"优秀教师"、2名"优秀幼师"、2名"先进教育工作者"，营造尊师重教风尚。

10月7日　"大通湖大米"获得国家地理标志证明商标证书。

10月15日　中国环境监测总站监测管理室主任陈传忠一行4人来区调研水环境治理工作和大通湖国控断面自动监测浮船站运行情况。

10月18日　大通湖区开启建区20周年系列庆祝活动。在湘运商业街主办"梦里水乡、稻蟹飘香"金秋品蟹美食旅游节，表彰"温暖大通湖十大新闻人物"，发布"十大新闻事件"，举办美术书画摄影作品展、特色农产品和特色美食展。同日举行大通湖区稻渔产业高质量发展暨智慧农业论坛，中国工程院院士张洪程、胡培松、刘少军和10多名专家教授应邀参加。

10月23日　大通湖区举行学习贯彻习近平总书记考察湖南重要讲话精神省委宣讲团益阳分团报告会。

11月3日　大通湖区参展的湖南宏硕生物科技有限公司的"洞庭晶玉蟹稻米"获第22届中国中部农博会金奖。

11 月 6 日　"洞庭湿地保护第一人"李剑志来区指导区湿地管理局开展冬候鸟种类及生存状况专项调查及保护工作。

11 月 7 日　大通湖区小学生运动员周朝祥在市中小学田径运动会上，以 12.79 秒的成绩夺得小学男子组 100 米冠军。这是大通湖建区以来在全市中小学田径运动会上夺得的首枚金牌。

11 月 11 日　湖南省副省长隋忠诚来区视察水环境治理工作。

11 月 20 日　千山红镇（稻虾）获得农业农村部第十批全国"一村一品"示范村镇殊荣。

11 月 26 日　熊娇军同志获湖南省"劳动模范"荣誉称号，受到省委、省政府表彰。

12 月 5 日　河坝镇沙堡洲村通过省级美丽乡村创建考核验收。

12 月 15 日　区召开村（社区）"两委"换届选举工作会议，动员部署全区村级组织换届选举工作。

12 月 22 日　苏州市生态环境局领导班子成员蔡尚文一行 6 人来区考察学习大通湖区水环境综合治理工作。

同月　区人民医院十层门诊大楼投入试运行。

本年　大通湖区一中被评为"湖南省文明校园"。

第一编

自然　地理

中国农垦农场志丛

第一章　境域　建置

大通湖区隶属湖南省益阳市，地处洞庭湖区腹地，前身为大通湖、北洲子、金盆、千山红等四大国营农场和南湾湖军垦农场、国营大通湖渔场。1950年建成大通湖蓄洪垦殖区。1951年2月成立大通湖特区，是年3月创建国营大通湖农场。1959年4月建立地方国营千山红农场。1962年11月，大通湖农场析为大通湖、北洲子、金盆3个国营农场。1965年6月，移交尼古湖给部队组建南湾湖军垦农场。1972年3月，大通湖农场养殖分场整体划出建制为地属大通湖渔场。2000年9月，根据中共湖南省委、省政府《关于国有大中型农场体制改革的意见》，中共益阳市委、市政府对辖区内国有农场进行撤场建镇改革，设立大通湖区，比照县级政府赋予职能职权，全面管理区域内的经济社会事务。至2020年末，大通湖区下辖河坝、北洲子、金盆、千山红四镇和南湾湖办事处，辖区面积379.31平方千米。

第一节　境域位置

大通湖区位于洞庭湖平原中心腹地，因区内有湖南省最大的内陆湖泊大通湖而命名。地理坐标为东经112°15′18″—112°42′02″，北纬29°01′19″—29°19′16″，东西极长33.7千米，南北极长19.96千米，土地总面积379.31平方千米。东临东洞庭湖，南抵沅江市南大膳、阳罗、草尾镇，西接南县茅草街、青树嘴镇，北界南县乌咀、明山、华阁和华容县注滋口等乡镇。行政区划分属南县和沅江市。区治驻地河坝镇大通湖大道，距省会长沙市160千米、益阳市中心城区90千米、长江沿岸国际贸易口岸城市岳阳市90千米。

区所在的大通湖大垸，乃湖南省洞庭湖区十大防洪重点确保垸之一，按湖南省农业区划，属洞庭湖中部平原粮、鱼、苇、麻、油、畜农区，是长江经济带和洞庭湖生态经济区的重要组成部分。

第二节　建置沿革

一、大通湖史略

大通湖区所在的洞庭湖地域，位于长江中游荆江段南岸，于五六千年前的新石器时代就已形成河网交错的平原地貌，有先民定居、生息繁衍。新石器时代以后，该地域处于缓慢的沉降之中。至秦汉时期（公元前221年起），这块"洞庭之野"开始向沼泽化发展，而其东北部沉降尤为严重，逐渐在巴丘（今岳阳）的君山附近形成巴丘湖，因君山别称洞庭山，故该湖又名洞庭湖。稍后，其东南部的低洼沼泽，夏秋积水成湖，冬春则青草丛生，一望无涯，故称青草湖。公元3至5世纪的魏晋南北朝时期，位于长江南岸的沧水，将明山、南山一线以西，安乡、华容一线以南的低洼沼泽，潴汇成一个浅水型湖泊，因属长江分流，水中含沙较多，故称赤沙湖。此时的洞庭湖区基本分成洞庭、青草、赤沙三大部分。现代的大通湖界位于洞庭西沿至赤沙以东，是全洞庭湖的中心。

清咸丰二年（1852年）及同治十二年（1873年），荆江南岸相继发生藕池及松滋决口，加上原有的太平、调弦两口，形成四口分流局面，长江泥沙大量注入洞庭湖，因湖底淤积程度不同，逐渐使烟波浩渺的"八百里洞庭"分割成若干个地域性的中、小湖泊。大通湖就是其中的一个。据《南县地名志》记载："大通湖为洞庭湖的心脏，系洞庭湖淤积分割而成。清咸丰年间，藕池溃口，泥沙淤积，洞庭湖迅速缩小。光绪年间，赤磊洪道冲积扇与藕池河东支冲积扇合围，使大通湖从东洞庭湖分离出来。当时湖面大至320多平方千米，东通东洞庭，南连南洞庭，西注目平湖，北纳藕池水，四通八达，故称大通湖。"是时，此地属常德府安乡县。1913年南县建制后，大通湖湖场荒洲及沿湖堤垸，分属南县、沅江、湘阴、华容和岳阳等县，直至1950年设立大通湖蓄洪垦殖区。

二、蓄洪垦殖区

随着大通湖沿湖洲渚淤积增高和扩展连片，各地居民纷至沓来，开荒垦殖，豪强争占，围堤招佃。从1870年湖西面黎正名主修黎家垸开始，至1949年的约80年间，此地先后修筑大小堤垸108个。这些星罗棋布的堤垸将大通湖中心湖泊团团包围，只有东南角近17千米的大片荒洲，在涨水时复与东洞庭湖相连。早在20世纪20年代初，湖南官府豪绅就拟将环湖堤垸合并建立统一的"天祐垸"（寓意天赐天佑福地），以利防洪保安和垦殖耕种、增加农产。但因涉及历史形成的长江与洞庭湖的泄蓄关系，遭到湖北方面强烈反对，以致"天祐垸"围挽三起三落，湘鄂两省"江湖之争"持续几十年。

1949 年 10 月，中华人民共和国成立后，中央人民政府协调湘鄂两省"江湖之争"，着手解决"天祜垸"围挽的水利纠纷。国家长江水利委员会综合江湖关系演变的历史事实，在统筹考虑江湖两利的原则下，经科学论证，向水利部提出了治理洞庭湖和按"蓄洪第一，垦殖第二"的方针修建大通湖蓄洪垦殖区的规划报告，并获批准。1950 年 1 月，湖南省临时政府主持全面启动大通湖蓄洪垦殖区工程开发，令省农林厅成立大通湖工程处，组织南县、沅江、湘阴民工 4 万余人，历时 6 个月，修筑起一条北起三才垸三岔河（现三吉河坝），南至增嘉垸莫公庙（现金盆桥一带），全长 16.8 千米的东口横堤，同时堵塞增福、积庆两垸和普丰、宝三两垸与洞庭湖相连的两处河口，开挖甘港子、南京湖、武岗湖三处排水渠道，使大通湖与东洞庭湖水域隔离，形成了由环湖 108 个大小堤垸组成的整体大垸，建成蓄洪垦殖区。蓄洪垦殖区的地域边界是：东至野猫咀（现河坝镇农丰村），东南至湘阴增嘉垸、沅江积成垸（现沅江南大北沿），南至沅江普丰垸、人和垸（现千山红镇以南），西至南县永康垸、农学垸、福星垸（现茅草街、青树咀镇），北至南县附和院、护丰垸（现明山一带），全垸湖面 327 平方千米，加上旧垸洲土湖荒 140 平方千米，共计 467 平方千米，折合约 70 万亩。

1950 年 3 月，湖南省人民政府颁布《大通湖蓄洪垦殖试验区管理条例》，批准成立大通湖蓄洪垦殖管理处，隶属省农林厅领导。同月，省农林厅派遣水利局军代表穆义文等多名干部进驻蓄洪垦殖区，接管位于南县五区窑堡原省孤儿院第二分院的房屋大院，4 月正式成立管理处，穆义文任副处长主持工作，着手管理区内蓄洪垦殖和民政事宜。12 月，根据中共湖南省委指示，中共常德地委调派南县县委副书记王惠庭任大通湖蓄洪垦殖管理处处长。1951 年 4 月，为有力保障蓄洪垦殖政策政令统一、令行禁止，中南军政委员会颁发《大通湖蓄洪垦殖管理委员会组织条例》，6 月成立大通湖蓄洪垦殖管理委员会（以下称管委会），并召开首次会议。管委会隶属于湖南省人民政府，设委员 11 名，由长江水利委员会、中南水利部、大通湖蓄洪垦殖管理处、湖南省民政厅、省财经委员会、省水利局、洞庭湖工程处、南县和沅江县人民政府各 1 人、省农林厅 2 人组成。会议推选王惠庭为主任委员，确定大通湖蓄洪垦殖区蓄洪的标准水位为长江沙市水文站 44 米（吴淞高程，下同）、洞庭湖岳阳水文站 33.8 米。

蓄洪垦殖区有效蓄洪容量 27 亿立方米，是建成之前 6.1 亿立方米的 4 倍多。同时，垸内水位下降，有 32 万亩水域变为洲土，垦殖空间迅速扩大。《大通湖蓄洪垦殖试验区管理条例》规定，蓄洪垦殖区担负两大使命。一是蓄洪使命，即平时区内湖面保持空虚，在每年 7、8 月长江水涨达危险水位、中南军政委员会或长江水利委员会命令掘堤时，蓄洪垦殖管理处须立即执行，将长江四口之水放入蓄洪区，以缓解、错开洪峰，减轻长江中下游洪水压力，确保荆江北岸特别是武汉城市安全。在洞庭湖水涨达危险水位，省政府命令掘堤时亦须同样执行，以保沿湖县乡堤垸安全。二是垦殖使命，即利用蓄洪空隙进行垦殖，增加农产收入。蓄洪垦殖区的土地、湖泊全部属于国有，用于创建国营农场，在农场暂无能力直接耕种全部土地的情况下，可临时招垦于当地居民，承租者须自己耕种，服从管理处管理并缴纳管理费。区内垦殖以种植稻麦为主，依具体情况可种早熟旱地作物和早稻，但须于每年 7 月 15 日前收割完毕。严禁开垦种植晚稻和其他晚熟作物，以严格执行"蓄洪第一，垦殖第二"的方针。长江水利委员会 1968 年所编《长江中下游平原地区有关防洪大事记》记载："1950 年春，在去冬大力整修堤防的基础上，中央人民政府批准，洞庭湖区的大通湖蓄洪垦殖工程实施，为全江第一个蓄洪垦殖工程，终结了湘鄂两省长期未能解决的'天祜垸'（大通湖）水利纠纷。"

1954 年夏，长江流域和洞庭湖区发生史上未有的特大洪涝灾害。7 月 14 日和 19 日，位于蓄洪垦殖区西面的南县四区白合堂堤垸和西南面的沅江县五区宝三垸先后溃决，洪水直向大通湖倾注。22 日，按照中央"为了使江汉平原及武汉三镇不被淹没，决定炸开荆江南堤"的命令，荆江首次分洪，滚滚江流南侵洞庭湖区。28 日，接湖南省人民政府命令，大通湖东口横堤被炸开 150 米，加速洪水流入，减轻江湖洪水对洞庭湖滨县乡的压力，大通湖垸全垸蓄洪。

特大洪灾后，中共湖南省委、省政府决定对洞庭湖进行大规模治理，将大通湖治理列为三大重点治理工程之一。湖南省投入大量人力、物力、财力加固堤防，提高防洪保安能力。嗣后，随着堤防建设逐步完善，区内垦殖地位和垦殖能力不断提高，农垦事业加快发展，加之国家对长江流域分洪工程的科学配置和调度，大通湖垸由蓄洪垦殖区渐渐变成一般垦区和洞庭湖区重点确保垸，成了国家重要的鱼米之乡。

三、大通湖特区

中华人民共和国成立之初，大通湖区域仍分属南县、沅江、湘阴、华容、岳阳 5 县管辖，洲土湖泊面积 400 多平方千米，其中大部分为南县和沅江辖域。大通湖地区一片荒芜，渔樵农牧民流动性大，结庐而居者十之五六。蓄洪垦殖区建成后，继续维持多头管理现状已无法适应发展蓄洪垦殖事业和巩固人民新生政权的需要，必须组建一个政权机构对辖区内社会、行政事务实行统一领导管理。1951 年 2 月，根据《中国人民政治协商会议共同纲领》精神，中南军政委员会颁布《大通湖特区人民政府组织条例》，批准成立大通湖特区政府，直属湖南省人民政府领导，任命王惠庭为区长，特区政府驻地窑堡，与蓄洪垦殖管理处合署办公。

特区政府成立后，原 5 县分管之地全部划为特区所辖。随即废除旧政权的乡、保、甲机构，重新划乡建政。全区划为窑堡、老河口、三吉河坝、新农、庆成、耕余、永庆、东成、益丰、利厚、北汀头、民和共 12 个乡。是年 12 月将岳阳县的岳西乡（现北洲子镇一带的新芦洲、长洲子、舵杆洲等地）划入，至此大通湖特区共辖 13 个乡、近百个行政村，总人口约 6 万人。1953 年 6 月，大通湖特区改为南县大通湖区，后随区内农垦事业发展和建制区划调整而撤并。

四、国营农场

1950 年 4 月，大通湖蓄洪垦殖管理处根据中共湖南省委、省政府的要求，从长沙调来原旧政府农垦处的 8 台美式福特拖拉机及配套农机具和 10 名农机人员，组建全省第一家机械试验农场，接受原省孤儿院在三千号（现南县安福村）的公产荒洲 1 万亩，进行机械垦殖，年内开垦种植早稻、大豆、高粱近 900 亩。同时，省农林厅及水利局在金盆北洲（现金盆镇大东口村）建立建设农场和建业农场，作为机关生产基地，委托管理处管理，拓荒垦殖 350 亩。

1950 年冬，中共湖南省委、省政府落实中央关于在洞庭湖滨创办国营农场的指示，决定在蓄洪垦殖区创建全省第一个大型国营农场大通湖农场。创建农场的目的，主要是利用蓄洪间隙，对辖区内广袤肥沃的湖洲荒滩进行规模化开发，发展农业，为国家增加农产品供给；实行机械耕种，为农业机械化起示范作用；探索积累农场经营管理经验，为创办更多的国营农场培养管理干部和农机人员；为周边县乡的农业合作化、集体化作出示范。12 月 1 日，中共湖南省委副书记、省人民政府主席王首道视察大通湖蓄洪垦殖工程。2 日在管理处驻地窑堡召开大通湖开发和移民建场会议，就落实开发大通湖和建立大通湖农场的决策方针及移民建场任务作出具体部署安排。这次会议，后被称为具有为大通湖农场奠基和开启新湖南农垦发展史意义的"窑堡会议"。1951 年 1 月成立大通湖农场筹备处，收回三才垸、增福垸土地 2.2 万亩，兼收原机械农场及建设、建业农场。3 月进行划队建制，共建 7 个耕作队，正式成立大通湖农场。农场隶属大通湖管理处和特区政府领导，总场驻地三吉河坝。

1952 年 2 月，大通湖农场升格为县级建制，与特区政府和蓄洪垦殖管理处组成政、事、企三位一体的联合组织，实行三个机构、一套班子，直属省政府领导。是年，增福垸（现金盆）、种福垸内的民和垸（现千山红）划交省公安厅。1953 年 6 月，根据中共中央中南局《关于加强党委对农场领导的指示》精神，大通湖农场按副地（厅）级建制，同时大通湖特区改为南县大通湖区，原由蓄洪垦殖处管理的事项由大通湖区政府接管。1954

年全垸蓄洪后，大通湖农场成为政企合一的组织机构，全面管理辖区政社事务和农垦事业。1956年6月，农场复改县（处）级建制。1958年，省公安厅从增福垸和种福垸撤走劳改农场。增福、有成、玉成、善庆等垸和沅江县庆成乡划归南县，旋即并入大通湖农场。种福垸划归沅江管辖，并兼收原南县河口乡的利厚、利贞两垸，成立千山红人民公社，次年4月改为地方国营千山红农场。1959年，大通湖农场改为副县（处）级，改属南县管理，1961年恢复省管。同年6月，千山红农场改属省管。

1962年11月，根据《中共中央关于转发〈国营农场领导管理体制的决定〉的指示》精神，中共湖南省委决定将大通湖农场划分为大通湖、北洲子、金盆3个农场，均属省管。1965年6月，辖区内的尼古湖划给部队建立南湾湖军垦农场。1972年3月，大通湖农场的养殖分场整体划出，单独建制为地属大通湖渔场。

1970年，大通湖、北洲子、金盆、千山红等四场由省管改隶益阳地区，均为副县（处）级建制，1986年均改为正县（处）级建制。隶属关系相沿至2000年成立大通湖区。

第三节　镇办事处概况

一、河坝镇

河坝镇前身为国营大通湖农场，因镇政府设于三吉河坝而命名。镇域东连北洲子镇、南县华阁镇，南接金盆镇、千山红镇、南湾湖办事处和沅江市四季红镇，西界南县青树嘴镇，北抵南县乌嘴乡、明山镇、华阁镇。土地总面积173.61平方千米，其中耕地面积8.63万亩，水域面积14.78万亩。镇内面积12.4万亩的大通湖为湖南省第一大内陆静水湖泊，是国家湿地公园。镇中心城区为区治所在地，乃全区政治、经济、文化中心。

1951年3月，大通湖农场成立，年内有职工1745人，开垦湖荒1.47万亩。1953年，农场土地面积达4万亩，其中耕地3.1万亩，成为全国52个大型国营农场之一，年产粮食3439吨，上交国家2328吨。1954年，场域面积增至12.3万亩，耕地达7.8万亩。1959年，土地面积达40.6万亩，农场成为湖南省规模最大的农垦企业。

1962年底，农场"三场分治"，析出北洲子、金盆农场。1965年划出土地筹建南湾湖军垦农场，1972年划出养殖分场建立大通湖渔场，新大通湖农场场域规模定型。2000年，全场土地面积为13.31万亩，其中耕地面积8.09万亩，总人口3.14万人，辖6个农业分场、71个生产队、34家企事业单位。

2000年9月，农场改制为河坝镇，辖银河、银海、金山3个社区居委会和26个行政村。2008年，新日、新明村合并为铭新村。2015年12月，河坝镇与沙堡洲镇合并为新的河坝镇。2016年4月，原有的行政村撤并调整为老河口、新秀、铭新、芸美、芸洲子、河心洲、王家湖、农丰、农乐垸、三财垸、沙堡洲11个村，原沙堡洲镇政府驻地改设为红旗社区居委会。2020年，全镇有居民1.88万余户、4.12万人。

河坝镇为全国文明村镇和国家卫生城镇，王家湖村、沙堡洲村入选湖南省美丽乡村示范村。2020年，镇内有7所完全小学、1所完全中学、1所公办中心示范幼儿园、2家医院、28个村（社区）卫生室。镇域盛产粮油、果蔬、畜禽和多种水产品，是重要的商品粮基地和水产品出口基地。镇内有湘易康制药、东大光伏、永盛纺织、多普勒电梯、康玖堂生物科技、东嘉食品等20多家规模以上工业企业和大润发超市等多家商贸企业。2020年，全镇完成国内生产总值25.8亿元，比上年增长2.5%；实现财政收入9014万元，增长1.68%；城乡居民人均可支配收入2.51万元，增长8.25%。

二、北洲子镇

北洲子镇前身为国营北洲子农场，位于大通湖大垸东部，东临东洞庭湖，西接河坝镇，南抵金盆镇，北界南县华阁镇和华容县注滋口镇。土地总面积41.08平方千米，其中耕地3.56万亩。镇政府驻地银辉社区距河坝镇中心城区6千米。

镇域在19世纪中叶系洞庭湖水域，后因泥沙淤积渐成洲滩沼泽，20世纪30年代南县围挽三才垸，来自长江的大量泥沙经藕池河东支入胡子口，将该地淤垫成滩。三岔河与胡子口河汇合后，该片荒洲淤积于隆庆河以北，故称北洲子。40年代后期北洲子属岳阳县十六区岳西乡。1950年开发大通湖大垸，北洲子由大通湖蓄洪垦殖区接管，1951年划为大通湖特区的第十三个乡，辖域包括新芦洲、长洲子、舵杆洲一带。历来该地洲滩系不围而垦，易遭洪涝灾害。1957年11月，中共湖南省委批准常德地委《关于围垦北洲子增加粮棉生产的报告》，12月由大通湖农场副场长、红军长征干部尹保仁率南县民工2000多人围挽北洲子，历时一个冬春，修筑北起华容县溜口子，向南经沙堤拐，转西达野猫咀蓄洪口的防洪大堤20多千米，翌年建为大通湖农场北洲子分场，1959年更名为第五分场。该年冬，常德专署组织南县民工加固北洲子东大堤，并扩大垦区，围垦面积增至6万多亩。1962年改设为第十一、第十二分场，同年12月从大通湖农场析出，建立国营北洲子农场。

2000年，农场辖4个分场、1个集镇、11家直属企事业单位，总人口1.53万人。同年9月改制为北洲子镇，辖银辉、宏发两个社区居委会和14个行政村。2016年3月，14个行政村合并为向东、永兴、向阳、北胜4个村。2020年末，北洲子镇在籍总人口8079户，1.63万人。

北洲子镇为国家生态镇、湖南省文明村镇和最具民生幸福感乡镇，北胜村入选省级美丽乡村。2020年，有中心学校1所，医疗卫生机构6个，其中村（社区）卫生室5个。镇卫生院归隶区教育和卫生健康局，有医护人员29人、病床30张。镇域公路交通通达，大通湖通用机场位于镇内。农业以粮油、果蔬、畜禽、水产生产为主，是商品粮基地和生猪出口基地。众仁旺科技养殖公司年出栏生猪10万头，产值3亿元。工业有金健米业、德星纺织、昌盛建筑、想呱呱食品等规模以上企业6家。2020年，全镇完成国内生产总值5.6亿元，比上年增长6%；实现财政收入4065万元，增长4.02%；城乡居民可支配收入人均2.32万元，增长15%。

三、金盆镇

金盆镇地处大通湖大垸中东部，前身为国营金盆农场。东濒东洞庭湖，与北洲子农场接壤，南连沅江市南大膳、阳罗镇，西与沅江市阳罗、四季红镇隔河相望，北与河坝镇一河之隔。土地总面积46.65平方千米，其中耕地面积3.78万亩。镇政府驻地为金桥社区，距河坝中心城区13千米。

镇域系清光绪年间（1875—1908年）淤积而成，辖金盆北洲、增福、南京湖、有成、善庆、玉成等6垸，因地势甚低，状如盆地，土地肥沃而取名金盆。1915年，常德人龙常得协助刘隆秋围筑玉成垸。1917年，长沙县育婴堂拨款修筑善庆垸。1923年，衡山县李义进主修有成垸。1924年，湘乡人曾仲伯围垦增福垸；同年，金盆北洲为湘阴县祝姓所占，建祝家局。中华人民共和国成立前后，此地分属湘阴县和沅江县。1950年建成大通湖蓄洪垦殖区后，镇域6垸全部划属蓄洪垦殖管理处管辖。1952年，省公安厅在增福垸设劳改农场。1955年扩垦金盆北洲和南京湖。1958年冬劳改农场撤走，此地建为大通湖农场第七分场。1959年庆成垸建为第八分场，翌年收回沅江县草尾公社在尼古湖、猴子口垦殖的约0.8万亩土地，建第九分场。1962年底，第七、八、九分场析置为国营金盆农场。1965年11月，划出耕地0.46万亩安置柘溪库区移民，后归制沅江县四季红公社。

2000年，农场辖1个集镇、3个分场、15家直属企事业单位，总人口1.88万人。同年9月改制为金盆镇，辖金桥、金濑社区和15个行政村、1个养殖场。2016年初撤并调整行政村，设大东口、增福、南京湖、王家坝、有成5个村。2020年，全镇总人口9657户、2.04万人。有初级中学1所、完全小学3所，医疗卫生机构8个，其中村（社区）卫生室7个。

金盆镇为农垦特色小镇和省级卫生乡镇、平安乡镇，王家坝、大东口村入选湖南省美丽乡村。镇村公路通达，镇域有漉湖世界级湿地，建有大东口生态公园和美食街区，"金盆小龙虾"和漉湖湖鱼席等特色美食声名远播。农业以稻虾共作、稻蟹共生为主，育有"早香 17 号"和"金香 1 号"优质香稻，曾被评为中国优质米食第一名，袁隆平院士题字金盆为"湖南香稻第一村"。2020 年，全镇生产总值 10.2 亿元，比上年增长 0.4％；财政收入 8500 万元，增长 7％；城乡居民可支配收入 2.35 万元，增长 16.7％。

四、千山红镇

千山红镇地处大通湖大垸西南部，前身为国营千山红农场。东邻南湾湖生产基地，南抵沅江市草尾镇，西接南县茅草街镇、青树嘴镇，北临大通湖水域。东西最大距离 11.2 千米，南北最大距离 11.7 千米，总面积 76.26 平方千米，其中耕地 6.38 万亩。镇政府驻地北汀社区，距河坝城区 23 千米。

镇域由种福、民和、利厚、利贞、利红等垸组成。因镇内原有"青山洪"诸地水域，取谐音"千山红"定名。1902 年，常德人刘三喜来此领照围垦，建"刘公局"。1904 年，官绅聂仕达领垦南洲一带淤田 4 万余亩，又收买刘公垸 3 万余亩土地，建立种福垸。1950 年，该地域由大通湖蓄洪垦殖管理处接管，翌年设民和、汀头、利厚 3 个乡。1952 年，省公安厅在种福垸内的民和垸建立千山红带改农场。1958 年农场撤走，种福垸划归沅江县设千山红人民公社，并兼收南县河口乡管辖的利厚、利贞两垸。1959 年 3 月改制为沅江县地方国营千山红农场，设 4 个分场，有人口 2300 户、8124 人。1961 年 6 月升格为省属国营农场。

2000 年，农场辖 1 个集镇、5 个农业分场、1 个养殖分场和 21 家企事业单位，总人口 2.5 万人。同年 9 月撤场建为千山红镇，下辖 3 个社区居委会、21 个行政村、1 个渔场。2006 年，大莲湖渔场改为大莲湖村。2016 年初并村，设利厚、大西港、种福、民和、大西湖、东南湖、大莲湖 7 个行政村和北汀、厚南、桥北 3 个社区居委会。2020 年，在籍总人口 1.19 万户、2.65 万人。

千山红镇为国家"一村一品"示范村镇和湖南省美丽乡镇，大西港村入列省级美丽乡村。镇内交通便利，省道 S202 和益南高速连接线 S307 贯穿该镇，镇村公路硬化通达到户。2020 年，有初级中学 1 所、完全小学 4 所、公办幼儿园 1 所。医疗卫生机构包括 1 所镇中心卫生院、12 个村（社区）卫生室，有医护人员 140 人、病床 150 张。农业以粮油、果蔬和畜禽水产为主，稻虾稻蟹种养和虾稻米为特色产业。镇内有米老头食品、民生米业、宏硕生物科技、富万家等 6 家规模以上、限额以上工商企业。2020 年完成生产总值 6.05 亿元，比上年增长 10％；完成财政收入 2120 万元，增长 4.7％；城乡居民可支配收入 2.46 万元，增长 6.8%。

五、南湾湖办事处

南湾湖办事处位于大通湖大湖南岸，东抵沅江县四季红镇，西南与千山红镇毗邻，驻地肖公庙，距河坝中心城区 16 千米。2000 年 9 月成立，以湖南省军区南湾湖农副生产基地地域为管辖范围，总面积 41.7 平方千米，其中耕地面积 2.75 万亩。

此地域又称尼古湖，系大通湖水域的一部分，1950 年属大通湖蓄洪垦殖管理处管辖。1958 年南县组织民工围而未垦，1959 年划归大通湖农场设第六分场。1961 年冬中国人民解放军第 47 军在此借地生产，1965 年 6 月扩划 5.9 万亩。1966 年 12 月至翌年 6 月，第 47 军组织 2 万余名官兵筑堤围垦，正式建立南湾湖军垦农场。军垦农场为师级建制，下设 4 个分场，主要农产品有水稻、黄麻、棉花、生猪、鲜鱼等。1978 年底改团级建制，更名为广州军区南湾湖农场，2001 年底改隶为湖南省军区副食品生产基地，2003 年 6 月撤编，2006 年 7 月恢复编制为湖南省军区农副业生产基地。2018 年 4 月转隶中央军委联勤保障部第二储备资产管理局，2019 年 7 月整合归并到长沙储备资产管理站，同年 12 月更名为融通农业发展（益阳）基地管理有限责任公司。

2020 年，辖区内常住人口 76 户、167 人。办事处负责管理辖区内行政社会事务，配合协调融通（益阳）公司搞好生态建设和环境保护、推进现代农业建设。

附记：大通湖渔场

大通湖渔场位于大通湖大垸中部，东连河坝镇，南抵千山红镇、南湾湖办事处和沅江市四季红镇，西接南县青树嘴镇，北界南县明山镇和乌嘴乡。总面积 85 平方千米，其中大湖水域面积 12.4 万亩，精养水域面积 0.33 万亩。常年居住人口约 2300 人。渔场驻地沙堡洲，距河坝中心城区 9 千米。

19 世纪中叶从洞庭湖分离出来的大通湖水域，在泥沙淤积中逐步形成沼泽洲滩，因水流回旋，形成矩形沙堆，渔场驻地遂名沙堡洲。1949 年前后，大通湖水域分属南县、沅江、湘阴管辖。1950 年 4 月由大通湖蓄洪垦殖管理处接管，设渔业管理所。1952 年 3 月成立特区渔民协会，订立渔业蓄禁、捕捞制度。1955 年改名南县红旗捕捞渔业生产合作社。1956 年 2 月，省农业厅定其为全省十大水产养殖基地之一，命名为湖南省国营大通湖水产养殖场。1957 年改属南县。1958 年收归常德专区，分由南县、沅江经营管理。1959 年 3 月归隶大通湖农场，设为养殖分场。1972 年 3 月，单独建制为国营大通湖渔场，先后隶属益阳地区农场管理局、农业局管理。1986 年升格为副处级建制。1994 年改属益阳市畜牧水产局管理。2000 年 9 月，大通湖区管理委员会设沙堡洲办事处，管理渔场辖区行政社会事务。2003 年 5 月，渔场地域归隶大通湖区。2013 年，河坝镇铭新村入辖，撤销沙堡洲办事处，渔场建制为沙堡洲镇，辖铭新、大西湖、尼古湖、蜜蜂浃等 4 村和沙堡洲集镇，有天泓渔业、锦大水产、和平水产等民营养殖企业。2015 年底，沙堡洲镇与河坝镇合并为新的河坝镇，保留国营大通湖渔场名称。

大通湖素有"洞庭之心"和"三湘第一湖"称谓。有鱼类资源 108 种，螺蚌蚬底栖动物、龟鳖等两栖动物和水生植物群落发达，是候鸟迁徙栖息之地，为国家良好保护湖泊、"中国河蟹之乡"及"中国（益阳）淡水鱼都"、"大通湖国家湿地公园"核心区。三角帆蚌、三角鲂（鳊鱼）为国家淡水种质资源。大湖生态养殖的鳙、青、草、鲤、鳊鱼和大闸蟹等常年总产量 3000 吨左右，畅销全国各地，远销东南亚及欧盟国家。迷人的景致、湖鲜美食、机械捕捞和传统捕捞，使大通湖成为生态休闲旅游热地和湖南省乡村旅游精品线路目的地之一。

大通湖水域于 2004 年改革经营机制，围网分割为尼古湖、蜜蜂浃、大西湖 3 个湖场，招标由个人承包经营。2008 年大通湖经营权以 49 年期限整体转让给民营企业，建立天泓渔业公司。因过度养殖致水环境急剧恶化，2017 年终止经营权转让合同，实行退养禁捕，斥巨资进行水生态修复。2019 年成立大通湖生态公司，专司大通湖生态修复和资源资产经营，受大通湖南洞庭湖湿地管理局监管。至 2020 年，大通湖生态修复成效显现，总体水质由劣 V 类进为 IV 类，呈现稳定向好态势。

第二章　自然环境

大通湖区位于洞庭湖断陷盆地，地层发育属地质年代第四纪，为河湖相沉积类型。区内湖河沟渠密布，土地平旷，吴淞高程 24～32 米，坡度小于千分之三。

大通湖区属中亚热带向北亚热带过渡的大陆性季风湿润气候区，气候温和、热量丰富、雨水充沛、四季分明，具有春寒寡照、夏雨偏多、秋旱高温、冬霜冰冻的特点。年平均气温 17℃，日照 1576.4 小时，太阳辐射总量每平方厘米 105.1 千卡，年均降水 1274.6 毫米，年蒸发量 1181.3 毫米，相对湿度 84%。多年平均地表径流深度 510 毫米，径流系数 0.4，年均径流量 1.94 亿立方米。内湖、外湖超防汛警戒水位概率分别为 57.8%、48.6%。

土壤成土母质系河湖沉积物，分为 2 个土类、3 个亚类、7 个土种，土层深厚、土壤肥沃。水生、人工植被发达，有阔叶林、竹林、经济林、草甸、沼泽植被、水生植被、农田作物 7 类。

区内大气环境质量优良。大通湖水环境经生态修复和污染源头治理有所恢复，地表水水质总体评价为Ⅳ类，并稳定向好改善。

第一节　地质　地貌

一、地质

大通湖区位于洞庭湖盆地，系燕山运动以来发育在扬子地台江南古陆的中段断陷而成，其大地构造位置属新华夏系第二沉降带江汉盆地的南部。地层发育属第四纪，为河湖相沉积类型。据地质调查钻孔揭示，第四纪下更新世期的地层，沉积厚度在 100 米以上，下部为灰绿、黄绿或浅灰色砂质黏土和砂及砾石互层，含植物碎片。中部为绿色黏土与砂互层，偶夹细砾。上部以黄褐、黄白或灰黑色砂质黏土及黏土层为主，夹沙砾层，富含腐殖质及植物碎片。中更新世地层沉积厚度一般 10 余米，下部为黄褐、黄白色砾石和粗砂层，斜层理时有所见，上部为红色黏土。上更新世地层沉积厚度 0～16 米，下部为细砾层，上部为黄色假网纹红土，具铁锰质钙斑。全新世地层为现代松散沉积物，厚 0～10 余米，构成区内土壤质地和土壤类型，适宜多种农作物和树木生长。

二、地貌

大通湖区为典型的湖积围垦平原，土地平旷，河湖沟渠密布，地面吴淞海拔高程（下同）24～32米，比高8米以内，坡度小于千分之三。地势高低与河流走向同步，沿河两岸稍高，垸心及距河道较远处稍低。松散堆积层厚度则与冲积扇走向同步，河沿一带约3～5米，垸心2～4米，局部河流缓冲处形成小面积台地。

河坝镇地域为藕池河东支向大通湖倾注的冲积扇，地势北高南低，陆地地面高程26～31米，坡降一般小于千分之一，大于28米以上的面积占60%。北洲子镇1958年围垦前处于藕池河东支的胡子口河与隆庆河向东洞庭湖倾注的冲积扇，地表呈马蹄形，北、西、南三面高，东面低，地面高程26.6～32米，28米以上的面积占68.3%，湖积物堆积厚度大都在10米以上。金盆镇、千山红镇和南湾湖办事处地势低洼平坦，地面高程24～28.7米，湖积物堆积较浅，部分土地出露第四纪中生代红色黏土。

第二节　气候　水文

一、气候

（一）气候特征

大通湖区属中亚热带向北亚热带过渡的大陆性季风湿润气候区。因地处湖南省三面环山、朝北开口的马蹄形地貌的北口上，冷空气易于入侵滞留，具有春寒寡照、夏雨偏多、秋旱高温、冬霜冰冻的特点。又因纬度较低，且系湖沼平原，故有气候温和、热量丰富、雨水充沛、四季分明的亚热带季风湿润气候区的一般共性。

春季（3—5月）：1956—2020年累年当季（下同）平均气温17.2℃，稳定进入10℃以上喜温期的初日平均为3月12日。平均降水日47天，占全年降水天数的33.8%；降水量456.4毫米，占全年降水量的35.8%。平均日照342.6小时，占全年日照时数的21.73%；太阳总辐射量25.93千卡/平方厘米，占全年的24.67%。兼具春雨连绵和风和日丽的特征。

夏季（6—8月）：平均气温27.5℃，7、8两月平均最高气温均在32℃以上。季降雨日31天，降雨量428.4毫米，占全年的33.61%，且暴雨集中，易发洪涝。平均日照585.2小时，总辐射38.81千卡/平方厘米，是全年光热最高季节，雨热同步，有利植物生长。

秋季（9—11月）：平均气温 17.6℃。降雨日 32 天，降雨量 220.8 毫米，占全年的 17.32％。日照时数 394.5 小时，总辐射 24.37 千卡/平方厘米。秋高气爽，常有秋旱出现。

冬季（12—2月）：平均气温 5.7℃。降水日 33 天，降水量 169.0 毫米，占全年的 15.77％。日照 254.1 小时，总辐射 15.99 千卡/平方厘米，伴有雨雪和霜冻天气。

（二）主要气候要素

日照：区日照时数累年年平均 1576.4 小时，年日照率 37％，是湖南省日照时数最多的地区之一。日照时数年际间变化较大，最多的为 1956 年 2128.4 小时，最少的为 2014 年 1290.9 小时，相差 837.5 小时。历年同月份日照时数悬殊也较大，1979 年 10 月达 281.4 小时，而 1972 年同月仅 60.4 小时。日照时数的四季分布，夏季最多，秋季次之，冬季最少。夏秋两季的日照时数占全年的 62.5％。7、8 两月日照率最高，均在 55％以上。2～3 月日照率最低，在 25％以下。

累年年平均太阳辐射总量 105.1 千卡/平方厘米，年内分布和变化规律与日照时数的分布变化一致。主要作物光合期的 4～10 月，总辐射量为 75.76 千卡/平方厘米，有利于作物生长。若按区内农业实际经济产量每亩 1000 千克计算，其光能利用率为 3.4％，利用潜力很大。大通湖区累计各月太阳辐射总量和日照日数见表 1-2-1。

表 1-2-1　大通湖区累年各月太阳辐射总量和日照时数表

月份	总辐射（千卡/平方厘米）	平均日照		最多日照		最少日照	
		小时	百分率（％）	小时	年份	小时	年份
全年	105.10	1576.4	37	2128.4	1956	1290.9	2014
1	5.24	82.5	28	185.4	1963	26.9	2019
2	5.50	70.7	23	127.8	1958	7.8	2019
3	6.85	89.6	23	169.7	1962	28.8	1980
4	8.77	115.5	30	184.4	2006	39.9	1995
5	10.31	137.5	33	205.1	1982	62.9	1960
6	11.62	150.9	40	259.6	2013	25.9	2014
7	14.26	224.6	57	315.0	1964	79.7	2020
8	12.93	209.7	55	320.5	1966	118.5	2014
9	9.86	152.2	43	244.1	1956	86.5	2020
10	8.01	130.9	38	261.4	1979	60.4	1972
11	6.50	111.4	36	200.8	1956	33.5	1967
12	5.25	100.9	33	205.8	1999	24.3	2018

气温与湿度：累年年平均气温 15.7～18.0℃，均值 17.0℃。1 月最冷，平均气温

4.3℃。7月最高，平均气温 28.7℃，年较差 24.4℃。极端最高气温 41.3℃（2017 年 7 月 27 日），日最高气温达 35℃以上的日数为 13 天，日平均气温在 30℃以上的日数为 23 天。极端最低气温零下 16℃（1977 年 1 月 30 日），在 0℃以下的日最低气温和日平均气温的日数，分别为 28 天和 6 天。

日平均气温稳定高于 5℃时，草木萌发，越冬作物开始缓慢生长。累年平均初日为 2 月 28 日，持续时间 284 天。日平均气温高于 10℃的持续期一般称为农作物生长期，累年平均初日为 3 月 12 日，终日为 11 月 23 日，持续 257 天，其间活动积温 5486℃。日平均气温稳定高于 15℃的时期为喜温作物的活跃生长期，累年平均初日为 4 月 11 日，终日为 10 月 26 日，持续 198 天。水稻安全抽穗扬花的临界温度一般是 20℃左右，区日平均气温稳定高于 20℃的平均初日为 4 月 29 日，终日为 9 月 26 日。12 月 9 日至次年 2 月 27 日的 81 天，为日平均气温低于 5℃的冬冷期。12 月 27 日至次年 2 月 10 日的 46 天，为日平均气温低于 3℃的冬季作物越冬期。惊蛰至小雪节气为无霜期，累年平均为 269 天，最长的 2015 年为 314 天，最短的 1962 年为 231 天。

区累年平均相对湿度为 84%，年际变化一般在 5%左右，极端最小相对湿度 11%（1986 年 3 月 3 日），春夏相对湿度比秋冬高。年均水气压（绝对湿度）17.5 百帕。

大通湖区累年各月气温及各级界限温度出现日期见表 1-2-2、表 1-2-3。

表 1-2-2　大通湖区累年各月气温表

单位：℃

月份	平均气温	平均最高气温	极端最高气温	平均最低气温	极端最低气温
全年	17.0	20.9	41.3	13.5	−16.0
1	4.3	8.1	23.6	1.2	−16.0
2	6.3	10.1	27.0	3.1	−14.9
3	12.9	14.9	31.0	7.5	−3.3
4	17.0	21.2	33.2	13.4	−0.5
5	21.8	25.9	37.5	18.3	8.2
6	25.7	29.6	39.0	22.1	12.8
7	28.7	32.8	41.3	25.4	18.9
8	28.0	32.1	40.0	24.6	17.4
9	23.2	27.7	37.4	19.7	10.8
10	17.7	22.7	33.6	14.0	1.7
11	11.9	16.6	29.5	8.3	−3.9
12	6.4	10.9	23.3	3.0	−6.4

表 1-2-3　大通湖区各级界限温度出现日期表

项目	≤3℃			≥10℃				≥12℃			
	初日（日/月）	终日（日/月）	天数	初日（日/月）	终日（日/月）	天数	活动积温（℃）	初日（日/月）	终日（日/月）	天数	活动积温（℃）
平均	27/12	10/2	44	12/3	23/11	253	5486.0	28/3	20/11	231	5266.2
最早（多）	28/11	23/12	91	24/2	5/11	283	6119.1	1/3	29/10	260	5655.3
最晚（少）	1/2	14/3	0	10/4	30/12	211	4819.8	15/4	10/12	222	4388.6

项目	≤5℃			≥15℃				≥20℃			
	初日（日/月）	终日（日/月）	天数	初日（日/月）	终日（日/月）	天数	活动积温（℃）	初日（日/月）	终日（日/月）	天数	活动积温（℃）
平均	9/12	27/2	81	11/4	26/10	198	4730.0	29/4	26/9	146	3820.5
最早（多）	14/11	5/2	110	28/2	10/10	233	5265.0	24/4	9/9	157	4912.6
最晚（少）	31/12	23/3	45	18/5	12/11	150	3813.1	20/5	22/10	112	2956.1

降水：区内雨量充沛，但四季分布不均，年际变化大。累年平均降水量 1274.6 毫米，年雨日 143 天。年降水量最多的 2002 年为 1894.8 毫米，最少的 1968 年为 861.1 毫米，正、负距平分别为 48.66%、32.45%。按年际间同月份降水量极值比较，1954 年 6 月最高，为 684.2 毫米，2018 年 6 月最低，为 6.7 毫米；1993 年 7 月最高，为 482.7 毫米，1971 年 7 月最低为 0.6 毫米；1969 年 8 月最高，为 383 毫米，1974 年 8 月最低，为 3 毫米。降水量的四季分布，以春季最多，夏季次之，冬季最少。春、夏两季降水量 884.8 毫米，占全年三分之二。降雨集中期一般于 4 月中旬开始，7 月中旬结束，历时 3 个月，累年平均降雨量 514 毫米，占年降水量的 40.35%。

历年一日最大降水量为 211.4 毫米，出现在 1954 年的 6 月 25 日。一次连续最大降水量 322.2 毫米，出现在 1977 年 6 月 13—19 日。最长连续降水日数为 14 天，出现在 1965 年 9 月 27 日—10 月 10 日。最长连续无降水日数 41 天，出现在 1979 年 9 月 25 日—11 月 4 日。

冬至到惊蛰为区域降雪期，年平均降雪日数 11 天，最多的 1987 年为 24 天，最少的 1974 年仅 1 天。降雪初日最早为 11 月 11 日（2000 年），终雪最迟为 4 月 4 日（1969 年）。累年平均积雪日数为 7 天，一般集中在 1 月，最早的积雪初日为 12 月 9 日（1975 年和 1985 年），最迟结束积雪为 3 月 13 日（1957 年）。最大积雪深度出现在 2008 年 1 月 13 日，达 24 厘米。大通湖区累年各月平均降水量与雨日数见表 1-2-4。

表 1-2-4　大通湖区累年各月降水量与雨日数表

月份	平均雨日数（日）	平均降水量（毫米）	最多		最少	
			降水量（毫米）	出现年份	降水量（毫米）	出现年份
全年	143	1274.6	1894.8	2002	861.1	1968

（续）

月份	平均雨日数（日）	平均降水量（毫米）	最多		最少	
			降水量（毫米）	出现年份	降水量（毫米）	出现年份
1	12	54.7	155.2	2000	0	1963
2	11	72.6	217.5	1959	7.8	1999
3	15	117.7	311.1	1992	32.3	1983
4	16	158.1	330.3	1999	43.2	1996
5	16	180.6	354.4	1956	48.6	1986
6	13	175.6	684.2	1954	6.7	2018
7	10	142.3	482.7	1993	0.6	1971
8	8	110.6	383.0	1969	3.0	1974
9	10	69.1	292.5	2000	1.0	2019
10	11	79.2	197.4	1987	0	1979
11	11	72.5	215.3	2005	2.1	1956
12	10	41.7	178.8	1968	0	1987

蒸发：累年平均蒸发量1181.3毫米，为年降水量的92.7%。最大蒸发量1505.2毫米（1966年），最小蒸发量923毫米（2012年），正、负距平分别为27.4%、21.8%。一年中，1月蒸发量最少，为38.9毫米；7月最多，达194.4毫米。夏季蒸发量为504.3毫米，占年蒸发量的四成多，高于同期降水量17.7%，其中7、8月蒸发量365.5毫米，比同期降水量多44.5%。大通湖区累年平均各月蒸发量见表1-2-5。

表1-2-5 大通湖区累年平均各月蒸发量表

单位：毫米

项目	全年	1月	2月	3月	4月	5月	6月	7月	8月	9月	10月	11月	12月
平均	1181.3	38.9	43.8	65.9	95.1	123.1	138.8	194.4	171.1	119.5	85.8	59.7	45.2
最多	1505.2	66.9	77.8	102.1	122.2	171.8	222.4	309.2	284.9	196.5	146.2	96.7	68.6
最少	923.0	12.2	18.8	27.7	55.3	75.5	80.5	97.8	103.9	72.8	55.1	28.3	26.2

二、水文

（一）径流

区内地表径流主要由降雨补给，径流年际变化与降雨一致，流量大小与降雨多少及降雨强度大小有密切联系。剔除蒸发、土地下渗、植物截留和洼地滞蓄等因素，多年平均径流深度为510毫米，径流系数0.4，年平均径流量1.94亿立方米，径流模数为51.05万立方米/平方千米。区内3～8月月平均降水量均在100毫米以上，以4～7月形成的径流量最多，占全年的六成左右。径流量年际差距悬殊，最大年2002年为2.91亿立方米，是最小年1968年的2.2倍多。综合多年径流与降雨分析，区内年径流量和降雨量超多年平均值20％以上的丰水年一般为五年一遇，低于平均值20％的少水年为四年一遇，处于两者之间的平水年为两年一遇，低于平均值30％以上的枯水年为二十年一遇。

（二）泥沙

区内河湖沟渠等水域的泥沙，主要来自地表径流挟带的悬移质泥沙。径流含泥沙量大小，与降雨量和降雨强度呈正向关系。4～7月降雨集中期，水土流失严重，大量泥沙随径流汇入沟渠河湖，形成松散型淤积层，并逐渐叠加，抬高床底，影响行洪安全和农田排灌。

（三）水位

大通湖区东临东洞庭，有一线外湖堤段10.35千米。区内的大通湖内湖是大通湖垸主要的调蓄湖泊，岸线周长56千米，区辖27.15千米。历经多年堤防建设，防汛特征水位标准随之调整。2004年前，湖南省防汛抗旱指挥部确定区外湖（南道河）防汛水位为32.5米，警戒水位33.5米，危险水位34.5米，保证水位35.8米。内湖（千山红）防汛水位28.5米，警戒水位29米，危险水位29.2米。2004年按照防汛抗旱总指挥部、水利部有关文件规定，防汛特征水位改为只设两级，区外湖警戒水位为33.2米，保证水位35米；内湖警戒水位为28.8米，保证水位29.5米。

东洞庭湖水位，随长江和湘、资、沅、澧四水水情变化而涨落。据南道河水文观测站资料，1951—2020年，每年汛期超防汛水位32.5米（2004年前）或警戒水位（2004年起）33.2米的有34年次，概率48.6％；其中2000年前的50年出现27年次，概率54％，2001—2020年出现8次，概率40％。超保证水位出现6次，分别为：1954年35.09米，1996年35.82米，1998年36.20米，1999年36.0米，2002年35.35米，2017年35.22米。

大通湖内湖水位主要受本流域降雨影响。历年资料表明，1957—2020年，超防汛水位28.5米或警戒水位28.8米的有37年次，概率57.8％。其中2000年前出现30次，概率68.2％，2001—2020年出现7次，概率35％。超危险水位29.2米或保证水位29.5米的有12年次，分别为：1969年29.71米，1973年29.51米，1980年29.40米，1982年29.20米，1983年29.27米，1988年29.97米，1989年29.25米，1991年29.31米，1995年29.97米，1996年29.58米，1998年30.29米，2002年29.77米。东洞庭湖南道河观测站历年最高水位见表1-2-6。大通湖内湖最高水位见表1-2-7。

表 1-2-6 东洞庭湖南道河观测站历年最高水位表

基面：吴淞

年份	最高水位（米）	出现日期（日/月）	年份	最高水位（米）	出现日期（日/月）	年份	最高水位（米）	出现日期（日/月）
1951	31.21	26/7	1975	33.10	25/5	1999	36.00	23/7
1952	33.08	3/9	1976	33.11	24/7	2000	32.11	9/7
1953	30.11	11/8	1977	32.59	6.25	2001	30.09	25/6
1954	35.09	3/8	1978	30.42	30/6	2002	35.35	24/8
1955	32.46	2/7	1979	31.62	27/9	2003	33.93	15/7
1956	31.49	6/7	1980	33.87	2/9	2004	32.61	25/7
1957	31.49	14/8	1981	31.87	23/7	2005	32.00	4/9
1958	32.58	29/8	1982	32.57	4/8	2006	30.08	22/7
1959	30.35	8/7	1983	34.42	18/7	2007	32.88	4/8
1960	30.00	12/8	1984	31.84	1/8	2008	31.57	8/8
1961	30.03	22/7	1985	30.68	13/7	2009	31.16	10/8
1962	33.54	13/7	1986	31.36	11/7	2010	33.59	30/7
1963	30.12	31/8	1987	32.16	27/7	2011	28.24	14/8
1964	33.99	4/7	1988	34.01	17/7	2012	33.95	21/7
1965	31.38	23/7	1989	32.69	18/7	2013	29.64	26/6
1966	31.02	16/7	1990	32.88	6/7	2014	30.04	2/9
1967	32.22	8/7	1991	33.90	14/7	2015	31.79	24/7
1968	34.04	23/7	1992	32.65	11/7	2016	34.76	8/7
1969	33.81	21/7	1993	33.29	4/9	2017	35.22	4/7
1970	32.93	23/7	1994	30.68	20/6	2018	31.40	19/7
1971	30.08	18/6	1995	34.13	10/7	2019	31.50	27/6
1972	28.41	5/6	1996	35.82	22/7	2020	35.03	28/7
1973	33.46	29/6	1997	32.79	25/7			
1974	32.51	17/7	1998	36.20	20/8			

表 1-2-7 大通湖内湖最高水位表

基面：吴淞

年份	最高水位（米）	年份	最高水位（米）	年份	最高水位（米）	出现日期（日/月）
1957	28.39	1979	28.81	2001	27.60	27/6
1958	28.45	1980	29.40	2002	29.77	27/8
1959	28.70	1981	28.16	2003	28.53	12/7
1960	27.99	1982	29.20	2004	29.24	22/7
1961	28.21	1983	29.27	2005	28.76	6/9
1962	28.60	1984	28.62	2006	28.13	15/7
1963	28.86	1985	28.49	2007	28.72	9/9
1964	29.08	1986	28.50	2008	28.52	9/9
1965	28.99	1987	28.62	2009	29.20	30/7
1966	28.50	1988	29.97	2010	28.97	14/7
1967	29.50	1989	29.25	2011	27.97	14/8
1968	28.16	1990	29.00	2012	28.74	1/7
1969	29.71	1991	29.31	2013	28.50	27/8
1970	28.80	1992	28.72	2014	29.06	7/7
1971	27.96	1993	—	2015	28.52	10/6
1972	28.41	1994	—	2016	28.83	7/7
1973	29.51	1995	29.97	2017	28.55	2/7
1974	27.91	1996	29.58	2018	28.42	3/9
1975	29.07	1997	—	2019	28.68	28/6
1976	28.53	1998	30.29	2020	28.40	11/7
1977	28.89	1999	—			
1978	28.53	2000	—			

第三节 土壤 植被

一、土壤

（一）土壤类型

大通湖区土壤成土母质系河湖沉积物。此类土壤主要受水流影响，泥沙沉积呈明显带状分布，土层深厚，土地肥沃，层理明显，酸碱度适中，是耕地中的一类土壤。据2008年至2010年耕地地力评价资料，全区土地分为水稻土、潮土2个土类，其中水稻土含潴育性水稻土、潜育性水稻土2个亚类，分为紫潮泥、紫潮砂泥、青紫潮泥、紫潮泥田4个土种；潮土（旱土）有紫潮土1个亚类，分为紫湖泥土、紫潮砂土、紫潮砂泥土3个土种。2020年，全区土壤分类及分布见表1-2-8、表1-2-9。

表1-2-8 大通湖区土壤分类系统表

土类	亚类	土属	土种	面积（公顷）	占土类面积（%）
水稻土	潴育性水稻土	紫潮泥田	紫潮泥田	2418	27.02
	潜育性水稻土	青泥田	紫潮砂泥田	1869	20.89
			紫潮砂田	1362	15.22
			青紫潮泥田	3299	36.87
小计	2	2	4	8948	100.0
潮土	紫潮土	耕型紫潮土	紫潮泥土	1944	26.13
			紫潮砂土	1587	21.33
			紫潮砂泥土	3910	52.54
小计	1	1	3	7441	100.0
全区	3	3	7	16389	

表1-2-9 大通湖区各镇土壤类型分布表

单位：公顷

土种	全区	河坝镇	北洲子镇	金盆镇	千山红镇	南湾湖办事处
紫潮泥田	2418	265	338	704	6	1105
紫潮砂泥田	1869	1154	102	403	64	146
紫潮砂田	1362	60	0	43	1259	0
青紫潮泥田	3299	306	138	718	1688	469
紫潮砂土	1587	453	270	149	685	30
紫潮泥土	1944	580	921	217	160	66
紫潮砂泥土	3910	2605	590	290	410	15
合计	16389	5423	2359	2524	4272	1831

（二）土壤质地

区内土壤质量较好，土壤粒径小于 0.1 毫米，无粗砂土。全区耕地中，紫砂土占 20.88%，轻壤土占 6.32%，砂壤土占 15.28%，中壤土占 15.99%，中黏土占 23.16%，重壤土占 18.38%。耕层厚度一般为 13～20 厘米，平均为 16.04 厘米，其中水田平均 15.8 厘米、旱土平均 16.21 厘米。小于 15 厘米厚度的面积占 43.16%。土壤酸碱度 pH 平均值 7.5，其中水田平均值 7.7、旱土平均值 7.3，土壤总体呈偏碱性。

（三）土壤肥力

据 2008 年至 2010 年土壤地力评估资料，自 20 世纪 80 年代初各农场开展第二次土壤普查以来，区内土壤有机质和氮磷钾养分含量呈现上升趋势。有机质含量平均为 30.07 克/千克，较第二次土壤普查结果（下同）增加 6.53 克/千克，其中水田平均 29.72 克/千克，旱土平均 30.31 克/千克，处于 20～40 克/千克的中等偏高水平的面积占 64.56%。全氮含量平均为 1.95 克/千克，增加 0.61 克/千克，其中水田平均 1.93 克/千克，旱土平均 1.97 克/千克，属偏高水平。有效磷含量处于中等水平，平均值为 13.45 毫克/千克，增加 7.62 毫克/千克，其中水田、旱土平均分别为 13.27 毫克/千克、13.5 毫克/千克。速效钾含量水平较低，平均值为 72.32 毫克/千克，增加 13.87 毫克/千克，其中水田、旱土平均分别为 72.7 毫克/千克、72.02 毫克/千克。在土壤微量元素含量中，有效铁处于极高水平，平均值为 89.46 毫克/千克，其中水田平均为 88.27 毫克、旱土平均为 90.27 毫克。有效锰含量平均为 19.48 毫克/千克，水田、旱土平均分别为 18.54 毫克/千克、20.09 毫克/千克，属于中等水平。有效铜含量平均为 3.15 毫克/千克，水田、旱土平均各为 3.01 毫克/千克、3.24 毫克/千克，均为极高水平。有效锌含量属于偏低水平，平均为 0.55 毫克/千克，其中水田平均 0.5 毫克/千克、旱土平均 0.57 毫克/千克。有效硼平均为 0.3 毫克/千克，属适宜偏低水平。有效硫含量处于高水平，平均为 37.01 毫克/千克，水田、旱土平均各为 36.76 毫克/千克、37.18 毫克/千克。按地力等级划分，全区 1～4 级耕地 9168 公顷，占 55.94%；5～7 级耕地 7221 公顷，占 44.06%。大通湖区耕地地力等级分布情况见表 1-2-10。

表 1-2-10　大通湖区耕地地力等级分布表

单位名称		合计	一级地	二级地	三级地	四级地	五级地	六级地	七级地
全　区	面积（公顷）	16389	2227	2478	2499	1964	1819	3168	2234
	占比（%）	100	13.59	15.12	15.25	11.98	11.10	19.33	13.63

（续）

单位名称		合计	一级地	二级地	三级地	四级地	五级地	六级地	七级地
河坝镇	面积（公顷）	5423	731	1051	983	553	634	1012	459
	占比（%）	100	13.48	19.38	18.13	10.20	11.69	18.66	8.46
北洲子镇	面积（公顷）	2359	300	329	480	310	241	471	228
	占比（%）	100	12.72	13.95	20.35	13.14	10.22	19.97	9.67
金盆镇	面积（公顷）	2524	435	337	260	350	331	485	326
	占比（%）	100	17.23	13.35	10.30	13.87	13.11	19.22	12.92
千山红镇	面积（公顷）	4252	581	404	464	566	490	675	1072
	占比（%）	100	13.66	9.50	10.91	13.31	11.52	15.57	25.21
南湾湖办事处	面积（公顷）	1831	180	357	312	185	123	525	149
	占比（%）	100	9.83	19.50	17.04	10.10	6.67	28.67	8.14

二、植被

区内植被属湖沼平原水生植被、栽培植被区，水生和人工植被发达，以落叶植物为主。有维管束植物64科、152属、235种，其中蕨类植物7科、11属、21种，裸子植物1科、2属、4种，被子植物56科、139属、210种。植被建群种主要有金鱼藻属、眼子属、茨藻属、浮萍属、荇菜属、香蒲属、白菜属以及其他粮食、经济、蔬菜作物。常见森林植被为沟渠道路林、庭院林、果树林及湖洲防浪林。

大通湖国家湿地公园有土著种子植物60科143属227种，常见的水生与湿生高等植物400余种。区系以禾本科、莎草科、菊科和眼子菜科为主，形成湿生、挺水、浮水和沉水群落类型，其中荻、芦苇群落发育得最好，有国家Ⅱ级保护植物野菱和省级重点保护植物芡实、龙舌草、香蒲。重要的群系有短尖苔草群系、藨草群系、南荻群系、蔺草群系、假稻群系、菰群系和菖蒲群系等。

（一）植被分布

东洞庭外湖和贯穿区内水脉的水位，因受湘、资、沅、澧四水和长江水位的变化而变化。按地势自低而高，分别为湖沼河渠、洲滩、滨湖河渠阶地，植被带依次分为沉水植物、浮水植物、挺水植物、鸡婆柳灌丛、荻群落、木本落叶阔叶林、常绿阔叶林等。

湖沼中的水生植物，由于自然环境的差异，分布上亦具多样性。大通湖内湖变化较慢，湖体和植物群落相对稳定，植物群落多呈同心圆分布。自湖心到湖岸，依次分布苦草、黑藻、金鱼藻、芡实、野菱、菹草、芹菜、竹叶眼子菜、菖蒲、野慈姑、芦苇、茭笋、白茅草、牛鞭草及浮游植物。外湖水系交错、互相切割，泥沙堆积不规则，形成不同形状的洲滩，植被多呈镶嵌分布。洲滩沼泽地自深水处分布有沉水植物为主的群落，四周依次出现苔草、芦苇和荻等植被。大型植物群落中往往嵌有小型植物群落，如芦苇群落中分布有薰草、少花荸荠、香蒲和菰群落等，苦草、荻群落中存在辣蓼、蒌蒿等群落。

（二）植被类型

1. **阔叶林**　分为落叶阔叶林和常绿阔叶林 2 种类型。此为区内主要的乔木类森林资源，以人工栽种为主，广泛分布于沟渠道路两边、庭院四周、城镇街道两侧。常见树种有垂柳、枫杨、苦楝、泡桐、喜树、香椿、水杉、欧美黑杨、栾树、桂花、香樟、广玉兰、乐昌含笑、柚、桢楠、大叶女贞等。2010 年后，区内加强生态环境建设，对渠路林带进行更新换代，清退欧美黑杨及各种落叶杂树，大量栽种香樟、桂花、红叶石楠、垂柳、水杉、桢楠、乐昌含笑、女贞等常绿树种，形成景观绿色廊道。

2. **竹林**　区内群落类型为毛竹林群系，各镇均有零星分布，主要树种除毛竹外，还伴有阔叶落叶林散生。

3. **经济林**　主要为果树林，零散分布木本药材林。常见树种有柑橘、桃、梨、李、葡萄、枣、杜仲、茱萸等。成片分布为灌木经济林，结构较为简单。

4. **草甸**　区内草甸植被属沼泽化草甸亚型，是由湿地多年生草本植物，在地势低洼、排水不畅、土地通透性不良的条件下发育形成的植物群落，面积一般不大。主要群落有荻、紫芝、白茅、牛鞭草、狗牙根、短尖苔草、辣蓼、蒌蒿、水芹、天蓝苜蓿群落等。

5. **沼泽植被**　是在多水和过度潮湿条件下形成的沼生植物占优势的一种植被类型。其两种亚型在区内均有分布，其中木本沼泽亚型有苏柳、旱柳等群落，草本沼泽亚型主要由芦苇、苔草、辣蓼、糜草、水芹、泥湖菜等群落组成。

6. **水生植被**　包括沉水水生植被、浮叶水生植被、漂浮植被、挺水植被等 4 个亚型。此类型植被遍及区内大小水域，在湖泊边缘浅水处、垸内浅水湖泊、河渠沟港生长茂盛。主要群落有苦草、金鱼藻、黑藻、狸藻、竹叶眼子菜、芡实、野菱、空心莲子草、浮萍、紫萍、鸭舌草、莲、香蒲等。

7. **农田作物**　此为区内最普遍的植被类型。水田以水稻为主，并常与旱土作物轮种。旱土作物种类较多，主要为杂粮作物、经济作物和蔬菜作物。常见种类有大豆、玉米、小麦、高粱、红薯、马铃薯、蚕豆、豌豆、绿豆、棉花、甘蔗、苎麻、油菜、花生和其他叶菜类、根茎类、豆荚类、瓜果类蔬菜等。

第四节　环境状况

一、环境质量

（一）大气环境质量

区属湖沼平原农耕区，地势低平开阔，绿色植被多，大气污染源较少，且得到有效控制。区内空气清新，富含阴离子，晴好天气时蓝天如洗，可见度高。据区生态环保部门大气监测资料，2018年空气优良天数比例为87.9%，平均大气细颗粒物浓度为46微克/立方米。2019年空气优良天数比例85.5%，细颗粒物平均浓度45微克/立方米。2020年空气质量优良天数343天，占比93.7%，高于84%的保证目标9.7个百分点，细颗粒物平均浓度为35微克/立方米，低于38微克/立方米的控制目标。

（二）水环境质量

大通湖是大通湖大垸的心脏，湖河沟渠相连，吐纳着700多平方千米大湖流域的地表径流。因长期受各种污染影响，水环境质量逐年恶化。2015年9月，大通湖大湖水质监测为劣Ⅴ类，主要污染指标总磷达每升0.3毫克，被国家和湖南省环境保护督察组列为环境突出问题整改重点单位。采取一系列行政监管和生态治理措施后，水环境质量逐步好转。从2018年10月始，大通湖水质监测国控断面连续23个月退出劣Ⅴ类。2020年1—12月，国控断面总磷平均浓度为0.097毫克/升，比上年度下降20.5%，大通湖地表水水质总体评价为Ⅳ类，并稳定向好改善。

区内饮用水均取自地下水。河坝中心城区和各镇建有自来水厂，实现了城乡居民使用自来水全覆盖，饮用水水源达标率达到100%。经检测，各自来水厂出厂水水质均符合GB5749—2006《生活饮用水卫生标准》要求。

2020年大通湖区自来水有限公司出厂水检验结果见表1-2-11。

表1-2-11　2020年大通湖区自来水有限公司出厂水检验结果表

检验项目	单位	检验结果	限值	检验项目	单位	检验结果	限值
色度	度	<5	15	二氧化氯	毫克/升	0.34	0.1～0.8
浑浊度	HTU	<0.5	1	酸碱度	pH	7.72	6.5～8.5
臭和味		无异臭异味	无异臭异味	总硬度	毫克/升	79	450
肉眼可见物		无	无	溶解性总固体	毫克/升	168	1000

（续）

检验项目	单位	检验结果	限值	检验项目	单位	检验结果	限值
阴离子合成洗涤剂	毫克/升	<0.05	0.3	铅	毫克/升	<0.00007	0.01
氟化物	毫克/升	0.1	1	镉	毫克/升	<0.00006	0.005
氯化物	毫克/升	8.50	250	硒	毫克/升	<0.0004	0.01
硫酸盐	毫克/升	2.47	250	汞	毫克/升	<0.0001	0.001
硝酸盐	毫克/升	0.49	10	砷	毫克/升	0.00311	0.01
亚氯酸盐	毫克/升	0.0235	0.7	铬	毫克/升	<0.004	0.05
氯酸盐	毫克/升	0.362	0.7	二氯甲烷	毫克/升	<0.00003	0.06
溴酸盐	毫克/升	<0.005		四氯化碳	毫克/升	<0.00021	0.002
耗氧量	毫克/升	0.55	3	菌落总数	cfu/mL	未检出	100
氨氮	毫克/升	0.05	0.5	总大肠菌群	MPN/100mL	未检出	不得检出
挥发酚类	毫克/升	<0.002	0.002	大肠埃希氏菌	MPN/100mL	未检出	不得检出
氰化物	毫克/升	<0.002	0.05	甲醛	毫克/升	<0.05	—
铝	毫克/升	<0.0006	0.2	氯胺	毫克/升	<0.01	—
铁	毫克/升	0.009	0.3	臭氧	毫克/升	<0.00001	
锌	毫克/升	<0.0006	1	游离余氯	毫克/升	<0.01	
锰	毫克/升	0.00313	0.1	总a放射性	贝克/升	<0.025	0.5
铜	毫克/升	0.00041	1	总b放射性	贝克/升	<0.071	1

二、环境污染

（一）大气污染

污染源主要有秸秆焚烧、烟花爆竹燃放、工业废气、建筑工地扬尘、畜禽养殖废气、机动车辆尾气、餐饮业油烟气体和城乡黑臭水体产生的有害气体等。

（二）水污染

区内水环境污染主要源自水产养殖污染、农业面源污染、城乡生活污水和工业废水污染、植物残体污染等。

（三）噪声污染

此类污染主要在居民集中的城镇街区，有燃放烟花爆竹噪声、道路交通噪声、休闲娱乐场所噪声、商贩叫卖噪声及丧葬礼事噪声等污染。

（四） 固体废弃物污染

污染源主要为城乡生活垃圾、建筑垃圾、作物秸秆和农药化肥包装、农膜等废弃物，对大气质量、水环境和土壤环境均有一定危害。

2015 年后，大通湖区坚持绿色发展理念，持续开展蓝天保卫战、碧水攻坚战、净土保卫战，全面实施《大通湖区污染防治攻坚战三年行动计划（2018—2020 年）》，落实生态环境专项整治和农村人居环境整治三年行动计划方案，有力消除各类污染，加快生态环境修复，使环境质量得到了有效提升。

第三章　自然资源

大通湖区地势平坦、土壤肥沃，土地总面积3.79万公顷，其中耕地面积1.64万公顷，农村人口人均耕地拥有量4.47亩。经历年垦殖开发和大规模农田基本建设，耕地面积由少到多，耕地质量稳步提升。2020年农田有效灌溉面积1.64万公顷，旱涝保收面积1.28万公顷，占耕地总面积的78.34%。

区内水资源丰富，地表水资源总量多年平均为3.86亿立方米，但年际变化大，年内分配不均匀，易出现干旱和洪涝。地下水资源储量丰富，属松散堆积层孔隙水，一般埋深60厘米左右，含水厚度118米以上。水域面积1.38万公顷，占辖域面积的36.25%，年蓄水量4.08亿立方米。按地表水多年流量计，每亩耕地平均拥有水资源891立方米，供给有余。生活及工业用水均为地下水，能充分保证。

区内有野生动物281种，分属哺乳类、鸟类、鱼类、爬行类、两栖类、贝壳类。其中有中国特有物种5种，国家Ⅱ级重点保护物种12种，易危级别物种25种。

第一节　土地资源

一、土地面积与分布

据2020年土地调查资料，区土地总面积3.79万公顷（人均5.47亩），其中河坝镇占45.77%，北洲子镇占10.83%，金盆镇占12.3%，千山红镇占20.10%，南湾湖办事处占11.00%。在土地总面积中，耕地面积1.64万公顷（农村居民人均4.47亩），占43.21%；园地面积0.97%，林地面积2.56%，水域及水利设施用地面积44.96%，城镇村及工矿用地面积5.13%，交通运输用地面积2.52%；其他用地面积65%。

二、耕地

大通湖区属洞庭湖平原区，地势平坦，土壤肥沃，易于开发利用。1951年大通湖农场建场时，即开垦耕地1.47万亩，后经逐年垦殖，1961年最多时达17.93万亩。1966—1967年，千山红农场和南湾湖军垦农场联合围挽尼古湖、大西湖6.6万亩进行垦殖。

1970 年后，各农场开展大规模农田基本建设，初步建成条块规整、排灌配套、林路成行的网格化农田。1986 年《中华人民共和国土地管理法》颁布后，各农场开始重视和落实耕地保护基本国策，耕地面积保持相对稳定。2000 年，区内各农场耕地面积 15243 公顷，其中大通湖农场占 28.14％，北洲子农场占 12.13％，金盆农场占 13.52％，千山红农场占 20.34％，南湾湖农副业生产基地占 14.92％，大通湖渔场占 0.35％。

2004 年始，区内坚持实行严格的耕地保护制度和节约用地制度，加强耕地数量、质量、生态"三位一体"保护和耕地占补平衡规范管理，防止耕地"非农化""非粮化"，推行土地整理开发和高标准农田建设，全区耕地数量、质量稳中有升。2020 年，1.64 万公顷耕地全部实现有效灌溉，其中旱涝保收面积 1.28 万公顷，占耕地总面积的 78.34％。

区内水田、旱土面积的变化与国家产业政策、农产品市场需求、区域经济结构调整变化相一致。1970 年前，各农场"以粮为纲"，水田面积占六七成。之后发展多种经营和农工商一体化经济，水田面积逐步减少而旱土面积得以扩大。2010 年后，甘蔗、苎麻种植相继退出，棉花种植面积几经起伏后从 2015 年开始锐减，区粮食主产区功能凸现，水田面积扩大。2020 年，区内水田面积为 1.32 万公顷，水田旱土比例大体为 8∶2。

大通湖区 2020 年土地面积情况见表 1-3-1。

表 1-3-1 大通湖区 2020 年土地面积与分布表

单位：公顷

单位	合计	耕地	园地	林地	水域及水利设施用地	城镇村及工矿用地	交通运输用地	其他用地
全　区	37931	16389	369	972	17054	1946	955	246
河坝镇	17361	5423	199	398	10124	827	360	30
北洲子镇	4108	2359	48	201	956	259	138	147
金盆镇	4665	2524	45	116	1406	377	165	32
千山红镇	7626	4252	76	169	2458	450	190	31
南湾湖办事处	4171	1831	1	88	2110	33	102	6

第二节　水 资 源

一、地表水

大通湖区地表水资源总量多年平均为 3.86 亿立方米，其中区内降水形成 3.54 亿立方米，入区客水 0.32 亿立方米。地表水随降水变化，年际和年内分布很不均匀。在年际变化上，丰水年地表水资源总量极值为 5.73 亿立方米，高于多年平均值 48.4％；枯水年的极值仅 2.6 亿立方米，比多年平均值低 32.7％。地表水资源量的年际差异，导致大水年、平水年、干旱年交替出现,是导致农业年际丰歉不稳的重要因素。年内分布方面,4—7月汛期降雨集中,地表水资源量占全年的 51.5%,河湖待蓄容量下降,易发洪涝灾害。8—9月因少雨多晴,常出现夏秋干旱,农田作物需提水灌溉。

二、地下水

区内地下水位较高,水资源储量丰富。综合各农场 1979 年土壤普查结果,区内耕地地下水埋藏深度距地表 30 厘米以内的占 7.6%,30～60 厘米的占 40.5%,大于 60 厘米的占 51.9%。又据 1985 年省地质矿产局水文二队和 1991 年省水文地质基础勘察院在北洲子农场两次钻井勘探资料,区内地下水属松散堆积层孔隙水类型。地表以下至 24.26 米(吴淞高程)有少量下渗水,24.26～142.15 米富含孔隙水,含水厚度 118 米以上,每平方千米静储量 3540 万立方米,年可采量 198.9 万立方米,年降水及灌溉下渗补给量 32.9 万立方米。地下水位变化比河湖水位涨落稍滞后,汛期高水位时,低洼地带地下水溢出地表。

三、河流湖泊

(一)主要河流

1. **金盆河** 自大通湖大桥至金盆五门闸,全长 21 千米,河道宽 80～200 米,河底高程 24.5～26 米,流经沅江四季红镇、大通湖区河坝镇、金盆镇,西接大通湖大湖和塞阳运河,东连东洞庭湖,是区内排涝主洪道。另从原金盆糖厂处分支至北洲子镇向阳闸,河段长 4.5 千米,俗称向阳河。

2. **老三运河** 东起湖子口河,西至金盆河,全长 7.8 千米,宽 80～150 米,河底高程 24.5～25 米,为河坝镇相关区域排渍和引水灌溉通道,也曾是大通湖农场船舶运输主航道。

3. **大新河** 全长 7.8 千米,河宽 80～120 米,河底高程 24.5～25 米,经南县华阁镇河口至河坝镇入大通湖大湖,是流域两岸排渍、引水灌溉通道,曾为南县河口乡水运主航道。

4. **五七运河** 全长 21 千米,河宽 80～200 米,河底高程 25～26.8 米,经沅江草尾镇、大通湖区千山红镇、南县青树嘴镇入大通湖,是沿河各镇汛期排渍入大通湖的主要洪道,也是大通湖大湖西引澧水进行生态补水的通道。该河流流经千山红镇河段 10.7 千米。

5. **四兴河** 该河流胜利渠段原全长 23 千米、宽 200 米,为千山红镇与沅江草尾镇共用的泄洪通道和航运通道。后因草尾镇部分村民占用河道围挽鱼池耕地,河道长度缩减至 11.2 千米,河宽 30～200 米,底高 25 米,泄洪能力较前减弱,航运功能丧失。四兴渠段位于千山红镇，南连胜利渠，全长 15 千米，河底宽 20 米，是镇内重要的排渍通道，也曾为主要水运航道。

6. 胡子口河 北起南县明山头镇挖口闸，南至区内北洲子镇向东闸，是大通湖垸与同心垸的界河。全长 27.31 千米，宽 200～300 米，区内堤防岸线长度 12.15 千米，河道经向东闸与东洞庭相连。

7. 塞阳运河 自沅江黄茅洲船闸往东至金盆河道，流经黄茅洲、阳罗、四季红和金盆等镇。全长 28 千米，河道宽 60 米左右，2006 年前一直为大通湖垸内生产物资运输的主要航道。河道北线流经金盆镇 4.27 千米，往北流入大通湖；河道东支流经金盆镇南界 7.2 千米入金盆镇五门闸段。

（二）主要湖泊

大通湖（大湖）是区内仅存的大型自然湖泊，为湖南省最大的内陆静水湖。湖体呈三角帆蚌状，东西极长 15.75 千米，南北极宽 13.7 千米，总面积 12.4 万亩，湖底高程 23.7～25 米，夏秋季水深 3～5 米，冬春季水深 1～3 米，常年蓄水量 2.32 亿立方米，为沿湖乡镇排涝、灌溉的调蓄湖，流域面积 749 平方千米，兼具养殖、航运、旅游和生态涵养功能。

四、水资源利用

全区共有水域面积 1.38 万公顷，占辖域面积的 36.25%。年储水总量 4.08 亿立方米，其中河湖储水量 3.2 亿立方米，常年提水灌溉量 0.88 亿立方米。

区内的水资源使用方式以农业用水最多，生活和工业用水次之。生活和工业用水均为地下水，能得到充分保证。农业用水来源于地表水，按多年流量计，每亩耕地合 891 立方米，水量常年供给有余。由于年际和年内水资源分配不均，降雨集中期多以排渍为主，旱季则以提水灌溉为主。大水年份需防洪防涝，枯水年份则需东引洞庭湖水入区、西引澧水入大通湖进行补水灌溉。

第三节　野生动物资源

区内有各类野生动物 281 种，其中中国特有物种 5 种、国家二级重点保护物种 12 种、易危级别物种 30 种，有益或有重要经济、科研价值的国家保护物种 25 种，湖南省地方重点保护的野生动物名录物种 97 种。

一、哺乳类

共 4 目、8 科、13 种。其中经济价值较高且具有种群优势的物种，有野兔、狗獾、臭鼬、刺猬等。

二、鸟类

共 14 目、43 科、119 种。其中属国家Ⅰ、Ⅱ级保护野生动物的有黑鹳、天鹅、金雕等，且数量逐渐增多。略具优势的野禽主要有池鹭、白额雁、灰雁、绿翅鸭、绿头鸭、秋沙鸭、董鸡、鹌鹑、竹鸡、斑鸠、野鸡、黄鹏、画眉、八哥等。

三、鱼类

共 9 目、14 科、108 种。主要经济鱼种为草鱼、青鱼、鲤鱼、鲢鱼、鳙鱼和鳊鱼，有自然生长的，亦有人工养殖的。人工养殖者以草鱼、鳙鱼、鲢鱼、青鱼最多。常见且具优势的鱼种有鲫鱼、短颌鲚、团头鲂、鳗鲡、翘鲅、鲇鱼、乌鳢、银鱼、鳜鱼、黄鳝、泥鳅等。其中鳜鱼、乌鳢、黄鳝种群数量大，肉质细嫩鲜美，营养丰富，向为名贵鱼种。

四、爬行类

共 3 目、5 科、17 种。主要有龟、鳖、蛇和壁虎、蜥蜴等。其中龟、鳖甲可入药，肉为席上佳肴。20 世纪 60 年代后，由于水体污染和大量捕捉，野生龟鳖日渐稀少，之后开始人工养殖。

五、两栖类

共 1 目、3 科、9 种。其中虎纹蛙属国家Ⅱ级保护野生动物，数量很少。最常见的为田蛙、青蛙和蟾蜍。青蛙为农作物害虫天敌，因其肉质鲜嫩可口，多遭人捕食，数量渐少。国家明令禁止捕食后，野生种群数量逐年恢复性增加。

六、贝壳类

共 5 科、10 属、15 种。以螺、蚌为常见，多分布于池塘沟渠和湖泊河流浅水域中，数量可观。田螺、河蚌均可食用，亦可作鱼类饵料。河蚌可用于培育珍珠，其中三角帆蚌和褶纹冠蚌是育珠的优质蚌种，区内曾大量人工养殖，2017 年后随水环境治理全部退养。

第四章　自然灾害

区内自然灾害类型主要为气象灾害和生物灾害。气象灾害主要有低温冷害、暴雨洪涝、高温干旱、大风冰雹、霜冻冰冻等，对农业生产和人民生命财产安全构成威胁。三月倒春寒、五月低温，对春播和春收、春种作物生长不利，九月寒露风影响晚稻安全齐穗。暴雨洪涝往往相伴而生，极易造成外洪内涝。高温干旱灾害的特点是夏秋连旱，易导致需水旺期的秋收作物大面积减产。大风冰雹常伴有雷电暴雨，持续时间短，破坏力大。霜冻冰冻主要影响冬季作物安全越冬和甘蔗贮种，2008 年特大冰冻对区内生产、生活造成了较大损失。

区内生物灾害中，农作物病虫害种类繁多，若暴发或防治不力，可造成农作物大幅减产甚至绝收。东方田鼠是区内主要农业鼠害，每年丰水期鼠群从外湖群迁垸内危害农作物，造成濒湖农田减产或绝收。

空心莲子草、水葫芦、欧美黑杨为人工引进的外来物种，前两者演变为区内主要恶性杂草，后者被列入自然（湿地）保护区的"黑名单"。福寿螺、草地贪夜蛾先后于 20 世纪 90 年代和 2019 年侵入区内，分属入侵中国危害极大的外来物种和世界十大害虫之一。小龙虾于 20 世纪 90 年代初侵入区内，曾是一大有害生物，后成为广受消费者喜爱的特色美食。

第一节　气象灾害

一、低温冷害

区内寒潮低温系北方南下的冷空气入侵造成，按时间可划分为"春寒"（三月寒、倒春寒）、"五月寒"（五月低温）、"九月寒"（寒露风）。

春寒一般发生在 3 月下旬至 4 月下旬，一般每 7～10 天有一次冷空气和寒潮活动。1956—2020 年，有 54 年出现春寒，共出现 296 次，年均 4.6 次。其中 3 月 42 年次，概率 65.6%，即三年两遇；4 月 12 年次，概率 18.8%，约五年一遇。出现日期一般在 3 月 20 日、29 日和 4 月 9 日、18 日、25 日前后，基本形成规律。寒潮出现时，日平均气温低于

10℃，对春播不利。

五月寒大都出现在 5 月上、中旬，个别年份延续到 5 月下旬。5 月上旬日平均气温连续 3 天低于 15℃ 或 1 天极端最低温度低于 10℃，中旬日平均气温连续 5 天低于 20℃ 或 1 天极端最低气温低于 13℃，下旬日平均气温持续 3 天低于 20℃ 或 1 天极端最低气温小于 15℃ 的低温天气，即可认为是五月寒累年出现概率为 56%，即两年一遇。五月寒主要诱发早稻僵苗、棉苗病害，影响春收作物生长发育。

九月寒对晚稻抽穗扬花影响极大。9 月连续 3 天平均气温低于 20℃ 的"寒露风"天气，即为九月寒，累年发生概率为 53%，即两年一遇，最早出现于 9 月 9 日（2005 年），最迟出现于 10 月 23 日（2006 年），平均日期为 9 月 27 日，80% 的保证率日期为 9 月 18 日（粳稻型晚稻安全齐穗期）。低于 22℃ 的秋季低温，出现的平均日期为 9 月 25 日，最早为 9 月 5 日（1975 年），最迟为 10 月 9 日（1990 年），80% 的保证率日期为 9 月 15 日（籼稻型及杂交晚稻安全齐穗期）。

二、暴雨洪涝

累年日降水量大于 50 毫米的暴雨出现 150 次，平均每年 2.3 次；大于 100 毫米的大暴雨 16 年次，约四年一遇。一日最大暴雨降水量为 211.4 毫米，出现于 1954 年 6 月 25 日。暴雨大都集中在 5～8 月，以 6 月最多。连续 3 天降水大于 200 毫米的共出现 11 年次，其中 5 月 1 次、6 月 6 次、7 月 3 次、8 月 1 次；一日降水 100 毫米以上有 17 年次，其中 5 月 3 次，6 月 8 次，7 月 4 次，8、9 月各 1 次。区内洪涝灾害的成因，除长江和湘、资、沅、澧四水上游来水汇聚于东洞庭湖形成外湖高位洪水外，本地域普降暴雨是构成垸内渍涝的主要因素，易出现外洪内涝。

三、高温干旱

日最高气温连续 5 天等于或大于 35℃ 的酷暑高温期，出现在 7～8 月，累年出现 36 年次，概率为 56%。20 世纪 60 年代出现频繁，概率为 70%。1981—1987 年仅出现 1 次。酷暑高温持续时间最长为 35 天（2018 年 7 月 13 日至 8 月 16 日），高温期间气温日差小、相对湿度低，导致早稻高温逼熟、棉花蕾铃脱落、作物生长受阻。

区内不利于农业生产的干旱主要是立秋前后的夏旱和秋旱，几乎年年出现。严重的夏秋连旱有 4 次。1966 年 7 月 13 日至 10 月 3 日，持续 83 天，其间仅降水 12.3 毫米。1992 年 7 月 21 日至 9 月 30 日，持续 72 天，降水仅 39.5 毫米。2003 年 7 月 3 日至 8 月 2 日，少雨多旱，连续 24 天无降水，正值生长旺期的 6 万多亩甘蔗因缺水生长停滞，亩均减产

1 吨以上。2013 年 6 月 29 日至 8 月 17 日的 50 天间，仅 7 月 21 日降水 7.8 毫米，河渠缺水，农作物大面积受灾。

四、大风冰雹

累年年平均 8 级以上大风日数为 9 天，最多的 1958 年达 60 天。大风四季都有出现，以春季寒潮大风居多。大风常伴有雷雨冰雹，破坏性强。1960 年 5 月 17 日晚，十级狂风袭击大通湖农场，持续约 3 小时，刮倒房屋 131 栋，致 1 人死亡、42 人受伤，大量农作物受损。1979 年 4 月 25 日下午，北洲子农场遭遇暴风、雷雨、冰雹，降雹 20 分钟，最大颗粒直径 4 厘米，损毁早稻秧田 800 余亩、油菜 900 多亩。1986 年 4 月 10 日 7 时 15 分至 35 分，9 级烈风携雷电、暴雨、冰雹，自西向东席卷大通湖农场二、六、四分场和北洲子农场，覆盖面积 68.8 平方千米。20 分钟降水 33 毫米，降雹量每平方米 702 颗，雹粒直径 1～6 厘米，导致近 5 万亩春收、春播作物严重受灾。1992 年 4 月 21 日 0 时 35 分至 1 时 45 分，各农场遭受特大暴风雨和雷电冰雹袭击，大量农作物受损，折断、拔起树木、电线杆无数，部分供电设备因雷击损坏，一些民房被大风揭顶或吹倒，致大通湖农场死 1 人、伤 85 人，北洲子农场伤 11 人，其中重伤 2 人。

五、霜冻冰冻

11 月下旬至次年 3 月初为区内霜期，历时 102 天左右。累年年平均霜日 30 天，初霜日平均在 11 月 24 日，最早于 10 月 28 日（1978 年），最迟于 12 月 22 日（1968 年）。终霜日平均在 3 月 4 日，最早于 1 月 22 日（1959 年），最迟于 4 月 5 日（1969 年）。霜冻造成油菜枯叶、绿肥僵苗、甘蔗含糖量下降和贮种冻害。1975 年 11 月 23 日霜冻持续 4 天，最低气温零下 2.9℃，12 月至次年 1 月又连续霜冻 21 天，导致大通湖农场工业蔗含糖量降至 6.05%，大量甘蔗种茎冻坏，次年减少种植面积 26%。冰冻主要是雨淞，1954—2020 年，有 30 个冬季出现冰冻，概率 45%。冰冻出现最早为 11 月 23 日（1970 年），结束最晚为 3 月 13 日（1957 年）。冰冻强度一般为弱至中等，个别年份较强，危害大。1954 年 12 月 25 日至次年 1 月 10 日，冰冻维持半个月，最低气温零下 8℃。2003 年 2 月 11—12 日严重冰冻，致使全区甘蔗烂种率达 20%。2008 年 1 月 13 日至 2 月 4 日连续 23 天特大冰冻，最低气温 −6.1℃，区内道路交通中断多日，断水断电现象频出，部分厂房和民房因屋顶冰雪堆积坍塌，果树、蔬菜和越冬农作物冻害严重，甘蔗种茎损失超万吨。

第二节　生物灾害

一、主要农作物病虫害

水稻病虫害主要有纹枯病、稻曲病、二化螟、稻飞虱、纵卷叶螟等，若防治不力，可造成水稻大幅减产甚至绝收。棉花病虫害以棉蚜、棉炭疽病、棉枯黄萎病、棉铃虫、红铃虫、甜菜夜蛾、小地老虎、红蜘蛛、斜纹夜蛾等为主，成灾时可造成棉花减产40%～60%。甘蔗虫害主要是二点螟，防治不力可减产30%～70%。油菜主要病害为菌核病，玉米主要虫害为玉米螟，其他蔬菜受到黄守瓜、斜纹夜蛾、烟青虫、瓜绢螟、豆荚螟、小菜蛾、霜霉病、白粉病、蔓枯病、枯萎病、细菌性角斑病等为害，可造成作物不同程度减产和产品品质下降。

二、鼠害

东方田鼠是洞庭湖区的主要农业鼠害。每年洞庭湖丰水期，湖洲淹没，大量东方田鼠迁入垸内为害，给农业生产造成损失。发现东方田鼠群迁垸内始于1970年5月，1978年后每3～5年暴发1次鼠害，造成濒湖农田大面积绝收。据统计，1980年至2007年，洞庭湖区出现6次特大鼠灾，分别是1985年、1993年、1995年、1998年、2005年和2007年。区内鼠害严重区域为北洲子镇、金盆镇沿东洞庭一线大堤的垸内农田，2005年5月暴发的鼠害，致2100多亩已播中稻种子被抢食一空，300多亩早稻和500多亩玉米、甘蔗、棉花等作物遭严重啃食，直接损失400多万元。2008年后区采取严密防控措施，使鼠害严重程度大为减轻。

三、外来物种侵害

（一）空心莲子草

学名喜旱莲子草，俗称水花生、"革命草"，为双子叶植物纲、中央种子目、苋科、莲子草属多年生草本植物。原产地南美洲，20世纪30年代末引入中国。20世纪70年代，区内将其作为有机肥源引进栽植，后衍为野生。该草水陆均可生长，表型可塑性和入侵性很强，遍布河湖沟渠、田间地头，生长繁殖迅速、难以控制，是区内阻遏水体流动，影响行洪、水运、农田排灌，破坏生物多样性和水生态环境的主要恶性杂草。

（二）水葫芦

学名凤眼蓝，又名凤眼莲、水浮莲，为单子叶植物纲、百合目、雨久花科、凤眼蓝属多年生宿根浮水草植物。原产地南美洲，1901 年作为观赏植物引入中国，20 世纪 50—60 年代作为猪饲料推广，区引进于 20 世纪 70 年代，后衍为野生害草。水葫芦生长繁殖能力极强，在河湖沟渠、池塘稻田蔓延迅速，泛滥成灾时可覆盖全部水面，并随水流扩散、堆积，堵塞河道，影响行洪、排灌，严重破坏水环境。水葫芦与空心莲子草在区内并称为"绿色污染元凶"。

（三）欧美黑杨

系欧洲黑杨、美洲黑杨及其杂交种系的统称，属双子叶植物纲、杨柳目科、杨属黑杨组，为多年生落叶乔木。主要经济用途为造纸和加工板材。1977 年，源自欧美的黑杨引入洞庭湖区，作为护堤防浪林和抑螺血防林栽种，后又发展成材用林，种植面积迅速扩大。区内于 2003 年至 2004 年引进 11 个黑杨品种，主要连片种植于农田和宜林荒地，至 2007 年，面积达 15.3 万亩。欧美黑杨生长迅速、枝叶繁茂，吸收水分、养分能力极强，对农田土壤结构破坏性强，特别是会加速湿地旱化，造成原生植被群落衰退甚至大面积死亡，严重破坏湖泊湿地生态系统结构的完整性和连续性，威胁水生动物和鸟类的生存环境。2017 年，欧美黑杨被列入自然保护区的"黑名单"。

（四）福寿螺

别名大瓶螺，为腹足纲、中腹足目、瓶螺科属软体动物。原产南美洲，1981 年引入广东省养殖，被视为高蛋白食品推广至各地，后因福寿螺味道不受欢迎，被大量弃于野外，自然繁衍蔓延。区内于 20 世纪 90 年代出现福寿螺，2000 年后扩散到全区。福寿螺食量大、繁殖力强、扩散快，主要危害水稻，破坏农业生态系统。人类食用未熟透的福寿螺，会被广州管圆线虫等寄生虫感染，威胁身体健康甚至生命安全。2003 年，福寿螺被国家环保总局列为首批入侵中国的 16 种危害极大的外来物种之一。

（五）克原氏螯虾

俗称小龙虾、红螯虾，为甲壳纲、十足目、螯虾科水生动物。原产地美国，20 世纪 30 年代引入中国南京，用于抑制河渠杂草生长蔓延。20 世纪 90 年代初侵入区内繁衍。克原氏螯虾适应性极广，繁殖能力极强，栖息于沼泽、河湖湿地、沟渠池塘，繁殖期喜钻洞，深度 0.6~1.2 米，破坏削弱堤防岸线和沟渠、田埂，啃食水中植物，影响水生态平衡，曾是区内一大有害生物。1995 年后衍为广受消费者喜爱的美食，野生群落数量逐年减少。2008 年起区内开始人工养殖，2020 年发展稻虾种养面积 14 万余亩，小龙虾养殖成为重要产业。

（六）草地贪夜蛾

别名草地夜蛾、秋黏虫，属于鳞翅目、夜蛾科、灰翅夜蛾属昆虫，原产地美洲热带地区。2019年1月，农业农村部公布该物种已从缅甸侵入中国云南省。同年4月，区内河坝镇河心洲村玉米地发现此物种侵入，2020年为害面积1700多亩。草地贪夜蛾迁飞能力、繁殖能力极强，其幼虫取食量大，且有暴食性特点，可大量啃食草本科、菊科、十字花科植物的幼苗和叶片、果穗，造成严重减产甚至绝收，被列为世界十大害虫之一。

中国农垦农场志

第二编

经济综述

中国农垦农场志

第一章 经济总情

大通湖区的经济发展大致分为五个时期。1951—1978 年，为建场创业与计划经济时期。各场经济建设在艰难复杂的环境中曲折起伏，发展规模逐渐扩大。1978 年，共完成工农业总产值 5927.5 万元，较 1976 年增长 40.27%。1979—1991 年，为改革开放启动和重点突破时期。各场农垦经济持续快速增长，1991 年实现工农业总产值 3.24 亿元，比 1978 年增长 4.47 倍，年平均增幅 34.4%。1992—2000 年，为构建市场经济体制框架时期。农场管理体制不顺等深层次矛盾日益凸现，经济形势逐步恶化，陷入困境。2001—2012 年，为农场体制改革拓展深入时期。新的体制机制为农垦事业发展注入活力，区域经济逐渐步入良性发展快车道。2012 年区完成国内生产总值 30.22 亿元，固定资产投资 19.74 亿元，比 2000 年分别增长 8.9 倍、98 倍。2013 年起区进入全面深化改革与创新发展时期，2020 年区内生产总值达 39.44 亿元，为 2000 年的 12.9 倍。

1971 年前，各场产业建设以农业为主，农业产值占社会总产值的 80% 左右。此后兴办二、三产业，至 1990 年，工、农业产值比为 6∶4，第三产业增加值约占国内生产总值的 20%。2000 年，三次产业增加值比例为 59∶17∶24。建区后，优化产业结构，推动产业转型升级，至 2020 年，三次产业结构之比为 36.9∶26.4∶36.7。

20 世纪 80 年代初期之前，区内农垦经济均为国有国营。1984 年各场实行农业家庭联产承包，对工商企业落实"放权让利"改革举措，鼓励发展个体工商业。1995 年后各场实施工商企业产权制度改革，一大批中小企业改制为民营企业。2001 年后区深化国有企业改革，至 2005 年，区属国有资本全部退出一般性竞争行业。2020 年，区内有各类企业 981 家，其中民营、个体、私营企业 961 家，占 98%；国有全资和国有控股企业 20 家，占 2%。

1951—2000 年的 50 年间，区内农场经济效益整体表现为两头低中间高，上缴国家税金则保持稳定上升态势。1962 年前的 12 年，大通湖农场盈亏两抵净亏损 283.5 万元，纳税 41.11 万元。1963—1978 年，4 家农场累计净亏损 2177.68 万元，纳税 1839.84 万元。1979—1991 年，各农、渔场均年年盈利，共创利润 10498 万元，纳税 10254 万元。1992—2000 年，4 家农场净亏损 29541 万元，纳税 13284 万元。2001 年建立一级财政体制后，公共财政收入和收入质量稳步提升。2009 年区地方财政总收入突破亿元关达 1.1 亿元，为 2001 年的 5 倍。2020 年达 2.91 亿元，其中税收收入占比达 75.26％，比 2009 年提高 16％。

区居民收入和生活水平由低到高不断提升。1978 年，各场年人均纯收入 100～200 元，1990 年为 800～1100 元，居民衣食住行生活条件逐步改善。2000 年，农村居民人均纯收入 1510 元，城镇居民可支配收入 4515 元，人均住房面积 34 平方米。2020 年，全体居民人均可支配收入 2.46 万元，人均消费支出 1.98 万元，年末居民储蓄存款余额 37.54 亿元，城镇和农村居民人均住房面积分别达到 44 平方米、51.3 平方米。

第一节　经济发展水平与速度

一、建场创业与计划经济时期（1951—1978 年）

区内农场创建初期，以围湖造田、拓荒垦殖为主，农垦事业从无到有，农垦经济起步发展。1978 年前，农场实行"高度集中、以行政管理为主"的计划经济体制，经济建设在复杂多变的政治运动环境中艰难推进，发展规模历经曲折起伏逐步扩大。1951 年建立的大通湖农场，当年开垦耕地 1.47 万亩，实现农业产值 75.6 万元，盈利 1.16 万元。1952 年产值 132.2 万元，盈利 7.96 万元。1953 年起执行第一个国民经济发展五年计划，1957 年总产值 509.7 万元，盈利 25.73 万元。5 年中除 1954 年因蓄洪亏损 135.47 万元外，4 年共创利润 163.43 万元。"二五"期间，农场生产受阻。1962 年，全场耕地面积 17.7 万亩，比 1957 年增加 92％；但总产值 533.1 万元，仅比 1957 年增加 9％，单位面积产值下降 41％，1958—1962 的 5 年中有 4 年亏损，净亏 320.5 万元。

1961 年至 1962 年底，千山红、北洲子、金盆先后建为省属国营农场。1963 年开始，4 家农场执行中共中央对国民经济"调整、巩固、充实、提高"的八字方针，落实经营管理和增产节约的规定措施。经 3 年调整，至 1966 年，4 家农场工农业总产值 1630 万元，比 1963 年增长 25.3％；全部摘掉亏损帽子，共盈利 128.6 万元。

1966 年 5 月开始，农场经济受到严重干扰影响，第三个五年计划时期基本处于停滞徘徊状态。尔后，农场兴办农垦工业，经济总量逐步上升。1976 年，4 个农场实现工农业总产值 4225.9 万元，比 1970 年增长 1.41 倍，年均增长 23.5％。

1976 年 10 月起，农场在许多领域已呈现出积极向上的景象。1978 年，4 个农场完成工农业总产值 5927.5 万元，比 1976 年增长 40.27％，两年年平均增长 20.14％。

各农场 1963—1978 年工农业总产值见表 2-1-1。

表 2-1-1　各农场 1963—1978 年工农业总产值一览表

单位：万元

年份	合计	大通湖农场	北洲子农场	金盆农场	千山红农场
1963	1301.11	555.30	256.21	226.60	263.0
1964	1435.24	554.03	358.81	221.40	301.0
1965	1530.76	596.66	362.70	257.40	314.0
1966	1629.61	623.41	385.90	299.30	321.0
1967	1639.46	599.45	461.71	305.30	273.0
1968	1701.53	565.42	533.91	274.20	32.0
1969	1574.46	470.73	552.13	306.60	243.0
1970	1753.28	622.39	471.59	315.30	344.0
1971	2170.82	771.87	578.05	400.90	420.0
1972	2723.85	1088.46	648.69	480.70	506.0
1973	2743.54	1157.10	610.14	458.30	518.0
1974	3750.25	1614.00	811.75	722.50	602.0
1975	4119.04	1672.89	713.75	817.40	915.0
1976	4225.91	1628.10	727.11	842.70	1028.0
1977	5233.61	1974.70	718.01	869.90	1671.0
1978	5927.50	2107.40	854.50	1011.10	1954.5

二、改革开放启动和重点突破时期（1979—1991 年）

1978 年 12 月中共十一届三中全会后，各农场实现工作重点转移，以落实"放权让利"改革举措为重点，开始全方位突破传统的经济管理体制和经营模式。1979 年执行国家对农垦企业"独立核算、自负盈亏、盈利留用、亏损不补"的财务包干制度，调整内部财务管理核算体制，结束了统收统支、层层吃"大锅饭"的历史。1984 年全面推行农业家庭联产承包，建立"统分结合"的双层经营体制，对场属企业实行厂长（经理）负责制，改革实施利益分配办法，充分调动企业和职工的生产经营积极性。同时加大工业投入，培育壮大支柱产业，建立农工商一体化经营体系，农场经济持续快速发展，呈现直线上升态势。1991 年，4 个农场实现工农业总产值 32438 万元，按可比口径计算比 1978 年增长 4.47 倍，年均增幅 34.4%。

各农场 1979—1991 年工农业总产值见表 2-1-2。

表 2-1-2　各农场 1979—1991 年工农业总产值一览表（1980 年不变价）

单位：万元

年份	合计	大通湖农场	北洲子农场	金盆农场	千山红农场
1979		2782.69	1109.17	1188.10	
1980	7966.17	3204.07	1281.40	1570.70	1910.00
1981		3241.17	1323.47	1917.10	
1982		3956.53	1547.95	2063.90	
1983		3978.77	1451.81	2288.50	
1984		4321.29	1945.08	2500.50	
1985	13628.57	5114.26	2603.81	2755.50	3155.00
1986	15095.97	5698.87	3030.60	3420.50	2946.00
1987	17279.10	7305.70	3096.60	3712.80	3164.00
1988	17825.40	8009.00	2780.00	3719.40	3317.00
1989	19659.86	9411.00	2543.86	4234.00	3441.00
1990	20901.50	9712.00	2751.50	4817.00	3621.00
1991	32438.00	10913.00	6312.00	5948.00	9265.00

三、构建市场经济体制框架时期（1992—2000 年）

1992 年初邓小平南方谈话和 10 月中共十四大召开后，各农场按照建立社会主义市场经济体制的要求，结合自身实际，致力于巩固农业基础，提高主要工业原料农产品产量，扩大工业规模，加快工业提质升级，转换企业经营机制，力求适应发展市场经济新形势。由于农场管理体制不顺、经济结构不合理、增长方式粗放、社会负担沉重、职工养老等社会保障体系不健全等深层次矛盾日益凸现，加之农产品价格低迷和激烈的市场竞争，各场大批企业先后关停倒闭，耕地抛荒现象普遍，又连续因特大洪涝灾害受到较大经济损失，各农场经济形势自 1995 年开始急剧恶化，直至陷入连年亏损、难以运行的困境。

2000 年，4 个农场工农业总产值为 34387 万元，比 1992 年增长 3.48%，年均增速 0.43%。其中大通湖农场 15153 万元，比 1992 年增长 48.8%，年均增速 6.1%；金盆农场 7471 万元，同比增长 7.16%，年均增速 0.89%；北洲子、千山红农场总产值分别为 5497 万元、6266 万元，同比下降 7.72% 和 38.08%。

各场 1992—2000 年工农业总产值见表 2-1-3。

表 2-1-3　各场 1992—2000 年工农业总产值一览表（1990 年不变价）

单位：万元

年份	合计	大通湖农场	北洲子农场	金盆农场	千山红农场
1992	33232	10184	5957	6972	10119
1993	45263	23140	5668	6595	9860
1994	42233	20966	5722	6840	8705
1995	41626	20163	6257	6638	8568
1996	39295	18630	5797	6360	8508
1997	46211	22170	6391	7975	9675
1998	46782	21247	7119	8686	9730
1999	44093	19062	7510	8695	8826
2000	34387	15153	5497	7471	6266

四、农场体制改革拓展深入时期（2001—2012 年）

2000 年 9 月，各农场改场建镇设区，农垦事业进入全新发展阶段。中共大通湖区委、区管理委员会以改革统揽全局，有序推进农村税费、国有土地使用权制度、区镇财税体制和国有企业等各项改革，实施"产业立区、工业强区、开放兴区"战略，不断拓展经济发展空间，培育新的经济增长点。在此期间，国家逐步加大对垦区基础设施建设投资和产业发展支持力度，区域经济逐渐步入良性发展的快车道。2005 年，实现地区生产总值 6.79 亿元，比 2000 年增长 123％，年均增长 24.57％；完成固定资产投资 1.88 亿元，同比增长 8.4 倍；社会消费品零售总额 2.42 亿元，年均增长 5.47％。2001—2005 年"十五"期间，累计完成地区生产总值 13.16 亿元，固定资产投资 4.92 亿元。2006—2010 年"十一五"时期，生产地区总值、固定资产投资分别达 42.56 亿元、42.12 亿元，为"十五"期间的 3.23 倍和 8.56 倍，五年年均增长 44.83％、134.78％。

2012 年，全区地区生产总值 30.22 亿元，比上年增长 15.4％，比 2000 年增长 8.9倍；固定资产投资 19.74 亿元，同比增长 35.95％和 98 倍；社会消费品零售总额 7.34 亿元，增长 15.59％和 2.9 倍。

大通湖区 2001—2012 年经济发展速度见表 2-1-4。

表 2-1-4　大通湖区 2001—2012 年经济发展速度表（按现价）

指标		2001 年	2002 年	2003 年	2004 年	2005 年	2006 年	2007 年	2008 年	2009 年	2010 年	2011 年	2012 年
国内生产总值	总值（亿元）	3.45	3.95	4.94	5.97	6.79	7.88	10.13	13.84	16.98	22.01	26.18	30.22
	比上年增长（%）	13.11	14..49	25.06	20.85	13.74	16.05	28.55	36.62	22.68	29.62	18.95	15.43
固定资产投资	总值（亿元）	0.23	0.53	0.94	1.34	1.88	3.14	4.97	7.62	11.84	14.55	14.52	19.74
	比上年增长（%）	15.00	130.43	77.36	42.55	40.30	67.02	58.28	53.32	55.38	22.89	−0.2	35.95
消费品零售总额	总值（亿元）	2	2.1	2.2	2.26	2.42	2.75	3.21	3.91	4.65	5.42	6.35	7.94
	比上年增长（%）	5.26	5	4.76	2.73	7.08	13.64	16.73	21.81	18.93	16.56	17.16	25.03

五、全面深化改革与创新发展时期（2013 年后）

2012 年 10 月中共十八大以后，区围绕"弘扬农垦精神，推动科学跨越，建设富饶生态幸福大通湖"的主题，实施生态引领、基础立区、产业兴区、人才强区发展战略，贯彻新发展理念，全面深化各个领域的改革，发挥市场配置资源的决定性作用，持续推进重大基础设施建设、产业园区建设、城镇建设、民生建设和生态文明建设，大力发展现代工业、现代农业、现代服务业，使区域经济保持持续稳定健康发展。2015 年，全区地区生产总值 38.43 亿元，比 2012 年增长 27.15%，比 2010 年增长 74.6%，"十二五"期间年均增长 16.4%；完成固定资产投资 38.34 亿元，同比分别增长 94.2% 和 1.63 倍；消费品零售总额 11.42 亿元，同比增长 55.6% 和 1.1 倍。2016—2020 年"十三五"时期，累计完成地区生产总值 192.3 亿元，固定资产投资 196.66 亿元，社会消费品零售总数 76.37 亿元，比"十二五"时期分别增长 17.14%、49.76%、75.81%。2020 年，地区生产总值 39.44 亿元，比 2010 年增长 79.2%，为 2000 年的 12.9 倍；人均生产总值 4.66 万元，分别比 2000 年、2010 年增长 15 倍和 2.1 倍。

大通湖区 2013—2020 年各经济指标完成情况见表 2-1-5。

表 2-1-5　大通湖区 2013—2020 年各经济指标完成情况表（按现价）

指标	2013 年	2014 年	2015 年	2016 年	2017 年	2018 年	2019 年	2020 年
地区生产总值（亿元）	33.09	36.24	38.43	39.10	42.24	34.37	37.61	39.44

（续）

指标	2013 年	2014 年	2015 年	2016 年	2017 年	2018 年	2019 年	2020 年
人均生产总值（元）	25875	26848	27962	33010	38504	38286	43214	46621
固定资产投资（亿元）	26.54	32.18	38.34	41.12	47.88	31.49	36.43	39.63
社会零售总额（亿元）	8.34	9.39	11.42	12.78	14.07	14.24	15.67	19.61

第二节　经济结构

一、产业结构

1971 年前，区内各农场以农业为主，农业产值占社会总产值的 80％ 左右。1972 年，按照"围绕农业办工业，办好工业促农业"的思路，各农场先后兴办了制糖、食品、造纸、纺纱和建材等工业。到 1982 年前后，各农场工业产值首次超过农业产值，在社会总产值中比重约为 50％。1984 年 10 月中共十二届三中全会作出《关于经济体制改革的决定》后，各农场在继续调整农业内部结构的同时，新办工业企业和扩大工业规模，发展交通运输、商业服务等第三产业，三次产业协调发展。1990 年，工业、农业产值之比大体为 6∶4，第三产业增加值占国内生产总值的比重约为 20％。1995 年后，工业生产经营效益下降，大部分企业陆续关停倒闭，工业经济急剧萎缩。至 2000 年，按国内生产总值计算，区内一、二、三产业增加值比例为 59∶17∶24。

2000 年建区后，区根据市场导向和国家产业政策，从自身资源特点和发展需要出发，有效调整优化产业结构，推动产业转型升级。在农业领域转变发展方式，逐步改变传统产业格局，建立起了比较优势明显的粮油、果蔬、水产等三大现代产业。在工业领域通过招商引资淘汰落后产能、推进新型工业化，初步形成了市场竞争力较强，以医药、新能源、食品、纺织等为支柱的产业体系。同时加快发展了房地产业、现代物流业、金融保险业、邮政通信业、商贸服务业和生态旅游业。2020 年，完成地区生产总值 39.44 亿元，其中第一产业增加值 14.56 亿元，第二产业增加值 10.42 亿元，第三产业增加值 14.46 亿元，三次产业结构之比为 36.9∶26.4∶36.7。与 2000 年相比，第一产业占比下降 22.1 个百分点，第二、第三产业分别提高 9.4、12.7 个百分点。

大通湖区 2000—2020 年三次产业变化情况见表 2-1-6。

表 2-1-6　大通湖区 2000—2020 年三次产业变化情况表（按现价）

单位：万元

年份	生产总值	第一产业		第二产业		第三产业	
		增加值	占比%	增加值	占比%	增加值	占比%
2000	30488	17983	58.98	5106	16.75	7399	24.27
2001	34525	19773	57.21	6844	19.82	7908	22.91
2002	39450	22995	58.29	8524	21.61	7931	20.10
2003	49347	27590	55.91	11275	22.85	10482	21.25
2004	59671	33183	55.61	15535	26.03	10953	18.36
2005	67949	36279	53.39	19883	29.26	11787	17.35
2006	78811	40209	51.02	25967	32.95	12635	16.03
2007	101315	49823	49.18	36773	36.30	14719	14.53
2008	138413	55760	40.29	54500	39.37	28153	20.34
2009	163771	59530	36.35	74219	45.32	30022	18.33
2010	220113	83736	38.08	104131	47.31	32246	14.65
2011	261770	90434	34.55	132597	50.65	38739	14.80
2012	302211	97766	32.35	159186	52.67	45259	14.98
2013	330897	101677	30.73	176006	53.19	53214	16.08
2014	362402	110139	30.39	190834	52.66	61429	16.95
2015	384267	118142	30.74	196261	51.07	69864	18.18
2016	391031	103482	26.46	182647	46.71	104902	26.83
2017	422440	108088	25.59	197394	46.73	116958	27.69
2018	343749	112884	32.84	94238	27.41	136627	39.75
2019	376103	127573	33.92	101637	27.02	146893	39.06
2020	390410	141658	36.90	104155	26.40	144597	36.70

大通湖区 2010—2020 年产业门类增加值完成情况见表 2-1-7。

表 2-1-7　大通湖区 2010—2020 年产业门类增加值完成情况表（按现价）

单位：万元

年份	农业	工业	建筑业	交通仓储邮电业	批发零售业	住宿餐饮业	金融保险业	房地产业
2010	83736	100788	3343	5779	8953	3990	1114	2907
2011	90434	130602	1995	6671	10825	4854	1247	3357
2012	97766	156727	2459	8001	12047	5558	1407	3651
2013	101677	173190	2816	8632	14185	6169	1664	4146
2014	110139	187663	3171	9296	15538	6644	1860	4491
2015	118142	192614	3664	9962	16666	7269	2327	4666
2016	103482	178643	4044	10157	17800	7834	2735	4980
2017	108088	192950	4444	10928	18957	8445	3338	5196

（续）

年份	农业	工业	建筑业	交通仓储邮电业	批发零售业	住宿餐饮业	金融保险业	房地产业
2018	112884	82754	5229	4745	17349	3016	11054	40805
2019	127573	88729	5667	5060	18859	3247	12243	41811
2020	141658	90647	13508	5063	18582	3006	13882	41290

注：2018年数据为全国经济普查后的修订数据。

二、所有制结构

20世纪80年代初期前，区内农垦经济全部为国有国营。1984年起，全面实行农业家庭联产承包，土地属国家所有，由个人承包经营。在工商企业内部逐步建立分级承包、风险抵押承包和个人租赁承包等多种形式的责任制，鼓励发展个体工商业，形成了国有经济为主、多种经济成分并存的所有制结构。1995年后，采用关停并转、资产出让、股份制改造和破产重组等方式，对企业进行产权制度改革。至1999年，5个农渔场260余家大小工商、运输企业，除供水、供电民生公益性企业和制糖、纺纱、造纸（板）等骨干企业外，其他或关停并转，或改制为民营、个体、私营企业。

2001年区开始改革农业管理体制，撤分场、生产队，建行政村。明确土地国有属性，实行责任田和经营田"两田制"管理，建立区国有土地经营管理公司，镇、村设分公司和管理站，负责"两田制"土地的规范管理与经营，巩固国有农业经济，发展村级集体经济，以土地集中流转为基础，引进、培育新型农业经营主体，促进现代农业发展。2001—2005年，区深化区属国有企业改革，通过招商引资和资产整体转让，改革糖厂、纱厂、纸厂、板厂和粮食加工企业等的产权制度，区属国有资本全部退出一般性竞争行业。至2020年，全区共有工商注册市场主体6708户，注册资本63.23亿元。其中企业981户，注册资本48.03亿元；个体工商户5455户，注册资本7.14亿元；农民专业合作社272户，注册资本8.05亿元。按所有制结构分，有民营、个体、私营企业961家，占企业总数的98%；国有企业20家，占2%。其中大通湖投资发展（集团）有限公司为区属国有全资企业，下辖生态投资公司、自来水公司、交通建设投资公司、村镇建设投资公司、扶贫开发公司、殡仪服务公司等6家子公司，注册资本1.34亿元，总资产36.1亿元；湘粮集团大通湖购销公司、金健粮食（益阳）有限公司、国电南自东大光伏电力有限公司等3家企业，属国有控股上市企业的子公司，注册资本共3.3亿元；有金融保险企业11家，供电企业1家，均为行业垂直管理的国有控股企业。

第三节　经济效益

一、利税与财政收入

1951—1962 年，尚处初创阶段的大通湖农场，因 1954 年蓄洪，加之生产水平较低，12 年间有 7 年盈利、5 年亏损，盈亏两抵净亏 283.5 万元，上缴税金 41.11 万元。1963 年区内形成农场群，新建农场生产建设起步开局，后各场经济基本处于亏损状态，直至 1978 年全面扭亏为盈。在此 16 年中，4 个农场共盈利 921.91 万元，亏损 3099.57 万元、净亏损 2177.68 万元，上缴税金 1839.84 万元。

1979 年实现工作重点转移，农场经济快速发展，利润税收稳定增长。至 1991 年的 13 年，包括大通湖渔场在内的 5 家农、渔场，均年年盈利，共实现利润 1.05 亿元，上缴税金 1.03 亿元。

1992 年后，农场经济开始滑坡，经营亏损逐年加剧，至 2000 年的 9 年，四个农场累计净亏损 2.95 亿元。其间，累计向国家缴纳税金 1.33 亿元。1979—2000 年共缴税金 2.36 亿元，年均 730 万元。

2001 年建立一级财政体制后，区域经济逐步进入良性发展轨道，公共财政收入和收入质量稳步大幅提升。2009 年地方财政总收入突破亿元关达 1.1 亿元，为 2001 年的 5 倍；2012 年达 2.23 亿元，实现三年翻一番。2020 年，完成财政总收入 2.91 亿元，比上年增长 3.4%，为 2001 年的 13 倍多。其中税收收入 2.19 亿元，占财政总收入的比重达 75.26%，比 2009 年提高 16 个百分点。

二、居民生活水平

在计划经济时期，农场各业职工实行等级固定工资制，按国家调整工资政策晋级增资。1978 年，各农场职工劳均年工资收入为 350～400 元，年人均纯收入 100～200 元。

1979 年后，随着改革开放的不断深入和各种经济责任制的落实，农垦经济快速发展，人民收入水平普遍提高。至 1990 年，大通湖农场劳均年收入 1530 元，人均纯收入 1077 元，分别比 1978 年的 369 元、186 元增长 3.1 倍、4.8 倍；北洲子农场劳年平均收入 1681 元、人均纯收入 959 元，比 1978 年分别增长 3.9 倍、3.6 倍；金盆农场劳年平均收入 1400 元、人均纯收入 798 元，比 1978 年分别增长 2.6 倍、6.8 倍。期间，职工群众生活水平和质量大幅提升，职工住房条件大为提高，特别是大部分农业职工新建了庭院式住宅，少数建有楼房，家用电器和代步车具逐步普及。据北洲子农场 1990 年

调查，全场 4527 户居民，有电视机 2431 台，电冰箱 268 台，收录机 923 台，电风扇
4212 台，洗衣机 1498 台，摩托车 125 辆，单车 6384 辆。2000 年，区内农村居民人均纯
收入 1510 元，城镇居民可支配收入 4515 元，人均住房面积 34 平方米，年末居民储蓄存
款余额 3.17 亿元。

2000 年后，区域经济社会加快发展，人民生活水平和幸福指数不断提升。2020 年，
全体居民人均可支配收入 2.46 万元，比上年增长 6.8%。其中城镇居民人均可支配收
入 3.21 万元，比上年增长 5.3%，比 2000 年增长 6 倍；农村居民人均可支配收入 1.85
万元，比上年增长 8.9%，比 2000 年增长 11.2 倍。年末居民储蓄存款余额 37.54 亿元，
比上年增长 18.9%，比 2000 年增长 10.8 倍。百户拥有家用汽车 31.8 辆，摩托车 59.8
辆，空调 115.6 台，电冰箱 95.2 台，电视机 107.5 台，洗衣机 99.7 台，热水器 99.6
台，电脑 32.9 台，手机 213.1 部。城镇常住人口人均住房面积 44 平方米，农村常住居
民人均住房面积 51.3 平方米。全体居民家庭人均消费支出 1.98 万元，占可支配收入的
80.4%，比上年增长 5.8%。其中城镇居民人均消费支出 2.47 万元，占可支配收入的
76.8%，比上年增长 3.6%；农村居民人均消费支出 1.58 万元，占可支配收入的
85.6%，比上年增长 8.8%。城乡常住居民恩格尔系数为 29.9%，比上年上升 2.3 个百
分点。其中城镇居民恩格尔系数为 27.4%，同比上升 2.7 个百分点；农村居民为
32.9%，下降 0.2 个百分点。

大通湖区 2001—2020 年财政收入与居民人均收入情况见表 2-1-8。

表 2-1-8　大通湖区 2001—2020 年财政收入与居民人均收入表

年份	财政总收入 （亿元）	其中税收收入 （亿元）	全体居民人均 可支配收入（元）	城镇居民人均 可支配收入（元）	农村居民人均 可支配收入（元）
2001	0.22	0.18	2853	4920	1850
2002	0.30	0.2	3156	5410	2023
2003	0.25	0.24	3450	6063	2090
2004	0.32	0.26	3942	6790	2408
2005	0.40	0.29	4494	7605	2759
2006	0.51	0.36	5673	8669	3062
2007	0.69	0.31	6357	10394	3944
2008	0.91	0.53	7493	12057	4692
2009	1.10	0.66	8458	13459	5256
2010	1.38	0.9	9479	15057	6086
2011	1.83	1.2	9397	12252	7597
2012	2.23	0.57	10892	13820	9003

（续）

年份	财政总收入 （亿元）	其中税收收入 （亿元）	全体居民人均 可支配收入（元）	城镇居民人均 可支配收入（元）	农村居民人均 可支配收入（元）
2013	2.26	0.62	12509	14495	9921
2014	2.32	1.17	13275	16408	11220
2015	2.40	1.12	16153	21941	12263
2016	2.47	1.21	17699	24069	13256
2017	2.73	1.69	19305	26114	14305
2018	2.78	2.02	21095	28182	15568
2019	2.81	2.06	23018	30521	16954
2020	2.91	2.19	24588	32129	18470

第二章　经济管理体制

区内各场建场初期，先后建立完善总场、分场、生产队三级管理体系和分级核算制度，逐步形成了生产计划统一安排、资金统一管理、经营统一核算、物资统一采购、产品统一销售的高度集中的计划经济管理体制。1979年落实国家农垦企业财务包干办法，调整内部财务管理和核算体制，结束了层层吃"大锅饭"的历史，促进了农垦经济较长时期的快速增长。1984年全面推行农业家庭联产承包责任制，建立"大农场套小农场"的双层经营机制，大力发展场办工商业，基本形成农业提供原料、工业加工增值、产供销自成体系的农工商一体化经营格局。1987年起转换企业经营机制，推行厂长（经理）负责制。1992年后陆续推进工商企业承包经营或租赁经营及全员风险抵押责任制。1995年开始进行国有企业产权制度改革，至2005年，区属国有企业全部完成改制。2000年建区后，区内经济、社会发展纳入国家统筹规划管理，建立一级财政体制，纳入益阳市市本级预算管理。2001年起改革农业管理体制，对国有农用地实行责任田与经营田"两田制管理"，持续加大土地清理整治力度，开展土地集中有序流转，发展现代高效农业，促进了农民增收和农村集体经济发展壮大。

第一节　农场经营管理

一、农垦经济政策调整

国家对农场的经济管理政策，根据发展形势及需要进行相应调整，大体经历了四个阶段。

（一）事业单位，国家供给（1951—1956年）

1952年2月，《湖南省各级农场暂行组织通则》规定：湖南省各级农场为事业性兼企业性机构，所需事业费及投资，省级农场归农林厅供给，地、市、县级农场归地（市）县政府供给，各项收入支出纳入国家预算管理。1953年3月，中共湖南省委发出《关于开展农业互助合作运动与加强国营农场工作的措施》，强调国营农场在农业合作化运动中的地位与作用。1951—1956年，区内的大通湖农场基本处于"事业单位，国家供给"的管理体制，农场通过自身企业经营，除 1954 年因蓄洪亏损 135.5 万元外，5 年盈利 137.7 万元，盈亏两抵，净盈利 2.2 万元。

（二）农场企业经营，国家统负盈亏（1957—1972 年）

1956 年 11 月，湖南省第七届农场会议明确"大通湖、西洞庭两个机械化农场由省农业厅直接管理，属企业性质，盈亏纳入国家预算管理"。1962 年，湖南省人民委员会贯彻中央"调整、巩固、充实、提高"的八字方针，决定农垦系统所属国营农场全部收支纳入各级财政预算管理，省属农场由农垦局向财政厅交拨结算。这种农垦企业经营、国家统负盈亏的管理体制，延续至 1972 年。16 年间，因多种因素影响，各大农场仅有 4 年盈利，12 年亏损，大通湖农场盈利两抵后净亏 1190.8 万元，均由国家财政按年度全额补亏。

（三）财政包干，定额补亏（1973—1978 年）

1973 年 5 月，湖南省革命委员会决定对国营农场实行财政包干、定额补亏的政策，要求各农场制定扭亏增盈计划，逐步实现收支平衡、扭亏增盈。至 1976 年的 4 年间，全省计划定额补亏 0.95 亿元，实际补亏 1.35 亿元，超计划 42.3%。其中省财政厅确定对大通湖农场按计划补亏 473.1 万元，对千山红农场按计划补亏 73 万元。至 1978 年，4 家农场通过加强经营管理，均实现了扭亏增盈。加上国家定额补贴，各场财力有所增强，为之后的发展奠定了一定的基础。

（四）财务包干，自负盈亏（1979—2000 年）

1979 年 2 月，国务院批转财政部、农垦总局《关于农垦企业实行财务包干的暂行办法》，对国营农牧场实行"独立核算、自负盈亏、盈利留用、亏损不补"的财务包干办法。明确从 1979 年至 1985 年，国家对地方农垦不再分配盈亏指标；发展生产所需物资，属国家统配的纳入国家统配物资计划，属地方管理的由地方物资部门负责解决；所需基本建设投资、流动资金、事业费等，仍列入各级基建投资计划和财政预算；农场留用的利润和包干结余，按"先提后用"的原则自主支配，主要作为生产发展基金。各场遵照《暂行办法》和省、地要求，及时搞好新旧财政制度衔接，调整内部财务管理和核算体制，调动各方面的积极性，结束了层层吃"大锅饭"的历史，推动了农场经济较长时期的快速发展。大通湖农场于 1979 年至 1988 年 10 年间，年年盈利，共计盈利 4233.37 万元；金盆农场 1980 年盈利 60.7 万元，1989 年盈利 157.6 万元；北洲子农场 1979 年至 1990 年共盈利 1181.5 万元，上交国家税费 1666.87 万元；千山红农场于 1979 年至 1992 年的 14 年间，共计盈利 1953.5 万元。1992 年起发展社会主义市场经济，市场配置资源的基础作用不断增强，各场作为"政企合一"的农垦企业，成了自主经营、自负盈亏、自我约束的法人实体和市场竞争主体，直至 2000 年改场建镇设区，按政府行政管理体制运行。

二、三级管理模式

1954年，大通湖农场根据场域面积扩大、职工人数增长、生产建设任务增加的现实情况，将建场初期的总场、生产队两级管理调整为总场、作业区、生产队三级管理，实行"统一经营，三级管理，分级核算"。总场是经营管理主体，作业区和生产队均为生产单位。全场设4个作业区、22个生产队。1955年，总场强化集中统一管理体制，将计划、财务、供销三科室合并为计划财务科，各作业区设立核算组，生产队配专职会计、统计、保管员。各级明确一名主要负责人分管计划财务管理工作，同时建立完善的财经制度、定额管理、机务章程、劳动工资和产品物资及成本管理等一系列的规章制度和管理办法。总场根据省、地下达的各项经济指标，编制年度生产财务计划，下达至各生产单位组织生产。对国家拨付的各类资金、物资实行集中管理、计划调拨、分级使用。农产品处置权归属总场，按省、地分配任务统一上调，作业区、生产队仅负保管责任。在成本核算管理上，以生产队为基本核算单位，作业区为汇总核算单位，分级核算生产费用、产品成本及其盈亏，逐级核定超利润分成、超产分红和职工工分计酬。1955—1956年，在完成国家产品上交任务的同时，农场实现利润129.65万元，职工人均年收入357元。"三级管理"模式为后来形成"生产计划统一安排、资金统一管理、经营统一核算、物资统一采购、产品统一销售"的农场经营体制打下了基础，并为全省新建农场构建生产经营管理体系提供了样本。

1962年，根据中共中央转发农垦部《国营农场领导管理体制的规定》所作的"农场应实行统一领导，分级管理，依靠职工群众，建立健全核算制度，厉行增产节约，为社会主义积累资金"的批示精神，区内各农场坚持"三级管理"体制，完善各行业核算办法，逐步形成了总场统一经营、统收统支、统负盈亏的高度集中而严格的计划管理体制。

1979年2月，国务院批转国家农垦总局、财政部关于农垦企业实行"独立核算、自负盈亏、亏损不补、盈利留用"的财务包干请示。各场在完善财务管理制度的同时，调整内部管理体制和核算体制，确定总场、分场（企业）和生产队（车间）三级为管理单位，总场、分场（企业）两级为核算单位，生产队、车间不搞经济核算。总场对所属核算单位实行财务包干政策，年初下达生产经营计划（包括利润计划），由核算单位自主经营、自负盈亏、亏损不补、盈利留用、超计划利润部分分成，农业单位一般上缴和留用各占一半。1982年，4个农场的生产总值、利润、税金均比1978年翻了一番多。1979年至1988年的10年间，4个农场共创生产总值11.56亿元，年均比1978年增长1.2倍，其中1988

年为 1.86 亿元，比 1978 年增长 3 倍；累计盈利 8133 万元，实现税金 5405 万元，年均与 1978 年相比盈利增长 2.61 倍、税金增长 1.46 倍。各场全员劳动收入成倍增长，1978 年全员平均月收入 30.5 元，1988 年平均月收入为 60.37 元。嗣后，"三级管理"体制一直沿用。

三、农工商综合经营

1980 年，各场根据国务院转发《关于尽快把国营农场办成农工商联合企业的座谈纪要》精神，先后组建农工商联合企业公司及其中心门市部，经营农场自产工农业产品和所需生产、生活物资。1984 年 8 月，各场学习江、浙、沪发展农村商品生产经验，将总场机关兼具行业管理与服务职能的科室由行政指挥型转变为经营服务型，组建经济实体公司，实行"独立核算，自主经营、自负盈亏、定额上交，超利润分成"的经营管理体制。大部分科室领导和干部调配到公司从事经济工作，实行政企分离。到年底，4 个农场共组建由总场直管的实体公司 20 多个，包括农业、工业、畜牧水产、机电、建筑、商贸、供销、粮油、汽车运输、水运、食品公司等，总场直属的糖厂、造纸厂、纱厂、联合加工厂均为经济实体，共计 30 多家。经济实体接受总场行政领导，生产经营向总场负责；有经营决策、人事管理、内部机构设置、物资选购、产品营销、资金使用、资产处置等权力。嗣后，农场于每年初以场长办公会议的方式，逐一到实体单位进行现场办公，落实生产经营计划和行业管理服务任务，帮助解决生产经营和建设发展中的各种问题困难，提高经济效益。

1985 年后，农场突破过去"围绕农业办工业，办好工业促农业"的局限，根据商品经济市场需要和自身工业基础、资源条件调整工业结构，重点发展市场供需矛盾突出的工业产品，逐步打造出甘蔗糖业、造纸业、纺纱业、农副产品加工业、酿酒业、建筑建材业等产销两旺、效益明显的支柱产业。至 1990 年，区内农场共有总场直属工业企业 33 家，分场和企、事业单位兴办的小型工厂如农副产品加工厂、酿酒厂、建材厂、铁木制品厂、苎麻脱胶厂等 43 家。同时进一步稳定发展农业，巩固扩大工业原料基地，完善商业和交通运输等服务体系，建立多形式、多渠道的产品销售网络，逐步形成了农业提供原料，工业加工增值，产供销自成体系的农工商一体化经营格局。

1994 年，根据益阳市人民政府农场现场办公会议的要求，农场着手建立"统放结合、内方外圆"的经营机制，强化总场对农场整体经济的宏观调控能力。农场直属经济实体严格执行总场下达的生产经营计划，向总场负责，总场作为整体企业进入市场。1997 年后，各农场先后对场属工业企业实行"内部股份制"改造，扩大企业自主经营权，农场原有的

"内方外圆"整体进入市场的格局被打破，但仍基本维系了农工商一体化经营的模式。

第二节　农业管理体制改革

一、家庭联产承包

1979年至1981年，各场的农业改革措施主要是加强生产队、组的经营管理，由生产队对作业组实行"五定一奖罚"制度：定劳动力、定耕地面积、定产量、定成本、定报酬，产品全产全交，按产量计工资，奖罚到人。1981年后，农业承包制有了进展，大通湖农场实行分组承包和分户承包相结合的办法，水田以作业组为单位承包，产品全交，按产计酬；养猪养鸭，实行"一家班"承包到户，按产计酬；棉花，甘蔗等大宗作物承包到组和承包到户相结合；小宗作物及零星土地承包到户，完成上交后，收入归己。1983年底，各场解放思想，突破种种局限，相继出台"统一经营、三级管理、承包到户、联产计酬"的政策规定，组成三级工作班子，开展土地承包到户。各场以生产队为单位，按在册劳动力人数，指令性分配土地承包任务，不准抛荒，允许农忙时雇工。还陆续接纳了云、贵、川等省自动来场人员共约2000户，作为"外包户"承包耕地。同时，农场将耕牛、农具和小型机具低价让售给承包户，将猪舍、鸭棚、鱼塘及在养的猪、鸭、鱼全部折价让售给养殖业承包户，实行家庭联产承包。承包到户后，农户按农场统一规定落实种养计划任务，自主经营、自负盈亏，农牧业主产品由总场按价收购，承包户完成上交产品和税费任务后，收入全部归己。农场将公建的简陋军营式住宅低价让售给住户，划给每户1亩内的宅基地，鼓励兴建砖瓦结构住宅。到1988年，90%以上的农户建起了单家独院的住宅，发展庭院经济。

二、双层经营机制

1984年初，各场以落实家庭联产承包责任制为基础，着力构建"大农场套小农场"、统分结合的农业双层经营体制。承包户作为自主经营主体，属于"小农场"性质，是农场的管理服务对象，总场、分场、生产队三级组织是农业统一经营的主体，按层级职责组织农业生产经营。各场分别制定双层经营、统分结合的农业经济责任制，在放权让利的前提下，对农户逐年下达土地承包面积、种植养殖计划和产品、税费上交任务，明确奖罚标准。同时强化"统"层功能，改善管理服务，实行结构调整、作物布局、农田建设、农机作业和信贷农资服务、农户教育管理等几个统一，使"统"与"分"有机结合。此机制一直沿用至农场体制改革。

该年，根据省农管局和中共益阳地委的指示精神，各农场大力兴办家庭农场，其条件是：承包耕地 50 亩以上，具备生产经营能力。4 个农场兴办家庭农场 300 多个。同年 6 月，大通湖农场成立家庭农场协会，制定协会章程，推选农场分管农业的副场长为理事长。协会章程明确了家庭农场的 8 项权利、7 项义务。73 个家庭农场中种植业 61 个、养殖业 12 个，经营耕地 3600 亩，每家平均经营 59 亩，其中经营 100 亩以上的 3 个。家庭农场均有小型机械，季节性农活每家平均雇工 4.3 个。1985 年，4 个农场共有家庭农场 600 个，其中千山红农场 204 个，平均每家承包耕地 70 亩，最多的 180 亩。各场涌现出了一批交粮、交蔗、交棉和养猪、养鱼大户，大部分家庭农场成为勤劳致富典型。此后，随着承包户经营水平整体提高，农业劳动力和外包户增多，家庭农场逐年演变为一般承包大户。

三、"两田制"经营管理

2000 年 9 月大通湖改场建镇设区后，原有的分场、生产队撤并改建为行政村。2002 年，中共大通湖区委、区管委会制发《大通湖区农村税费改革实施办法》，根据国有土地属性，参照国家农村土地承包政策，将全部耕地划分为责任田和经营田，实行"两田制"管理：按农村人口人均 1 亩分配责任田，按照农村土地承包政策进行管理，一定 30 年不变；余下耕地为经营田，由镇、村掌控管理，农户自主租赁经营，按规定交纳税费和租金。

2008 年 9 月，区落实《湖南省深化国有农场税费改革实施意见》，完善国有土地承包管理办法，将责任田分配标准由人均 1 亩提高到 1.3 亩，全区共向 1.83 万余户近 6.1 万人分配责任田 7.9 万亩，合同签订率 97.8%。责任田的负担项目、标准与周边乡村等同。在承包期内，农场农业职工达到法定退休年龄时，须退出承包的责任田，并以此作为办理退休手续的前置条件。各村对收回的责任田实行动态管理，按时间顺序分配给符合条件的新增人口。责任田之外的耕地全部按经营田管理运作，管理主体为区国有土地资产经营有限责任公司。公司在镇、村分别设立分公司、管理站，依据授权办理相关业务。公司对经营田实行租赁合同管理。年内对本地村民发租 14.2 万亩，租赁费每亩 80 元；对外地来区的企业和承包大户发租 2.2 万亩，租赁费随行就市。经营田租赁期间，出现弃耕抛荒的面积，由公司收回。经营田土地收益的管理办法为：所在村人均经营田面积在 2 亩以内的，所得收益超出亩均 80 元部分平均分配给已享受经营田的人员；人均 2 亩以上部分，所得收益超出亩均 80 元部分由镇、村管理。区大力推进土地流转，即责任田参照《农村土地承包法》规定，遵循"依法、自愿、有偿"原则进行自由流转。经营田流转须在国有土地经营有限责任公司的组织下，严格执行审批程序，实现有序流转，促进土地向农业企业和种田能手集中，发展现代农业。

2011年，针对国有土地承包、租赁中出现的新情况、新问题，区管委会印发《关于开展全区落实国有土地承包租赁专项检查的通知》，在"大稳定、小调整"的原则下，纠正违规分配责任田、经营田问题，制止私自转让宅基地，加强土地流转监督管理，解决国有土地承包租赁纠纷，建立土地承包租赁管理档案和专用台账，做好责任田经营权证书的发放和一年一度经营田租赁合同的签订工作，推进"两田制"管理依法有序。

2015年后，区坚持农用地国有属性，持续开展农用地清理整治，强化镇村归集、掌控土地和收取土地租赁费的力度，通过成片归集土地和集中流转，提高土地租赁收益，壮大村级集体经济。2018年，针对国有农用地承包租赁中强租强占、私自转让等问题，进一步完善政策措施，运用经济、行政、法律手段持续加大清理整治力度，重点规范经营田租赁合同管理和集中有序流转，引导村民将承包土地委托村委会流转，实现了村集体归集掌控土地和集中流转土地"双增"。至2020年，全区实际分配到农户的责任田7.99万亩、经营田16.61万亩，其中村集中面积3.65万亩，占耕地总面积的14.84%，比2008年增加1.27倍。土地流转面积16.67万亩，其中集中流转8.6万亩，分别占总耕地面积的67.4%和35%。集中流转面积比2015年增加3.3倍，集中流转价格比分散流转每亩高150~200元，流出土地的村民在农业企业、农业合作社就近务工，成为现代农业新产业工人。全年27个村集体经济收入1051万元，其中50万元以上7个，30万~50万元11个，10万~30万（不含）元9个。全区农村居民人均可支配收入1.85万元，比2019年增长8.9%，比2015年增长50.6%。

第三节　工商企业改革

一、企业经营机制改革

1979年，各农场落实财务包干办法，调整管理和核算体制。1983年，各农场对下属工商企业实行"全民所有、集体经营、独立核算、自负盈亏、定额上交、超利留用、亏损不补"的管理办法，形成总场、企业两级核算体制。总场对所属核算单位实行财务包干政策，年初下达生产经营计划，包括利润计划，由核算单位自主企业经营。各企业内部实行厂部、车间、班组三级核算。企业超利润留成部分，以一定比例作为奖金，奖励先进单位和个人。

1987年，根据中共中央、国务院关于全民所有制工业企业三个条例的精神，各农场全面推行厂长（经理）负责制，企业干部管理由配备制改为聘任制，职工工资分配由固定工资改为效益工资，体现多劳多得、效率优先。

1992年，各农场对下属企业实行"自主经营、独立核算、定额上交、超利分成、自负盈亏"的经营承包责任制，以利润上交为核心指标，超计划利润部分总场分成20%。企业有生产经营决策、产品劳务定价、人事管理、资金分配等自主权。总场按月核定企业工资指标总额，与产量、计划利润挂钩，并按一定比例预留工资指标，年终按计划利润的超欠数额比例增减工资。企业根据核定工资总额，按内部经济责任制核算到车间、班组和个人。

1994年以后，各农场以租赁、承包为主要形式，陆续将车辆、船只、商业门店和小型工业企业等租赁或承包给个人经营，实行"四自一包"，即自筹资金、自主经营、自负盈亏、自理员工薪酬、包干上交。

1995年，千山红农场试行"资金抵押承包制"，即经济实体单位由单位领导班子集体承包经营，按单位资产的一定比例向总场交纳资产抵押金，完成承包任务的退还抵押金并计息，超任务的抵押金按同比例增发，最多可增1倍。完不成任务的按比例扣减抵押金。嗣后，各农场实行这种办法，并在此基础上发展为全场范围的全员风险抵押责任制。同年初为机关及企、事业单位制定全年各项工作目标任务，包括利润、纳税、交费等指标，风险抵押金交纳标准一般是场级干部每人1500元、科级干部1200元、一般干部1000元、工人500元。年终综合考核，奖优罚劣。

二、国有企业改制

1997年下半年开始，各农场深入学习贯彻中共十五大精神和国务院《关于全民所有制工业企业转换经营机制条例》，落实市委、市政府《关于全面推进国有企业改革的决定》，以产权制度改革为主线，从所有制结构上进行企业改制。4个农场共有场直属工商企业50多家，小型企业近200家。小型工厂如火柴厂、预制构件厂、草纸厂、酱厂、食品厂、印刷厂、铁木工厂等，全部由租赁承包经营改为让售或拍卖给私人业主自主经营。轮窑大多退工还农，一些小厂、作坊实行关停并转。汽车、船只、商贸及供销门店等，全部由租赁或承包改为让售。千山红农场的小型工厂及商贸门店35个全部让售给职工。金盆、北洲子农场共90多家小型工厂和商贸门店，至1999年全部让售或拍卖。渔场的饲料厂、机修厂、麻纤厂、农工商门市部等至1999年全部拍卖给私人业主经营。

各农场直属工商企业改制，主要采取让售或拍卖、依法破产重组两种形式。4个农场共有23家让售或拍卖，22家企业破产重组。千山红农场建筑公司实行股份制改造重组，股资 123 万元，股东 43 人，组建为千山红建筑有限责任公司。大通湖糖厂 1998 年实行内部股份制后不久，扭亏无望，1999 年以 2600 万元转卖给广东省湛江投资商，建立广湖糖厂。大通湖纺纱厂亏损 9000 多万元，转卖给外地老板，建立华通纺织有限责任公司。金盆纺纱厂采用先租后卖方式组建金胜纺纱厂，后又兼并该场联合加工厂；胺基板厂破产后，由本场业主认债买断。北洲子纺纱厂从租赁到破产重组，1996 年整体转卖给益阳佳倍实业公司，组建为德星纺织有限责任公司；纸厂由租赁到整体拍卖，组建为金北顺纸业有限责任公司；棉麻油脂厂拍卖给长沙棉麻公司后不久，转卖给口口香米业公司。各场先后依法破产工商企业 20 多家。例如：大通湖供销公司负债 800 万元，资产负债率 300%，依法破产；通泰纺织印染公司和糖果厂资产负债率分别达 234%、212%，均依法破产关闭。千山红葡萄酒厂破产重组为千山红蟠桃宴葡萄酒厂；农工商企业公司破产重组为千山红商贸中心；金盆农场 1986 年投产的人造板厂年年亏损，1999 年破产重组后重现生机，2000 年产板 1.43 万立方米，为历史最高年产量。各企业改制转型后的变现资产，保证首先用于安置职工：一次性买断工龄的，足额付清补偿金；退休和"内退"的，留足社保养老费用，并通过各种办法帮助下岗职工再就业。至 2000 年，各场共有工商注册企业 78 家，其中彻底改制实行民营的 35 家。43 家未完成产权制度改革。企业中有大小工业企业 35 家，其中制糖、纺纱、造纸、粮棉油加工规模企业 12 家，年内总亏损 3600 万元。

2000 年 9 月建区后，区内依法推进国有企业改革，至 2003 年先后有 10 多家工业企业整体转让，实现民有民营。2004 年 2 月，按照市委、市政府提出的用两年时间全面完成国有企业改革的要求，区成立区长任组长的国有企业改革领导小组，区管委会出台《关于加快国有企业改革的决定》，以招商引资作为国企改制的切入点，通过改革行政审批制度、核减行政审批项目、实行全程代理服务、出台优惠政策等措施改善投资环境。采取以商招商、网上招商、亲情招商、委托代理招商、小分队上门招商等方式大力招商引资，推进企业产权整体转让。金盆镇和千山红镇糖厂、北洲子镇和河坝镇轧花厂、金盆镇纺纱厂等规模以上企业及一些规模较小的国有企业先后实现整体转让。年内共完成国企改制 23 家，变现资产 2256 万元，置换职工身份 3925 人。2005 年完成剩余 2 家企业改制，区属国有企业全部改制到位。在国企改革中，区坚持因企施策、一厂一策，严格按政策处置国有资产，确保国有资产不流失；尊重职工意愿，理顺职工劳动关系和离退休人员社保关系，关心下岗职工再就业情况，确保职工合法利益不受损害。区、镇两级财政共为负债企业改制解决资金 6675 万元，其中财政兜底 2175 万元、社保兜底 2946 万元、医保兜底 399 万元、职工安置兜底 668 万元、办证优惠 487 万元。企业改制后，职工全部解除了与原企业的劳动关系，退休人员全部进入社会养老统筹和医疗保险，"内退"人员进入社会养老统筹，按照个人自愿原则部分进入医疗保险。企业的社会事务，按属地原则划入社区或村管理。

2018年10月，区将事业单位性质、行政化运作的区城投公司改制转型为实体化、市场运营的大通湖投资发展（集团）有限公司，逐步整合归集区属部分国有资产资源，做实集团公司资本，厘清政府出资人与公司的权责界限，重构公司组织架构，优化公司管控体系。公司功能定位于投资与经营、城乡综合开发、融集建设资金、城市基础设施建设四个方面，服从、服务于区内经济社会发展大局。2019年7月，公司正式按企业化运作，内设综合办公室、财务部、资产运营部、经营管理部、工程部等五部室，下辖生态投资公司、自来水公司、交建投公司、村镇建设公司、扶贫开发公司、东昇殡仪服务公司等6家子公司，注册资本1.34亿元，总资产36亿元。公司治理实行集团公司董事长负责制和子公司职业经理人制度，并建立企业内部管理人员能上能下、员工能进能出、收入能增能减的用人机制。区管委会对集团公司实行"三重一大"决策管理，区财政对其管理费用实行预算总额控制，即按完成融资授信额度的1.4%、区级自筹项目建设资金的1%核定管理费用，公司通过经营收入补充管理费用，该年实现经营收入850万元。2020年，区进一步扩充集团公司总资产，将大通湖大湖使用权转办至集团公司名下，以不同方式注入国有土地资产、"大通湖"区域公共品牌无形资产，将广告、收费停车场、燃油气站等特许经营权及土地资源开发权授予集团公司经营，提高经营收入。至年底，集团公司总资产达41.51亿元，完成经营收入5350万元。

第三章　经济综合管理

区内各农场在创建与发展过程中，根据国家宏观政策改革调整和农垦事业发展变化，逐步加强计划、财经、统计、物价、审计等基础管理工作，以保障经济有序运行。2000年后，区构建地方行政体制架构，建立一级财政体制，计划工作职能由微观经济管理转变为宏观调控指导，年度发展计划及中长期规划、财政预算方案等，报经市人大审查批准后实施。2017年起落实国家新的《预算法》，实行一般公共财政、政府性基金、社会保障基金、国有资本经营等全口径预算管理，按照收支平衡、统筹兼顾、突出重点的要求，调整优化支出结构，建立国库集中收付制度，确保财政资金安全和使用绩效。至2020年，区内各年度经济和社会发展均实现计划预期，财政预算的主要指标都如期完成，实现收支综合平衡。在农垦事业转型发展的20年间，区相继建立完善统计、物价、国有资产管理和审计监督等职能机构，依法行政，开展各项执法监管活动，促进了经济持续健康发展。

第一节　计划管理

各农场从建场起，统一纳入国家农垦经济计划体系，实行"统一计划、分级管理"体制。农场的生产经营和基本建设计划，由相关科室组织编制、审核和综合平衡，逐级上报至省农垦局，由省农垦局汇总后报国家农垦部直至国家计划委员会。农场在国家计划指导下，制定内部生产财务计划，包括土地利用、工农业生产、劳动工资、物资供应、产品销售、财务收支、利润、基建计划等。实行生产计划统一安排、资金统一管理、经营统一核算、物资统一采购、产品统一销售的制度。各农场计划编制由计划财务科牵头并汇总，相关科室参与，在年前编拟各项计划指标，提交农场党委和场务会审定、全场职工代表大会审议通过后，层层分解下达、组织实施。同时编制不同时期的"五年计划"和"十年远景发展计划"。1966年后农场计划工作由益阳行署相关职能部门安排，各农场多数年份未制定年度生产财务计划。

1979年后，国家对农垦企业实行财务包干办法，区内农场的国家投资锐减，一般建设计划不再向省、地主管部门呈报。场内各单位自筹资金的基建项目，须经总场批准。技术改造计划，如糖厂、纸厂、纱厂的扩建改造计划等，由企业编制，写出可行性论证报告，经总场审定，报上级行业主管部门批准后实施。年度物资购销计划，由各单位、各部门拟订后交农场供销部门汇总，统一采购物资和销售农产品。此后，工商企业购销计划改由单位自主制订和执行。各单位年度财务收支计划、农产品上交计划、工业生产目标计划等由总场统一制订下达。

1984年，各农场根据中共中央《关于经济体制改革的决定》精神，实行以"计划调节为主，市场调节为辅"的计划管理体制。农业实行家庭承包责任制，对工商业扩大企业自主权，农场计划体制相应改革，宜统则统、宜分则分，统分结合。对工商单位的计划管理，突出以经济效益为核心，下达上缴总场利润和流动资金占用费等计划任务，并与单位新增投资额和工资总额挂钩。对总场机关部门和事业单位实行经费包干，亏额不补，结余留用。农业以稻、蔗、棉、生猪为主，层层下达指令性生产计划和产品上交任务，其他为指导性计划，农户按计划上交农产品和土地承包税费。1990年后，国家取消对农场食糖、粮食、棉花、畜禽等产品的派购任务，农场指令性计划逐步减少。但各农场为了实施甘蔗糖业产业化，仍将甘蔗种植列为年度指令性计划，直至2000年农场体制改革。

建区后，区经济社会发展纳入国家统筹规划管理。区计划和发改部门每年组织编制国民经济和社会发展计划，科学合理地确定主要预期目标，经区委、区管委会审定同意，报市人民代表大会批准后组织实施。2001—2020年，各年度主要经济社会指标均实现预期。其间，区采用政府购买服务方式，聘请第三方机构编制完成了4个"五年发展规划"，建立重大产业、重点建设项目库，按计划推进项目实施。2020年底，启动"十四五"规划和2035年远景目标纲要编制，翌年12月完成草案文本。

第二节　财政预算管理

1972年前，大通湖区各农场按隶属关系纳入各级财政预算，农垦事业收入与支出由政府财政统收统支，农场不负盈亏。1973年起实行财政包干、定额补亏政策，各农场形成的亏损由省财政按计划定额补亏。1979年后执行财务包干、自负盈亏办法，农场成了独立核算、自主经营、自我发展、自负盈亏的经营主体。

建区后，区建立一级财政体制，纳入益阳市本级预算管理。区的财政预算按"两上两下一公开"程序编制，即各预算单位根据区财政预算编制要求上报新财年部门预算方案，内容包括非税收入征收计划、收支预算、中期财政规划、专项预算、"三公"经费预算、预算绩效目标及政府采购事项等；区财政对上报方案进行审核并反馈意见。各部门预算单位根据区财政审核意见重新核实、调整相关数据，形成书面意见报区财政再次审核，汇总后依次报区管委会初步审定、区人大联工委预审、区委审议、市人大审查批复，区财政将批准后的部门预算于 20 日内批复至各单位。除涉密信息外，各单位在收到预算批复后 20 日内，按《大通湖区预决算公开方案》的相关要求向社会公开部门预算。

2017 年起，区实行全口径预算管理。将一般公共财政预算、政府性基金预算、社会保险基金预算、国有资本经营预算纳入综合财政预算，保证预算的完整性。坚持统筹兼顾、厉行节约、收支平衡、讲求绩效的原则，突出"保工资、保运转、保稳定、惠民生"，量入为出，调整优化支出结构，提高财政资金综合使用效益。区财政实行国库集中收缴和集中支付制度，对财政收入和支出进行国库集中收付管理，及时准确地办理预算收入的收纳、划分、留解、退付和预算支出的拨付，确保了财政资金安全和使用绩效。2020 年，完成一般公共财政预算收入 2.91 亿元（未含上级转移支付），一般公共预算支出 15.86 亿元，实现了一般公共预算收支综合平衡；完成政府性基金收入 5.64 亿元，实际支出 5.59 亿元；实现社会保障基金收入 8.93 亿元，支出 8.49 亿元，年末滚存结余 1.31 亿元；国有资本经营收入 1300 万元，收支平衡；地方政府债务还本支出 8400 余万元，偿债进度 100％，到位新增债券资金 2.2 亿元，剥离了融资平台公司的政府融资职能，年内无新增债务。

第三节　统计管理

1983 年前，各农场计划财务科配备一名综合统计员，农场办公室配有专职生产进度统计员，分场（企业）核算组和生产队（车间）配有专职统计员。各生产单位分别成立以统计员为主的劳动定额管理小组，建有统计台账。生产队作业组记录员和工厂车间核算员每天填报工作日报，逐日登记考勤卡，月底汇总上报，作为核发工资和核算成本的依据。1984 年农业实行联产承包后，生产队统计由会计兼任，科级单位仍保留专职统计员，车间班组设专职或兼职记录员，统计资料逐月逐级上报到总场计划财务科。嗣后，各农场贯彻实施国家《统计法》，全面规范统计报表的编制，实行年报和定期报表制度，农场统计工作向专业化发展。工业报表归口工交科，劳动工资报表归口劳资科，人口增减异动归口公安派出所，商业门市部归口贸易公司，文教归口教育科，卫生血防归口卫生科等。各场的统计数据，一律以计划财务科综合统计月报、季报、年报为准，其他部门的数据仅供参考。1993 年，各农场调整部分年报项目，将"工业年报"中的净产值改为增加值统计，"农业年报"增设农场牧渔业增加值计算表，"综合年报"开始试算生产总值，初步建立生产总值核算体系。1998 年，工业统计方法再次改革，将国有工业和年销售产值超 500 万元的工业企业定为"规模以上工业"，进行全面统计，其余工业作为"规模以下工业"，采用抽样调查方法统计。同时将年销售额 2000 万元以上的商贸批发企业、500 万元以上的零售企业、200 万元以上的餐饮企业，定为"限额以上企业"，实行全面报表统计；上述限额以下的各类企业及个体经营户，采用定点抽样调查，依据抽查的样本框推算取得数据。此制度方法一直沿用。

2000 年 12 月，区计划财政局下设统计股和社会经济调查队，乡镇财政所内设统计站。统计股负责区内一、二、三产业统计数据的采集，对口益阳市统计局。社会经济调查队对口国家统计局益阳市调查队，负责住户调查、劳动力调查、畜禽监测等统计工作。统计股与社会经济调查队共同负责大型普查如人口普查、农业普查、经济普查及年度抽样调查任务，包括民意问卷调查、绩效考核问卷调查、1‰人口抽样调查等，指导基层单位加强统计基础建设，建立健全区统计信息自动化系统和统计数据体系，负责统计从业资格培训考试和统计教育培训的组织协调工作。2001—2020 年，区统计部门每年定期发布全区国民经济和社会发展情况统计公报，编撰统计年鉴及专项调查公报，对国民经济、科技进步、社会发展情况进行统计分析、预测和统计监督。其间组织开展了 3 次人口普查、2 次农业普查、3 次经济普查，普查成果均纳入国家普查平台数据库。

第四节　物价管理

区内各农场建立之初，即在场计划财务科明确一名财会人员监管农场内部材料、产品的核价工作。场贸易商店设物价员 1 名，负责核定商品销价。商品价格按规定的地区差、批零差、质量差和季节差综合核定，调价按地区物价部门文件执行，过时积压商品按规定降价销售处理。生产资料按当年新制定的场内固定价格调拨，基建材料价格采取加权平均计算。1983 年后，农业生产资料价格按"双轨制"运行，计划内生产资料按上级物价部门通知要求定价，市场调节部分实行高进高出、议购议销、保本经营、略有盈余的原则。1985 年，各场相继成立由工商、税务、农场工会和有关科室负责人等组成的物价委员会，1 名副场长兼任主任，统一管理协调物价工作。同时在农场集镇设立市场管理委员会，制定市场管理规定，核定各类商品最高限价，加强物价日常监管。在市场内建立物价计量监督站，设复秤台，受理消费者投诉。

1992 年，国家放开绝大部分工农业产品购销价格，实现价格并轨。农场所有工农业产品全由企业自主定价，参与市场公平竞争。所需主要生产资料和生活物资由农场物价委根据市场供求关系制定指导价，并在集贸市场不定期公布各种副食品的最高限价，控制物价涨幅。

2000年建区后，区计划财政局内设物价股，2001年成立区价格检查所，分别行使商品价格管理和市场价格执法监督检查职能。区物价部门严格执行国家价费政策，对区直机关政府性基金收入收费、服务性收费和行政事业性收费项目进行清理，按规定进行收费公示，规范票据使用收费。加强教育收费监督管理，按省市规定核定中小学校"一科一辅"教辅资料收费标准，规范学生公寓价格和幼儿园收费行为，杜绝自立项目乱收费。2015年4月，区深化医疗服务价格改革，在全区公立医院推行药品"零差价"销售，降低大型诊疗设备和医疗耗材收费标准，提高医务人员技术劳务价值。2017年后，随着价格体制改革和"放管服"制度的落实，区加大对水、电、气等涉及垄断行业的价格监督管理力度。在按国家政策执行阶梯电价基础上，严禁转供电环节不合理加价行为，规定产业园区、商业综合体、物业公司等转供电主体，对终端用户（含一般工商户）执行的电价不得超过省发展和改革委制定的最高限价。2017—2019年，区先后3次组织召开供水价格听证会，经成本监审、价格听证会程序，分别对农村集中供水价格进行定价，对区自来水公司供给城镇居民用水实行阶梯价格制。居民与非居民天然气价格执行省、市定价，实行联动调整。2018年10月，区进行道路客运价格市场化改革，区内城乡公交客运价格仍按定价权限实行政府定价。跨省班车客运和省内跨市、县客运实行市场调节价，报价格主管部门与交通运输主管部门确认备案，并向社会公布。2019年9月，区规范天然气管网安装维修服务收费行为。该年10月，区进一步明确有线电视收费项目，规定有线电视运营单位不得收取有线电视初装、开通、移机、报停、复机、过户手续费等费用。2020年4月，区制发《关于全面实施殡葬改革有关事项的通告》，对殡葬服务收费和各镇农村公益性公墓收费进行规范管理。该年，区持续开展房地产开发企业和物业管理企业乱收费行为整治，对商品房销售价格执行预售许可前审批备案制，落实"一价清"制度，将供水、供电、供气、通信、有线电视、安全监控系统、进户门、信报箱及面向所有业主的配套设施等建设费用，全部计入开发建设成本中，包含在购销合同价内，杜绝房地企业价外加价。核定住宅小区物业管理服务收费项目及标准，防止未经报批自立项目收取物业管理费和擅自提高收费标准。

2001—2020年，区价格检查所坚持开展市场价格一般性执法检查，设立"12358"价格举报电话，受理消费者的投诉与咨询，规范市场价格秩序。每年元旦、春节、五一、端午、中秋、国庆等节假日期间，集中力量开展市场价格专项执法检查，及时查处乱涨价、乱收费、不明码标价等违法行为，维护消费者利益。

第五节　审计监督

20世纪50—60年代，区内各农场的审计监督工作由省财政厅派员驻场，协同农场对财务收支、基本建设、资金使用和物资产品管理进行筹划并监督。1967年省财政驻场员撤回后，各农场每年进行1～2次财务检查，监督各级各单位的财务收支、资金使用和资产管理。1985年恢复驻场员制度，由地区财政局派员驻场监督。1986年，根据湖南省《关于试行内部审计制度的通知》精神，取消派员监督制度，各农场在计财科配备审计人员1～3名，行使农场内部审计监督职能。1989年，各农场先后成立审计科，分别配有3名专职审计人员，独立行使审计监督职能，主要内容包括：财务计划、财务决算审计，工资基金、奖励基金审计，场属企业法人代表经济责任离任审计，停产或关闭企业债权债务和资产审计，配合省、市审计部门对重点部门、重点项目进行跟踪审计。该年，千山红农场审计12个单位，查出有问题资金36.5万元，其中包括财务决算不实、虚报利润11.8万元，隐瞒收入12万元，财务人员违反财经纪律挪用公款0.4万元。金盆农场于1986—1990年对工交、农林、基建、商贸、卫生等28个单位（项目）进行财务、财经纪律和经济效益审计，共查出各类问题金额69.37万元，其中违纪金额48.21万元，挽回经济损失11.42万元。此后，各场审计部门坚持围绕财经领域开展审计监督，对审计查出的问题，督促各单位进行整改，查出的重大违纪违法问题线索及时移交纪检监察或检察机关处理。

2000年9月，区成立大通湖区纪委，内设审计室，专职人员3人，主要审计区属单位财政财务收支并进行财务监察，协助市审计局办理涉及区内的审计事项。2011年4月，成立益阳市审计局大通湖区分局，定编9人，实有人员6人，依照市审计局授权，负责区内审计监督工作。2015年9月机构改革，重新组建市审计局大通湖分局，为市局派出机构，行政编制7名，根据授权承担辖区法定审计职能。2019年3月，成立益阳市大通湖区审计局，内设综合办公室、经济责任审计室、政府投资审计室、综合审计室，承担区委审计委员会办公室工作职能，共有行政事业编制人员和劳务派遣专业技术人员13人。

2016年起，区审计机关进一步履行国家财政经济安全"守护人"的职责，有计划地开展预算执行及其他财政财务收支审计和领导干部经济责任审计。至2020年，共完成预算执行及其他财政财务收支审计项目12个、经济责任审计项目17个，查出违规及管理不规范问题金额24亿多元，发现非金额计量问题81个，促进整改落实有关问题资金2.8亿元，提出审计建议112条，移送处理事项19项，移送处理金额330多万元。

2017年6月，区制发《大通湖区政府投资审计监督办法》，建立中介审计定点采购服务制度，通过公开招投标方式，15 家单位入选区审计局中介审计咨询机构备选库，形成建设单位初步审核、社会中介审计、区审计局复核"三级"审计模式，对政府投资审计实行分类分层、审计计划、审计过程管理。至 2020 年，共出具政府投资建设项目审计报告136 份，送审金额 7.78 亿元，审减 5820 万元，发现问题 181 个，提出审计建议 209 条。

2018—2020 年，区持续开展扶贫、环境污染治理、医保基金等专项资金审计，审计项目资金总额 3.17 亿元，查出违规及管理不规范资金 1.71 亿元，侵害群众利益金额 5.04万元，收缴医保违规资金 90.83 万元，提出审计建议 13 条，移送处理事项 2 项、金额260.77 万元。完成领导干部自然资源资产离任（任中）审计项目 3 个，发现非金额计量问题 14 个，提出建议 7 条。区加大审计查出问题整改力度，完善区管委会"审计发现问题整改会商会"制度和区人大机关预审监督制度，建立"整改清单"销号制和整改回访制，促进各被审计单位落实整改措施，建立管控长效机制。同时，在区发展改革和财政局设立财监会管法规与绩效管理股，在区教育系统设立内部审计机构，加强财政财务收支内部审计。至 2020 年，区财政系统完成内部审计项目 19 个，发现、收回违规金额 193 万元；教育系统完成内部审计项目 69 个，审计资金总额 7926 万元，查出收缴问题资金 11万余元，促进增收节支 608 万元，送审基建、修缮项目资金 6580 余万元，审减 606 万元。

第六节　国有资产管理

区内各农场建立后，固定资产投资纳入国家预算，以国家投资为主，占比约 70%。固定资产包括单位价值在 200~500 元以上、使用年限在一年以上的各类资产，均为全民所有，由总场建账建卡，按使用单位、固定资产类别进行明细核算。场辖各单位对固定资产有使用权、无处理权，总场根据生产建设需要可以划拨各单位的固定资产。

1971 年后，农场由省管划归地区管辖，国家投资减少，农场建设资金以自筹为主。5万元以下的项目由农场自行安排，5 万元以上的项目须报地区计划、财政部门审批。总场计划财务科设有专职基建会计，对基建投资项目实行单独核算。各场建立固定资产归口分级管理使用制度，即机器设备由所在企业管理，大中型农业机械由各分场农机站（机耕队）管理，电力设备由总场机电科管理等。

1983 年起，农场逐步将农业职工住宅和农机具、运输工具等固定资产折价出售给职工个人。对各单位管理使用的固定资产按一定比例分年提取折旧费，作为更新改造基金和大修基金。同时进行清产核资，将建场以来的简易仓库、工棚、猪牛舍及其他闲置的固定资产上报地区财政部门申请报废。该年，千山红农场共减少房屋固定资产原值 514.7 万元，清理报废固定资产 705 万元。1986—1992 年，区内农垦经济持续快速发展，各场加大基础设施和学校、医院等建设投资，资金来源主要为自筹和银行贷款。工业新上项目和技术改造项目，需报上级相关部门批准立项后，再向银行申请设备贷款。所形成的固定资产仍按规定实行归口分级管理，提取更新改造基金和大修基金。1992 年后，为适应市场经济发展需要，各农场先后将大部分国有经营性资产，以租赁、转让、破产重组等方式进行机制转换和产权置换，确保国有资产不流失。

2000 年建区后，区成立成国土国资局，内设国资股。2001 年，国资管理职能调整至区计划财政局，国资股与计财股、农财股合署办公，负责管理全区行政事业性国有资产和企业国有资产。国有资产实行"国家统一所有，政府分级管理，单位占有、使用"的管理体制，以及与此相适应的"财政部门—主管部门—行政事业单位"的管理模式。自然资源资产、储备粮等经营财产、防汛抗旱储备物资、森林防火储备物资、应急储备物资和公路、航道等国有资产的管理使用由相对应职能部门负责。嗣后，区逐步建立完善国有资产管理相关制度，明确资产配置限额、处置年限等标准，推进资产梯度配置和使用绩效管理，减少配置浪费。督促各行政事业单位加强日常资产管理，摸清家底，建立账实相符的资产台账。各单位重要资产的核销和处置，须提供第三方的资产清查报告和评估报告，按程序报批，做到公开透明。2019 年，区委托中介机构采用公开拍卖方式，共处置行政事业单位住房 8 处、车辆 3 台、其他设备 7 批次，共计资产原值 608 万元，处置收入 129 万元，新配置固定资产 2400 余万元。2020 年，继续深化行政事业性国有资产管理改革，建立资产管理动态基础数据库，落实资产配置预算制度，推进日常资产配置和处置精细化管理，完善监管、考核机制，防止国有资产被侵占，提高资产使用绩效。2020 年年底，区内有行政事业单位 65 个，固定资产原值 3.7 亿元，累计折旧 1.78 亿元，固定资产净值 1.92 亿元。

第四章 税　　务

区内税务管理随区划建制调整和国家税收政策改革调整变化。1984年，益阳地区税务局农垦分局成立，接管南县、沅江两县分设在5个农场的税务所，管理地属5个农场和渔场的税征工作。1985年，实行以流转税和所得税为主体的复税制体系，各农场实际开征工商税种13个。1994年实行分税制改革，税务机构分设为益阳市国家税务总局四分局和大通湖地方税务局，全部税收由33种归并为18种。同年，国、地税务局分别设立税务稽查机构，查处偷抗税违法作为；1999年又分别成立计算机中心，开通增值税防伪税控系统，全面实行税收综合征管信息系统应用管理。2009年区建立大通湖区税控联管工作机制，加强税源控管，杜绝税收流失。2012—2017年，区以药品和医疗器械行业、房地产行业税收协控联管为重点，落实完税证明管理办法，共征建筑业营业、房地产等税收1.97亿元。2018年7月，区国税、地税机构合并，成立国家税务总局益阳市大通湖区税务局，在编人员60人，开征税费16种。2020年，区共组织税收入库2.19亿元，比上年增长2.7%。

第一节　机构队伍

1950年初，南县税务局丰安埠税务所设立征稽组，负责大通湖区域税收征管。1956年征稽组划归华阁财政所。1958年7月，征稽组析出成立三吉河坝财政所，年底改称三吉河坝税务所，1959年更名为大通湖税务所。1960年后随南县财政税务的合并与分设，税务所曾几次易名。1979年底恢复大通湖税务所名称。1984年4月，益阳地区税务局在大通湖农场设农垦分局，接管南县、沅江两县设在5个农场的税务所，共有人员73人，负责大通湖、北洲子、金盆、千山红、茶盘洲等农场和大通湖渔场的税收征管。1994年9月，按照国家实行分税制财政管理体制改革的要求，撤销益阳地区税务局农垦分局，分设益阳市国家税务总局四分局和大通湖地方税务局，各辖5个税务所，分别有干部职工38人、35人。

2000年农场体制改革后，益阳市国家税务总局四分局更名为益阳市国家税务总局大通湖分局。2014年改称益阳市大通湖区国家税务总局，有干部职工34人。2017年获全省纳税人满意度调查第一名。大通湖地方税务局在建区后，下设河坝、北洲子、金盆、千山红 4 个地税所，共有干部职工 35 人。2006 年获省级"文明单位"称号，2011 年获全国"模范职工之家"称号，2013 年纳税大厅获省级"文明窗口"称号。

2018 年 7 月，根据中共中央、国务院《深化党和国家机构改革方案》的意见，区内国税、地税机构合并，新成立国家税务总局益阳市大通湖区税务局，下设 14 个工作部门，其中 11 个内设机构（办公室、税政股、社会保险费和非税收入股、收入核算股、征收管理股、税收风险管理股、人事教育股、党建工作股、机关工会、纪检组），1 个事业单位（信息中心），2 个派出机构（第一税务所、第二税务所），在编在岗干部职工 60 人，均达大专以上文化程度，其中中共党员 39 人、研究生学历 2 人，平均年龄 39.6 岁。

第二节　税制改革

1950 年初，按照《全国税收实施要则》，各农场税务机构开征屠宰、烟酒、鞭炮、香烛纸钱、日用品、工业品、竹木等项目的货物税。1953 年 1 月，国家修正税制，从货物税中选择能够控制生产或收购的 22 个品目，改征商品流通税，并将厂商原应纳印花税、营业税及其附加并入货物税。1958 年 9 月，商品流通税、货物税合并为工商统一税。1973 年 1 月，工商统一税及附加、城市房地产税、车船使用牌照税、盐税、屠宰税合并为工商税。1985 年，按照国家《税收征收管理条例》，实行以流转税和所得税为主体、其他各税相互配合的复税制体系，实际开征工商税种 13 个，同时征收能源、交通、重点建设基金和预算调节基金。工商各税由益阳地区税务局农垦分局统一征收入库，按税收权属和比例三级解缴分成。农业税、农业特产税、耕地占用税、契税由益阳地区财政局农税站直接征收。

1994 年 1 月 1 日起，实行分税制财政管理体制，按税种划分中央和地方税收收入，将维护国家利益、实施宏观调控所必需的税种划分为中央税，将同经济发展直接相关的主要税种划分为中央与地方共享税，将适合地方征管的税种划分为地方税。同年，工商各税税种由 33 个减为 18 个。国税局负责征收的中央税有：中央企业所得税，地方银行及非银行金融企业所得税，各银行、保险公司集中缴纳的税费。中央与地方共享税有：增值税、资源税、营业税、国有企业所得税，其中增值税中央分享 75%、地方分享 25%。地税局征管的地方税种有：营业税、资源税、固定资产投资方向调节税、城市维护建设税、屠宰税、土地增值税、房产税、车船使用税、城镇土地使用税、印花税、地方企业所得税、个人所得税、教育费附加，共 13 种税费。国税与地税征收的相同税种，按主征、附征不同税率分别征收。2001 年 1 月起，暂停征收固定资产投资方向调节税。2004 年 4 月，取消屠宰税。2018 年国税、地税合并后，区内开征的税费种类有：增值税、消费税、营业税、企业所得税、个人所得税、资源税、印花税、土地使用税、土地增值税、车船使用税、城市维护建设税、房产税、文化事业建设税、教育费附加、防洪保安资金、社会养老保险费，共16种。

第三节　税费征收

20世纪50年代至70年代末期，农场内企业各种税收由税务机构实行查账依率计征，个体商贩按临时经营征收。1980年后，对企业税收的征管实行"查征分线"管理；对固定个体工商户采用定营业额、定所得税附征率的"双定"征收办法；对个体商贩和集市贸易税收实行"双线征管、驻场联合控管"，即一人开票、一人收款，票款分离。1990年起，各农场税务机构按照《益阳地区税收征收管理规范》《定税征收管理办法》等规定进行税收征管，组织税款入库。1994年施行新税制，税款征收按照"普遍征收，适应竞争机制，简并税率"的原则，实行增值税、消费税、营业税、所得税"四税"并立，交叉调节；对商品的生产、批发、零售和进口环节，全面计征增值税，并实行价外计征；消费税采用"从量定额"和"从价定率"两种征收办法；营业税主要以商品流通以外的第三产业为纳税对象，按所含税价依率计征；企业所得税实行33%的比例税率，对应税额在3万元以下、3万至10万元以下的，按18%、27%的比例税率计征。

1995年，根据市场经济条件下税收工作的特点和要求，税务系统开始对税收的征管体系、征管模式、征管制度、征管规模、征管手段和征管方法进行改革，逐步形成以纳税申报和优化服务为基础，以计算机网络为依托，以集中征管、重点稽查为主要内容的税收征管新格局。该年，区内国、地税务部门等组织工商各税入库1463万元。

1999年，国税、地税机构正式建立计算机中心，全面应用税务征收管理系统HN2G4.20版软件，开通使用增值税防伪税控系统，实行办公、办税、网络"三位一体""厅室结合，集中监控"的征管模式，进办税服务厅（室）申报的纳税人占总纳税户的90%，直接征收到的税款占总额的85%以上。2000年，共组织各税入库1127万元。至2004年9月，两局均全部实现涵盖征收、管理、稽查、票证、认证等各方面的税收综合征管信息系统应用管理。

2009年，区根据益阳市人民政府《关于切实加强税收协控联管工作的通知》，成立大通湖区税收协控联管工作领导小组，其办公室设在区政务中心，由国税、地税、财政三个部门派专人专职负责税收协控联管工作。2010年出台税收协控联管工作考核办法，落实各协税控税单位和涉税信息报送单位的工作责任。对部门的涉税信息进行分项目、分纳税人整理归集，以基础设施建设项目、房地产项目税收清理为重点，从备案登记、办证、工程报验、工程验收、工程付款等 5 个环节严把控税关口，坚持"以税为先、先税后证（单）、先留后拨、先税后付、先税后检、过错追究"的原则，加强税源控管、杜绝税收流失。同年 12 月安装并运用税收共治系统。

2012—2013 年，国税局以药品和医疗器械行业、房地产企业、房地产工程项目税收清理工作为重点，紧抓医疗行业税控日常管理、建安耗材和纳税评估，防止偷税漏税。2014 年 6 月将砖瓦、预制混凝土行业纳入税收协管联控范围，同时完善医疗保险报账操作程序和手续。2017 年 1 月起执行控税证明管理办法，对从事建筑服务、不动产销售（不含二手房交易）、药品与医疗器械购销等业务的纳税人，统一审核后开具控税证明，作为纳税人向协控联管部门申请办理行政审批、证照和拨付资金的依据。2012—2017 年，国税税收协控联管共计入库 2343 万元。地税局于 2012 年对建安、房地产税收开展"百日清查"活动，同时上线运行存量房交易纳税评估系统。2013 年启用房地产税收一体化软件，落实完税证明管理办法。2012—2017 年共征建筑营业税、房地产税 1.74 亿元。

2018 年，区国税局与地税局合并后，成立独立的核算公司，对有关基础设施工程项目的税收实行精准控管。2019 年，对成品油零售加油站进行专项整治，规范房地产行业中"问题楼盘"和"历史遗留问题"两类疑难专项的税收征管办法。2020 年有序开展宇星大厦、金泰小区、盛世花都小区等"问题楼盘"契税缴纳。2018—2020 年，区税务局共开具建筑安装和房地产业税控证明 2429 份，控管税收 1.61 亿元；2020 年，共组织税收入库 2.19 亿元，比上年增长 2.7%，其中增值税、消费税 1.18 亿元，企业和个人所得税 3930 万元，其他税费 6188 万元。

第四节　税收执法

1994 年，国税、地税部门分别成立税务稽查机构，对外查处涉抗税等违法行为，对内加强内部监督，堵塞征管漏洞，依法纠正擅自减免税费行为。1997 年成立税务检察室，税务案件由检察机关办理。1999 年 1 月起，税务案件转由公安机关办理，国税、地税部门分别成立公安税侦队，与公安部门一起打击偷抗税违法行为。2003 年，撤销公安税侦队，税务案件全部移交公安机关处理。税务稽查机构继续履行职能，配合公安部门查办重大涉税案件，打击税务违法犯罪。1995—2020 年，国税、地税机构共稽查有据可查的纳税户 167 户，查补入库税款及滞纳金罚款 1800 多万元。

根据国家税务总局《税务行政复议规则（试行）》，农垦税务分局于 1990 年 4 月成立税务行政复议领导小组并设办公室，具体由征管股负责实施。1993 年建立健全复议、应

诉工作制度，规范复议、应诉工作程序和重大案件报告制度。1994 年，国、地两税行政
复议机构分设。2000 年，区成立依法行政领导小组，与上下级系统机构签订依法行政责
任书，将行政执法标准和程序进行量化、细化，推行行政执法责任追究，纳入岗位职责考
核。2018 年，区国税、地税机构合并后，税务行政复议工作由局税收风险管理股承担。

区内各农场农垦税务机构 1994—2000 年税收收入情况见表 2-4-1；大通湖区 2000 年
后国税、地税收入情况见表 2-4-2、表 2-4-3。

表 2-4-1 农垦税务机构 1994—2000 年税收收入情况表

单位：万元

单位	1994 年	1995 年	1996 年	1997 年	1998 年	1999 年	2000 年
国税分局	1415	1355	2129	1364	1610	1313	899
地税分局	212.1	223.2	245.6	283.8	235.5	224.9	228.3
合计	1627.1	1578.2	2374.6	1647.8	1845.5	1537.9	1127.3

注：1994—1999 年含茶盘洲农场税收。

表 2-4-2 大通湖区 2001—2020 年国税收入情况表

单位：万元

年度	两税（增值税消费税）	个人所得税	企业所得税	代征地方税	其他税费	累计入库	备注
2001	1428.5	—	42.60	—	—	1471.10	
2002	1572.4	—	47.52	—	—	1619.92	
2003	1964.5	—	62.20	—	—	2026.70	
2004	2088	—	80.50	—	—	2168.50	
2005	2305.8	—	82.44	—	—	2388.24	
2006	2485.6	—	84.55	—	—	2570.15	
2007	2564.33	—	90.36	—	—	2654.69	
2008	3115.45	—	95.43	—	—	3210.88	
2009	3894.5	—	103.40	—	—	3997.90	
2010	6037	—	124.00	—	—	6161.00	
2011	8453.2	5.60	151.40	—	—	8610.20	
2012	6919.3	1.30	429.70	—	—	7350.30	
2013	4874	—	619.00	—	—	5493.00	
2014	3535	0.01	1039.53	18.34	—	4592.88	
2015	2293.38	0.01	1486.33	41.23	—	3820.95	
2016	4856.78	1.60	1001.54	137.24	—	5997.16	
2017	10180.85	—	1019.51	—	—	11200.36	
2018	10390.06	—	3878.95	—	—	14269.01	
2019	11846.55	663.24	2882.07	—	5790.9	21182.76	国地合并
2020	11821	304	3626.00	—	6188	21939.00	

表 2-4-3　2001—2018 年大通湖地税税费收入情况表

年份	2001	2002	2003	2004	2005	2006	2007	2008	2009	2010	2011	2012	2013	2014	2015	2016	2017	2018
合计	316.00	343.00	359.00	404.00	532.00	1076.00	1149.00	1864.00	2373.60	3098.00	4585.00	6361.00	7297.00	7564.95	7874.11	6488.01	5647.36	6486.96
税收小计	316.00	343.00	359.00	404.00	487.00	1019.00	1057.00	1686.00	2160.60	2850.00	4211.00	5960.00	6963.00	7177.33	7525.09	6112.87	5031.93	5722.64
营业税	144.00	163.00	224.00	225.00	240.00	668.00	485.00	761.00	1163.00	1359.00	1713.00	2181.00	2161.00	2787.42	2563.28	793.14	12.38	0.52
企业所得税	—	3.00	8.00	7.00	29.00	54.00	152.00	179.00	99.60	162.00	230.00	582.00	1345.00	1588.26	1036.94	748.22	383.13	332.68
个人所得税	61.00	68.00	67.00	72.00	96.00	137.00	258.00	460.00	448.00	641.00	789.00	965.00	402.00	390.68	391.49	743.86	717.47	1291.72
城市维护建设税	55.00	40.00	43.00	47.00	52.00	74.00	85.00	130.00	144.00	182.00	286.00	286.00	217.00	255.31	221.78	275.27	463.01	605.21
城镇土地使用税	—	1.00	9.00	9.00	10.00	29.00	28.00	86.00	91.00	93.00	59.00	66.00	51.00	157.95	117.48	112.88	231.86	122.37
房产税	6.00	14.00	16.00	24.00	34.00	25.00	29.00	32.00	61.00	78.00	155.00	99.00	68.00	162.20	72.04	75.54	104.72	112.18
土地增值税	—	—	—	1.00	—	—	3.00	4.00	1.00	24.00	145.00	133.00	129.00	571.39	447.94	242.00	154.38	117.13
资源税	2.00	1.00	1.00	1.00	5.00	5.00	2.00	3.00	4.00	6.00	11.00	14.00	14.00	6.42	3.78	2.50	2.03	2.14
耕地占用税	—	—	—	—	—	—	—	—	—	—	416.00	751.00	1096.00	569.84	561.58	878.19	2091.09	2149.72
契税	—	—	—	—	—	—	—	—	—	56.00	140.00	331.00	1033.00	460.10	1936.69	2039.33	626.52	646.21
印花税	7.00	12.00	13.00	13.00	13.00	19.00	9.00	22.00	49.00	39.00	50.00	86.00	70.00	93.15	65.48	73.72	88.65	143.22
车船税	1.00	4.00	—	8.00	8.00	8.00	6.00	9.00	99.00	209.00	217.00	466.00	377.00	134.11	106.61	128.22	156.69	199.54
屠宰税	40.00	37.00	—	6.00														
未列入税种税									1.00	1.00				0.50				
教育费附加					39.00	42.00	51.00	105.00	128.00	158.00	281.00	171.00	130.00	151.45	133.11	162.78	273.93	359.00
地方教育附加												114.00	86.00	100.71	88.55	108.53	182.71	239.33
文化事业建设费							3.00	5.00	5.00	6.00	7.00	7.00	5.00	2.00	0.51			
水利建设基金					6.00		15.00	15.00	16.00	16.00	19.00	40.00	32.00	49.18	45.79	27.88	41.22	53.59
工会经费							15.00	27.00	32.00	61.00	63.00	60.00	65.00	75.33	75.05	61.19	74.84	82.61
社会保险费							6.00	24.00	30.00	5.00	1.00	6.00	10.00	—		10.14	10.09	
价格调节基金													2.00	4.27				
残疾人就业保障金						1.00	2.00	2.00	2.00	2.00	3.00	3.00	4.00	4.19	4.01	4.60	32.64	29.79
税务部门其他罚没收入														0.49	2.00	0.02		

第五章　市场监督管理

大通湖区的市场监督管理工作历经多次调整变化。20世纪90年代前，各农场工商行政管理按行政区划分属南县、沅江县。1993年益阳地区工商行政管理局农垦分局成立，统一管理各农场工商行政事务。至2000年，各农场的食品药品和医疗器械安全管理工作由各农场卫生部门负责，标准、计量、特种设备等质量技术监管归口所在县市主管部门管辖。2000年建区后，分别成立均为垂直管理的工商行政、食品药品、质量技术管理机构。2016年，三个机构合并为大通湖区市场和质量监督管理局，2019年，机构改革，更名为益阳市大通湖区市场监督管理局，内设办公室、政策法规信息股、行政审批股、知识产权股、消费者权益保护股、食品药品监督股、质量监督股和综合执法大队，下辖河坝、北洲子、金盆、千山红市场监督管理所，共有行政事业编制人员38人，加挂区市场监督管理综合行政执法局牌子，并承担区食品药品安全委员会的日常工作。

2020年，区推进市场主体登记注册全程电子化，新增市场主体507户，注册资本8.9亿元。食品、药品质量安全合格率分别达98%和100%。各类计量器具受检率95%以上，特种设备使用登记率达98%，未发生特种设备安全事故。"大通湖大米"获农业农村部"无公害农产品证书"，入列"国家地理标志证明商标"产品。全年共办理各类咨询投诉321起，群众满意度达99%。

第一节　工商行政管理

20世纪80年代之前，大通湖、北洲子、金盆等3个农场以及大通湖渔场和千山红农场的工商行政管理工作，分别由南县华阁工商所和沅江县草尾工商所负责。1984年4月，南县工商局在三吉河坝设大通湖工商所，有干部职工9人，负责大通湖、北洲子、金盆农场及大通湖渔场的工商登记注册，办理营业执照，查处无证无照经营，收取工商管理费等。1993年1月，益阳地区工商行政管理局农场分局成立，在4个农场下设工商所，各所工作人员5～7人。该年起，各农场严格企业和个体工商户登记注册手续，开展经营主体法人登记规范管理，做好法人登记注册、年检验照和换发证照工作，同时加强商标、广告、经济合同管理，开展市场专项整治，打击假冒伪劣，查处非法经营和不正当竞争行为，维护公平交易。1996年，各农场成立个体劳动者协会和消费者委员会，为个体劳动者和私营企业主提供社会、经济、政治生活平台，维护消费者权益。1997年，按照上级部署要求，各农场落实促进个体私营经济发展的具体措施，其主要内容有：对个体私营企业的发展不限制数量、规模和速度；简化登记发照程序；放开经营范围和方式；允许个体私营企业购买中小型企业；允许私营企业与外商合资、合作经营，开展"三来一补"业务；允许生产规模大、效益好的私营企业冠省、市、农场区域名称等。1999—2000年，贯彻国家工商总局通知精神，停止对私营企业收取管理费，降低注册登记费。对个体工商户收费实行"定费、收费、监督"三分离的管理模式，使个体户收费管理工作规范化、公开化。至2000年底，区内各农场共有登记发证的工商企业139家、个体工商户1200户，年征收个体工商户管理费税约80万元。

2000年后，益阳市工商行政管理局农场分局更名为大通湖分局。2015年，大通湖分局由市局垂直管理划归属地管理，更名为大通湖区工商管理局。2016年，区工商局与区质量技术监督管理分局、区食品药品监督管理所合并组建区市场和质量监督管理局，翌年改称区食品药品工商质量监督管理局，2019年又更名为区市场监督管理局。2016年起，监督管理局围绕建设统一开放、竞争有序的市场体系，全面监管市场主体的准入、退出、交易和竞争行为，加强行政执法体系建设，持续开展治理商业贿赂、打击传销、反不正当竞争，深化商事制度改革，逐步推进市场主体"两证合一"营业执照换证工作。2018年，区开展"12315"消费者维权进企业、进商场、进超市、进景区、进市场等"五进"规范建设，共设立维权服务站33个，健全消费者纠纷和解和消费者维权自律的长效机制，营造公平竞争的市场环境，保护消费者权益。"12315"投诉举报中心窗口被评为省巾帼岗位。2019年，区围绕"放管服"改革，落实"最多跑一次"和"容缺登记制度"的要求，全面推行"多证合一""两证整合"、企业注册全程电子化，运用信息网络技术建立完善企业分类监管、个体工商户分层分类监管和片区流通领域商品准入制度，实现市场准入与信用监管无缝对接。至2020年，共有323家企业、268户个体工商户申领到新版电子营业执照，50个市场主体获授"诚信经营、放心消费"示范单位牌匾。2016—2020年，共查处市场经营违法事件490起、行政强制45起、行政调解350件。2020年底，全区共有工商注册市场主体6708户，注册资本63.23亿元，其中年内新增507户、8.9亿元。

第二节　食品药品监督

1983 年前，各农场食品生产、饮食服务经营单位和公共食堂的食品卫生和安全管理，由各农场爱国卫生运动委员会负责。1983 年，各农场相继成立卫生科，对卫生行政工作实行系统管理，翌年又先后设立食品卫生监督检验所（站），全面开展食品和医疗安全监督管理。各农场严把食品安全质量关，不定期地举办食品从业人员培训班，学习食品卫生常识和操作流程，每年对所有食品生产经营服务主体进行检验发证，对从业人员进行健康体检，体检不合格者调换工种、脱离食品行业。1985 年起，各农场卫生行政部门组织所辖医院、卫生所贯彻实施《中华人民共和国药品管理法》，配合地市卫生行政部门核发《药品经营企业许可证》和《医疗机构制剂许可证》。1988 年后，各农场加强对麻醉药品、精神药品、医疗用毒性药品等特殊管理药品的监督管理，每年开展专项检查，及时查处违规违法行为。

2001 年 6 月，区社会发展局设立食品安全委会办公室和卫生监督所，与疾控中心、血防办实行一套工作班子、多个机构名称，承担全区食品药品监管职能。2003 年，益阳市食品药品监督局设立南县和大通湖食品药品监督管理局，对区内食品药品监督工作实行垂直管理。2004 年，区开展农村药品监管网络和药品供应网络"两网"建设，建立培训药品质量社会义务区级管理员、镇级协管员、村级信息员队伍，形成药品质量监管网络。采用竞争性磋商招标方式，建立供药企业名录及其药品名目库，实行区内药品定向定点采购供应。2006 年 3 月，联合多部门开展"食品卫生整治春雷行动"，重点检查医院、诊所、药店和学校食堂、食品加工经营及农业投入品经销场所，及时纠正和查处各类违规违法行为。2007 年，先后 4 次开展医疗市场和药品质量专项检查，取缔无证非法诊所 2 家、行政处罚行为不规范诊所 5 家，纠正医疗购销和医疗服务中的不正之风，规范药品集中采购。当年区人民医院采购药品器械 230 万元，集中招标采购率达 98%，药品价格下降 15%。

2011 年，区县（市）食品药品监管工作移交属地管理后，区内成立大通湖区食品药品监督管理所，为区社会发展局二级机构，定编 3 人，负责区内药品的研究、生产、流通、使用等环节的行政监督和技术监督，对食品、保健品、化妆品的安全管理进行综合监督，依法组织对重大事故的查处工作，同时各镇设立食品药品监督管理站。2012 年起，持续推进食品安全"四大放心（放心奶、放心肉、放心菜、放心豆制品）工程"，深入开展奶、肉、菜、豆制品四大类食品安全专项整治和达标创优工作，全区食品安全形势连续

9 年保持平稳。2016 年 1 月，整合工商行政、食品药品、质量技术管理职能，组建大通湖区市场和质量监督管理局，加挂区食品药品监督管理局和区食品安全委员会办公室牌子，各镇设食品安全办公室，保留食品药品监管站，村、社区配备食品安全信息员及药品质量信息员，形成了横向到边、纵向到底的三级网络化监管模式。2017 年，开展"两非"专项整治，对全区医疗机构和药店是否存在非医学用妊娠胎儿性别鉴定、人为终止妊娠行为，是否非法销售终止妊娠药品等进行突击检查，共责令整改 5 家。同年 5 月，查处某小学食堂使用甜蜜素行为，查封禁用品 14.5 包，给予行政处罚 5 万元。2017 年后，坚持专项检查与日常监管相结合，加强药械质量监管，依法打击化妆品、保健品、饮料酒类等经营活动中的假冒伪劣商品和"伴名牌"的市场混淆行为。严查校园及周边食品经营户的"两证一照"和食品质量，杜绝无证经营和销售假劣、过期食品。在学校、敬老院、机关企事业单位食堂、酒店及农村流动厨房，强制推行食品留样、清洗消毒、食材进货查验记录及查证索票等制度，提高餐饮行业自律水平。2020 年，全区食品监督抽查合格率 98.6%，奶、肉、菜、豆制品监测合格率达 98%，共查处食品违法案 58 件；药品质量安全合格率 100%，药品生产企业和医疗器械经营企业均达到质量管理规范要求。

第三节　质量技术与监管

2000 年前，区内各农场质量技术监督工作归属南县、沅江市管辖。建区后，益阳市质量技术监督局大通湖分局成立，承担区内产品质量安全监督和纤维抽检、标准、计量、特种设备等监管职能，下设办公室、标准化股、计量股、特种设备监察股、产品质量监督股、人事股、财务室等 7 个股室，在编人员 11 人。2016 年 1 月并入新组建的区市场和质量监督管理局，对区内商品的生产、流通、消费领域实施全过程一体化管理。

2013 年，区质监分局牵头向国家质检总局成功申报大通湖大闸蟹地理标志产品保护。2016 年起，区实施质量强区战略，持续推进工业产品质量标准化建设，实现规模以上企业执行质量标准全覆盖，产品认证率 100%。先后建成"大通湖大闸蟹""大通湖牌系列大米""大通湖博轩脐橙"及"国家水产品健康养殖场"等农产品质量追溯系统，提升了现代农业优质特色产品的总体质量水平和品牌效应。

2016—2020 年，区依法加强质量监督，共抽检重要消费品 228 批次，发现 3 批次不合格，合格率 98% 以上。公开销毁假冒伪劣的牛栏山白酒、天山雪莲茶、鞭炮、调味品和预包装食品等，价值 100 余万元。抽检肥料、农药、饲料等农业投入品 136 批次，合格率 100%。抽检建材产品 75 批次，共 7 批次不合格，合格率 90% 以上。抽检汽、柴油 90

批次，全部合格。查处违规生产黏土砖瓦厂 10 家次，全部强制其退出。强化质量技术基础，开展农贸市场、成品油市场计量秩序专项执法检查；检查各类摊贩、商户电子秤 500余台，签订诚信计量承诺书 300 多份。检查加油枪 456 支，周期核定率和计量准确度合格率均达 100％。区内国家重点单位计量器具受检率 95％以上，生产领域重点计量器具质量监督抽查平均合格率超过 90％，重点定量包装商品净含量抽检合格率 95％以上。2020年，全区有特种设备使用单位 32 家、在用特种设备 96 台套，历年累计抽检 348 家次、近1000 台次，特种设备使用登记率 98％以上，发现安全隐患 30 余起，立案处罚 10 起，安全隐患均限期整改到位，没有发生重大安全事故。

第六章 国土管理

区内各类土地属性均为全民所有。1987年，各农场成立国土管理科，按照国家《土地管理法》和上级主管部门授权委托，对辖区土地实施管理。2000年，区成立大通湖区国土国资局，2004年更名为国土资源局，在各镇设国土管理所。2019年机构职能调整，新组建自然资源局，下辖9个内设机构、5个事业单位，在编人员34人，各镇国土管理机构并入镇自然资源和生态环境办公室。

区内先后3次开展土地调查，摸清和掌握各个时期的土地利用情况，并于2009年建立纳入国家系统的数据库和地籍信息系统，实现互联共享。2004年起，执行严格的耕地保护制度和集约节约用地制度，严守耕地保护红线，严格建设用地审批，加强土地资产和土地权属管理，规范供地和土地交易行为，持续推进重大土地开发整理项目建设，落实土地执法监察措施，及时制止和整改各类违法用地问题。

2020年，全区耕地保有量24.61万亩，比2000年增加1.71万亩，永久基本农田保护面积20.15万亩，占比81.84%，均连续20年超额完成省、市政府下达的目标任务。2000—2020年，累计投资4.75亿元，开发整理耕地21.75万亩；交易土地5810亩，收取土地出让金10.18亿元；登记发放土地使用权证5万余本、房地一体不动产证2.3万余本；处置违法用地148宗，其中立案查处58宗，收缴罚款近400万元。

第一节 土地资源调查与保护

一、土地利用现状调查

1987年，各农场国土科按照益阳地区国土局的部署安排，开展土地利用现状调查（即第一次全国土地调查）。调查分准备、外业、内业、成果整理四个阶段，历时3年，于1990年完成。此次调查，摸清了各农场土地资源面积、类型、结构特征、分布格局，并形成土地利用现状图和土地利用现状调查报告，汇总于益阳地区土地详查成果中。1990年，各农渔场根据省地农业、国土部门要求，对辖区内千亩以上的大中型湖泊进行资源调查和综合开发利用研究，提交开发规划等报告。嗣后，还先后开展了待开发土地资源调查和"四低"资源（低产田土、低产园地、低产耕地、低产水面）调查。2000 年，区内统计数据反映，区土地总面积 379.31 平方千米，其中农用地 26266.47 公顷、建设用地 2649.53 公顷、未利用地 9015 公顷。

2007 年 7 月，第二次全国土地调查（以下简称"二调"）正式启动。大通湖区作为湖南省"二调"试点单位之一，成立领导小组及其办公室，落实工作经费，制定工作方案和"二调"作业指导书，层层培训人员，组织力量查清全区农村土地每个地块的地类、位置、范围、面积分布和权属等情况；掌握城镇每宗土地的界址、范围、界线、数量和用途；将基本农田保护地块（区块）落实到土地利用现状图上，并登记上证、造册。在此基础上，于 2009 年 12 月建立纳入国家系统的土地利用现状数据库和地籍信息系统，实现调查信息互联共享。之后，每年开展土地变更调查，建立土地资源变化信息的统计、监测与快速更新机制。

2017 年 10 月，国务院印发《关于开展第三次全国土地调查的通知》，决定从 2017 年起开展第三次全国土地调查（以下简称"三调"）。"三调"以 2019 年 12 月 31 日为标准时点，全面采用优于 1 米分辨率的卫星遥感影像制作调查底图，广泛应用移动互联网、云计算、无人机等新技术，创新运用"互联网调查"机制，全流程严格实行质量管控。其间，区自然资源系统全员参与，镇村和区直相关部门协同配合，投入经费 95 万元，按照"全图斑调查、全野外核查"模式，自下而上共开展 7 轮次区级自查、市级监理、省级核查、国家级核查。查清了区内 379.31 平方千米内 5.31 万个地块的利用状况，完成耕地后备资源、耕地资源质量分类、农村空心房、城镇低效用地等专项调查，建立起"三级一体、横向共享"的"三调"数据库和应用平台，编制出区级土地利用现状图和专题图等。2020 年 10 月，大通湖区"三调"成果通过国家级内外业核查验收。"三调"数据显示，全区农用地面积 40.1 万亩，其中耕地 24.61 万亩，比"二调"增加 0.99 万亩；建设用地 3.97 万亩，同比增长 0.02 万亩；未利用地 12.83 万亩。

二、耕地保护

区内土地属性为全民所有。20 世纪 80 年代前，耕地保护管理按"三级管理"模式运行，逐级对上负责。非农建设和农业公共基础设施建设占用耕地，须按计划报总场水利基建和农业部门审批同意。1979—1982 年，各农场通过农业土壤普查澄清耕地分类及数量分布，耕地保护开始做到突出重点、有的放矢。1984 年实行联产承包制后，各农场制定农户建房规划和管理办法，禁止超范围、超面积乱占耕地建房。1987 年，国家颁布实施《土地管理法》，各农场严格执行上级下达的建设用地计划，杜绝乱占滥用耕地。1995 年完成基本农田保护区划定工作。1996年落实《益阳市基本农田保护暂行规定》，逐级签订保护基本农田责任状，并开始向占用基本农田而不能补充耕地的建设用地者收取选地费。1999年起实施新修订的《土地管理法》，各农场健全用地审批制度，严格执行土地用途管理制度和非农建设占用耕地"先补后占"制度，保持了耕地总量动态平衡。

2000年建区后，区国土管理部门依法行政，推进耕地保护法治化、制度化、规范化。2004年起，区落实严格的耕地保护制度和集约节约用地制度，依据法律法规和政策要求，先后出台基本农田规划保护、耕地用途管控、耕地占补平衡、违法占用耕地专项整治、违法用地整改等方面的一系列规定、办法和措施。区、镇、村三级层层签订耕地保护责任状，建立耕地保护责任目标管理考核机制，有效管控非农建设占用耕地，规范土地利用秩序。2005年正式出台《大通湖土地利用总体规划（2006—2020年）》，确立耕地和永久基本农田保护红线。绘制基本农田保护图，设置基本农田保护牌，明确保护范围、面积，保护期限，保护责任人及保护制度。

2012年后，区贯彻落实习近平总书记关于耕地保护的一系列重要指示批示精神，扛牢耕地保护政治责任，采用"长牙齿"的硬措施，严守耕地保护红线。2017年，落实国务院《关于加强耕地保护和改进占补平衡的意见》，重新修订土地利用总体规划，进一步强化耕地用途管控，严格按照先耕地、再生态、后城镇的原则划定"三条控制线"，凸显耕地和永久基本农田保护红线。从严落实"两个耕地占补平衡"，做到先补后占、占一补一、占优补优、占水田补水田，连续20年实现耕地占补平衡。在此期间，适应现代农业示范区建设需要，以保证耕地进出平衡为首要条件，从严控制耕地转为园地、林地等其他农用地，持续推进耕地数量、质量、生态"三位一体"保护，确保耕地面积不减、用途不变、质量不降。2020年，全区耕地保有量24.61万亩，永久基本农田保护面积20.15万亩，耕地和永久基本农田保护连续20年超额完成省市下达的目标任务。

三、土地开发整理

20世纪50—60年代，区内各农场主要垦殖湖滩荒洲，用于农业耕种。开发出的耕地随地势而变，高低不平，参差零乱，不适应大面积机械作业，抗灾能力比较脆弱。1971年后，各农场相继开展大规模农田基本建设，以耕地条田化为中心，开沟、挖渠、平地、修路，统一进行条田化改造。千山红农场1971—1974年利用每年冬春3个月左右的时间，共完成土石方233万立方米，80%以上耕地形成平直规整、渠路配套的条田区块，同时对区内的大莲湖滩涂进行改湖造田，新增耕地200多亩。1974—1978年，大通湖农场累计投资630万元，投工130万个，完成土石方688立方米，建成渠路林配套有序的条田7万余亩，占耕地总面积的 82.3%。金盆农场在基本实现条田化的同时，开垦荒地，改造湖凼沼泽，新增耕地 1800 亩。北洲子农场先后自筹资金 136 万余元，疏通全部排灌干渠，平整耕地占比近 80%，实现排灌配套、丘块规整。之后，各农场逐年完善农田配套设施，有效提高了耕地产出能力和抗灾能力。

2000 年农场体制改革后，区内土地开发整理资金由过去的农场自筹，改为国家投资为主、地方配套为辅。2001 年起实施改造中低产田的农业综合开发项目，重点对农田沟渠进行硬化，提高排灌效能，项目投资建设持续到 2017 年。2006—2014 年，实施国家优质粮食产业工程标准粮田和国家现代农业示范区旱涝保收标准农田建设等项目，共投资 1990 多万元，覆盖项目区面积近 7 万亩。2009—2018 年，开展环洞庭湖基本农田建设重大工程，进行大规模的土地整理、沟渠疏通硬化、田间路桥（涵）配套，项目涉及金盆、河坝、北洲子镇 3 镇 53 个行政村，完成投资 2.85 亿元，按《土地整理规程》建成面积 15.11 万亩、新增耕地 1.08 万亩。2014—2018 年，分别实施市级土地开发项目和社会投资旱地改水田项目，共投资 1.02 亿元，建成面积 2.52 万亩。2018—2020 年，投资 2700 多万元进行生态保护型高标准农田建设，建成面积 1.81 万亩。至 2020 年，全区累计投资 4.75 亿元，开发整理耕地 21.75 万亩，其中新增耕地 1.71 万亩。

四、用地审批与征地补偿

20 世纪 80 年代中期以前，各农场各类建设工程用地实行按计划报批供应、无偿使用。1987 年各农场设立国土管理机构后，非农建设项目用地均由项目建设单位提出申请，经农场国土部门审查后报地区国土局审定批准。个人建房或联户建房，需经本人户口所在单位和土地所辖单位协商同意，再报农场国土部门审批。单位和个人使用非农建设用地，均须按其使用性质缴纳一定数额的土地补偿费和土地管理费。

2000 年后，区内城乡建设用地实行预报审查制度，即有建设项目用地需求者向区国土部门提交申请用地报批资料，经市国土局审查后再报省厅审批，获批者取得用地许可。2017 年实现区到省直接审批，审批时间缩短一个月左右。区国土部门根据《土地管理法》等法律法规，严格遵守国家的土地用途管理制度，严格非农建设用地计划管理，从严把好用地报批初审关，依法按程序办理用地审批手续。用地审查内容包括：建设项目有无立项批准书，用地选址是否符合土地利用总体规划和城乡建设规划，单独选址的项目是否符合产业政策和供地原则，用地规模是否合理，补充耕地措施是否可行，农村村民个人建房是否符合新占地建房条件，一户是否只有一处宅基地，选址是否符合村镇规划和节约用地、保护耕地原则等。2000—2020 年，共计报省政府批准用地 48 宗，涉及 5 个镇、办事处和

43 个村、社区，面积 5145.7 亩，其中农用地转用 4791.8 亩（所在地类中耕地 3264.6 亩、农村道路 208 亩、其他农用地 1319.2 亩）。获准用地指标后，坚持依法依规按程序做好征地补偿工作，确保重点建设项目和民生工程用地需求。2013—2020 年，全区共计征地 4000 多亩，租用鱼池水面 6000 亩，征地、青苗及地上附着物补偿费总计 2.2 亿多元，其中光伏发电项目租用鱼池水面补偿 2000 万元，大型房地产项目征地 300 亩补偿 1800 万元，其他工程项目征地 3700 亩补偿 1.85 亿元。

第二节　土地资产管理

一、土地存量与储备

2004 年，区国土资源局设立土地储备交易中心，对中心城区和各乡镇集镇区域的闲置、荒芜土地进行逐路段、逐地块、逐宗的摸底调查，并上图标示，澄清存量土地家底。此后根据城镇建设规划区的调整扩张和建设用地变化，及时掌握存量土地数量变更及分布，为提高土地利用率、聚集土地收益、保护建设项目用地提供准确依据。同时建立土地储备制度，采用现金收购、政策收购、运用法律政策手段解除《国有土地使用权出让合同》和依法收回闲置土地等方式收储土地。建立拟入库土地、在库土地、出库土地台账，及时录入土地储备系统，加强土地储备信息监测监管，实行储用地全程一体化管理。2013 年，区委、区管委会印发《关于切实加强土地市场管理高效配置土地资源的通知》后，进一步完善土地储备制度，制定年度收储计划和收支预算，严格控制储备总规模，降低土地储备成本，优先收储空闲、低效利用土地和国有建设用地，开展工业用地储备。完善宗地档案管理，绘制储备土地分布图。每宗土地的收储和出库均经区管委联审会议通过后组织实施。至 2020 年底，全区存量土地 1095 亩，储备入库土地 1850 亩。

二、土地评估与供地

2001 年，区管委根据国家《城镇土地分等定级规程》（GBT18507—2001）、《城镇土地估价规程》和相关文件规定，印发《大通湖区城镇国有土地有偿使用暂行办法》。2003 年出台《大通湖区河坝新城区土地出让分等定级暂行规定》，选定土地评估公司对河坝城区土地进行地价评估，形成各类土地基准地价，报经上级业务主管部门审查后，由区管委批准公布执行。2006 年，划定千山红为二类镇，北洲子、金盆为三类镇，大通湖渔场为四类镇，并发布各镇城镇土地基准地价。2009 年、2013 年和 2018 年，根据上级相关文件要求，结合区内经济社会发展和城镇建设实际，采用分类定级方法先后 3 次调高基准地价。同时规范商贸服务、住宅、工业、公共管理与公共服务等用途类别的基准地价，包括各级土地的出让使用年限、开发程度、临街（主干道、次干道、支路）标准深度、商业和住宅用地的容积率。对土地按不同区片、不同路线标定基准地价，并进行宗地地价评估。

区内坚持执行不饱和的供地政策，控制供地总量。每年制定年度供地计划，优先安排产业类、公共基础设施类和保障性安居工程项目的建设用地，从严控制经营性的商贸服务类和商品住宅开发用地。凡未纳入年度供地计划的储备土地和新增建设用地，一律不得进入土地交易市场。对获得土地使用权而未开工建设的闲置用土地，符合法定收回条件的一律无偿收回；不符合法定收回条件的，责成限期开发或政府协议收回；闲置期满一年不到两年的，按出让或划拨地价款的 20％ 征收土地闲置费。2017 年，区开展以闲置土地处置和降低批而未供比例为内容的去存量土地专项工作，共处置闲置土地 5 宗、35.85 亩，其中无偿收回 1 宗、18.45 亩，责成限期动工开发 4 宗、17.4 亩，征缴土地闲置费 3 宗、2.55 亩。2000—2020 年，全区共交易土地 5810 亩，其中挂牌出让 3312 亩，协议出让 145 亩，行政划拨 1718 亩，划拨转出让 635 亩，共收缴土地出让金 10.18 亿元。

2018 年城镇土地基准地价见表 2-6-1、表 2-6-2。

表 2-6-1　2018 年河坝中心城区土地基准地价表

单位：元/平方米

土地用途	一级	二级	三级	四级
商贸服务	1710	1280	850	550
住宅	960	680	530	420
工矿仓储	410	330	300	280
公共管理与服务（一）	900	590	450	360
公共管理与服务（二）	460	360	320	300

表 2-6-2　2018 年各镇场城镇土地基准地价表

单位：元/平方米

镇场	土地用途	一级	二级	三级
千山红镇	商贸服务	1000	660	400
	住宅	420	300	270
	工矿仓储	320	270	260
	公共管理与服务（一）	410	280	270
	公共管理与服务（二）	330	275	250

（续）

镇场	土地用途	一级	二级	三级
北洲子镇 金盆镇	商贸服务	780	470	350
	住宅	380	275	250
	工矿仓储	290	250	230
	公共管理与服务（一）	370	270	240
	公共管理与服务（二）	300	260	240
大通湖渔场	商贸服务	650	400	300
	住宅	325	240	220
	工矿仓储	260	230	210
	公共管理与服务（一）	320	235	215
	公共管理与服务（二）	270	235	210

三、地籍地政管理

在 1987—1990 年的土地利用现状调查中，各农场对土地权属进行详细调查，查实生产队级以上单位的土地权属界线，明确界址及面积。1990 年起，根据地区（市）国土局授权委托，各农场国土科组织开展地籍调查，对土地所有者、使用者和他项权利拥有者所申请登记的土地权利进行审核确认，陆续向企事业单位、城乡个人住房和商户门店颁发国土使用权证。

2000 年底，区国土国资局下设地产地籍股，负责全区土地资源管理、地籍调查、土地统计和动态监测、土地市场管理、测绘行业管理、土地登记发证等具体工作。在办理土地权属登记及变更环节，严格依法审核，审核的主要内容有土地等级申请者的资格、土地权属来源，权属种类及性质、土地界址及范围、土地面积及用途等。审核结束后，进行宗地地籍测绘和地籍调查，以满足"权属合法、界址清楚、面积准确"的要求。2016 年 5月，区通城测绘有限公司成立，有专业人员 7 人，测绘资质丁级，按照资质许可，负责全区各类建设用地地籍测绘、日常地籍调查、工程和地形测量、不动产测绘等。同年 8 月，区不动产登记中心成立，建立不动产登记信息管理基础平台，实行房地一体不动产登记发证。2019 年初，区开始实行不动产登记发证网上办理。建区至 2020 年，全区共登记发放土地使用证 5.05 万本，其中土地宗地 8265 宗。发放房地一体不动产证 2.3 万余本，其中农村宅基地一体登记证 1.36 万户，发放率居全省农场改制区之首。

第三节　执法监察

2000 年前，区内土地执法监察由各场国土科负责，按照上级主管部门授权，查处和纠正各类违法用地行为。建区后，大通湖区土地执法监察大队成立，为区国土国资局二级机构，编制4人，承担全区土地法律法规宣传、国土矿产资源执法监察职责，依法查处非法用地案件。各镇国土所履行其辖区国土矿产执法监察职能。嗣后，区逐步建立健全土地执法监察制度，在村、社区设立土地巡查信息员，形成三级监察网络。

2010年起，根据国家和省市国土部门要求，区开展"月发现、月预警、月处置"年度土地矿产卫片执法检查，对国土资源部下发的卫星遥感监测图斑进行实地核查，及时查处整改违法用地图斑。2014年，国家土地督察武汉局例行督察，发现区内违法用地5宗，均按时按要求整改到位。同年4月查处某食品加工企业在河坝镇未批先建、非法占用10.2亩农用地案件，依法没收土地上新建标准化厂房两栋，并按每平方米20元处以罚款13.6万余元。2018年开展农用地"大棚房"专项整治，拆除"大棚房"4宗，面积4942平方米，另案处理8宗全部整改到位。2019年至2020年，进一步落实最严格的保护耕地制度和集约节约用地制度，建立"专员＋无人机"巡查机制，增设村级自然资源信息专员28名，改每月一次动态巡查为每周一次巡查，对违法用地行为做到早发现、早制止。制定违法用地及卫星监测数据变化整改任务清单，督促镇村整改监测图斑，联合纪检监察机关开展问题整改实地督查，强化监督执纪问责。两年共及时制止纠正村民占用耕地乱建房4起，整改到位国家耕地保护督察发现问题20个，土地卫片执法始终保持了"零问责、零约谈"。

2000—2020年，全区通过卫片执法检查和动态巡查，共发现违法用地148宗，其中立案查处58宗，收缴罚款近400万元，收回闲置土地3宗面积20.37亩，拆除复耕到位2宗，补办用地手续4宗。其间，充分运用广播电视网络等媒体，开辟"自然资源保护"专栏和推送平台，围绕"4·22"地球日、"6·25"土地日、"8·29"测绘宣传日开展系列主题活动，大力宣传土地管理和耕地保护法律法规，增强全民土地资源忧患意识和保护意识。

第七章　招商引资

区内招商引资始于 20 世纪 80 年代末。2004 年成立大通湖区招商局，专司招商引资工作，2012 年并入旅游管理职能，更名为招商旅游局。2013 年改称经济合作和旅游局，2016 年与区经济贸易局合并为经济贸易和旅游局。2019 年机构改革，组建区科技和工业信息化局，加挂商务局牌子，内设招商引资和对外经济合作股。

2001—2004 年，区进行国有企业产权制度改革，原农场的糖厂、纱厂、纸厂等主要工业企业，通过招商重组，均实现民有民营。2004 年后，区委、区管委会将招商引资作为加快经济社会发展的第一选择，先后出台并完善一系列招商引资优惠政策，采用资源招商、节会招商、上门招商、乡情招商、以商招商和网络招商等多种方式，引进外地客商来区投资兴业。2014 年起，区建立招商项目准入制度，提高招商项目质量，相继引进了数家央企省企、上市公司和一批有实力的企业，涵盖新能源、农产品深加工、医药、机械电子制造、纺织、现代农业和现代商贸服务等多个产业。至 2020 年，累计签约招商项目 279 个，实际引资 117.3 亿元，大批项目建成投产或开业运营，促进了区内产业转型升级，实现了高质量发展。

第一节　发展概况

1989 年，千山红农场葡萄酒厂与深圳罗浮食品饮料公司合作合营，生产葡萄鲜汁饮料。1992 年，大通湖农场与香港某客商合资组建大通湖通泰染织公司，引进资金 30 万元人民币。1995—2000 年，各农场转换企业经营机制，推进国有企业产权制度改革，北洲子的纱厂和棉麻油脂厂、千山红和大通湖的糖厂、金盆纱厂先后被外地投资者买断或租赁经营。

2001 年，区委、区管委会出台《关于大通湖改善投资环境的若干意见》，着力优化环境、拓宽渠道、筑巢引凤，采取走出去、请进来的方式，吸引区外客商来区投资兴业。2002 年，完成国企改革招商引资项目 5 个，引进资金近亿元。2003 年，出台《工业企业投资发展鼓励政策》。2003 年和 2004 年，先后引进江西、深圳的两个公司在河坝城区动工兴建计划投资 3000 万元的御湖时尚广场和 5000 万元的棉麻大市场项目，不久因投资方无资金投入，项目夭折。2004 年，区成立发展外向型经济领导小组，组建区招商局，把招商引资作为加快区域经济发展的第一选择，将招商引资工作纳入年度目标管理考核内容，制定奖励政策、印制投资指南，开通大通湖区招商网，多途径宣传推介大通湖及招商引资政策和项目。2006 年建立区工业园，出台《关于加快工业园区建设的若干规定》。2008 年成立大通湖区经促会和北京、广东经促分会。2005—2009 年，共签约招商项目 134 个，实际到位资金 23.4 亿元。

2010 年后，先后制发《大通湖区鼓励投资的若干规定》《关于加快三产业发展的政策措施（试行）》《大通湖区招商引资若干规定》《大通湖区招商引资优惠政策暂行办法》等文件，不断完善招商引资的政策措施。对新落户企业和重点项目，在建设用地价款补贴、税收奖励、员工住房保障、政务服务等方面给予优惠倾斜，营造亲商、富商、护商环境。至 2020 年，具体优惠政策包括：对新引进工业类用地建设项目，投资商依法取得土地，按照国土部门挂牌价格出资摘牌、缴纳相关税费并建成投产后，根据固定资产投资额度给予财政扶持补贴。投资额度为每亩 80 万～120 万元时，扶持额度为超出每亩 8 万元以上摘牌价款的等额资金；投资额度为每亩 120 万以上～160 万元、160 万以上～200 万元、200 万元以上的，扶持额度依次为超出每亩 6 万元、5 万元、4 万元以上摘牌价的等额资金；固定资产投资在 1 亿元以上且投资额度达每亩 250 万元以上的，按土地价款全额予以补贴。项目投产后 5 年内，根据纳税额度享受财政奖补政策，即纳税额度为每亩每年 5 万～8 万元和 8 万元以上的，分别按企业每年实际缴纳税收中区级所得部分的 30%、50% 进行奖补。对租赁工业园区标准化厂房的中小微企业，第一年免租金，第二、三年税收分别达每平方米 50、100 元的，当年租金全免，经一自然年度税收达每平方米 200 元的租金全免，并按实际缴纳税收中区级所得部分的 50% 给予财政资金扶持。新入园工业企业购买标准化厂房，按评估价的 10% 给予支持。对新引进固定资产（不含土地、下同）投资 2000 万元以上的现代服务业项目用地，按超出该地段同类性质基准地价以上摘牌价款的等额资金给予扶持。对新引进固定资产投资 500 万元以上的现代农业产业项目，自缴纳税金年度起的前 5 年，按实际缴纳税收中区级所得部分的 100% 予以财政资金补贴。对新引进符合国家《外商投资产业指导目录》、注册外资 500 万美元以上的制造业项目，自取得营业执照两年内，每到账 100 万美元奖励 5 万元人民币；已落地企业在一个年度内新增注册外资 500 万美元以上的，每到账 100 万美元奖励 3 万元人民币。两者奖励上限为 100 万元人民币。

2014 年起，区建立招商项目准入制度，对新引进项目严把评审关，执行"四个不要，一个不支持"，即不符合区内产业定位、破坏生态环境的企业不要，以掠夺资源方式获取利益的企业不要，以套取国家项目资金谋取不当利益的企业不要，以办企业为名行高息融资之实的企业不要，不支持没有就业和税收的工业企业。同时规范招商引资工作流程，建立健全招商项目调度制度、跟进服务制度和项目推进奖惩制度，压实各级责任，持续加大资源（存量）招商、上门招商、乡情招商、以商招商、节会招商、网络招商力度，全力推进"滴灌式"精准招商。建区至 2020 年，共签约招商项目 279 个，实际引资 117.3 亿元，项目涵盖工业、农业、商贸服务、城建、医药、教育、旅游等领域。

第二节　重大招商活动及成果

2005 年，区内组团参加"港洽周""厦交会""农展会"等 7 个重要招商节会，借助节会平台发布、对接项目。同年 8 月，邀请全国"招商状元"、四川攀枝花市副市长胡松兴率经贸考察团来区参加招商引资重点项目推介会。先后有美国、澳大利亚，以及我国国内有实力的客商 24 批 100 余人来区考察、洽谈项目，全年签订招商合同 36 个，合同引资 4.3 亿元，实际到位 1.78 亿元。华达纺织厂实现第二次转让，渔场千亩湖改造、城区生态公园建设等项目招商成功。

2006 年 4 月，组织区内部分企业参加益阳市（浙江）招商周，同年 9 月组团参加"第一届中国投资贸易博览会"，共推出 10 个重点项目，其中蟠桃宴葡萄酒厂、九洲酒厂、北洲子棉麻油脂厂实现产权整体转让。"中博会"期间，举办大通湖（长沙）招商引资项目推介会暨老乡联谊会，引进项目 14 个，其中工业项目 9 个。全年招商引资到位资金 2.78 亿元。千山红益和食品、河坝佳旺冬瓜加工和塑料制品生产项目建成投产。

2007 年，区策划、包装和推介招商项目 24 个，组团参加广东招商周、中博会、珠洽会、湘台经贸论坛、湘商大会等重要节会，组织小分队上门招商 30 余次，共引进项目 27 个，合同引资 5.3 亿元。全区招商引资在建项目 32 个，其中新上投资 2000 万元以上的 7 个。投资 1.2 亿元的天健木业和天恩棉业轧花、天诚脱水蔬菜加工等项目建成投产。工业园招商引资实现零的突破，引进年产 3 万吨色拉油项目等 2 个，合同引资 3.9 亿元。

2008 年 5 月，区举行大通湖区（益阳）投资说明会暨招商项目集中签约活动，大通湖大湖经营权以 49 年期限、8520 万元转让给外地私营业主。同年 9 月开展"招商引资和项目建设季"活动，先后 20 多次组织小分队赴外地上门招商，新引进项目 40 个，到位资金 5.7 亿元，同年起举办"大通湖捕捞节"和"大闸蟹美食旅游节"，邀请外地客商考察洽谈对接项目。

2009年7月，区举行"三项行动"启动仪式暨投资项目集中签约活动，共签约招商引资项目10个，合同引资4.9亿元，项目涵盖农副产品深加工、土地流转、房地产开发、休闲旅游等产业。全年新引进项目21个，到位资金6.8亿元。湘易康制药和中电电子入驻，实现了区内非资源型项目建设的新突破。

2010—2013年，区通过节会招商、上门招商等多种方式，引进项目96个，到位资金28.61亿元。2014—2015年，区开展"实体经济建设年"活动，成功引进中纺农业、湘粮集团等央企、省企和尔康制药、金健米业、中国燃气、大北农科技养殖等4家上市公司。口口香米业拆分由金健米业、湘粮集团收购，实现当年破产、当年盘活。千山红镇富万家大型超市和河坝中心城区香港大润发生活广场等招商项目建成运营。

2016年3月，区举行招商引资项目集中开工仪式，常信城市广场、东大渔光互补发电一期、湘韵大酒店、众仁旺种猪生态养殖加工等重点项目均按计划开工（开业）。区先后与国电南京自动化有限公司、益阳湘运投资控股有限公司等8家企业签订合同，涉及新能源、城市综合体、现代农业、生态旅游、民生工程、传统产业等13个项目，总投资额20多亿元。

2017—2019年，区先后组织参加"汇智聚力、建设益阳"恳谈会暨益阳招商月活动、生态农业智慧乡村互联网大会、湖南-长三角经贸活动洽谈周、湖南-粤港澳大湾区投资贸易洽谈周、益阳数字经济产业招商推介会、全球湘商大会等，签约项目26个，合同引资46.35亿元。2020年参加湖南5G发展高峰论坛等节会，现场签约6个项目，合同引资7.05亿元。

2016—2020年，全区共签约招商引资项目50个，合同引资79.01亿元。陆续引进了碧桂园、中国电建集团等500强企业和50余家纺织、食品、旅游、商服、机械和电子制造等企业，大部分项目已建成投产或开业，为推进大通湖区高质量发展注入了新动能。

中国农垦农场志

第三编

农林牧渔业

中国农垦农场志

第一章　种　植　业

区内的农业耕作制度，历经多年演进变化，由起始的连作单种一熟制，逐步变为连作复种两熟制、三熟制和轮作复种、间种套种等多种制度并存。

1970年前农作物种植以水稻为主，之后大力发展多种经营，甘蔗、棉花、苎麻、油菜等经济作物种植面积扩大。2015年开始改变传统模式，形成了粮食作物为主，油菜、果蔬次之，稻虾、稻蟹等种养配套的新格局。

区内历年共选育粮棉蔗优良品种14个。主要农作物的良种应用、栽培管理、病虫鼠草防治等水平随着技术进步不断提升，农作物单产稳定提高。2000年后，区持续开展高标准农田建设，全面推广测土配方施肥和主要农作物先进栽培技术，逐步扩大优质高效农产品比重，促进了现代农业加快发展。2020年，全区农作物播种面积61.7万亩，产粮12.3万吨、油菜籽1.34万吨、水果瓜类6万吨、蔬菜44万吨，稻虾、稻蟹种养面积14.2万亩，虾蟹总产1.44万吨。

第一节　耕作制度

区内历年来的耕作制度，主要有连作单种一熟制、连作复种两熟制、连作复种三熟制、轮作复种和间种套种等。

20世纪50年代，大通湖农场劳少地多，农田耕种采取广种薄收方式，以连作单种一熟制为主。1954—1959年，劳均耕地25.6～31.2亩，耕种负担重，为解决劳、地矛盾，遂将作物生产季节平衡错开，农事活动互相衔接。早稻、中稻、一季晚稻和双季晚稻种植面积按3：4：3比例安排，使水稻播种、移栽从三月连续作业到六月，收割期也相应从七月延伸到十月。"插半年田，收半年谷"，一年到头忙田头。一般会在水稻收割后，对稻田进行冬翻冬灌。旱土种植大豆、棉花、花生、红薯等，收获后闲置，至来年再连作。

1958年开始大面积种植绿肥，实行稻-肥、豆-肥、棉-肥耕种，补充土壤有机质肥料，使连作单种为主的耕作制度过渡到连作复种。

1966年后，各农场扩大双季稻种植，一年两熟的稻-稻-肥连作复种制度应用普遍。大通湖农场 1972 年双季稻种植面积达 3.51 万亩，占水田的 82％，基本全面采用此耕作制。

1974 年开始进行大规模农田基本建设后，各农场的耕作制度逐步转向复种轮作制。其类型有三：一是水田稻-稻-肥和稻-稻-油轮换复种；二是旱土棉-油、棉-蚕豆与甘蔗轮作，即 10 月下旬在棉土套种油菜或蚕豆，次年春又在油菜、蚕豆地套种甘蔗，达到两年三熟；三是稻-蔗-棉水旱轮作制。各农场还惯常采用间种方式，如棉花间种芝麻，大豆间种高粱、玉米，玉米间种红薯，芝麻间种蔬菜等。

2000 年建区后，随着市场经济发展和产业结构调整，区内的甘蔗、棉花、苎麻等传统种植业逐渐弱化，耕作制度随之发生新的变化。2017 年开始，主要耕作制度为稻-稻、虾-稻、稻-肥、稻-稻-肥、中稻-再生稻、稻-油、玉米-油和蔬菜多熟制等模式，少量为稻-蟹、棉-油等模式，冬季绿肥生产逐步恢复。

第二节　种植结构及产量

1970 年前，各农场一直坚持"以粮为纲"的方针，农作物种植以水稻为主，兼种大豆、玉米、高粱、红薯等旱粮，历年粮食作物种植面积占耕地面积的 80％～90％，经济作物种植面积占比很小。因生产物质技术条件限制和自然灾害影响，各类作物单产水平较低，稻谷亩产一般维持在 170～220 千克。

1971 年，各农场相继筹建糖厂，开始大面积种植甘蔗，同时发展多种经营，扩种棉花等经济作物，逐年压缩粮食生产面积，经济作物种植面积占比逐步增加。至 1980 年，各农场粮食生产用地面积 9.3 万亩，占耕地总面积的 40.7％；经济作物生产用地面积 12.2 万亩，占耕地总面积的 53.5％，粮经作物比例约为 1∶1.3。

1984 年实行农业家庭联产承包制后，各农场根据农垦经济发展需要调整种植业结构，对甘蔗、水稻、棉花实行指令性计划种植管理，放开其他作物种植，作物布局保持了相对稳定。1986—2000 年，农场种植作物以水稻、甘蔗、棉花、油菜、苎麻为主，少量种植黄麻、玉米、大豆、红薯等。稻、蔗、棉三大作物生产面积比例大体为 4∶4∶2，冬季油菜种植面积常年保持在 4.5 万亩左右。1986 年前后，苎麻市场价格暴涨，最高时达每吨 1.66 万元，各场兴起苎麻种植热，苎麻种植面积急剧增加。1987 年，大通湖农场苎麻种植面积扩至 1.65 万亩，为上年的 2.36 倍；千山红农场年内扩种 0.84 万亩，总种植面积达 1.16 万亩；金盆农场的种植面积由 1984 年的 500 多亩猛增至 1.3 万亩。1988 年苎麻价格骤然下降，农户纷纷毁麻扩棉或种其他作物。

2000 年农场体制改革后，区内农作物种植结构调整变化很大。2001 年前后，因主要农产品市场价格长期低位运行，农户种田积极性受挫，部分农田被弃耕抛荒。2003年起，区根据益阳市发展林纸一体化的要求，引进营林企业及民间资本承租耕地、宜林荒地栽植速生杨，至2007年种植面积达15万余亩。2004年，国家对粮食生产采取"三补一降"（粮食直补，良种、农机补贴，降低农业税率、取消农业特产税）等一系列保护鼓励措施，区确立"大力发展粮食生产，稳定甘蔗，适当发展棉花、苎麻，发展特色农业"的农业调整方向，将粮食播种面积由11.2万亩调整为16万亩，扩大双季稻和旱粮种植面积。此后，区粮食种植面积和产量持续增长。2008—2011年，原本种植速生杨的农用地陆续复耕水稻。2010—2020年，全区水稻播种面积一直稳定在25万亩以上，产量稳定在11万吨左右。

在种植业结构方面，制糖蔗和苎麻受市场影响，分别于2010年、2012年退出区种植作物。棉花种植面积自2003年起保持稳定增长态势，于2012年达14.62万亩，总产皮棉1.64万吨。2014年国家启动新疆棉花目标价格补贴后，区内棉花种植面积急剧减少，至2020年面积仅0.72万亩，总产710吨。在此期间，金盆镇于2002—2005年引进亚麻试种，实行订单生产，面积达1.14万亩；河坝镇于2002—2006年发展蚕桑面积0.2万亩；2007—2010年，河坝镇、北洲子镇机械种植马铃薯1万亩，均因种植企业原因而中止。

2012年开始，区入列国家第二批现代农业示范区，种植结构和作物布局改变，注入现代农业元素，形成了粮食作物为主，油菜、果蔬次之，稻虾、稻蟹种养共生的新格局。2020年，全区农作物播种面积61.69万亩，复种指数248.3%。粮食作物播种面积27万亩，总产12.29万吨，比2000年分别增加1倍和1.4倍。其中水稻种植24.37万亩，总产10.61万吨，同比增加1倍和1.2倍。油菜种植面积12.75万亩，总产1.34万吨，同比增长2.36倍、3.67倍。蔬菜14.70万亩，总产44.13万吨，同比增长3.8倍、8.9倍。水果2.9万亩，总产2.61万吨。瓜类1.4万亩，总产3.09万吨。稻虾、稻蟹种养面积14.2万亩，虾蟹总产1.44万吨。

区内各农场2000年主要农作物播种面积产量见表3-1-1，2000年后数据见表3-1-2。

表 3-1-1　各农场 2000 年主要农作物播种面积产量表

作物 农场	水稻			甘蔗			棉花（皮棉）			油菜		
	面积（亩）	总产（吨）	单产（千克）	面积（亩）	总产（吨）	单产（千克）	面积（亩）	总产（吨）	单产（千克）	面积（亩）	总产（吨）	单产（千克）
大通湖	31050	12114	390.1	45600	168000	3.68	13950	1181	84.7	12450	1060	85.1
北洲子	15110	5780	382.6	7995	32000	4.00	10000	580	58.0	6000	480	80.0
金　盆	30600	12443	406.6	7500	32440	4.32	5250	320	61.0	7050	595	84.4
千山红	43350	18027	415.8	4950	15000	3.03	4650	305	65.5	12000	744	62.0
合计	120110	48364	—	66045	247440	—	33850	2386	—	37500	2879	—

表 3-1-2 大通湖区 2001—2020 年主要农作物播种面积及产量表

年份	粮食作物		水稻		棉花		油菜		蔬菜		甘蔗		苎麻	
	播种面积（万亩）	总产（万吨）	播种面积（万亩）	总产（万吨）	播种面积（万亩）	总产（万吨）	播种面积（万亩）	总产（万吨）	播种面积（万亩）	总产（万吨）	播种面积（万亩）	总产（万吨）	播种面积（万亩）	总产（万吨）
2001	10.31	3.76	8.33	3.34	2.70	0.19	4.92	0.36	3.14	4.65	8.63	39.39	1.19	0.18
2002	9.12	3.83	6.67	3.28	1.41	0.14	4.67	0.21	3.21	4.82	11.42	51.37	1.13	0.21
2003	10.97	4.86	8.35	4.25	4.08	0.44	5.45	0.51	2.63	3.94	6.08	28.79	1.59	0.31
2004	16.17	6.69	12.36	5.47	4.97	0.49	4.11	0.51	2.30	3.57	3.54	18.41	2.13	0.38
2005	21.56	8.54	17.70	7.19	3.05	0.27	6.02	0.66	2.06	3.25	3.05	15.23	2.31	0.49
2006	20.25	7.78	16.12	6.74	3.62	0.33	5.82	0.64	4.11	6.66	3.24	20.88	3.36	0.64
2007	18.53	7.66	14.78	6.65	6.10	0.59	5.88	0.77	4.14	6.64	3.53	22.74	3.32	0.57
2008	18.68	7.36	16.04	6.83	8.93	0.76	7.67	0.71	4.52	8.04	1.14	7.41	2.42	0.46
2009	25.34	10.14	22.61	9.38	8.0	0.84	8.70	0.85	5.0	9.49	1.14	5.41	2.37	0.45
2010	31.82	11.17	29.46	10.4	12.71	1.44	9.03	0.98	6.42	15.28	—	—	0.80	0.14
2011	31.76	11.58	28.97	10.73	14.19	1.63	11.43	1.32	7.38	17.56	—	—	0.39	0.07
2012	32.30	11.79	30.03	11.12	14.62	1.64	13.08	1.34	9.75	23.55	—	—	0.41	0.07
2013	32.49	11.59	30.17	11.0	14.52	1.47	15.15	1.43	10.10	27.69	—	—	0.05	0.01
2014	32.70	11.92	30.06	11.22	13.55	1.43	15.48	1.50	10.50	30.62	—	—	—	—
2015	33.11	12.05	30.16	11.27	7.28	0.77	16.38	1.69	11.15	33.34	—	—	—	—
2016	33.27	11.86	30.08	11.09	3.17	0.35	14.18	1.39	12.57	38.17	—	—	—	—
2017	34.28	12.21	30.48	11.28	2.73	0.31	14.21	1.37	12.74	40.12	—	—	—	—
2018	29.46	12.42	25.58	10.99	1.56	0.15	12.60	1.23	13.08	40.84	—	—	—	—
2019	25.62	11.29	26.85	11.65	1.21	0.12	12.69	1.29	11.70	34.37	—	—	—	—
2020	27.0	12.29	24.37	10.61	0.72	0.07	12.75	1.34	14.70	44.13	—	—	—	—

第三节　良种选育与应用

一、良种选育

20 世纪 50—60 年代开始，各农场相继成立农业科学研究所，对农作物品种选育作了长期、系统的工作，先后培育出一批新品种。水稻有大农一号至五号、益早二号、金香一号、早香 17 等，棉花有洞庭一号至三号、马 31、湘棉 17 等，甘蔗有湘蔗一号至三号等，大豆有全民一号等。其中水稻大农一号、益早二号，棉花洞庭一号，大豆全民一号为湖南省优良品种，推广至长江流域各省，增产明显。湘蔗一号、二号为湘北蔗区主要品种。粳型金香一号、籼型早香 17 由金盆农场农艺师师尚才于 20 世纪 70 年代选育，是湖南省香稻育种的主要种质资源，2010 年 8 月，杂交水稻之父袁隆平为金盆镇题词"湖南香稻第一村"。

2000 年后，区内品种选育工作基本停止，主要以引进试种、推广应用为主。

二、良种应用

（一）水稻

20 世纪 50 年代，农场应用良种以中稻为主，占 65％。推广应用胜利籼、万利籼、解放籼、南京一号等高秆改良品种。其中以胜利籼、解放籼表现较好，一般亩产 200～220 千克，收割后灌水培育稻荪，每亩可收 50 多千克再生稻，是主要栽培品种。

1965 年后，各农场的水稻品种逐渐向矮秆品种转化，同时扩大双季稻种植，双季稻比重由 1963 年的 6％增加到 1973 年的 90％。在此期间，早稻品种以矮秆南特、南陆早为主，淘汰了粒谷早、六十早、雷火粘等农家品种。晚稻推广应用粳型品种农垦 58，取代红米冬黏、红米麻黏和白米冬黏等品种。中稻推广珍珠矮、广场矮等，取代原有高秆品种。

20 世纪 70 年代中后期，早稻注重早中迟熟品种合理搭配，早熟品种为二九南一号、二号和湘矮早七号，中熟品种有原丰早、青小金等，迟熟品种则以南陆矮、广解 607、团粒矮和大农五号为主。晚稻以农垦 58 为当家品种，1975 年种植面积占晚稻的 98％。1975 年，大通湖农场试种杂交晚稻成功，1976 年推广南优二号 0.3 万亩，1977 年达 2.1 万亩，占晚稻种植面积的 59％，平均亩产 300 千克以上，比常规稻增产 30％。区内各农场随之推广杂交水稻，至 1980 年种植面积占晚稻种植面积的 50％左右。

20 世纪 80 年代初，各农场的早稻主要品种为湘矮早七号、二九青、原丰早、广陆矮 4 号、湘矮早九号，晚稻则为常规粳稻农垦 58、鄂宜 105、晚籼余赤 231-8 和杂交稻四优二号、威优六号、菲优六号并存。1985 年早稻品种浙辐 802、益早二号得到推广。浙辐 802 抗性好、产量高，迅速取代其他品种，种植面积占比达 80％，且一直延续至 2000 年。1986—2000 年，各农场杂交水稻占据主体地位，种植面积占晚稻的 90％左右。品种有威优 35、威优 64、油优 64、威优 6 号、汕优桂 99 等。1995 年后，中稻种植面积逐年扩大，到 2000 年占水稻种植面积的 60％。品种以汕优 63、培两优 288 为主。

2001 年后，区内更加重视农艺、经济性状表现优异的新品种的筛选和推广应用，水稻品种更新速度加快。2002—2003 年，一季稻品种以两优培九、培两优 288 为主，早稻品种为湘早籼 32、益早 6 号等，晚稻主要品种有威优 64、金优 207 等。2004—2007 年，早稻品种除湘早籼 32、33、45 等常规稻外，逐步推广应用金优 402、金优 974、株两优 819、株两优 83、嘉优 948 等杂交稻，2007 年杂交早稻种植面积占比达 53％。晚稻品种以金优 207、金优 284、中优 272、T 优 207、新香优 80 等杂交稻为主，占晚稻种植面积的 80%，并推广种植优质稻品种湘晚籼 11、13 各 1 万亩。2008—2014 年，早稻品种更新为湘早籼 24、中早 25、湘早籼 45，晚稻则以 H 优 518、优质稻岳优 9113 为主。一季稻中，优质稻黄华占种植面积的 80%。2015—2020 年，区内加快发展高档优质稻，主要发展了盛泰优 018、兆优 5431、天龙 1 号、玉针香、农香 32、桃优香占、玉晶 91、美香占 2 号、湘晚籼 13 等 9 个品种。2018 年 9 月底，北洲子镇北胜村举办"金色田野、绿色希望"大通湖区高档优质稻米田间现场拍卖会，最高成交价每百千克稻谷 456 元，高出普通稻谷价近一倍。2019 年和 2020 年，全区高档优质稻种植面积均超 16.8 万亩，占水稻种植面积的 60% 以上。

（二）棉花

20 世纪 50 年代，各农场主要种植德字棉、斯字棉和岱字棉。1962 年各农场推广农场选育的洞庭一号。1973 年引进岱红岱品种。1975—1978 年岱红岱和洞庭一号种植面积各占 50%。1984 年后，引进鄂州一号、32 和泗棉二号。1992—1995 年，泗棉二号种植面积占 70%。1996 年开始推广湘杂棉一号、二号。2000—2003 年以湘杂棉二号为主，陆续推广湘杂棉三号、八号、十一和农杂 62、岱杂棉一号、中棉所 62 等抗虫棉品种。2005—2020 年，抗虫棉普及应用率达 100%。

（三）油菜

1960 年前，各农场种植的油菜品种以白菜型油菜为主，引进试种甘蓝型油菜，之后全部种植甘蓝型胜利油菜 322 和川油二号品种。1982 年后，推广华油十一号、湘油五号等品种。1986 年引进推广杂交油菜秦油二号，成为延续种植至 2000 年的当家品种。2000 年以后全面推广普及双低油菜，品种有湘油十五、湘杂油一号、中油杂七号、华杂四号、中油杂八号、中双十一和油研七号、油研九号等。

（四）甘蔗

1971—1973 年，各农场引进甘蔗品种 30 多个作为制糖原料种植，主要品种有台糖 134、57-423、粤糖 143、纳印 310、赣蔗八号、川蔗二号等。其中纳印 310 农艺、工艺性状俱佳，遂成当家品种。1985 年至 1990 年，各农场推广湘蔗一号、二号，与纳印 310 形成早、中、迟熟搭配，品种种植比例为 3∶2∶5。1990 年引进选 29，由于自动落叶，产量、含糖量较高，深受农户和制糖企业认可。至 2009 年区停止种植甘蔗，选 29 种植面积占比一直保持在 70% 以上。2003 年后引进了赣南 87-461 和新台糖 1 号、22 等品种，因工艺成熟迟、含糖量低，种植面积不大。

（五）苎麻

区内发展苎麻生产始于20世纪70年代，80年代中后期达顶峰，后种植面积急剧下降。主要品种先为黄壳早，后陆续引进、普及芦竹青、牛耳青和湘苎三号。

（六）玉米

20世纪90年代前，各农场种植的玉米品种主要是京早1号、京早7号，后以掖单13为主。2000年后品种有临澳1号、奥玉3102、登海11、鑫玉23、农大108等，以临澳1号为主要品种。

（七）蔬菜

种类品种繁多，南瓜基本为金韩密本，马铃薯有克新4号、大西洋品种等，辣椒以湘研系列为主。

第四节　植物保护

一、病虫测报

1951年大通湖农场成立后不久，即在农业试验站设植保组，1956年植保组扩建为湖南省九个重点病虫测报站之一，担负滨湖地区病虫测报工作。20世纪60年代，各农场农科所都设有专业植保站，分场设农技站，生产队有兼职植保员，形成病虫测报与防治服务网络，相沿至2000年不变。农场体制改革后，区农技推广中心设植保站，有专业测报人员4人，各镇农技站和各行政村有专人负责病虫防治指导服务。植保站每年采用广播、电视宣传告知和印发病虫防治通知单等方式，发布《病虫情报》20～30期，预报准确率一直保持在90％以上。2008年后增设手机短信、微信手段，及时向各级生产单位和农户传递病虫防治信息，并组织农技人员现场巡回指导服务。

二、病虫防治

区内病虫防治措施主要有农业防治、人工防治、生物防治和化学防治等。农业防治，如冬季"三光"（田埂三面除光草）灭虫、打捞菌核、深水灭蛹、轮作套作等。人工防治，如摘虫卵、捕杀成虫幼虫、灯光诱蛾、糖醋诱蛾和插树枝把诱蛾等。生物防治主要是繁殖金小蜂防治棉红铃虫，繁殖赤眼蜂防治甘蔗二点螟。化学防治以使用农药为主。

20世纪50—60年代，农业和人工防治是主要手段，生物和化学防治辅之。化学防治主要使用烟叶、牛尿、石灰等配制的土农药。60—70年代开始使用"1605""1059"等剧毒农药和"六六六"、滴滴涕、敌敌畏等，用石灰和硫酸铜、石灰和硫黄配制波尔多液、石硫合剂，防治农作物和果树病害。70—80年代转为化学防治为主，主要使用剧毒农药，也开始使用乐果、马拉硫磷等中低毒农药。

1984年后，各农场的病虫防治逐步进入以化学防治为主的综合防治阶段。选用甲胺磷等触杀性药剂防治水稻纵卷叶螟等叶面害虫，杀虫双等内吸型药剂防治水稻螟虫、甘蔗二点螟，叶蝉散防治稻飞虱，井冈毒素防治水稻纹枯病，杀虫脒、甲基1605、敌百虫防治棉花害虫，广谱型药剂多菌灵防治各种病害。1988年起推广使用高效、低毒、低残留新农药，逐渐淘汰有机磷和有机氯等剧毒、高残留的老品种农药。推广扑虱灵防治稻飞虱，三唑磷防治螟虫，拟除虫菊脂类药剂防治棉花害虫等。

2000—2008年，区推广使用了一大批新农药，采用复合配剂防治各类病虫害。推广使用抗虫棉，普及应用药剂浸种和包衣种子。坚持按防治指标合理用药，尽量减少用药次数和用药量，保护和利用自然天敌。在此期间，区内的水稻二化螟、纵卷叶螟、稻飞虱、甘蔗二点螟、棉花红铃虫、棉铃和水稻纹枯病、稻瘟病等主要病虫害的为害率，均控制在3%的允许水平之下。

2009年开始，区内停止种植制糖蔗，棉花只零星种植，病虫防治重点集中于水稻，重大生物灾害综合防控与科学用药的绿色防控技术得以全面普及应用。主要技术手段有四：以生态环境保护措施保护天敌，采用田埂种植大豆、芝麻、棉花等显花植物蓄养天敌，保护和提高天敌控害能力。进行农业防治，深耕灌水灭蛹控螟；选用抗病品种，以药剂浸种预防病虫。非化防控害，即使用性信息素和杀虫灯诱杀害虫。药剂防治，即推广和合理使用安全、高效、低毒、质效期长的对口农药，注重用药安全间隔期和次数，搞好药剂交替使用和科学混用，争取主要害虫一代一次用药防治过关，确保稻米质量安全。2010年后，逐步实行统防统治，共组建统防统治专业队伍49个、300余人，普及应用自走式喷雾器、无人机等植保机械，统防统治面积达90%以上。2015年，大通湖区成为湖南省绿色防控融合推进示范单位、水稻病虫草统防统治高"四效"和水稻生产全程机械化破"瓶颈"联合攻关示范单位。

三、化学除草

区内农田杂草有64科、246种。水田杂草主要有稗草、四叶萍、眼子菜、瓜皮草、狗尾草、双穗雀稗、三棱草、牛毛毡等。旱土杂草主要有狗牙根、香附子、马唐、青蒿、狗尾草、千金子、棒头草等。2000年千金子蔓延至水田，成为危害水稻的恶性杂草。

区内农田化学除草始于1965年，一直走在全省农垦乃至全省农村的前列。1970年后在稻田普及应用，水田主要使用杀草丹、丁草胺、苄黄隆、禾大壮等除草剂，旱土使用扑草净、稳杀得、拿扑净、盖草能、乙草胺、草甘膦等除草剂。1986年起，甘蔗普遍采用地膜覆盖栽培，蔗地盖膜前喷施莠去津药剂，除草效果达90％以上。2000年后，水稻除草主要使用田草净、丁草胺、丙草胺、苄黄隆、草灭星、杀稗王，旱土用药品种变化不大。2006—2020年，针对水田恶性杂草千金子的危害和稗草耐药性增加的情况，区内选用苄嘧、丙草胺、五氟、稻喜、稻杰、双草醚等药剂，优化施药技术规程，有效控制了杂草危害。

四、鼠害防治

区内害鼠主要是东方田鼠，危害区域主要是临东洞庭湖的垸内农田。防治措施有设障埋缸灭鼠、人工捕杀、毒饵诱杀3种。设障埋缸灭鼠：1982年汛期，成群结队的东方田鼠从外湖洲滩涌向大堤，金盆、北洲子农场用纸板围堤设障，每隔50米埋设一口水缸，待田鼠滑入缸内后进行灭杀，效果极佳。1984年逐步改为水泥预制板设障。1990—1992年，结合大堤防浪墙建设，预制板全部改建为永久性混凝土防鼠墙，并留设防鼠通道灭鼠。人工捕杀：东方田鼠洞穴浅，可采取人工挖洞和灌水方法捕杀。毒饵诱杀：每年开展两次统一行动。第一次是源头毒饵诱杀，当外湖水位涨至28.5米时，尚有约8％的洲滩出露，害鼠比较集中，此时投施毒饵效果明显。第二次是对已侵入垸内的害鼠，统一时间投放毒饵灭杀。药剂为敌鼠钠盐、杀鼠速等抗凝血灭鼠剂。

2006年，农业部和中国科学院在大通湖区设立东方田鼠监测站，为洞庭湖区提供鼠害预警和防控指导。2015年后，洞庭湖湿地保护力度加大，蛇、鼬、鹰等害鼠天敌增加，自然控害作用逐步恢复，害鼠大量减少。

第五节 土地改良与肥料

一、土地改良

大通湖区的土壤成土母质系河湖沉积物，少数为第四纪红色黏土母质。土壤障碍因素主要是地下水位高、青泥层厚、还原性有毒物质多，质地黏重、土壤板结、通气性差，地力贫瘠、保水保肥能力差。据1980年前后土壤普查和2009年耕地地力评价资料，全区有灌溉改良型耕地3.27万亩、瘠薄培肥型耕地3.71万亩、障碍层次型耕地7.35万亩、渍涝排水型耕地3.53万亩、渍潜稻田型耕地0.73万亩，共计各类障碍因素耕地18.69万亩，占总耕地面积的61％。

20世纪70年代，各农场开展大规模农田基本建设，水田每相隔140米、旱土每相隔280米开挖排水渠，使地下水位由原来的距地表0.3～0.6米降至1米左右，水渍型土壤地力有所改善。对质地过砂土地采取深耕翻泥压砂、加客土掺拌等改良措施，对质地黏重、肥力贫瘠地增施有机肥，改善土壤结构。

2001 年开始，区相继实施中低产田改造、农业综合开发、国家优质粮食产业工程标准粮田建设、环洞庭湖基本农田建设重大工程土地整理、国家现代农业示范区旱涝保收标准农田示范和旱土改水田等重大项目，全面升级农田排灌系统，精细平整土地，挖填调配客土改造贫瘠地，整修硬化田间道路、沟渠，消除土地障碍因素。至 2020 年，全区累计投入资金 4.75 亿元，建成高标准农田 19.2 万亩，占全部耕地的 78％。

二、肥料

（一）有机肥料

区内农家肥、绿肥、饼肥、作物秸秆等有机肥资源丰富。农家肥有人畜尿、草木灰、土杂肥和凼肥等。人畜尿、草木灰多用作秧田底肥。厩肥一般掺草皮、湖草，沤制凼肥，施入冬水田作基肥。土杂肥、饼肥多施于旱土作物。20 世纪 70 年代前，农家肥为主要肥料，各农场每年冬春都要掀起人工积肥高潮，水田一般每亩积制凼肥 50～60 担。此后绿肥种植面积增加，家肥积制仍是肥料建设的主要内容。80 年代后，化肥供应量增加，家肥积制逐年减少。2000 年后，区内肥源以化肥为主，有机肥主要是水稻等作物的秸秆和集约化养猪场的猪粪。2007 年起，绿肥逐步恢复生产，每年约 6 万～8 万亩。2012 年，年产能 5000 吨的宏硕生物有机肥厂投产，商品有机肥开始广泛应用于蔬菜、瓜类、水果和有机稻生产。

（二）化学肥料

1952 年各农场开始使用少量硫酸亚铵，至 1969 年，各农场亩均用量 3 千克左右。1970 年增施磷肥，氮肥增加了尿素和碳酸氢铵。1979 年开始施用钾肥。1982 年前后，各农场运用土壤普查成果，合理搭配氮、磷、钾比例，推广平衡施肥法，进行锌、硼、稀土等微量元素肥料试验推广。1984 年后化肥用量快速增加。1984—1994 年，亩均化肥施用量 75 千克以上，约为 1979 年的 4.6 倍。1995—2004 年，农产品价格长期低迷，农作物播种面积下降，化肥使用量相对减少。2004 年后，农户种田积极性高涨，播种面积和复种指数上升，化肥用量增加，2009 年达使用峰值，总用量 6.79 万吨，为 2004 年的 2.57 倍，化肥用量亩均 127.46 千克。此后，区实施国家测土配方施肥项目，技术覆盖全区主要农作物，科学合理地调减了用肥量标准，加之现代农业加快发展，种植业结构调整幅度大，化肥施用量随之下降。2020 年，全区耗用化肥总量 4.67 万吨，亩均 73.7 千克，比 2009 年分别下降 31.2％、42.2％。

大通湖区 2011—2020 年化肥施用量见表 3-1-3。

表 3-1-3　大通湖区 2011—2020 年化肥施用量统计表

年份	农作物播种面积（万亩）	化肥用量		具体用量			
		总量（吨）	亩均（千克）	氮肥（吨）	磷肥（吨）	钾肥（吨）	复合肥（吨）
2011	70.19	53334	75.99	41379	9294	1485	1176
2012	75.35	56267	74.67	43613	9786	1562	1306
2013	79.70	55884	70.12	43320	9700	1550	1314
2014	79.71	55960	70.20	43363	9709	1552	1336
2015	76.41	59025	77.25	27298	20707	3492	7528
2016	68.30	59545	87.18	27120	20521	3438	8466
2017	61.00	56998	93.44	25778	19543	3338	8339
2018	62.86	54543	86.77	24653	18653	3185	8052
2019	63.57	52949	83.29	23932	18108	3092	7817
2020	63.37	46702	73.70	21054	16056	2723	6869

第六节　栽培技术

一、水稻

20 世纪 50 年代，各农场主要落实《湖南省水稻栽培技术指导纲要》制定的八项技术措施。1955 年，早稻亩产 321 千克，中稻亩产 378 千克。1958 年后，过于强调"早"与"密"，认为"一早百早，越密越好"，以致事与愿违，早稻亩产一般 200 千克上下，1969 年仅 137 千克；双季晚稻亩产 100 千克左右，最低的 1967 年只有 28 千克。70 年代中期后，各农场正确掌握农时，合理密植，产量逐步提高。1974 年，按各农场水稻耕地面积计，水稻亩产 425 千克，1985 年达 669 千克，此后一直稳定在较高水平，2010 年亩产达 741 千克。

（一）品种搭配

大通湖区属地理位置偏北的双季稻区，早稻生产需重点克服 3 月底至 4 月份育秧期和 5 月份移栽后的低温寒潮危害，晚稻要避免 9 月份的寒露风影响。1966 年各农场大面积发展双季稻后，从选择生育期适宜的品种入手，搞好早晚稻品种搭配，一般采用早稻迟熟配晚稻早熟、中熟配中熟、早熟配迟熟的模式。因晚稻产量、米质优于早稻，一般先选定晚稻品种再定早稻品种，使两者不同品种间的生育期、种植面积相互衔接匹配，确保晚稻在寒露风来临前安全齐穗。2005 年后，由于寒露风多年未出现或偏迟，少数农户在水稻品种搭配和种植方式上出现失误，导致晚稻不能安全齐穗而严重减产，以 2010 年和 2020 年表现尤为明显。

（二）育秧和直播

区内的育秧方法几经变革。20 世纪 50 年代，用盐水或泥水选种，每亩大田用种量10～

12.5 千克，3 月下旬浸种，大堆高温催芽；4 月上旬播种，采用合式秧田培育水秧，平均成秧率 45％。1958 年后，亩用种量增至 18～20 千克，播种期提早至 3 月中旬。1960 年提前至 3 月 9 日播种，遭遇连续三次寒潮，气温 3～8℃，烂秧 2800 余亩。1963 年改用湿润育秧。1966 年后开始以绿肥覆盖御寒，成秧率增至 69.3％。1984 年起采用农膜覆盖，清明前后播种，亩用种量减至 10～12.5 千克。1987 年推广普及低拱地膜育秧，成为早稻育秧主要方式，成秧率提高至 78.6％。1995 年前后，各农场引进示范早稻旱育秧和晚稻两段育秧、两次栽培"双两大"技术，因旱育秧立枯病死苗严重、"双两大"栽培耗时费力，未能推广。2014 年区开始集中育秧供秧，集中育秧面积 0.53 万亩，移栽大田 13 万余亩。2016 年和 2017 年，建成国清、刘卫等两个供秧 2000 亩、供芽谷 1 万亩的工厂化集中育供秧服务示范中心。2021 年，智能集中育秧落地宏硕农业农机合作社，供秧 2000 多亩。

区内各农场大规模应用早稻直播技术始于 1992 年，因其一举解决了早稻五月"翻秋"（秧苗僵而不发）的难题，且省工、省时、产量高，很快全面推广，并逐步发展到中稻和晚稻直播。至 2007 年，全区水稻直播面积占水稻播种面积的 90％以上。但早稻直播易受 4 月低温影响造成烂秧，晚稻直播则因无适合品种和播种期偏迟而风险较大。2014 年起实行集中育秧和推广机插秧技术后，基本不再进行双季稻直播，中稻仍以直播为主。

（三）移栽与除草

20 世纪 50 年代播"满月秧"（秧田期 30 天），早稻 5 月上旬插完秧，双晚 7 月中下旬移栽。早稻插秧密度一般为 8×8 寸*，晚稻为 7×8 寸。1958 年后强调密植，早稻插秧密度改为 4×6 寸和 3×6 寸，移栽期提前到 4 月上中旬。70 年代后早稻移栽一般在 4 月下旬至 5 月上旬，晚稻移栽在 7 月下旬至 8 月上旬立秋前。插秧密度方面，早稻保持 4×6 寸，晚稻为 4×6 寸和 4×7 寸。

1997 年开始示范推广晚稻抛秧技术。2012 年全区晚稻抛秧面积 2.13 万亩，翌年早、晚稻抛秧面积 8.54 万亩，占水稻种植面积的 28.5％。因人工抛秧存在难抛匀、易浮蔸的缺点，后被机械插秧所取代。

区内机械插秧始于 2009 年，在金盆镇小面积试插，每台插秧机日工效达 50～60 亩，且插秧质量好，有利于水稻丰产增收。2013 年后稳定发展，从早稻推广应用到中稻、晚稻。2014 年，全区机插早稻 10.5 万亩、中稻 0.82 万亩、晚稻 12.63 万亩，并组织农业农机合作社跨区支援醴陵市早稻机插。2019 年，全区有高速插秧机 624 台，机插面积 24.84 万亩，占水稻播种面积的 92％。

---

　* 寸为非法定计量单位，1 寸≈0.033 米。——编者注

稻田中耕除草方面，20 世纪 50 年代以人工脚踩为主，并推广水田中耕器。60 年代后因密植改用人工手抓。70 年代开始大面积推广化学除草，辅以人力中耕 1～2 次。1990 年后全面普及化学除草。

（四）肥水管理

20 世纪 70 年代前，各农场稻田基肥以凼肥、磷肥和稻草还田为主。之后，早稻每亩增施碳铵、磷肥各 25～30 千克，晚稻增施碳铵 30～40 千克做底肥。80 年代后，绿肥等有机肥源减少，早稻化肥用量提高至每亩磷肥 40～50 千克、碳铵 35～50 千克。早、晚一般各追肥两次，即移栽后 5～6 天每亩追施尿素 10～12.5 千克作分蘖肥，晒田复水后追施尿素 3～4 千克作壮苞肥。晚稻还喷施赤霉素、磷酸二氢钾等叶面肥，促进安全齐穗。2008 年后，区内全面普及测土配方施肥技术，水稻用肥标准、结构和方法更加科学合理。

在水管理上，一般采用有水插秧、深水活蔸、浅水分蘖、够苗晒田、活水壮苞、有水抽穗、干湿壮籽、落水黄熟等办法。

二、棉花

（一）播种与育苗

1980 年前，条播是各农场棉花播种的主要方式。从整土到播种基本机械化，厢宽 2～2.3 米，每厢 4 行，行距 0.6～0.7 米，每亩用种量 8～9 千克，人工套种的每亩 6～7 千克。沟浅籽匀，盖土深不过寸、浅不露籽。出苗后 7～8 天进行间苗，5～6 片真叶时定苗，每亩 3500～4000 株。此后，各农场全面推广育苗移栽，开始以营养块育苗为主，后改进为营养钵育苗。苗床肥以农家肥、饼肥为主。4 月上中旬播种，苗床平盖地膜，出苗80％以上时起拱，防止高温烧苗。起拱后每 5～6 天施药一次，重点防治炭疽病、立枯病，移栽前喷施一次壮苗素。

（二）移栽与施肥

棉苗 4 叶时开始移栽，视品种不同，每亩苗数 1200～2000 株。冬闲地一般在 5 月中旬栽完，春收作物套种地于 5 月底前移栽结束。

20 世纪 50 年代时以绿肥作底肥。60 年代增施化肥，常因氮素过多导致棉株疯长、蕾铃大量脱落，造成减产。70 年代中期起，改进施肥技术，之后一直采用基肥足、苗肥轻、蕾肥稳、铃肥重、桃肥补的办法施肥。2000 年后推广化学调控，在初铃后每 10～15 天喷施一次助壮素，减少蕾铃脱落。2008 年后普及测土配方施肥，亩施商品有机肥 40 千克作基肥；蕾期施用磷肥 20 千克，尿素、氯化钾各 7 千克，硼肥、锌肥各 1 千克；花铃期施尿素 23 千克，磷肥 30 千克，钾肥 13 千克；8 月上旬施 8 千克尿素作盖顶肥。

（三）田间管理

1984 年前，各农场棉田除草以人工为主，结合除草中耕 3～4 次。1984 年后，化学除草逐步普及应用，人工除草和中耕次数减少，只在 7 月中旬结合埋施铃肥用牛力中耕一次。1985 年后采用抹赘芽、摘油枝、8 月上旬打顶尖等措施，促进棉花均衡生长。

三、甘蔗

（一）留种

1995 年之前各农场采用全茎留种，按每亩用种量 0.7～0.75 吨的标准，在霜冻之前的 11 月 10—25 日，抢雨天窖种。1993 年起试验蔗梢留种技术，将蔗茎上部 3 个老节及以上的蔗梢作为种茎，每砍 1 亩蔗梢可播种 2～2.5 亩。1995 年后蔗梢种茎播种面积占甘蔗播种面积的 20％，2002 年至 2004 年达 40％。1995 年试验宿根留种技术，在甘蔗收获时平地挖断蔗茎，留下蔗蔸作种，2002—2004 年宿根蔗播种面积达 30％。

（二）播种

对蔗土深耕细耙，开沟作畦，2 月下旬到 3 月中旬播种，行距 0.9 米左右，种茎长约 50～60 厘米，采用品字型或双行排列播种。1984 年各农场推广地膜覆盖和化学除草配套栽培技术，亩用种量降至 0.5 吨左右，甘蔗出苗早且齐，生长快，亩增产 30％以上。1987 年后，地膜覆盖栽培成为各农场甘蔗生产的主要栽培方式，播种面积占比一直保持在 80％～95％。

（三）施肥

播种时施足基肥，每亩施碳铵 50～60 千克或尿素 15～20 千克、磷肥 60～75 千克、钾肥 10 千克。5 月下旬至 6 月上旬蔗地揭膜后，采用牛力深耕，每亩埋施碳铵 100 千克或尿素 45 千克、钾肥 15～20 千克，并搞好培蔸，保墒保肥，防止甘蔗倒伏。8 月上旬施用壮尾肥，每亩施尿素 15～20 千克，以利高产高糖。

四、油菜

9 月初播种育苗，10 月上旬移栽。1990 年开始推广使用"多效唑"育苗，即当油菜苗出现三片真叶时，喷施一次多效唑溶液，防止出现高脚苗，提高菜苗素质，增加苗龄弹性。2005 年开始示范推广直播，其能缩短甚至消除油菜返青期、节省人工成本。施肥方法：移栽时每亩施尿素 5 千克和磷肥 40 千克。12 月上中旬追施尿素 10 千克、钾肥 5 千克作腊肥，以利冬壮冬发。开春后施抽苔肥尿素、钾肥各 5 千克，并加施 1％硼肥，以提高结实率。

第二章　水　产　业

大通湖区水产资源丰富，有鱼类 108 种、贝类 30 种，还盛产虾、蟹、龟、鳖等甲壳类水产品。1970 年前，各农渔场渔业生产以湖泊捕捞为主，年捕获量逐渐由 1400 吨减少至 600 吨。1970 年后，各农、渔场建立鱼种基地，繁育四大家鱼，逐年扩大人工养殖面积，向大通湖投放鱼苗增殖资源，产量稳定提升。1982 年，各农场始建精养鱼池，实行专业养殖。至 2000 年，四个农场有鱼池 1.85 万亩，共产鲜鱼 5669 吨；大通湖产鲜鱼 5000 吨。建区后，区逐步转变渔业发展方式，依靠技术进步发展蟹、虾、鳖类等特种养殖。2003 年开始大湖养殖大闸蟹。2004 年千山红镇养殖珍珠 700 亩，后大通湖渔场、河坝镇局部水域开始进行珍珠养殖。2008 年起发展稻田养虾，2010 年开始进行大闸蟹池塘精养，2019 年建立蟹苗繁育基地，开发出"水草＋大闸蟹"种养模式，形成大通湖天然养蟹、池塘生态养蟹、稻蟹种养共生新格局。2020 年，全区水产养殖面积 15.68 万亩，各类水产品产量 3.77 万吨，产值 5 亿元。

大通湖机械捕捞始于 1986 年，至 2017 年止，常年机械捕捞量占总捕捞量的 60%～70%。

第一节　水产资源

区内湖河沟渠纵横，经东洞庭湖连通长江和湘、资、沅、澧四水，水产资源十分丰富。盛产鱼、虾、贝、蟹、鳖、龟等水生动物，以鱼为大宗。

1950 年建立大通湖蓄洪垦殖区时，区境内有大小湖泊 13 个、水域面积 49 万亩，后经历年围湖造田，仅存 12.4 万亩的大通湖中心湖泊。湖内水生动物品目繁多，鱼类有 11 目、14 科、108 种。常见的约 65 种，主要为青、草、鲤、鳙、鲢、鳊、鲶、鳜、鳜、鲌、乌鳢、鲚鲅、鲚、鳅、鳝等。20 世纪 70 年代前，湖场生态环境优越，适合鱼类栖息繁衍，除青、草、鳙、鲢、鳜鱼由外江外湖灌江纳苗外，其他鱼类均可在湖体静水草丛中自然产卵繁殖。三角鲂（武昌鱼）为湖内优质种群之一，头小体大，肉质鲜嫩，最大尾重 3.2 千克，曾被湖北省引入作为加快武昌鱼繁养的种源。鳜鱼、青鱼等生性刚猛，专食活体鱼类和螺蚌，最大体重可达 90 千克左右，常年都有捕获。此后，因堤垸建设发展需要，大通湖水体基本与洞庭湖隔绝，加之各湖口设置栏塞，鱼类随水出入通道阻断，湖内鱼源以人工投放为主。

大通湖湖底淤泥覆盖深度 25～45 厘米，腐殖质含量 4% 以上，适宜螺、蚌、蚬等底栖动物繁殖生长。据调查，湖内底栖动物年产量每亩约 69 千克。其中蚌类 15 种，以褶纹冠蚌、三角帆蚌为主，亩均年产量 42.65 千克；螺类 11 种，亩均年产量 21.05 千克；蚬类 4 种，亩均年产量 5.5 千克。螺、蚌既是高蛋白食材，又是上等的动物性饲料，三角帆蚌、褶纹冠蚌还是培育珍珠的优良蚌种。2008 年大通湖经营权转让后，湖内底栖动物被连年过度捕捞，种群数量急剧减少。2017 年，区收回经营权进行生态修复，种群数量逐步回升。

20 世纪 70 年代前，大通湖龟、鳖产量高，尤以产鳖著名，历年均有批量出口，最好年份可产 20 吨。后因水环境变化和过度捕捞，野生龟、鳖资源数量逐年下降，特别是龟类已基本绝迹。

区内河流沟渠水域广大，水生动物资源丰富。20 世纪 70 年代后，因大量使用化学农药和水生态受到破坏，水生自然群落减少，在局部水域因水体污染而绝迹。2016 年区开始落实"共抓大保护，不搞大开发"的要求，全面推行水环境治理、禁渔、人工增殖放流等举措，区内水域水生动物资源得以较快恢复。

第二节　渔业生产

20 世纪 50 年代，区内渔业生产以湖泊捕捞为主。捕捞方式有浮网、沉网、稀大网、麻布网、虾拖网、丝网、凉网、挂钩、顶杆、卡钓、地钩、散罩、镖业、箭业、黑坑、鸬鹚等。大通湖大湖捕捞分为常年捕捞和冬季捕捞。常年捕捞，即在春末夏初和秋季，安排 50～60 艘渔船采用卡钓、地钩等渔具进行小规模生产，主要捕获鲫鱼、乌鳢、黄牯、鳜鱼等不利于家鱼生存成长的杂鱼，年捕获量 150 吨左右。冬季捕捞，一般于立冬前后开始，至春节结束。此时段每年组织渔船上千艘，利用各种工具集中捕捞，年渔获量 650～1100 吨。1961—1970 年，大通湖仍处于"捕天然鱼"状态，鱼类资源逐年衰减，10 年累计捕鱼 4515 吨，年均 451.5 吨，比前 10 年年均减少 50% 以上。在此期间，北洲子、金盆农场建有渔樵组和水产队，常年组织渔民在东洞庭外湖捕鱼，年产量分别约为 60 吨和 80 吨。

1970 年后，各农、渔场人工繁育鲢、鳙、草、青等四大家鱼，相继建立鱼种基地，饲养亲鱼，孵化育苗。改变重捕轻养做法，逐年扩大人工养殖面积，所孵鱼苗除自给外，部分对外供应。1972 年，大通湖渔场确立"以养为主，养捕并举"的经营思想，开始每年向大通湖投放鱼苗，增殖资源。至 1981 年的 10 年间，共投放鱼苗 627.7 吨，捕捞鲜鱼 1.27 万吨，回捕比例年均为 1∶20.2，年均捕获量为人工投苗前的 2.8 倍。1982—1992 年，因外湖灌江纳苗完全中止，共投放鱼苗 2590 余吨，鲜鱼总产 1.21 万吨，总回捕比例下降至 1∶4.66。1990 年后开始加大放湖鱼种规格，并投放氮、磷化肥培肥水体，年投放鱼苗 330～410 吨、化肥 830～1100 吨，年产鲜鱼 1500～1900 吨。2000 年，大通湖产鲜鱼 5000 吨，亩均产量 40.3 千克，均比 1990 年增长 1.2 倍以上。2004 年大通湖经营权被分块承包。2008 年大通湖经营权转让给天泓水产公司后，投湖鱼苗量和草鱼等草食性鱼类数量不断上升，投饵投肥特别是畜禽有机肥量剧增，虽产鱼量显著提高，但水生态遭受严重破坏。2017 年区收回大通湖经营权，大通湖禁渔进行生态修复。

大通湖、北洲子、金盆、千山红等四个农场以池塘养鱼为主，1982 年开始建设精养鱼池，实行专业饲养，主要养殖鳙鱼、鲢鱼、草鱼、青鱼、鲤鱼、鲫鱼等。1986 年后，各农场将部分低洼地改建成鱼池，精养水面不断扩大。至 2000 年，四个农场有鱼池 1.85 万亩，年产鲜鱼 5669 吨，平均亩产 306.5 千克，分别比 1986 年增加 18%、1.7 倍和 1.28 倍。

建区后，区转变水产业发展方式，逐步兴起特种养殖，养殖技术得到推广普及。2003 年在大通湖水域养殖大闸蟹 1 万亩，2005 年扩大到 4.3 万亩，产蟹 150 吨。嗣后大通湖全域养蟹，至 2017 年一般年产量 300 吨左右。2008 年起开始发展稻田养殖小龙虾。2010 年部分养殖户开始池塘养蟹。2019 年区与上海海洋大学深度合作，开发出"沿海基地繁殖、本地化亲本选育与育种技术"及"水草＋大闸蟹"耐高温种养模式，建立种苗繁育基地，实现了蟹苗供应本地化。2020 年，经 3 年水环境治理后，区重启大通湖生态养蟹产业，共投苗 2.5 吨，发展池塘、稻田养蟹各 3500 亩、2600 亩，年产蟹 390 吨，产值 1 亿元。全年淡水养殖面积 15.68 万亩，其中池塘养殖面积 5.57 万亩；水产品养殖产量 3.77 万吨，其中鱼类产量 2.33 万吨、虾蟹类 1.44 万吨、龟鳖类 30 吨；水产业产值 5 亿元，占农林牧渔总产值的 18.89%，比 2019 年增长 4.8%。

大通湖渔场 1981—1996 年大湖养殖投种与回捕情况对比见表 3-2-1。

表 3-2-1　大通湖渔场 1981—1996 年大湖养殖投种与回捕对比表

单位：吨

年份	投种数量	捕获成鱼	回捕比例	放种时间
1981	126.00	947	7.52	春季
1982	277.50	934	3.37	春季

（续）

年份	投种数量	捕获成鱼	回捕比例	放种时间
1983	153.20	1060	6.92	冬季
1984	353.95	1100	3.11	冬季
1985	218.45	826	3.78	冬季
1986	152.50	734	4.81	春季
1987	180.00	1300	7.22	春季
1988	95.00	880	9.26	春季
1989	180.00	590	3.28	春季
1990	215.00	1502	6.99	春季
1991	368.10	1613	4.38	冬季
1992	398.60	1550	3.89	冬季
1993	405.00	1421	3.51	冬季
1994	293.00	1592	5.43	冬季
1995	333.50	1589	4.76	冬季
1996	403.00	1640	4.07	冬季

各农、渔场若干年份鲜鱼产量见表 3-2-2。

表 3-2-2　各农渔场若干年份鲜鱼产量表

年份		大通湖农场	北洲子农场	金盆农场	千山红农场	大通湖渔场
1986	面积（亩）	3346	2520	3461	6345	124000
	总产（吨）	551	376	555	616	1191
	每亩单产（千克）	164.7	149.2	160.4	97.1	9.6
1990	面积（亩）	3350	2520	3923	6930	12400
	总产（吨）	710	500	832	1242	2248
	每亩单产（千克）	2120.0	198.4	212.1	179.2	18.1
1995	面积（亩）	4140	3150	3460	8900	124000
	总产（吨）	927	623	762	2740	1888
	每亩单产（千克）	2240.0	197.8	220.2	307.9	15.2
2000	面积（亩）	2880	3150	227.1	10200	124000
	总产（吨）	917	900	960	3090	5000
	每亩单产（千克）	318.4	285.7	354.2	302.9	40.3

大通湖区 2011—2020 年水产养殖情况见表 3-2-3。

表 3-2-3　大通湖区 2011—2020 年水产养殖情况表

年份	养殖面积				养殖产量						
	湖泊（万亩）	池塘（万亩）	河沟（万亩）	合计（万亩）	鱼类（吨）	虾蟹类（吨）	贝类（吨）	珍珠（吨）	鳖类（吨）	牛蛙（吨）	合计（吨）
2011	12.27	2.41	—	14.68	21429	646	1874	1.00	110.0	—	24060.00
2012	12.27	2.43	—	14.7	25655	673	1952	1.00	115.0	—	28396.00
2013	12.40	3.35	—	15.75	29468	1200	720	1.00	137.0	5.0	31531.00
2014	12.40	4.86	—	17.26	32148	1274	780	1.00	143.0	5.0	34351.00
2015	12.40	4.88	0.09	17.37	35673	1383	924	1.50	144.5	5.0	38131.00
2016	12.41	4.88	0.09	17.38	38120	1475	887	1.45	162.8	5.8	40652.05
2017	12.41	4.88	0.09	17.38	41537	1966	852	1.32	163.4	5.0	44524.72
2018	12.41	4.88	0.09	17.38	25435	7376	426	0.86	107.3	6.8	33351.96
2019	12.41	4.88	0.09	17.38	25865	9796	402	—	106.0	7.0	36176.00
2020	10.11	5.57	—	15.68	23340	14360			30.0	—	37730.00

第三节　机械捕捞

大通湖机械捕捞始于 1986 年。该年，大通湖渔场从江苏吴江平望渔场学得机械围网捕捞技术，添置捕鱼网具一套，当年试捕，经几次改造获得成功。机械围网由行网、纲绳、兜箱、液压绞车、捞斗吊车、电子秤、发电机组、卷扬动力和两艘机动拖船组成。行网视捕鱼面积大小，由若干片网联结组成。每片网衣长 29.5 米、高 6 米，网目 7 厘米，网衣上纲安球型浮子，下纲装铁制沉子。作业时，两船分载行网，各将行网一端连接上屯鱼的兜箱，然后驾船呈半月形将网投入水中，形成大包围圈，再用绞车收缩曳纲收网，驱使鱼群进入兜箱，达到捕鱼目的。鱼群进入兜箱后，被捞斗吊车吊起捞出，经电子磅秤称重后运销处理。

机械捕捞工效高、成本低，所获鱼品个体大、鲜活度高。一般一天一网，每网平均渔获 15～30 吨，最高的 1996 年 12 月 3 日达 220 吨，被称为"三湘第一网"。自 1987 年起，机械捕捞每年捕鱼量占大湖总捕鱼量的 60%～70%，延续至 2018 年大湖禁渔止。有资料显示，1987—1996 年，大湖进行机械围网 602 场次，共捕捞鲜鱼 9128 吨，年均围网 60 场次，捕鱼 912.8 吨。

大通湖渔场 1987—1996 年机械捕捞情况见表 3-2-4。

3-2-4 大通湖渔场 1987—1996 年机械捕捞情况表

年份	1987	1988	1989	1990	1991	1992	1993	1994	1995	1996
捕鱼场次（次）	55	55	77	74	62	67	63	53	47	49
捕鱼产量（吨）	813.5	498.7	252.8	871.7	1074.7	1058.4	987.5	1251.6	1156.6	1213.0
场均产量（吨）	14.80	9.10	3.28	11.80	17.30	15.80	15.70	23.60	24.60	24.76
场最高产量 日期（日/月）	8/12	29/11	20/12	6/11	16/11	8/10	11/12	31/10	19/12	30/12
场最高产量 产量（吨）	60.0	56.8	34.0	57.2	91.6	89.0	90.0	120.0	72.8	220.0

第三章 畜牧业

区内各农场建立后开始发展畜禽养殖业，分场设畜牧队，生产队建猪舍、牛栏、鸭棚，实行"公有公养，集中管理"。1963 年和 1965 年，4 个农场均被定为湖南省生猪出口基地和鸭蛋出口基地。各农场饲养的水牛主要供农田耕作，早期养有少量骡马用于场内物资运输，还先后饲养兔、鹿等牲畜。实行农业家庭联产承包后，畜禽养殖全部转为私有私养，养殖规模逐步扩大，4 个农场年生猪饲养量 9 万～11 万头，鸡、鸭、鹅等家禽的养殖量约 23 万羽。2000 年后，生猪生产逐步由小户养殖向专业化、规模化养殖转变，牛羊养殖稳步发展，禽类养殖以农户兼养为主，养殖总量稳定提升。2011—2020 年，全区年饲养生猪 19 万～22 万头，牛 0.7 万头左右，羊 1 万～1.4 万只，家禽 80 万～100 万羽，禽蛋年产量 1000～1200 吨。2020 年实现畜牧业产值 3.36 亿元，占农牧渔业总产值的 12.68％。

区内畜禽防疫与畜牧业发展同时起步，总场和各分场设动物防疫站，由专业技术人员负责疫病防治。1970 年前，限于技术、饲养管理等条件，各类畜禽疫病时有发生流行。嗣后，随着技术进步和饲养管理条件不断改善，重大疫情得到有效控制，畜禽病死率逐年下降。建区后，区、镇成立动物防疫机构和重大动物疫情应急处置指挥机构，形成四级防控网络，严格执行免疫、检疫、扑疫"三同步"，使大通湖区成了重大动物疫情持续总体平稳，一直保持无高致病性禽流感、牲畜口蹄疫等重大疫病发生的"清静区"。

第一节 家畜养殖

一、生猪

1954 年，大通湖农场开始发展养猪业，年内建猪舍 1 栋 312 平方米，养猪 180 头，有种母猪 15 头。1958 年，猪舍增至 150 栋 4.8 万平方米，养猪 8300 头，存栏种母猪 677 头。翌年定为湖南省直属生猪出口基地。1959—1962 年，千山红、北洲子、金盆农场相继成立后，按照"五业并举"的思路，采取"公有公养，集中管理"的方式发展生猪生产，先后在各分场建畜牧队、各生产队建集体猪舍，规定每个养猪职工定额饲养种母猪

5～7 头或育肥猪 25～30 头，并自种青饲料地。1963 年底，区内各农场均被省外贸部门确定为生猪出口基地。

1963 年前，各农场生猪品种多系本地滨湖花猪，少量购进宁乡猪、长沙大围子猪、湘潭砂子岭猪和桃源黑猪等。饲料为青饲料加谷物和瓜薯类，全部采用熟食喂养，育肥采用"吊架子"办法，一般 12 个月出栏，料肉比 5～6：1。嗣后，各场陆续引进大约克、中约克、苏大白、长白猪等国外良种，与本地猪杂交进行品种改良。饲养方法上改熟食为生食，改混养为分群饲养，改吊架子育肥为一条龙育肥。至 1975 年，料肉比提高至 3.5～4：1，出栏周期缩短至 8～10 个月。1977 年起，各农场改变单一的碳水化合物饲料结构，增配动物性和矿物质饲料，生猪每头日增重达 200～300 克，比过去增 1 倍。1979 年，大通湖农场推广"一家班"养猪经验，在各养猪单位挑选勤劳肯干、责任心强的夫妻双职工组成一家班，包干负责一栋猪舍的饲养管理，实行"定任务、定饲料消耗、定收购价格、定上交费用、定产量产值工资"的责任制，年内共发展生猪 5.18 万头，出栏 1.88 万头，其中出口 1.3 万头，盈利 67 万元。同年农垦部在武汉召开全国国营农场工作会议，肯定了这一成功经验。1980 年，各场引进丹麦长白、美国杜洛克、英国大约克等纯良种进行三元杂交，发展瘦肉型生猪。此后，三元杂交品种全部取代原有品种。该类品种具有耐粗饲料、抗病力强、增重快、瘦肉率高的优势，一般饲养 8 个月时体重 120～140 千克，饲养最大体重为 250～300 千克，瘦肉率 54%～57%，适应内外贸市场需要。1984 年起，各农场陆续推广普及全价商品饲料，育肥猪每头日增重可达 750 克，出栏周期缩短至 5 个月，成本下降三分之一。1985 年，4 个农场共发展生猪 8.16 万头，出栏 4.4 万头，外贸出口量超过出栏量的 50%。

1984—1985 年，各农场改革畜牧业生产经营管理体制，将猪舍和存栏生猪折价转让给职工个人，规定上交收购任务和管理费用，自主经营、自负盈亏，农场按其存栏种猪和交售的出口大活猪数量，配给平价饲料粮进行扶持。自此，生猪生产由公有公养全部变为私有私养。之后，随着农业职工自建住房增加，小户养猪增多，形成了专业户规模养殖与农户分散兼养并重的格局。1990 年后，因出口渠道不畅，生猪销售价格下跌，出栏肥猪几乎全部就地宰杀销售，原有的良种种猪逐渐老化淘汰，养殖专业户逐年减少，小户兼养成为主流，生猪品种亦以混杂猪和宁乡猪为主。1995 年，4 个农场共养殖猪 9.87 万头、出栏 5.11 万头，养殖总量与 1990 年前后基本相当。1996 年后，各农场重启生猪品种改良，引进良种开展二元、三元杂交繁殖仔猪，全面恢复瘦肉型生猪生产。2000 年，4 个农场共出栏生猪 6.58 万头，年末存栏 4.55 万头。

建区后，生猪生产开始由小户养殖向专业化、规模化养殖转变。2002 年，22 名养殖户自发成立北洲子镇向阳生猪养殖协会，形成"统一供种、统一饲料、统一防疫、统一培训、统一销售"的联合体。至2005年，协会会员数发展到286户，养殖规模由存栏母猪百余头、年售仔猪1000多头，扩大至存栏母猪2900多头、年售仔猪2万余头，形成固定资产400万元，实现产值超1000万元，户均纯利润3.13万元。该年，全区有生猪养殖协会、合作社及养殖公司8家，规模养殖户170余家，出栏生猪11.3万头，出口中仔猪2.15万头，年末存栏6.3万头，其中能繁母猪0.45万头。2008年，北洲子镇三星食品公司投资建成年屠宰30万头生猪的肉食品生产加工线和1.5万头集约化养猪基地，后因资金、管理和市场等因素未能形成产能而关闭。2011年和2013年，区引进社会资本分别在南湾湖农副业生产基地和河坝镇芸景村建成大有、湘泓大型养猪场，2017年9月因环保政策要求实行退养。2016年，区引进北京大北农科技集团股份有限公司，投资2亿元在北洲子镇成立众仁旺种猪科技有限公司。公司占地1050亩，建筑面积约8万平方米，年存栏种母猪0.5万头，保育育肥猪3.5万头，采用全自动化料线作业，拥有先进的温控系统和污水处理系统，设计年出栏种猪1万头、商品肉猪10万头，是湖南农业大学教学实习基地、益阳市高校毕业生及青年就业见习基地，2020年定为省肉食品保供企业。

2011—2020年，区内生猪生产保持平稳态势，年出栏数稳定在10万头以上。2020年出栏生猪10.27万头，出口中仔猪0.4万头，猪肉总产7281吨，年末存栏9.14万头，其中能繁母猪0.87万头；实现生猪产值2.74亿元，占畜牧业总值的81.6%，占农牧渔业总产值的10.35%。

二、牛羊

1951年，大通湖农场从常德、益阳等地购入滨湖水牛370头，用于农田耕整，至1963年共饲养水牛999头。滨湖水牛体型高大、肌肉发达、四肢健壮有力，体重600～800千克，役用能力强，每头役牛日耕整土地6～7亩，年负担耕地70亩左右。1975年，各场共饲养滨湖水牛4073头，为历史峰值。另饲有少量湘西黄牛，用于旱土作物中耕。1984年前，耕牛全属公有公养，牛群集中于生产队牛舍由饲养组统一管理，役用时按农田作业面积分配到生产组使用，饲料由饲养员分送至田间喂食。役牛饲料以草料为主，冬季饲以稻草和清水，农闲时集中放牧于堤坝、沟渠路旁、荒坡隙地等零星草场，其他季节喂食青草，严冬和春耕时搭配棉饼和食盐等辅助饲料。母牛在产仔期间加喂黄豆催乳，并停止役用。实行农业家庭联产承包后，耕牛全部折价转让到户，一般两三户合养1头，专职饲养，轮流使用。1985年，4个农场共有耕牛3597头。后随着农业机械化水平提高，耕牛饲养量逐年减少，至2000年保有量约2000头。

2001年，区内探索发展牛羊产业、制定奖补扶持政策，引导村民利用内外湖堤防岸线和垸内荒坡等天然草场养殖牛羊。河坝镇由个私业主筹资购入西门塔尔、安格斯等良种种牛170余头进行繁育，并建有牛冷冻颗粒精液配种站。各镇村民先后引进浏阳黑山羊、波尔山羊自繁自养。2005年，全区出售和自宰商品肉牛0.2万头、180吨，山羊0.5万只、75吨，年末存栏牛0.53万头、羊0.85万只，其中能繁母牛0.26万头、能繁母羊0.45万只。嗣后，牛羊养殖主要集中在河湖岸线和废堤荒坡一带，常年专业养殖户约200户，每户养殖20～100头（只），饲养的水牛逐步由役用改为商品肉用。全区年饲养量一般为牛0.7万头左右、羊1万～1.4万只。2020年，出售和宰杀肉牛0.14万头、山羊0.67万只，存栏牛、羊分别为0.3万头、0.65万只，其中能繁母牛、母羊各0.1万头（只）。实现牛羊养殖业产值1655万元，占畜牧业产值的4.9%。

三、其他

1951年大通湖农场成立时，购入骡马33匹，主要用于乘骑，后用于马车运输。1956年从郴州接受军马30匹。1958年又从内蒙古自治区购进马100匹，集中在北洲子南大堤外驯养，后该地称"马排"。1962年马匹数量增加到220匹，品种多为蒙古马。20世纪60年代，各场均饲养有少量骡马，用于场内物资运输。1970年后，各场公路初步形成网络，机车运输发展加快，马车逐年淘汰，马匹全部外销处理。

1975—1976年，大通湖和金盆农场分别引进梅花鹿8只和25只，专人饲养，1979年发展至58只、110只，因饲养管理不善，疫病较多，成本又高，养殖6年共产鹿茸25千克，产量低且茸价屡降，1981年停止饲养。

各农场养兔业始于20世纪60年代初，少数职工家庭饲养安哥拉长毛兔，以补贴家用。1980年后，大通湖农场一、五分场建养兔专业组，养兔约500只；北洲子农场三分场建兔场，养长毛兔430只，每只年产毛0.6千克。1983年均转让给农户私养。后由于兔毛市场价格波动，至1990年，各农场已很少养兔。建区后，部分农户小规模兼养肉用兔。2011年后，全区年出售和自宰肉兔0.1万～0.2万只，产兔肉2～4吨，年末存栏0.15万只左右。2011—2017年，金盆镇大东口村发展特色养殖业，年饲养珍珠长毛兔0.2万余只，年产兔毛3.85吨，产值约20万元。

第二节　家禽养殖

1951年春，大通湖农场建鸭场于蓄洪垦殖区青树嘴，养蛋鸭2万余只。因敞养放牧于河湖荒滩，管理难度大，产蛋量低，1954 年撤销，鸭子全部处理。1956 年恢复养鸭，品种有苏州鸭、北京鸭、滨湖麻鸭和淮鸭等。苏州鸭和北京鸭每只年均耗稻谷 50 千克以上，仅产蛋 5 千克左右，被逐年淘汰。保留的滨湖麻鸭系攸县麻鸭品种，为蛋用型，具有体型小、生长快、成熟早、产蛋多、耐粗饲、耗资少的特点。其体重一般为 1.25～1.5 千克，年产蛋 8～10 千克，最高可达 14 千克，单只蛋重 62.5～71 克，蛋料比 1：2.8，饲料报酬率较高。至 1962 年，年饲养量达 2.3 万余只，产蛋 113 吨，出口鲜蛋 87 吨。1959 年和 1962 年底，千山红和北洲子、金盆农场建场起即开始养鸭，各生产队建鸭棚，由专人负责饲养管理。养殖方式以敞放于沟港、田间寻觅野食为主，视鸭群产蛋、觅食情况辅以适量稻谷。1965 年，区内 4 个农场共养鸭 7 万余只，产蛋 360 多吨，出口 230 吨，4 个农场均定为湖南省鸭蛋出口基地。1970 年后，各农场开展大规模农田水利建设，加上农田农药施用量增加，工业废水污染加剧，放牧空间逐年缩小，鸭群中毒死亡现象普遍。至1983 年，4 家农场养鸭规模约为 5.8 万羽。1984 年和 1985 年，各农场分别将公有、公养的鸭群折价让售给承包户，参照农业土地承包制办法定上交利费和鲜蛋产品。1985 年各农场学习江苏、浙江、上海等地圈养鸭饲养管理经验，使鸭群死亡率下降、产蛋率提高，每只平均年产蛋 16 千克。1990 年后，鸭蛋出口渠道不畅，放牧空间持续缩小，至 2000年 4 家农场养鸭规模约 3 万羽。其间的 1996 年，大通湖农场组建禽业开发公司，从江苏引进樱桃谷肉鸭进行繁养，次年养殖量达 3000 余只，后因技术、市场原因中止。

各农场养鸡始于 1958 年大通湖农场建养鸡场，主要饲养蛋用型来航鸡。1961 年饲养5000 余羽。因管理不善，死亡率达 50％，加之该鸡种产蛋率低、耗食量大，于 1963 年停止饲养。20 世纪 60—70 年代，各农场养鸡全属职工家养，限制每户养殖 3～5 只，品种多为桃源鸡、长沙九斤黄等地方良种及多品种杂交的鸡种。改革开放后取消养鸡限制，职工家庭饲养量快速增加，有些农户进行规模养殖。1990—2000 年，4 家农场年均养鸡量稳定在 20 万羽左右。此外，各农场有部分农户饲养鹅、鸽等家禽，饲养量不大。

2000 年后，区内家禽养殖仍沿用家庭饲养管理办法，养殖结构以鸡为主，鸭鹅次之，其他甚少，各镇均有数家规模养殖户。养殖方式逐步改敞养为圈养，改自觅野食、辅以谷物为喂食混配饲料为主，家禽生长速度和产蛋率均有提高，养殖规模逐年扩大。2005 年，全区出售和自宰家禽 38 万羽，产禽肉 570 吨、禽蛋 630 吨，存笼 37 万羽。2008 年，个体私营经营者在河坝镇成立湖南科羽养殖有限公司，采用工厂化养殖，年饲养蛋鸡 3.5 万羽，所产黑羽乌骨绿壳鸡蛋获第十届中国·湖南农博会金奖，2013 年公司因其他问题倒闭。2011 年后，区内家禽年养殖规模保持在 80 万～100 万羽，年出笼商品家禽占饲养量的 50％以上，禽蛋年产量 1000～1200 吨。2020 年，有养殖规模千羽以上的养殖户 26 户、

130 人，规模养殖量约 11.2 万羽。全区共饲养家禽 82.71 万羽，其中存笼 40.81 万羽，以鸡存笼为主，占 90％以上。

第三节　疫病防治

各农场开始发展畜牧业时即设立动物防疫站，在分场设分站，各配备专职畜牧兽医技术人员 2～3 人，从事畜禽疫病防治工作。20 世纪 70 年代前，受技术、管理等因素制约，生猪丹毒、猪瘟、肺疫、副伤寒和鸡鸭瘟等传染病时有发生。1961 年，大通湖农场因猪瘟流行死亡生猪 1.1 万头，死亡率 37.1％。1963—1969 年，北洲子农场生猪死亡率为 11.4％。金盆农场 1964 年死亡生猪 2300 余头，占比 29％；1965 年流行鸭瘟，死亡率超 50％，次年对鸭群注射鸭瘟疫苗，使疫情基本得到控制，但引发鸭子跛腿，后改心肌注射，控制了跛腿率和死亡率。1970 年起，各农场每年春秋两季为生猪注射各种疫苗，生猪死亡率降至 4％左右，1980 年后采用口服和注射相结合的接种办法，加之改善饲养管理，生猪死亡率下降到了 1.8％。同时，各农场每年下发鸡瘟、鸭瘟疫苗，使鸡鸭疫病流行得到了有效控制。

2000 年建区后，组建区、镇动物防疫站，有畜牧专业人员 21 人，开展畜禽疫病防治和检疫。2002 年成立分管农业的副区长、副镇长为指挥长的区、镇动物防疫指挥部，落实各村及养殖专业户、畜禽屠宰场（点）的责任，形成四级防疫工作体系。2001—2005 年区贯彻"预防为主，防重于治"的方针，严格执行畜禽免疫、检疫、扑疫"三同步"，牲畜口蹄疫、高致病性禽流感等重大动物疫病连续五年保持"清静区"。2006 年，区继续加大动物防疫投入，将防疫经费纳入预算管理，改善防疫人员工作条件和经济待遇，19 名村级防疫员的误工补贴由每月 100 元提高至 150 元，完成了各镇防疫站冷链系统和检疫装备设施建设。是年应对生猪高热病和可疑禽类重大动物疫情，及时消毒深埋病死生猪 2 万余头，扑杀处理禽类 1200 多羽，设置临时消毒哨卡 4 处并持续 50 天，停止生猪交易 40 天，把疫病损失控制在最小范围，杜绝了疫情外溢扩散。嗣后，坚持以免疫为主线，落实"加强领导、密切配合，依靠科学、依法防治，群防群控、果断处置"的 24 字防控方针，健全经费投入、目标管理、基础设施等保障体系，强化强制免疫、执法监督和果断处置突发疫情的防控策略，以种畜禽场、规模饲养场、饲养密集区、屠宰场、畜禽交易市场为重点，突出抓好高致病性禽流感、牲畜口蹄疫、猪蓝耳病、猪瘟等重大动物疫病和血吸虫病等人畜共患病的防控，实现了重大动物疫情持续总体平稳，区一直是无高致病性禽流感、牲畜口蹄疫等重大疫情的"清静区"。2020 年，区以防控非洲猪瘟为重点，落实防控主体责任和监管责任，扎实做好春秋两季免疫工作，实现畜禽重大疾病免疫合格率100％，全年未发生非洲猪瘟等重大动物疫情。

大通湖区2011—2020年主要家畜、家禽养殖情况见表3-3-1，表3-3-2.

表 3-3-1　大通湖区 2011—2020 年主要家畜养殖情况表

年份	生猪（万头）				牛（万头）			羊（万只）		
	出栏	其中出口生猪	存栏	其中能繁母猪	出栏	存栏	其中能繁母牛	出栏	存栏	其中能繁母羊
2011	10.43	0.67	11.20	1.01	0.17	0.48	0.16	0.37	0.62	0.36
2012	10.95	0.70	11.56	1.10	0.18	0.51	0.16	0.40	0.65	0.36
2013	10.99	0.75	11.15	1.11	0.21	0.53	0.17	0.46	0.68	0.39
2014	11.54	0.76	11.45	1.10	0.27	0.56	0.17	0.56	0.75	0.41
2015	11.32	0.66	11.23	1.05	0.28	0.55	0.17	0.61	0.78	0.41
2016	11.05	0.67	10.90	1.01	0.29	0.53	0.17	0.59	0.76	0.41
2017	11.35	0.40	11.42	1.10	0.29	0.54	0.17	0.61	0.81	0.42
2018	10.05	0.50	10.45	0.98	0.09	0.60	0.11	0.70	0.77	0.08
2019	11.56	0.65	7.80	0.63	0.09	0.59	0.11	0.70	0.78	0.08
2020	10.27	0.40	9.14	0.87	0.14	0.29	0.11	0.67	0.65	0.10

表 3-3-2　大通湖区 2011—2020 年家禽养殖情况表

年份	家禽出笼（万羽）	其中活鸡出笼（万羽）	禽蛋产量（吨）	家禽存笼（万羽）	其中鸡存笼（万羽）	其中蛋鸡存笼（万羽）
2011	51.60	33.46	1017	46.00	29.00	7.80
2012	55.10	34.27	1120	46.30	30.50	8.20
2013	54.56	32.68	1199	47.68	31.80	8.80
2014	53.50	32.02	1215	49.02	32.64	9.05
2015	55.74	32.54	1236	51.71	32.88	9.12
2016	54.85	38.39	1255	50.95	33.12	9.32
2017	55.95	39.12	1270	51.12	33.15	9.35
2018	40.25	29.17	1165	45.15	36.60	17.00
2019	41.36	29.89	1195	45.33	36.75	19.68
2020	41.90	33.08	1197	40.81	37.40	20.34

第四章 林 业

区内林业属洞庭湖防护林（平原农田防护林网）区系，原生林木资源极少。1955年开始人工造林，历年引进栽植各类树种80余种，现尚存51种。2020年，全区林业用地2.76万亩，林木绿化率13.08％、森林覆盖率4.03％，活立木蓄积量25.82万立方米。

1969年后，区内各农场进行种苗繁育，主要树种种苗逐步实现自给。1980年建成农田防护林网1486千米，并发展用材林和经济林。2003—2007年，区内大量栽种速生杨，累计种植面积达15.3万亩。此后陆续更新树种、调整布局，种植速生杨的农用地全部退林复耕，河渠、道路两旁林带由新植的"三杉"、樟树等取代。

区内林业管理机构和林权归属多有调整变化。2020年，全区共查处滥伐盗伐林木和非法猎捕野生动物案20件，其中4件移送公安机关立案侦查。

第一节 林木资源

大通湖地区开发建设之前多为湖洲荒滩，林木资源极少，仅有少量鸡婆柳混生于芦苇丛中。1950年建成蓄洪垦殖区后，开始零星种植旱柳。1953年种植构树和湖桑，之后陆续引种苦楝、女贞、枫杨、法桐、泡桐、香椿、喜树、水杉、池杉、落羽杉和楠竹、毛竹等。1980年开始引种欧美杨。2003—2007年大种欧美杨，种植面积达15.3万亩。2015年开始进行树种结构调整，逐步清退欧美杨，普遍栽种"三杉"、香樟、桂花、广玉兰、垂柳、红叶石楠等。

按湖南省林业区划分，大通湖区属洞庭湖防护林平原农田防护林网区系，主体功能为农田堤垸防护和生态涵养。原生树种主要是旱柳、桑树、苦楝、枫杨、构树等，绝大多数为后生驯化引进树种。历年来，区内共种植树种80余种，经逐年更新淘汰，至2020年尚存51种。其中防浪林为旱柳，主要分布于东洞庭大堤外湖浅滩。农田防护林以"三杉"、杨树为主。景观林主要有"三杉"、樟树、桂花、玉兰、红叶石楠、垂柳、紫薇、罗汉松、雪松、棕榈等，分布于镇村社区和街道、公路、河渠两旁。桔、桃、李、柚、梨、杏、枣等经济林，主要成片分布于农田和农村住宅的房前屋后空闲地。原有的一些乡土树种逐步消失，枫杨、喜树、苦楝、香椿、泡桐及竹类等，为"三杉"、香樟等所替代，仅存零星散株。

2003 年后，区内林地面积和立木蓄积情况呈现前期快速增长、中期维持稳定、后期快速回落的变化态势。2020 年，全区林业用地面积 2.76 万亩，林木绿化率 13.08%，森林覆盖率（不含四旁林）4.03%，活立木蓄积量 25.82 万立方米。

大通湖区若干年份林木蓄积量变化情况见表 3-4-1。

表 3-4-1　大通湖区若干年份林木蓄积量变化情况表

年份	林地面积（万亩）		蓄积量（万立方米）			林木绿化率（%）	森林覆盖率（%）
	合计	其中有林地	合计	林分蓄积	四旁林		
2004	7.23	5.47	16.83	12.29	4.54	13.4	11.3
2013	6.25	5.38	37.11	30.02	7.09	18.54	9.75
2020	2.76	2.21	25.82	8.97	16.85	13.08	4.03

第二节　林业生产

一、种苗建设

大通湖区成规模植树造林始于 1955 年，各种树苗全从外地购进。1969 年后，各农场相继建立林业科学研究所或林业管理站，分场设立林业队或林业组，负责种苗繁育，主要树种逐步实现了基本自给。大通湖农场以各林业组为基地建苗圃 8 处，面积 457 亩，培育"三杉"、苦楝、香椿、泡桐等速生丰产树种；1982 年后以培育欧美杨、水杉为主，一般年份育苗 200 万株、出圃 150 万株左右，除自给外，部分对外供应。1990 年后，苗木需求量减少，各场苗圃面积相应调减，大通湖农场 1992 年时苗圃仅存 31 亩，北洲子农场的苗圃面积由 1982 年的 29.2 亩减至 1995 年的 5 亩。

2003 年开始，区按照中共益阳市委、市政府关于大力推进林纸产业一体化的要求，大量引进欧美黑杨种苗进行繁育，建种苗基地 12 个，面积约 2100 亩。2007 年欧美黑杨种植面积达峰值，种苗面积急剧下降。2011 年起，苗木生产转为种植园林绿化和景观林树种，种苗面积逐年回升并呈稳定态势。至 2020 年，全区种苗面积 930 亩，年产苗木 120 万株。

大通湖区 2011—2020 年苗木生产情况见表 3-4-2。

表 3-4-2　大通湖区 2011—2020 年苗木生产情况表

项目＼年份	2011	2012	2013	2014	2015	2016	2017	2018	2019	2020
育苗面积（亩）	390	525	540	795	825	840	855	930	930	930
苗木产量（万株）	81.5	185.0	105.0	136.0	142.0	151.0	122.0	132.0	121.0	120.0

二、植树造林

各农场成立之后，每年在新开沟渠两岸人工植树，主要树种为旱柳、湖桑。1960 年后改以苦楝、女贞、枫杨、法桐为主，并在东洞庭堤防外浅滩栽植旱柳防浪林。1972 年后，各农、渔场根据中共湖南省委关于国营农场要做到"木竹三年绿化，五年自给，七年有贡献"的要求，制定林业发展规划，建立营林护林管理制度，年年组织开展春季植树造林活动，结合大规模农田水利建设，进行以"三杉"为主要树种的农田防护林建设。至 1980 年，基本建成水、田、林、渠、路、宅综合配套的方格式防林网，累计总长度 1486 千米。在此期间，各农场先后引进楠竹、毛竹、水竹等竹类种苗，栽植于废堤荒坡和渠旁路边，并发展用材成片林和果木经济林。1982 年，各农场累计有林地面积 2.98 万亩，其中防护林 2.04 万亩、用材林 0.45 万亩、果木经济林 0.33 万亩、竹林 0.06 万亩。此后，陆续对成材林地进行更新，1990—2000 年，各农场防护林、用材林及四旁林树种以"三杉"、欧美杨和常绿阔叶树为主，树种占比约为 7：2：1。

2000 年后，区内造林绿化主要采取项目造林、集体造林、私营业主造林 3 种方式进行。项目造林包括兴林抑螺血防项目、长江中上游防护林项目、退耕还林荒地配套造林、义务植树和城镇机关单位绿化。2003—2007 年，区内转换营林机制，引进营林企业和民间资本租赁农田、宜林荒地，倡导集体、个人栽植欧美黑杨，5 年造林 15.3 万亩。2008 年开始砍伐成材林，至 2013 年，农用地速生杨全部退林复耕。区陆续更新改造河渠、道路两旁防护林带，以"三杉"和樟树等常绿树种取代欧美黑杨。2020 年，进一步完善绿化技术方案，建立义务植树基地，全民义务植树活动走向制度化。2011—2020 年，累计造林 1.36 万多亩，"四旁"零星植树 190 万株。至 2020 年末，成林抚育面积 3.42 万亩，木材采伐量 1.85 万立方米。

各农、渔场 1982 年有林地林分面积见表 3-4-3；大通湖区 2011—2020 年林业生产情况见表 3-4-4。

表 3-4-3 各农、渔场 1982 年有林地林分面积表

单位：亩

场名	合计	用材林	防护林	经济林	竹林	其他林地
大通湖	8659	1132	6228	1029	50	220
北洲子	8026	628	6158	653	39	548
金 盆	4949	1153	2663	735	350	48
千山红	6919	1603	4110	927	178	101
渔 场	1227	—	1227	—	—	—
合计	29780	4516	20386	3344	617	917

表 3-4-4 大通湖区 2011—2020 年林业生产情况表

项目	单位	2011	2012	2013	2014	2015	2016	2017	2018	2019	2020	合计
人工造林	亩	1995	1995	1005	1080	1140	1275	1335	1275	1275	1275	13650
"四旁"植树	万株	21.3	15.8	16.35	17.57	17.63	19.52	19.55	19.93	21.76	20.54	189.95
成林抚育	万亩	4.29	8.88	7.98	8.18	9.04	9.88	10.27	10.07	0.75	3.42	72.76
木材采伐	万立方米	0.88	0.82	1.05	0.95	0.97	1.16	1.05	1.6	1.05	1.85	11.38

第三节 林业管理

一、管理机构

20 世纪 50—60 年代，各农场成立初期设有农业（生产）科，安排 1～2 名专职人员负责林业管理。1968 年科室撤销，各农场林业管理归属农场革命委员会生产指挥组。1973 年恢复科室建制，农业（生产）科设林业专职副科长和专干，各分场配备林业专干 1～2 人，相沿至农场体制改革。2000 年 9 月改场建镇设区后，区农林水利局内设林业股，有编制人员 2 人，具体承担林业法律法规政策宣传教育、造林绿化、湿地保护管理、野生动植物管理、行政审批办理、森林资源管理、林业科技推广等任务。各镇林业工作由农业水利办公室负责。2019 年 3 月机构改革，林业管理职能划转至区自然资源局，设林业和矿产管理股，各镇林政管理工作归属镇自然资源和生态环境办公室。

二、林权权宿

1981 年前，各农场林地林木权属均为国有。1982—1984 年，允许职工在房前屋后 10 米内按规划要求造林，林木所有权归己。1985 年后，各农场公有林木划分为三级所有、三级管理：干线公路旁和堤防禁脚、河滩归总场所有，由农场林路站管理；分场内主要道路、渠道两旁林木归分场所有、管理；各生产队内的成片林和支渠旁林木由生产队所有、

管护。田旁地头及宅基零星植树，为各承包户所有。2003 年后区转变营林机制，在坚持国有土地属性的前提下，转让林业用地使用权，并依法进行林权登记发证，确认林地使用权和林木所有权，吸引社会力量投入林业生产。2015 年起停止林权发证，林地、林木权属按区、镇、村和村民分层级所有。

三、林政执法

2000 年前，各农场林政执法采用林业、公安部门联合执法方式，主要查处乱砍盗伐违法行为。农场体制改革后，区镇林业行政执法机构加强相关法律法规政策宣传教育，将森林资源保护工作延伸到村、社区，进行网格化管理，强化巡查巡护，依法打击破坏森林资源违法犯罪活动。2020 年，区查处滥伐盗伐林木案 14 件、非法猎捕野生动物案 6 件，其中行政处罚 16 件，4 件移送公安机关立案侦查。

第五章 农业机械

大通湖区于1950年开始使用农业机械。大通湖农场是20世纪50年代湖南省推进农业机械化的示范单位，1962年全国农业机械化现场会在此召开。2000年前，4个农场共设机耕队19个，有推土机、拖拉机、脱粒机、耕种机等1000多台套，农田耕整实现了机械化，万亩耕地农机动力3039千瓦。2004年后，区农机事业快速发展，各类农业机械全面更新换代。2011年大通湖区获评全国平安农机示范县，2018年成为全国主要农作物生产全程机械化示范县。至2020年，全区有农机总动力35.65万千瓦，万亩耕地拥有农机动力14502千瓦，主要农作物耕种收综合机械化率88.82%，其中水稻机械化生产水平达91.92%，植保无人机等新型植保机具减量施药面积15万多亩。

第一节 农机设备

一、牵引机车

抗日战争胜利后，联合国善后救济总署调配给湖南分署美制福特拖拉机20台，1947年成立机械农垦处，1949年由湖南省临时政府农林厅接管。1950年春，上级调部分人员、机械至大通湖成立机械农场。1951年机械农场并入新成立的大通湖农场，并陆续调进分散在岳阳、湘潭等地原属农垦处的9台拖拉机，加上原有的8台，全场共计17台、377千瓦，用作湖洲垦殖牵引机车。1952—1959年，农场先后引进苏联、罗马尼亚、匈牙利、美国、英国产拖拉机、推土机28台。1960年开始使用国产链轨车"东方红54"，1967年开始使用"东方红75"。1965年后普及应用国产"东方红28""丰收35"轮式拖拉机。随着旧的机种陆续淘汰，1980年后全部采用国产机型。2000年，区内各农场有大中型拖拉机686台，小型拖拉机约2000台。2005年国家启动农机补助项目后，区内牵引机车更新换代，主要机种为"约翰迪尔""沃得""东方红"等系列产品，尤以"约翰迪尔"804型、904型为多，单车动力由原来的50匹提高到75匹以上。2020年，全区拥有大中型拖拉机705台、4.08万千瓦，小型及手扶拖拉机1324台、1.83万千瓦。

二、耕作机械

20 世纪 50 年代初，大通湖农场的耕作机械主要是与拖拉机配套的双铧犁、圆盘耙、钉齿耙和小型悬挂式中耕器等。1954 年引进三铧、四铧和五铧犁，多型圆盘耙、缺口重耙、万能中耕器和农药喷洒机。1955 年后，农场提出"向水田机械化进军"，自制水田斜一字铁齿轮、三角铁齿轮，改装机车下水田，并利用 7 英寸步犁改装铁木结构三铧、四铧、五铧水田犁和铁制蒲滚等机具。1965 年链轨车下水田作业，各农场自制与之配套的六铧犁、七铧犁、双砍滚耙、星形碎泥滚耙等，还自制了绿肥开沟犁。1972 年各农场种植甘蔗后，又自制旱土分厢开沟犁。1973 年引进湘农-10 型机耕船，后陆续添置并仿制。1983 年后，水田耕整以机耕船为主。1990 年前后，各农场旱土耕整除甘蔗地使用五铧犁和缺口重耙外，其余均使用机耕耙。1995 年起，机耕耙应用于水田，逐步取代机耕船。2005 年后，深耕机、碎草机、施肥机、掘沟机等各种先进机具被广泛应用。至 2020 年，全区共有牵引配套机具 1930 套，耕整机 3902 台、2.05 万千瓦。

三、播种插秧机械

（一）播种机械

各农场主要对大豆、棉花等旱土作物进行机械化播种。1950 年大通湖机械农场成立时，即用机引 20 行谷物播种机种大豆。至 1972 年，机播面积占旱土面积的 60％左右。此后逐年扩大甘蔗种植，推行间套种以提高复种指数，机播面积相应减少至 1982 年的 4 万亩左右，占比约 30％。1984 年农业承包到户后，原有的作物统一布局变为零散分布，机播作业被停止。2018 年，罗锡文院士工作站落地千山红镇，开始试验示范水稻点穴式直播机。

（二）插秧机械

1958 年，湖南醴陵县（现醴陵市）成功制造第一台人力简易水稻插秧机。1960 年，大通湖农场仿制插秧机 1300 台，当年实际使用约 400 台，仅插秧 300 余亩。1969 年后，各农场先后引进东风-2 型动力插秧机 170 余台，但因育秧技术不成熟、插秧机分苗不匀，未能大面积推广应用，后于 1984 年停用。2009 年，区内开始推广使用各类新型高速插秧机，每台插秧机每天最多可插秧 45 亩。2020 年，全区有插秧机 662 台、0.79 万千瓦，机插面积超过双季稻种植面积的 90％。

四、收割脱粒机械

（一）收割机械

1952—1956 年，各农场先后引进康拜因收割机和机引式联合收割机 6 台，主要用于小麦收割。1974 年起，各农场陆续引进与"丰收 35"拖拉机配套的悬挂式联合收割机 20 台，用于收割水稻。1983 年引进与东方红-75 配套使用的军农-2 悬挂式联合收割机 6 台，由于机组庞大，重达 7.5 吨，收割水稻时经常陷车而淘汰。1997 年前后，农场试验自走式联合收割机，但未获成功。2005 年后，联合收割机的性能有了质的提升，广泛应用于水稻、小麦、玉米、油菜等作物。至 2020 年，全区共有各型自动联合收割机 853 台、4.74 万千瓦，机收面积 42.21 万亩，占农作物播种面积的 68.9%，其中水稻、小麦、油菜机收面积达 100%。

（二）脱粒机械

1954 年各农场引进匈牙利 RAC-48 型大型脱粒机，与 50 匹马力以上的动力或拖拉机配套使用，可自动完成穗茎输送、脱粒、筛选和茎秆切碎、吹送成堆等工序，主要用于黄豆、高粱、蚕豆、红兰花草粒的脱粒。1974 年，滨湖柴油机厂大量生产各型农用柴油机，动力打稻机迅速发展。同时与 190 或 175 型柴油机配套的锥滚喂入式脱粒机应运而生，并于 1995 年前后基本取代动力打稻机。2005 年新型联合收割机大面积应用后，脱粒机逐步减少。至 2020 年尚存 235 台、0.24 万千瓦，主要用于零散种植的农作物脱粒。

五、植保机械

1953 年各农场引进苏联产牵引式农药喷洒机 3 台，每台班可作业 200 余亩。20 世纪 70 年代前，区内植保机械主要是手压喷雾器和手摇喷粉器。1975 年各农场推广的上海产工农-36 型农药泵，射程可达 30 余米，由 4～6 人配合操作，适用于大面积喷洒农药。后各农场又相继推广工农-18 型和东方红-18 型动力背负式喷雾、喷粉器。1984 年土地承包到户后，动力植保机械基本无人使用，改回以使用手压式喷雾器为主。2010 年后，区大力推进统防统治，普及应用新型自走式喷雾机和飞防无人机等高效植保机械。2016 年起，"两机"使用面积占防治面积的 90% 以上，其中植保无人机占 70%。至 2020 年，全区拥有高效植保机械 46 台，机械植保面积 60.02 万亩，占农作物播种面积的 97.93%。

第二节　农机供应与服务

一、农机供应

1984 年前，各农场一直实行"统一采购，计划调拨"的农机供应办法。每年根据生产发展需要，制订农机更新购置计划，由农机部门统一采购，按计划调拨分配到各分场机耕队，计入其固定资产，按比例提取折旧费。农业承包到户后，农业机械向小型化发展，各农场组建农机公司，负责农机具及配件经销供应，并在各分场设立经销点，方便农机专业户和农户自主选购。2000年农场体制改革后，区内国有资本退出农机市场，厂商合作的社会农机经销供应网点迅速发展。至2020年，区内共有各类农机供应点33个，它们是农机供应的主要渠道。

二、农机维修

各农场建场之初即设立农机修理厂（组），负责大中型农业机械的整机大修和动力与驱动装置等大部件的维修。分场机耕队设有机修组，承担零配件更换及农机具小型修理业务。每年春耕、"双抢"期间，农机部门还组成农机维修小分队深入田间地头，及时抢修农机具，并持续至农场体制改革。2000年后，农机维修市场全部变为个体、私营、民营，原农场部分维修人员筹集资金，在各镇、村兴办农机维修店，农机制造经营商联合区内农机专业合作社加强售后服务，满足了农机维修需要。

三、技术培训

区内历来重视农机操作人员的技术培训。1952年10月，大通湖农场选派青年职工15人到河南黄泛区农场参加农机培训，其中韩湘媛等4名女学员成为湖南省第一批女拖拉机手。1954—1958年，农场受省农林厅委托，为全省各拖拉机站和国营农场培训农机操作人员1073人，后大多成为技术骨干。1960年后，各农场相继成立农业技术学校，每一至两年开办一期农机专业班，主修机车驾驶、机具使用及维修等。1982年后，农机部门会同职工教育部门加强农机操作人员职业培训，使他们熟练掌握新农机具的操作方法。拖拉机驾驶员申领驾驶证前，须先经农机专业培训并获得合格结业证；各种新技术培训则采取不定期灵活办班的形式进行。2000年特别是2005年新型农机具不断推广应用后，区农机部门先后组织多人参加省级以上针对性系统培训，学成归来进行传、帮、带示范引领。与此同时，区内采用"部门＋制造商＋合作社"方式，对农机操作人员进行插秧机、抛秧机、播种机、收割机、植保机、耕种机、开沟筑埂机等使用方法的现场培训。2005年至2020年的16年间，共培训各类农机操作人员3100多人次。

第三节　农机管理与执法

一、管理机构

各农场建场时设有机务（机电）科，1984年机电科改为经营服务型的机电公司，下设农机监理站，承担农机管理行政职能，分场机耕队负责农机日常管理与服务。2000年后，区农业水利局内设农机股，有编制1人，负责农机管理；同时设二级机构农机监理所，有编制5人，负责农机安全、执法、技术培训和农机驾驶员考核考试等。2008年，低速拖拉机运输车辆管理转隶公安交通管理部门，随编转调4人。2016年，农机股改为农机事务中心，与农机监理所合署办公。2019年，农机执法职能整合至区农业综合执法大队，归口区农业农村和水利局管理，各镇综合行政执法大队设有1名农机执法专职人员。

二、服务管理

1979年前，各场农机服务采用"统一调配、统收统支、统负盈亏"的管理办法，机耕队为农业生产单位提供机械作业服务后，其人员工资、燃油修材消耗和机械折旧费，均按规定分摊至受益单位计入生产成本，机耕队不负盈亏。1979—1983年，改行"集体经营，单机核算"办法，机耕队根据全年生产经营计划，将作业任务、成本、奖罚"三定"到机车组，强化农机人员经济责任。1984年起，大部分农机具折价转让给个人，遂行"集体经营、单机核算"与"折价到人，个体经营"相结合的办法。个体经营部分，按农场统一规定的作业价格，由机组人员与农业承包户签订农机服务合同，自行结算，每年按规定向所在单位交纳管理费，享受规定的职工待遇。

2000年后，区内加快现代农业建设，着力培育新型农业经营主体，在政策支持引导和规范管理下，农机经营服务组织有序发展。组织形态由农机专业大户和经营维修网点，演进为农机专业合作社和统防统治合作组织。服务内容由机耕机收拓展到机耕、机育秧、机插、机防、机收、机烘的农业生产全程机械化。至2020年，全区共有农机合作社49家，其中国家级示范社4家、省级社18家；拥有大中型拖拉机705台套、联合收割机853台、高速插（抛）秧机662台、植保无人机30台、谷物烘干机111套，作业服务面积达农作物播种面积的80%以上。

三、购置补贴

2005年，国家启动农机购置补贴，区纳入国家优质粮食产业工程现代农业装备推进补贴项目。2008 年后，补贴机具和补贴标准执行农业部和湖南省农业厅当年公布的名录和标准，至 2020 年，全区累计补贴农机具 6.04 万台（套），补贴金额 1.11 亿元。

四、农机监理

2000 年前，各场农机监理站受公安交警部门委托，负责管理辖区内上路行驶的拖拉机安全技术检测、驾驶员考核和核发全国统一的道路行驶牌、开展道路安全执法等工作。各分场机耕队设安全员和安全联组，按道路安全规程落实相关责任。2000—2008 年，区农机监理所在乡村道路、场院、田间查处农机违章违法事件 850 余起，对当事人以责令改正、批评教育为主，把安全事故除患处置在萌前、萌芽阶段。2009—2020 年，农机监理所与交警部门开展联合执法，查处农机违章、违法案件 50 余起。

大通湖区 2011—2020 年农业机械化情况见表 3-5-1。

表 3-5-1　大通湖区 2011—2020 年农业机械化情况表

项目	计量单位	2011 年	2012 年	2013 年	2014 年	2015 年	2016 年	2017 年	2018 年	2019 年	2020 年
农机总动力	千瓦	129154	263268	270503	295290	309396	317116	318180	320800	321900	356506
大中型拖拉机	台	330	452	491	793	948	1053	1113	675	690	705
	千瓦	12490	16308	17597	29320	37440	45315	45958	38277	39379	40800
	农具	450	397	475	811	1175	1255	1315	1375	1385	1413
小型及手扶拖拉机	台	829	1468	1449	1432	1265	1265	1145	1315	1315	1324
	千瓦	7927	14833	15140	14980	13243	13243	12993	18182	18182	18314
	农具	52	420	483	495	495	515	525	545	545	545
联合收割机	台	410	386	425	561	655	700	755	800	815	853
	千瓦	18093	15302	19112	27611	34892	37692	41267	43637	44677	47429
耕整机	台	4099	4280	4826	4738	4169	3695	3336	3338	3302	3302
	千瓦	22330	23326	26321	25840	22749	22874	20704	20717	20529	20529
插秧机	台	5	224	313	551	594	601	624	623	624	662
	千瓦	39	2525	4680	5729	6143	6540	6885	6873	6899	7860
谷物烘干机	台	—	—	—	37	49	69	88	103	105	111
	千瓦	—	—		314	416	576	983	1266	1351	1551
机耕面积	万亩	57.60	58.20	59.43	60.17	60.24	54.33	55.53	62.15	59.15	59.65
	百分比	82.10	77.20	74.60	75.50	78.80	79.50	91.00	98.90	93.00	97.00
机插机播面积	万亩	6.18	9.30	11.65	17.88	18.56	21.81	26.19	30.00	27.60	25.09
	百分比	8.80	12.30	14.60	22.40	24.30	31.90	42.90	47.70	43.40	4.09
机械植保面积	万亩	46.28	46.89	50.33	58.13	58.20	54.69	55.83	62.50	59.60	60.02
	百分比	65.90	62.20	63.10	76.80	76.20	80.10	91.50	99.40	95.80	97.93

（续）

项目	计量单位	2011 年	2012 年	2013 年	2014 年	2015 年	2016 年	2017 年	2018 年	2019 年	2020 年
机收面积	万亩	16.80	27.20	36.75	40.83	40.99	50.25	43.81	44.25	41.89	42.21
	百分比	23.90	36.10	46.10	51.20	53.60	73.60	71.80	70.40	65.90	68.87
机电排灌面积	万亩	21.56	21.65	21.86	22.06	22.06	22.06	22.06	62.15	62.15	61.29
	百分比	30.70	28.80	27.40	27.70	28.90	32.30	36.20	98.90	97.80	100.00
综合机械化水平（%）		—	—	—	—	76.56	79.54	86.12	86.95	86.96	88.82

注：机耕面积等的百分比指占农作物播种总面积的百分比。

第六章　农业产业化

各农场发展农业产业化起于 1984 年，按照农工商一体化经营方式，建设甘蔗、棉花、油菜等生产基地，以保证对加工企业所需原料的有效供给，同时稳定发展水产、生猪生产。2007 年后，区重点建设优质稻米、果蔬和水产品、生猪生产基地。至 2020 年，发展优质稻生产面积 25 万亩、时令蔬菜生产面积 15 万多亩、稻虾蟹种养面积 14.2 万亩、鱼类水产基地 18 万亩，建立 10 万头规模化生猪养殖基地。区共有市级以上龙头企业 20 家，其中省级企业 3 家。

区于 2012 年入列第二批国家现代农业示范区。至 2020 年，基本建成 4 个现代核心示范园，创建省级特色产业园 4 个，初步形成 2 个特色产业示范带。物质技术装备水平有了较大的提升。21 个农产品获国家"三品一标"认证，其中"大通湖大闸蟹""大通湖大米"认定为国家地理标志产品。2019 年区国家现代农业示范区监测评价得分 83.85 分，处于基本实现农业现代化水平。

第一节　产业化基地建设

1984 年起，各农场根据农工商一体化经营需要，结合产业结构调整和市场需求变化，坚持农业提供原料、工业加工增值的思路，依靠自身力量建设甘蔗、棉花、油菜等产业化生产基地，稳定发展生猪、水产品产业基地。至 1995 年，形成了 9 万亩甘蔗、4 万亩棉花、5 万亩油菜和 5 万头生猪、2 万吨水产品的产业规模，年农产品生产总值 2 亿元以上。此后，几个产业基地基本稳定，其规模随市场变化多次调整。

2000 年后，区继续推进甘蔗糖业产业化，尝试开展肉用牛羊养殖基地和桑蚕果一体化生产基地建设，引进林工企业建设速生杨生产基地。2007 年起，区优化升级产业结构，重点建设优质水稻、时令果蔬生产基地和规模化生猪养殖基地，巩固发展以大通湖水域为核心的水产品基地。积极推进校区联姻、产学研结合，增强产业发展内生动力，国家水稻产业技术体系、湖南农业大学、华南农业大学、湖南省农业科学研究院、浙江省农业科学研究院、上海海洋大学和湖南省农业技术推广总站的研习和试验示范基地均落户区内。

2020 年，全区发展优质稻生产面积 25 万亩，其中高档优质稻 16.83 万亩；稻虾（蟹）种养面积 14.2 万亩，产小龙虾、大闸蟹 1.44 万吨，稻虾（蟹）米 8.4 万吨；蔬菜生产面积 15 万亩，总产 35 万吨以上；发展脐橙种植基地 0.6 万亩；建设国家级水产健康养殖示范基地 18 万亩，水产品总量 3.77 万吨；规模化生猪养殖基地年出栏肥猪近 10 万头，年末存栏 8 万头。

第二节 产业化龙头企业建设

2000 年前，各农场产业化龙头企业主要为糖厂、纱厂、纸厂、棉麻油脂加工厂和粮食、畜水产品经营企业。大通湖区成立后，区依托自然资源禀赋，通过招商引资和企业改制，采取"政府搭台、企业唱戏"和"公司＋合作社＋农户"模式，培育发展了一批产业龙头企业。历经市场配置调整和执行生态环保强制性退出机制，至 2020 年，全区有市级以上产业化龙头企业 20 家，其中省级企业 3 家。主要龙头企业有：湘粮集团大通湖购销有限公司、金健米业（益阳）有限公司、民生米业有限公司、众仁旺种猪科技养殖有限公司、锦大特种水产有限公司、华源农业发展有限公司、宏硕生物科技有限公司、食安天下农业开发有限公司、金雁子农业科技发展有限公司、大通湖生态公司等。

第三节 现代农业示范区建设

区内创建现代农业示范区始于 2010 年，2012 年 1 月入列第二批国家现代农业示范区。经过 10 年的开发建设，至 2020 年，已构建起比较优势明显，以优质粮油、生态果蔬、特色水产、生猪繁养为主体的现代农业产业体系。基本建成现代生态农业示范园、生态水产农旅示范园、现代农业产业融合示范园、优质稻米产业示范园等 4 个核心示范园。创建了锦大渔村休闲农业、食安天下"渔莲水生"、宏硕生物稻蟹共生、金雁子稻虾蟹种养等 4 个省级特色产业园。初步形成沿省道 218 线生态果蔬产业示范带和大通湖至五门闸金盆河道休闲农业示范带。建成高标准农田 19.2 万亩，占全部耕地面积的 78%，比 2010 年增加 9.1 万亩。农业综合机械化水平 88.82%，同比上升 30.82 个百分点，其中机耕水平 100%、机收 68.87%、机播机插 40.9%。搭建全域农民手机短信平台和信息网站平台，农村宽带入户 2.38 万户，实现了农业信息化服务全覆盖。登记注册各类新型农业经济组织 190 家，覆盖农户 1.55 万户，流转土地规模化经营面积 21.21 万亩，占比 70.32%。

2010—2020 年，区内加强"大通湖"区域公共品牌和各种优质特色产品品牌建设，共有 21 个农产品获得国家"三品一标"认证。主要品牌有"大通湖大闸蟹""大通湖大米""众锦大"牌和"渔莲水生"牌大通湖大闸蟹、"金盆小龙虾""大通湖香米""洞庭晶玉蟹田米""金雁子龙虾香米""湖田稻事大米""大通湖博轩脐橙"等。2012 年获授"中国河蟹之乡"称号。2013 年"大通湖大闸蟹"被评为"中国十大名蟹"，获颁国家地理标志产品保护标牌；2018 年入选湖南省"一县一特"主导产业指导目录和湖南农产品品牌名录，2019 年大通湖被认定为省级优质农副产品（大闸蟹）供应基地。2020 年，"洞庭晶玉蟹田米"获第二十二届中国中部（湖南）农业博览会金奖，"大通湖大米"获国家地理标志产品证明商标和农产品地理标志认证，千山红镇被评定为全国"一村一品"示范村镇。

2019 年，全区农林牧渔业总产值 20.54 亿元（可比价，下同），比 2010 年增长 64.32％。其中农业产值 13.19 亿元，同比增长 52.45％；渔业产值 4.37 亿元，增长 102.3％；畜牧业产值 1.58 亿元，增长 11.27％。农村居民人均可支配收入 1.7 万元，增长 1.8 倍。国家现代农业示范区监测评价结果综合得分 83.85 分，属于基本实现农业现代化水平。2020 年，农林牧渔业总产值 21.44 亿元，比上年增长 4.4％；农村居民人均可支配收入 1.85 万元，增长 8.9％。

第四编

工业
建筑业

中国农垦农场志

第一章 工 业

　　区内各农场建场初期，建有小型打米厂、榨油厂、轧花厂和铁木篾加工厂，服务于职工群众生产生活和农业生产。20世纪70年代，以兴办糖厂为标志，农场工业开始成规模发展，相继创办纺织、造纸、人造纤维板、食品加工、砖瓦建材等多家企业。1986年后，各农场持续扩大工业生产规模，经济效益稳步提升。至1990年，共有大小工业企业76家，其中总场直属企业33家，基本形成了制糖、纺织、造纸制板、食品加工、建材等五大工业体系。年工业产值1.2亿多元，比1986年增长22.5％，在工农业总产值的占比达64.8％，对农场经济贡献率达到70％～80％。1992年后，市场竞争激烈，农场工业产品销售受阻、价格下滑，企业生产经营逐步陷入连年亏损的困境，大多数小型企业关停倒闭和破产。2000年，仅有36家工业企业艰难运转，年工业产值1.69亿元，比1995年的2.61亿元下降35％，产值占比49.23％，下降4.9％。

　　2000年后，区内工业通过改革调整逐步转型升级。传统的制糖、造纸制板、砖瓦建材等工业相继关停破产，退出市场。纺织、食品工业在激烈的市场竞争中提质升级，成为区域经济发展的重要支撑；医药制造、光伏发电及自动化机械制造等新兴工业发展顺利、势头良好，初步构建起了医药、新能源发电、纺织、食品加工、机械制造等新的五大工业体系。至2020年，区内共有规模以上工业企业33家，其中纺织企业12家，粮食及食品企业11家，新能源生产企业3家，汽车配件制造2家，医药制造、生物制肥、预拌混凝土、家具制造和塑胶生产企业各1家，年产值过亿元的18家。全年完成工业固定资产投资10.45亿元，比2019年增加28.5％。实现规模以上工业总产值43.76亿元，同比增长5.5％。工业增加值10.42亿元，同比增长4％。上缴税金1.34亿元，占税收收入的63.1％。实现利润总额1.82亿元，增长82％。

第一节 制糖工业

　　20世纪60年代末，为落实国家发展糖业生产、逐步实现食糖自给的要求，中共湖南省委、省革命委员会决定在全省投资兴建22家糖厂，其中大通湖的4个农场各建1

家。1970年后，各农场分别成立糖厂筹建指挥部，组织厂房建设及设备安装调试，选派200多名青年骨干赴广东省的糖厂学习制糖技术。1972年12月，各糖厂如期建成投产，总产能规模为日处理工业蔗1100吨，其中大通湖糖厂处理500吨，其他3家糖厂各200吨。1972—1973年榨期，共处理甘蔗2.04万吨，产白砂糖、赤砂糖807吨，出糖率为3.96%。1973年各农场开始副产品综合利用，以废蜜为原料制作乙醇，建起乙醇车间。1977—1978年各农场兴建纤维板厂，利用蔗渣生产硬质纤维板。1982年后，各农场突出发展甘蔗糖业，甘蔗种植面积、产量逐年增长，各糖厂经数次改造扩建和制糖工艺改进，产能规模、出糖率、产品质量大幅提高。至1990年，4家糖厂日压榨甘蔗能力达4300吨，比初建时扩大3倍，其中大通湖糖厂2000吨、北洲子糖厂800吨、金盆糖厂500吨、千山红糖厂1000吨。平均出糖率提高到10.6%，年内共产食糖2.8万余吨。大通湖糖厂进入国家大（2）型企业行列，所产"三甘"牌白砂糖先后评为省优、部优产品。1980—1992年，4家糖厂均连年盈利，是农场的利税大户。此后，糖业市场波动加剧，各糖厂生产经营状况多有起伏。1998年，大通湖农场为推进甘蔗糖业产业化，培育农场经济支柱，采用集资、贷款方式，耗资3000多万元从福建购进企业关闭后的全套制糖设备，对糖厂进行技术改造，预期日处理甘蔗3000吨以上。1999年，受广东、广西食糖高产和进口食糖的冲击，湖南食糖价格由之前的每吨3800～4500元猛跌至1800～2000元，各农场的四家糖厂严重亏损，陷入困境。2000年，千山红糖厂因原料严重不足停产，其他三家糖厂共产糖1.69万吨，比1990年减少四成。2000年前后，各糖厂进行股份制改造，分别更名为大通湖广湖糖厂、北洲子大众糖厂、金盆南京湖糖厂、千山红永兴糖厂。

2001年，基于建区时的产业基础和经济发展状况，中共大通湖区委、区管委会决定把甘蔗糖业作为财源建设的重点，力求通过扩大甘蔗种植规模，恢复和提振制糖业。该年甘蔗种植8.6万亩，比2000年增加2万亩，入榨工业蔗33.69万吨，榨期产糖3.34万吨，同比增加1倍。2002年种植甘蔗面积达9.93万亩，入榨工业蔗41.68万吨，产糖4.08吨。2003年，大众、南京湖糖厂转型生产低聚糖，不久后破产倒闭。2003—2004年，广湖、永兴糖厂由民间资本整体收购改制为民营企业。此后，糖业市场持续低迷，加之区内属边缘蔗区，自然条件制约因素多，甘蔗种植成本高，企业经营逐年陷入困境。2008年，广湖糖厂停产关闭。2009年，永兴糖厂完成榨期生产后关停，区内甘蔗糖业生产历史终结。

2001—2009年大通湖区制糖业榨期生产情况见表4-1-1。

表 4-1-1　2001—2009 年大通湖区制糖业榨期生产情况表

单位：万吨

	2001	2002	2003	2004	2005	2006	2007	2008	2009
入榨工业蔗	33.69	41.68	25.35	17.16	13.90	19.44	22.27	6.94	5.41
食糖产量	3.34	4.08	2.43	1.54	1.22	1.75	2.03	0.64	0.49

第二节　纺织工业

1977 年，大通湖农场加工厂购置 3 台共 1200 锭的纺纱机和 2 台织布机，建起回纺车间。1984 年车间分出，单独建制为纺纱厂，产能规模 3200 锭，年内生产棉麻绳纺纱 401 吨。1985 年，金盆农场建针织厂，设织布、染整、缝合、质检四个车间。至 1990 年，有职工 145 人，固定资产原值 73.2 万元，年内生产腈纶针织内衣 12.1 万套（件）、纱手套 4.2 万双，产值 53.8 万元。1986—1989 年，大通湖、北洲子、金盆农场经省地计委、经委批准，先后投资 1009 万元、225 万元、870 万元扩建、新建纺纱厂，纳入省地行业管理。生产能力分别达到 1.22 万锭、0.2 万锭、0.5 万锭，主要产品有 32 支、21 支纯棉纱和 21 支、18 支、11 支棉麻混纺纱。后大通湖、北洲子纱厂陆续扩建至 3.36 万锭、0.5 万锭。至 1990 年，三家纺纱厂产能规模达 4.36 万锭，固定资产净值 4034 万元，职工总人数 2552 人，年产各类纱线 2965 吨，产值 3470 万元。此后，市场上纱线滞销、价格下滑，各纱厂连年亏损，靠来料加工维持运转。1996 年，大通湖、北洲子纱厂实行股份制改造，分别更名为华通、华达纺织有限公司。1999 年，金盆纱厂以租赁方式转为民营，更名为金胜纺纱厂。2000 年，三家纱厂共产各类纱线 5966 吨。

2002 年，华通、华达、金胜等纺织企业相继整体转让给外来投资商，分别组建为普华纺织有限公司、德星纺织有限公司、金胜纺织有限公司，实现了民有民营。2005 年，普华纺织有限公司新建年产 300 万米坯布的织布车间，完成产值 8996 万元，2009 年又新上 4000 吨环宇坯布生产项目，年产值突破 1 亿元。2010 年，规模以上纺织企业产棉混纺纱 2.83 万吨、苎麻坯布 177 万米。2014 年，普华、金胜纺织有限公司关停，进入破产程序。2015 年后，区通过招商引资陆续引进适应市场需求的纺织企业。至 2020 年，共有规模以上纺织企业 11 家，固定资产原值 15.34 亿元，年纺纱 12 万锭，从业人员 551 人。完成产值 6.88 亿元。规模企业均盈利，共实现利润 1034 万元，为 2019 年的 3 倍。其中永盛纺织有限公司为区内承接产业转移引进的纺织骨干龙头企业，厂区占地 10 亩，厂房建设面积 1.2 万平方米，注册资本 2000 万元，有员工 56 人。公司使用紧密纺、低扭矩纺、赛洛纺、嵌入式纺织等高速、新型生产工艺技术，是区内首家环锭纺生产企业。年内产纯棉纱 7400 余吨，销售收入 1.5 亿元，利润 350 万元。

第三节　造纸制板

一、造纸

1973 年，北洲子农场一分场始建小纸厂，生产以稻草为原料的黄草纸，后改产包装纸、瓦楞纸。1977—1978 年，大通湖农场四分场、金盆农场二分场先后办起黄草纸厂。1979 年，大通湖农场二分场投资 20 万元新建纸厂，有一台 1092 型纸机，以芦苇、蔗渣为原料生产文化纸，后并入大通湖糖厂成为造纸二车间。1980 年，北洲子农场投资 165 万元，兴建生产文化纸的造纸厂，先后安装 2 台 1575 型纸机和 1 台 1092 型纸机，1986—1987 年贷款 1126 万元进行技术改造，新上一台 1760 型长网纸机，重新安装切苇、制浆设备，新建 1500 千瓦汽轮发电机组和一台 10 吨中压锅炉，年造纸能力达 7200 吨。1986 年，大通湖糖厂投资 800 万元，建成一条 1760 型纸机生产线，成立造纸一车间，设计年产文化纸 3000 吨，主产品为 52 克、60 克书写纸，60～120 克双胶纸，静电复印纸，250 克、300 克白板纸。该年两个农场的纸厂共产文化纸 4870 吨，盈利 70 万元。1990 年后，大通湖糖厂关闭造纸二车间，陆续将造纸一车间扩规至年产能 2 万吨，1995 年生产各类文化纸 9530 余吨，比 1990 年增长 1.5 倍。此后，文化纸市场萎缩，价格大幅下跌，纸厂年年亏损。1997 年，北洲子纸厂破产后实行租赁经营，逐步恢复正常生产。2000 年，两个农场的纸厂共产纸 7108 吨。

2001 年，北洲子纸厂由湖南金北顺纸业有限公司收购，成立北洲子金北顺造纸厂有限公司，年内生产文化纸 5664 吨。2002—2004 年投资 2700 万元进行扩规和技术改造，产能规模达 3 万吨，2005 年实现产值 1.45 亿元。2004 年，广湖糖业恢复 2 万吨文化纸生产线，2007 年永久关闭。2008—2009 年，河坝镇恒顺再生纸厂和千山红镇光辉纸业公司先后完成扩建改造，年产再生纸规模均达 1.2 万吨。2009—2011 年，区内文化纸年产量分别为 6.02 万吨、5.72 万吨、8.49 万吨。金北顺纸厂经历年扩改，已形成完整的碱回收、中段污水处理系统，达到国家环保治理要求，生产 10 多个品种，年产能规模达 5.1 万吨。2011 年企业总资产 1.46 亿元，其中固定资产近 1 亿元，完成工业产值 2.97 亿元，缴纳税金和规费 2500 万元。2012 年因市场和资金原因停产，次年底进入破产程序。该年，光辉纸业由政策引导关闭。2018 年，湖南省人民政府办公厅印发《洞庭湖区造纸企业引导退出实施方案》，金北顺、恒顺纸厂相应退出造纸行业。

二、人造板

1977—1978年，区内4家糖厂各建成一条年产2000吨人造板生产线，利用蔗渣生产纤维板。经几年扩建改造，1986年达到年生产能力2.5万吨规模（大通湖糖厂1万吨，北洲子糖厂0.4万吨，金盆糖厂0.3万吨，千山红糖厂0.8万吨），为原规模的3倍多，年内生产纤维板1.2万吨。该年12月，金盆糖厂造纸车间扩建为农场人造板厂，设有刨花板、复塑板、制胶等车间，设计年产刨花板1万立方米、复塑板15万张、制胶4000吨。1990年，4家企业共生产纤维板2.32万吨。此后，纤维板销售市场饱和，价格下降，各企业限产减损，部分蔗渣用于对外销售或用于燃烧发电。2000年共产纤维板1.13万吨，比1990年减少一半以上。2004—2009年，各糖厂及板厂相继破产关闭，以蔗渣为原料的纤维板生产随之停止。

2005—2007年，湖南天运林工集团以区内速生杨基地为依托，投资1.2亿元在千山红镇成立天健纤维板有限公司。公司占地210亩，建筑面积2.76万平方米，主要生产木质地板和用于家具生产、房屋装饰的中高密度纤维板，年生产能力10万立方米。2008—2013年，实际年产量6万立方米左右，产值2亿元以上。2014年，因金融信贷和经营管理等问题，公司关停破产。

第四节　食品加工

一、粮油加工

各农场建场初期，均成立进行大米加工、食油压榨的联合加工厂，所产大米用于农场内职工群众口粮分配。榨油原料有油菜籽、棉籽、芝麻等，生产的食油除按计划上交国家外，主要定量供应给农场内职工群众。1971年前后，农场的各分场自办米厂、油厂，以减少运输成本。1984年实行农业家庭联产承包后，个体加工作坊逐步兴起，形成了总场、分场、个体粮油加工格局。

2000年后，各镇粮油加工企业相继改制为民有民营。2004年5月，北洲子镇米厂以33.8万元转让给私营业主，后注册登记为湖南口口香米业有限公司。同年公司又以170万元收购原大通湖农场粮油贸易公司，2005年完成产值5100多万元。之后，公司加大投入进行规模扩张，仓储容量达10万余吨，年大米加工产值达1亿元以上。2014年，公司因资金和管理原因关停破产。该年9月和翌年1月，口口香米业公司的资产分别被湖南金健粮食集团有限公司和湖南省粮食集团有限公司收购，组建金健米业（益阳）分公司、湘粮集团大通湖购销公司，注册资本分别为 4000 万元、3000 万元。2015 年，金健粮食（益阳）分公司加工大米 2 万吨，产值 8500 万元，至 2019 年产能规模达年加工大米 6 万吨、产值 2 亿元以上。

2017 年，千山红镇引进广东中山市骏建投资有限公司创办湖南民生米业有限公司，注册资本 5000 万元，主营粮食储备和大米加工销售。至 2020 年共投入 2 亿元完成 13 万吨仓储项目建设，年加工大米能力达 5 万吨。

至 2020 年，区内有规模以上粮食加工企业 3 家，仓储容量 20 万吨，年加工大米 10 万余吨，实现产值 5.4 亿元，产值增速 9.6%。

二、副食加工

20 世纪 50—60 年代，各农场先后办起副食品加工厂，生产糕点、糖果、酱油、酱菜、食醋、罐头、果汁等，产品主要销往农村市场。1984 年，大通湖农场兴建糖果厂，至 1992 年累计投资 200 多万元，日产糖果 3～4 吨。其产品由单一硬糖品种逐步增加到葡萄糖、奶糖、酥心糖、蛋白糖、琼脂软糖等 10 多个品种，畅销四川、湖北和省内各地。1986—1992 年，年均生产各类糖果 913 吨，是建厂初期的 26 倍；累计产值 2293 万元，利税 256 万元。1994 年后，因消费结构调整升级，中低档糖果市场萎缩，企业于 1998 年破产倒闭。至 2000 年，各农场副食品加工厂家均纷纷转产或停办，仅存 10 多家个体加工作坊。

2010 年，千山红镇引进深圳亚泰轩实业有限公司创办湖南麦帝食品有限公司，注册资金 500 万元，先后投入 2000 多万元新建厂房 2000 平方米，新建投产南瓜风味饼干生产线 2 条，2015 年创产值 2400 多万元。2018 年与四川米老头食品有限公司合作组建湖南省米老头食品工业有限公司，实现资源、厂房设备优势与品牌、营销、管理优势互补，合作双赢。公司注册资本 2000 万元，先后建成投产煎饼、夹心饼、蛋卷、软华夫饼等产品的生产线 11 条，日生产能力 3 吨以上。2020 年完成产值 6000 多万元。

2014 年，北洲子镇引进民间资本成立湖南想呱呱食品有限公司，注册资本 500 万元。公司依托区内生态健康食材，生产藜蒿粑粑、南瓜粑粑、籼米发糕、蔬菜丸子等 20 多种素食产品，至 2016 年已形成年产速冻食品 3500 吨的能力。

2015 年，湖南亲嘴娃食品有限公司落户区工业园，注册资本 200 万元。租赁标准化厂房 8000 平方米，新建投产鱼制品、肉制品生产线各 1 条，总投资 2000 万元，其中固定资产投资 900 万元。主要生产麻辣鱼、麻辣肉串及豆制品、蔬菜制品、坚果、炒货等预包装休闲熟食品，年产麻辣鱼 600 吨、麻辣肉串 250 余吨，年销售收入过亿元。

2020 年，区内的米老头、亲嘴娃、想呱呱等 3 家规模以上副食品生产企业，共有固定资产原值 1.82 亿元，完成工业产值 1.65 亿元，实现利润 178 万元。

三、酿酒

各农场自建场开始，以稻谷、杂粮、红薯为原料，办有多家小型酿酒作坊。1970 年后，各农场的大部分生产队办起酒坊，将酿酒作为一项副业增收门路。同时，各农场食品厂兴建制酒车间，生产散装白酒，各糖厂以甘蔗废蜜为原料酿制甘蔗酒。1980 年前后，各分场兴办酒厂，各制酒厂家开始配制瓶装酒和散装酒，商标品名达 20 多个，产品主销农村市场。

1981 年，千山红农场建成年产 2000 吨规模的葡萄酒厂，有葡萄种植基地 1500 亩，产品注册商标"蟠桃宴"，是中国江南地区最大的厂园结合葡萄酒生产厂家。1984 年农场将基地扩大至 3000 亩，并在长沙设分厂，在怀化、深圳建罐装车间。1985 年产葡萄酒 940 吨，1991 年增至 1665 吨。1992 年，所产"蟠桃宴"波尔特中国葡萄酒，在蒙古乌兰巴托国际工贸产品博览会上获金奖，产品畅销全国各地。此后，由于品牌维护、品质保障、销售环节等方面管理不善，企业陷入连年亏损。1995 年仅产葡萄酒 189 吨，葡萄园基地减至 100 余亩。1998 年酒厂破产后租赁给个人经营。

1986 年，金盆农场将原食品厂制酒车间单独建制为农场酒厂，利用独有的香稻资源酿制香稻酒及其他饮料酒。1988 年，所产"中国香稻酒"获湖南省优质产品和中国首届食品博览会银质奖。后企业因经营管理不善倒闭，1998 年转让给个人经营。

自 1990 年开始，各制酒厂家纷纷转产或停办，或改为个体经营。2003 年，千山红葡萄酒厂整体转让给私营企业，更名为湖南蟠桃宴葡萄酒有限公司。2005 年完成销售收入 980 万元。2009 年生产葡萄酒 250 多吨，产值 1000 余万元。后经设备更新改造和工艺改进，产品品质稳定提升，年产能规模达 5000 吨，恢复葡萄园种植面积 2000 余亩。2012 年，河坝镇原农场三分场酒厂改制重组为湖南九洲酒业有限公司，以谷物为原料生产九洲牌系列酒，并开发出低度糯米养生酒，市场份额逐步提升。2020 年，区内规模以上酿酒企业仅九洲酒业 1 家，其他均为个体酿酒小作坊。

第五节　建材工业

一、砖瓦

20 世纪 60 年代，各农场建小土窑，小批量生产黏土红砖和平瓦。1970 年后，为改善住房条件，大部分生产队组织职工自制坯砖，用围窑烧制红砖。1979—1987 年，各农场购置砖瓦制作机械设备，先后建轮窑 9 座，共 174 门。其中大通湖农场 4 座、68 门，北洲子农场 2 座、38 门，金盆农场 1 座、24 门，千山红农场 2 座、44 门。1985 年共产红砖6100 多万块、平瓦近 900 万片。产品质量达部颁标准，销往周边城乡和长沙、株洲、湘潭、岳阳等地。1995 年后，各砖瓦厂以先租赁承包、后整体转让方式改为个体经营。2000 年共生产红砖 4900 多万块，机制瓦 880 万片。

2004 年开始，区内逐步淘汰黏土实心砖，生产使用多孔节能环保砖。部分企业进行工艺设备改造和环保设施配套改造。2008 年有开工企业 6 家，年产红砖 9000 万块、平瓦 1000万片。2017 年后，区严格落实国家淘汰落后产能和加强环境污染治理的有关要求，有序开展淘汰黏土砖厂专项整治，至 2020 年先后关停拆除 7 家砖厂，保留环保、产品质量达标砖厂 2 家。

二、预制构件

各农场于 1980 年后陆续建起 6 家小型预制构件厂，以水泥、砂石、钢筋为原材，采用机械设备生产空心楼板、门窗框架、石棉瓦、电杆、涵管等产品，满足农场建设需要。各厂年销售收入一般为 30～80 万元。2000 年前后均改为个体经营。2005 年，河坝镇湘华预制构件厂抓住区内加快城镇建设、大规模开展农业综合开发和土地整理的机遇，扩大房屋建筑构件和农用涵管、引水渡槽、护坡板的生产，年销售收入保持在 1000 万元以上。2017—2018 年，按照国家产业政策规划和淘汰落后工艺设备及产品的要求，各预制构件厂相继关闭转型。

三、商品混凝土

2012 年，为落实国家大力推广使用预拌混凝土的要求，区通过招商引资在北洲子镇东红闸地带组建益阳市大通湖昌盛建筑材料有限公司，注册资金 1100 万元。公司占地面积 3.2 万平方米，具备预拌混凝土三级资质。公司先后投资 8000 万元建成商品混凝土生产线 2 条、全封闭沥青混凝土和水泥稳定砂石生产线各 1 条，年产能规模分别达 20 万立方米、10 万吨和 4 万吨，产品用于区内道路和地面建筑物建设。2020 年完成产值 1.43 亿元，比 2019 年增长 13%。

第六节　医药制造

2009 年，湖南尔康制药股份有限公司收购河坝镇原广湖糖厂厂区，组建湘易康制药有限公司。公司投资 3000 多万元建造符合良好生产规范（GMP）要求的车间厂房和药品检测中心，工艺设备处于国内行业先进水平，2011 年入列湖南省高新技术企业。2013 年公司通过国家药品监督管理局 GMP 认证，生产间苯二酚、磺胺嘧啶、淀粉胶囊等 12 种原辅料药，创产值 3.8 亿元，税收 1800 万元。2014—2015 年，公司投资近 9000 万元扩建新建年产 1000 吨磺胺嘧啶、600 吨甲氧苄啶、100 吨间苯二酚、3 万吨药用蔗糖、1 万吨医用乙醇、1 万吨无水乙醇的 6 条生产线，2015 年实现产值 4.8 亿元，创税 2010 万元。2017 年公司投资 8000 万元增建原料药生产线 13 条，实现产值 5.2 亿元，创税 3300 万元。2018 年公司有 18 种原料药获得湖南省卫生健康委员会颁发的生产许可证，投资 1000 多万元完善环保设施，创产值近 8 亿元，税收 5556 万元。

2020 年 2 月，在新型冠状病毒疫情暴发期间，湘易康制药公司提交用于新冠疫情治疗的磷酸氯喹原料药生产报批申请，快速通过国家药品监督管理局审批，成为全国拥有该原料药生产资质的 5 家企业之一，年内产量 20 吨。2020 年末，公司共有获得生产许可的原辅料药 32 种，完成产值 10 亿元，税收 6100 万元，是区内第一大纳税户。实现利润 1.03 亿元，比 2019 年增长 8.3 倍。

第七节　光伏发电

2015 年 11 月，区引进国电南自新能源工程技术有限公司，投资成立大通湖东大光伏发电有限公司，利用区内水域辽阔的优势，开发建设 200 兆瓦渔光互补光伏发电项目，水域上层光伏发电，下层水产养殖，形成"一种资源、两个产业"的集约发展模式。项目占地面积 4500 亩，总投资 15.69 亿元，是湖南省重点支持并纳入"十三五"规划的新能源项目。其中 100 兆瓦一期项目选址于河坝镇大通湖渔场，占地面积 2000 亩，2016 年 5 月动工建设。二期项目位于金盆镇王家坝村和南京湖村，占地面积 2500 亩，2017 年 2 月开工兴建。两期项目各建有光伏区、升压站、配电装置区和 11 万伏送出线路，2017 年 6 月底并网发电，年内发电量 2600 多万千瓦时。2018 年 7 月，项目全面竣工，实现全容量并网发电，年内发电量 1.95 亿千瓦时，创产值 1.62 亿元。2020 年发电量 1.61 亿千瓦时，产值 1.55 亿元。

光伏发电享受国家新能源项目补贴和退税政策，企业经济效益明显。2019—2020 年，东大光伏发电有限公司共实现利润 1.06 亿元，创税收 1600 万元。同时，渔光互补水产养殖为农户每亩年增收 1000 元左右。按年均产电 2 亿千瓦时计算，可节省标准煤 6.35 万吨，减排二氧化碳 16.64 万吨、二氧化硫 540 吨、氮氧化物 470 吨，能有效减少大气环境污染，是区内绿色发展的朝阳产业。

第八节　工业园区

大通湖区建立初期，区内工业分散于原各个农场，不能形成工业集中区，难以发挥集聚生产要素的"洼地效应"。2005年，为改善招商引资基础条件、加快工业化进程、推进工业强区战略，区选址于中心城区西侧筹建工业园区。2006年10月，大通湖区工业园挂牌成立，纳入益阳市园区建设体系。2008年完成园区一期"三通一平"基础设施建设，引进阳光饲料、旺农太阳能热水器、天恩油脂等项目，合同引资3.9亿元。2010年6月，园区更名为湖南大通湖洞庭食品工业园。2012年9月，湖南省发展和改革委员会、省产业园区建设领导小组办公室行文批准大通湖洞庭食品工业集中区纳入省级工业集中区规划审批行列，园区发展的政策环境得到优化。

园区规划范围，东临河坝中心城区文化路，南至沿河北路，西接环城西路，北界大通湖大道，总面积3.44平方千米。至2020年共投入基础设施建设资金10.7亿元，先后修建了大通湖大道西延线、枫杨路、人民路、通富路、银海路、环城西路等6条园区主干道，建有220千伏变电站和日处理1万立方米的污水处理厂各1座，给排水、供电供气、网络通信、消防安全等配套设施齐全。园区开发建成面积2.34平方千米，建有标准化厂房29栋，入园企业23家，合同引资总额36.78亿元。入园企业中，建成投产16家，在建7家。其中食品企业有湖南亲嘴娃食品有限公司、益阳市东嘉食品有限公司、湖南省通湖斋食品有限公司、湖南省食安天下农业发展有限公司、湖南省康久堂生物科技有限公司等。纺织企业有永盛纺织、天盈纺织服饰、恒源纺织、益捷纺织、宝瑞服饰、荣达服饰、欣鑫服饰等。机械和电子制造企业有多普勒电梯、尚雅汽配、思创传动、格拉斯电子科技等。另有国辰（益阳）实业发展有限公司投资20亿元建设工业产城融合体，已于2021年启动项目前期工作。2020年，园区完成工业总产值7.12亿元，纳税6083万元。

第二章 建筑业

区内建筑业随着经济社会发展而逐步发展壮大。2000 年农场体制改革前，各农场建筑业先后由农场基建科、农场建筑工程公司管理。建区后，区成立建筑工程管理处和建设工程质量安全监督站，具体负责建筑市场和工程质量安全监督。2020 年，区内有建筑企业 10 家，从业人员 853 人，其中一级建造师 42 人，建筑工人中技术工人占 58%。

区内建筑工程专业设计，主要聘请或采用招投标方式遴选外地达标资质专业机构。房屋建筑经历了由茅草房到砖木瓦房、单元式砖混楼房、高层电梯房、独立式别墅和框架式公用建筑的演进过程，建筑施工新技术、新设备、新材料逐步普及应用，建筑物外观、质量、品位普遍提升。

2004 年起，区全面推行建设工程招投标，明确招标范围、标准、程序、方式，设立专门机构加强招投标全程监督管理。至 2020 年，全区累计公开招标项目 294 个，工程估算总投资额 35.2 亿元。

区内持续加大建筑工程质量安全监督管理力度，坚持日常监管和专项整治并举，维护平稳的质量安全形势。2001—2020 年，累计受监房屋面积 240 万平方米、市政工程 170 个、总投资 24 亿元，"十三五"期间，区内未发生建筑工程质量安全事故。

第一节 建筑队伍

各农场建场初期，均组建基建工程队，隶属农场基建科管理，主要承担简易房屋和小型水利涵闸修建任务，大型房屋建筑和水利工程由外地建筑单位承建。1984 年，各农场工程队与基建科合并组成建筑工程公司，下设 2～3 个工区，陆续调入工程技术人员和泥、木工技术工人，添置各种施工机械。1987 年，大通湖农场建筑工程公司有专业技术人员 28 人，其中工程师 4 人，泥、木、副工 257 人，混凝土搅拌机、提升机、震动器等施工机械 25 台。北洲子农场建筑公司至 1990 年有建筑工人 160 人、工程技术人员 15 人，其中高级工程师 1 人、工程师 2 人，固定资产 157 万元。1988 年，经益阳地区建设委员会审定批准，金盆、千山红、大通湖、北洲子建筑公司定为丙级建筑企业资质，开始承建高度

50 米以下的工业、民用建筑工程。1997 年，千山红建筑公司升级为乙级资质。这段时间，各建筑公司除承建本农场大中型建筑工程外，还到外地承揽工程业务。2000 年后，千山红建筑公司改制为股份制企业，其他 3 家公司关闭解体。

建区后，城乡建设速度加快，建筑市场需求旺盛，建筑队伍随之逐步发展壮大。至2020 年，区内有建筑企业 10 家，其中房建企业 8 家（乙级资质 1 家、丙级资质 7 家），建筑劳务企业和混凝土企业各 1 家，从业人员 853 人，其中一级建筑造师 42 人，一线工人中技术工人占比达 58%。

第二节　设计　技术

一、建筑设计

2000 年前，区内各农场大都无专门建筑规划设计单位，一般建筑设计项目由农场基建科或建筑公司相关人员完成，大型厂房、公用建筑聘请外地专业机构设计。大通湖农场于 1987 年设立建筑设计室，含检测室和建筑管理站，有专业设计人员 3 人，为丁级资质。建区后，区设立大通湖区规划设计院，为民办合作机构，设计资质丁级，主要承接低层民用建筑设计业务，有工作人员 14 人。区内大型建筑和各类重大工程项目，均由建设单位采用招投标方式、遴选资质达标专业机构进行规划设计，相沿至 2020 年不变。

二、工程技术

区内土层属河湖冲积物，土质松软。20 世纪 70 年代前，各农场房屋建筑大都为茅草房和木架结构房，对地基要求不高。之后陆续新建砖木结构房，地基开挖后铺以砂石夯实，再用石灰、河沙制浆衬砌墙体，屋面用檩木、椽皮作支撑面，加盖油毡和瓦片。大型厂房、仓库和公用楼房则浇筑混凝土地基。1990 年后，建设用地向集约化、节约化转变，新建房屋普遍为砖混结构楼房。3 层以上房屋采用混凝土钢筋半框架结构和混凝土砂浆砌体材料，厨房、卫生间运用现浇防渗漏技术，楼顶采用刚性加油膏柔性屋面，外墙粉以混凝土加毛石保护层，室内地面铺设地板砖，墙体粉饰使用光滑耐磨涂料，入户门为防盗门，窗户采用铝合金材质，并普遍加装了安全防护网。

2000 年后，新技术、新设备、新材料逐步推广普及。房屋建筑基础普遍采用重力打桩机钻孔打桩，六层以下住宅楼和农村新建住房一般为砖混结构，公用建筑则为框架式结构，可抗六级地震。建筑物外墙装饰以墙面砖、防水油漆和合成树脂乳液砂壁状建筑涂料、仿石漆涂层为主，部分建筑外挂钢骨架大理石墙板。2015 年起，河坝中心城区陆续兴建高层建筑，普遍使用液压桩机打桩，构造钢筋混凝土全幅整体基础，建筑结构采用剪力墙结构，抗震、抗风性能更加优异。施工中所需混凝土由专业公司按质量要求统一生产配送，墙体建造一律采用新型节能环保材料和现浇、装配式新工艺。高空混凝土输送泵、高空塔吊、工程质量测量勘察仪器得到普及应用，钢筋制作、石材木料加工、水平垂直运输等均已实现机械化、标准化作业。

第三节　建筑管理

一、建筑市场管理

各农场建立时，即对建筑工程实行严格的计划管理，从项目审批、资金预算、工程设计、材料准备、施工单位的确定到施工管理、竣工验收、工程决算等全过程，均由农场基建科负责。1984年起，各农场建筑市场由建筑工程公司统一管理，除农业单位居民自建房外，大部分建筑工程项目由公司所属工区承建，按承包总金额交纳一定比例的利费；少数由外地施工单位承包的项目，在办理报建和施工许可时，亦需向公司交纳管理费。

2000年建区后，建筑行业归口区建设交通和环保局管理，下设建筑工程管理处，为自收自支事业单位，定编4人，具体负责办理报建、施工许可手续，贯彻执行国家和省市颁布的法律法规、技术标准和经济定额，统一管理全区建筑企业资质及从业人员资格，对外来企业进行资质审查，同时负责审查施工图初步设计和工程竣工验收备案等。

2014年4月起，区着手清理整顿建筑市场的各种乱象，依法取缔无照无证施工和地下包工活动，建立建筑市场主体不良行为记录和惩戒机制，严肃查处采用虚假材料骗取行政许可，串标围标、违法发包、转包、分包，挂靠，非法融资开发房地产和非法向购房者收取设计图纸费、办证手续费等行为，将情节严重、影响恶劣者纳入黑名单，清出建筑市场。2014—2020年，区内多次进行建筑市场执法检查和专项治理，进一步完善落实市场准入制、工程质量和安全生产责任制、招标投标制、施工许可制、工程监理制、工程决算审计制，全面实行工程报建"一站制""一门式"收费，杜绝暗箱操作、随意减免规费等行为，促进了建筑市场规范有序发展。

二、工程招投标管理

建区之初，区内工程项目招投标多采用议标、邀标方式进行，存在较大漏洞。2004

年，区管理委员会出台《大通湖区招投标监督管理暂行规定》，成立区招投标监督管理领导小组，其办公室设在区建设交通和环保局，负责全区建设工程招投标监督管理工作。区内工程项目由建设单位按有关法律法规和职责权限自行组织招标，接受区招投标办公室的全程监督管理。

2014年4月，区重新制定《大通湖区招投标管理暂行规定》，将招投标管理办公室调整至区计划财政局，落实专岗专人，具体负责核准全区招标项目的招标组织形式、招标方式和招标范围，指导协调招投标活动；在区政务中心设立区公共资源交易管理办公室，承担公共资源交易流程管理等日常工作；区有关行政主管部门负责职责范围内招投标活动的监督、受理投诉，依法查处招投标活动中的违法违规行为。施行《暂行规定》后，招投标工作逐步得到统一规范。关系社会公共利益、公共安全的基础设施项目和公用事业项目，全部或部分使用政府投资、政府融资的项目，使用国际组织或者外国政府贷款、援助资金的项目，均被纳入招投标管理范围。其中施工单项合同估算价30万元以上，勘察、设计、监理等单项合同估算价30万元以上，与工程项目相关的重要设备、材料等物资采购单项合同估算价50万元以上，或者项目总投资款500万元以上的，一律按程序进行公开招标。建立招标代理机构备案制度，采取公开比选方式确定招标代理机构。2014—2017年，区内标的100万元以上的招标项目均在益阳市公共资源交易中心进行公开交易，50万～100万元的则由区招投标办公室会同区公共资源交易管理办公室组织招标，基本形成了公正开放、竞争有序、服务到位、监管有力的公共资源交易市场。

2017年8月，中共大通湖区委、区管委会办公室发出《关于进一步加强大通湖区招投标和政府采购工作的通知》，重申和明确招投标范围、方式和审批管理权限，规范招投标程序。调整公开招标项目的规模标准，将施工单项合同估算价由30万元以上提高至50万元以上，重要设备、材料采购单项估价由50万元以上提到100万元以上，项目投资总额度标准由500万元以上调整至3000万元以上。设立区招投标管理中心，负责代理机构选定、招标文件和政府采购文件的审查，对招投标活动进行全程监督检查，督促合同签订。建立完善招标代理诚信库，对入库机构实行动态管理，形成进退机制。至2020年，全区应公开招标工程项目全部实现公开招标，累计项目294个，项目估算总投资额35.3亿元。

三、建筑质量安全管理

建区前，区内建筑工程质量安全管理先后由各场基建科、建筑工程公司负责。2001年6月成立大通湖区建设工程质量安全监督站，与区建筑工程管理处实行"两个机构、一套人马"，定编 4 人，隶属区建设交通和环保局。主要职责有：负责《建设工程质量管理条例》《建设工程安全生产管理条例》等有关法律法规的宣传和贯彻执行，审查建设项目的开工安全条件，受理建设单位申请并办理工程项目质量和安全监督手续，监督检查受监工程各方责任主体（包括建设、设计、施工、监理、检测等机构）的质量安全责任行为，对受监工程实体质量、工程施工现场安全生产进行监督检查，参与工程项目质量安全事故调查等。2019 年机构改革，区新组建建设工程质量安全监督站，为区住房和城乡建设局公益一类事业机构，定编 2 人，承担工程质量安全监督和原建筑工程管理处的工作职能。

2001 年后，区内持续加大建筑工程质量安全监督管理力度，严把开工安全审查关，坚持每季度开展一次质量安全联合大检查，重点工程、重要节点、关键部位和节假日前后的监督检查形成常态。落实各方主体质量安全责任，严格执行工程建设强制性标准，确保人民群众生命财产安全。2010 年 5 月开展建筑施工安全生产专项整治，下发质量安全隐患整改通知书 13 份、停工整改通知书 3 份，责令限期整改安全隐患 59 起，依法依规处罚有严重不良行为记录的施工企业 2 家。2015 年后，区内先后多次开展施工现场脚手架、支模架、建筑起重机械、安全防护网专项治理，实施"打非治违"、工程监理专项整治、建筑物扬尘专项整治、在建工程安全生产顽瘴痼疾整治及建筑领域安全生产专项整治 3 年行动，开展"身边隐患随手拍"活动，鼓励公众参与工程质量安全监督，促进建筑工程质量安全生产形势平稳发展。

2001—2020 年，区建设工程质量安全监督站累计完成受监房屋建筑面积 240 万平方米、市政工程 170 个、投资 24 亿元。"十三五"期间，区内建筑工程未发生质量安全事故。

中国农垦农场志丛

第五编

第三产业

中国农垦农场志

第一章　供销商业

　　1984 年前，区内各农场主要生产资料和生活物资实行计划分配、凭票供应。此后按计划价与市场价"双轨制"运行，逐步放开生产资料市场，取消除口粮之外的所有生活物资计划指标和购物票证。1992 年停止口粮计划分配供应，除农业生产资料仍由供销部门统一经营外，其他物资供应全部放开。2000 年后取消农资统一经营，按市场法则建立起了现代农业社会化服务体系。

　　各农场在计划经济年代，主要农产品和食糖均按省、地下达的计划任务交售。1985 年后各类产品上交任务逐年减少，至 1992 年全部取消派购任务。区内外贸出口以生猪、水产、禽蛋为主，各农场先后被确定为出口商品基地，1976 年后又增加棉麻混纺纱出口。1992 年出口商品总额 4000 万元人民币，后逐年下降归零。2006 年恢复蟹、鱼等鲜活水产外贸出口。2020 年共有外贸出口企业 8 家，出口创汇 900 万美元。

　　区内的大宗工农产品投放市场、向外销售兴起于改革开放后，各农场广布销售网点，拓展市场，在较长时期内保持了产销两旺。1992 年后市场疲软，工业产品严重滞销。2000 年后以市场为导向，优化产业结构，推动产业转型升级，主要农产品商品率保持在 80％以上。2020 年，完成规模以上工业销售产值 43.3 亿元，产销率 98.95％，特色农产品网络平台销售额 3.65 亿元。

　　区内商业在 1979 年前基本为国有、国营，此后个体商业持续发展。2000 年前后，国营商业均改制为私有民营。2020 年，全区有商贸批发零售市场主体 3100 余户，限额以上商贸企业 27 家，住宿餐饮个体经营者 760 余户，限额以上住宿餐饮企业 3 家，农贸市场 6 个，累计完成社会消费品零售品总额 19.61 亿元，较 2019 年下降 2.7％。

第一节　物资供应

一、生产资料供应

　　各农场成立之初即设立供销机构，先后在长沙、益阳、常德设办事处，于沅江黄茅洲设物资转运站，负责农场生产生活物资和基建材料的采购与运输。1984 年前，各农场外购物资一直采用统一采购、计划调拨供应、分级管理的办法。20 世纪 70 年代，木材紧缺，各农场组织木材采购专线，到湘西、湘南林区采购计划外木材，同时，房屋建筑的檩木、挑梁、门框、窗架改用混凝土预制件。对煤炭、水泥亦设立了采购专线。1981 年，各农场汽油耗用量超出分配指标的一倍，遂将部分汽车改装成柴油动力。次年柴油供应紧张，又采取按车定量分配的办法，并加强机车调度管理，控制机车承接场外运输和推土业务，减少用油缺口。1985 年起，工农业生产资料市场逐步放开，实行计划价与市场价"双轨制"运行，各农场所需物资由供销部门统一采购供应改为统一采购与单位自行采购并行。其中主要农业生产资料由农场供销公司统一经营、统一购进、统一内部价格，按计划统一分配给各分场生资站，再分配调运到各生产队和农户，资金由公司贷款垫付，年终财务决算时收回。1988 年，大通湖农场采购物资总金额 6000 余万元，其中由工业、建筑单位自行采购的占 81%，供销部门统一采购供应的占 19%。1990—1992 年，国家抓住持续几十年的卖方市场第一次转向买方市场的机遇，实施价格改革，逐步放开绝大部分工农产品购销价格，按市场供求关系实现了购销同价、价格并轨。1992 年起，各农场除化肥、农药、农膜和种子等重要农资仍由供销、农业部门专营外，其他物资采购经营均全部放开，价格随行就市，直至 2000 年农场体制改革。

2000 年后，区放开农资经营，相继撤销农场农资供销公司和分场生资站，至 2002 年共发展私营农资供应网点 30 多家，有效保障了全区农资供应。2004 年后，区培育新型农业经营主体，农业合作社等新经济组织蓬勃发展，产前、产中、产后社会化服务体系日臻完善。农资配送到户、到田间地头，货款结算一般在当季农牧产品出售后进行，保证了生产投入，促进了现代农业发展。至 2020 年，全区有新型农业经济组织 190 家，年供应耗用各类化肥 4.67 万吨、农药 698 吨、农膜 171 吨、农用柴油 2865 吨。工业原辅材料和建筑材料等均由企业和投资业主自主采购，完全实现市场化。

二、生活物资供应

1984 年前，各农场居民主要生活物资实行计划管理、定额供应。1953 年，国家实行粮食统购统销后，农场口粮供应按人口、劳力及工种分别定出标准，指标到户，凭证购买。非劳动力每月大米供应指标 9～15 千克，一般主劳动力每月大米供应指标 20～23 千克，并随年景变化有所调整。1984 年农业承包到户后，农业人口口粮、食油均自产自留，不再纳入计划分配。实行指标分配供应的物资还有：食用油每人每年供应指标 1.8～3.6 千克，皮棉每人每年供应指标 0.5 千克。1954—1983 年，棉布实行凭票供应，一般年份每人每年供应指标 14 尺*。1971 年后

---

　* 尺为非法定计量单位，1 尺≈0.33 米。——编者注

进行食糖返销，每人每年供应指标 1 千克。1978 年前，猪肉供应由各单位食堂定时宰杀、定量分配，全年人均约 12 千克；场直单位凭票供应，每人每月供应指标 0.5 千克，重大节日另由单位分配肉、鱼等，标准不一。在此期间，火柴、煤油、肥皂、名牌香烟等也实行凭票供应。1984 年后市场放开，所有生活物资计划指标、购物票证全部取消。1992 年 12 月，粮食市场购销同价，停止口粮计划分配。

第二节　产品销售

一、产品交售

1952 年 7 月，根据湖南省农林厅、粮食厅关于国营农场粮油产品交由当地粮食部门收购的规定，南县粮食局在大通湖农场设立机构，按国家计划负责农场粮油产品的收购调运。1961 年，湖南省农垦局规定，农场所产的粮、油、棉一类产品和猪、鱼、蛋、禽、莲、麻、烟等二类产品，由省局统一组织上调；其余为三类产品，由农场自行处理。1971 年起，各农场所产食糖纳入计划上交，每年榨糖季节由益阳地区副食品公司派员进驻糖厂收购。1978 年后，皮棉交售由地区棉麻公司驻农场工作组直接收购。1972—1985 年，省、地商业部门每年下达上调大通湖渔场上调鲜鱼任务 250～300 吨，调拨价比市场价低 20%～30%。1985 年后，各类产品上交任务逐年减少，直至 1992 年全部取消派购任务。1984—1990 年，区内 4 个农场每年向地区交售食糖 2 万吨以上，每吨价格低于市场价 600～800 元。1951—1992 年，大通湖农场累计向国家上交稻谷 13.26 万吨、皮棉 1.51 万吨、食糖 6.24 万吨。2020 年，区内仅保留国家储备粮任务 1.45 万吨/年、县级储备粮 0.3 万吨/年，由湘粮集团大通湖购销公司代储。

二、外贸出口

20 世纪 50 年代初，区内开始出口湘莲，后增加卤鱼、生猪、蛋品出口。至 1962 年，共出口生猪 1.42 万头、卤鱼 2165 吨、鸭蛋 616 吨、湘莲 408 吨。1965 年前后，各农场先后被湖南省外贸部门确定为出口商品基地。至 1975 年，历年猪、鱼、蛋、湘莲出口量占总产量的五成以上。1976 年后又增加棉麻混纺纱出口，由纺纱厂与省、地外贸公司或外商签订购销合同。1992 年，各农场出口商品总额约为 4000 万元人民币。此后，随着外贸政策和出口商品结构调整，各农场外贸出口量逐年下降归零。

2000 年后，区内根据资源禀赋，推进以大通湖大湖为主体的水产品标准化生产，打造绿色生态"大通湖"水产品牌。2004 年，大通湖渔场成为全国无公害农产品标准示范区，

2006 年被香港特区政府食物环境卫生署确定为活水产品供港基地，大闸蟹等鲜活水产销往香港和东南亚地区，再度实现外贸出口"零的突破"。2010 年，北洲子镇天诚食品有限公司生产的脱水蔬菜开始出口韩国、日本及欧美国家。2011 年，区被湖南省出入境检验检疫局评为出口水生动物质量安全管理示范区。2014 年实施外贸出口"破零倍增"计划，出口大闸蟹 60 吨。2017 年出口大闸蟹 67 批次、94 吨，创汇 460 万美元。2018 年，湖南湘易康制药有限公司 13 种原料药通过美国食品药品监督管理局（FDA）认证，获得进入世界贸易组织成员方药料市场许可。2019 年，全区外贸出口创汇 732 万美元。2020 年，区有具备自营出口权的企业 8 家，分别为和平欣达食品公司、房车营地生态旅游公司、食安天下农业发展公司、天诚食品有限公司、湘易康制药有限公司、鑫联渔业有限公司、梦远皮草服装有限公司、梦达皮草服装有限公司，年内共出口创汇 900 万美元，比 2019 年增长 22.95%。

三、产品外销

1978 年前，各农场以农产品生产为主，产品除按计划上交国家和种子外调外，基本自留自用。中共十一届三中全会后，农垦经济快速发展，工农业产品品类、产量逐年增加，商品市场竞争渐趋激烈。各农场先后在长沙、益阳、常德、岳阳和华东、华南沿海大中城市设立销售网点，各生产厂家委派销售员拓展市场，销售食糖、机制纸、纤维板、酒类及砖瓦等产品，各类纱线经深圳办事处销往韩国和东南亚各地，产销两旺，在较长时期内保持企业和农场整体效益较快增长。1992 年，大通湖农场工业产品销售收入 1.28 亿元，比上年增加 760 余万元，产销率达 115.2%，产成品库存占用资金同比减少 1000 多万元，降幅 29.8%。在此期间，各农场生产企业为推销产品，均采用先发货后收款或售完货再付款的办法，以致出现大量赊销赊欠现象。据大通湖农场 1987 年统计，全场共有产品赊销户 839 户，赊欠货款 936.6 万元，后通过清理回收，尚有无法收回的"烂账"80多万元，百余名推销人员共拖欠单位货款 30 多万元。1992 年后，市场疲软，竞争更趋激烈，各农场建立在农业基础之上的初级低端加工产品严重滞销，甚至出现产销价格倒挂，形成经营亏损。

各农场农产品对外销售以粮食、生猪、鱼类、蛋品为主。1984—1992 年，4 个农场每年投入市场的粮食共 2 万余吨，商品率 30%，此后提高到 40% 以上。肉猪、鱼类、禽蛋由农场畜牧水产公司或专业经销户收购，主要销往广州、深圳并转销香港、澳门，商品率达 70%～80%。大通湖渔场自 1986 年取消水产品上调任务后，由农场供销公司统一组织产品外销，开辟东北、西北市场，年销售冰鲜鱼 200～400 吨，拓展长沙、株洲、湘潭等省内鲜活市场，年销量约 1000 吨。1987—2000 年，渔场年均外销鲜鱼 1800 吨左右，商品率达 98％以上。

2000 年后，区调整优化农业产业结构，深化企业产权制度改革，推进工业转型升级，订单生产、合同销售渐成销售主渠道。粮、棉、油、生猪、水产、果蔬等农产品由专业合作组织或农业企业向外销售，年均销售量占总产量的 80％以上。2010—2020 年，全区工业产品产销率一直保持在 98％以上。2014 年后兴起电商、微信、视频直播带货等网络平台销售。2020 年，全区 33 家规模以上工业企业完成销售产值 43.3 亿元，产销率98.95％，比上年下降 1.04 个百分点。特色农产品网络平台销售额 3.65 亿元。

第三节　商业贸易

一、集体国营商业

1951 年 3 月，大通湖农场成立职工合作社，有工作人员 7 人，入股社员 1086 人，股金 1530 元，农场注资 1.17 万元，经营杂货、文具等 450 余种商品，当年销售额 3.1 万元，利润 800 元。同年 5 月，大通湖特区所辖 13 个乡相继成立供销合作社，1953 年 4 月合并为大通湖区供销合作社，各乡为分社，有工作人员 72 人，入股社员 1.34 万余人，股金 1.62 万元，经营粮油、杂货、家具、竹木等，年内销售额 64.9 万元。1952 年冬，大通湖渔民协会 615 人集资 1728 元办渔民合作社，于开湖捕捞季节组织货郎船为渔民供应渔需物资和生活用品，年商品销售额 5 万元左右。1954 年 4 月，南县百货公司在三吉河坝设大通湖百货商店，有工作人员 19 人，流动资金 30 万元。1955 年，各农场对私营个体商业进行社会主义改造，先后组建公私合营商店 2 家、合作商店 5 家，共有工作人员 70余人，资金 6462 元，年内销售额 18.1 万元。1956 年初，南县烟酒专卖公司在大通湖设烟酒专卖店，经营烟酒批发零售业务，有工作人员 4 人，资金 8 万元。1954—1958 年，各类合作社、商店先后并入南县大通湖区供销合作社。1959 年，沅江县商业局在千山红农场设商店 3 个，年销售额 56 万元。1963 年前后，湖南省工矿贸易公司在各农场设贸易商店、各分场设分店，并整体接收大通湖区供销合作社，共有营业门店 23 个、从业人员166 人。1964 年 4 月，贸易商店转隶南县、沅江县商业局，1977 年 12 月改属益阳地区供销社。在此期间，各农场贸易商店年商品销售额分别为 60 万～180 万元。

1979—1981 年，根据国务院转发的《关于尽快把国营农场办成农工商联合企业的座谈纪要》精神，各农、渔场分别成立农工商联合企业公司，新建中心商店和分店，开设批发部，经营杂货、文具、五金交电等 1800 多种商品，形成场办商业网络。1987 年冬，原由地区管理的贸易商店划归农场，与农工商公司合并新组建供销公司或商业公司。1990

年，各农场国营商业商品零售总额约 6300 万元。1992 年底，各农场转换国营商业经营机制，按照自筹资金、自主经营、自负盈亏、自理薪酬和上交费用包干的"四自一包"办法，将门店、柜组全部承包给职工经营。1995 年后实行产权制度改革，至 2000 年前后，所有门店均让售或拍卖给个人，实现了国营商业私有民营。

二、个体民营商业

1978 年中共十一届三中全会后，个体商业持续发展。各农场集镇陆续新建商业门店，将发展初期的马路市场、临时摊点逐步划市归店，形成稳定的商业网点。至 2000 年，共有个体商业户 324 户、营业网点 1059 个，经营范围涉及日用百货、烟酒副食、服装、化妆品、黄金珠宝首饰、文体用品、五金交电、通信器材、建材、化工、能源、家具、粮油、水果等多个门类，年商品零售额 1.9 亿元。

2000 年建区后，区加快城镇基础设施建设，不断优化营商环境，相继吸引了一批区内外商户投资兴业。2006 年引进岳阳惠万家连锁超市，填补了区内无大型综合超市的空白。2007 年在河坝中心城区建成长 500 米的人民路商业步行街，总投资 1160 多万元，开设店铺 160 个。2008 年实施"万村千乡市场工程"，全区商贸服务主体达 1300 家，有商业网点 2000 余个，遍布城乡社区，年商品销售总额 3.9 亿元，比 2000 年增长 1 倍。2015年，千山红镇富万家大型综合超市开业，营业面积 2400 平方米，从业人员 60 多人；河坝城区香港大润发生活广场落成营运，商用面积 6800 平方米，注册资本 680 万元。2018 年建成河坝城区湘韵商业街，建筑面积 9610 平方米，入驻商户 148 户。2020 年，全区共有商贸流通市场主体 3100 余户，从业人员约 7000 人，其中限额以上商贸零售企业 27 家，从业人员 516 人。完成商品批发和零售总额 18.03 亿元，其中限额以上企业完成 15.4 亿元，分别比 2019 年下降 2.6% 和 2.7%。

三、农贸市场

各农、渔场成立之后，随着人口增加和集镇建成，逐步在集镇划定区域形成农贸市场。1956 年中共第八次全国代表大会后，大通湖农场河坝集市全部放开，除粮、油、棉等一类产品外，其他农副产品允许上市自由交易。1962 年后，按照"管而不死、活而不乱"的原则，适当放开市场管理，农场组织蛋品、鱼虾、猪肉、酱菜、豆制品等投放市场，但数量极少，市场仍不景气。1978 年后，集市贸易开始迅速发展。各农场在集镇指定区域搭设固定营业棚，供商贩摆设摊点，经营肉、鱼、禽、蛋、蔬菜等生活必需物资及其衍生加工品。1988 年，金盆农场兴建 850 平方米金桥农贸市场，露天、流动商贩归市经营，有固定摊位 60 个、临时摊点 69 个，日交易额 0.4 万元以上。1991 年，千山红农场投资 100 多万元建北汀集镇农贸市场，面积 1800 平方米。1992 年，大通湖农场采用商户集资和银行贷款方式，筹措 300 万元兴建银河市场，农副产品贸易区面积 1500 平方米，从业人员 200 多人。1993 年，北洲子农场投资 80 万元建成面积 500 平方米的向阳农贸市场，日贸易额 1 万元左右。1995 年，大通湖渔场建成面积 200 平方米的友谊农贸市场，年营业额 120 万元以上。

2000 年建区后，河坝中心城区集聚效应持续释放，人气、商气渐旺。2003 年，区在文化南路新建银海农贸市场，面积 1560 平方米。2015 年投资 2300 万元，在建设路建成金泰农贸市场，面积 8600 平方米，有商铺 60 个、标准化固定摊位 30 个，与大润发超市构成城区生活物资商贸集中区。政府还先后投资近 200 万元对各农贸市场进行提质改造，消除安全隐患，改善卫生条件。2020 年，全区有面积 500 平方米以上的农贸市场 6 个，总面积约 1.48 万平方米，共有商铺门店 210 个、固定摊位 148 个，市场零售贸易总额 2.1 亿元。2020 年大通湖区主要农贸市场基本情况见表 5-1-1。

表 5-1-1　2020 年大通湖区主要农贸市场基本情况表

名称	金泰市场	银河市场	银海市场	向阳市场	金桥市场	千山红市场	合计
建成面积（平方米）	8600	1500	1560	500	850	1800	14810
商铺门店（个）	60	72	33	8	11	26	210
固定摊位（个）	30	28	25	5	20	40	148

第四节　住宿餐饮

各农场建立之初尚无住宿餐饮业，后随发展需要陆续建起简易招待所，主要用于会议和公务住宿接待，用餐则在场部机关食堂。1967 年，大通湖贸易商店在河坝集镇建旅社、饮食部一栋，开始面向社会营业。1974 年，河坝集镇管委会在迎宾路新建综合营业楼，开设住宿、餐饮业务。1975—1985 年，各农、渔场先后新建改建招待所，集住宿、餐饮、会议服务于一体，总建筑面积约 1.1 万平方米，有客房床位 360 余个，成为公务活动接待和向社会提供住宿、餐饮服务的主要场所。1985 年后，个体私营住宿、餐饮业发展较快，至 2000 年，共有住宿、餐饮经营户 121 家，年营业额约 1100 万元。

建区后，为鼓励发展个私民营经济，区通过招商引资引入社会资本发展住宿餐饮业。2008 年，河坝镇机关大院无偿转让给外地投资商建通盛花园酒店，建筑面积 1.07 万平方米，为区内首家大型宾馆。2016 年，益阳湘运集团整体收购原天恩酒店，组建湘韵大酒店，该旅店集住宿、餐饮、娱乐于一体，是区内首家三星级旅游宾馆。2019年9月，由在外成功人士投资兴建的北洲子镇明珠酒店落成开业。2020年，区内共有住宿餐饮个体私营业主760余户，从业人员1700多人，限额以上住宿餐饮企业3家，从业人员152人。受新冠疫情影响，全年完成住宿餐饮零售总额1.58亿元，比上年下降10.4％，其中限上企业完成0.78亿元，下降6％；实现生产总值3006万元，下降9.4％。

第二章　交通运输

　　大通湖区的交通运输业随着交通基础设施逐步完善和经济社会发展而不断发展。1968—1979 年，各农、渔场先后开通对外客运班车，成立汽车队，承担货物运输工作。1980 年后相继建立客运车队和客运车站，开通多条市际、县际班线。1992 年后，客、货车辆转让给个人自主经营或承包经营。2000 年，区内共有客货车 240 台，日均客运量约1500 人次，年货运量 15 万吨、1200 万吨·千米。2010 年后，区加快构建现代交通运输体系，大力发展现代物流业，全面推进城乡客运一体化。至 2020 年，区内有运营客车206 台、运营线路 28 条，其中城乡公交车辆 155 台、公交线路 14 条，年客运量 44.2 万人次、5461 万人·千米；营运货车 748 台，年货运量 1236 万吨、1.49 亿吨·千米；物流快递企业 9 家，日均快递投送量约 1.5 万件，发出量逾千件。

　　1970 年前，区内对外水路运输需要中转。之后，各农场连通塞阳运河的内港航道网络逐渐完善，相继成立运输船队，承担生产资料、基建材料调入和产品外销的运输任务。至 1986 年，共有营运货船 102 艘，总载荷 3484 吨，年货运量占各农场水运货物总吞吐量的20%～30%。1992 年后，营运货船全部转让给个人经营。至 2006 年，因航运基础环境发生重大变化，区内水路运输基本消失。

　　从区内各农场建立之初至 1987 年，水路运输业务由南县、沅江县派驻航运工作组管理，机动车养路费、船舶航管费由南县、沅江县交通运输部门征收，水陆交通安全管理由农场负责。1988 年，各农场成立交通管理站，全面管理辖内交通运输事务，受益阳地区交通运输部门委托，代征车辆交通规费。2000 年，大通湖区交通运输管理所、交通规费征稽所成立。2008 年撤销征稽所（局）；2016 年大通湖区公路局路政执法大队成立；2019年区整合路政、运政、海事执法职能，组建交通运输综合行政执法大队。2016—2020 年，区实行路警联合执法常态化，采取多种措施治理非法超限超载、非法营运和交通安全隐患，维护了规范有序的交通运输市场秩序和平稳的交通安全形势。

第一节　道路运输

一、客运

1968年，千山红至胜天的五七公路建成后，千山红农场首用货车开通至胜天的客运。1977年，沅江县在南湾湖军垦农场设客运站，后因客源不足关闭。1977—1979年，各农场干线公路建为砂石路面，并与外界公路连通，大通湖、北洲子、金盆农场和大通湖渔场先后开通至胜天和南县的对外客运，每天往返一次。1980年后，各农场内外道路交通情况逐步改善，相继建立客运车队和客运车站，陆续开通了往返益阳、长沙、沅江、株洲、岳阳、常德、湘乡、慈利和深圳等地的客运班线。至1990年，各农场共有客车39台、1084个座位。1992年后转变客运经营管理方式，各农场客车相继转让给个人所有，对客运班线实行承包经营。2000年，区内有营运客车69台、1972个座位，日均客运量约1500人次，年旅客周转量2800万人·千米。

2000年建区后，以河坝城区为中心，开通至北洲子、金盆、千山红3镇及河坝镇部分村的公交线路4条，形成了四镇公交客运循环。2003年5月，按照国家对交通客运行业的规范要求和客运市场发展需要，区内4镇客运车队由益阳汽车运输公司整体收购，组建大通湖运输分公司（2012年改制为益阳湘运集团运输公司大通湖分公司），下设4个站场，按条件优先聘用原车队员工，统一安排原车辆参与公司客运班线营运。公司积极拓展客运市场，开设直达东莞、昆明等地的省际班线，增开至长沙、益阳、岳阳、沅江、南县的班次，发展旅游包车、团体包车、商务包车、小客车出租和学生用车等业务，优化中心城区至各镇村的公交线路。同时，个体私营客运适应形势发展，较好地满足了广大民众的出行需要。2010年，区内共有大小营运客车173台，完成客运62万人次、3180万人·千米。2015年，营运客车增至215台，年客运量96万人次、3730万人·千米。

2016年起区全面推进城乡客运一体化，湘运大通湖分公司先后投资6000万元优化和健全客运服务体系。按照"一县一公司"、公车公运、统筹规划、乡村全通、价格惠民的原则，开辟城乡公交线路14条，投入新能源公交车155台，新建农村客运招呼站122个，公交客运通村率达100%，形成了以河坝城区为中心、辐射区内各镇村的"半小时城镇圈"。2018—2019年，区投资4400余万元建成新河坝客运车站，车站占地面积40亩，集长途客运、农村公交、小汽车租赁、商务和学生用车于一体，设计日发送旅客量5000人次以上，达到国家交通行业二级客运站标准。2020年，公司有员工70余人，营运车辆190台，包括建制班车17台、商务包车7台、旅游车2台、公交车155台、运营线路28

条，其中市际 11 条、县际 1 条、城际 2 条、区内城乡公交 14 条。

2016 年后，受私家车、网约车、共享电单车影响，区内客运市场萎缩，营运客车年客运量 40～45 万人次，仅近 2015 年的一半。2020 年，区内年客运量 44.2 万人次、5461 万人千米。

二、货运

20 世纪 50～60 年代，区内道路为黏土路面，且与外界连通不畅，货物运输以马车、拖拉机为主。1970 年后，随着道路交通条件改善，各农场相继组建汽车队，承担生产资料调入和产品外销的运输，业务调度和货运安排归口总场供销部门管理。1984 年，车队货车大部分划属各有关企业单位自主使用。1990 年，各农场共有货车 189 台，年运量约 8 万吨。农业单位的产品上交、甘蔗送糖厂入榨及生产资料的下拨，多由轮式和手扶拖拉机承运，年运输量 55 万吨左右。1992 年后，各农场公有货车全部折价转让给个人自主经营，个体运输户不断增加，成为货运市场的主体。2000 年，区内拥有营运货车 171 台，总标准吨位 434 吨，年货运量 15 万吨、1200 万吨千米。至 2010 年，营运货车增至 597 台，年货运量 68 万吨、近 1.03 亿吨千米。

2010 年后，现代交通运输体系不断完善，区内交通物流发展迅速，先后由民间资本组建了大华、运通、湘大等 3 家物流公司。这些公司运用现代物流信息平台，采取与全国各大货运企业联运、共享的方式，专业从事货运、仓储、配送、托运等业务及货物配载信息服务。2015 年，区内有各类货车 665 台，年货运量 103 万吨、1.44 亿吨千米，比 2010 年分别增长 51.5%、39.8%。用于长途物流运输的部分轻货车等老旧车辆逐步淘汰，更新为实用、环保的大吨位平头货车，有效提升了运输能力、运载效率和安全性。2020 年，全区有营运货车 748 台，年货运量达 165 万吨、1.47 亿吨千米。

2010—2020 年，区内物流快递业日益兴盛，先后有邮政、顺丰、圆通、申通、韵达、德邦、中通、京东、百世汇通等 9 家快递企业入驻区内，部分网点延伸到各镇。至 2020 年，日均快递投送量约 1.5 万件，发出量逾千件。

大通湖区 2010—2020 年客货车运输情况见表 5-2-1。

表 5-2-1　大通湖区 2010—2020 年客货车运输情况统计表

年份	客运			货运		
	客车数（台）	年客运量（万人次）	年周转量（万人/千米）	货车数（台）	年货运量（万吨）	年周转量（万吨/千米）
2010	173	62	3180	597	68	10264
2011	173	70	3318	630	80	12000

（续）

年份	客运			货运		
	客车数（台）	年客运量（万人次）	年周转量（万人/千米）	货车数（台）	年货运量（万吨）	年周转量（万吨/千米）
2012	185	75	3386	645	85	12680
2013	192	79	3488	653	90	13568
2014	208	92	3621	662	98	13677
2015	215	96	3730	665	103	14400
2016	243	45	5752	718	126	14415
2017	212	40.5	5177	685	113.4	12973
2018	198	41.5	5200	685	132.6	13274
2019	203	43.6	5460	672	145.8	14601
2020	206	44.2	5461	748	164.8	14722

第二节　水路运输

　　1951—1955 年，区内船舶运输以湖子口河为航道，经藕池河东支西至南县、东入洞庭，有木船数只。1955 年，湖子口河与藕池东支交汇处堵坝截流，航运中止。1956 年，长 7.15 千米的老三运河疏挖通航，与阳罗至黄茅洲的内河航道相连，农场进出物资在黄茅洲起卸翻堤中转，有拖驳木船 46 条、总载荷 620 吨。客运则由老河口乘风帆船至沅江大同闸，步行 9 千米至草尾镇，再换乘外河客班船。该年，黄茅洲船闸建成，连通内外航道。1968 年，塞阳运河疏浚通航，成为农场货运主航道。1970 年后，各农场连接塞阳运河的内港水运网络逐渐完善，相继成立运输船队，购置大小机动船舶，增设多处码头仓库和货物堆场，还先后开设河坝至黄茅洲和胜天、北洲子至黄茅洲、金盆至明山的客运班船。1977 年陆路客运开通后，客班船停运。至 1986 年，各农、渔场有营运货船 102 艘，总载荷 3784 吨。其中大通湖 47 艘、1663 吨，北洲子 17 艘、461 吨，金盆 17 艘、820 吨，千山红 15 艘、720 吨，渔场 6 艘、120 吨。年货运量占各场水运货物总吞吐量的 20%～30%，其余由外港船舶承运。1992 年后，各农、渔场船舶陆续转让，区内水路货运全部转由社会化经营。之后，道路交通运输不断发展，塞阳运河主航道年久失修、逐年淤塞，内港河渠以农业排灌和防渍防涝为主，陆续增建多处节制闸和桥梁，航运功能退化。2006 年，三峡大坝建成蓄水，洞庭湖流域枯水期大幅延长，区内水路运输基本消失，仅在东洞庭主汛期丰水季节，部分防汛和建筑所需的砂砾石经船运至东大堤泊岸转运，年运量约 20 万吨。

第三节　交通管理

1951年10月，南县航运公司在大通湖农场设航运工作组，管理农场水运业务。1956年起兼管农场水运队。1963年后，大通湖、北洲子、金盆和千山红农场的船只调拨、货物转运，分由南县、沅江县航运工作组管理。1963—1987年，各农场机动车养路费、船舶航管费由南县、沅江县交通运输部门征收，水陆交通安全管理、机动驾驶员培训考核、车船年检年审等则委托农场安全生产委员会办公室负责。1988年1月，根据益阳地区行署有关文件要求，驻农场航运工作组撤销，各农场成立交通管理站，为总场直属副科级单位，编制4～6人。自此，水陆交通管理、业务等事项均由农场交通管理站办理，并受地区主管部门委托，代征车船规费。

2000年后，大通湖区交通运输管理所和大通湖区交通规费征稽所先后成立。交通运输管理所为区交通主管部门的二级事业机构，承担区内道路运输管理和有关交通规费征收。交通规费征稽所隶属益阳市交通规费征稽处，为副科级事业单位，负责辖区内养路费、客运附加费的征收与稽查，代征车辆购置附加税。2007年，征稽所升格为征稽局。2008年，养路费等交通规费纳入汽车燃油费，征稽局撤销。2016年，国省道实行属地管理，区成立大通湖区公路局路政执法大队。2017—2019年，区投资886万元建成省道S307千山红超限检测站。2018年，省道S218北洲子镇北胜村路段设置非现场执法系统监测点，区纳入湖南省不停车检测系统试点区。2019年机构改革，公路路政执法大队并入新组建的区交通运输局，整合运政、海事执法部门，成立大通湖区交通运输综合行政执法大队，为局属副科级一类事业单位，编制8人，担负全区公路路政、道路运政、水路运政、航道港口行政、地方海事行政等专业执法及交通执法专项整治任务。同时，交通运输局内设交通运输股，承担全区道路客货运输、水路运输、港务经营、运输服务市场的行业管理职能和有关行政审批工作。

2016年，根据省、市交通主管部门统一部署，区组织交通、交警部门进行联合治超，出动执法人员1100多人次，检测车辆2000多台次，源头劝返80多台次，查处超限超载车106辆，卸载货物260吨。同年12月，区依法取缔区内所有非法载客运营的电瓶观光车，完善优化城乡公交网络，使民众出行更为安全便捷。2017—2020年，区持续加大道路运输治超力度，制定《规范治超执法专项整治方案》，实行路警联合执法常态化，先后开展了"零点执法""大排查大管控大整治""强执法防事故""打非治违""治理顽瘴痼疾"等专项行动，通过路面治超、源头治超、科技治超、信用治超等措施，将区内道路运输超限超载率控制在1％以下。四年累计出动治超执法人员1.1万多人次，检测车辆3.23万台次，源头劝返1100余台次，查处超限超载车辆202台，卸载货物1617吨，切割非法改拼装马槽车66台。2019年，区开展交通运输"隐患清零"行动，对全区客运车辆的道路运输证、驾驶员从业资格证进行全面排查，查处无证经营、超范围经营和宰客、甩客、拒载、改装等违章违法行为，依法取缔1家"黑车"非法营运企业，查处非法营运车辆15台。实施班线客车、旅游包车"两客"车辆智能监管平台建设项目，至2020年，全部51台"两客"车辆均安装主动安防系统，卫星定位装置入网率、上线率、数据合规率均达99.9％以上。完成155台城乡公交车安全防护栏安装，监控终端完好率100％。在此期间，整治路面交通隐患，共清除路面杂物280立方米、抛洒物500平方米，清理遮挡视线横幅、树枝，拆除非公路标志50多处，整改道路施工安全隐患56处，更新安全警示标志牌270多块，在干线公路及重要路段增设反光标志和爆闪灯58处，临水路段增设波形钢护栏2500多米，安装警示桩1400多根、减速带280米、防撞墩60多处。取消了安全风险较大的超长途客运班线云南班、深圳班。2019年底，湖南省交通运输"隐患清零"检查考核评比，大通湖区位列全省县市区第18名。

第三章　邮政通信

1949 年前，区内有至南县县城的步班邮路。1951 年，南县邮电局在三吉河坝设邮政机构。1959 年，沅江县邮电局在千山红农场设邮电所。1970 年后，步班邮路先后改成自行车、摩托车邮路和专用汽车邮路。1998 年，各农场设邮政支局。2000 年，各场邮政业务收入 150 万元。2001 年，区设南县大通湖邮政支局，辖 1 个营业部、4 个邮政所。2015 年起，邮政投递网络覆盖所有机关事业单位、村社区和工商企业，年业务收入约 1600 万元。

区内电话通信始于 1951 年，用人工中继磁石交换机和手摇电话机进行内外通信联络。1989—1992 年实施程控电话通信建设项目。1995 年，程控电话全部取代磁石手摇电话，无线寻呼机、移动电话逐步推广应用。2000 年，中国移动、中国联通在区建数字通信基站，网络信号覆盖各镇。建区后，三大通信运营商加大在区内的基础投入，持续下调通信资费，移动电话用户数量快速增加。2008 年起第三代移动通信技术（3G）得到应用，互联网宽带通信发展加快。2015 年后 3G、4G 网络技术普及应用，智能手机和有线光纤网络终端井喷式增长。2019 年区内开通首个中国电信 5G 基站，翌年增至 5 个，覆盖 30% 的区域。至 2020 年末，全区共有移动电话用户 10.41 万个，互联网宽带接入用户 1.29 万户，实现通信业务总量 4762 万元。

第一节　邮　　政

1943 年前，三吉河坝（原名三岔河）设有邮政代办所，开辟了至南县的步班邮路。1943 年 5 月至 1945 年 6 月，南县县城先后 3 次被日寇侵占，邮政员工辗转流离，邮路时运时停，邮政业务少有进展。

1951 年 1 月，南县邮电局在三吉河坝设邮政代办所，有南县至河坝步班邮路 1 条。1952 年 6 月代办所改为邮政营业所，办理信函、汇兑、包件和报刊发行业务。1954 年增辟河坝至沅江草尾的步班邮路。1955 年营业所升格为大通湖邮电支局，先后分设金盆、北洲子、老河口、尼古湖等 4 个邮电所。1957 年开辟大通湖至沅江黄茅洲 45 千米的自行车邮路。1959 年，沅江县邮电局在千山红设邮电所。1960 年 10 月，各邮电局所开办特种挂号信函业务，1967 年 1 月开办电报汇款业务。1970 年 8 月，邮政、电信分设，益阳地区邮政局在南湾湖设大通湖邮政局，各农场设邮政所，步班邮路逐步改成自行车、摩托车邮路。1982 年，邮政、电信合并，南县、沅江县邮电局分别在区内设大通湖、千山红支局，大通湖支局辖北洲子、金盆、老河口、河口 4 个邮电所和大通湖渔场代办所。南县至大通湖、沅江至千山红的专用汽车邮路先后开通，邮运状况得到改善。1983 年邮政局开办机要文件收投业务。1990 年，大通湖邮电支局有邮件投递线路 11 条、路线总长 442 千米，投递点近 600 个，从业人员 31 人，营业用房 400 多平方米，进出转收邮件 31 万件，发行报刊 3.95 万份。1998 年邮政、电信分营，大通湖、北洲子、金盆、千山红等 4 个农场各设邮政支局，在老河口、南湾湖设邮政所。2000 年末，区内报刊流转额 49 万元，邮政业务收入 150 万元。

2000 年后，区内设南县大通湖邮政支局，在中心城区设营业部，在北洲子、金盆、千山红镇和河坝镇老河口共设 4 个邮政所。至 2015 年，有邮政网点 7 个，投递点 95 个，覆盖全区所有机关事业单位、村社区和工商企业，年邮包数量和邮件交换量 7.3 万个，报刊发行 22 万份，年业务收入 1685 万元。机构设置和业务发生量相沿至 2020 年大体未变。

第二节　通　　信

1951 年，大通湖特区架通至所辖 13 个乡和农场 7 个生产队的电话线路，设总机 20 门，年底架设三吉河坝至南县电话线 35 千米。1953 年，总机扩至 50 门，架通各作业区（分场）和新建 14 个生产队的电话线。1958 年，各分场均配置 10 门总机，全场有电话工作人员 15 人。1959 年，地方国营千山红农场装配 5 门总机一台，配话务员 3 人，各分场生产队配电话机一部，后改装 15～40 门总机，分场配设 20 门总机。1962 年底大通湖农场"三场分治"后，北洲子农场有 30 门总机 1 台、手摇电话机 25 部，金盆农场有总机 2 台共 50 门、电话单机 42 部、电话线路 67 千米。1979 年，湖南省邮电局投资架设南县至大通湖新线路。1981 年，大通湖至南县的 ZM202 的 3 路载波电路开通，后增至 12 路载波。1987 年，大通湖邮电支局有 100 门磁石交换机和 30 门出入中继磁石交换机各 1 台，12 路载波机一套，开通直达益阳的长途电话线路 2 条。至 1990 年，各农、渔场共有内部电话交换总机 31 台、1990 门，电话单机 1620 部，各机关企事业单位及个人可通过中继交换进行对外通话联系。

1989—1992 年，区内实施湖南省邮电局规划的程控电话通信项目，开通全省首家农村支局 256 线程控电话，拥有出局用户电缆 600 对、电缆 34 皮长千米、单机用户 500 余户。1995 年，程控电话全部取代磁石手摇电话，无线寻呼机、移动电话开始推广应用。此后，大通湖、千山红电信支局分别新建通信业务大楼，对程控交换机、数字移动交换机、光纤传输等设施设备扩容升级，进一步改善通信条件。2000 年 4 月，中国移动南县营业部设大通湖代办点，在各农场建立数字移动电话 GSM 基站；10 月中旬中国联通益阳分公司在大通湖区设营业处，GSM130 网络信号覆盖区内各镇。2000 年末，区内程控电话保有量 6400 多部、移动电话用户 2300 多户，实现通信业务总量 3800 多万元。

2000 年后，中国移动、中国联通、中国电信三大运营商加大在区内的投入，扩大网络设施容量和覆盖面，提高网络信道质量，取消移动电话入网费，持续下调通信资费，区内移动电话用户量迅速增加。至 2007 年末，区内有移动电话用户 2.84 万户、固定电话用户 6500 户，每万人移动电话、固定电话拥有量分别为 2710 部、620 部。2008 年起区内应用第三代移动通信技术（3G），加快发展互联网宽带通信，至 2010 年有接入用户 1500户，年内增加 500 户。2015 年后 3G、4G 网络技术应用并行，智能手机和有线光纤网络终端呈现爆发式增长，至 2017 年共建基站 98 个，实现全区所有区域 3G/4G 无线网络全覆盖；共建光网端口 3.88 万个，为城乡居民提供 100Mbps 光纤宽带和 4K 高清电视信号接入服务，在益阳市率先达到全光网区标准。2019 年 10 月，中国电信开通大通湖首个 5G基站，次年增至 5 个，覆盖 30％的区内面积。2020 年末，全区共有移动电话用户 10.41万户，互联网宽带接入用户 1.29 万户，比 2010 年增长 7.6 倍；固定电话用户 1570 户，比用户数最高年份 2009 年的 6750 户减少 76.7％。全年实现通信业务总额 4762 万元。

第四章　金　融　业

大通湖区各农场建立之初即设有银行机构，后随形势发展几经调整变化。至 2020 年，区内有农业银行、工商银行、邮政储蓄银行、农村商业银行、长沙银行等 5 家银行的分支机构，从业人员 71 人。另有中国邮政集团有限公司南县分公司大通湖营业所保留居民储蓄存款业务，代办农垦职工退休养老金发放。

1979 年后，随着改革开放和经济社会发展，银行各类存款持续较快增长。2020 年，全区年末存款余款 46.48 亿元，比 2000 年增长 14.2 倍，其中个人储蓄存款 38.39 亿元，同比增长 12.8 倍。银行贷款投放额度随国家财政金融政策调整而变化，整体呈现增长态势。2020 年，全区各类贷款余额 11.49 亿元，比 2019 年增长 58.9%，为 2000 年的 9.6 倍；存贷比例 4∶1，银行业务收入 5930 万元，比 2019 年增长 33.3%。

区内各农场保险事业起步于 20 世纪 50 年代，全面发展始于 1993 年益阳地区人民保险公司农垦支公司成立，兴盛于 2000 年农场体制改革后。2020 年，全区共有保险机构 6 家，各类险种保费收入 1.71 亿元，理赔 0.75 亿元，赔付率 43.86%。

第一节　银　行　业

一、银行机构

（一）农业银行大通湖支行

1951 年 7 月，中国人民银行南县支行在大通湖设分理处，有工作人员 5 人。1956 年增至 11 人。1957 年，中国人民银行与 1955 年成立的中国农业银行合并。1963 年，农业银行从人民银行中分离出来，区内各农场相应建立农业银行大通湖、北洲子、金盆、千山红分理处或营业所。1965 年底，两行再度合并，各农场设分理处或营业所。1979 年 11 月，农业银行再次建立，大通湖分理处亦相应恢复，人员编制 11 人，业务范围包括大通湖、北洲子、金盆三个农场，千山红农场营业所归属农业银行沅江县支行。1983 年 11 月，农业银行大通湖分理处升格为支行级的办事处，受地区中心支行领导，在编人员 84 人，设 4 股 1 室、4 个营业所和 1 个信用社，业务范围扩大至 5 个农、渔场及茶盘洲农场，并在各个分场设立代办所。1995 年正式建制为中国农业银行大通湖支行，在编人员 105 人，内设信贷、计划、储蓄、稽核、人事、保卫、监察、办公室、工会和房地产信贷部等 10 个机构，营业单位有大通湖营业部，北洲子、金盆、千山红、沙堡洲、老河口 5 个营业所和 20 个业务代办所，形成了以存、贷业务为主体，中间业务、代理业务全方位发展的综合服务体系，是区域金融主导行。2000 年支行开始代行国库职能，推行扁平化管理，逐步撤并基层网点，实现减员增效，依靠科技手段拓展业务。2010 年支行获批农村县级代理国库业务省级示范单位。2020 年根据总行改革要求，支行由益阳市分行直管，下设北洲子、金盆分理处，千山红分理处转隶南县支行，共有在编人员 32 人。

（二）　工商银行大通湖支行

1984 年 1 月，原中国人民银行南县支行大通湖分理处改为工商银行南县支行大通湖分理处，在编人员 4 人，主要办理滨湖柴油机厂，以及各农场邮电支局、粮食直属库、税务所、新华书店、贸易商店等驻场单位的存贷、结算和票据贴现等业务。1999 年转隶益阳市分行直管，业务范围扩大至各农、渔场，设有营业所 4 个。2007 年 1 月升格为中国工商银行股份有限公司益阳市分行大通湖支行，主营存款、贷款、结算业务，办理票据贴现，代理发行金融债券和政府债券，代理收付款项和经金融监管部门批准的其他金融业务，有在编人员 10 人。2020 年在编人员 8 人。

（三）　邮政储蓄银行南县大通湖支行

1989 年，各农场邮政所开办邮政储蓄业务，其存款全部上缴人民银行，存款利息由人民银行支付，邮政部门按储蓄额的 3‰提取手续费。1990 年邮政储蓄由代理改自营，业务范围由单一办理存款发展到代理保险、代发退休养老金等。

2011 年 11 月邮政储蓄银行大通湖支行正式成立，有员工 9 人。支行按照零售银行战略，以服务于"三农"和中小微企业为主，主营居民储蓄存款、消费贷款、"三农"贷款，办理国内外结算、票据承兑贴现，代理发行、兑付、承销政府债券，代理收付款项及保险业务。2014 年、2016 年支行被湖南省分行评为服务"大三农"、小企业特色支行和管理标准化示范行。2020 年支行实现全岗位配置，有员工 10 人，并在金盆、千山红镇布设营业网点。

（四）　农商银行大通湖支行

2006 年 2 月南县农村信用合作联社大通湖分社成立，2016 年 7 月更名为湖南省南县农村商业银行股份有限公司大通湖支行，除银行一般业务外，主要提供农户小额信用贷款、联保贷款、助学贷款、农村工商业贷款、农业经济组织贷款等服务。2020 年在编人员 13 人，下设千山红、金盆营业所。

（五）长沙银行大通湖支行

2020 年 12 月成立，为长沙银行股份有限公司益阳分行的一级支行，有正式员工 8 人，主要为中小企业提供信贷融资服务。

二、银行存款

1978 年前，各农场储蓄存款很少。改革开放后，农场经济日趋活跃，职工群众收入不断增加。各银行机构多次调高存款利率，先后推出整存整取、零存整取、活期、定期、有奖储蓄、教育储蓄等，对工商企业存款实行"以存定贷"，促进企业加速资金周转，居民储蓄和企业存款增长较快。1990 年，各农场银行机构年末存款余额 6994 万元，其中居民储蓄存款 5528 万元，与 1978 年相比分别增加 23 倍和 25 倍。1994 年，国有专业银行向国有商业银行转轨，人民银行对商业银行实行资产负债比例管理。各银行开辟新的储蓄品种，加快电子化进程，推行信用卡业务，集中力量组织存款，各农场存款余额继续上升。至 2000 年，全区年末存款余额 3.06 亿元，其中个人储蓄存款 2.79 亿元，与 1990 年相比分别增长 337.5%、404.7%。

2000 年后，各银行机构发展扩大中间业务，代理保险、代发工资、银证转账、银行卡等业务得到较快增长，并推出网上银行、电话银行、手机银行、手机支付、短信管家、基金理财、股票股资等一系列服务。2020 年末，全区各类存款余额 46.48 亿元，与 2000 年相比增长 14.2 倍，其中个人储蓄存款 38.39 亿元，增长 12.8 倍。

三、银行贷款

1956 年前，大通湖农场生产建设资金和事业费由国家按需下拨。1957 年起实行流动资金定额核拨，不足部分准许向银行贷款。1959—1962 年，农场每年贷款 160 万～170 万元。尔后，湖南省农业厅根据省属农场发展情况，逐年增加流动资金定额，各农场基本未向银行贷款。1972 年后，各农场逐年扩大工农业生产规模，所需流动资金增加，故开始向银行贷款，每年贷款额度在 100 万元上下。1981 年起，因基本建设投资由财政拨款逐步改为银行贷款，农场贷款数量不断增加。1985 年，各农场农业银行、工商银行年末贷款余额共计 8649 万元。1986—1987 年，执行"稳中求松"的政策，两年新增贷款 7207 万元，增长 81%。1988 年，实行"严格控制总量、调整结构、保证重点、压缩一般、适时调节"的信贷方针，贷款增幅减慢，年末余额仅比上年增加 853 万元。1989 年后，国家数次调整信贷政策，信贷管理逐步规范，区内贷款规模持续扩大。2000 年，人民银行对国有商业银行不良资产进行剥离，区内两行共剥离不良资产 2.69 亿元，占贷款总额的 72.9%，剥离后的贷款余额 1.19 亿元，存贷比为 2.5∶1。

2000 年后，各银行机构落实国家信贷政策，优化信贷资金投放，逐年增大投放额度。农业银行彻底改变信贷资金"供给制"状态，努力组织存款、扩大贷款，将新增信贷资金主要投向优质企业、教育、农资、个体私营企业和建房消费等。2005 年农行年末贷款余款 1.71 亿元，比 2000 年增加 0.64 亿元。2006—2008 年，各银行以管控信贷风险为主，重点清收违规信贷和不良贷款，基本停止贷款投放，2008 年贷款余额仅有 2685 万元。2009 年起，国家实施积极的财政政策和适度宽松的货币政策，区内各银行机构调整信贷结构，扩大贷款规模，支持城乡基础设施建设和经济社会事业发展。2020 年末，全区各类贷款余额 11.49 亿元，比 2019 年增长 58.9%，为 2000 年的 9.6 倍，存贷比为 4∶1。

大通湖区 2011—2020 年存贷款余额和业务收入情况见表 5-4-1。各银行机构 2020 年存贷款与业务收入情况见表 5-4-2。

表 5-4-1　大通湖区 2011—2020 年存贷款余额和业务收入情况表

单位：万元

年份	年末存款余额	其中个人存款余额	年末贷款余额	银行业务收入
2011	162666	121789	20123	2110
2012	203015	142564	21232	2264
2013	225942	166279	45728	2781
2014	255946	187100	46948	3139
2015	289411	226353	42757	3504
2016	366172	291147	62472	4385
2017	407039	304511	61158	4674
2018	399059	313737	56536	4998
2019	411170	332713	72276	5340
2020	464474	383911	114872	5930

表 5-4-2　大通湖区各银行机构 2020 年存贷款与业务收入情况表

单位：万元

机构名称	年末存款余额	其中个人存款	年末贷款余额	业务收入
农业银行	195226	146239	64483	3894
工商银行	85136	58278	1820	95
邮储银行	43691	43691	13574	1391
农商银行	24924	22485	17495	99
长沙银行	2347	68	17500	—

（续）

机构名称	年末存款余额	其中个人存款	年末贷款余额	业务收入
邮政	113150	113150	0	451
合计	464474	383911	114872	5930

第二节　保　险　业

1959 年前，大通湖农场的保险业务由南县人民保险公司直接办理。1954 年农场遭受特大水灾，保险公司理赔 41 万元。1959 年全国保险事业停办，1981 年恢复。1983 年，南县、沅江县保险公司按行政区划隶属关系在各农场开办企业财产、车船、货运保险业务。1987 年 10 月，各农场设立保险站，业务管理隶属县公司，先后开办了企业财产、家庭财产、车船、简易人身、团体人身、学生平安、少儿后备年金、义务兵养老、养鱼、耕牛、水稻制种 11 个险种。至 1990 年，北洲子保险站 3 年累计保费收入 91.34 万元，理赔 27.61 万元，赔付率 30.23%。1987—1992 年，大通湖保险站累计保费 217.5 万元，理赔 88.05 万元，赔付率 40.48%。

1993 年 2 月，益阳地区人民保险公司在大通湖农场成立农垦支公司，编制 15 人，辖 4 个农场和茶盘洲农场保险站，各站有工作人员 2～4 人。1995 年公司保费收入 265 万元，理赔 175 万元。1996 年 5 月公司改制，析出人寿保险成立中国人寿保险集团公司益阳分公司农垦营业部，后改为大通湖支公司。2000 年，财险、寿险两公司保费收入分别为 320 万元、654 万元，理赔（给付）195 万元、280 万元，赔付率分别为 60.94% 和 42.81%。

2000 年后，区内逐步拓展保险业服务领域，保险业务规模持续增长。2006 年，新华人寿保险股份有限公司益阳支公司设立大通湖营销服务部，为近 8000 位客户提供寿险服务。2010 年，区内 3 家保险机构完成保费收入 4365 万元，赔付 669 万元，比 2000 年分别增长 3.48 倍和 40.8%。2014 年，太平洋财产保险和中华联合财产保险股份有限公司先后在大通湖设立支公司，分别经营政策性农业保险、财产保险、商业保险和健康保险等。2020 年 1 月中国人寿财产保险股份有限公司大通湖支公司成立，主营农业保险、城乡居民意外保险、城镇职工意外保险、扶贫特惠保险、学生平安保险、社会综合治理保险、一元民生保险、特岗人员意外保险等多个险种。2020 年末，全区共有保险机构 6 家，保费总收入 1.71 亿元，比 2019 年增长 17.12%。其中财险保费收入 0.65 亿元，寿险保费收入 1.06 亿元，比 2019 年分别增长 20.4%、14%。理赔、给付 0.75 亿元，同比增长 30.6%，赔付率 43.86%。

大通湖区 2010—2020 年保费收入与理赔情况见表 5-4-3，2020 年保险机构保费收入与理赔情况见表 5-4-4。

表 5-4-3　大通湖区 2010—2020 年保费收入与理赔情况表

年份	保费收入（万元）	其中		理赔金额（万元）	赔付率（%）
		财险保费（万元）	寿险保费（万元）		
2010	4365	320	4045	669	15.33
2011	5038	380	4658	677	13.44
2012	5738	534	5204	2169	37.80
2013	6023	561	5462	4359	72.37
2014	6644	2278	4366	5485	82.56
2015	7148	2800	4348	6060	84.78
2016	7010	2905	4105	2389	34.08
2017	6694	3324	3370	3204	47.86
2018	12400	4000	8400	7800	62.90
2019	14621	5364	9257	5666	38.75
2020	17100	6500	10600	7500	43.86

表 5-4-4　2020 年保险机构保费收入与理赔情况表

项目	人保财险公司	人寿险公司	人寿财保公司	中华联财险公司	新华人寿公司	太平洋财险公司	合计
保费收入（万元）	3200.0	4383.8	362.4	2165.0	1034.2	690.3	17100.0
理赔金额（万元）	2900.0	326.2	162.8	3517	128.3	363.7	7500.0
赔付率（%）	90.63	7.44	44.92	162.45	12.41	52.69	43.86

第五章 房地产业

区内房地产市场自 2000 年建区之后开始逐步发展。2003 年 3 月，河坝镇城区出让首宗土地，拉开房地产开发经营序幕。2016 年，全区完成房地产投资 1.55 亿元，房屋竣工面积 5.58 万平方米，销售 8.57 万平方米。2018 年，区引进 5 个高品质房产开发项目，助推中心城区提升品位。2020 年区内有房地产开发企业 8 家，年内完成投资 1.38 亿元，房屋竣工 4.85 万平方米，销售 1.68 万平方米，销售额 6538 万元，实现生产总值 4129 万元。

2000 年前，各农场土地权属和房屋产权产籍管理由农场国土房产科负责，1997 年开始颁发新制式国土使用证和房屋所有权证。建区后，设立区地产地籍和房产管理机构。2016 年 8 月，区不动产登记中心成立，至 2020 年共办理不动产登记证 2.3 万余本，其中办理农村住宅房地一体登记证书 1.36 万户。

区内于 2017 年起进行房地产领域突出问题专项整治，清理问题楼盘，严格市场准入制度，规范市场秩序，使房地产业得以健康发展。

第一节 房地产开发经营

2000 年前，各农场的房地产以单位建房、个人自建房、联户集资建房为主；取得建房用地方式有行政划拨和有偿出让两种，鲜有市场化运作的房地产开发经营。建区后，随着新型城镇化的推进，特别是中心城区的建设发展需要，房地产业逐步兴盛。2003 年 3 月，河坝镇五一路一宗 757 平方米的土地以每平方米 800 元价格出让给个体私营业主，开发建设商用、住宅房，拉开区房地产开发经营序幕。此后，中心城区和各镇按照城镇规划建设要求，快速推进房地产业。2008 年区启动保障性安居工程建设，中心城区建成"两纵两横"主体骨架，集聚效应大增，商品房需求旺盛，大量社会资本进入房地产开发领域，市场更趋火热。2010 年，区完成房地产投资 4685 万元，新开工面积 4.5 万平方米，竣工约 3.21 万平方米，商品房销售约 3.35 万平方米，实现生产总值 2907 万元。2011—2016 年，区房地产业保持稳定上升态势，但问题和矛盾逐渐显露，压力逐步增大。2016 年区完成房地产投资约 1.55 亿元，实现生产总值约 4980 万元，分别比 2010 年增长 2.3

倍和 71.3％；房屋竣工约 5.58 万平方米，销售 8.57 万平方米，同比分别增长 73.8％、155.8％。2017 年开展房地产市场专项整治，年内完成投资 4955 万元，比 2016 年减少 68.0％；竣工面积 2 万平方米，销售约 2.2 万平方米，分别下降 64.2％、74.3％。2018 年引进多个高品质房地产开发项目，完成总投资 4.08 亿元，实现生产总值 2.12 亿元，新开工面积 18.66 万平方米，竣工 5.96 万平方米，销售 7.52 万平方米。区内商品房销售采取期房预售和现房销售两种方式，价格区间由市场决定，并经物价部门核准。销售价格呈较快上涨态势，2000 年，河坝中心城区每平方米商品住宅售价 300 元、商用门店 2000 元，2011 年分别涨至 800 元、3000 元，同年区内建成第一栋高层电梯住宅，每平方米售价 2100 元。2020 年，中心城区商品住宅步梯房售价每平方米 1500 元，电梯毛坯房每平方米 3200 元，精装房 4500 元，商用门店每平方米 5000～8000 元。其他三镇商品住宅、商用门店每平方米售价，分别由 2000 年的 280 元、1500 元提高至 2020 年的 1000 元、3000～5000 元。

2020 年，区内有房地产开发企业 8 家，完成续建和新开工项目投资 1.38 亿元。项目施工面积 9.04 万平方米，新开工 3.26 万平方米，竣工 4.85 万平方米，销售 1.68 万平方米，销售额 6538 万元，实现生产总值 4129 万元。

大通湖区 2010—2020 年房地产开发经营情况见表 5-5-1。

表 5-5-1　大通湖区 2010—2020 年房地产开发经营情况表

年份	完成投资（万元）	生产总值（万元）	施工面积（平方米）	新开工面积（平方米）	竣工面积（平方米）	销售面积（平方米）	其中住宅销售（平方米）
2010	4685	2907	48300	45000	32050	33450	19300
2011	7550	3083	144580	97420	41680	42610	34600
2012	7260	3263	111700	69500	48100	44920	40970
2013	8870	3609	139580	76580	95573	77369	75019
2014	11690	3841	80560	80560	89360	92842	81392
2015	11884	4666	77602	11818	25505	79595	9850
2016	15460	4980	99109	57062	55757	85654	84284
2017	18516	4714	64913	27000	20000	22026	4945
2018	40805	21243	224500	186558	59617	75190	39245
2019	41811	22237	220500	57600	126900	82100	82100
2020	13800	4129	90366	32580	48520	16780	16780

第二节　房地产管理

1987 年，各农场设立国土管理科，对房屋建设用地实行统一管理。1990 年开始向农业职工自建房和企事业单位公用房颁发国土使用权证，明确用地界址及权属。1992 年改革企事业单位职工住房制度，公建住房折价让售给个人，办理房屋衔接转移登记手续。1997 年新组建国土房地产管理科，受益阳市国土局和市房地产管理局委托，加强属地土地权属和房屋产权产籍管理，建立到户地籍、产籍档案，陆续向单位公房、个人住房、商户门店颁发新制式的国有土地使用证和房屋所有权证，并规范房屋买卖、产权变更管理。

2000 年建区后，区国土国资局内设地产地籍股，区建设交通环保局下设房产管理处，分别负责全区地产地籍和房屋产权产籍管理，根据市行政主管部门授权，办理权证登记、审核、发放及变更事项。2016 年 8 月，为贯彻落实国务院《不动产登记暂行条例》，区成立大通湖区不动产登记中心，归隶区国土资源局，开始进行国土使用权、房产权合一的不动产登记发证。办证审批程序分为权籍调查与落宗、受理及初审、复审、核定、登簿、缮证等六步骤。2020 年 8 月完成国土档案数据与房产档案数据整合，建立起统一、上下贯通共享的不动产登记信息管理基础平台，开通网上登记办证。至 2020 年底，共办理不动产登记证 2.3 万余本，其中农村住宅房地一体登记证书 1.36 万户，居湖南省农场改制区之首。

2017 年起，区组织房产、规划、建设、国土、市场监督、物价及政法等部门，对房地产开发经营中出现的开发商非法融资、违规开发、违法办证骗贷、违规搭车收费等突出问题进行专项整治，清理处置影响社会稳定的问题楼盘，维护消费者权益，严格市场准入制度，杜绝无资质开发，房地产市场秩序得以逐步规范。

第六章　旅　游　业

大通湖区生态休闲旅游资源丰富，拥有五门闸洞庭湖重要湿地和大通湖国家湿地公园，湖光潋滟，景象万千。文化底蕴独特，农耕文明发达，田园风光无限。

2008 年起，区以打造湖乡生态旅游休闲康养目的地为目标，稳步实施旅游开发，先后建成锦大渔村、荷叶缘农庄、湿地公园及科教馆等景区景点，基本建成五门闸旅游美食街区，有序推进大通湖东岸风景区、老三运河"一河两岸"生态休闲区和沙堡洲高端民宿康养项目建设。至 2020 年，区共建有旅游宾馆四家，农渔家乐庄园数十家。旅游公路提质升级，基本形成了串点成线的旅游交通网络。

区旅游产品主打生态特色，有大通湖大闸蟹、大通湖大米、大通湖风干腊鱼、"河众村"瓜蒌籽、金盆小龙虾及全鱼宴、连福糍粑等多种特色美食。

2008—2020 年，区坚持节会搭台、品牌兴旅，共成功举办各类旅游美食节会活动 21 届（次），有效提升了大通湖湖乡生态休闲旅游的知名度。2020 年，共接待游客 33.1 万人次，旅游总收入 7.7 亿元。

第一节　旅游资源

大通湖区为典型的洞庭湖冲积平原，属于洞庭湖国际重要湿地核心区域和湖南省南洞庭自然保护区，是国家现代农业示范区。东接东洞庭，南连南洞庭，拥有省内最大的内陆湖泊，被誉为"洞庭之心"，湿地资源保持完好，生态环境优良，各类水、陆生动植物资源丰富。湖光潋滟、渔舟唱晚的水乡情韵与沃野千里、阡陌纵横的田园风光相得益彰。农耕文化传承发展，现代农业势头强劲。春有绿境花海，夏有碧荷虾缘，秋有青蟹稻浪，冬有鸟翔鱼跃，湖乡景象四季分明、自然切换。

五门闸外湖湿地浑然天成，既可领略浩渺洞庭的气象万千，又可踏青观鸟，采摘芦笋、藜蒿、水芹等原生野菜，品味湖鲜美食。12.4 万亩的大通湖水天一色，是国家湿地公园和重要的商品鱼生产基地，有鱼类 108 种、水生植物 92 科，为国家确定的 96 个鸟类重点栖息地之一。2018—2019 年调查发现，湖内冬季有候鸟 17 种，其中二级重点保护鸟类包括小天鹅、鸳鸯、白琵鹭，小天鹅最大单次监测数量达 2000 多只。夏季繁衍鸟类 34 种，包括 14 种水鸟和 20 种林鸟，其中灰翅浮鸥种群数量近 3 万只，记录中国稀有鸟类水雉数量 20 余只。

区内文化底蕴独特。"王家坝遗址"见证 6000 年前人类在此生息繁衍时的大溪文化。"洞庭之心"的历史渊源，反映出长江与洞庭湖千百年来江湖关系演变的过程。肖公庙石碑和大通禅寺肖公神像，彰显着元朝末年渔民肖伯轩勇救朱元璋的侠义之举。舵杆洲避险石台和铁牛镇湖，承载了渔樵民和过往商贾祈福求安的愿望。尼古湖等诸多地名的背后，都是一个又一个值得人探寻的故事。

20 世纪 50 年代以来，"艰苦奋斗，勇于开拓"的农垦精神成为区文化的核心，70 年农垦事业发展中不断丰富的农垦文化，与备战备荒的军旅文化、插队落户的知青文化、"智者乐水"的渔樵民文化、"五湖四海"的移民文化汇聚交融，形成了大通湖特有的文化谱系。现代农业产业园、特色产业带、休闲农庄、智能大棚、大规模机械化作业和光伏发电、新型工业工艺流程等，都蕴含着新发展理念和新科技文化，是承载和丰富乡村旅游的重要资源。

第二节　旅游开发

2007 年，锦大特种水产有限公司以大通湖水域为依托始建锦大渔村，总投资 3800 万元，建筑占地面积 200 亩，建有渔耕文化体验中心，水产品加工展示购物中心，水上高尔夫球场，垂钓基地，庄园别墅和餐饮住宿、休闲娱乐、会议接待场所等，可单次接待用餐人数 400 多人、住宿 50 余人。主要项目有湖鲜美食、名特水产、游艇观光、休闲体育、捕鱼体验、野炊、篝火晚会、湖畔露营等，是一家"吃住行玩购娱"全要素的大型生态度假渔村。渔村先后被授予"湖南省五星级休闲农庄""湖南省休闲农业特色产业示范园""全国休闲农业与乡村旅游示范点""全国休闲渔业示范基地"和"3A 级旅游景区"称号，是大通湖接待各方游客和承办旅游节会的重要场地之一。

荷叶缘休闲农庄位于大通湖东岸，由回乡创业女工叶敏于 2013 年创办。农庄占地面积 30 余亩，拥有湖景包厢 10 间、茶室 300 平方米，大型宴会厅可容纳 300 人。园内建有荷塘和鱼品加工作坊，种养各种蔬菜和鸡鸭鹅等家禽，是一家集观光、体验、垂钓、餐饮、休闲娱乐和水产品加工销售于一体的综合性生态农庄，为湖南省四星级乡村旅游景点。所开发的"全鱼宴"菜品多达百余种，为农庄主打特色。一般旅游淡季日接待游客量 120～150 人，旺季达 400 人左右。

2014年12月，经林业局批准，区试点建设以大通湖湖泊为主体的大通湖国家湿地公园，2019年12月正式获批国家湿地公园。公园总面积13.41万亩，湿地率达98.8％，湿地类型为湖泊、河流和人工湿地。其中大通湖湖泊湿地经生态修复，生态系统逐步完善，水质持续向好，水生植被面积约达10万亩，覆盖度超80％的有6万亩，"水下荒漠"变成"水下森林"。2019—2020年，区投资860万元建成湿地公园科普馆，馆内设有湿地科普、湿地保护、大湖传奇、弧幕影院等四个宣教板块，馆外建有观鸟栈道、游客步道、科普长廊、大湖形状人工湿地等。同时启动了大通湖东岸旅游景区、老三运河"一河两岸"生态休闲景区和沙堡洲高端民宿康养项目建设，完成了东岸旅游公路和外湖湿地景观公路建设，五门闸风情美食街区初具规模。

2020年，全区有湘韵大酒店、通盛花园大酒店、明珠商务酒店、嘉运国际酒店等4家旅游宾馆，数十家农渔家乐庄园。其中湘韵大酒店为三星级宾馆，吃住玩设施齐备，有各类客房117间、大小餐厅10个，可单次承办500人规模的宴会。

第三节　特色产品

1. **大通湖大闸蟹**　国家地理标志产品，中国十大名蟹之一。产自大通湖生态水域，个大体圆，青壳白肚，金足黄毛，膏黄丰腴细腻、香甜鲜美、味感丰富，为游客品鲜和馈赠亲友之首选。主要品牌有"大通湖大闸蟹"及大通湖"众锦大"牌、"渔莲水生"牌大闸蟹。

2. **大通湖大米**　国家地理标志产品。大通湖区是国家重要商品粮基地，特殊的湿地小气候和不可复制的无镉等重金属污染的土壤条件，为水稻提供了独特的生长环境。水稻生产选用高档优质品种，采用生态生产技术，产出大米绿色健康、米质口感上佳。主要品牌有"大通湖大米""大通湖香米""洞庭晶玉蟹田米""金雁子龙虾香米""湖田稻事香米"等。

3. **大通湖风干腊鱼**　选用"人放天养"的大湖鲜鱼，采用传统工艺腌制、自然风干而成，保持鱼品原味。主要品类有青、草、白鲢、翘白、刁子鱼及螺、蚌肉等干制品。尤以青鱼个大体长、干香味美闻名。

4. **"河众村"牌曾大姐瓜蒌籽**　选用产自特色产业园、获得绿色食品认证的优质瓜蒌籽，承千年传统炒货工艺，按照现代食品质量控制体系科学配方精制而成。熟制后的瓜蒌籽外观褐色饱满，味道脆香滑润，富含人体所需的多种微量元素，营养价值很高，是代表大通湖区参加各类展会的主要特色产品之一。

5. **金盆小龙虾** 绿色食品认证产品，个大体匀、壳青钳小、腮肚洁白，被誉为"洞庭珍珠翡翠"，广受市场青睐，加工制品远销东南亚地区。

另有"连福糍粑""想呱呱蔬菜饼""志哥腐乳""蟠桃宴葡萄酒""九州滋补养生酒"和"博轩脐橙""野猫嘴黄桃""口口甜葡萄"等特色产品。

第四节　旅游管理

2008 年大通湖区招商旅游局成立，承担旅游规划、旅游市场管理、旅游节会组织等职能。2016 年与区经济贸易局合并为经济贸易和旅游局。2019 年区机构改革，成立中共大通湖区委宣传和统一战线工作部，旅游职能并入其中，加挂区文化旅游和广播电视体育局的牌子，有旅游工作专职人员 3 人。

2012 年，锦大渔村、千山红跃飞荷花池、大通湖现代农业科技园等景点，纳入湖南省海外旅游公司益阳分公司旅游线路。2016 年区委托上海同济大学完成《大通湖区2017—2025 年旅游总体规划》，确立打造湖乡生态旅游休闲康养目的地的目标和开发建设路径。2018 年完成《大通湖东岸旅游景区建设规划》。

2008 年后，区先后举办 8 届"大通湖捕捞节暨大闸蟹美食旅游节"、5 届"大通湖金秋品蟹美食节"。2018 年举办"梦里水乡·醉美大通湖"绘画采风活动和金秋品蟹暨益阳市十大美景美食评选颁奖典礼。2019 年在益阳市举办金秋品蟹美食荟活动，展示推介大通湖旅游资源和特色美食。2020 年举办"美丽水乡·稻蟹飘香"大通湖金秋美食节。2018—2020 年，区在金盆镇先后成功举办"金盆五门闸龙虾节""龙虾美食暨乡村音乐节""插秧季·湖乡风——大通湖莲虾美食荟"活动。

"十二五"期间，区共接待游客 143 万人次，实现旅游总收入 11.3 亿元，比 2010 年年均增长 15％。2019 年接待游客 43.5 万人次，旅游总收入 9.3 亿元，比 2015 年分别增长 45％、158％。2020 年受新冠疫情影响，接待游客 33.1 万人次，旅游总收入 7.7 亿元，比 2019 年分别减少 23.9％、17.2％。

第六编

中共地方
组织

中国农垦农场志丛

第一章　机构与组织

大通湖区各农场成立初期，均建立中共农场委员会，全面领导辖区工作。1971年起，各农场先后召开党员代表大会，选举产生新的农场党委会，实现了党对全面工作的统一领导。改革开放后，各农场党委不断加强自身建设和党的组织建设，加强和巩固党在农垦领域的执政地位。至2000年，区内5个农、渔场党委会共下设党总支部67个、党支部409个，有党员6498人，农场党委下设有纪检会、办公室、组织部、宣传部等5个工作部门。

2000年9月，中共大通湖区委员会成立，为中共益阳市委派出的代表机关，全面领导大通湖区的工作。各农场改场建镇，设立镇党委会，各分场、生产队撤并为行政村，建村党支部。同时组建区委工作部门，在区直行政事业单位设立党组织。2020年底，区委工作部门有办公室、组织部、宣传和统一战线工作部、政法委、巡察办公室等5个，区委常设议事机构12个。全区党的基层组织，共有镇党委会4个、区直机关单位党组24个、党工委5个、社区党委10个、村（社区）党总支28个、基层党支部229个，有党员7188人。

第一节　领导机构

一、农场党委会

1951年1月，中共常德地委批准建立中共大通湖蓄洪垦殖管理处委员会，共有委员9名，书记为王惠庭。1952年12月，中共常德地委批准建立大通湖特区区委，共有委员9名，书记为王惠庭。1953年，大通湖农场按副地（厅）级建制时，中共湖南省委批准建立国营大通湖农场党委，共有委员9名，书记为李哲，副书记为吴玉玺。

1962年中共湖南省委根据中共中央、国务院《关于转发国营农场领导管理体制的规定的批示》精神，决定各省属农场均为县级建制，实行"属地为主、省地双重管理"原则。批准各农场建立党委会，由省委组织部、省委农村工作部分别任命各农场党委正、副书记。同年11月，大通湖农场实行"三场分治"后，大通湖、北洲子、金盆、千山红等4个农场均建立党委会，各设委员7~9名，其中正、副书记各1名。

1971年6月起，按照上级党委部署要求，各农场先后召开党员代表大会，选举产生新的农场党委会。中共十一届三中全会后，各农场党委会逐步加强自身建设，实现了党对全面工作的统一领导。

1987年秋，中共益阳地委和省农场管理局党组贯彻《中国共产党全民所有制企业基层组织工作条例》精神，在大通湖农场率先实行"场长负责制"领导体制，随后各农场相继执行。农场党委会由领导全面工作转为领导思想政治为主，支持场长行使行政职权，保证党和国家各项方针、政策的贯彻落实。

1990年11月，各农场恢复"党委集体领导下的场长分工负责制"领导体制，党委会领导全面工作，一般由党委书记兼任农场场长，相沿至2000年无变化。

大通湖区各农场历任党委书记、副书记名录见表6-1-1至表6-1-4。

表6-1-1　大通湖农场历任党委书记、副书记名录

书　记			副书记		
姓　名	籍　贯	任职时间	姓　名	籍　贯	任职时间
李　哲	山东郓城	1953—1954.12	吴玉玺	山东馆陶（现球）（馆陶）	1953.6—1654.12
吴玉玺	山东馆陶	1954.12—1956.6	徐　顺 王爱民	河北鸡泽 河北尚宫	1954.12—1956.6
徐　顺	河北鸡泽	1956.6—1960.7	孙通洲	河北元氏	1956.2—1957.1
孙通洲	河北元氏	1960.7—1962.7	杨　平	山西平遥	1960.4—1960.7
张树森	河北涞水	1962.11—1971.9	崔聘芝	河北泽县	1960.11—1962.11
贺隆配	湖南宁乡	1971.9—1978.7	郭罗生	湖南宁乡	1962.11—1970.3
张　琢	河北鸡泽	1972.12—1973.2	袁冬生	湖南宁乡	1970.4—1972.2
罗联章	湖南宁乡	1978.7—1982.3	刘书殿	山东南峰	1973.11—1982.3
袁冬生	湖南沅江	1982.3—1983.12	袁冬生	湖南沅江	1973.11—1982.3
罗明华	湖南南县	1983.12—1986.3	曹逢午	山东武城	1974.9—1982.3
白森安	湖南宜章	1986.3—1987.10 1990.11—1991.6	郭文霞	湖南益阳	1977.10—1981.4
符南新	湖南南县	1987.1—1990.11	廖湘泉	湖南沅江	1980.1—1983.12
王建邦	湖南沅江	1991.6—1993.11	蔡镇铭	湖南沅江	1982.3—1983.12
贺　新	湖南安化	1993.11—1995.6	周明德	湖南新邵	1982.3—1983.6
周文政	湖南望城	1995.6—1999.3	符南新	湖南南县	1982.11—1987.10
文新华	湖南湘乡	1999.3—2000.8	杨名声	湖南南县	1983.11—1987.1
			夏甫清	湖南安化	1985.11—1987.3
			白森安	湖南宜章	1987.10—1990.11
			雷昌宙	湖北汉阳	1990.11—1990.12
			万桃芝（女）	湖北沔阳	1993.5—1993.11 1995.5—1997.11

（续）

书　记			副书记		
姓　名	籍　贯	任职时间	姓　名	籍　贯	任职时间
			贺新	湖南安化	1993.7—1993.11
			周文政	湖南望城	1993.11—1995.6
			张群华	湖南双峰	1993.11—1995.5
			文新华	湖南湘乡	1994.7—1999.3
			郭顺德	湖南宁乡	1997.11—2000.8
			徐迎春	湖南沅江	1997.11—1999.3

表 6-1-2　北洲子农场历任党委书记、副书记名录

书　记			副书记		
姓　名	籍　贯	任职时间	姓　名	籍　贯	任职时间
张效贤	山西交城	1962.12—1965.8	杨华庭	山东栖霞	1962.12—1964.3
秦风群	湖南长沙	1969.4—1972.3	郭　健	湖南汉寿	1965.6—1972.3
余德华	湖南益阳	1972.3—1978.2	孙德足	山东夏津	1972.4—1973.12
史三纲	河北清河	1978.3—1979.12	史三纲	河北清河	1973.12—1978.9
郭玉堂	湖南益阳	1979.12—1982.12	郭玉堂	湖南益阳	1974.12—1979.12
黄庆堂	湖南益阳	1982.12—1983.12	李华山	湖南沅江	1979.12—1983.12
蔡镇铭	湖南沅江	1983.12—1987.11	商俊尧	湖南宁乡	1984.1—1986.8
汤世忠	湖南南县	1987.11—1990.12	汤世忠	湖南南县	1984.10—1987.11
谌定邦	湖南安乡	1990.12—1993.5	谌定邦	湖南安乡	1986.3—1990.12
毛国斌	湖南沅江	1993.5—1995.5	何万红	湖南常宁	1987.1—1995.5
张群华	湖南双峰	1996.9—1997.8	毛国斌	湖南沅江	1990.12—1993.5
肖少华	湖南长沙	1997.8—2000.8	汪吉水	安徽泾县	1993.5—1996.12
			张群华	湖南双峰	1995.5—1996.9
			杜有才	湖南南县	1996.12—2000.8
			张治华	湖南南县	1997.11—1999.3

表 6-1-3　金盆农场历任党委书记、副书记名录

书　记			副书记		
姓　名	籍　贯	任职时间	姓　名	籍　贯	任职时间
王　健	山东荣成	1963.1—1971.2	和世明		1963.1—1971.2
曾阳生	湖南桃江	1972.1—1976.6	王仲生	湖南沅江	1972.1—1976.6
黄庆堂	湖南益阳	1977.9—1982.3	黄庆堂	湖南益阳	1976.3—1979.9
袁焕彩	湖南沅江	1982.3—1987.12	郭若金	湖南益阳	1977.9—1983.12
李仲衡	湖南怀化	1987.10—1990.11	曹光荣	湖南沅江	1983.12—1986.2 1991.1—1993.5
付思进	湖南汨罗	1990.11—1993.4	李伏成	湖南宁乡	1986.2—1997.11
杨绍振	湖南南县	1993.5—1997.11	屈方云	湖南南县	1994.12—2000.8
李伏成	湖南宁乡	1997.11—2000.8	廖冬元	湖南沅江	1997.11—2000.10

表 6-1-4　千山红农场历任党委书记、副书记名录

书　记			副书记		
姓　名	籍　贯	任职时间	姓　名	籍　贯	任职时间
徐干臣	湖南沅江	1959.3—1959.9	傅传学	湖南沅江	1959.3—1961.2
孙德足	山东夏津	1959.9—1960.9	王仲生	湖南沅江	1961.2—1962.10
袁冬生	湖南沅江	1960.9—1962.10	郭罗生	湖南宁乡	1972.2—1983.12
张国刚	河北隆尧	1962.10—1967.9	向才乐		1976.2—1979.8
郑木斌	河北新河	1971.8—1976.6	刘文光	湖南衡阳	1978.12—1979.8
谢银生	湖南望城	1976.6—1979.8	杨名声	湖南南县	1979.2—1983.12
刘文光	湖南衡阳	1979.8—1985.1	夏如春	湖南桃江	1982.6—1983.2
陈爱泉	湖南益阳	1985.1—1987.2	田长庚	湖南沅江	1983.12—1988.3
夏甫清	湖南安化	1987.3—1988.3	张复中	湖南安化	1983.12—1987.2
田长庚	湖南沅江	1988.3—1993.5	何万红	湖南常宁	1986.3—1987.2
袁国斌	湖南沅江	1993.5—1996.6	周维新	湖南宁乡	1987.2—1988.4 1988.4—1997.5
杜玮	湖南桃源	1996.6—1999.4	夏甫清	湖南安化	1988.3—1991.2
徐迎春	湖南沅江	1999.4—2000.8			
			杜玮	湖南桃源	1993.5—1996.6
			胡捷	湖南沅江	1997.1—1997.12
			胡正球	湖南桃江	1997.12—2000.8
			胡晓阳	湖南益阳	1997.12—2000.8

大通湖渔场历任书记及任职时间见表 6-1-5。

表 6-1-5　中共大通湖渔场委员会历任书记及任职时间

书　记	任职时间
石中庸	1980.6—1984.3
曾树林	1984.4—1986.7
蔡元满	1986.8—1989.12
郭足先	1990.1—1998.10
陈中贵	1992.11—1996.10
陈平	1996.11—2002.5

二、区委员会

2000 年 9 月 11 日，中共益阳市委下发《关于设立中国共产党益阳市大通湖区委员会和纪律检查委员会的通知》：经省委组织部同意，决定设立中国共产党益阳市大通湖区委员会，作为益阳市委派出的代表机关，全面领导大通湖区的工作。同时设立中国共产党益阳市大通湖区纪律检查委员会。大通湖区委设委员 9 名，其中书记 1 名、副书记 4 名；大

通湖区纪委设委员 5 名，其中书记 1 名、副书记 1 名。此前同年 8 月，为及时有效地推进农场体制改革，构建行政体制组织架构，市委行文任命大通湖区委领导成员共 9 人，其中书记 1 人、副书记 4 人。2006 年 6 月，副书记人数减为 2 名，其中专职副书记 1 名，协助书记主抓党的建设和其他重点工作，此后一直相沿。区委领导成员名录见表 6-1-6。

表 6-1-6　大通湖区委领导成员名录

职务	姓名	任职时间	职务	姓名	任职时间
书记	陈本佳	2008.8—2002.8	委员	唐治国	2000.8—2002.8
	李霖	2002.8—2003.2		郭顺德	2000.8—2002.8
	罗智斌	2003.2—2005.1		蔡菊香	2000.8—2004.8
	程道峰	2005.1—2008.1		王新春	2000.8—2002.8
	龚政军	2008.1—2012.1		刘志鹏	2002.4—2005.5
	汤瑞祥	2012.1—2013.2		冷建斌	2002.8—2007.11
	陶德保	2013.2—2016.7		曾德明	2002.8—2006.6
	何军田	2016.7—		臧根深	2002.8—2008.9
副书记	李霖	2000.8—2002.8		龙一民	2004.9—2009.5
	肖少华	2000.8—2002.8		吕尔洲	2006.6—2011.6
	徐迎春	2000.8—2004.7		万华（女）	2006.6—2009.2
	文新华	2000.8—2002.8		胡佐颂	2006.6—2010.8
	郭顺德	2002.8—2007.11		张明剑	2007.11—2012.9
	林德华	2002.8—2006.6		冯博	2009.5—2014.7
	廖建雄	2002.9—2006.6		梁成立	2009.5—2016.7
	邓宗祥	2004.7—2006.6		王锡良	2009.10—2016.8
	聂新民	2006.6—2013.2		余政良	2011.6—2012.9
	邓兴旺	2007.11—2013.2		徐鸿	2011.6—2016.8
	梁成立	2013.2—2016.8		姜利文	2012.9—
	胡跃龙	2013.2—2016.8		戴剑锋	2012.9—2016.8
	胡国文	2016.7—2020.4		张勇军	2013.8—
	肖凤南	2016.8—2020.4		张辉	2014.7—
	熊志元	2020.4—		李益	2016.8—2020.8
	陈万军	2020.4—		熊志元	2016.8—2020.4
				董轲	2016.8—2019.4
				孙功伟	2019.4—
				谭铁军	2020.4—
				夏志才	2020.8—

第二节　工作机构

一、农场党委工作机构

1953 年 6 月，大通湖农场党委会下设组织部、宣传部，专职干部 5 人。1955 年 12 月，增设中共国营大通湖农场监察委员会，委员 7 名，由党委副书记兼任书记。1958—1962 年，党委会增设工交财贸部。1961 年 6 月，千山红农场建为省属农场。1962 年底北洲子、金盆农场成立，4 个农场党委会均下设监察委员会、组织部、宣传部、办公室。

1973 年 11 月，中共益阳地委调整农场机构，恢复党委组织部、宣传部和行政科室建制。1984 年 9—12 月，农场机构改革，将党委组织部、宣传部、纪检会和经打办、场工会、团委会 6 个单位合并，设置党群工作部，由党委会一名副书记兼任部长，各单位仍保留原有机构名称，其负责人职务称谓无变化，以便对口联系，翌年底恢复原有机构建制。

1992 年后，各农场党委会设办公室（与场长办合署办公，含档案馆）、纪检委（含监察室）、组织部（含老干办、人事科）、宣传部（含统战、党校、广播电视台、文化站）等 4 个工作部门，相沿至 2000 年改场建镇设区。

1986 年 7 月，大通湖渔场升格为副处级建制，渔场党委会下设办公室、组织人事科、纪检审计监察科、宣传教育科，直至 2002 年 11 月渔场划属大通湖区管理。

二、区委工作机构

2000 年 9 月，益阳市机构编制委员会发文确定大通湖区委工作机构 3 个，即办公室（并入党委办、政府办、档案、信访、法制等职能，承担人民武装部的日常工作，保留人民武装部的牌子和印章）；党群工作部（并入组织、宣传、统战、编制、人事、文化、广播电视、老干等职能，承担人大、政协联络，工会，共青团，妇联的日常工作，保留工会、共青团、妇联印章）；政法委员会（并入司法职能，保留社会治安综合治理办公室牌子和印章）。区办公室、区委党群工作部的领导职数均为一正三副，区委政法委为一正两副，其正职均由区委员会领导成员兼任。

2017 年区委巡察工作小组办公室成立，设在区纪委，作为区委工作机关，归口区纪委管理。

2019 年 3 月，党政机关机构改革，撤销区委党群工作部，组建区委组织部，整合原区委党群部的组织、党建、干部人事、机构编制、老干部管理服务职责，对外加挂中共益阳市大通湖区非公有制经济组织和社会组织委员会、中共益阳市大通湖区直属机关委员会、区公务员局、区委老干部局牌子；组建区委宣传和统一战线工作部，整合区委、区管委会办公室的民族事务、宗教事务和信息采编上报、新闻发布工作职责，区委党群部的宣传、统一战线工作、网络安全和信息化、文化、新闻出版、版权、广播电视、电影管理职责，原区经济贸易和旅游局的侨务工作职责，原区社会发展局的体育管理职责，对外加挂区互联网信息办公室、区精神文明建设指导委员会办公室、区文化旅游广电体育局、区民族宗教事务局牌子。原区委党群部的行政审批制度改革工作职责等，并入区委、区管委会办公室，对外加挂区行政审批服务局牌子。将区管委会办公室的信访工作职责和区司法局职责划入区委政法委，对外加挂区司法局、区信访局牌子。至 2020 年底，区委工作部门有办公室、组织部、宣传和统一战线工作部、政法委、巡察办公室 5 个。区委常设议事机构有 12 个，即全面深化改革委员会、全面依法治区委员会、网络安全和信息化委员会、财经委员会、外事工作委员会、机构编制委员会、军民融合发展委员会、审计委员会、教育工作领导小组、农村工作领导小组、巡察工作领导小组、保密委员会。

第三节　基层组织

1950 年大通湖蓄洪垦殖管理处建立，有党员 5 名、党支部 1 个，隶属湖南省农林厅党组领导。1953 年 6 月国营大通湖农场委员会建立，下设 6 个党支部，有党员 92 名。1955 年 6 月，农场以作业区为单位设 6 个基层党委会，共 20 个党支部，党员人数增至275 人。翌年，作业区党委会改为党总支部委员会。1962 年底，大通湖农场实行"三场分治"后、4 个农场共设 131 个党支部，有党员 1150 人。其中大通湖农场设 8 个党总支部，79 个党支部，有党员 654 人；北洲子农场设 18 个党支部，有党员 147 人；金盆农场设 3 个总支部、26 个党支部，有党员 149 人；千山红农场设 8 个党支部，有党员 200 人。此后，各农、渔场党的基层组织随着机构单位建制调整和党员队伍建设发展相应调整变化，至 2000年，5 个农、渔场共设有党总支部 67 个、党支部 409 个，有党员总人数 6498 人。

大通湖区各农、渔场 2000 年基层党组织情况见表 6-1-7。

表 6-1-7　各农、渔场 2000 年基层党组织情况表

名　称	大通湖农场	北洲子农场	金盆农场	千山红农场	大通湖渔场	合计
党总支部（个）	13	17	19	14	4	67
党支部（个）	112	85	108	84	20	409
党员人数（个）	2304	1017	1214	1726	237	6498

2000 年 10 月，各镇相继召开第一次中共党员代表大会，选举产生第一届镇党委会。

各镇党委会设委员 9 名，其中书记 1 名、副书记 3～4 名。在建立镇党委的同时，区委在区管委会及下属财政、工贸、农水、社发、建设、国土、劳动和社会保障部门共建立 8 个党组，区委工作部门和其他行政事业机构建立党支部。嗣后，区建立健全行政体制和司法体制，区直机关单位和直属事业机构均设立党组或党工委，其机关和二级机构成立党支部。

各镇成立党委会后，相继在各村、社区建立党的基层组织。4 个镇共建有党总支部 11 个，党支部 129 个。其中河坝镇建社区党总支部 3 个，党支部 44 个；北洲子镇建社区党总支 2 个，党支部 24 个；金盆镇建社区党总支部 2 个，党支部 26 个；千山红镇建社区和大莲湖渔场党总支部共 4 个，党支部 35 个。

2002 年 11 月，大通湖渔场归隶大通湖区后，于 2003 年 1 月召开党代表会议，选举产生新一届党委会，设委员 7 名，其中书记 1 名、副书记 2 名。下设 3 个党总支部，20 个党支部。

2004 年，区委下发《关于加强新经济组织党建工作的意见》，在达到建党条件的 15 家非公企业中建立党的基层组织，300 多名党员参加组织生活。

2013 年，大通湖渔场改制为沙堡洲镇，镇党委会设委员 6 名，其中书记、副书记各 1 名。下设 21 个党支部，有党员 299 名。2015 年底，沙堡洲镇与河坝镇合并。

2016 年，区进行镇村区划调整改革，全区 77 个行政村合并为 27 个行政村，各村均建立党总支委员会。

2020 年，全区党的基层组织共有镇党委会 4 个、区直机关单位党组 24 个、党工委 5 个、社区党委 10 个、村（社区）党总支 28 个、基层党支部 229 个。有党员 7188 名。

大通湖区 2020 年党的基层组织情况见表 6-1-8。

表 6-1-8　大通湖区 2020 年党的基层组织情况表

单位：个

单　位	党委会	党组	党工委	党总支	社区党委	党支部
河坝镇	1	—	—	12	3	54
北洲子镇	1	—	—	4	2	28
金盆镇	1	—	—	5	2	29
千山红镇	1	—	—	7	3	42
区直	1	24	5	—	—	65
两新	1	—	—	1	—	11
合计	6	24	5	29	10	229

第二章　党员代表大会

1956 年 6 月和 1966 年 8 月，大通湖农场、千山红农场分别先后召开首次党员代表大会，选举产生新一届农场党委会。1971 年夏至 1972 年春，区内 4 个农场在"整党建党"的基础上，按照上级党委部署要求，先后召开党员代表大会，选举产生新的党委会，逐步恢复党对农场工作的全面领导。1982 年 4 月至 1983 年 12 月，各农场分别召开中断了 10 余年的党员代表大会。此后各农场党员代表大会一般每三年召开一次，换届选举新一届党委会和党的纪律检查委员会，部署安排今后一个时期党的建设和改革发展的任务、举措。至农场体制改革前，大通湖农场召开党员代表大会 11 次，千山红农场召开 8 次，北洲子农场和金盆农场各召开 6 次，大通湖渔场召开 2 次。改场建镇设区后，区内 4 镇每届党委会任期 5 年，各镇分别召开了 4 次党员代表大会。2016 年起实行党员代表大会年会制，4 镇各召开党员代表大会 5 次。

在各个时期，区内党的组织在党员代表大会工作方面始终注重党员代表的先进性和广泛性，严格按照党章规定和选举程序产生党代表，不断优化代表结构，保证党的方针路线政策顺利贯彻落实。

第一节　代表产生与结构

各农场历次党员代表大会召开前，由农场党委根据各单位党员人数确定代表名额，明确代表条件和产生的办法。各单位党组织按照分配名额和相关要求，先召开党组织扩大会或所属单位党员负责干部会，经过充分酝酿协商，提出代表候选人推荐人选名单，报经农场党委原则同意后，再广泛征求代表推荐人选所在单位党内外群众意见，充分发扬民主，商定代表候选人名单。随后召开党组织全体会议或党员大会，通过无记名投票或举手表决方式，差额选举出席农场党员代表大会的正式代表。历次党员代表大会代表构成比例一般为：各级领导干部占 60% 左右，各类专业技术人员和各条战线的先进模范人物各占 20% 左右。45 岁以下的代表占比一般不少于 50%。妇女代表和少数民族代表所占比例不低于妇女、少数民族党员总数的 12%。

2000年9月建区后，各镇组建临时党委，成立第一次党员代表大会筹备工作领导小组，按照党章有关规定和《中国共产党基层组织选举工作暂行条例》，制定代表产生办法，以原农场的党总支和支部为选举单位组织选举代表。代表名额原则上按党员人数的10%左右的比例确定，一次下达到各选举单位。各选举单位召开党员大会，按照民主集中制原则，采用差额选举和无记名投票方式选举产生正式代表。代表构成比例：各级领导干部代表占55%左右，经济、科学技术、文化教育、卫生体育等各类专业技术人员占15%左右，各条战线先进模范人物代表占30%左右；妇女代表不少于12%。

2006年、2011年、2016年，各镇选举产生第二至第四次党代表会议代表时，更加注重代表人选的先进性。统一采取"三推两评一公示"的办法确定代表候选人，即群众推荐，党员推荐，党组织推荐；党员群众评议、组织考察评定；党代表提名候选人名单分别在选举单位公示。候选人人数按多于应选人数的20%提出，再由选举单位党员大会以无记名投票方式进行差额选举确定，报镇党委审查批准后获得正式代表资格。代表构成比例与第一次党员代表大会的基本一致。

第二节　代表大会

一、农场党员代表大会

（一）大通湖农场

第一次党员代表大会　1956年6月2日—10日召开，会期8天，出席会议的正式代表114人，列席代表74人。选举11名委员、3名候补委员组成党委会。一届一次全会选举徐顺为书记、王爱民为副书记。大会通过《中共国营大通湖农场第一次党员代表大会决议》，强调国营农场的基本任务是保证粮食及工业原料生产，支援国家工业化建设，积累经验、培养干部，在农业合作化运动中起示范作用。大会还选举徐顺为农场出席中共湖南省第一次代表大会的代表。

第二次党员代表大会　1959年6月17日—20日召开，出席会议的正式代表180人，列席代表117人。徐顺代表上届党委作工作报告。大会选举13名委员组成党委会，其中5人为常委，徐顺为书记。

第三次党员代表大会　1960年2月29日—3月1日召开，出席会议的正式代表180人，列席代表120人。尹保仁代表上届党委作工作报告。大会选举13名委员组成新的党委会，徐顺任书记，同时选举徐顺为农场出席省第二次党员代表大会的代表。大会就在整风基础上加强党的建设作出部署安排。

第四次党员代表大会　1962 年 3 月 1 日—4 日召开，出席会议正式代表 302 人，列席代表 94 人。杨平代表上届党委作工作报告。大会选举 15 人组成党委会，孙通洲当选书记。大会审议通过了恢复生产和改善职工生活的经济政策与措施。

第五次党员代表大会　1971 年 6 月 6 日—9 日召开，会期 3 天，与会正式代表 270 人。大会选举产生 18 名委员组成的党委会，5 人组成党员代表大会常委会。张树森任书记。

第六次党员代表大会　1982 年 4 月 2 日—4 日召开，与会代表 150 人。大会审议通过上届党委会工作报告。选举产生 9 名委员组成党委会，袁冬生任书记；选举 5 人组成纪律检查委员会，廖湘泉任书记。

第七次党员代表大会　1983 年 12 月 9 日—11 日召开，出席代表 162 人。大会选举 7 名委员组成党委会，罗明华任书记；选举 5 人组成纪律检查委员会，王应林任书记。

第八次党员代表大会　1987 年 12 月 9 日—11 日召开，出席代表 156 人。大会审议通过上届党委会和纪检会的工作报告。选举 7 名委员组成党委会，符南新任书记；选举 5 名委员组成纪律检查委员会，王应林任书记。

第九次党员代表大会　1990 年 12 月 18 日—21 日召开，出席代表 171 人。大会审议通过第八届党委会及纪检会工作报告。选举 9 名委员组成第九届党委会，白森安任书记；选举 5 名委员组成纪律检查委员会，万桃芝任书记。大会强调，广大党员和干部要坚定社会主义方向，放心放手地发展社会主义商品经济，完善充分结合的双层经营机制，保持农场经济持续稳定发展。

第十次党员代表大会　1993 年 12 月 1 日—3 日召开，出席代表 196 人。大会选举由 9 名委员组成的第十届党委会和 5 名委员组成的纪律检查委员会。十届党委会一次会议选举贺新为党委书记，张群华为纪律检查委员会书记，同时通过了《关于加强领导班子自身建设的决议》。

第十一次党员代表大会　1997 年 12 月 23 日—25 日召开，出席代表 196 人。大会选举由 9 名委员组成的第十一届党委会和 5 名委员组成的纪律检查委员会，周文政任党委书记，徐迎春任纪检书记。

（二）北洲子农场

第一次党员代表大会　1972 年 4 月 23 日—24 日召开，出席代表 81 人。大会审议通过农场革命委员会党的核心小组的工作报告，选举 12 名委员组成第一届党委会，其中常委 5 名，余德华任书记。

第二次党员代表大会　1983 年 12 月 8 日—10 日召开，出席代表 97 人。大会审议通过上届党委会工作报告。选举 7 名委员组成第二届党委会，蔡镇铭任书记；选举 5 人组成纪律检查委员会，周维新任书记。

第三次党员代表大会 1988 年 3 月 30 日—31 日召开，出席代表 114 名。大会审议通过上届党委会和纪检会工作报告。选举 7 人组成第三届党委会，汤世忠为书记；选举 5 人组成新一届纪律检查委员会，何万红为书记。大会就在实行场长负责制领导体制的新形势下，如何发挥党组织的保证、支持、监督作用进行深入讨论，并作出了《关于改进和加强党的领导的决议》。

第四次党员代表大会 1990 年 11 月 27 日—28 日召开，出席代表 120 名。大会审议通过上届党委会和纪律检查委员会工作报告。选举 9 名委员组成第四届党委会，谌定邦为书记；选举 5 名委员组成纪律检查委员会，何万红为书记。

第五次党员代表大会 1993 年 11 月 28 日召开。大会选举 9 名委员组成第五届委员会，毛国斌为书记；选举 5 名委员组成纪律检查委员会，汪吉水为书记。

第六次党员代表大会 1997 年 12 月 27 日召开。大会选举 9 名委员组成第六届党委会，肖少华为书记；选举 5 名委员组成纪律检查委员会，张治华为书记。

（三）金盆农场

第一次党员代表大会 1972 年 1 月 28 日—31 日召开，出席代表 105 人。大会审议通过农场革命委员会党的核心小组工作报告。选举产生由 11 名委员组成的第一届党委会，其中常委 4 人，曾阳生任书记。

第二次党员代表大会 1983 年 12 月 7 日—9 日召开，出席代表 129 人。大会选举 7 名委员组成的第二届党委会，袁焕彩为书记；选举 5 人组成纪律检查委员会，王瑞芳为书记。大会作出《关于坚持和改善党对企业的领导，努力开创现代化建设新局面的决议》。

第三次党员代表大会 1988 年 3 月 31 日至 4 月 2 日召开，出席代表 110 人。大会选举 6 名委员组成第三届党委会，李仲衡为书记；选举 5 人组成纪律检查委员会，刘世泉为书纪。

第四次党员代表大会 1991 年 1 月 8 日—9 日召开，出席代表 132 人。大会选举 9 名委员组成第四届党委会，伏思进为书记；选举 5 人组成新一届纪律检查委员会，刘世泉为书记。

第五次党员代表大会 1993 年 11 月召开，会期 2 天，出席代表 147 人。大会选举 9 名委员组成第五届党委会，杨绍振为书记；选举 5 人组成纪律检查委员会，屈方云为书记。

第六次党员代表大会 1997 年 12 月召开，会期 2 天，出席代表 134 人。大会选举 9

人组成第六届委员会，李伏成为书记；选举 5 人组成纪律检查委员会，屈方云为书记。

（四）千山红农场

第一次党员代表大会　1966 年 8 月 10 日—12 日召开，出席代表 187 人。大会选举由 7 名委员组成的党委会，张同刚为书记。

第二次党员代表大会　1971 年 8 月 11 日—13 日召开，出席代表 156 人。大会审议通过农场革命委员会党的核心小组工作报告。选举 17 名委员组成第二届党委会，其中常委 5 人，郑木斌为书记。

第三次党员代表大会　1982 年 4 月 6 日—8 日召开，出席代表 127 人。大会审议通过上届党委会工作报告。选举 9 名委员组成第三届党委会，刘文光为书记。大会作出了《关于端正党风，加强自身革命化建设的决议》。

第四次党员代表大会　1983 年 12 月 6 日—8 日召开，出席代表 136 人。大会审议通过上届党委会工作报告。选举 7 名委员组成第四届党委会，刘文光为书记；选举 5 人组成纪律检查委员会，郭罗生为书记。大会作出了推进改革、加速经济发展和进行机构改革的决议。

第五次党员代表大会　1988 年 3 月 28 日—29 日召开，出席代表 120 人。大会审议通过上届党委会工作报告。选举 6 名委员组成第五届党委会，田长庚为书记；选举 5 名委员组成新一届纪律检查委员会，周维新为书记。

第六次党员代表大会　1991 年 1 月 11 日—12 日召开，出席代表 140 人。大会审议通过上届党委会工作报告。选举 9 名委员组成第六届党委会，田长庚为书记；选举 5 名委员组成新的纪律检查委员会，胡晓阳为书记。

第七次党员代表大会　1993 年 11 月 24 日—26 日召开，出席代表 152 人。大会审议通过上届党委会和纪检会的工作报告。选举 9 名委员组成第七届党委会，袁国斌为书记；选举 5 人组成新一届纪律检查委员会，周维新为书记。

第八次党员代表大会　1997 年 12 月 24 日—26 日召开，出席代表 155 人。大会审议通过上届党委会和纪检会的工作报告。选举 9 名委员组成第八届党委会，杜玮为书记；选举 5 人组成新一届纪律检查委员会，胡晓阳为书记。

（五）大通湖渔场

第一次党员代表大会　1984 年 4 月 22 日召开，出席代表 47 人。会议选举 5 名委员组成新的党委会，曾树林为书记。

第二次党员代表大会　1993 年 4 月 24 日召开，出席代表 95 人。会议选举 7 名委员组成新一届党委会，陈中贵为书记。

第三次党员代表大会 1997 年 10 月 28 日召开，出席代表 74 人。会议选举 7 名委员组成新一届党委会，陈平为书记。

二、镇党员代表大会

2000 年 10 月 12 日至 16 日，北洲子、金盆、河坝、千山红等四镇按照区委统一部署要求，先后召开第一次党员代表大会，选举产生镇第一届党委会。各镇党委会组成人员均为 9 人，当选的书记分别为：北洲子镇廖建雄，金盆镇吕尔洲，河坝镇向课根，千山红镇余政良。

2001 年 6 月，各镇分别召开第一届党代会第二次会议，选举产生第一届镇纪律检查委员会。各镇纪委委员人数均为 5 人，其中书记 1 人。

2003 年 1 月 20 日，归隶大通湖区管理后的大通湖渔场召开党员代表大会，选举产生由 7 名委员组成的新一届党委会，蔡转新当选为书记。

2006 年 2 月 27—28 日，4 个镇先后召开第二次党员代表大会，审议通过第一届党委会、纪律检查委员会工作报告；选举产生由 7 名委员组成的镇第二届党委会和由 5 名委员组成的镇纪律检查委员会。各镇当选的党委书记为：河坝镇徐鸿、北洲子镇张勇军、金盆镇刘建明、千山红镇冯博。

2011 年 2 月 28 日，河坝镇召开第三次党员代表大会；该年 3 月 16—21 日，千山红镇、北洲子镇、金盆镇先后召开第三次党员代表大会。会议的主要任务是进一步贯彻落实党的路线方针政策，讨论党建工作和经济发展大计，听取审议上届党委、纪律检查委员会工作报告，选举产生由 7 名委员组成的第三届党委会和由 5 名委员组成的第三届纪律检查委员会。各镇当选的党委书记为：河坝镇刘建明、北洲子镇谢移科、金盆镇张辉、千山红镇尹波。

2016 年 4 月 27—29 日，4 个镇先后召开第四次党员代表大会，审议通过上届党委会和纪律检查委员会工作报告，选举产生由 9 名委员组成的第四届党委会和 5 名委员组成的纪律检查委员会。各镇当选的党委书记为：河坝镇刘文、北洲子镇王裔、金盆镇朱桂林、千山红镇尹波。此届起推行党代表会议年会制，各镇分别召开了 5 次会议。

第三章　党　务

在农垦开发与建设中，各农场党委始终坚持党的思想路线和组织路线，按严格标准发展新党员，壮大党的队伍，加强党的组织建设。根据不同时期党的建设任务，持续推进党员干部党性教育和政治理论学习培训，整顿优化党的基层组织和党员队伍，按照"四化"标准加强干部队伍建设，巩固党在农场的执政基础。坚持正确的舆论导向，广泛深入宣传党的路线方针政策，深入持久地开展精神文明建设，弘扬农垦精神、时代精神和优秀传统美德。认真落实党的统一战线政策，做好非党干部和知识分子、侨务和对台、起义投诚人员、民族宗教等工作。建区后，区委根据农场体制转型发展的需要，全面加强党的建设，建立完善各级党的组织，加强党员、干部队伍建设与管理，开展思想作风和反腐倡廉等教育。2012年中共十八大后，按照新时代全面从严治党的要求，区坚持以政治为统领，完善党建工作制度体系，进一步压实各级党组织的主体责任，加强党组织自身建设和党员干部教育管理。扎实推进政治理论主题教育，坚持弘扬社会主义核心价值观，深入开展文明创建等活动。持续做好党的统战工作，开展"同心工程"建设，助力高质量发展。2017—2020年，进行"三干""四为"评选活动，共评选表彰"三干"好班子19个、"四为"好干部76名。

第一节　组织工作

一、党员发展

1950年初，区建立大通湖蓄洪垦殖管理处，当时有5名党员，1951年增加至16名。1952年，管理处党委按照"阶级成分好、历史清白、工作积极、成绩突出、思想进步、政治觉悟高、作风正派、大公无私、联系群众、为群众所依赖"的要求，通过培训、考察和严格政审，在各类优秀、积极分子中发展党员30名。1953年区内党员增至92名。1954年11月至翌年春，区内组织开展治湖扩场劳动竞赛，大通湖农场党委采取"火线入党"方式，在治湖模范、功臣中发展党员122名。至1961年底，全场共有党员1183人。

1962 年底"三场分治"时，4 个农场共有党员 1250 人，至 1966 年发展到 1328 人，各农场党员占职工人数比例为 4.8%～6.9%。1978 年，5 个农、渔场共有党员 2488 人，比 1966 年增加 87.35%。

中共十一届三中全会后，全党工作重点转移到社会主义现代化建设上来，对党员发展提出新要求。各农场党委注重党员发展质量，坚持本人申请、党组织考察教育，坚持党性原则、积极慎重发展党员。1980 年起，各农场每年集中举办一至两期入党对象培训班，学习《中国共产党党章》和党的基础理论知识，加强对入党对象的教育培养。各农场党委明确，发展新党员由基层党支部确定发展对象，培养考察 1 年以上，经党总支考察合格后，报农场党委组织部再次考察，最终由农场党委审批后方能入党。1981 年后，按照"尊重知识、尊重人才"的要求，着重在知识分子队伍和生产一线职工中发展党员。至 1985 年，5 个农、渔场共发展党员 1107 名，其中知识分子新党员占 40% 左右。

1990 年，各农场党委贯彻中共中央提出的当前和今后一个时期内发展党员的"坚持标准、保证质量、改善结构、慎重发展"的十六字方针，严格培养考察程序和审批手续，坚持在改革与发展实践中发现和培养建党对象，发展了一批年纪轻、思想解放、有知识和技能的新党员。至 1999 年的 10 年间，共吸纳新党员 1809 名，其中大通湖 614 名、千山红 526 名、金盆 310 名、北洲子 259 名、渔场 100 名。新党员高中以上学历者占一半以上，平均年龄 30 岁。2000 年，5 个农、渔场共有党员 6498 名，其中大通湖 2304 名、千山红 1726 名、金盆 1214 名、北洲子 1017 名、渔场 237 名。

建区后，全区各级党组织继续坚持"十六字"方针，按照加强党的先进性建设的要求，严把党员入口关，全面推行公示制、审查制和责任追究制。2014 年起，区各级党组织发展党员坚持"控制总量、提高质量、优化结构、发挥作用"新"十六字"方针，进一步凸显党的先进性和纯洁性，每年发展党员 120 名左右。至 2020 年，全区共有党员 7188 名。

二、组织整建

1950 年初，区建立中共大通湖蓄洪垦殖管理处支部委员会，有党员 5 人。1953 年 6 月，成立中共大通湖农场委员会，辖 6 个党支部、10 个党小组，有党员 92 人。同年建立并逐步完善支部生活会制度，规定支部生活会由支部或几个党小组合并举行，生产单位每星期 1 次、机关单位每 10 日一次，每次生活会 2 小时以上。生活会在组织党员进行政治理论学习的基础上，充分运用批评与自我批评的武器，逐一查摆党员在思想、作风和工作方面存在的问题，互提意见进行帮助，改进思想作风，发挥好党员先锋模范作用。1963

年初大通湖地区形成农场群后，各场党委不断加强基层组织建设和党员队伍建设，建立健全基层党组织的"三会一课"制度，即党支部每月召开一次党员大会、一次民生生活会、1～3次支部联席会，每月上一次党课。1963年8月至1965年1月，开展以"四清运动"（即清理账目、清理仓库、清理财务、清理工分）为内容的社会主义教育运动，整顿党的组织和党员队伍。1968年底，开始"整党建党"工作，通过"开门整党""吐故纳新"，至1972年初，各农场全面恢复重建党总支部33个、党支部267个，新吸收党员540名，处理党员68名，其中开除5名，劝退和不予登记7名，取消预备党员资格6名，留党察看、党内警告处分50名。1975年，各农场根据中共中央〔1975〕9号文件精神，按照中共益阳地委统一部署，贯彻以"三项指示为纲"的方针，在党的建设领域开展整党整风，着重解决各级领导班子内部不团结和懒、散、软的问题，加强党的一元化领导。

1979—1980年，各场党委贯彻落实中共十一届三中全会精神，以举办培训班对全体党员进行轮训的方式，开展整顿党的作风。培训的主要内容是深入学习中共十一届三中、五中全会精神，学习《中国共产党党章》《关于党内政治生活的若干准则》和邓小平讲话等。同时开展创优争先活动，每年约有20％的党员、15％的基层党支部被评为优秀党员和先进党支部。1982年，中共益阳地委按照"四化"标准和"德才兼备"的原则调整各场党委领导班子。5个农、渔场分别召开党员代表大会换届选举新的党委会，共选举产生委员35名，原党委委员51人中，有27人调整退出，新当选委员8人。各场32个党总支部通过换届选举，原170多名总支委员中有50人落选，新当选委员61人。党组织班子调整后，年龄、知识、专业结构得到改善。如金盆农场党委会7名委员，平均年龄40.3岁，其中中专以上学历4人，占比57％；总支部委员75人，平均年龄43.3岁，其中中专以上学历27人，占比36％。千山红农场科级以上领导班子成员中，大专以上学历者由1977年的10％增至36％，35岁以下者由5人增加到16人。同时规范基层党支部建设，在党员人数少的基层单位合并组建联合党支部，至1983年各场共有基层支部391个，实现党的基层组织全覆盖。1985年1月，根据《中共中央关于整党的决定》和中共湖南省委《关于农村整党工作部署的通知》精神，各场党委分两批次对场直机关、企事业单位和分场生产队的51个党总支、410个党支部进行整顿。整党工作坚持正面教育，按照学习整党文件、提高党员认识，对照检查、集中整改，党员登记和组织处理三个步骤进行。至1986年6月整党结束，5场3700余名党员进一步受到教育，处理党员13人，其中不予登记6人、受党纪处分7人，达到了"统一思想、整顿作风、加强纪律、纯洁组织"的目的。1990年10月，按照中共十三届四中全会和中共中央《关于加强党的建设的通知》精神及地委要求，各场中止场长负责制，恢复党委集体领导下的场长分工负责制，通过换届选举产生新的党委会，党委书记兼任场长，重新制定《党委会工作条例》，明确党委会为农场工作的领导核心，对政治经济社会各方面实行集中统一领导，场长分工开展工作，向党委会负责。各场所属分场和企事业单位相应进行领导体制调整，突出了党组织对全局工作的领导。1994年起，按照党要管党、从严治党的方针和建设"新的伟大工程"要求，各场党委不断加强自身建设，贯彻落实党的组织原则，坚持"四个服从"，维护班子的团结和统一，健全科学、民主的议事决策机制，使党内民主集中制建设走向制度化、规范化。同年，根据中共益阳市委的统一安排，各场分批次选派班子成员及梯队后备干部到市委党校集中培训。1997年，5个农、渔场分别召开农场体制改革前的最后一次党员代表大会，新选出党委委员43人，其中中专以上学历28人，占比65%，中级以上专业技术职称30人，占比70%，45岁以下21人，占比48.8%。分别比前十年的平均数提高13%、11.4%和1.6%。同时各党总支、党支部按期换届，改善班子结构。1994—2000年，各场持续开展后进基层党组织整顿，改变软弱涣散状况，增强了党组织的凝聚力和战斗力。

建区后全面开展党的建设，建立和完善各级党组织。2001年1月，区委印发《关于在全区开展农村基层党组织建设"三级联创"活动的意见》，成立组织领导机构，制定具体措施和奖惩办法，明确区、镇、村三级党组织的责任，实行三级联动，创建党建工作先进区、"六好"镇党委、"五好"村党支部。同年出台《关于加强农村基层党组织建设的意见》，就加强村党支部班子建设、提高农村党员素质、严格党的组织管理等作出规定。2004年4月，区开展民主评议党员活动，全区6820名党员中有6007人参加评议。活动评定优秀党员281名、合格党员5725名、不合格党员1名，有34名党员被除名。2005年4月，区进行农村党支部换届，共选举产生支部委员会成员266人，76名村党支书记中有66人兼任村委会主任，两职"一肩挑"比例达86.8%。2008年区按期完成村支两委换届选举，全区76个行政村全部实现村党支部书记、村民委员会主任"一肩挑"，67个村实现两委交叉任职，占比88.2%；239名"两委"班子成员中，女性81人，占33.9%，35岁以下11人，占4.6%，具有中专以上文化程度的170人，占71.1%。2009年区完成城镇社区"两委"换届，相关机构整体素质提高，活力增强。2010年，区在各行政村推行"四议两公开"工作法（即村党支部会提议、村"两委"会商议、党员大会审议、村民代表会议或村民大会决议，决议公告、实施过程和结果公示），提高"两委"组织执行力和公信力。

2012年中共十八大后，区委按照全面从严治党的要求，相继出台有关规定，进一步压实各级党组织的主体责任，强化党组织书记"一岗双责"，坚持问题导向和目标导向，层层传导压力，严格规范"三会一课"制度和主题党日活动，加强党员教育管理，开展党员民主评议，促进各级党组织不断加强自身建设和队伍建设。区委每年组织召开一次基层党建述职评议大会，对乡科级党组织书记履行党建主责情况进行考核评议，激励先进，鞭策后进。采取的方式是"一述一评一测"，即：被评议对象逐一做述职报告；区委领导现场点评，肯定成绩，指出不足；与会人员按设定表格对述职人分项测评。2016 年，按照中共益阳市委部署要求，区实施基层组织建设"五个一"行动，即配强"一个支书"、建好"一支队伍"、打造"一个中心"、健全"一个机制"、找准"一条路子"。2018 年起区开展党支部"五化"建设，运用"互联网＋"的力量，推进支部设置标准化、组织生活正常化、管理服务精细化、工作制度体系化和阵地建设规范化。至 2020 年，全区建成"五化"达标党支部 205 个，占比 89.5％，同时整顿软弱涣散基层党支部（总支）6 个。在此期间，区以政治建设为统领，优化调整各镇、办事处和区直部门单位党政班子，强化高质量发展的组织保障。

三、干部任用管理

20 世纪 50 年代，大通湖农场党委正副书记、正副场长由省委、省政府任免，科级干部由中共常德地委管理。1962 年，省属农场实行"属地为主、省地双层管理"，农场党委正、副书记分别由省委组织部、省委农村工作部任命，场长由省人民委员会任命，副场长由专署任命。1972 年农场改由地区管理，降格为副县级建制，场级干部和科级干部分别由地委行署和地委农村工作部任免。1984 年机构改革后，干部管理权限下放，科级干部改由农场任免，报地区主管部门备案。1986 年，农场建制恢复为正县级，科级及以下干部任免管理全由农场自行负责。基层单位正职（正股级）干部须经党总支（或直属党支部）集体研究，报组织部考核研究后任免。1987 年至 1988 年，各场先后实行场长负责制，科级干部由场长聘任，组织部受场长委托，对干部进行考核，提出意见和建议，以场长名义发布任免通知；正、副科职党总支（支部）书记，由其单位选举产生，农场党委行文任免。一般干部则由部门或单位负责人聘任。1990 年 10 月，农场恢复党委领导下的场长分工负责领导体制，干部选拔任免恢复原来规定。

2000 年建区时，根据益阳市机构编制委员会核定的大通湖区机构设置和编制配备方案，区委从原农场副科级以上干部中，选调 36 人作为各镇党委、政府班子成员人选，按法定程序选举当选；调任 15 人为区委工作机构副职和区管委行政部门正职。同年 11 月进行公务员考录，从原农场国家干部中共招录区镇两级行政编制人员 183 名。稍后采用公开竞职方式，从行政编制人员中选拔 10 人担任区直行政部门副职。2001 年，区委贯彻中共中央颁布的《党政领导干部选拔任用工作条例》，坚持干部"四化"标准和德才兼备原则，先后制定《关于加强科（局）级干部队伍建设的意见》《选拔任用党政领导干部实行任前公示制暂行办法》，作出任免科局级干部实行票决制和领导干部试用期制的规定，建立任人唯贤、公道正派、实事求是的选拔任用干部制度，规范选拔任用程序，确保选拔工作公开、公平、公正。同时出台事业机构设置和人员配备方案，区、镇共设事业机构 56 个，经公开考录聘用人员 217 人。此后，区严格执行编制管理和人员考录的有关规定，每年按照实际需要，面向社会公开招录公务员和事业编制人员。

2007 年，抓住乡镇人大、政府换届之机，区稳步推进干部制度改革，调整干部配备，优化班子结构。按程序选拔、调整 4 镇班子成员 29 人，其中 35 岁以下 10 人，占调整人数的 34.5%；女干部 4 人，同比占 13.8%。2012 年起，区进一步深化干部人事制度改革，坚持"德才兼备，以德为先"，规范公开、平等、竞争、择优的选才机制和能上能下、能进能出、充满活力的用人机制，严格民主推荐、组织考察提名、社会评价、区委审议票决、任前公示的干部任用程序，匡正用人风气。抓住"关键少数"，完善干部考评体系，推行领导班子和领导干部述职述廉、述绩述效工作，加强对各级领导班子和领导干部的监督管理。加大公开选拔、竞争上岗和干部交流力度，重视培养选拔年轻干部和后备干部，适时调整优化各级领导班子，打造忠诚、干净、有担当的干部队伍。2014 年 10 月起，落实公务员职级并行制度，拓展公务员晋升通道。至 2020 年，全区共有在职公务员 435 人、事业编人员 1263 人，其中科级实职干部 263 人、公务员队伍中 1～4 级调研员 29 人、1～4 级主任科员 176 人。2017—2020 年，区树立在一线提升干部能力、在一线考核干部实绩、在一线选拔干部的选人用人导向，激励干部"想为、敢为、勤为、善为"，"干在一线、干出实绩、干出特色"，营造"为干事创业选人用人、选用干事创业之人"的氛围，每年组织开展"三干"好班子、"四为"好干部评选，4 年共评选表彰"三干"好班子 19 个、"四为"好干部 76 名。

四、老干部工作

农场时期，各农场老干部管理工作由党委组织部负责，明确一名副部长具体分管。1988 年，各场共有离、退休干部 511 人，其中大通湖农场 127 人、北洲子农场 167 人、金盆农场 51 人、千山红农场 166 人。对离休干部，各农场按上级规定执行落实有关待遇，每年发给报刊资料费；在农场职工医院设立老干病房，建立健康档案，每年体检一次。各农场工会设立老干活动场所，建有图书室、棋牌室、门球场、乒乓球室等。按规定组织老干部外出参观旅游和疗养。对移居外地的离休老干部，农场每年派人看望慰问，及时了解、尽力解决其生活与健康方面问题。

2000 年，区设立区委党群部老干部管理办公室，负责老干部管理、信访、接待等工作，重点协调、督促、落实离休干部的政治、生活待遇。原农场时期退休的干部由各镇管理。2019 年机构改革，成立大通湖区委老干部局，由区委组织部常务副部长兼任局长。2009 年、2011 年，区委党群部两次获得益阳市"老干部工作先进集体"称号。2016 年 9 月，区成立大通湖区老年大学，招收学员 120 余人，开设了武术太极班、舞蹈班、书法班、电脑班、红歌合唱班等 7 个兴趣班，兼职教师 12 人，并建立了老年大学临时党支部。2019 年，金盆镇老干支部获益阳市"离退休干部工作先进集体"称号。2020 年，区内设有离退休老干部党支部 7 个，共有党员 191 人。有离退休处级以上干部 37 人，其中离休干部 4 人，完成 4 个"美在金秋"老党员之家品牌建设。

第二节　宣传工作

一、理论教育

20 世纪 50 年代，大通湖农场党委建立健全党组织的生活会制度，采取定期上党课、不定期开办理论教育学习培训班等方式，在全体党员干部和职工中，开展社会主义、共产主义前途的教育及共产党员必须具备的八项条件的教育。1953—1957 年，先后举办培训班 30 多场次，培训 2506 人次，其中党员 818 人次、积极分子 1688 人次。1957—1959 年，结合整党整风，全面开展社会主义教育、爱场如家教育、共产主义劳动态度教育，学习宣传党的总路线，组织劳动竞赛评比，插红旗、树标兵，促进党员干部转变作风、密切联系群众。

1978 年 12 月中共十一届三中全会后，思想政治教育的重点是解放思想，拨乱反正，清除"左"的影响，转移党的工作重点。各场党委以多种形式组织广大党员干部群众，学习宣传党的十一届三中全会精神，开展"实践是检验真理的唯一标准"大讨论的补课教育，落实解放思想、实事求是的思想路线和全党工作重点转移的政治路线。

1982 年，各场恢复停办十多年的党校，对党员干部进行系统教育培训。同时各场党委会、各党总支部建立读书班制度。党委会读书班一般每周 1 天，全体党委委员、机关科室主要负责人参加；各党总支部读书班一般每月 2～3 天，参加人员为全体总支部委员和部门负责人。党校和读书班重点学习四项基本原则（即坚持社会主义道路、坚持无产阶级专政、坚持共产党的领导、坚持马列主义毛泽东思想）和邓小平的讲话精神、党的十一届六中全会通过的《关于建国以来党的若干历史问题的决议》、党的十二大文献等。之后，党校培训和党组织读书班的教育方式一直延续，学习教育的内容紧跟形势需要，按上级部署要求确定。各场党委把抓好理论教育作为加强党的思想建设的先导，狠抓制度建设，坚持和完善党委中心组学习制度、中层以上干部专题辅导研讨制度、党员干部自学制度、学习考核制度，并以文件形式固定下来，推动理论学习教育不断深入。

2000年建区后，区建立区委会及各镇党委、各党组（党工委）中心组学习制度，完善基层党支部（总支）党课制度。每年制定学习计划，全区学习上下同题，每季度至少学习1次。

2001年，区开展以"讲学习、讲政治、讲正气"为内容的党性党风教育和学习宣传。2005—2008年，采取学习、评议、整改相结合的办法，在全体党员中开展保持共产党员先进性教育。2008年，宣传贯彻党的十七大精神，深化对"三个代表"重要思想和科学发展观的学习教育。2012年起，全面系统学习贯彻中共十八大、十九大及历次全会精神，组织研读《习近平新时代中国特色社会主义思想学习纲要》《习近平谈治国理政》等重要理论读本，邀请省市领导、专家来区授课，组织人员到镇进村（社区）宣讲。将"红星云""学习强国"平台在线学习纳入单位和个人年度目标管理考核。组建青年微宣讲队，推动习近平新时代中国特色社会主义思想进企业、进农村、进机关、进校园、进社区、进网络。组织党员、干部演讲会、报告会、学习交流会，先后组织各类宣讲523场次，培训党员、干部和群众12.28万人次。

2013年至2014年，区在全体党员干部和公职人员中，开展以"为民务实清廉"为主要内容的党的群众路线教育实践活动。按照"照镜子、正衣冠、洗洗澡、治治病"的总要求，聚焦党的建设关键领域，集中整治形式主义、官僚主义、享乐主义和奢靡之风"四风"问题。

2015年，区组织各级领导干部开展"三严三实"专题教育，对照"严以修身、严以用权、严以律己，谋事要实、创业要实、做人要实"的要求，对标对党忠诚、个人干净、敢于担当，着力解决"不严不实"问题。

2016年至2017年，区组织开展学党章党规、学系列讲话，做合格党员"两学一做"学习教育，促进广大党员做到"四讲四有"，即讲政治、有信念，讲规矩、有纪律，讲道德、有品行，讲奉献、有作为。

2019—2020年，区开展"不忘初心、牢记使命"主题教育。围绕"理论学习有收获，思想政治受洗礼，干事创业敢担当，为民服务解难题，清正廉洁作表率"目标，紧扣学习贯彻习近平新时代中国特色社会主义思想这一主线，领会"守初心，担使命，找差距，抓落实"十二字总要求，将学习教育、调查研究、检视问题、整改落实贯穿主题教育全过程。区级层面共举办读书班36期、专题研讨学习106次、专题党课142次、专家辅导报告会 16 次，开展各种宣传教育 50 余场、主题党日活动 510 余次，召开主题教育调研成果交流会 30 余场。共征集服务对象、基层党员群众意见建议 106 条。对照党内法规找差距，形成检视问题材料 82 篇。共收集归类各单位 8 个方面查摆的问题 117 个，于 2020 年底全部整改到位。

二、新闻宣传

各场建立之初，设立农场广播站，配备编辑、播音、设备维护人员，有线广播覆盖到生产队和居民集中区，每天分早、中、晚开播 3 次。1965—1981 年，各场广播站逐步增加功率、增添设备、完善设施，进一步扩大宣传党和国家路线方针政策及时事新闻的覆盖面。1990 年至 1992 年，各场先后开设调频广播，各分场、生产队相继建成广播室，可转播和自办节目，广播喇叭进入千家万户。农场广播站转播中央、省广播电台重要节目，自办《场内新闻》《科技讲座》《法制园地》《建设社会主义精神文明》等专题。各场每年播放新闻稿件 1200 篇以上，广播站成为新闻宣传的主要平台。

1982—1987 年，各场相继建立电视差转台，转播中央、省电视台节目。1992 年开办有线电视网络，并建设大功率无线发射塔，节目全日播出。1993 年自办电视新闻节目，每晚 30 分钟左右，设有《农场新闻》《政策传真》《农业技术专题讲座》等栏目。至 2000 年，各场可收电视节目 30 多套，丰富了群众的精神文化生活。各场注重对外宣传报道，扩大农场政治、社会影响力。至 2000 年，累计在市级以上报刊、电视台、电台发表稿件 6000 余篇。

2000 年后，以区广播电视台为主阵地，区坚持正确的舆论导向，宣传推介先进典型，弘扬正气和优秀传统美德，传递正能量，凝心聚力推进改革发展。2009 年 1 月，建成运行"中国大通湖"门户网，开设时政要闻等栏目。2019 年区根据网站集约化要求，网站并为益阳市政府门户网分站。至 2020 年底，大通湖门户网共发布区内要闻 1.96 万条、部门动态 4200 多条、通知公告近 1600 条，转载政策法规约 2000 条。

2019 年 11 月，区组建融媒体中心，建立红网大通湖分站，开发"云梦洞庭"小程序，融合区电视台、"大通湖公众信息网"和"三湘第一湖"微信公众号等媒体矩阵。2020 年，区融媒体中心突出决胜全面建成小康社会、决战脱贫攻坚、统筹推进疫情防控和建区 20 周年经济社会发展成就等重点，加大对外宣传力度。全年在市级以上主流媒体上稿 768 篇，其中中央媒体 69 篇，"学习强国" 40 篇，省级媒体 426 篇，市级 233 篇。对外上稿总量和中央媒体上稿数量比上年翻一番。中国中央电视台财经频道《经济半小时》专题报道大通湖区防汛工作（时长达 14 分钟），介绍"以船代仓"防汛经验；新闻频道

《朝闻天下》报道大通湖水环境治理成效；新华社刊发《湖南益阳：加强湖区汛情应急值守和巡查和排险工作》《忙生产也忙试验，田间刮起"科研风"》等新闻通稿2篇，被新华每日电讯、新华网、经济参考报、中国网、中国农网等媒体转载，单条点击量最高达160万次。年内，湖南卫视和湖南经视共26次报道大通湖区工作。

三、精神文明建设

各场建立之初，坚持开展爱国爱场和革命传统教育，培养造就过硬的农垦职工队伍。1963年掀起学雷锋高潮，用雷锋精神引领社会风尚，激励职工群众奋发向上、争作贡献。1981年，按照上级统一部署，在广大干群特别是青少年中，广泛开展以讲文明、讲礼貌、讲卫生、讲秩序、讲道德和心灵美、语言美、行为美、环境美为内容的"五讲四美"活动。着重加强对青少年的文明礼貌教育，宣传社会主义道德风尚，组织团员青年和干部群众治理脏乱差，制定文明公约，比学赶帮评选先进典型，激励群众尊崇文明、创优争先。1982年3月，各农场按照中共中央的倡导认真开展第一个文明礼貌月活动，并将"五讲四美"与"三热爱"活动紧密结合，"三热爱"即热爱祖国、热爱社会主义、热爱中国共产党。活动中，大通湖农场共组建"学雷锋小组"24个，"为您服务队"和"送温暖小组"10余个，并保持长年稳定，累计做好人好事4300多件。1984年起，各场深入持久地开展"双文明厂队""双文明户"创建活动，每年召开两个文明建设总结表彰大会，总结成绩，布置任务，表彰一大批双文明建设先进集体和先进个人。

1990年后，各场坚持"两手抓，两手都要硬"的方针，继续深入推进社会主义精神文明建设。1992年，在先期试点取得经验的基础上，各场在农业单位全面铺开社会主义思想教育，共从场直单位抽调200余名干部骨干，组成21个社教工作队，按每个分场办一个社教点、实行以点带面的办法，开展面上社教。教育的主题是社会主义的优越性、党的现行方针政策、农垦精神、民主法制和社会主义道德风尚等五个方面。通过教育，着重解决好用社会主义思想占领农村阵地、加强基层组织建设、发展壮大社会主义农业经济等3个问题，推动农场两个文明建设相互促进协调发展。1994—1997年，各场深入开展以爱国主义教育为核心的"三义"（爱国主义、集体主义、社会主义）、"三观"（世界观、人生观、价值观）和"三德"（社会公德、职业道德、家庭美德）教育，组织开展"岗位学雷锋，创业树新风"活动和"四户"（遵纪守法户、五好家庭户、科技示范户、双文明户）创建评先活动，促进思想道德建设。

2001年，全区深入开展"爱国守法、明礼诚信、团结友善、勤俭自强、敬业奉献"的基本道德规范教育。在各镇开展"十星（五爱星、致富星、法纪星、计生星、科学星、新风星、文教星、团结星、义务星、卫生星）级农户"和"五星（遵纪守法星、计划生育星、安全卫生星、家庭和睦星、社会公德星）级居民户"创建活动，同年评出"十星"级农户745户、"九星"级农户1342户、"八星"级农户2914户，四星级以上居民户约占城镇居民总户数的20%。创星活动延续8年，全社会逐渐形成重视思想道德建设的氛围和良好风尚。区对各镇和区直机关实行双文明目标考核，大张旗鼓地表彰先进、鞭策后进。2002年，大通湖区获得全市县市区双文明建设考核第一名，其中物质文明得分78分、精神文明得分93分。嗣后，区每年进行政治、物质、精神文明等"三个文明建设"考核。

2008年起，区委把弘扬"艰苦奋斗、勇于开拓"的农垦精神，作为推动区域经济社会发展的战略举措，采用多种形式广泛宣传农垦文化，开展农垦精神教育。2010年举办建区十周年庆祝活动，录制播放农垦发展专题片，开设农垦图片展、摄影展、书画展。邀请农垦老同志重走农垦路，回望辉煌历史，为农垦纪念标志建筑揭幕，为"十大感动大通湖人物"颁证授奖。区成立农垦文化研究会，创办《农垦魂》期刊，编撰出版《刻骨铭心的岁月》《益阳市农渔场领导名录》和《农垦廉政小故事》等书籍。在中心城区设立《拓荒》《丰碑》等农垦主题雕塑，开辟农垦文化橱窗和农垦元素步道，建农垦纪念林、筹建农垦博物馆等。各镇、村建立农垦文化墙和农垦文化广场，区内主要边界路口设立垦区牌楼，彰显农垦特质。

2014年，区委贯彻落实中共中央《关于培育和践行社会主义核心价值观的意见》，出台工作实施方案，强化各级部门责任，围绕实现中华民族伟大复兴中国梦这一目标，以"三个倡导"为基本内容，以党员干部、青少年、公众人物为重点对象，推动社会主义核心价值观教育进党员干部学习课程、进中小学校园、进市民学校；在城乡主要公共场所和市政、交通站亭，设置社会主义核心价值观主题公益广告；运用电视、网络等媒体推送传播社会主义核心价值观；持续开展最美家庭、孝德家庭、身边好人、敬业奉献、诚实守信等争先创优活动，大力宣传推介先进典型，示范引领广大公民注重实践，把社会主义核心价值观化为自身的精神追求和自觉行动；组织举办中国梦摄影、书画展和"欢乐潇湘、幸福大通湖"大型群众文化活动，以文艺形式助推社会主义核心价值观融入广大城乡居民的生活。

2017年7月，区启动创建省级文明城区工作，区委先后制发《关于创建省级文明城区的决定》及实施方案，成立由区委书记任主任的新时代文明实践中心，各镇村设立实践所、站，组织各级党政机关和企事业单位，成立各具特色和优势的志愿服务队伍，共在湖南志愿服务网注册团队37个、1.1万余人，持续开展"为了人民美好生活，我们在行动"志愿服务活动。2020年，全区搭建8支约700名志愿者的志愿服务队加入抗"疫"战斗，发起"公益理发""助力复学""爱心助农"等 10 余场公益活动，募集社会捐赠 10 余万元物资支援抗"疫"一线，助力打赢疫情防控"净土保卫战"，荣获"湖南省最美疫情防控志愿者"称号。该年全区共组织开展 200 多场志愿者服务活动。同时，区持续推进移风易俗，坚持自治、法治、德治相结合，倡导文明乡风，革除陈规陋习，全区实现"四会一约"行政村全覆盖。在防控新型冠状病毒疫情防控期间，严格执行喜事停办延办、丧事简办速办、他事禁办不办的规定，共排查、劝停群众拟办红白喜事 366 起，减少人员聚集和流动，降低了疫情防控压力。

2020 年，响应中共益阳市委、市政府"诚信经营放心消费"号召，区以中心城区人民路为示范街，以 15 户门店为示范户，开展"凝聚你我力量，共建放心消费"主题创建活动，共评选出诚信经营示范商户 50 余家，人民路成为放心消费示范街区。

2000—2020 年，区持续深入推进文明创建工作，先后创建区计划财政局、国家税务局、区电力公司、区检察院、区人力资源和社会保障局、区一中等六个省级文明单位，千山红镇大西港村、北洲子镇北胜村入选省级文明村，区公安分局人口与出入境管理大队成为省级文明窗口单位，还先后创建市级文明单位、文明镇村、文明校园 20 多个。河坝镇于 2011 年入选全国文明村镇，2020 年 11 月，中共中央文明委发文确认其继续保留"全国文明村镇"称号。

第三节　统一战线

2000 年前，各场统一战线工作由党委宣传部兼管，分别配备一名科级干部专职负责，场属各科级单位相应配有兼管人员。建区后，统战职能归属区委党群部，由一名副部长分管。2009 年，各镇党委配齐统战委员。2019 年机构改革，统战工作归隶区委宣传统战部，内设统一战线工作办公室，配齐机要室和统战内网设备，接入党外人士数据管理系统，形成大统战工作格局。2020 年，区委宣传统战部杨昱撰写的《习近平总书记关于加强和改进统一战线工作的重要思想的中国传统文化基因研究》，获湖南省统战理论政策研究创新成果一等奖。

一、非党干部和知识分子工作

1950 年，在创建大通湖农垦事业时，区内的中共组织坚持尊重知识、尊重人才，对调派来的原在旧省政府机械农垦处工作过的专业人员，给予充分的尊重，因人制宜、发挥专长，对其中工作出色、表现优异的委以重任。邱怀问、刘肇岳、陈间、顾其诚、金自党、潘钟书等人走上中层领导岗位。1978年中共十一届三中全会后，各场党委开展全面拨乱反正，对以往历次政治运动中受到不公平对待的非党干部和知识分子进行平反纠错，落实各项政策待遇。此后严格执行统一战线政策和知识分子政策，充分保证非党干部和知识分子的经济政治社会地位。

2000年建区后，区委不断加大党外人士工作力度。2007年成立大通湖区党外知识分子联谊会，首批吸收学有专长、具中高级职称的会员28人。每年召开2次会议，总结交流做好党外知识分子工作的做法与经验。2009年全面建立党外人士档案，选送8人参加省市非党干部培训和挂职锻炼。区加大非中共人士推荐使用力度，至2014年，全区8名市政协委员中，非中共人士委员6人，占75%；市人大代表18人中，非中共人士代表5人，占28%；党外乡科级领导干部7人，其中正科级3人。2015年，区从75名党外干部中确定后备干部34人，建立成长台账，落实培养责任与措施，同时纳入全区各级人才和干部队伍教育培训总体规划。2016年，大通湖代表队参加益阳市统一战线"学讲话、学条例"知识竞赛，在16支参赛队伍中夺得二等奖，李卓远获得最佳选手奖。2019年区推荐8名优秀人士加入益阳市党外代表人才队伍建设"1120人才工程"，其中1人于2021年被提拔为副县级领导干部。

二、侨务和对台工作

1974年，一名原国民党军官从台湾回长沙定居，并经省委统战部介绍安置在湖南大学工作。大通湖农场根据上级指示，为其在农场的父母修建住房，工作生活上多方予以照顾。20世纪80年代，北洲子农场有港澳台同胞家属38户46人、居美侨属5户9人，大通湖农场有海外侨属5户、港澳台同胞家属22户，均按政策落实相关待遇。

2000年后，侨务和对台工作由区委党群部具体负责。后职能归属几经调整，至2019年，对台工作转隶区委、区管委办公室，外事侨务及侨联工作归口区委宣传统战部。2009年，台商黄学宏在北洲子镇北胜村创办艺景农庄有限公司，成为区内首家台资企业。2014年8月，第十一届海峡两岸联合采访团来大通湖采访，共有22家媒体33名记者参加，是为两岸媒体第一次大规模集中采访洞庭湖生态经济区建设。2015年2月，区启动"三调联动"机制，协调解决台胞张焯堂与金盆镇西湖浃村一村民养殖合同纠纷问题。2018年区成立区侨联，此时全区共有侨界人士55人，其中华侨6人、侨眷24人、港澳台同胞10人、三胞眷属15人。区侨联发挥桥梁纽带作用，加强联络交往，拓宽侨界人士与家乡合作的领域和渠道，依法维护好侨胞眷属的合法权益，鼓励他们支持家乡建设发展。

三、起义投诚人员工作

20世纪80年代初，各农场共有起义投诚人员21人，其中黄埔生军官9人。农场对他们严格执行国家相关政策，达退休年龄的正常退休，其中6人享受离休待遇；对其家属子女，在工作安排或就学方面给予优先照顾。

四、民族宗教工作

1982年，各场党委落实党的宗教政策，开始逐步恢复爱国宗教组织的活动，一些小型寺庙陆续修复和开放。之后，经上级宗教管理部门批准，由教友集资和地方资助，各场新建基督教堂，共有信徒300余人，开展正常宗教活动。1995年，沙堡洲农场新建"大通禅寺"供奉释道两教神像，开辟"肖公殿"祭祀"肖公菩萨"；南湾湖军垦农场搞好场部院内"肖公庙"石碑的修缮维护，供众信徒膜拜。同时各农场认真执行党的民族政策，按照规定落实好少数民族人员计划生育和子女升学加分等优惠措施。

2000年建区后，区办公室内设民族宗教办公室，编制1人。2009年，全区有宗教活动场所24处，其中基督教堂8处，信徒568人；佛教寺庙16处，信徒473人。宗教信徒占全区人口的0.76%。

2010年11月区成立区佛教协会，2012年成立区基督教协会，该年11月举行佛教、基督教协会成立大会暨第一届代表会议，区内宗教活动有序开展。2019年，民族宗教管理职能划归区委宣传统战部，设立区民族宗教事务局。年内全面排查中共党员信教问题，依法、依规处理党员信仰问题2件。同时按上级布置安排，启动了宗教活动场所"五进五好"主题活动。2020年初，区内宗教活动场所严守"两暂停一延迟"应急规定，信教人士齐心抗疫捐款捐物近3万元。区推进宗教管理信息化平台建设，完成区内宗教团体与活动场所信息网上录入；规范信教管理，全面整治公路两侧"阿弥陀佛"石碑52块。年内金盆镇有成基督教堂获益阳市"和谐寺观教堂"称号。

区内少数民族成份多、人数少、分布广。从建区开始，区严格按照要求落实少数民族高考加分审批等政策，尊重少数民族传统习俗，维护其在政治经济社会上的平等地位，促进"共同团结进步、共同繁荣发展"。2019年，全区有少数民族24个、2430人，其中超100人的少数民族5个，分别是土家族1022人、苗族549人、侗族323人、彝族177人、壮族146人。该年5月，区成立区少数民族流动人口服务工作站，为来区务工的少数民族人口解决子女入学问题8人。2020年，区组织少数民族代表参加益阳市"民族团结一家亲，同心共筑中国梦"主题演讲比赛。区以金盆镇彝族同胞何连芬典型事迹为题材制作的

《小小青花椒》微视频，获市民族宗教局"最具地方特色奖"。

五、同心工程建设

2013 年，区委成立"同心工程"工作协调领导小组，印发《大通湖区统一战线深入实施"同心工程"的意见》和《大通湖区生态经济示范基地建设实施方案》。该年 7 月，区配合省委统战部，举办全省统一战线助推洞庭湖生态经济区建设南县大通湖片区活动。8 月初组队参加在长沙召开的益阳市"同心工程"重点项目推介会，推介打造洞庭湖生态经济核心区的项目 12 个。

2014 年，区以加快洞庭湖生态经济示范区建设为契机，组织 11 个单位开展"四同创建"（同心园区、同心项目、同心社区、同心乡村），打造统一战线"同心"品牌。河坝镇银河社区获市级"同心社区"称号。2015 年区启动大通湖区"同心乡村"建设 3 年行动计划，组织统一战线成员建设一个"同心乡村"示范片，带动区镇共同推进"同心乡村"建设。金盆镇王家坝村年底通过市级"同心乡村"检查验收。该年 4 月，区开展社会组织统战工作试点，建立社会组织同心创建信息库，至 2016 年共录入 162 个家庭农场、158 家合作社、32 家协会、7 家非民办企业等社会组织和 359 名代表人士的基础信息，形成动态数据库。

2017—2019 年，区开展统一战线"泛海助学"活动，共为 34 名贫困家庭学生发放助学金 17 万元。2018 年和 2019 年，区抢抓乡村振兴战略契机，以发展乡村生态旅游为主线，开展"同心美丽乡村"创建试点，千山红镇民和村、金盆镇大东口村先后被评为市级"同心美丽乡村"。同期，区协调爱尔眼科医院等医疗机构分别开展"精准扶贫光明行""彭年光明行动"，为全区 1858 人进行免费眼疾筛查，免费手术治疗白内障或翼状胬肉眼疾患者 60 人。2020 年，区委宣传统战部发动统战人士开展抗击新冠疫新爱心捐赠活动，共计捐款捐物价值 25 万元。

第四章 纪检监察

各农场在建立初期，分别成立党的监察委员会，履行党风党纪教育和查处党员、干部违纪案件的职能。1980年起，各场成立纪律检查委员会，形成三级工作网络，恢复完善党的纪检监察机制，持续开展党风廉政教育，查处违纪案件，严肃党的纪律。1990年，各场分别成立农场监察室，负责行政监察工作。1994—2000年，各场深入推进反腐败斗争，共查处贪腐人员106人。

2000年9月建区后，区成立中共大通湖区纪律检查委员会和监察局，各镇成立纪委，区直部门单位和办事处设纪检组。2017年组建区委巡察办公室和巡察组，开展政治巡察工作。2019年成立区监察工作委员会，与区纪委实行一个工作机构、两个机关名称，共同担负党的纪律检查和国家监察职责。各纪检监察机关按照"标本兼治、惩防并举"的方针，切实履行"教育、惩处、监督、保护"职能，促进党员干部提高党性自觉和纪律意识，增强拒腐防变能力，维护党的先进性和纯洁性。2012年中共十八大后，区纪检监察机关以纪律建设为根本，严格贯彻执行中央八项规定精神，坚持把纪律规矩挺在前面，驰而不息地开展"纠'四风'、治陋习"等专项整治，聚焦重点领域和关键节点，以铁的纪律和"零容忍"的高压态势，严厉惩治各种腐败。2001—2020年，共查办各类违纪案件505起、党纪政务处分505人。

第一节　组织机构

开发大通湖初期，区内农垦机构党委会委托组织部门办理党员申诉和党的纪律检查工作。1955年12月，经中共湖南省监察委员会批准，大通湖农场成立党的监察委员会，有委员7人，场党委副书记兼任监委书记，负责检查和处理党员违反党的章程，党的纪律，共产主义道德和国家法律、法令的案件等。1962年前后，新建立的千山红、北洲子、金盆农场分别成立监察委员会，加强对党员的党风党纪教育，受理查处违纪案件。1980年初，各场成立党委纪律检查委员会，由一名党委成员任书记。1982年党委纪律检查委员会更名为农场纪律检查委员会，纪委书记由一名党委副书记兼任，设委员5人、专职副书记1人，并在各党总支和党支部设纪检委员，形成三级纪检工作网络。1990年，各场成立监察室，设专职主任1人，归属纪委领导，负责行政监察职能。

2000年9月，中共大通湖区纪律检查委员会和大通湖区监察局成立，实行一套班子、合署办公，各镇成立纪委，区直部门单位和办事处设纪检组，村（社区）党组织设纪检委员。2015年，区纪检监察机关实行区委、区管委会和市纪委、市监察局双重领导。2016年实行纪检派驻制度，共设派驻纪检组4个，覆盖区直党政部门和事业单位。2017年6月，区采取"办组合一"方式设立区委巡察工作办公室，编制4人，列入区委工作机构序列，归口区纪委领导管理。2019年4月，区成立监察工作委员会，拥有县级监委全部职权，与区纪委合署办公，实行一套工作机构、两个机关名称，履行党的纪律检查和国家监察职能，设有办公室、党风政风监督室、信访室、监督检查室、审查调查室、案件审理室、纪检监察干部监督室、信息中心等8个机构。按照"职能相近、便于监督"的原则，区设派驻纪检监察组4个，即驻区委组织部纪检监察组、驻区委政法委纪检监察组、驻发展改革和财政局纪检监察组、驻教育和卫生健康局纪检监察组，监督对象涵盖全部24个区直单位。2020年，全区有基层纪委5个，纪检监察干部48人，其中区纪委监察工委机关33人。区纪委历任书记：唐治国（2000年8月至2002年8月）、臧根深（2002年8月至2006年6月）、万华（女，2006年6月至2007年11月）、张明剑（2007年11月至2010年8月）、王锡良（2010年8月至2016年8月）、李益（2016年8月至2020年8月）、夏志才（2020年8月—）

第二节　党风廉政建设

大通湖区农垦事业初创时期，党的农垦组织结合开展爱国爱场和革命传统教育，坚持抓好党员干部队伍的思想建设和作风建设，重点解决居功自傲、官僚主义、脱离群众、简单命令、模范带头不够等问题。通过教育实践，部分按规定享受"供给制"生活待遇的党员干部，主动取消"中灶"等特供服务，与普通职工一起吃"大灶"，办公用煤油灯，书写用"毛边纸"，坚持与群众同甘共苦。外出不论远近，以步行为主，遇有船运物资，均由领导干部带头肩挑背扛装卸。农场下属的作业区、生产队干部到总场开会，凡时间稍长，均自备生活用品，夏带蚊帐、冬带被褥、自备炊具、垒灶造饭，以党风带民风，促使"农场是我家，爱国爱场胜爱家"成为广大干部职工的自觉行动。1952年初，根据中共中央《关于实行精兵简政、增产节约、反对贪污、反对浪费和反对官僚主义的决定》（简称"三反"），区内农垦机构党委结合实际，采取集中学习、提高认识、对照检查、检举揭发、评审鉴定、结论处理的方式，在党员干部队伍中开展"三反"运动，有30名党员干部受到党内警告或行政记过处分，其中7名被通报批评。"三反"运动历时8个多月，教育了大多数，挽救了犯错误的人员，提高了广大党员干部抵御腐蚀的能力，党的艰苦朴素、廉洁奉公、密切联系群众的优良传统得到保持和发扬。1957年，按照中共中央《关于整风运动的指示》精神要求，大通湖农场党委成立整风领导小组，组织广大党员干部和职工群众以"大鸣大放大辩论"的形式进行"开门整风"，促进各级党政组织和党员干部克服工作上的官僚主义、思想上的主观主义、组织上的宗派主义，密切党同人民群众的血肉联系，推动党的作风建设。1960年5月至10月，大通湖农场和千山红农场根据中共中央《关于在农村中开展"三反"运动的指示》（又称"新三反"），先后在党员干部中开展反贪污、反浪费、反官僚主义的"新三反"运动，两场共有7人受到党纪政纪处分，4人移送司法机关处理。1961年1月，两场又根据上级精神，开展以反浮夸风、反瞎指挥风、反强迫命令风、反"共产风"、反干部多吃多占风为主要内容的整风整场运动，有效遏制"五风"泛滥，特别是严厉打击迫害群众的强迫命令风，及时查处和制止侵蚀群众财产的"一平二调"共产风，党群干群关系得以改善。1963年初，区内形成4个国营农场后，各场党委以整党整风形式加强党的思想作风建设，督促党员干部改进工作作风和工作方法，在各项政治运动和生产工作中起模范带头作用。同时建立健全纪检监察机制，加强党员教育管理，规范党员行为，查处违纪案件，维护党的纪律。

1980年，各场党委把学习贯彻中共十一届五中全会通过的《关于党内政治生活的若干准则》，作为加强党风廉政建设、端正党风的重要举措，层层组织学习培训，共培训党员2786名，占党员总数的86.9%。同时成立纪律检查委员会，在各级党组织建立党风廉政制度。1985—1986年，结合全面系统整党，各场组织党员围绕"统一思想，整顿作风，加强纪律、纯洁组织"的四项任务进行学习、讨论，进一步增强党性观念和纪律意识。1992年中共十四大后，各场党委按照标本兼治的方针，坚持不懈地对广大党员干部特别是各级领导干部开展反腐倡廉教育，促进党员干部提高党性自觉，增强拒腐防变能力。至1999年，共举办副科级以上干部反腐倡廉专题学习班80次，每次3天约350人参加；举办党支部学习班30多次，共1200多人次参加。组织党员骨干观看《贿赂忧思录》等党风廉政专题片80多场次。农、渔场纪委还运用身边人、身边事的典型案例开展警示教育，做到警钟长鸣。大通湖农场党委对端正党风和反腐倡廉制定八条规定：分场以上干部决不允许经商办企业；各种会议不准提高伙食标准；不准巧立名目送礼，发纪念品、奖品和奖金；不准做酒敛财；不准赌博和搞迷信活动；不准私自安插人员上岗就业；不准擅自扩大新建住房面积和为子女、亲友占房；党员干部不准拖欠公款。

　　2001年，区委贯彻落实十五届中纪委第五次全会精神，相继出台《区委、区管委会领导班子成员党风廉政建设和反腐败工作责任目标》《实行党风廉政建设责任制的暂行规定》《大通湖区党风廉政建设责任制实施办法》《大通湖区反腐败工作部门责任制》等文件，初步构建起建区后的党风廉政建设制度体系。该年6月，第一次全区党风廉政建设暨反腐败斗争会议召开，各单位主要负责人向区委签订《党风廉政建设责任状》。区委在全区党员干部中开展党风廉政建设教育月活动，按照"八个坚持、八个反对"的要求，组织党员干部深入学习党内法规和廉政法律法规，解决思想作风、工作作风、领导作风和生活作风中存在的突出问题。嗣后，每年至少召开一次全区性大会，传达学习上级有关党风廉政建设精神，部署安排今后工作。

　　2007年8月，区出台《加强党员干部和机关作风建设实行"十个不准"的规定》，制发"十个不准"卡片1800份，做到公职人员人手一卡。"十个不准"即：不准方法简单粗暴，要热情对待工作对象；不准利用职务便利谋取个人利益；不准搞封建迷信和大操大办婚庆丧事；不准借单位设备、物资供个人私用；不准泄露工作机密和散布影响稳定的信息；不准对职责内的事项推诿不办；不准越权表态和违规替人办事；不准赌博和执行公务时到娱乐场所消费；不准奢侈浪费，用公款大吃大喝、游山玩水；不准工作时间上网聊天、炒股、玩游戏和看影视。对违规者，视情节给予相应处理。同年起，区分批多次组织党员干部到湖南省第一监狱、益阳市反腐倡廉警示教育基地接受警示教育，促使党员干部明法纪、知敬畏、守底线。

　　2010年，全区开展干部作风建设年活动，主要任务是"五治五兴"，即"治贪、治懒、治散、治庸、治玩""兴密切联系群众之风、兴艰苦奋斗之风、兴求真务实之风、兴批评与自我批评之风、兴学习之风"。各级党政组织围绕"五治五兴"，组织党员干部深入基层开展大走访和帮扶共建创先争优活动，加强区镇机关规范化管理，推行阳光政务，开展党员干部谈话谈心活动等。各级纪检监察机关加大监督问责和问题整改力度，促进了党风政风持续改善。

　　2012年11月中共十八大后，区委对照中央和省委市委出台的一系列反腐倡廉制度规定，制定实施办法和方案，驰而不息地加强对党员干部的党风廉政教育，从严落实领导干部"一岗双责"、个人重大事项报告、干部选拔任用工作责任追究等制度，使党的纪律内化于心、外化于行。2014年，在开展党的群众路线教育实践活动中，区严格执行中央八项规定，着力解决"四风"问题。年内全区性会议、文件数量比上年分别减少25.7%、10.5%，评比达标表彰项目数量下降50%，"三公"经费支出下降38.4%。区、镇两级纪检机关明察暗访169轮，问责追究89人次。同时全面落实财政财务公开、进入公开考录、工程项目公开招投标、土地出让公开招拍挂等"四个公开"制度，开展预算执行审计、重大工程项目同步跟踪审计和领导干部经济责任审计，规范权力运行。2017 年，区进一步落实廉政审查机制，对干部提拔调动和单位、个人评先评优进行严密的"廉政体检"，杜绝"带病提拔""带伤评优"，至 2020 年共进行单位廉政审查 372 家次、个人廉政审查 1290 人次，依规否决 16 家次单位和 4 人次个人的评先评优资格。2019 年，区建立领导干部开展谈话提醒情况报告制度，全年共谈话提醒 426 批次、1912 人次。2020 年区完成乡科级以上干部廉政档案管理系统建设，全区 260 名乡科级以上干部建立廉政档案。按照"刀刃向内"、严格内部管控的要求，区纪委监察工委机关和派驻纪检监察组干部均建立廉政档案，并从党代表、人大代表、政协委员和社会各界人士中聘请特约监察员 5 人。

第七编

地方行政

中国农垦农场志丛

第一章　管理机构

大通湖开发初期，经湖南省人民政府决定，先后成立大通湖蓄洪垦殖管理处、大通湖特区人民政府和大通湖农场。1954 年特大洪灾后，大通湖农场成为政企合一的管理机构，全面管理辖区政、社事务和农垦事业。1961 年，地方国营千山红农场升格为省属农场。1962 年底，大通湖农场实行"三场分治"，析出北洲子、金盆农场。各场正、副场长分由湖南省人民委员会和益阳专员公署任免。1968 年，各场成立革命委员会，设正副主任若干名，取代正副场长职权，农场机关职能科室撤并改建为若干组（处）。1972—1973 年各场恢复农场职能科室建制。1980 年撤销革命委员会，恢复农场正副场长职位。1986 年恢复各场正县级建制。1987—1988 年，各场先后实行场长负责制，1990 年恢复党委集体领导下的场长分工负责制，至 2000 年农场体制改革。

2000 年 9 月，大通湖区管理委员会成立，全面管理区内经济社会事务。按综合设置和精干高效原则，区管委会下设 10 个工作机构和 2 个派出办事机构。原农场改制为镇，成立镇人民政府，政府领导成员由镇人民代表大会选举产生，镇政府下设若干行政、事业机构。2020 年，区管理委员会下设行政、事业机构 17 个，各镇人民政府下设 6 个行政机构和 5 个事业机构。

第一节　农垦机构

一、领导机构

1950 年 3 月，湖南省人民政府颁发《大通湖蓄洪垦殖管理条例》。同年 4 月，经长江水利委员会同意、省人民政府批准，大通湖蓄洪垦殖管理处成立，负责管理大通湖地区蓄洪垦殖和民政事宜，隶属省农林厅领导。1951 年 2 月，中南军政委员会颁布《大通湖特区人民政府组织条例》，批准成立大通湖特区人民政府，与蓄洪垦殖管理处合署办公，特区正、副区长兼任管理处正、副处长，由省政府任命。同年 3 月大通湖农场成立，隶属特区政府领导，区长兼任农场场长。1952 年 2 月，省政府批准大通湖农场升格为县级建制，与特区政府和管理处组成政、事、企三合一的联合体，实行三个机构、一套班子，统属省政府领导。后随农垦事业发展需要和区划建制调整，农场成为大通湖区政企合一管理主体。1953 年 6 月，根据中共中央中南局《关于加强党委对农场领导的指示》，大通湖农场建制定为副地级，设正副场长各 1 人，场长由党委书记兼任。1956 年 6 月，农场复改县级建制。1959 年 3 月，地方千山红农场建立，设正副场长 3 人，由沅江县人民政府任命。1961 年 6 月，千山红农场改建为省属国营农场。1962 年 11 月，大通湖农场析为大通湖、北洲子、金盆等 3 个农场。根据中共中央《关于转发〈国营农场领导管理体制的规定〉的批示》精神，中共湖南省委决定各省属农场均为县级建制，实行"属地为主，省地双重管理"原则。4 家农场各设场长 1 人，副场长 1～2 人，场长由省人民委员会任命，副场长由专署任命。

1968 年 3 月至 9 月，各场先后成立革命委员会，取代农场正副场长职权。1971 年 10 月，"三支两军"结束，农场行政负责人仍称革委会主任、副主任。1980 年 1 月，根据五届全国人大二次会议的决定，撤销革命委员会，恢复场长、副场长职位，正副场长均由地区行署任命。1986 年，各农场恢复正县级建制，1972 年成立的大通湖渔场按副县级建制。1987 年至 1988 年，各场相继实行场长负责制。1990 年，恢复党委领导下的场长分工负责制，党委书记兼任场长，设副场长 3～4 名，每届任期 3 年，相沿至 2000 年农场体制改革。

各农、渔场历任正、副场长名录见表 7-1-1 至表 7-1-5。

表 7-1-1　大通湖农场历任场长、副场长名录

（1968—1979 年 12 月为革命委员会主任、副主任，表 7-1-2 至表 7-1-5 同）

场　　长			副场长		
姓　名	籍　贯	任职时间	姓名	籍　贯	任职时间
王惠庭	河北威县	1951.1—1953.6			
李　哲	山东郓城	1953—1954.12	王惠庭	河北威县	1953.6—1954.3
			王星五		1954.3—1954.12
吴玉玺	山东馆陶	1954.1—1956.6	杨作云		1954.12—1957.9
徐　顺	河北鸡泽	1954.1—1957.9（1954.12—1956.6 为第二场长）	安冬铭	河北枣庄	1956.1—1958.3
			李自强	山东武城	1956.8—1960.3
王　耕		1957.9—1958.8	尹保仁	湖南茶陵	1957.9—1960.6
			谢宝善	河北南宫	1958.12—1962.5
杨　平	山西平遥	1960.11—1962.2	吴芝青	河北枣强	1962.1—1962.11
			阎长来	山东恩县	1962.6—1962.11
			周铁泗	湖南澧县	1962.6—1962.11
崔聘芝	河北深县（现深圳市）	1962.2—1969.12	武　明	河北永年	1962.11—1973.12
			黄兴业		1965.9—1970.4
张树森	河北泽水	1969.12—1971.9	郭罗生	湖南宁乡	1970.4—1972.2
			刘书殿	山东南峰	1970.4—1974.4

（续）

场 长			副场长		
姓 名	籍 贯	任职时间	姓 名	籍 贯	任职时间
贺隆配	湖南宁乡	1971.9—1972.6 1973.2—1978.7	余德华	湖南益阳	1971.9—1972.3
张 琢	河北鸡泽	1972.6—1973.2	袁冬生	湖南沅江	1972.2—1980.1
			章 述（女）	湖南长沙	1973.11—1983.12
			曹逢午	山东武城	1974.9—1982.3
			宁今夫	河北	1974.12—1976.6
罗联章	湖南宁乡	1978.7—1980.1	郭文霞	湖南汉寿	1977.10—1980.1
郭文霞	湖南汉寿	1980.1—1981.4	廖湘泉	湖南沅江	1980.1—1983.2
			周汉启	湖南涟源	1980.1—1986.9
			蔡镇铭	湖南沅江	1980.12—1982.3
			王应林	湖南沅江	1981.4—1983.12
蔡镇铭	湖南沅江	1982.3—1983.12	周明德		1982.3—1983.6
			白森安	湖南宜章	1983.4—1983.12
白森安	湖南宜章	1983.12—1991.6	李中衡	湖南怀化	1983.12—1987.12
			贾正昌	湖南益阳	1983.12—1993.11
			晏泽良	湖南益阳	1984.12—1991.6
			夏甫清	湖南安化	1985.3—1987.1
			雷昌宙	湖北汉阳	1987.3—1990.11
			黄家忠	湖南宁乡	1987.9—1989.3
			李德芳	湖南沅江	1989.3—1992.4
			张群华	湖南双峰	1990.12—1995.5
王建邦	湖南沅江	1991.6—1993.11	周文政	湖南望城	1991.6—1995.6
			文新华	湖南湘乡	1993.3—1999.4
			万桃芝（女）	湖北荆州	1993.5—1995.5
			贺 新	湖南安化	1993.7—1993.11
贺 新	湖南安化	1993.11—1995.6	胡雪初	湖南桃江	1993.11—1997.11
			卓德固	湖南慈利	1995.3—2000.9
周文政	湖南望城	1995.6—1999.3	胡捷	湖南沅江	1996.4—1997.1
			向课根	湖南双峰	1996.3—2000.9
文新华	湖南湘乡	1999.3—2000.9	徐迎春	湖南沅江	1997.11—1999.3
			郭顺德	湖南宁乡	1997.11—2000.9
			胡建国	湖南娄底	1997.11—2000.9

表 7-1-2 北洲子农场历任正、副场长名录

场 长			副场长		
姓 名	籍 贯	任职时间	姓 名	籍 贯	任职时间
周永昌	湖南攸县	1968—1972.3	阎长来	山东恩县	1962.11—1968.11
			张功礼	辽宁庄河	1968.4—1972.3
			刘寿泗	湖南长沙	1968.4—1972.3

（续）

场 长			副场长		
姓 名	籍 贯	任职时间	姓 名	籍 贯	任职时间
			虞正安	湖南湘阴	1968.4—1972.3
孙德足	山东夏津	1972.3—1973.12	郭玉堂	湖南益阳	1972.3—1979.12
余德华	湖南益阳	1973.1—1978.2	史三纲	河北清河	1973.12—1979.12
			彭梅彬	湖南双峰	1974.12—1979.12
			谭尚海	湖南益阳	1976.4—1983.12
李华山	湖南沅江	1979.1—1986.3	邱翼星	湖南涟源	1979.12—1981.4
			熊学初	湖南望城	1980.3—1983.12
			毛国斌	湖南沅江	1981.5—1993.5
			徐成和	湖南慈利	1983.12—1993.5
谌定邦	湖南安化	1986.3—1993.5	何占魁	湖南新邵	1984.10—1993.5
			陈光炎	湖南华容	1990.12—1995.7
			杜友才	湖南南县	1990.12—2000.9
毛国斌	湖南沅江	1993.5—1995.5	何万红	湖南常宁	1993.5—1995.5
			汪吉水	安徽泾县	1993.5—1996.12
张群华	湖南双峰	1995.5—1997.8	向赞勋	湖南宁乡	1993.5—1997.11
			廖建雄	湖南涟源	1996.5—2000.9
			张罗生	湖南湘潭	1996.12—2000.9
肖少华	湖南长沙	1997.8—2000.9	李建良	湖南湘乡	1997.12—2000.9
			张治华	湖南南县	1997.12—2000.9

表 7-1-3　金盆农场历任正、副场长名录

场 长			副场长		
姓 名	籍 贯	任职时间	姓 名	籍 贯	任职时间
孟庆选	河北平乡	1962.11—1966.8	吴芝青	河北枣强	1963.11—1966.8 1974.12—1980.1
			张 甫	河北魏县	1963.11—1970.5
罗雨生		1968.3—1970.3	王仲生	湖南沅江	1968.3—1972.1
			张友德	湖南隆回	1968.3—1979.12
曾阳生	湖南桃江	1971.1—1976.4	郭若金	湖南益阳	1973.3—1977.7
			黄庆堂	湖南益阳	1976.3—1977.8
			曹光荣	湖南沅江	1976.1—1979.11
曹光荣	湖南沅江	1979.12—1983.12	彭梅彬	湖南双峰	1979.12—1983.12
			张灿生	湖南岳阳	1980.11—1983.12
			蔡润秀（女）	湖南沅江	1980.11—1983.12
			单铁清	湖南邵东	1983.4—1983.12
单铁清	湖南邵东	1983.12—1988.3	杨绍振	湖南南县	1983.12—1993.5
			刘启家	湖南零陵	1983.12—1993.5

（续）

场　长			副场长		
姓　名	籍　贯	任职时间	姓　名	籍　贯	任职时间
			周顺堂	湖南邵阳	1983.12—1985.5
			陈南勋		1986.3—1987.1
			李伏成	湖南宁乡	1986.5—1997.11
			任世凡	湖南南县	1987.10—1993.5
李中衡	湖南怀化	1988.3—1990.12	尹和生	湖南南县	1987.10—1992.12
伏思进	湖南汨罗	1990.12—1993.5	余政良	湖南南县	1993.5—1997.11
杨绍振	湖南南县	1993.5—1997.11	曹德文	湖南益阳	1993.5—2000.9
			刘世泉	湖南沅江	1993.12—1997.11
			屈方云	湖南南县	1994.12—2000.9
李伏成	湖南宁乡	1997.11—2000.10	廖东元	湖南沅江	1997.11—2000.9
			蔡菊香	湖南益阳	1997.11—2000.9
			吕尔洲	湖北监利	1997.11—2000.9

表 7-1-4　千山红农场历任正、副场长名录

场　长			副场长		
姓　名	籍　贯	任职时间	姓　名	籍　贯	任职时间
龙远佑	湖南沅江	1959.12—1960.12	王应洪	湖南沅江	1959.12—1962.1
			夏沛然	湖南桃江	1960.1—1962.1
			龙振海	湖南沅江	1961.1—1962.1
袁冬生	湖南沅江	1962.10—1966.6	汪澍白	湖南长沙	1962.10—1964.3
			佘德兴	湖南长沙	1966.6—1983.12
			任振华	湖南安化	1966.6—1967.8
郑木斌	河北新河	1970.3—1976.6	潘昭勋	湖南湘潭	1971.11—1983.12
			郭罗生	湖南宁乡	1972.11—1979.12
谢银生	湖南望城	1976.6—1979.8	向才乐		1976.2—1977.6
			曾松祥	湖南宁乡	1976.5—1977.6
			陈国钦	湖南沅江	1978.1—1983.12
杨名声	湖南南县	1979.12—1983.12	杨昇	湖南益阳	1977.6—1981.3
何万红	湖南常宁	1983.12—1986.3	李伏秋		1978.1—1979.2
			黄楚南		1982.3—1983.12
			吴如春	湖南桃江	1982.6—1983.12
			欧阳肇清	湖南邵阳	1983.4—1987.1
			周文政	湖南望城	1983.12—1991.6
田长庚	湖南沅江	1986.3—1988.3 1991.1—1993.5	陈兰勋	湖南长沙	1983.12—1986.3 1987.2—1988.3
			杜玮	湖南桃源	1986.3—1996.6
夏甫清	湖南安化	1988.3—1991.1	杨名香	湖南南县	1988.3—1997.1
			邓德林	湖南南县	1989.5—1990.3
			袁国斌	湖南沅江	1991.1—1993.5

（续）

场 长			副场长		
姓 名	籍 贯	任职时间	姓 名	籍 贯	任职时间
			晏泽良	湖南益阳	1991.1—1993.5
袁国斌	湖南沅江	1993.5—1996.6	周维新	湖南宁乡	1993.5—1997.1
			胡晓阳	湖南益阳	1993.5—1997.12
			蔡正德	湖南长沙	1993.5—1997.1
杜 玮	湖南桃源	1996.6—1999.4	彭 辉	湖南益阳	1996.5—1997.4
			彭清涛	湖南沅江	1997.1—1997.10
			胡 捷	湖南沅江	1997.1—1997.12
徐迎春	湖南沅江	1999.4—2000.10	冷建斌	湖南益阳	1997.1—2000.9
			胡正球	湖南桃江	1997.11—2000.9
			余政良	湖南南县	1997.11—2000.9
			龙一民	湖南临澧	1997.11—2000.9

表 7-1-5　大通湖渔场历任场长及其任职时间表

场 长	任职时间
王友余	1972.3—1980.5
郭足先	1986.8—1993.3
陈中贵	1993.3—1996.12
陈 平	1996.12—2002.8

二、职能部门

1951 年，大通湖农场总场机关设秘书室、农业科、机务科、会计科和供应站 5 个职能部门，在场长领导下分别负责行政人事、农业技术、机务生产、财务会计、物资供应等工作。蓄洪垦殖和社会民政事宜由蓄洪垦殖管理处的职能科室统一管理。1952—1953 年，农场与管理处、特区政府实行三位一体联合办公，共设置联合办公室、公安科、人事科、民政科、财经科、水利科、农业科、机务科、水产科、基建科、供销室等 11 个工作机构。1954 年，大通湖农场单独建制，下设办公室、计划科、财务科、农业科、机务科、水产科、基建科、人事科、保卫科、供销室 10 个部门。1962 年"三场分治"后，各场行政管理机构设置大同小异，一般分为生产机务科、计划财务科、劳动工资科、粮食供应科、水利基建科、畜牧水产科、保卫科和办公室 7 科 1 室。

1968 年 3 月起，各场成立革命委员会，取消职能科室，新设立办事组、政工组、人民保卫组和生产指挥组。1970 年，农场实行军事建制，职能机构均以"处"相称，场革命委员会改设政治处、生产处、后勤处和人民保卫处。1972 年后勤处并入生产处。

1972—1973年，各场撤销革命委员会的下设机构，恢复职能科室建制，设有办公室、计划财务科、劳动工资科、生产科、水利基建科、保卫科、机电科、畜牧水产科、知识青年办公室等。

改革开放后，根据农场"政企合一"特征，各场管理机构逐步增加。1981—1984年，先后增设科技科、计划生育办公室、教育科、卫生科、供销科、工交科。1987年增设国土管理科。1989年增设司法科（办）。1990年增设监察室，与纪委合署办公。1992年增设审计科。此后，各场职能科室保持基本稳定。至2000年，各场行政管理职能机构的设置，涵盖经济社会事务各个方面，大体设为党政办公室、科技农业科、经贸工交办（科）、计财科、审计科、劳资科、国土房产科、水利建设科、计划生育办（委）、教育科、卫生科、保卫科、司法科、监察室14个部门。另外，1984年由职能科室改革转型组建的机电公司、畜牧水产公司、建筑公司、供销公司，仍分别保留机电科、畜牧水产科、建委、供销科的牌子。

第二节　行政机关

一、区行政机构

2000年9月11日，中共益阳市委发出通知：经省编委办同意，市委、市人民政府决定设立益阳市大通湖区管理委员会（正县级），比照县级政府赋予职能职权，全面负责管理区域内的经济社会事务，配区长1名、副区长4名。按照中共益阳市委、市政府确立的综合设置和精干高效的原则，区管理委员会下设10个工作机构：区办公室（并入党委办、政府办、档案信访、法制等职能，承担人民武装部的日常工作，保留"人民武装部"牌子和印章）；区计划财政局（并入计划、财政、物价、统计等职能）；区经济贸易局（并入工业、乡镇企业管理、商业、粮食、供销、外贸等职能）；区农业水利局（并入农业、水利、林业、畜牧、水产、农机等职能）；区社会发展局（并入教育、科技、体育、血防、卫生、计划生育、民政等职能，保留民政局牌子和印章）；区建设交通局（并入建设、交通、环保、规划、房管房改等职能）；区劳动和社会保障局（并入就业、劳动监察、社会保障职能）；区国土国资局（并入国土、地质矿产、国资等职能）。同时，在南湾湖军垦农场和大通湖渔场设立南湾湖、沙堡洲办事处，管理其辖域的行政社会事务。

2002年区组建司法局，正式成立益阳市公安局大通湖分局。2003年设立区招商局。2008年区政务中心成立，区招商局增建为招商旅游局，后于2015年并入经济贸易和旅游局。2010 年，区从纪委监察机关析出审计职能，单独建制为益阳市审计局大通湖分局。2012 年，区拆解规划建设交通和环保局，分别组建区城乡规划建设局、交通运输和环境保护局，2015 年又并为建设交通环保局。2015 年，工商、质监、食品药品监督由垂直管理改为属地管理，合并组建为区市场和质量监督管理局。至此，区管委会工作机构共有 15 个。

2019 年，党政机关机构改革，区管理委员会设区长 1 名、副区长 7 名，有工作机构 17 个，即区管委会办公室、区发展改革和财政局、区科技工业和信息化局、区农业农村和水利局、区自然资源局、区交通运输局、区住房和城乡建设局、区审计局、区市场监督管理局、区应急管理局、区教育和卫生健康局、区民政和人力资源社会保障局、益阳市公安局大通湖分局、益阳市南洞庭自然保护区大通湖区管理局（湿地管理局）、区政务中心、区工业园管理委员会和南湾湖办事处。

大通湖区管理委员会 2000—2020 年正、副区长名录见表 7-1-6。

表 7-1-6 大通湖区管理委员会 2000—2020 年正副区长名录

区 长		副区长	
姓 名	任职时间	姓 名	任职时间
李 霖	2000.9—2002.8	郭顺德	2000.9—2002.8
		张治华	2000.9—2002.9
		冷建斌	2000.9—2002.9 2004.7—2007.11
		刘志鹏	2001.3—2005.5
徐迎春	2002.8—2004.7	向课根	2002.5—2006.6
		蔡菊香	2002.9—2004.7
		余政良	2002.9—2017.5
		吕尔洲	2002.9—2006.6
邓宗祥	2004.7—2006.6	丁菊连	2005.8—2008.5
聂新民	2006.6—2013.2	臧根深	2006.6—2008.9
		曹国强	2006.6—2012.9
		张国维	2006.6—2009.5
		万 华	2007.11—2009.2
		徐 鸿	2007.11—2011.6
		刘波涌	2008.5—2009.12
		姜利文	2009.12—2016.8
		于新胜	2011.6—2012.2
		张勇军	2011.6—2013.8

（续）

区 长		副区长	
姓 名	任职时间	姓 名	任职时间
梁成立	2013.2—2016.7	张 辉	2012.9—2014.7
		刘建明	2012.9—
		郭清平	2012.9—2016.1
		孙功伟	2012.9—2019.4
		陈铁军	2013.9—2016.9
		钟剑波	2014.7—2018.5
		吴 灿	2016.1—2020.12
胡国文	2016.7—2020.4	熊志元	2016.8—2020.4
		梁学军	2016.9—
		周 军	2016.9—
		刘 文	2019.4—
		秦 琴	2019.10—
		张 辉	2020.4—
陈万军	2020.4—	肖 文	2020.12—

二、镇人民政府

2000 年 9 月，根据中共湖南省委、省人民政府《关于国有大中型农场体制改革的意见》，湖南省民政厅作出《关于益阳市大通湖等五个农场改制设镇的批复》，同意撤销大通湖、北洲子、金盆、千山红农场，以原农场管辖地域为行政区域，分别设立河坝镇、北洲子镇、金盆镇、千山红镇。同年 11 月，各镇分别召开第一届人民代表大会第一次会议，选举产生镇人民政府领导班子成员，其中镇长 1 名、副镇长 3 名。按照乡镇机构"三定"方案，各镇人民政府下设 5 个行政机构（党政综合办、综合治理办、计划生育办、社会事务办、经济贸易办），8 个事业站所（计生服务所、水利管理站、农技服务中心、农场事务办、城建环保站、文体广播电视站、畜牧兽医站、财政所）。2001 年，各镇增设农业水利办、城镇建设办，事业机构调整为财经所（含经管）、计生指导站、水电管理站、农技服务中心、农场事务办（含社保）、司法服务所、文化宣传服务中心、交管站、国土管理所（含环保）9 个。2006 年，各镇行政机构设置为"四办一所"，即党政综合办（加挂社会治安综合治理委员会办公室、维稳办和司法所牌子）、经济发展办（加挂安全生产管理办公室和农村经济经营管理站牌子）、民政与劳动保障办、人口和计划生育办（与计生服务站合署办公）、财政所（加挂国有资产管理办公室牌子），其中财政所实行区镇共管、以区为主的管理体制。事业机构调整为 7 个，即农业综合服务站、村镇建设站、文化卫站、计生服务站、水利管理站、动物防疫站、林业管理站。2013 年，各镇新设城乡统筹办，2015 年变更为国土规划建设环保所。2019 年，机构改革，各镇设 6 个行政机构，即党政办、经济发展办（挂农业农村和扶贫办牌子）、社会事务办、自然资源和生态环境办（挂村镇规划建设和管理办牌子）、社会治安和应急管理办、财政财务管理办。事业机构撤并整合为 5 个，即社会事务综合服务中心（挂文化综合服务站牌子）、农业综合服务中心、党群和政务服务中心、退役军人服务站、综合行政执法大队。

第二章　政务管理

区内各农场成立之初设立各级办公室，负责政务综合管理。2000年建区后，成立区办公室，为区委、区管委会办事机构，承担综合协调、公务处理、政务督查、机要保密、档案管理、党史地志、群众信访及行政审批等工作任务。2008年区政务中心成立，7个单位入驻，开设服务窗口13个；区开通门户网站，推进政务公开工作规范发展。2009年启动各镇政务中心和村（社区）便民服务中心建设。2015年推行权力清单、责任清单、负面清单、收费清单"四张清单"，依法向社会公开公共资源配置、项目审批、人员考录、公共监管和民生民利事项等信息，接受群众监督。2016年，全区38个村、社区均建成"一站式"中心、"一门式窗口"，之后全部接通电子政务外网，实现"一门式"基层公共服务全覆盖。

区把信访工作作为密切与群众关系、维护社会稳定的重要内容，构建区、镇、村三级信访工作网络，相继建立、完善领导干部信访接待日、信访处理问题联动、信访联席会议、信访积案化解、信访工作责任追究等一系列制度，确保信访接待和矛盾化解规范有力。建区至2020年，共接待群众来访上千批次、数万人，信访总量和非正常上访量逐年下降。2017—2020年，大通湖区先后3次被评为全省信访工作"三无"区。

第一节　办公综合管理

改场建镇设区前，各农场的行政日常事务归口各级办公室管理，形成层级分明、分工协同、上下贯通的综合管理体系。2000年9月建区后，按党政机构综合设置原则，区成立大通湖区办公室（以下简称区办），下设秘书组、综合调研室、督查室、机要档案室、法制办、信访办、接待办、人民防空办、民族宗教事务办（加挂旅游办牌子），行政编制24名，机关后勤编制8名。2016年4月区办更名为中共大通湖区委、大通湖区管委会办公室，机要档案室加挂保密局、党史办、地志办、值班室和应急管理局牌子，业务新增应急管理日常工作，履行应急值守、信息汇总和综合协调。区办新增区机关事务管理局、区行政接待处、区金融工作办、区信息综合室（加挂"新闻发布办"和"区电子政务办"牌子），有行政编制23名、后勤人员事业编制10名。2019年3月，应急管理职责划入新组建的应急管理局；民族宗教事务和信息采编上报新闻发布职责整合到区委宣传和统一战线工作部；原区经济贸易和旅游局的外事工作职责、港澳事务管理职责和原区委党群部行政审批制度改革、台湾工作职责划入区办。加挂区行政审批服务局、区机关事务管理局牌子。对外使用区委台湾工作办公室（区管委会台湾事务办公室）、区管委会外事办公室、港澳事务办公室、区委保密委员会办公室（区国家保密局）、区委机要局名称。有行政编制22名，后勤服务全额拨款事业编8名。

综合协调　以秘书组为主，服务区委发挥总揽全局、协调各方的核心作用，构建全区办公室系统综合协调协商协作机制。做好各类政务活动联络协调服务；加强办文办会统筹，精减文件会议；推进无纸化会议系统和OA协同办公系统运行，做好党委、政府视频会议及幻真视频会议系统运维保障；加强全区规范性文件备案审查工作。

公文办理　秘书组、机要档案室，督查室等机构承担公文收发办理与管理的相关工作。收文办理程序包括签收、登记、初审、承办、传阅、批办和催办、归档等；发文办理程序包括起草、初核、审签、签发、复核、登记、印刷和用印、核发、归档等。受理的上行文和下行文，一般在5个工作日内签发，特殊情况可延长至10个工作日，其中会议纪要在会议召开后4个工作日内签发。机要、保密件由机要档案室专人负责，其电子文档实行专网、专线传输管理。

督查督办　以督查室为主，围绕区委、区管委会议定事项，重大决策部署，主要领导批示件和临时交办重大事项的贯彻落实，构建"围绕中心、横向到边、纵向到底、全部覆盖"的大督查格局，定期或不定期开展全面督查、专项督查。对接协调上级督查，督促"一单四制"反馈问题整改落实。加强全区重大会议会风会纪督查。梳理区内防范化解重大风险隐患清单，督促各责任单位积极作为，防范"灰犀牛""黑天鹅"风险事件发生。牵头做好重点工作和民生实事考核。做好人大代表建议和政协委员提案办理工作，确保回复率、办结率、满意率100％。

行政审批　行政审批服务局即电子政务办，负责全区"互联网＋政务服务"和"放管服"改革，协调督办、统筹推进行政审批服务体系建设，提高行政审批服务效能。负责全区电子政务应用系统组织实施，电子政务网控中心建设，政务数据资源和社会数据资源统筹管理。推进政务方式变革，构建区、镇、村三级现代化政务服务体系。2019年起，共梳理"一件事一次办"服务事项228件。建区至2020年底，共办理行政审批事项3.03万件。

档案管理　由机要档案室负责全区档案规范化管理的指导及档案资源的开发和利用。

2020 年，全区档案共有 57 个卷宗，收录入档资料 2612 卷 3.37 万件，农场时期的永久性档案 4.25 万件，其中收录 2000 年至 2009 年各镇、区永久性文书档案 1.44 万件；2000 年至 2020 年区本级文书档案 1.68 万件。2020 年 10 月区建立电子档案数据中心系统，对建区后永久、30 年档案进行数字化扫描与建目工作。

党史、方志工作 1990 年至 1999 年，大通湖农场、北洲子农场、金盆农场、大通湖渔场农渔场志书的编纂出版工作相继完成。建区后，区编纂《大通湖区志》（1986—2002年）、《中国共产党大通湖区历史》（1949—2008），先后完成了《湖南省教育人物志》《湖南乡镇简志（大通湖篇）》的编纂出版；区年鉴纳入《益阳年鉴》一年一鉴统一编纂出版，区发展改革和财政局每年编修统计年鉴。2017 年，区委主导编纂出版《益阳市国营农（渔）场历届领导名录》。2019 年补修出版《千山红农场志》。2019—2020 年，区编纂《中国共产党湖南省益阳农垦历史》并出版发行。2020 年区开始编纂《中国农垦农场志丛·湖南大通湖区（农场）志》。

第二节 政务服务

一、区政务中心

2008 年 9 月，区成立大通湖区政务中心，为区管委会正科级事业单位，负责全区政务公开、政务服务工作，有对外服务窗口 13 个，服务大厅面积 960 平方米，建立了中心局域网，配备政策信息公开专用电子显示屏和窗口办公电脑打印制证等设备，设立对外服务电话。进驻单位有规划建设交通局、国土资源局、计划财政局、社会发展局、农林水利局、工商分局、质监分局等，办理行政审批及服务事项 137 项，实行"一门受理、窗口办理、统一收费、限时办结"的运行机制。2010 年和 2014 年，分别增设税收协控联管职能和公共资源交易管理平台。

2012 年下半年，区投入 50 多万元提质扩容改造政务大厅，窗口由封闭式改为开放式，新增地税、党群、人防、经贸、民政、残联等窗口，增设照相服务、工程咨询 2 个中介服务窗口。大厅窗口工作人员数 21 人，窗口办理行政审批与服务事项应进 207 项，实进 146 项，进驻率 71%。

2019 年 11 月，区进一步明确区政务中心为区管委直属公益一类事业单位，内设办公室、业务股、窗口管理股。主要职责为：指导协调、监督区直和驻区部门单位集中办理依申请类的行政权力事项和公共服务事项；承担政务大厅的运行管理；负责提供有关行政审批事项及服务事项代理、办理服务等。同年，政务中心共投入 200 多万元再次改造大厅，实行政务事项"应进全进"，大厅面积扩至 1520 平方米，窗口席位由 36 个增至 57 个，全区 18 家行政审批单位有 16 家全部事项整体进入大厅，可直接办理申请业务事项 696 项，增设了自来水、燃气、电视缴费等便民服务项目。2020 年，区政务中心有管理人员 7 人、劳务派遣及临时聘用人员 10 人，各单位进驻的窗口服务人员 68 人。

二、镇政务中心

2009 年，区全面启动乡镇政务中心建设，突出便民服务重点，集中整合劳动和社会保障、民政、残联、人口与计生、司法、信访等办事职能，实现集中办公，方便群众办事。2010 年，各镇政务服务中心全部建成运行，负责本镇和上级政府部门授权的行政审批和服务事项的组织办理、指导协调和监督管理，提供代办、咨询等便民服务，设有纪检信访、计生、社会事务、村镇建设、农机服务等 5 个窗口。2012 年，按照上级要求，各镇提供相关公共服务的镇机关事业单位全部进驻中心，实行"一站式""一门式"服务。2019 年，镇政务服务中心改称镇党群和政务服务中心，按"应进必进"原则设置综合服务、市场监督、自然资源和生态环境、社会事务、税费缴纳、户籍办理 6 个功能区域，依托省、区、市一体化服务平台和一窗受理综合办公系统，实现了群众"最多跑一次"的目标。

三、村（社区）便民服务中心

2009 年，区在启动各镇政务中心建设的同时，先后在 4 个镇的 8 个村、社区进行便民服务中心建设试点，推行政务服务委托代理制度，民众的咨询、办证、税费征缴等事宜由村代办员到镇政务服务中心集中办理，限时办结。嗣后全面铺开村社区服务中心建设，至 2016 年，全区 38 个村、社区均建成"一站式"中心，设置"一门式"窗口，制定便民服务事项指南，规范办事流程，明确限时办结时效。每个村、社区设综合受理（跨域通办）、民政人社、卫生健康 3 个窗口，配齐满足群众办事需要的计算机、高拍仪、身份证读卡器、打印机等设施设备。示范村还配置了电子显示屏，实现一屏双显。各便民服务中心明确 2 名专职便民服务员，负责综合窗口设置与管理，统筹协调政务服务事项，为群众代办医疗保险、社会养老保险、医疗救助、最低生活保障、优抚、户口迁移、独生子女优惠政策、流动人口婚育证、林木零星采伐许可证、宅基地审批、住房保障、征地拆迁手续等，同时开设有法律政策、农技知识、市场信息、劳动力需求信息等咨询业务和水、电、通信、有线电视线路安装与维修等公益性事业服务项目。

2016 年，千山红镇 7 个行政村、3 个社区和镇政务中心共受理办结各项事项 5786 件，其中即办件 376 件、代办件 5410 件，办结率 100％。2020 年 3 月，北洲子镇率先全面开通村（社区）电子政务外网，完成 157 项权、责、事录入任务，村部能直接办理社保缴费、生育证办理、公证事项证明等 32 项便民事项。该年年底，全区 38 个村、社区全部接通电子政务外网，纳入全省公共服务一体化平台，实现基层公共服务"一门式"全覆盖，形成了区、镇、村（社区）三级配套联动的政务服务体系。

第三节　政务公开

建区初期，全区各级政务公开工作处于起步发展阶段，公开的事项和内容不尽规范，手段单一，以宣传橱窗公开为主。2008 年，区开通大通湖门户网站，成立区政务中心，政务公开工作始得规范有序发展。2009 年，区政务公开领导小组印发《大通湖区政务公开工作考核办法》及《大通湖区 2009 年政务公开工作要点》。2010—2013 年，区将政务公开和信息化建设纳入全区目标管理绩效考核，并作为行风评议和社会公认情况评估的重要内容。各级、各部门以区门户网为公开的主要平台，并普遍采用电子显示屏、公示橱窗及新闻发布会进行公开。区门户网站开设了走进大通湖、政务公开、党务公开、互动平台等 13 大栏目 236 个子栏目。区、镇两级按照《中华人民共和国政府信息公开条例》要求，对政府工作重点、征地拆迁、城乡建设、行政事业性收费、财务支出等信息主动公开。镇、区直部门主动公开各自职能职责、办事项目、服务流程和依据；各行政村全面推行"四议两公开"工作法，重点公开惠民资金、土地流转、计划生育、民政、救灾等信息。

2014 年，区投资 268 万元构建区电子政务外网平台，实现与市直各部门互联互通，重点突出信息公开、公共服务，完善了区门户网政府信息公开栏目。开展公共企事业单位办事公开及示范点创建，区电力公司和区二中被评定为市级示范点。

2015 年，区积极推行权力清单、责任清单、负面清单、收费清单等"四张清单"公开，通过门户网站依法向社会公布各行政部门的行政职权、法律依据、实施主体、运行流程、监督方式等内容。加大以"三公"经费、部门预决算公开为主的财政、财务管理公开力度。推进以政策信息、保障性住房、政府采购为主的公共资源配置公开，以项目审批、核准、监管、招投标等为内容的重大建设项目信息公开。区实行公共监管公开，主要公开环境保护、安全生产和行政事业单位进人公开考录等信息。

2017 年起，区围绕民生民利，重点进行扶贫、公共租赁住房配置、大湖环境治理、城乡居民低保、食品卫生等方面信息的"五公开"。区政务大厅设立依申请公开服务点，明确专人负责，在区门户网站开通依申请公开栏目电子受理渠道，处理和回复网络投诉、意见建议，形成了政民互动平台。2019年和2020年，区建立健全依申请公开督办制度，建立公开台账，畅通投诉渠道，规范举报投诉的受理、调查、处置流程，对依申请公开事项的处理进行督查督办，及时回应社会关切。

第四节　信访工作

建区前，各场信访工作由场办公室牵头负责，群众来信来访分由相关部门办理。2000年9月，区成立大通湖区信访办公室，挂靠在区办公室，有工作人员3人。2011年8月，区成立区委群众工作部，为区委工作部门，工作人员4人，专职负责全区信访工作。2016年1月撤销群众工作部，新建区信访办，归口区委区管委办公室管理，比照正科级行政事业单位对待，工作人员3名。2019年3月机构改革，区信访办转隶区委政法委，加挂"益阳市大通湖区信访局"牌子，有工作人员6人。各镇、办事处和区直各部门单位，自设立以来均分别成立信访工作领导小组，由主要负责人任组长，设有信访机构和工作人员，村、社区亦明确专、兼职人员负责信访接待，形成了纵向到村组、横向到各区镇部门单位的信访工作网络。2020年，全区区、镇、村（社区）三级共有信访专、兼职人员71人。

2002年起区实行党政领导信访接待日制度，区委、区管委会领导按照信访办制定的日程安排，定期接待上访群众，协调处理重大信访疑难问题。后接待日固定为每周一和重大特护期期间，由区领导轮流坐班接访。从2004年开始，相继建立健全了信访接待的各项制度。例如：信访问题滚动排查制度，坚持每月排查一批信访热点难点问题，定期通报信访督办、查办情况，让各类信访事项得到提前介入和处理，及时化解信访苗头和隐患；信访处理问题联动制度，区直各单位和镇、办事处领导，按照联动处置重大信访问题的方案要求，做到召之即来，妥善处置重大群体上访事件；疏导劝返制度，区、镇、村信访网络随时保持联络，对越级上访人员及时疏导劝阻，并在特护期设立驻京、驻省、驻市接访劝访工作组；信访联席会议制度，成立区信访联席会议制度办公室，内设若干专项工作小组，每个小组由1名以上区级领导牵头，集中处理信访突出问题和群体信访问题。2012年后，又制定信访积案化解制度，实行区级领导包案，落实"五包一"责任，努力实现信访积案"清零"；建立信访工作重心下移制度，变群众上访为干部约访、下访，把群众关心的问题或矛盾化解在基层；出台《大通湖区信访工作责任追究办法》，落实"属地管理、分级负责"和"谁主管、谁负责"的责任制，使信访接待和矛盾化解更加规范有力。

2000年9月至2020年底，区信访局（办）共接待群众来访上千批数万人次，5人以上群众来访上百批数千人次。重点群访人员包括农业非职工群体、农垦机务工群体、农业退休职工群体、退伍军人群体、原农场退休国家干部群体等。通过三级信访终结，大多数已作出复查复核意见，信访总量逐年下降，非访逐年减少。大通湖区先后于 2017 年、2018 年、2020 年被评为全省信访工作"三无"（无进京越级上访、无大规模集体上访、无因信访问题引发的极端事件和舆论负面炒作）区。

第三章　劳动和社会保障

区内各农场自建场开始，通过统一招工、上级调配、接收城市青年和库区移民、安置场内自然增长劳动力等途径，组建发展职工队伍。职工工资管理制度随政策变化而变化。1993年后，各农、渔场陆续停办农业单位新增劳动力转职工手续。至2000年末，5个农、渔场共有在职职工约3.3万人，占总人口的33％。2000—2005年，区置换全部工商企业在职职工身份，实行自主择业或自主创业。

2000年9月，大通湖区劳动和社会保障局成立，负责全区就业和再就业、社会保障、劳动监察等工作。2002年10月，原农场国家干部、教师、医务人员、工商职工纳入全省城镇企业职工养老保险。2003年7月，从事农业生产的职工进入农垦企业职工基本养老保险统筹。2006年1月起，实施灵活就业人员养老保险。2011年11月，区启动城镇居民社会养老保险。2014年，将城镇居民与农村居民养老保险合并为城乡居民养老保险，该年10月建立机关事业单位工作人员养老保险制度。2018年，以区"三个全面取消"为目标，建立起税务部门征缴入库和线上经办、线上报盘的社会保障基金"金保工程"系统，确保基金安全。在此期间，区相继启动城镇职工基本医疗保险、工伤保险、失业保险、城乡居民医疗保险和生育保险，持续实施就业和再就业工程，开展下岗职工救助，加强劳动合同管理和劳动监察，保护劳动者利益。

2020年，全区企业职工基本养老保险参保人数2.68万人，年征缴基金3.09亿元，发放养老金2.48万人、7.34亿元，人均月养老金2959元；发放城乡居民养老金3300余人、月人均137元；发放机关事业单位退休人员养老金1343人、月人均5410元。年内城镇职工和城乡居民医疗保险参保人数分别为1.15万人、9.54万人，共征缴医保基金近亿元，支出1.03亿元。2005—2020年，全区累计新增城镇就业人员3.5万余人次，其中失业人员再就业1.7万人次、就业困难对象再就业6300人次；新增农村劳动力转移就业3.43万人次；对下岗职工进行养老保险统筹金补贴2.97万人次、8035万元；开展就业培训服务5.83万人次，就业率稳定在82％以上，发放培训对象创业担保贷款3560人次、1.73亿元，创业成功率70％以上；累计为735人发放失业保险费214万元；共有1137人享受工伤保险待遇1380余万元。

第一节　劳动工资

一、职工招录

1951年初大通湖农场建立时，制定招工计划，报经中共湖南省委、省政府批准，确定招工名额和招工地点。招工中，对拟招录对象进行严格的政审、体检，年内从益阳、常德、澧县、南县、岳阳、湘阴、湘乡、醴陵8县招收职工1224人，省、地分配到场179人，在移民建场时留下的劳动力中，按政治、年龄、身体等条件择优吸收职工258人，至年底共有职工1679人。1954年春进行第二次招工，从湘潭、湘阴、湘乡、双峰、宁乡、澧县、安乡等共招入职工1600余人。嗣后，成批接收城市待业青年1000余人、省地下放干部和部队转业军人200多人、慈利县库区移民2718人、湘黔铁路修路工人340多人。至1962年，全场职工达1.04万人。同年年底，大通湖农场析出北洲子、金盆农场，按"人随场走"的原则，新建两场分别有职工3647人和2938人。1959年成立地方千山红农场时，沅江县从各公社调迁大批农户入场，加上原居民3000多人共计8300余人，其中转为农场职工的4077人。1968—1975年，各场累计接收城市下放知识青年6896人，按农业工人评定工资等级，纳入职工管理。

1972年起，农场自然增长劳动力逐年增加，各场规定转职工条件：一是粮户关系在农场，年满17周岁以上；二是从事劳动生产1年以上，按规定完成生产任务；三是身体健康，有一定的生产技能；四是思想品德好，遵纪守法，热爱农场。符合上述条件的农业生产单位的男女青年，经本人申请，基层组织逐级考核，农场劳资科审批，均按时转为农业职工。对工商企事业单位自然增长的劳动力，则根据年度招工计划，择优招录为职工。至1990年，区内5个农、渔场共有在职职工3.9万人，占总人口的44.6%。1993年后，随着改革发展形势变化，各场陆续停办农业单位自然增长劳动力转职工手续，工商企业招工人数逐年减少，事业单位则主要招录专业技术人员。至2000年末，5个农、渔场有在职职工3.29万人，占总人口的33%。

2000年后，区内加快国有企业改革。至2005年，原农场工商企业部分通过产权转让改制为民有民营企业，部分关停撤并退出市场竞争。改制中均对职工进行有偿安置，解除与原企业的劳动关系，实行自主择业或自主创业。本着个人自愿的原则，工商企业职工和从事农业的职工均按政策纳入农垦企业职工基本养老统筹，一直相沿无变化。

二、工资管理

20 世纪 50 至 60 年代初，各农场职工工资分配实行等级工资制度，家属和临时工发放计时、计件工资。1963 年新增"双超"（超计划产量和超计划利润）、"三结合"（超计划提成奖、基本工资加超定额奖、生产岗位责任制）的奖励制度，进一步完善劳动计酬办法。1972 年，农业单位全面实行工分制，按劳动力人数和任务大小将指标分解分配到各生产队，分月安排，按实将工分核算到人，由分场审核后计发工资。工商企业单位继续执行等级工资制度，按定量定额核定工资总额，月薪日计，缺勤不发工资，但可用假日或加班抵缺勤。此办法一直沿用至 1979 年。1980 年至 1982 年，各农场执行工分制与工资制两种分配形式，实行产量工资、浮动工资和计件工资三种办法。种植、养殖业按产计酬，平时预借计划产量工资的 70%，年终找补兑现。工业实行定员定额，工资预留 10%，完成生产财务计划任务的单位补发预留工资。工业企业内部实行工资浮动制，浮动比例一般为职工等级工资总额的 20%，工资核发以利润为依据，完成计划利润的单位浮动工资全发，超欠利润任务按超欠比例增减浮动工资。

1984 年起，农林牧渔业单位实行联产承包责任制，职工工资自理，生产队干部工资按每人每年分配工资指标 720 元，由所在分场按干部的工作成效考核计发。工商单位的工资分配，按照"国家、集体、个人"三兼顾和"责、权、利"相结合的原则，根据行业特点，分别采取计件工资、产值工资、利润工资、浮动工资等多种形式发放，均与经济效益挂钩。总场对直属企业实行效益工资调控管理，年初按企业利润任务确定全年的工资总额，每月工资发放由农场劳资科审定核准；年度实际工资总额超计划的企业，须向总场交纳工资调节费；经上级批准进行工资调整而增加的工资，相应增加利润工资比例。各行政事业单位的职工工资，由劳动人事部门按在编在岗人数及其工资级别核定，实行增人增资、减人减资。如需雇请临时工或需计发加班工资，须先报工资计划，经劳资科核定增加工资总额。建区后，区内工商企业全面实行劳动用工合同制，员工工资分配由企业按《劳动合同法》的规定和市场法则自主确定，接受劳动监察部门的执法监督。

2000 年建区时，区内按照行政管理体制改革的要求，建立体现岗位绩效和分级分类管理的公务员薪酬制度和事业单位人员薪酬制度，实现了全区编制内公职人员工资由企业工资分配制度向行政事业工资分配制度转型。

2006 年上半年，区按照国家工资改革政策，完成机关事业单位工资套改任务。全区在编在册人数共套改工资 4342 人，人均月增工资 293 元。

2015年，区按上级要求执行乡镇工作补贴，全区发放补贴对象240人。翌年5月，乡村教师和乡镇卫生院医护人员按政策纳入补贴对象，全区有387名教师享受乡镇工作补贴。

2016年，区根据国家政策启动机关事业单位工作人员基本工资及离退休人员离退休费调整工作，执行时间从2014年10月1日起，调标对象包括公务员、事业单位工作人员和离退休干部共1417人，人均月增资799元。同年7月，区完成符合职务与职级并行晋升人员工资调整，晋升人员1301人，月增发工资总额7.3万元。同年12月，按照国家确立的工资水平决定机制和正常的工资增长机制，从当年的7月1日起，又对上述对象进行调标增资，全区调整对象共计1280人，人均月增资354元。2019年1月，再次按政策规定进行调标增资，执行时间从2018年7月1日起，全区调标对象共计1383人，人均月增资337元。

三、职工退休管理

各场从1977年开始陆续有职工退休，男职工年满60周岁、女职工年满55周岁时即办理退休，退休手续由各场劳资科依据政策审核办理。退休人员的退休金，按工龄长短确定：工龄20年以上的发级别工资的75%，15～20年的发70%，10～15年的发60%。1979年，根据国务院（1978）29号文件精神，各场恢复1966年以前试用的工业企业职工退职或退休的管理办法，对未到退休年龄、长期病休的职工，经本人申请、单位批准，可办理退休手续，按规定领取一定的生活补助费。1986年，各场调整退休工资发放标准，即工龄在21年以上的发其级别工资的70%，15～20年的发60%，10～15年的发50%，提前退休的发30%，均不发粮、物差。1989年，各场改为按工资级别和工龄发放退休费，每级1～4元，工龄工资每年1元。1990年，各场取消级别工资差别，每级均定为4元。此后，随着物价上涨，退休人员待遇相应有所提高。

建区后，对进入社会养老保险统筹范围的农垦企业职工，按男年满60周岁、女满50周岁办理正常退休，由区劳动和社会保障局部门依据退休审批政策审核办理。申报办理因病完全丧失劳动能力提前退休的，由市劳动保障行政部门依据相关政策审批。对未参加养老保险社会统筹的原农垦企业职工，不予办理退休手续。2012—2020年，共办理农垦企业职工退休万余人。

大通湖区2012—2020年农垦企业职工退休审批情况见表7-3-1。

表 7-3-1　大通湖区 2012—2020 年农垦企业职工退休审批情况统计表

单位：人

年份 单位	2012	2013	2014	2015	2016	2017	2018	2019	2020	合计
河坝镇	228	387	405	411	455	657	565	545	550	4203
北洲子镇	121	247	193	162	194	221	207	180	181	1706
金盆镇	137	200	203	177	186	273	297	236	274	1983
千山红镇	224	257	285	208	210	336	315	306	330	2471
大通湖渔场	26	31	47	21	12	—	40	27	34	238
合计	736	1122	1133	979	1057	1487	1424	1294	1369	10601

第二节　就业管理

一、劳动仲裁

2004 年 12 月，大通湖区劳动争议仲裁委员会成立，区劳动和社会保障局成立劳动仲裁股，承担劳动争议仲裁委员会办公室职能，负责劳动争议纠纷处理。2013 年 9 月区劳动人事争议仲裁院成立，为公益一类事业单位，日常机构设在劳动监察大队。区、镇分别建立劳动争议调解组织。劳动争议主要有如下几种：因确认劳动关系发生的争议；因订立、履行、变更、解除和终止劳动合同发生的争议；因除名、辞退和辞职、离职发生的争议；因工作时间、休息休假、社会保险、福利、培训以及劳动保护发生的争议；因劳动报酬、工伤医疗费、经济补偿或者赔偿金等发生的争议；法律、法规规定的其他劳动争议。2004—2020 年，各级仲裁调解组织共处理劳动人事争议案 262 件。

大通湖区 2004 年至 2020 年劳动人事争议案件情况见表 7-3-2。

表 7-3-2　大通湖区 2004—2020 年劳动人事争议案件统计表

单位：人

年份	处理案件数	年份	处理案件数
2004—2005	17	2013	21
2006	6	2014	20
2007	3	2015	35
2008	11	2016	9
2009	10	2017	16
2010	11	2018	35
2011	15	2019	26
2012	6	2020	21

二、劳动合同管理

2002 年 3 月，区劳动监察大队对全区用人单位进行劳动用工登记，涉及用工单位 196 家、5989 人。2008 年，大队以宣传贯彻新《劳动合同法》为契机，在全区开展施行《劳动合同法》的"春暖行动"，重点对 9 个轮窑、4 家建筑施工企业、7 家规模内工业企业的用工情况进行专项检查，查处未依法签订劳动合同、违法解除劳动合同关系的企业 5 家，责令补签劳动合同 294 份，支付 93 名被辞退人员经济补偿金 18 万余元。2010 年大队对 32 家农民工较多的企业进行专项检查，涉及 1407 人，其中已签劳动合同 1152 人，责令限期补签合同 255 人。此后，大队加强劳动合同签订日常监察和专项检查，建立劳动合同管理备案制度，逐步规范了用工行为。2019 年起，区推行劳动合同管理网上备案，至 2020 年底，全区共有 30 家企业、716 人进行了劳动用工网上备案。

三、就业培训服务

2005 年，区劳动和社会保障局开办就业培训学校，按照"先培训、后就业"的原则，聘请专业人员针对各类创业就业人员开展职业培训，提高各类人员职业技能，培训工种包含淡水特种水产养殖（小龙虾、鳝鱼、乌鳢等）、育婴、保育、花卉苗木栽培、养老护理、物业管理、食品加工等十多个项目。2005—2020 年，全区进行职业技术培训 5.83 万人次，其中农村劳动力培训 1.95 万人次，创业培训 3560 人次。参加培训人员就业率稳定在 82% 以上。2011 年起，区启动创业担保贷款，以创业促就业，至 2020 年底，共计为创业培训学员发放创业担保贷款 1.73 亿元，创业成功率达 70% 以上。

大通湖区 2005—2020 年就业培训情况见表 7-3-3。

表 7-3-3　大通湖区 2005—2020 年就业培训情况表

年份	职业培训总人数（人）	农村劳动力技能培训（人）	创业培训（人）	新增小额担保贷款发放（万元）
2005	3786	1234	—	—
2006	5174	1648	—	—
2007	4507	1907	—	—
2008	5130	2130	—	—
2009	5200	2200	30	—
2010	5000	2000	90	—
2011	3850	1000	150	40
2012	4091	1000	491	4001

（续）

年份	职业培训总人数（人）	农村劳动力技能培训（人）	创业培训（人）	新增小额担保贷款发放（万元）
2013	2800	700	400	1131
2014	2270	410	360	1703
2015	2720	800	420	1200
2016	2800	515	309	1835
2017	2800	519	390	2002
2018	2850	420	360	1810
2019	2430	432	290	1849
2020	2880	2618	270	1754
合计	58288	19533	3560	17325

四、就业和再就业

2005 年，根据区内国有企业全面改制、下岗失业人员增多的实际情况，区劳动就业服务管理所按政策要求，为 5914 名下岗失业人员发放《再就业优惠证》，持证者享受优先就业、创业和再就业的税费减免等优惠政策。2006 年起，区贯彻落实国务院、湖南省人民政府新出台的一系列关于就业再就业的政策规定，坚持职业介绍和职业指导常态化，引导劳动力就业、再就业；加强《再就业优惠证》的年审和发放工作，做到应发尽发；持续开展大龄就业困难对象和零就业家庭就业救助，开发公益性岗位，落实灵活就业人员岗位、社保补贴等。2005 年至 2020 年底，全区新增城镇就业人员 3.51 万人次，其中失业人员再就业约 1.7 万人次，困难人员再就业 6300 余人次。新增农村劳动力转移就业累计3.43 万人次。

大通湖区 2005—2020 年就业、再就业情况见表 7-3-4。

表 7-3-4 大通湖区 2005—2020 年就业、再就业情况表

单位：人

年份	新增城镇就业人员	失业人员再就业人数	就业困难对象再就业人数	新增农村劳动力转移就业人数
2005	1400	1382	525	1488
2006	1594	1125	355	2071
2007	2380	1221	365	1302
2008	3172	1501	644	1701
2009	2228	1238	523	20760

（续）

年份	新增城镇就业人员	失业人员再就业人数	就业困难对象再就业人数	新增农村劳动力转移就业人数
2010	2617	1113	521	2025
2011	2713	1106	511	703
2012	2438	1029	414	721
2013	2615	1008	403	308
2014	2813	1018	409	313
2015	2624	1013	402	505
2016	2620	1000	400	500
2017	1512	801	201	482
2018	1457	804	208	484
2019	1440	810	224	474
2020	1466	824	201	459
合计	35089	16993	6306	34296

五、下岗职工救助

大通湖区从 2006 年开始，对原国有工商改制企业职工灵活就业人员的养老保险进行补贴，缓解就业困难对象缴纳养老保险金的压力。2006 年至 2020 年区共补助约 2.97 万人次、8035 万元。2005—2020 年，区安排就业困难人员公益性岗位 2669 个，岗位包括保安、保洁、园林绿化、公共设施维护等。

大通湖区 2005—2020 年下岗职工救助情况见表 7-3-5。

表 7-3-5 大通湖区 2005—2020 年下岗职工救助情况表

年份	灵活就业人员社保人数（人）	补贴金额（万元）	公益性岗位安置人数（人）
2005	—	—	340
2006	1023	162.26	357
2007	1414	270.00	299
2008	1467	341.91	301
2009	6071	1393.39	195
2010	6108	1685.08	178
2011	3964	1260.16	189
2012	1170	260.94	191
2013	1214	295.68	197
2014	1214	329.29	126

（续）

年份	灵活就业人员社保人数（人）	补贴金额（万元）	公益性岗位安置人数（人）
2015	1197	365.87	105
2016	1123	355.72	91
2017	1080	365.30	87
2018	1025	248.25	0
2019	952	331.29	13
2020	720	269.97	0
合计	29742	7935.11	2669

六、劳动者利益保护

2002年区成立劳动监察大队，其主要职责是：依法纠正和查处用人单位违反劳动和社会保险法律、法规的行为；受理劳动者对用人单位违反劳动和社会保险法律、法规和规章行为的投诉举报并进行查处；负责对全区用人单位实施日常巡视监察、专项监察和年度定期监察，维护劳动者和用人单位的合法权益。

2006年12月，劳动监察大队查处棉麻大市场建设工程拖欠农民工工资案，涉及农民工33人，通过拍卖建筑单位的钢筋等材料，支付农民工工资共156万元。2007年起，区建立建筑行业农民工工资支付保障金制度，从源头上治理和预防拖欠、克扣农民工工资行为。2009年10月，通过多方协调配合，督促支付"10.8"马某非法集资案中拖欠的300余名农民工工资165万元。同年12月开始，以突出解决拖欠、克扣农民工工资问题为重点，在每年元旦、春节之前组织专门力量进行全面排查、重点监督。区开通举报投诉热线，及时调查处理拖欠农民工工资事件，督促涉事企业限期兑现农民工工资，对恶意拖欠、克扣者依法予以立案查处。2014年底至次年初，受理、解决拖欠农民工工资问题12个，涉及劳动者人数776人、工资总额843万元。2016年，根据省、市有关文件精神，在工程建设领域建立农民工工资保证金制度，全区41个在建工程项目共缴纳保证金610万元。同年成立大通湖区查处拖欠农民工工资违法案件领导小组，组织人社、公安、司法、住建、交通、水利、工商、安监、工会等职能部门开展联合专项检查与集中清欠整治，形成了多部门联动的治欠保支协调配合机制，年内受理查处举报投诉案件19起、结案18起。2017年底，公安机关破获徐某章拒不支付劳动报酬案，为农民工追回工资14万元。全年受理查处举报投诉案21起，为1021名农民工追回欠薪1103万元。2018年1月，处理河坝镇原滨湖棚户区改造项目拖欠农民工工资案，共计处理金额308.9万元，涉及农民工164人。2020年1月，处理中晨恒远工程建设有限公司大通湖燃气管道工程拖欠工资案，共计处理金额118.3万元，涉及农民工120余人。

第三节　社会保障管理

一、养老保险

（一）养老保险制度

各农场先后于1989年和1992年建立农场职工养老保险统筹制度，总场劳资科下设社保站，负责职工养老保险统筹工作。各农场养老统筹金收缴办法大同小异，分农业和工商业两块运作。农业职工的养老统筹金由个人缴纳和按耕地、养殖水面分摊两部分组成，工商职工的养老统筹金由个人和单位按一定比例缴纳。养老金发放采用差额找补办法，由社保站与各参保单位每年结算一次。1995年后，各农场退休职工快速增加，收不抵支缺口不断加大，除个人缴纳部分外，分摊到耕地或养殖水面的养老统筹金，每亩达到70~100元。加之生产经营效益低下，农业职工和企业不堪重负，以致基金征缴欠账增多，养老金发放拖欠严重。至2000年，各农场养老保险统筹工作近于崩溃，千山红农场只得将农业退休职工养老待遇转换为给每人分配两亩"养老田"，直接影响了退休人员生活水平和农场社会稳定。

2000年，大通湖区社会劳动保险所成立，为区劳动和社会保障局管理的副科级事业机构，各镇设社会劳动保险站。全区社会养老保险统筹工作按照湘发〔2000〕4号文件的要求，以"分块运作、分步实施"的原则稳步启动，并按政策不断扩展完善。2001年4月，开始实行机关事业单位养老保险区内统筹，规定机关事业单位在编人员按档案工资的2%缴纳养老保险统筹金，退休后按国家统一政策享受养老金待遇。2002年8月，废止原农场各自不同的农业职工养老保险统筹办法，实行区级统筹，统筹基金由田土收益（亩征50元国有土地使用费）、个人缴费（在职农业职工每人每月15~20元）、区财政补贴三部分组成，由各镇组织基金征缴和养老金发放。2002年10月，根据湘办发〔2002〕9号文件精神，将原农场国家干部、教师、医务人员和工商企业职工，按照"低进低出"（即缴费和发放均按标准打折）的办法纳入全省城镇企业职工养老保险。年内上述人员参保人数1.02万人，离退休人员3391人。2003年7月，根据劳社部发〔2003〕15号和湘政办发〔2003〕44号文件精神，将全区从事农业生产的原农场职工纳入全省农垦企业职工基本养老保险统筹，执行农垦农业职工养老保险制度。年内登记在职参保1.23万人，收缴养老统筹金793万元；退休1.12万人，人均月养老金228元。

2006 年 1 月，按照湖南省人民政府《关于完善企业职工基本养老保险制度的决定》，启动灵活就业人员养老保险统筹，以全省上年度在岗职工月平均工资的 60% 为最低缴费基数，缴费比例 20%，由参保者全额缴纳，建立个人账户。2011 年 1 月，根据国务院《关于开展城镇居民社会养老保险试点的指导意见》精神，启动城镇居民社会养老保险，年满 16 周岁（不含在校学生）、不符合职工基本养老保险参保条件的城镇非从业居民，在户籍地可自愿参加城镇居民养老保险。2014 年，按政策规定，城镇居民养老保险与新型农村居民养老保险合并为城乡居民养老保险。同年 10 月，按照国务院《关于机关事业单位工作人员养老保险制度改革的决定》和湖南省人民政府《关于机关事业单位工作人员养老保险制度改革的实施意见》，全区机关事业单位工作人员按国家统一政策建立养老保险制度并建立职业年金制度。

（二）养老保险收支

建区后，随着养老保障制度的建立和不断完善，全区各类基本养老保险参保人数、养老保险费征缴收入逐年增长。2020 年，企业基本养老参保人数 2.68 万人，征缴收入 3.09 亿元，较 2005 年分别增长 6.8% 和 8.9 倍；机关事业单位参保人数 2208 人，征缴收入 7148 万元，比 2004 年增长 18.9% 和 47.6 倍；灵活就业人员参保人数 1.23 万人，征缴收入 5436 万元，比 2006 年分别增长 13.2 倍和 32.3 倍；城乡居民参保人数 3.39 万人，征缴收入 976 万元，比 2015 年分别增长 11.6%、17.6%。

从 2005 年起至 2020 年，各类离退休人员养老金实现"16 连涨"，加之退休人员逐年增加，区内养老金支出快速增长。2020 年，区内有企业职工退休人员约 2.48 万人，人均月养老金 2959 元，比 2005 年分别增长 55.3% 和 10.9 倍，养老金支出总额 7.35 亿元，同比增长 14.4 倍。有机关事业单位退休人员 1343 人，人均月养老金 5410 元，比 2004 年分别增长 8.6 倍和 7.1 倍；养老金支出总额 7265 万元，比 2004 年增长近 64 倍。有灵活就业退休人员 1287 人，人均月养老金 1484 元，比 2009 年分别增长近 30 倍和 2.6 倍；年养老金支出总额 2292 万元，同比增长 108 倍。有城乡居民退休人员 3322 人，人均月养老金 137 元，比 2015 年分别增长 15.5% 和 67.1%；年养老金支出总额 454 万元，同比增长 55.5%。

大通湖区 2005—2020 年各类人员基本养老保险情况见表 7-3-6 至表 7-3-9。

表 7-3-6　大通湖区 2005—2020 年企业职工基本养老保险情况表

年　份	2005	2006	2007	2008	2009	2010	2011	2012
参保职工数（人）	25097	25487	26118	27002	28200	27482	27053	26104
征缴收入（万元）	3113	2859	6029	7181	6589	5090	9062	5809

（续）

年　份	2005	2006	2007	2008	2009	2010	2011	2012
离退休人数（人）	15990	15850	16001	15765	16275	17304	17779	18584
人均养老金（元/月）	248	341	463	550	655	900	1037	1259
养老金支出（万元）	4756	6477	8886	10414	12791	18695	22129	28075
年　份	2013	2014	2015	2016	2017	2018	2019	2020
参保职工数（人）	26827	26562	26157	27379	26560	27066	27112	26797
征缴收入（万元）	10316	6938	8267	11559	9854	13663	19324	30902
离退休人数（人）	19051	19495	19851	20664	21252	21553	23294	24826
人均养老金（元/月）	1566	1737	1976	2118	2313	2485	2512	2959
养老金支出（万元）	35810	40637	47070	52529	58981	64279	70227	73467

表 7-3-7　大通湖区 2004—2020 年机关事业单位基本养老保险情况表

年　份	2004	2005	2006	2007	2008	2009	2010	2011	2012
参保人数（人）	1857	1842	1844	1844	1807	1778	1777	1746	1738
征缴收入（万元）	147	164	179	193	238	315	330	753	840
离退休人数（人）	140	163	206	223	260	287	290	315	322
人均养老金（元/月）	667	920	979	1241	1093	1037	1322	1270	1294
养老金支出（万元）	112	180	242	332	341	357	460	480	500
年　度	2013	2014	2015	2016	2017	2018	2019	2020	—
参保人数	1848	1838	1822	1822	1797	2050	2190	2208	
征缴收入（万元）	385	338	462	1851	2117	5866	7484	7148	
离退休人数	341	354	369	379	1191	1251	1273	1343	
人均养老金（元/月）	1320	1415	1644	1779	2254	4031	4291	5410	—
养老金支出（万元）	540	601	728	809	3221	6052	6555	7265	

表 7-3-8　大通湖区 2006—2020 年灵活就业人员养老保险情况表

年　份	2006	2007	2008	2009	2010	2011	2012	2013
参保人数（人）	866	1932	3054	4290	5022	5888	6652	7506
年缴费标准（元）	1879	2498	3017	2794	3268	3658	4262	4805
征缴收入（万元）	163	483	661	932	1156	2342	2432	2752
退休人数（人）	—	—	—	42	73	147	206	321
人均月养老金（元）	—	—	—	414	488	570	722	847
年　份	2014	2015	2016	2017	2018	2019	2020	—
参保人数（人）	8274	9042	9607	10291	10961	11667	12307	
年缴费标准（元）	5268	5822	6468	6468	6468	6862	7279	
征缴收入（万元）	3202	4120	4852	5026	4695	5025	5436	
退休人数（人）	475	681	790	955	1076	1166	1287	
人均月养老金（元）	985	1087	1118	1186	1264	1341	1484	

表 7-3-9　大通湖区 2015—2019 年城乡居民基本养老保险情况表

年　份	2015	2016	2017	2018	2019	2020
参保人数（人）	30368	30659	31221	31833	32417	33905
征缴收入（万元）	830	911	1102	967	957	976
退休人数（人）	2978	3043	3005	3166	3201	3322
基金支出（万元）	292	300	331	427	450	454
人均养老金（元/月）	82	82	92	112	117	137

二、医疗保险

2001 年 2 月，区管委会颁发《大通湖区城镇职工基本医疗保险制度实施细则》，将区内机关事业单位、工商企业、社会团体等用人单位及其职工、退休人员纳入城镇职工基本医疗保险范围。明确医保费用由用人单位和职工个人共同筹集，分别按上年度工资总额的 6%、2% 缴纳，各单位按本单位退休费总额的 6% 缴纳退休人员住院统筹费。医保基金实行社会统筹账户与个人账户相结合，个人医疗账户支付门诊医疗费，社会统筹基金账户按基本报销目录支付住院医疗费。成立区城镇职工基本医疗保险所，为区劳动和社会保障局管理的副科级事业机构，履行参保扩面、基金征缴和支付管理职责。2005 年启动新型农村合作医疗。2008 年启动城镇居民医疗保险。2013 年将新型农村合作医疗与城镇居民医疗保险合并为城乡居民医疗保险。

2020 年，全区参加城镇职工基本医疗保险人数 1.15 万人、城乡居民医疗保险人数 9.54 万人，征缴医保基金收入近亿元，支出 1.03 亿元，累年滚存结余 1.07 亿元。

大通湖区 2001—2020 年基本医疗保险情况见表 7-3-10。

表 7-3-10　大通湖区 2001—2020 年基本医疗保险情况表

年　份	城镇职工医疗保险			城乡居民医疗保险		
	参保人数（人）	征缴收入（万元）	基金支出（万元）	参保人数（万人）	征缴收入（万元）	基金支出（万元）
2001	2686	1489	1208	—	—	—
2002	2988	1513	1478	—	—	—
2003	3256	1563	1523	—	—	—
2004	3986	1633	1623	—	—	—
2005	4569	1652	1633	12.1	4478	4254
2006	4988	1766	1756	12.1	4513	4289
2007	5241	1756	1750	12.1	4450	4228
2008	5384	1800	1789	12.13	4587	4357
2009	10078	1814	1817	12.13	4624	4392

（续）

年　份	城镇职工医疗保险			城乡居民医疗保险		
	参保人数（人）	征缴收入（万元）	基金支出（万元）	参保人数（万人）	征缴收入（万元）	基金支出（万元）
2010	11601	1816	1880	12.13	4661	4428
2011	11590	1814	1120	12.13	4698	4463
2012	12601	1879	1580	12.13	4735	4499
2013	12421	1600	1520	12.13	4773	4535
2014	12421	1600	1679	12.13	4812	4571
2015	10421	1944	2179	12.13	4850	4680
2016	12211	2335	2376	11.29	5108	2269
2017	11263	2730	2530	9.84	5930	6130
2018	11263	2560	2517	9.51	5846	5830
2019	12718	2526	2379	9.34	6925	7360
2020	11568	2276	2653	9.54	7720	7690
合计	—	38066	36990	—	82710	77975

三、工伤保险

2005 年 6 月，区设立大通湖区工伤保险所，2019 年 4 月机构改革时撤销，其业务和行政职能分别并入区社会保险服务中心、区民政人社局社会保险股。

工伤保险为强制性保险，保险缴费完全由单位负担。凡正常开工生产的企业和正常运行的单位，均须按规定缴纳工伤保险费。2018 年前，除危险行业按单位工资总额的 3% 提取外，其他机关事业单位及企业按单位工资总额的 2% 提取。2018 年，规范基金征缴，以益阳市上年度在岗职工平均工资为最低缴费基数，分行业（八大类）按相应比例提取。2005—2020 年，全区共计收缴基金 1543.41 万元。

工伤保险基金实行财政专户储存，纳入财政预算管理，按收支两条线分离运作。保险待遇包含老工伤人员津贴、工伤医疗费、一次性伤残补助金和一次性医疗补助金四种类型。2005—2020 年，全区共有 1062 名工伤职工享受工伤保险待遇 1363.42 万元，其中工亡事故 6 人，工亡待遇支出 354.97 万元。2020 年末，含上级补助、本级财政补贴和基金利息收入，区工伤保险基金累年滚存结余 1177 万元。

大通湖区 2005—2020 年工伤保险情况见表 7-3-11。

表 7-3-11　大通湖区 2005—2020 年工伤保险情况表

年份	参保单位数（个）	参保人数（人）	征缴工伤保险（万元）	享受待遇人数（人）	待遇支出（万元）
2005	32	897	10.63	42	4.34

（续）

年份	参保单位数（个）	参保人数（人）	征缴工伤保险（万元）	享受待遇人数（人）	待遇支出（万元）
2006	43	1585	22.12	82	18.21
2008	52	1875	37.70	59	32.33
2009	64	2059	48.52	82	25.93
2010	98	2656	60.29	112	55.26
2011	112	3665	117.76	149	181.60
2012	80	3952	82.90	67	133.00
2013	85	2932	128.96	124	139.23
2014	88	3345	119.16	60	157.52
2015	86	3403	128.65	65	60.18
2016	45	3463	127.97	66	134.97
2017	61	8000	186.00	38	144.20
2018	66	8127	291.93	34	75.72
2019	76	8149	114.61	39	85.50
2020	57	2979	66.21	43	115.43
合计	—	—	1543.41	1062	1363.42

四、失业保险

2003 年 3 月区启动失业保险相关工作，年内有 32 家企业参保，参保人数 301 人，征缴比例为职工工资总额的 3%，单位和个人分别负担 2%、1%，共征收保险费 8 万元。之后加强政策宣传，扩大参保面，至 2005 年实现了全区企业和事业单位失业保险全覆盖。2015 年起连续 3 次降低征缴标准，至 2017 年征缴费降至 1%（单位 0.7%、个人 0.3%）；失业人员失业保险金标准由益阳市最低工资标准的 80% 提高至 2020 年的 90%。2005—2020 年，全区共征缴失业保险基金 1460.93 万元，累计为 735 名失业人员发放失业保险费 214.38 万元。

表 7-3-12　大通湖区 2005—2020 年失业保险情况表

年份	基金征缴（万元）	征缴人数（人）	发放人数（人）	发放金额（万元）
2005	65.38	2432	22	3.98
2006	63.00	2400	62	4.96
2007	61.50	2411	40	3.88
2008	76.93	2531	169	43.72
2009	70.00	2555	15	4.44
2010	75.20	2611	34	6.03

（续）

年份	基金征缴（万元）	征缴人数（人）	发放人数（人）	发放金额（万元）
2011	63.12	2705	39	10.15
2012	107.94	2855	16	6.96
2013	105.43	2903	16	6.60
2014	118.61	3101	136	33.59
2015	108.85	3300	113	43.84
2016	126.54	3112	12	5.42
2017	123.74	3300	24	16.53
2018	127.00	3402	16	8.50
2019	86.36	3400	12	9.50
2020	81.33	3600	9	6.28
合计	1460.93	—	735	214.38

五、基金监督

区内各项社会保险制度建立后，区社会保险主管部门先后建立完善各险种基金管理内控制度，会同财政、审计、纪检监察等部门机关，采取现场监督、非现场监督、第三方审计监督等方式，确保基金安全。2009年建立区养老保险网络监督平台，通过设置"个人账户累计本息金额异常""一人同时在多地领取养老金"等关键词提取疑点信息，杜绝骗保行为。2018年，贯彻落实人力资源和社会保障部《关于加强社会保险基金管理风险防控工作的意见》，全区社保系统以"三个全面取消"为目标，严把保费征缴"入口关"，全面取消现金业务，参保单位或个人保费直接通过税务部门征收渠道缴纳后进入国库，经办机构和经办人不再接受现金、代收代缴保费；严把业务经办"环节关"，所有业务使用与全省统一数据库、统一经办流程链接的信息系统，通过"金保工程"线上办理，全面取消线下手工办理；严把待遇发放"出口关"，全面取消社银手工报盘，采用线上报盘模式，通过系统自动提取指定收款银行账户信息实现线上报盘，银行按照报盘信息，将社保金及时准确地支付到指定银行账户，社保待遇即时到账，消除发放数据离库操作风险，杜绝数据篡改行为，维护资金安全。2019年起，采用政府购买服务方式，委托第三方会计师事务所对各险种基金运行情况进行专项检查，及时堵塞漏洞，防范安全风险。

第四章　应急管理

大通湖区安全生产监督管理工作起步于 20 世纪 60 年代。2004 年区成立大通湖区安全生产监督管理局，落实安全生产行政首长负责制，坚持"党政同责、一岗双责、失职追责"，持续开展专项执法检查和安全整治，加强对各行各业的安全生产监管，全区安全生产形势保持总体平稳。

2000 年前，各农场设有兼职和义务消防队。2002 年开始建立武警大通湖公安消防大队，2018 年转隶为地方消防救援大队。各镇、村分别设有专职消防队和义务消防队。2007—2020 年，共处理各类警情 440 余起。

区内洪涝灾害发生概率较高，防汛抗灾投入很大。1951—2020 年，先后有一次全区蓄洪、一次局部蓄洪，发生溃堤灾情 4 次。

2003 年，中国取得抗击"非典"疫情胜利，应急管理进入全面开创和发展阶段。大通湖区应急管理经历了从无到有、逐步发展的历程，2019 年正式组建应急管理局，建立完善各级应急管理体系。

第一节　机构职能

2000 年建区后，全区应急工作在区委、区管委会领导下，实行"分线负责、部门主导、属地主责、整体联动"的管理运行机制。2016 年 4 月，区成立应急管理办公室，归口区委、区管委会办公室管理，与机要档案室合署办公，履行应急值守、信息汇总和综合协调职责。2019 年 3 月，根据《益阳市大通湖区机构改革方案》，将区委、区管委会办公室应急管理职责、区经济贸易和旅游局安全生产监督管理职责、市公安局大通湖分局消防管理职责、区社会发展局救灾职责、区国土资源局地质灾害防治职责、区农林水务局森林防火和防汛抗旱等职能整合，组建大通湖区应急管理局，加挂区防汛抗旱指挥部牌子，承担区安全生产委员会日常工作。管理局内设综合办公室、安全监督管理股（政策法规股、行政审批股）、防汛抗旱应急股（地震和地质灾害救援股、应急指挥股）、防灾减灾股 4 个股室，人员编制 15 名。主要负责全区应急管理，安全生产监管，防灾救灾，消防救援管理和防汛抗旱等职能职责。同年，各镇完成机构改革，组建社会治安和应急管理办公室。

第二节　安全生产监督管理

20世纪60—70年代，各农场先后成立安全生产委员会，下设办公室，负责辖区内交通、农机、电力、水运、工业、锅炉、防火、建筑8项安全管理工作。交通监理方面配有专职安全员，配合有关部门处理水上海损事故和公路交通事故。1988年，各农场安委办公室设专职干部1~2人，并健全了场属各单位安全生产组织。

建区后，成立区安全生产委员会，初步建立横向到边、纵向到底的安全生产监管体系。2004年，正式成立大通湖区安全生产监督管理局，与区经济贸易局合署办公，承担区安委办公室的日常工作。2012年增加职业卫生监管职责。2019年3月，撤销安全生产监督管理局，安全生产监管工作整体转入区应急管理局。

2005年，区严格落实安全生产行政首长负责制，分行业下达安全生产控制指标，开展对重点行业、重点单位、重点部位的专项整治行动，实现了"杜绝特大安全事故发生，重大事故创零，安全事故数、死亡人数、直接经济损失同比明显下降"的目标。2007年，强化安全监管，区内一般事故四项指标全面下降，春运实现连续5年零死亡目标。2010年，区安监局被评为湖南省安全生产先进单位。2011年起，持续开展"安全生产年活动"，坚持管行业必须管安全，强化"党政同责、一岗双责、失职追责"。区先后印发《大通湖区安全生产专项整治三年行动实施方案》《大通湖区安全生产委员会成员单位安全生产工作职责规定》及各部门单位安全生产责任清单，深入排查和治理安全隐患，扎实开展道路交通、烟花爆竹、危险化学品、建筑工地、渡口渡船的专项检查和安全整治。区相关部门每年6月通过设置咨询点和宣传展板、发放宣传单、张贴宣传标语、进行电视网络宣传等形式，开展"安全生产月"宣传活动，对各企事业单位的安全生产负责人和管理人员、特种作业人员进行培训，强化安全生产责任意识和职业技能。2010—2018年，全区共开展安全生产执法检查1395次，下发责令整改指令书243份。2019—2020年，全区执法检查1298次，下发责令整改指令书172份，现场处罚123起，立案26起，罚款8.33万元。2010年、2011年、2018—2020年，大通湖区先后5次被评为益阳市安全生产先进单位。

第三节　消防管理

一、机构队伍

建区前，各农场设有消防队，隶属农场保卫科（派出所），配备若干兼职消防队员和消防车等装备。糖厂、纱厂、纸厂等重点企业建有义务消防队，各有消防队员 10 人左右。2002 年 4 月，区开始组建武警大通湖公安消防大队，下设一个消防中队，实行公安、武警消防双重领导，负责辖区消防救援、消防监察、消防安全宣传和建设工程消防审批等工作。2006 年，消防大队官兵由建队初的 3 人增至 8 人。2010 年，消防大队新营房建成。2011 年起，区加强消防队伍体系建设，先后在四镇组建镇政府专职消防队，在 27 个村组建村级义务消防队。2018 年 10 月，武警大通湖消防大队退出武警现役，转隶为行政编制。同年 11 月，大通湖区消防救援大队成立。大通湖消防中队更名为河坝消防救援站。2019 年 4 月，建设工程消防安全审批职能划转区住建部门。至2020 年，区消防救援大队有人员 38 人、消防车 5 台，其中高空云梯消防车 2 台，消防救援装备实现整体更新换代。

二、消防监察

建队之初，全区消防重点单位不到 10 家，后随经济社会发展，区内宾馆、酒店、歌厅、茶馆、网吧等逐渐增多。大队组织重点单位员工进行培训，加强消防安全宣传教育，提升防火灭火意识和水平。2004 年 7 月，区管委会印发《大通湖区农村消防工作标准》。每年 11 月至次年 3 月，大队印发冬春火灾防控工作方案，定期组织对宾馆、饭店、学校、医院、车站、养老院和大型超市、农贸市场等人员密集场所进行消防安全检查，元旦、春节、清明、"五一"、中秋、国庆等重要节假日期间，进行夜间消防安全巡查。同时严格审查房屋建筑工程消防许可，进行工程竣工验收，对不合格的工程要求整改。

2020 年，全区有消防安全重点监管单位 35 家，全部实行户籍化管理。年内共对 195家单位进行消防检查，发现督促整改火灾隐患 335 处，下发责令改正通知书 122 份，临时查封单位 6 家。开展消防安全宣传 200 余次，上门宣传 400 家，发放宣传资料 3 万多份。

三、灾害处置

2007—2020 年，消防（救援）队伍共处置警情 440 起、实施灭火救援 355 起、抢险救灾 55 起、社会救援 30 起。其中 2016 年处置警情 64 起、火警 55 起，为历史最高。建区后未发生重特大火灾或群死群伤恶性火灾事故。

第四节　防汛抗灾

一、机构体系

1954 年，大通湖地区发生特大洪涝灾害，大通湖农场成立防汛抗灾指挥部，下设 5 个防汛抢险大队、22 个中队，上堤防汛抢险队员超万人。1962 年底，大通湖农场划分为 3 个农场，成立大通湖防汛联合指挥部，设专职副指挥长及相关业务股室，隶属益阳专区农垦局。指挥部负责大通湖地区东洞庭湖防汛大堤的堤防管理，组织大通湖、北洲子、金盆、千山红等 4 个农场按责任堤段防汛守护。嗣后，各场成立防汛抗旱指挥部，党委书记、场长分任政委、指挥长，指挥部办公室设在农场水利建设科，以分场、生产队为单位组建若干防汛大队、中队，在场直属企业中建立若干抗洪抢险队，负责一线大堤和内湖溃堤的抗洪抢险。

2000 年建区后，成立大通湖区防汛抗旱指挥部，区委书记、区长任政委、指挥长，区委、区管委会其他领导成员任副政委、副指挥长。指挥部办公室设在区农业水利局，2019 年转设区应急管理局。区按堤防类型分设外湖、内湖和中心城区防汛指挥机构。各镇成立防汛指挥所，下设若干大队、中队。全区一线防洪大堤 10.35 千米，共设镇防汛大队 4 个、中队 9 个。其中河坝镇防汛责任堤段 3.3 千米，设 3 个防汛中队；北洲子镇 2.2 千米、金盆镇 2.65 千米、千山红镇 2.2 千米，各设 2 个防汛中队。胡子口河二线大堤 12.15 千米，分由河坝镇、北洲子镇防守 5.02 千米、7.13 千米，各设 1 个防汛大队，河坝镇设 2 个防汛中队、北洲子镇设 3 个防汛中队。各镇垸内溃堤设若干防汛大队，每 2～3 千米设 1 个巡逻中队。

二、防汛预案

2000 年前，各场每年制订《度汛方案》，在汛前做好防汛队伍、资金、物资准备，进入汛期后按防汛特征水位和汛情变化组织查堤值守和除险，以保堤防安全。2000 年后，区防汛抗旱指挥部贯彻"以防为主，防重于抢"的工作方针，依照《益阳市洞庭湖区防汛管理规程》科学制定防汛预案。每年的防汛总目标是：遇防洪设计标准内洪水时，确保不溃一堤一垸；遇超标准洪水时，确保中心城区、集镇、重点堤防和主要交通干线安全；遇突发暴雨时，确保不发生大面积的洪涝灾害，避免群死群伤。

按照湖南省防汛抗旱指挥部确定的两级防汛特征水位，区内东洞庭湖五门闸和胡子口警戒水位、保证水位分别为 33.2 米、35 米。大通湖内湖千山红站点的两级特征水位分别为 28.8 米和 29.5 米。预警级别分为一般（Ⅳ）、严重（Ⅲ）、紧急（Ⅱ）、特急（Ⅰ），依次用蓝色、黄色、橙色、红色表示。每年 4 月份进入汛期，启动应急响应，各级防汛指挥机构实行 24 小时值班，做好防汛抗灾的一切准备工作。水位达警戒水位时，启动Ⅲ级预警应急响应，各级指挥机构、防汛队伍按预案进入实战，开展清基扫障，开沟导浸、巡堤值守。每千米堤段巡逻队员不少于 9 人，险工险点每处值守人员 3 人以上。各镇抢险应急队员集中待命，随时启用防汛物资。水位达保证水位时，启动Ⅱ级响应，各级主要领导前移防汛一线，按预案增加巡逻值守人员，扩大巡逻查险范围，加大巡查督查密度。区机动抢险队、民兵应急排、机械抢险救援队集中待命，险工险段抢险物资就近准备到位。汛情日趋严重，水位将达堤顶高度，或出现人力难以抗御的特大险情，或接上级命令实行掘堤蓄洪时，启动Ⅰ级洪灾应急响应。全区党政军警民全力投入防汛抗灾，采取更高规格、更严纪律、更强措施，发布全民动员令，进入特别紧急防汛状态。

三、防汛抢险

大通湖区位属洞庭湖区，洪涝灾害发生频次较高，外洪内涝基本同步。1951—2020 年，东洞庭外湖出现超防汛特征水位洪水 34 年次，概率 48.6%；大通湖内湖出现 37 年次，概率 57.8%。高洪水位、危及堤垸安全水位分别出现 6 年次和 12 年次，尤以 1954 年、1996 年、1998 年为甚。1954 年 5—6 月，湘资沅澧"四水"流域和洞庭湖区频降暴雨，大通湖区域 6 月份降雨 684.2 毫米，为有记录以来当月最高降水量的 3.9 倍，其中 6 月 15 日降雨 211.4 毫米，历史罕见。当日外湖水位进入防汛水位（31.4 米），7 月 17 日后一直维持在 34.5 米的危险水位以上，大垸随时可能溃决。大通湖农场防汛抗灾指挥部一方面全力以赴抗洪抢险保大堤，一方面有序转移人员和物资，保证人民生命财产安全。7 月初开始，农场和南县大通湖区共组织防汛队员 1 万余人，外保大堤，内护溃堤，做到水涨堤高。7 月 14 日、19 日，南县四区白合堂垸、沅江县五区宝三垸分别溃决，洪水涌灌大通湖，农场防汛队员奉命退守三财垸。20 日至 23 日，除指定留守人员外，垸内群众全部疏散到指定地点。25 日晚 9 时三财垸溃决，全垸洪水漫溢。28 日，省政府命令将东口横堤炸开 150 米，加速东洞庭洪水流入，减轻江湖洪水对周边县乡压力，大通湖垸全垸蓄洪。蓄洪后，大通湖农场包括蓄洪垦殖区的金盆、千山红一带共淹没 17.44 万亩，3.21 万人受灾，死亡 12 人，倒塌房屋 8351 间，淹死耕牛 69 头、生猪 145 头，直接经济损失

722.43万元。灾后省政府拨救济款333万元。在此期间，周惠、夏如爱和孙云英等省地领导专程来场慰问，鼓励干部群众坚定信心、开展生产自救。

1958年8月23日，因长江干流水系发大水，为保南县藕池河东支堤防安全，省、地领导机关命令将新修的北洲子掘堤蓄洪，淹没面积4.6万亩。

1962年7月11日，外湖水位33.39米，北洲子南道河沙堤渗漏，因抢救不力溃决，淹死7人，损失房屋217栋、稻谷1650吨、棉花30吨，经济损失115.2万元。

1988年，各农场遭遇特大秋汛灾害。8月28日起，23天内累计降雨560.2毫米，内、外湖水位均超警戒水位，持续20多天。各场执行地区防指关于外湖水位达34米时不得向外排渍的命令，垸内溃堤全线告急，被淹农作物过10万亩。9月11日大通湖农场自排一渠南渍堤溃口，经7个昼夜抢险，堵口复堤，避免了全场被淹。此次渍堤溃口，淹没农田7860亩、房屋323栋，1689人受灾，直接经济损失1200多万元。地委主要领导和省、地农管局领导赶赴现场指导抗灾，省、地不少部门捐赠衣物，场内各方捐赠物资款项共7.3万元。

1995年7月5日2时40分，大通湖内湖水位29.97米，超警1.17米，金盆农场三分场塞阳河运河段西渍堤溃决，溃口长度28.5米。农场组织千余劳动力奋力抢险，在溃口处沉下2台推土机、1艘铁驳船，投入大量袋装土方，至下午7时堵口合龙。在抢险的同时，加固二道防线，控制水势蔓延。此次水灾造成经济损失约1700万元。

1996年7月，长江流域和洞庭湖区连降大雨，南北两水顶托，洞庭湖水位陡涨。至7月22日，东大堤外湖水位35.82米，高于历史（1954年）最高水位0.73米，超危险水位1.32米。此时，洞庭湖区到处告急，先后倒溃大小堤垸140多个，淹没面积200多万亩。农场防守的10.35千米东大堤是大通湖大垸阻挡东洞庭洪水的主要屏障，各场调集万余名防汛抢险队员严防死守。国防科技大学和长沙炮兵学院派出394名官兵驻守一线，随时处置重大险情。经35个日夜的艰苦奋战，至8月16日汛情警戒解除，大堤安然无恙。农场所辖的胡子口二线隔堤12.15千米，在外湖水位不断上涨的形势下成为一线大堤，省、市防指命令突击加固增高隔堤。7月22日，华容县隆庆垸东洞庭湖大堤溃口，隔堤东侧的华容县幸福、隆庆垸和南县同丰垸相继溃决，洪水直逼隔堤。7月24日，胡子口河水位高达35.22米。为保隔堤安全，各场分兵护堤，日夜防守，省防指急调4架直升机从衡阳、长沙到大通湖往返30架次，空运大量彩条布等抢险物资。市领导钟明星等坐镇指挥。杨正午、胡彪、王克英和孙振华等省、市领导赶赴现场，会商除险措施，决定全线加修子堤，临水面全部铺设彩条布挡水防渗，内坡开沟导浸。堤面每千米堆放袋装砂石600吨，集中16台推土机、30台手扶拖拉机待命随时抢险。至9月上旬，洪水退却，堤垸无恙。

1998年7月，长江流域和洞庭湖区再次发生特大洪水。自7月25日至9月5日，大通湖大垸外湖历经8次洪峰，超35米的高危水位持续43天。8月20日达最高水位36.2米，比1996年历史最高水位高出0.38米。各场自7月下旬开始，把抗洪保垸作为压倒一切的核心工作，先后动员3万多职工上堤抗洪抢险，历时84天。解放军某部高炮营221名官兵奉命到大通湖支援抢险24天。一线大堤共成功处置各类大小险情364处，消耗黄沙、砾石3.27万吨，编织袋、麻袋等6.7万多条，彩条布7.5万平方米，分别为前40年总和的4.9倍、20.7倍。累计消耗物资价值576.8万元。鉴于已成为一线抗洪大堤的胡子口隔堤顶高仅36米，洪水不断上涨，随时可能漫溢，各场急调7000多人，经两天两夜突击，全线修筑了1米高的子堤。在严防死守、保住堤垸安全的同时，因明山电排站奉命一直停排，垸内渍水无法排出，70%以上的农作物长时间浸泡在渍水中，共有10万余亩失收，造成很大经济损失。

同年7月14日，大通湖内湖水位28.53米，仅超防汛水位0.03米。大通湖农场一分场自排一渠南渍堤，继1988年后再次溃口，淹没农田8190亩，经济损失2046万元。灾后，相关责任人受到党纪、政纪处理。

同年8月21日，内湖水位30.13米，千山红农场五分场临湖西渍堤发生溃垸性险情。至16时30分，险情加剧恶化，管涌越来越多，水流越来越大，并夹带拳头大的泥土块。约一小时后，堤身开始裂缝下坐。至22时，发展为长140米、宽8至20米的管涌群带，共有23处管涌，其中6处孔径约0.5米，140米堤身迅速下陷0.3~0.7米，并牵动两端近60米堤身出现内滑坡，堤面出现数条横向、纵向裂缝，裂缝最宽处达0.2米，堤身开始向内侧倾斜，出现溃垸征兆。大堤如果溃决，千山红、南湾湖、四季红等地近8万人口、20万亩土地将遭受灭顶之灾。险情发生后，千山红农场紧急调集4000多名劳力上堤抢险。胡彪、周伯华、朱森泉和李江等省市党政军领导赶赴现场指挥，900多名解放军官兵和邻近农场及沅江、南县1700多名民工紧急驰援。各地调去大批抢险物资，采取堤外筑平台、堤内打土撑加固堤身，压砂导浸消除管涌等措施，成功处置了溃垸险情。此次抢险历时4个昼夜，共投入劳力2.8万多人次、船只30余艘、大小机车800余台次，耗用砂砾石3900吨、纤维袋和麻袋28万条、大米250吨、木材130立方米、彩条布2000米、晒垫和棉絮各200张、铁丝钢筋1.5吨。

2017年7月3日，东洞庭湖五门闸水位34.84米，超警戒水位1.64米，一线大堤向东闸箱涵内侧河床间接性冒浑水，面积约4平方米，后浑水现象消失。7月4日，外湖水位升至35.22米，浑水现象重现，面积扩大至10平方米。经潜水员水下探查，险情确定为涵闸底板穿孔翻砂鼓水。经现场会商，区防指迅速调集抢险队员投入抢险，采用涵闸底板铺设土工布、上层填压砂砾石的办法进行压浸导滤。经一个昼夜奋战，险情得以消除。此次抢险共铺设土工布 350 平方米，填压砂砾石厚度 2 米、体积 1000 立方米，投入抢险人员 600 多人、机车 100 台次、船只 10 艘，架设水面作业平台 1500 平方米，耗用资金 115 万元。

中国农垦农场志

第八编

地方人大
地方政协

中国农垦农场志

第一章 区人大联络工作委员会

2008年11月，为加强农场改制区的民主政治建设，根据中共益阳市委第17次、第27次常委会会议纪要的决定，益阳市机构编制委员会行文批准设立大通湖区人大联络工作委员会和政协联络工作委员会（以下简称人大联工委、政协联工委）。

2009年9月，大通湖区人大联工委成立，该机构为益阳市人大常委会常设派出机构，与区政协联工委合署办公，人员编制11人，根据授权履行本区域的人大相关工作职责。2013年8月，市人大常委会依法作出决定，赋予其十项职能职责。同年10月，区委明确区人大联工委委员会议组成人员，以委员会议审议决定方式行使财政预算预审监督、专项工作监督和法律监督等职权。2014年起，区人大联工委坚持每季度召开一次委员会议，分别对财政预算和发展计划草案、预算和计划执行情况、预算调整和财政决算编制草案进行预审，提出预审意见建议，交区管委会研究处理并报告市人大，促进区财政管理工作法治化、规范化、程序化。区人大联工委听取区管委会、法院、检察院的专项工作报告，开展政府投资项目、财政资金管理使用、审计查出问题整改和教育卫生、生态环境、城乡建设等方面的专项监督。协助省、市人大开展执法检查和执法情况调研，督办代表议案建议，指导乡镇人大依法进行换届选举，依法按程序组织召开人民代表大会，行使重大事项决定权，落实民生实事项目代表票决制。

2009—2020年，区人大联工委每年组织各级代表开展一次集中视察活动，围绕改革发展提出视察监督建议，发挥代表资政建言作用。加强代表履职培训，持续开展"双联"活动和代表向选民述职活动，增加"人民代表为人民"的意识。在此期间组织驻区省、市代表深入调查研究，先后向省、市人大历次代表大会提交议案、建议100多件，助推了大通湖区高质量发展。

第一节 机构职能

区人大联工委、政协联工委为市人大常委会和政协益阳市委的正处级常设派出机构，实行两块牌子、一套人马，合署办公，配主任1名、副主任2名。其内设综合办公室、人大联络工作办公室、政协联络工作办公室 3 个正科级机构，配主任 3 名、副主任 2 名，核定编制 11 人。2009 年 8 月，市人大常委会研究确定大通湖区人大联工委工作职责。同年 9 月，区人大联工委正式挂牌成立。

2013 年 8 月，市五届人大常委会第 6 次会议审议通过《关于大通湖区人大联络工作委员会职责的决定》，在原职责基础上，重点强化了区人大联工委对财政预算管理、发展计划、财政资金使用的监督职能，明确了组织、指导乡镇人大换届选举的工作职责。具体职责共十条：（一）负责对本区域内贯彻实施宪法、法律、法规情况和执行市人民代表大会及其常务委员会决议决定情况开展具体监督工作，向市人大常委会提出报告。（二）听取本区域内国民经济和社会发展计划、财政预决算编制情况并进行预审，向市人大财经委、常委会预算工委提出报告，并交区管理委员会研究处理。听取本区域内国民经济和社会发展计划、预算执行情况和财政性资金投资项目实施及资金使用情况的报告，提出建议和意见，交区管理委员会研究处理，向市人大常委会提出报告。（三）听取区管理委员会、人民法院、人民检察院的专项工作报告，提出建议和意见，向市人大常委会提出报告。（四）负责本区域内规范性文件备案审查的具体工作。（五）联系本区域内全国、省和市人大代表，组织或协助组织代表开展视察、调查研究等活动，组织代表进行业务培训，为代表依法行使职权做好服务工作。（六）办理和督促办理与本区域有关的各级人大代表提出的建议、批评和意见。（七）指导本区域内乡镇人民代表大会及其主席团开展工作，组织和指导乡镇人民代表大会换届选举工作，依法做好本区域内推荐益阳市人民代表大会代表的工作。（八）接待和受理本区域内人大代表和人民群众来信来访，并督促有关机关依法办理。（九）参加市人大常委会组织的有关会议和活动，协助市人大常委会办理与本区域内有关的人事任免工作，协助市人大各专门委员会和常委会办事机构、工作机构开展视察、调查研究、执法检查等工作。（十）办理市人大常委会和常委会主任会议交办的其他工作。同年 10 月，区委行文明确区人大联工委委员会议组成人员，包括区人大联工委正副主任、区人大联工委内设机构负责人、区委工作部门常务副职、工青妇等人民团体负责人和工作在基层的省市人大代表。区人大联工委以委员会议审议决定形式行使财政预审监督、专项工作监督、法律监督等职权，提出建议意见，交由区管委会研究处理，向市人大常委会及市人大有关专委报告。

2019 年机构改革，区人大（政协）联工委核定行政编制 9 人，内部增设机关信息中心，核定财政全额拨款事业编 3 人，负责新闻宣传和机关信息化建设工作。2020 年底，全委实有在编、在岗人员 11 人。

大通湖区人大（政协）联工委历任正、副主任名单见表 8-1-1。

表 8-1-1　大通湖区人大（政协）联工委历任正、副主任名单

主　任		副主任	
姓　名	任职时间	姓　名	任职时间
龙一民	2009.5—2016.8	刘帮达	2009.5—2019.12
徐鸿	2016.8—2020.12	郭芳（女）	2009.12—2016.8
姜利文	2021.1—	袁伏良	2016.8—
		康祥军	2019.12—2021.6
		向见军	2021.1—

第二节　政事举要

一、财政预算预审监督

2009—2013 年，区人大联工委按照市人大赋予的工作职责，每年定期了解区国民经济和社会发展计划、财政预算的编制与执行情况、财政性资金投资项目实施及资金使用情况，向区管委会及发改财政部门提出建议意见，并报告市人大常委会，为市人大依法审查监督做好前期基础工作。

2013 年 8 月市人大常委会授予区人大联工委预算预审监督权后，区委于同年 11 月出台《大通湖区财政预算预审监督办法》，正式启动财政预算预审工作。2014 年 1 月，在深入调查研究的基础上，召开区人大联工委第一次委员会议，听取和审议大通湖区 2014 年财政预算和经济社会发展计划编制草案，提出预审意见建议，交由区管委会研究，完善编制草案，并将预审监督情况报告市人大财经委和常委会预算工委。年内还先后召开 3 次委员会议，分别对上半年预算执行和上年度财政决算、本年度预算调整、下年度预算编制进行预审监督，促进了区财政预算管理步入法治化、规范化、程序化轨道，得到市人大的肯定。

2017 年，按照新的《预算法》，区内正式实行一般公共预算、政府基金预算、社保基金预算、国有资本经营预算等全口径预算。区人大联工委从法律和政策层面严把预算编制起始关，深入开展审前调研，准确掌握经济社会发展刚性需求和财政运行现状，重点审查预算编制的可行性、合法性，对一般公共预算支出主要审查其是否符合"保工资、保运转、保重点、保民生"要求。加强预算执行过程监督和执行结果监督，深化财政专项资金绩效管理预审监督，重点监察是否做到重点突出、适当平衡、公平公正，是否遵循先有收入、后再支出和量力而行、收支平衡、持续发展的原则，以提高预算执行力和财政资金使用绩效。

该年起，区人大联工委聚焦经济运行风险防范，加强政府债务限额合理性、一般债务项目合规性、专项债务项目科学性审查，细化政府债务报告体系，推动政府债务审批、举债、使用、偿还和管理规范化。特别是督促政府规范举债融资行为，强化违法违纪举债责任追究，支持和督促政府积极稳妥化解存量债务，守住不发生系统性、区域性债务风险的底线。2018年，区政府债务偿还本息3550多万元。2019年，区政府偿还隐性债务本息1.12亿元，新增债券资金7900万元，实现债务风险可控。2020年，债务偿还按计划进度完成100%，融资平台完全剥离政府融资职能，政府无一例新增债务、无一例债务风险问责事件。

二、专项监督

2009年起，区人大联工委主任会议每年专项听取区法院、区检察院工作情况报告，定期了解掌握区管委会重要工作、重大事项的部署安排和执行落实情况，寓支持于监督中，提出意见建议。协助省、市人大开展执法检查和执法情况调查，督办代表议案和建议意见，开展个案监督，加强对区管委会及其办公室、镇人大的规范性文件备案审查等，保证宪法和法律法规在区内的贯彻实施。2011年区审计分局成立后，区人大联工委以主任会议和工委委员会议形式听取审计工作情况汇报，跟踪监督和督办审计调研和对查出问题的整改。2017年起，区人大联工委持续跟踪督办教育、卫生视察发现问题整改，促进各中小学校园周边环境、校车运营、学生食堂、课后服务、校园安全等管理工作和师资队伍建设提高水平，医疗卫生、服务上层次，凸现为民服务的宗旨。2018—2020年，区人大联工委围绕区委重大决策部署和"五项重点"工作，先后开展水环境治理、水利建设、产业建设、城镇管理、创卫创文等专项监督，对照问题清单进行整改跟踪督办，推动各项工作实现预期目标。

三、乡镇人大工作指导

自2010年始，区人大联工委将乡镇人大工作纳入目标管理绩效考核，出台专门文件明确乡镇人大主席团和人大主席、副主席的工作职责。每年召开2次以上乡镇人大主席座谈会，交流工作情况，探讨加强社会主义民主法治建设和基层人大工作的新途径、新方法。乡镇人大主席列席工委委员会议，使其及时了解区人大联工委委员会议精神，密切上下级人大工作的联系。及时召开人大工作会议，布置各个阶段的人大工作任务和要求，形成工作合力。每次乡镇人大换届前，区人大联工委严把换届选举法律关、程序关，指导乡镇制定工作方案，落实选举工作责任。选举期间及历次人大会议期间，区人大联工委派员全程指导、监督，发现问题及时有效处置，保证了选举工作和会议符合法律和程序要求。2011—2020年，区人大联工委共选派区、镇人大干部50多人次参加全国和省市人大系统培训班，经常组织各类学习培训和赴外地学习考察活动，提升履职能力。2020年，区人大联工委指导各镇人大推进民生实事项目代表票决制，使民生实事项目的形成由"部门提"转变为"大家提"，让政府决策由"为民作主"变为"由民作主"，建立在广泛的民意之上，项目实施实现了"群众提、代表定、政府办、人大评"的良性循环。年内4镇共有11个项目经过代表票决制确定，项目内容涵盖人居环境、卫生医疗等设施建设和大湖流域治理，累计投资3970多万元。

四、代表工作

区人大联工委重视人大代表的主体地位和主体作用，切实做好代表履行职务的组织服务工作。历次省、市人民代表大会召开之前，组织驻区代表深入调查研究，精心准备人大议案、建议，会议期间组织代表积极建言献策，提交议案、建议，并与参加政协全会的驻区委员同步发声，争取让上级更多关注和支持农场改制区的发展。2011年向区人大联工委省人大会议提交《关于加快大通湖区域公路交通基础设施建设的建议案》，经各级部门单位持续办理，区内外公路交通条件得到质的改善。2019—2020年，区人大联工委向省、市人大会议提交建议34件，均得到办理回复，部分建议落地见效。如"大通湖入湖口生态湿地建设"纳入2020年中央水污染防治专项资金第二批计划工程，争取到位资金1500万元；"大通湖流域生态修复"争取省财政年度专项资金350万元；"农村人居环境整治整县推进"争取中央预算内资金2000万元。2011—2020年，驻区代表共向省、市人大会议提交议案、建议100多件，重点突出理顺农场管理区体制、重大项目建设、重要民生工程等，均得到上级部门的认真办理，优化了大通湖的发展环境。

2013年起，区人大联工委深入推进区镇人大常委会组成人员联系代表、代表联系群众"双联"活动。2017年区人大联工委指导各镇做实代表联系服务群众工作平台，持续开展代表向选民述职活动，强化"人民代表为人民"的责任感和使命感。在2012年和2016年的市人大代表换届选举工作中，区人大联工委依法按程序分别推荐区内的代表建议人选参加南县人民代表大会选举并全部当选。新当选的各级代表由区镇两级人大组织履职培训，提高政治素质和政策水平，增强依法履职本领。区人大联工委坚持每年组织开展一次代表集中视察活动，帮助代表了解全区经济社会发展状况和重大建设项目、重点工作推进情况，发挥依法监督和资政建言作用。2020年，区人大联工委组织驻区省、市、县代表和部分镇代表专项调研视察法、检两院工作，现场提交建议、意见20余条，重点聚焦未成年人保护和公益诉讼，年内司法机关依法惩处危害未成年人犯罪 2 件 2 人，立案办理公益诉讼 12 件。

湖南省人民代表大会驻大通湖代表名录

第七届（1988 年 1 月至 1993 年 1 月）曹智兰（女）

第九届（1998 年 1 月至 2003 年 1 月）雷佩云（女）

第十一届（2008 年 1 月至 2013 年 1 月）樊富强

第十二届（2013 年 1 月至 2018 年 1 月）樊富强

第十三届（2018 年 1 月—）刘乾坤

益阳市人民代表大会驻大通湖代表名录

第四届（2007.12—2012.12）

龙一民　单德前　邓兴旺　陈国英　胡定坤　聂新民

龚政军　潘胜恩　廖小红（女）

第五届（2012.12—2016.12）

王再华（女）　尹　波　邓　奎　龙一民　龙美军（女）　刘帮达

李卓远（女）　陈红文　周成荣　胡跃龙　梁成立　陶德保

廖小红（女）

第六届（2017.1—）

尹　波　刘帮达　刘乾坤　陈　瑛（女）　陈国英

李卓远（女）　　何军田　胡国文　徐　鸿　赵美玲（女）

郭元满（女）　谭　军　薛　娜（女）　康祥军（2019 年增补）

第二章 镇人民代表大会

2000年9月，各农场改场建镇，建立人民代表大会制度，依法按程序选举产生镇人大代表，履行管理基层国家事务的权力。至2016年，各镇按届期选举产生四届次人大代表。2012年各镇按照新《选举法》的规定，实现城乡选民选举同比例，提高生产工作一线代表和女性代表占比，适度降低领导干部代表比重。2016年产生的第四届人大代表中，生产工作一线代表占82%，女性代表占39%，领导干部占7%，代表结构达到"两升一降"要求。

2000—2020年，各镇历届人民代表大会共召开代表会议86次。会议主要议程是选举产生新一届镇人大、政府领导班子成员，或对届中人事异动的拟任人选进行补选，审议批准人大、政府工作报告及财政预决算报告和国民经济社会发展计划。2014年起，区人大联工委制定加强镇人大依法行使重大事项决定权和镇人大主席团依法履职的规定，将各镇区域内经济、社会、文化、生态领域的重大事项纳入镇人民代表大会或人大主席团审议决定范畴，促进了镇人大依法决定重大事项制度化、程序化、规范化。

第一节 代表产生及构成

2000年10月，按照《中华人民共和国地方各级人民代表大会选举法》的规定，各镇成立人民代表大会选举工作领导小组和选举委员会，制定选举工作方案，经南县人大常委会决定，分配代表名额、划分选区、审查登记选民，再酝酿确定代表候选人，确定选举日举行投票选举。代表选出后，报经南县人大常委会审查批准，以公告形式公布当选代表名单，由镇选举委员会颁发代表当选证。同年10月28日为代表选举日，四镇共选出第一届人大代表213名，其中女性代表占11%，非中共人士代表和生产一线代表各占7%、38%。

2007年7—10月，按照与全省县、乡人大换届同步的要求，各镇依法、依程序进行人大代表换届选举。河坝镇划分选区34个，登记选民2.54万人，参加投票选民2.14万人，参选率84%。当选代表65人，其中女性12名，占18.5%；非中共人士和少数民族代表各2名，各占3.1%；工人、农民代表46名，占70.8%；机关事业单位代表19名，占 29.2%。高中以上文化程度代表 57 名，占 87.7%。36～55 岁代表 55 名，占 84.6%。北洲子镇选出代表 50 名，其中女性代表 9 名，占 18%；非中共人士代表 5 名，占 10%；农民代表 3 名，占 6%。全区四镇共选举产生第二届镇人大代表 227 名。

2012 年 11 月，各镇分别召开第三届人民代表大会第一次会议。会前通过名额分配、划分选区、酝酿确定代表候选人、无记名差额选举等程序，选举产生第三届镇人大代表。全区各镇共划设选区 109 个，选出代表 226 名。其中女性代表 56 名，占 24.8%；非中共人士代表 36 名，占 16%；工人农民、专业技术人员代表 201 名，占 89%；连任代表 92 名，占 41%。达到"两升一降"代表结构要求。

2016 年 7 月至 10 月，按照全省地方人大提前一年换届的统一要求，各镇进行第四届人大代表选举。此次换届选举的工作方案、选区划分、代表名额分配、选举日的确定及选举结果等，均转由区人大联工委审查批准。各镇党委根据新时代人大工作要求，严把代表候选人政治关，注重社会评价度，进一步优化代表结构，使代表队伍既具有代表性又具有先进性。四镇共选出代表 230 名，领导代表数保持上届比例不变，女性代表和非中共人士代表占比分别提升 32% 和 39%，连任代表比例比上届下降近 8%，生产工作一线代表占 80%，分布于工商业、农业、文教卫生和党政群团等各条战线。

第二节　代表大会

2000 年 11 月 1—3 日，各镇分别召开第一届人民代表大会第一次会议，等额选举镇人大主席、镇人民政府镇长，差额选举副镇长。各镇第一届人民代表大会任期 7 年，至 2007 年实现与全省县、乡人大同步换届。届期内分年度共召开代表大会 6 次，会议主要听取和审议《政府工作报告》《人大工作报告》，审查《财政预决算报告》和《国民经济社会发展计划报告》，作出相应决议，并对因人事异动、区委提名产生的镇人大代表、政府领导成员拟任人选进行选举。

2007 年 11 月 12—19 日，各镇举行第二届人民代表大会第一次会议，4 个镇共出席人大代表 227 人，依法、依程序共选出镇人大主席、副主席（按副科级领导职数配备）和镇长、副镇长 29 名，完成镇人大、政府换届选举工作。同时听取审议上届人大、政府工作报告及其他报告，作出决议。届内召开人大会议 5 次。

2012 年 11 月 15—21 日，各镇分别召开第三届人民代表大会第一次会议，选举产生第三届镇人大、政府领导班子。人大主席由镇党委书记担任，副主席按乡科级正职配备。届内召开人大会议 4 次，会议议程与历届历次会议基本一致。从 2013 年起，各镇召开人民代表大会的审批权限，由南县人大常委会转属大通湖区人大联工委。

2016年，地方人大提前一年换届，各镇于11月16—18日分别召开第四次人民代表大会第一次会议，选举产生第四届人大、政府领导班子成员，组织当选成员的宣誓仪式。人大主席、副主席的配备恢复至第二届人大会议的状态。至2020年，各镇每年一般召开两次人大会议，其中下半年增开的人大会议，主要任务是审议批准镇财政预算调整方案，并对人大、政府班子异动人选进行补选。

第三节　重大事项决定

2000年11月，各镇在召开第一届人民代表大会第一次会议时，通过预备会议选举产生由5～9人组成的镇人大主席团。其主要职责是：在人大会议期间召集并主持镇人民代表大会；在闭会期间组织代表开展视察、调查、评议等活动，督促代表建议、议案的办理；对本行政区域内的重大事项作出决定。2001年，金盆镇人大主席团先后召开6次会议，审议通过了《金盆镇2001—2002年城镇建设规划》《金盆镇城乡建设规划管理的若干规定》等。嗣后，各镇决定重大事项一般提交镇人民代表大会或人大主席团审议通过。

2011年3月，河坝镇第二届人民代表大会第四次会议，作出《关于农村自筹垃圾清运费的决定》，以"政府扶持、项目支撑、村民自筹"为原则，在全镇农村居民受益户中启动"一事一议"程序，筹集垃圾清运费，建立起垃圾清运长效机制，具体筹集标准由各村民代表大会决定。同年4月，金盆镇第二届人民代表大会第四次会议表决通过《全面推进农村四洁工程 共同治理农村环境议案》，改善人居环境活动由此全面铺开。

2013年5月，千山红镇第三届人大第二次会议，表决通过《千山红镇城镇管理办法》。2014年初，区人大联工委依照相关法律法规，就镇人大依法行使重大事项决定权、加强对重大事项决定执行情况的检查督办、镇人大主席团在闭会期间依法履职等作出相关规定，使决定重大事项工作进一步制度化、程序化、规范化。

2018年3月，金盆镇第四届人大三次会议审议通过《金盆镇人民政府关于加强林业管理禁止栽种欧美黑杨的规定》。2020年6月，北洲子镇第四届人大五次会议表决通过《北洲子镇污水处理提质改造工程方案》。同年8月，河坝镇第四届人大七次会议审议通过镇人大主席团《关于民生实事项目人大代表票决制的决定（草案）》，表决通过《沙堡洲村申报省级美丽乡村建设工程方案》《河坝镇垃圾集中收集处理工程方案》《大通湖湖泊缓冲入湖口湿地建设工程方案》等，把重大事项决定建立在法定程序和广泛的民意基础之上，保障了项目顺利实施。

第三章　人民政协

　　2000年建区前，区内政协联络工作由各场统战部门负责，建区后归隶区委党群部。2009年9月，大通湖区政协联络工作委员会（以下简称政协联工委）成立，市政协赋予其5项工作职责。2010年4月，各镇场设立政协联工委，搭建政协基层工作平台。2011年8月，区政协联络委员制度建立，组织委员发挥主体作用，履行政协三项职能。

　　2011年后，区政协联工委逐步构建完善以全会协商为主体的多层次协商议政体系。至2020年，共召开委员全会11次，围绕改革发展和民生改善提出建议意见1100多条，委员提案立案198件，助推了党政决策民主化、科学化、实效化。区政协联工委先后对23家区直部门单位开展民主评议，促进其改进作风，提高行政效能。区政协联工委聚焦区现代农业、生态环保和教育、卫生等，开展多次专项监督，帮助区补短板、强弱项。坚持每年组织委员进行一次集中视察活动，提出视察监督建议。先后开展委员专项视察50多次，促成了一些具体问题的解决。组织委员深入调查研究，共开展专项调研110余项，反映社情民意60多条，多项成果被区委、区管委会和上级采纳，获省、市政协奖励。2017年起，区政协联工委建立委员线上线下值班制度，运用"政协云"平台开展网络议政、远程协商，"政协云"运用稳居全市前列和全省县市区第一方阵。区政协借助省市两会协商平台，组织和邀请委员向省、市政协会各提交提案42件、85件，争取上级重视支持大通湖发展。区政协联工委注重发挥"经促会"的作用，持续开展"迎老乡、回故乡、建家乡"活动，汇聚助推高质量发展的智慧和力量。

　　2016年，区政协联工委启动"扶贫攻坚委员在行动"和"三个一"扶贫行动，组织区政协委员开展产业扶贫、就业帮扶、助学帮困、生活救助等，至2020年，委员结对帮扶对象全部如期脱贫出列，并资助多名贫困家庭学生完成学业。

第一节　机构职能

　　2000年前，区内农场的政协工作由各场统战部门承担，主要为驻场的省、县（市）政协委员履职提供联络服务。按行政区划归属，各场分别推荐、协商产生3～5人参加所在县（市）历届政协组织，依照政协章程履行委员职责。

2000年建区后，区内政协联络服务职能归隶区委党群部，由一名副部长兼管，配备一名兼职干部。2009年9月大通湖区政协联工委成立，为政协益阳市委员会正处级派出机构。市政协赋予其的主要职能有5项：（一）负责与市政协的联络工作，承办市政协交办的工作任务；组织本行政区域内市政协委员的推荐工作；组织本行政区域内市政协委员及其他有关人员出席、列席市政协全会或其他有关会议。（二）联系本行政区域内的全国政协委员、省政协委员、市政协委员，帮助委员和各界人士了解本行政区域内的经济社会发展情况，组织或协助委员就本行政区域内经济社会发展中的重大问题和重要工作开展调查研究，对政府职能部门的工作进行视察和民主评议，向区委、区管委会提出意见、建议。（三）办理委员来信来访，负责委员提案、建议、意见的收集和督办工作，为委员履行职能提供服务。（四）组织委员学习宣传党和国家的方针政策和法律法规，学习宣传政协章程和统战理论，学习宣传人民政协在构建社会主义和谐社会中的重要作用。（五）关注民生，反映社情民意，组织或协助委员开展民情视察活动，参与或协调维护稳定的工作，承办区委的其他工作。

2010年4月，为搭建基层政协工作平台，区政协联工委在区内4镇和大通湖渔场设立政协联工委，各配主任1名，均为正科级实职，其中中共党员进入本级党委班子。2011年8月，区政协联工委比照县级政协设置政协联络委员，工作职能得到拓展。2017年初，经省政协同意，区政协工作纳入全省政协信息化管理序列，全面落实县级政协组织的职能职责，政协联络委员相应改称政协委员。

第二节　委员队伍

2011年8月，经市政协批准，比照县级政协的委员队伍建设方式，区政协联工委建立区政协联络委员制度，委员届期与市政协同步。区政协联工委按照政协章程规定，制定委员产生办法，按程序协商产生第一届区政协联络委员60名。委员按区域和行业分布划分至各镇场组成5个委员小组，委员小组的工作活动由镇、场政协联工委牵头负责，镇、场政协联工委主任为第一召集人，另设一名第二召集人和一名小组秘书。区政协联工委同时出台委员工作规则和委员履职管理办法，建立委员履职考核档案和表彰激励机制，加强委员队伍建设，使其成为发挥政协三项职能的主体。此届政协联络委员分属近10个界别，平均年龄43岁，其中非中共人士18人、占30%，非公经济人士25人、占41.7%，女性13人、占21.7%，大专以上学历占68.3%，具有广泛的代表性和进步性。区政协联工委另外聘请 10 名关心家乡建设和投身区内发展的大通湖籍在外成功人士为特邀委员。至 2016 年任期届满，一届政协联络委员任期 5 年多。在此期间，根据委员履职管理办法和委员履职实效，于 2013 年取消特邀委员界别，先后辞免委员 20 人，撤销委员资格 1 人，新增和增补委员 28 人，至换届前实有委员 67 人。

2016 年 11 月，区协商产生第二届政协委员 70 名，其中中共党员 49 名、占 70%，非中共人士 21 名、占 30%；女性 16 名，占 23%；30 岁以下 5 名、占 7.1%，30~50 岁 42 名、占 60%，50 岁以上 23 名、占 32.9%；大专以上文化程度 49 名，占 70%。委员整体结构较上届更为合理。2017—2020 年，按照"懂政协、会协商、善议政"和"守纪律、讲规矩、重品行"的要求，区强化政治引领，进一步完善委员进退机制和激励机制，调整优化队伍结构，创新和拓展履职渠道、方式，提高了委员履职能力和履职实效。4 年间共评选、表彰优秀委员 28 人次。

第三节　政协全会

2011 年 8 月 5 日，大通湖区第一届政协联络委员第一次全会召开。全会主要议程是听取区政协联工委建立以来的工作情况报告，部署今后 5 年的政协工作，宣布一届政协联络委员名单及分组情况，学习委员工作规则和委员履职管理办法。区委书记发表讲话，对政协工作和委员提出希望和要求。会议为政协联络委员颁发了聘书，并进行了履职培训。

自 2012 年 2 月召开一届政协联络委员二次全会起，区坚持每年年初召开一次政协全会。会议主要内容有：听取和审议政协工作报告、提案工作报告，听取协商"一府两院"工作报告、财政预决算报告、国民经济和社会发展计划报告，委员大会发言，表彰优秀委员、优秀提案、提案办理先进单位等，并作出全会《政治决议》。参加会议人员除区本级委员外，还有驻区省、市政协委员、人大代表，区委、区管委会领导，各镇办事处和区直部门单位主要负责人。会议规模 140 人左右，是区内严规范、高规格的协商议政会议。至 2021 年 2 月，两届政协共召开委员全会 11 次。

第四节　委员履职

一、政治协商

2012 年起，区政协联工委坚持围绕核心、服务中心、凝聚人心，发挥专门协商机构作用，认真制定年度协商计划，逐步构建了以委员全会协商为主体，专题协商、调研视察协商为重点，提案办理协商为常态，"微建议"协商为日常的多层次协商议政活动体系。历次全会协商围绕"一府两院"工作报告和财政、计划报告，突出区委"抓重点、补短板、强弱项"的工作重点和人民群众普遍关注的焦点热点，通过委员大会发言、提案、小组协商讨论、反映社情民意等形式，广开言路献计献策，助力党政决策民主化、科学化。至2021年初第二届政协五次全会止，历次全会提出建议意见1100多条，收集委员提案316件，立案198件，委员大会发言91人次，内容涵盖政治、经济、文化、社会、生态等领域的各个方面。大部分意见建议得到积极回应和有效落实，有的进入区委、区管委会决策程序，转化为部门单位的工作举措。在此期间，区政协运用省市政协全会协商平台，借助委员履职机会，积极争取上级重视支持大通湖的改革发展。2012—2016年，驻区市政协委员向市政协全会共递交提案22件，其中《加快大通湖区大闸蟹产业发展的建议》被列为市政协主席重点督办提案，经协商办理取得实效，"大通湖"大闸蟹被评为"中国十大名蟹"，获国家地理标志产品认证。2017年，区政协邀请驻益委员在省政协十一届五次全会上提交提案4件，实现了大通湖提案达省零的突破。至2021年初，区政协共向省、市政协全会分别提交提案建议42件和63件，绝大部分立案办结，改善了大通湖的发展环境。如2017年《关于尽快启动大通湖垸五七运河补水枢纽工程建设的建议》，经省水利厅洞庭湖工程管理局办理，于2018年汛期前完成工程建设，实现了引江入湖、改善大通湖水质；《关于加大对大通湖农场改制管理区扶持力度的建议》，得到省财政厅明确回应，进一步理顺了项目申报渠道和资金拨付口径，加大了对农场改制区的财政转移支付力度。2019年《关于重视支持大通湖水环境治理的建议》，被列为市级重点提案，并评为优秀提案。2020年《关于加大对大通湖流域生态修复支持力度的建议》和《关于加快大通湖入湖口生态湿地建设的建议》，助推了中央和省市专项资金投入，有4个项目进入专债支持范围。

2012年起，按照"党政所思、群众所盼、政协所能"和"商以求同、协以成事"的要求，区政协联工委加强与区委、区管委会工作特别是重点工作、中心工作的有效衔接，选准协商议题，组织委员有效开展专题协商。2012—2016年，区政协联工委先后开展了农田排灌设施、融入洞庭湖生态经济区建设、教育工作和农村饮水安全工程建设等多项协商，协商意见得到区委、区管委会肯定并予采纳。2018年进行的医疗卫生事业专题协商，加快了全区紧密型医共体建设，区人民医院硬件装备和诊疗实力增强，入列二级甲等医院。同年，区政协联工委配合市政协开展专题调研后形成的"洞庭湖区禁止销售和使用含磷洗涤品"的建议，作为市政协首选提案提交省政协全会，经专题协商纳入洞庭湖流域水环境治理行动方案。

二、民主监督

自 2011 年建立区政协联络委员制度起，区政协联工委坚持把民主评议工作作为政协履行民主监督职能的重要抓手，聚焦行政效能和作风建设，先后对全区 23 家部门单位进行民主评议，实现了区直行政部门、执法执纪单位和服务窗口单位民主评议全覆盖。每年在评议工作方面，均成立以区政协联工委主任为组长的领导小组，出台《民主评议实施方案》，选派经验足、能力强、办法多的政协领导、政协干部、政协委员组成工作小组，具体负责民主评议活动的组织实施。评议工作坚持问题导向，从履行职责、依法办事、服务质量、办事效率、班子队伍建设和廉洁自律等方面广泛征求各界意见，进行"满意度"测评，并召开评议大会，提出评议监督意见，做到客观公正、以评促改，推动被评议单位自加压力、补齐短板，提升依法行政和服务大局、服务群众的能力。

2016 年区政协联工委先后向区环保、教育行政部门派驻民主监督小组，对大通湖大湖水环境治理、落实区委教育工作会议精神进行跟踪监督，适时提出工作整改意见建议。后持续加大对教育、卫生工作的民主监督力度，促进了工作落实做细。

2017 年，区政协联工委组织委员开展农业特色产业园建设专项监督，加快了全区"四园三点"特色产业园区建设。2018—2020 年，区政协联工委紧盯大湖水环境治理，建立健全督查专班，持续深入区内大小河渠湖泊开展"河长制"执行情况专项督查，及时向区委、区管委会提出督查监督意见，助推了大通湖流域水环境治理决策部署和工作措施落地见效。

2012—2020 年，区政协联工委在每年下半年组织开展一次委员集中视察活动，为区域经济社会发展汇聚智慧和力量。区政协联工委瞄准党委政府工作重点和群众生产生活的热点问题，先后组织各类专项视察 50 多次，内容涵盖现代农业、实体经济、城乡基础设施建设、乡村旅游、脱贫攻坚、乡村振兴和科教文卫等领域，促成了一些具体问题的解决。区政协联工委持续关注社会公共安全和司法公平正义，每年定期组织委员视察公检法工作，提出视察监督建议，支持公安和司法机关护航经济社会发展，实现长治久安。至 2020 年，大通湖区连续十年保持湖南省"平安县市区"称号。

三、参政议政

区政协联工委成立后，围绕区委、区管委会整体决策部署、重点工作、重大民生问题和省、市政协专题调研任务，组织委员广泛深入调查研究，汇聚民心民智，积极建言献策。先后开展专题调研110多项，打造调研精品，为区委、区管委会和上级决策提供重要参考，多项调研成果获得省、市政协奖励。如2012年进行的土地信托流转调研，提出的"做实政府平台，建立信托流转长效机制""完善制度设计、破解'两田制'瓶颈制约"等6条建议，被区委、区管委会采纳，助推了全区国有农用地集中有序流转和整村流转，加快了现代农业发展，壮大了村级集体经济。2015年，区政协联工委聚焦农村村级治理进行调研，全面了解村级治理组织建设及其运行情况，针对性提出工作建议。调研成果进入区委决策程序，促进了全区村级民主治理体系建设和"四位一体"机制规范运行。2017年，区政协联工委组成委员小分队赴江西考察赣南脐橙产业，提出大通湖探索发展脐橙生产的意见建议，为推进农业供给侧结构性改革和产业转型升级提供了创新理念和路径选择，脐橙产业开始成为推动区内农业增效、农民增收的新兴产业。2018年，区政协联工委就农场改制区如何实现人民群众有序政治参与进行深入调研，提出建设性建议，形成的《关于特殊体制机制下加强民主政治建设的思考》获省政协理论研究三等奖。2019年，《大通湖区农业产业发展调研报告》获市政协调研二等奖，《加强风险防控，促进稻虾共生产业健康发展》在《益阳政协》刊发。2020年，区政协联工委先后进行全区教育现状、营商环境、乡村人才队伍建设等专题调研，调研成果为区委吸纳，并在省市政协评比中获奖。

2010—2020年，区政协联工委先后组织委员向省市政协反映社情民意60多篇，其中《关于农村公路的养护管理现状与对策建议》《农村贫困家庭致贫诱因和现状堪忧》，分别得到市政府市长、市政协主席批示；《中小微企业融资过路费亟待降低》《大通湖区农场职工养老保险问题亟待解决》被省政协《社情民意》专刊采用；《新能源基地建设中存在的难题亟须破解》获市级二等奖。

2017年后，区政协联工委创新"互联网＋"工作模式，组织委员运用"政协云"平台开展网络议政、远程协商，进一步完善委员工作室工作机制，建立健全线上线下委员值班制度，畅通通达民意、服务群众渠道，实现了线上线下参政议政同步发力。区政协联工委共组织委员参加区委、区管委会及职能部门相关议题的听政会议29次，帮助委员知情明政、建言献策。组织委员着眼群众身边的小事、急事、难事，提交"微建议"67条，并全部办复，群众反响很好。如"加强道路停车管理"的微建议，得到区交警部门及时办理，区内使道路停车实现了规范有序，被省政协评为示范办理案例。至2020年，区"政协云"运用一直稳居全市前列和全省第一方阵，得到省政协书面通报表扬。河坝镇银河社区委员工作室被评为省级示范委员工作室。

四、联络联谊

2009 年和 2010 年，区政协联工委牵头组建大通湖区经济发展促进会及北京、广东分会，制定经促会章程，吸纳大通湖籍在外成功人士入会 50 多人。嗣后，区政协联工委主动加强与会员的联系沟通，采用"走出去、请回来"的方式开展联络联谊活动，鼓励、邀请在外成功人士关心家乡、投资家乡，从立项争资、招商引资、项目建设、民生改善等方面为家乡多作贡献。先后有 4 名会员回乡创办大通湖农场公司、华源农业、麦帝食品、洞庭明珠酒店，投资总额超 1.5 亿元。2017 年，区政协联工委与益阳驻广州、深圳、珠海商会对接，吸收一批有能力、有情怀、愿履职的在外人士充实到政协大家庭中，为助推大通湖高质量发展凝聚力量。同年防汛期间，田和清、唐荣等区经促会成员，自发筹资 5 万元，每天按时给防汛一线人员分送生活物资。区政协联工委持续开展"迎老乡、回故乡、建家乡"行动，先后多次邀请在外成功人士回乡参加"捕捞节""旅游美食节"等重大节会，还成功举办了"大通湖招商联谊会""大通湖首届农业论坛"，宣传推介大通湖特色产业基础和良好营商环境，通过乡情招商、以商招商的方式，吸引各界能人贤士来区投资兴业。2017—2020 年，区政协联工委进一步发挥政协人脉密集、联络广泛的优势，先后协调、帮助农夫科技、照峰纺织收购绿色食品、金胜轧花厂等破产企业。支持委员涉农企业做实做优，帮助"大通湖大米"拓展销售渠道；协助湘易康制药产业发展，5 年实现税收入库 2.18 亿元；促成世界银行奖励大通湖农业可持续发展项目资金 312 万元；协力争取农垦国有农场办社会职能改革中央财政补助 1700 万元。

五、脱贫攻坚

2013—2016 年，区政协联工委持续关注贫困家庭生产生活，组织发动各级政协委员为贫困人口、寒门学子献爱心，4 年共捐资 50 多万元，救助贫困对象 141 人，其中帮助困难大学生 56 人。区经促会成员发起建立的河坝镇爱心捐赠会，累计捐款 40 万元，专项助学困难大学生 116 人。

2016 年下半年起，按照省、市政协统一部署，区政协联工委聚焦"脱贫攻坚，全面建成小康社会"，组织开展"脱贫攻坚委员在行动"和"三个一"扶贫行动。区政协联工委结合各级委员自身特点和优势，成立 18 个帮扶小组，通过产业扶贫、就业扶贫、助学帮困、生活救助等多种形式，帮助 117 户结对帮扶对象全部如期脱贫。熊姣军、唐敏、曾伏香、李庆、刘雪辉等委员采用溢价流转土地、入股分红、就业安置、发展产业等方式，先后捐送生产资料价值 120 万元，带领近千名困难群众就业创业增收。熊建华、曹少斌、王建文、李伟等委员情注教育，至 2020 年累计资助和奖励优秀困难学生 130 多人，帮助 50 余名大学生完成学业。熊姣军、熊建华被市政协评为脱贫攻坚先进个人。区政协联工委每年组织开展委员捐资助学活动，为困难教师和贫困学生送上真情关爱。联工委机关坚持为联点村筹资金、争项目、谋发展，先后协调多个部门投入 660 万元，改善基础设施条件和人居环境，发展高档优质稻、稻虾共作、河蟹精养、光伏新能源等优质高效产业，全村贫困人口人均年增收 5000 元，全面实现按期脱贫出列。

湖南省政协驻大通湖委员名录

白森安　省政协第七届委员会农林界委员，1993 年 1 月至 1998 年 1 月在任

周文政　省政协第八届委员会农林界委员，1998 年 1 月起在任，1999 年 3 月调离

徐迎春　省政协第九届委员会农业界委员，2003 年 1 月起在任，2004 年 7 月调离

聂新民　省政协第十届委员会农业界委员，2008 年 1 月至 2013 年 1 月在任

益阳市政协驻大通湖委员名录

第四届（2007 年 12 月至 2012 年 12 月）

文靖波　周成荣　郭芳（女）　徐光明　彭锦辉

第五届（2012 年 12 月至 2016 年 12 月）

田和清　皮建军　贺海军　郭芳（女）　唐荣　彭琦（女）

戴剑锋

第六届（2016 年 12 月—）

李田玲（女）　刘锦华　袁伏良　唐敏　蒋帆（女）　董轲

谭铁军　熊姣军（女）　龙美军（女，2020 年 12 月增补）

姜利文（2020 年 12 月增补）

中国农垦农场农场志丛

第九编

人民团体

中国农垦农场志

第一章 工　　会

　　各农场创建之初，建立各级工会组织，履行"支持、监督、维护职工权益"的职能，发挥职工主人翁作用。中共十一届三中全会后，各级恢复工会组织，紧紧围绕经济建设中心，组织职工群众投身四化建设，参与企业民主管理，开展劳动竞赛活动，培养有理想、有道德、有文化、有纪律的"四有"职工队伍。1986年，实行工会会员代表大会和职工代表大会"两会合一"，各级工会委员会行使"两会"职权，并认真做好老龄工作和关心下一代工作。2000年建区后，逐步建立完善各级工会组织和工会工作制度，创建职工之家，积极维权帮扶，组织职工创业创新，开展各类争先创优劳动竞赛，丰富职工文体生活。2016—2020年，大通湖区先后有5个集体获得市级"五一劳动奖状"，13人获市级"五一劳动奖章"和"五一先锋"称号。2020年底，全区共有基层工会组织300多个，专兼职工会干部500多人，工会会员3.1万人。

第一节　组织建设

　　1952年春，大通湖农场成立工会委员会，有专职人员8人，下设16个分会、134个工会小组，至年底共发展会员1413人，占职工总数的78.8%。1955年农场召开首次会员代表大会，选举产生工会委员会主席和副主席。嗣后，农场工会根据工作需要，先后设置了文教、劳保、财务、经费审查等专门工作委员会。至1965年，全场共有科级单位分工会14个、委员28人，厂队基层工会144个、委员706人，工会小组654个、工会会员4141人，占职工总数的83.1%。1962年底至次年初，北洲子、金盆、千山红农场分别成立工会。北洲子农场有基层工会19个、委员57人，工会小组38个、会员1023人，占职工总数的67.2%；金盆农场在各生产经营单位设立基层工会组织，有会员2124人，占职工总数的47.5%；千山红农场设6个分会、71个工会小组，有会员3266人，占职工总数的78.9%。1979年，大通湖渔场组建工会组织，发展会员831人，占职工人数的93.6%。6月各场工会召开首次会员代表大会，选举产生工会委员13人、正副主席3人。

　　1982年，各农场恢复工会组织工作，对工会会员进行清理和重新登记，同时按章程发展新会员。1984 年实行农业承包到户后，各农业生产队不再建立工会小组，同时停拨工会经费，农业职工会员免交会费。至 2000 年，5 个农、渔场共有分工会 100 个、工会小组 742 个、会员 2.8 万人。各场工会有专职人员 6～9 人，其中主席 1 人、副主席 2～3 人，主席为场级领导成员。各分工会设委员 5～7 人，其中主席 1 人、副主席 1～3 人。

2000 年建区后，按照综合设置和精干高效的原则，区工会工作由区委党群部群团办公室具体承担，使用大通湖区工会委员会牌章，主席由区委领导成员兼任。各镇设立工会委员会，由 1 名镇党委班子成员兼任主席。2005 年 11 月，益阳市总工会批准成立大通湖区总工会，第一届委员会设委员 10 名，其中主席 1 人、副主席 2 人，下设经费审查委员会，设主任 1 人。2019 年群团组织体制改革，区总工会机关与区委组织部综合设置，工会班子成员实行"专兼挂"。同年 11 月区工会召开第二次代表大会，选举产生第二届委员会委员 21 人、常委 9 人、正副主席 5 人，其中主席 1 人，专职、挂职副主席各 1 人，兼职副主席 2 人；主席由区委组织部部长兼任。各镇成立工会联合会，设主席 1 人、副主席 1～2 人、委员若干人，主席由镇人大主席兼任。镇工会每届任期 3～5 年。

2016—2020 年，区总工会以党建带工建，分别在各行政事业单位、企业和新经济组织成立基层工会，尽可能将各业职工、农民工全部纳入到工会中来，实现工会组织全覆盖。5 年共组建基层工会 134 家，发展会员 4599 人。至 2020 年，全区有基层工会组织 300 多个，均办理了工会法人资格证，建立了工会独立账户。各级工会共有专兼职工会干部 500 多人，会员总人数 3.1 万人。

第二节　代表大会

各农场建场初期，均建立党委领导下的职工代表大会制度，保障职工群众主人翁地位和管理企业的民主权利。职工代表大会每届任期 3 年，每年至少召开 1 次会议，由农场工会委员会代行职权，负责组织召开大会，审议生产建设规划和各项经营管理制度，决定重大事项，布置各个阶段生产工作任务并监督实施。大通湖农场职工代表大会始于 1954 年 3 月，至 1966 年前，共召开 4 届 22 次大会。北洲子、金盆、千山红农场职工均于 1963 年召开第一次代表大会，至 1966 年分别召开 7 次、4 次、5 次代表大会。

1983 年各农场恢复职工代表大会制度，按照《国营工业企业职工代表大会暂行条例》规定，选举产生大会常任主席团，主持职工代表大会工作。1986 年 9 月，为贯彻落实中共中央、国务院《关于颁布全民所有制工业企业三个条例的通知》精神，各场制订《职工代表大会实施细则》，规定工会委员会为职工代表大会的工作机构，并将职工代表大会与工会会员代表大会合并召开，统一冠称职工暨会员代表大会，同时行使两个大会的职权。代表大会不再设常任主席团，闭会期间出现的临时性重大问题，由工会委员会主持召开各代表团团长联席会议商讨解决，并向下一次职工暨会员代表大会报告予以确认。实行"两会合一"制度后，代表大会届期仍为3年，代表名额按职工人数的1.5%～2%确定，由各单位选举或组织指定产生。1986—1999年，各场均举行了4届次代表大会、13次年度代表大会，除届次大会换届选举工会委员会外，历次大会的主要议程是审议通过场长工作报告、工会工作报告，讨论决定改革发展和经济社会领域的重大政策调整、重点建设投资及其他各类重大事项。

2005年11月，大通湖区总工会第一次代表大会召开，会上选举产生第一届委员会委员、主席、副主席，部署今后一个时期的工会工作。2019年11月，大通湖区总工会第二次代表大会召开，审议第一届工会委员会工作报告，选举产生第二届委员会及其常务委员会，号召全区广大职工以奋斗者姿态建功新时代，高质量建设富饶、生态、幸福大通湖。此外，大通湖区总工会先后在2014年4月、2020年5月召开会员代表大会，分别选举16名代表组成大通湖区代表团，参加益阳市总工会第五次、第六次代表大会。

第三节　工会活动

一、劳动竞赛

1952年，大通湖农场成立工会委员会后，组织广大职工开展以生产建设为中心的劳动竞赛，先后推广陈长庚的"快速扮禾（收稻谷）法"、王桂堂的"先进晒谷法"、周子云的"集体插秧法"，提高了劳动效率。1954年12月至1955年4月，在修复大通湖堤垸和治理大通湖的大会战中，农场组织全场1400多名职工开展"治湖立功、火线入党"劳动竞赛，先后有74人入党，83人评为劳动模范，600多人立功。1963年至1966年，各场创新工会工作，实行"工人核心代表制"，即在会员代表中以20%的比例选出政治素质高、业务能力强、群众基础好的"核心代表"，每逢中心工作或突击任务，即召开"核心代表"会议动员部署，开展比学赶帮超劳动竞赛，组织"五好职工"（政治思想好、完成任务好、生产技术好、劳动纪律好、团结互助好）评比，激励广大职工争先创优。1983年起，各种形式的劳动竞赛活动势头渐盛，农业战线以争取优质高产、多交产品为主，工业战线则以优质、安全、低耗、高效为主，活动形式有达标竞赛、立功竞赛、技术比武、争做岗位标兵等。1986年起，各农场分别在家庭农场之间、厂队之间、班组之间开展对口赛，进行"合格班组、先进班组、模范班组"升级评选表彰活动。1995 年，各场在农业战线开展"五大户"（即种粮、种棉、种油料、种甘蔗和养鱼大户）和"六能手"（种粮、种棉、种油料、种甘蔗、养猪和养鱼能手）的竞赛评比活动，在工业战线开展"革新挖潜、增产节约"竞赛。

2007 年，区总工会组织一支 16 人的队伍参加益阳市第三届职工职业技能竞赛，获得中级组钳工第一名、焊工第三名。2016 年后，围绕全区"十三五"重点工程建设项目，区总工会组织开展劳动和技能竞赛，先后有 5 个集体获得市级"五一劳动奖状"和"工人先锋号"，13 人获市级"五一劳动奖章"和"五一先锋"称号。2016—2020 年，区总工会连续 5 年开展以安全生产标准化治理为内容的"安康杯"竞赛活动，共有 14 家企业、2000 多名职工参赛。

二、职工之家

1986 年，各级工会按照全国总工会的统一部署要求，开展"整顿工会组织，建设职工之家"活动，从场地设施、经费和制度保障等诸方面推进"职工之家"标准化建设。1989 年，经益阳地区总工会检查验收，5 个农场工会均获得"职工之家"合格证书；各科级工会分会和企事业单位基层工会的"职工之家"，经各场工会验收，近 80％达到合格标准。

建区后，各级工会组织"模范职工之家"创建活动，先后有 2 家基层工会入选省级"模范职工之家"，7 家获评市级"模范职工之家"，3 个工会小组获得"模范职工小家"荣誉。在此期间，区创建劳模创新工作室 6 个，其中市级 1 个。2016 年起，区工会实施"一户一产业工人"培养工程，建立培养工程示范点 3 家，5 年共培训困难职工和农民工 6000 人次，近 5000 人实现就业。

三、维权帮扶

各农场工会组织建立后，按照国家有关规定，会同农场行政制定并完善职工生活福利待遇的管理办法，对职工的生、老、病、死、伤、残等方面的待遇享受作出具体规定，明确权益。对困难职工进行救济补助，各场工会每年用于困难职工救助款项数万元。建区后，各级工会推行用工集体合同、工资专项集体合同的签订，深入企业进行工资集体协商宣传，指导用人单位建立集体协商机制。至 2020 年，区内单个企业签订工资集体协商协议 19 家、员工 1361 人，行业企业签订协议 36 家、员工 1232 人，建制数达到已建工会组织企业数的 95％、规范率 45％。2007 年区总工会成立帮扶中心，建立困难企业、困难职工档案库，完善工作制度，实行动态管理，组织开展"春送岗位、夏送清凉、金秋助学、冬季送暖"帮扶活动，项目有职业培训、就业指导、法律援助、助学救助、生活救助、医疗救助等，每年帮扶资金近 50 万元。2019 年，受理法律援助 15 件，为职工挽回经济损失 46 万元；处理工资拖欠投诉案件 26 起，涉及农民工 720 人，督促用人单位发放农民工工资 700 多万元。2012—2020 年，区总工会共救助困难职工 1280 余人次，发放专项救济资金近 200 万元。

四、文体活动

各场职工的文体活动主要由工会组织开展。各场建立不久，先后建成工人俱乐部，后陆续改建扩大，分别可容纳 1000～1400 人，每年放映电影和组织歌舞戏曲演出四五百场次。工人俱乐部还附设有游艺场、录像室、棋牌室、灯光球场、旱冰场、门球场、乒乓球室和图书阅览室，总场开设图书馆，各下属单位设有规模不等的图书室，供职工阅读学习。1983 年起，各场工会配合相关单位多次举办职工书法、美术、摄影、歌咏等比赛活动。每年国庆节前后工会举办职工体育比赛，项目多为篮球、羽毛球、乒乓球、象棋、围棋、拔河等。各场篮球队之间经常相互邀请进行友谊比赛或参加邻近县市的比赛活动。

2000 年后，区总工会以丰富职工业余生活、促进职工身心健康、增强工会凝聚力为重点，牵头开展丰富多彩的职工文体活动，各级行政企事业单位职工和城乡居民广泛参与。区总工会还经常组织球类、棋类比赛，每 3 年左右进行一次书画摄影比赛，结合重大节日和重大庆祝活动开展歌咏、知识抢答、演讲、广场健身舞、千人环城跑。2016 年区总工会组织百人合唱团参加全市职工合唱比赛，获得二等奖。2016 年起区总工会连续举办 5 届职工气排球赛，每届参赛队达 30 支以上。2019 年 4 月区总工会组织"我和我的祖国"职工同声唱活动，参加人数达 6000 余人。2020 年 7 月区总工会开展"相约大湖，以书为媒"青年联谊活动，100 名青年才俊参加。每年春节前夕区总工会开展"心系职工迎新春送春联"活动，每次选出派送优秀春联 2000 多幅。

第四节　老龄工作和关心下一代工作

一、老龄工作

1987 年，各场相继成立老龄工作委员会（以下简称老龄委），各科级单位相应建立老龄工作领导小组，生产队由工会主席抓老龄工作。各级老龄工作组织注意抓好老龄工作日常事务，注重调查研究，落实离退休人员待遇，保证老有所养；开展老年人文体活动，使之老有所乐；倾听老人呼声，敬老尊老，维护老年人合法权益。

1988 年，各场老龄委分别开展"老有所为精英奖"和"敬老好儿女金榜奖"评比活动。金盆农场姚汉泉、李菊凡、金桂香分获地区老龄委和地区农经委奖励。同年，各场进一步落实离休干部政策待遇，为每位离休干部发放报刊资料费，赠送一份《湖南老年》杂志，建立健康档案，每年体检一次；在医院设立老干病室，方便老干部就医疗养。建立老干活动室，组织离退休干部开展文娱体育活动。

1989 年，地区开展老龄工作优秀单位、优秀工作者"双优"竞赛活动。金盆农场二分场被评为地区"双优"先进集体，宋德华被评为先进个人。

1986 年至 1990 年，北洲子农场先后 3 次组织工龄在 30 年以上的老工人到农场职工医院疗养。1991 年至 1995 年，各场每年组织一批老工人、老干部、农业高产户代表，到南岳、张家界等地旅游。

1989 年首届老人节，各场召开广播会、联欢会，悬挂横幅张贴标语进行宣传、庆祝，共有 3000 多名老人参加活动。各场老龄委利用各种形式宣传党和国家老龄工作的方针政策，购置有关老龄工作文件选编书刊发放到基层单位，推动宣传学习活动。此后，每年重阳节、元旦、春节等重大节日，总场老龄委均组织离退休老同志座谈会、联欢会，并登门看望老人，送上节日慰问金。

建区后，区成立大通湖区老龄委，设主任、副主任和委员若干名，实行主任负责制，主任由区级领导兼任。在区社会发展局设老龄委办公室，制定和落实老龄事业政策措施，开展老龄人现状调查，督促各级机构做好维护老年人权益保障工作。

每年春节之前，区委、区管委会组织各级各部门开展察民情、送温暖活动，安排专项资金对离休老干部、原农场退休处级干部、老劳模、老党员、老复退军人、五保户、特困老职工和高龄城乡居民等进行慰问。

2014 年，区投资 994 万元兴建占地面积 7500 平方米、建筑面积 3500 平方米的大通湖区老年活动中心，设图书馆、棋牌室、健身房、乒乓球室、歌咏室等活动场所。2016 年 9 月，区成立大通湖区老年大学，招收学员 120 余人。开设书法、电脑、武术太极、舞蹈、红歌合唱等 7 个兴趣班，兼职教师 12 人。2018 年 3 月，区仁爱康复医院开办医养结合项目，设置健康养老床位 50 张。2020 年 5 月，区实施"银龄安康工程"，由财政出资 682 万元为全区 668 名"四类老人"（70 周岁以上建档立卡贫困老人、60 周岁以上五保户、失独老人、省部级以上劳模）每人购买一份老年意外伤害保险，另有 900 多位老年人个人出资参加该项保险。

至 2020 年底，全区有 60 周岁以上老年人 2.36 万余人，占全区总人口的 21.7%。其中失能（伤残）老年人 2550 人，占老年人口数的 10.81%；空巢（独居）老年人 1673 人，占 7.09%。老龄事业的各项政策基本实现全覆盖。

二、关心下一代工作

各场建立后，分别在职工子弟学校组建中国少年先锋队，在小学生中发展少先队员，安排辅导员组织开展少先队活动。1988 年，各场先后成立"关心下一代协会"（以下简称关协），工会兼管关协工作，组织培训关协会员，普及儿童教育及家庭教育常识，发动全社会关心儿童教育事业。场属科级单位建立分会，由党组织书记负责。各生产队、厂、学校等单位成立小组，由团支部书记负责。1989 年，北洲子农场关协动员全场职工捐资兴建幼儿园。同年 5 月，金盆农场关协被评为地区关协工作先进单位。1990 年后，各场关协配合学校、家庭、共青团在青少年中广泛开展做"四有"新人、"学雷锋""学赖宁"活动，引导青少年积极向上，做有理想、有文化、有道德、有纪律的一代新人，同时特别注意做好失足青少年的疏导、转化工作。

2000 年，区成立大通湖区关心下一代工作委员会（以下简称关工委），在各镇和教育系统成立分会。区关工委每年召开主任、秘书长、成员和学校负责人联席会和工作布置会，研究安排部署关工委工作，落实市关工委年度考核指标和各项任务。各学校每年 3 月组织学生开展"雷锋在我们身边"主题教育和学校法制、安全教育月活动，经常开展安全自查，做好校舍、设施设备维修，检查加固体育器材及其他露天设施，消除安全隐患。

2007 年起，区关工委协同文化、市场监督、公安等部门不定期突击整治校园周边网吧、餐饮、图书等门店，在区一中建立预防青少年犯罪教育基地，为青少年成长营造良好环境。

2008 年，区关工委维护女童受教育权利，扩大"春蕾计划"救助面，发动机关单位和个人捐款捐物献爱心，为 25 名贫困女童、3 名贫困女大学生提供 2 万多元救助资金。此后，"春蕾计划"救助行动一直延续。

2016—2020 年，区关工委组建关工委家庭教育讲师团，在区一中和各中心学校分别建立健全教育、关工委工作机构，确定专人负责学校关工委工作。区关工委持续动员社会各界人士关心青少年健康成长，所捐款物全部用于教育、关工委事业。

第二章　共　青　团

　　各农场在建立之初，即成立共青团组织，并随形势发展逐步发展壮大，在农场垦殖建设和各项政治运动中，发挥着党的助手作用和生力军作用，为党组织输送了新鲜血液。1979 年起，各场整团建团，恢复和健全各级团组织，加强队伍建设和制度建设，每 3～5 年召开一次团员代表大会，组织广大团员青年围绕改革发展建功立业，发挥青年突击队的作用。2000 年，5 个农、渔场团委会共有团总支 58 个、支部 385 个、团员 5110 人。建区后，区逐步建立完善各级共青团组织，以培养"四有新人"为己任，组织开展各类活动，引领团员青年建功新时代，涌现出了一批先进集体和先进个人。2020 年，共青团大通湖区委共有基层团组织 154 个，其中学校领域团支部 80 个、团员 1752 人。

第一节　机构队伍

　　1950 年，大通湖蓄洪垦殖管理处有新民主主义青年团员 8 人，团小组直属省农林厅团支部领导。1951 年春，农场团支部建立，属南县团委领导。同年 8 月，新民主主义青年团大通湖农场委员会正式成立，直属常德专区团工委领导，有 6 个团支部，团员 200 人。1956 年团员发展到 1496 人，设 6 个团总支、37 个团支部、181 个团小组。1957 年新民主主义青年团改称中国共产主义青年团。1962 年有团员 1835 人，设团总支 16 个、支部 149 个，同年底析出北洲子、金盆两场后，有团员 977 人，设 7 个团总支、75 个团支部。千山红农场于 1959 年 6 月建立团委会，有团员 240 人，设团总支 4 个、团支部 17 个、团小组 32 个。金盆农场于 1962 年底成立团委会，设 4 个团总支、26 个团支部，有团员 324 人。北洲子农场于 1963 年 1 月成立团委会，设 17 个团支部，有团员 268 人。1978 年 12 月中共十一届三中全会后，区恢复和健全共青团各级组织，新发展了一批团员。至 20 世纪 90 年代初，各农、渔场共有团员 7200 多名，为 1978 年的 195%。2000 年农场体制改革前，5 个农、渔场团委会共有团总支 58 个、团支部 385 个、共青团员 5110 人。

　　建区后，大通湖区团委（以下简称团区委）成立，设副书记 1 人，归隶区委党群工作部。2002 年，各镇设立团委会，社区和工厂企业建立团总支，基层单位建立团支部，共有共青团员 5600 多名。2018 年 7 月，共青团区委出台《共青团大通湖区委改革实施方案》，配团委兼职副书记、挂职副书记各 1 名。共青团区委在区社会发展局成立团工委，明确专人负责教育、卫生系统的共青团和少先队工作。2019 年 3 月机构改革，共青团区委与区委组织部实行机构综合设置，明确团区委书记配备为乡科级正职，实配"专、兼、挂"副书记 3 人。2020 年 12 月，全区入驻云平台"青年之家"3 家，入驻注册"网上共青团·智慧团建"系统的团组织 154 个，其中基层团委 9 个、团工委 2 个、团支部 108 个、毕业生团组织 35 个。学校领域共有团支部 80 个，共青团员 1752 人。

第二节　代表大会

1953 年 4 月 6—7 日，大通湖农场召开首次团代会，选举产生团委会，下设组织部、宣传部，有团员 333 人，占青年职工总数的 29.5％。1955 年、1957 年、1960 年分别召开了第二至四次团代会。1962 年 3 月农场召开第五次团代会，设总支 16 个、支部 149 个，团员 1835 人。千山红农场、金盆农场分别于 1959 年、1963 年召开首次团代会。北洲子农场于 1963 年成立团委会，同年 2 月召开团支部书记联席会。1964 年 11 月，千山红农场召开第二次团代会。1965 年，金盆、大通湖农场分别召开第二次、第六次团代会。1972 年 4 月，按照上级部署要求，各场先后召开团代会，按照培养无产阶级革命事业接班人的条件，选举产生新一届团委会，并布置基层组织的整建工作。1979 年区逐步恢复和健全各级团组织后，各场团代会一般 3～5 年召开一次，每次大会除履行换届选举等程序外，都会提出新的中心任务，如文明礼貌宣传教育、普法知识竞赛、扶贫助残献爱心、突击中心工作、健全少先队组织等，并开展活动。建场至 2000 年，大通湖农场共召开团代会 13 次，千山红、金盆农场各 8 次，北洲子农场 6 次，大通湖渔场 5 次。

2000 年后，大通湖团委为区委组织部门的内设机构，未形成代表大会制度。各镇基层团组织按照章程要求如期进行换届或补选，至 2020 年，各镇团委书记均由镇党委的组织委员兼任。

第三节　工作活动

1953 年，大通湖农场团委建立团支部生活会制度，坚持每月上两次团课，讲授团的基本知识，提高团员青年的政治觉悟，激励其积极向上、奋勇当先。该年团员中被评为农场劳动模范的有 43 人，占全场劳模总数的 36.6％。1954 年有 33 名团员加入中国共产党，占全场党员发展总数的 60％。至 1962 年，农场团委先后组织 100 多个青年突击队，在急难险重紧要关口当先锋、攻"堡垒"，涌现出大批积极分子和一批"火车头青年组""模范青年突击队"。1963 年冬，金盆农场团委组织团员青年利用工余时间奋战一月，将 100 亩荒洲改造成良田。1963 年 12 月 8 日，千山红农场五分场采莲队团支部组织团员青年，冒着狂风暴雨，5 次冲入波涛汹涌的大通湖，抢救出 6 名翻船遇险的部队战士。1963 年至 1966 年，北洲子农场团委组织开展"四爱"（爱党、爱国、爱社会主义、爱劳动）及"五好青年"等评比活动，先后评选出"四好团支部"10 个、"五好青年"300 多名。

1979 年后，各场团的活动以献身社会主义现代化为中心，先后开办多所业余团校和政治夜校，增长广大团员青年才干。在争当"新长征突击手"活动中，大通湖农场团委发动团员青年开展义务劳动，共垦荒地 447 亩，增产粮食 33.5 吨，饲养生猪 298 头，均无偿贡献给国家。金盆农场一分场二队团支书易杜良，潜心钻研甘蔗高产栽培技术，创亩产 12 吨的湘北蔗区最高单产纪录，并毫无保留地将技术经验传授给他人，1980 年被共青团中央授予"全国新长征突击手"称号。1981 年起，各场团委牵头组织开展"五讲四美""三热爱"活动，深入持久地推进文明礼貌活动和学雷锋活动，配合相关部门开展"扫黄""除六害"斗争及全民普法教育等，在加强社会主义精神文明建设中发挥了重要作用。1989 年，为向中华人民共和国成立 40 周年献礼，各场团委组织广大团员青年参加共青团益阳地委"兴益杯"立功竞赛，金盆农场二分场团总支获"地区先进集体"荣誉称号，王辉、邓彩霞、马宏志等 3 人被共青团湖南省委授予"优秀团支部书记"称号。1991 年，共青团益阳地委授予大通湖渔场"共青团工作先进单位"称号。

2000 年建区后，区共青团组织以培养"四有新人"、弘扬社会主义核心价值观为己任，先后组织开展"我与祖国共奋进""立足岗位，成长成才""青春心向党，建功新时代""凝聚青春力量，决战脱贫攻坚"等多种主题教育实践活动，协同文化、公安等部门持续开展校园周边环境整治，形成齐抓共管格局。团区委组织举办预防青少年犯罪知识抢答赛，在区一中建立预防青少年犯罪教育基地，教育引导广大青少年"扣好人生第一粒扣子"，成立青年咨询团和志愿者队伍，服务于各类公益事业。

2010 年，团区委联合湖南农业大学团委建立校区合作的农技扶助长效机制，在"湖南香稻第一村"金盆镇组建 7 支志愿服务团队，为发展香稻产业、促进粮食增产增效提供技术支持。2016 年 4 月，团区委广泛动员团员青年、少先队员和社会各界参与希望工程"一元捐"公益助学活动，共募集资金近 4 万元，助学帮扶贫困家庭学生 50 多人。2020 年上半年，发动广大团员青年组成"青年突击队"，参与疫情防控、复工复产、复学复课等工作。共组织开展 40 场关爱留守儿童活动，覆盖留守儿童 2500 余名，积极宣传推广

"一周一善行"希望工程助学，共募集善款 3.81 万元。开展各类暑期助学活动，共助学 226 人，发放补助 55 万元。

2015—2020 年的 6 年间，团区委先后两次入选全市共青团工作先进单位，有 10 人被评为全市优秀共青团员，9 人被评为全市优秀共青团干部，3 人荣获益阳市青年"五四"奖章，13 个基层团组织入选全市五四红旗团组织，河坝镇团委获益阳市"五四"集体荣誉奖章。

第三章　妇　　联

区内各农、渔场建立初期，均成立妇女联合会（以下简称妇联），独立行使有关工作职能。1982年，各场妇联工作并入工会，成立女工委员会。1986年实行"两会合一"后，女工委员会通过选举改建为工会女职工委员会，分场、场直属企事业单位建立分会，厂队级单位设女工主任。各级妇女组织广泛开展"四自"宣传教育，积极维护妇女儿童合法权益，组织妇女争先创优，开展"五好家庭""三八红旗手""双学双比""巾帼建功"等竞赛活动，在农垦事业建设发展中发挥"半边天"作用。2000年建区后，区重新组建区妇女联合会，并逐步完善各级妇联组织。至2020年，全区有4个镇妇女联合会、38个村（社区）妇女联合会。各级妇联围绕服务改革发展、改善和优化妇女儿童生存发展环境、维护妇女儿童合法权益、增强妇女创业就业能力等重点，组织开展形式多样的有益活动，先后有多个集体、多名个人获得市级以上各种荣誉和表彰奖励。

第一节　组织机构

大通湖农场1956年成立家属委员会，作为管理职工家属的妇女组织，归场工会领导。1958年妇女劳动力增至1842人，各分场设家属分会，各生产队设不脱产的家属主任1人。1960年农场妇女联合会成立，工作对象从职工家属扩展到包括女职工在内的全部妇女及儿童。农场妇联设主任1人、专干3人；各分场成立分会，设主任1人，生产队家属主任改称妇女队长。千山红农场于1959年成立家属委员会，1961年1月成立妇女联合会，1963年并入场工会设为妇女工作委员会，1965年从工会中析出，恢复妇女联合会。金盆、北洲子农场均在1963年之初建立妇女联合会，场属单位相应组建妇联组织。1982年，鉴于绝大部分妇女劳动力已转为职工，各场妇联工作并入工会，成立工会女工委员会。1986年前后，各场分别召开女职工代表大会，选举产生农场工会女职工委员会，设主任1人、专干2~3人，分场和场直属企、事业单位成立女职工分会，设主任1人，厂队级单位设女工主任1人。此后，女职工组织架构保持不变。

2000年后，按照党政机构综合设置和精干高效原则，区妇联日常工作由区委党群部群团办承担，对外使用大通湖区妇女联合会牌章，主席由区委任命。各镇和区直机关事业单位明确1名领导班子成员分管妇联工作，设兼职工作人员1人。各行政村（社区）均建立妇女委员会，各设主任1人。2016年并村改革后，村（社区）妇女委员会由88个减至38个。2017年6月，根据群团体制改革要求，各镇正式成立妇女联合会，分别召开第一次妇女代表大会，各选举产生妇女联合会第一届执行委员会委员25人、主席1人、副主席2～3人。村（社区）妇女委员会同时改建为妇女联合会，通过妇女代表会议选举产生执委15名、主席1人、副主席2人。2018年，区完善妇联干部配备，增设兼职副主席2人。

第二节　工作活动

1966年以前，各场妇联的主要工作是统一管理职工家属，组织妇女参加扫盲教育和政治、文化、技术学习，调处疏解职工家庭矛盾，围绕拓荒垦殖和生产建设中心组织搞好后勤管理服务，突出办好公共食堂和婴幼儿童看护管理，解决职工的后顾之忧。1973年，大多数农业生产队成立"三八作业组"或"三八科研组"，试验与推广新技术，促进农作物高产丰收。1979年，大通湖农场妇联组织"百亩银花赛"活动，攻克棉花低产难关。全场71个生产队都组建"银花组"，参赛女职工778人，赛区种棉7113亩，单产比全场平均水平高92.6%。

1980年起，各场妇女组织广泛开展以"尊老爱幼、勤俭持家、团结和睦、遵纪守法、勤劳致富"为内容的"五好家庭"和"三八红旗手"竞赛活动，并在每年"三八妇女节"前夕，评选"五好家庭""三八红旗手"和优秀妇女工作者。千山红农场女职工皮银秀，十年如一日奉养一名孤寡老人，1984年其家庭被全国妇联授予"五好家庭"称号。金盆农场1983—1990年共评出"三八红旗手"197名、"五好家庭"1658户。大通湖农场1986—1987年两年内评出"三八红旗单位"32个，"三八红旗手"104名，"五好家庭"828户；历年来有4人被评为全国"家属积极分子""三八红旗手"和"五好家庭"先进代表，28人被评为省、地先进个人。

1989年，各场成立"双学双比"协调小组，组织广大妇女"学文化、学技术、比成绩、比贡献"。金盆农场二分场五队女工主任陈春娥，连续3年上交粮食超万斤，被评为益阳地区劳动模范；一分场四队女工主任刘桃秀，十几年为群众义务看病打针，不收分文，获益阳地区"双学双比"先进个人荣誉。千山红农场女职工孙传珍，自家庭承包经营以来，年均上交稻谷超5吨、甘蔗40多吨，1994年获授"全国农业劳动模范"荣誉称号。

各场妇联或女工组织始终重视维护妇女合法权益、保护妇女身体健康。在生产工作中，对妇女实行"三调三不调"的保护措施：经期调干不调湿，孕期调轻不调重，哺乳期调近不调远。产期按规定并结合计划生育政策给予照顾，凡符合晚婚并响应独生子女号召者，产假120天左右，工资奖金照发。每两年对妇女进行一次妇科保健普查，有病者进行治疗。

2000年后，全区各级妇联组织持续开展家庭文明创建，组织文明家庭、五好家庭、书香家庭、绿色家庭、最美家庭评选，先后有49个家庭入选省、市级文明家庭和最美家庭。2007年，区妇联以维护妇女儿童合法权益为重点，扩大"春蕾计划"教育救助面，推进女性特殊保险工作。年内救助贫困家庭女学生18人，完成妇女特殊疾病（两癌）保险1234人，保费1.9万余元，其中200名贫困妇女免费参保。

2008年起，区妇联组织深化"巾帼建功"活动，周冬媛入选湖南省"巾帼创业明星"，殷润良被评为全国"三八红旗手"，宋梅、郭玲获评2020年度"最美巾帼奋斗者"，区税务局第一税务所获评湖南省"城乡妇女岗位建功"先进集体。

2015年，区妇联牵头成立大通湖区婚姻家庭纠纷调解委员会，在区政务中心设咨询调解室，有专职婚调员2人。至2020年，咨询调解室共接待婚姻矛盾纠纷咨询对象1001对，调解884对、调和117对，未调和对象均和气分手，有效化解了家庭婚姻矛盾。

2016年后，在每年的"三八"维权周、6·26禁毒日和宪法宣传周，区妇联组织各级妇联深入村（社区）宣传普及"反家庭暴力法、婚姻法、妇女儿童权益保护法"及禁毒防毒等相关知识。至2020年，共发放宣传资料4万余份、举办专题法制讲座9堂、推送法治宣传微页300多条。

2017年，区启动农村和城镇低保适龄妇女"两癌"免费检查，至2020年共检查1.3万例次。查出的"两癌"患病妇女被录入全国农村妇联"两癌"数据采集系统，37名患者共获得全国妇联、省妇联救助金38万元。

2017—2020年，区妇联牵头开展巾帼志愿者服务活动120场，涉及春运"暖冬行动"、交通文明劝导、疫情防控公益心理援助、人居环境整治及扶贫帮困等，受益群众1万余人。区妇联开展"大手牵小手、点亮微心愿""情暖童心、牵手成长"等关爱留守儿童活动30场，覆盖留守儿童2000多名。

2020年，区妇联织密儿童安全教育防护网，为7964名儿童建立基础信息名册，对儿童进行安全教育，开展防溺水、防性侵知识讲座7场次，覆盖1000个儿童家庭。引进《智慧家长引领孩子未来》《弘扬文明家风、共建幸福家庭》等精品课7堂，为全区800名家长进行家庭教育指导。组织区心理咨询师协会开展线上、线下儿童教育心理辅导，400多名家长或监护人受到启迪。同年，区妇联与区人居环境整治办联合发出"万人治脏、家园清洁"行动倡议书、《人居环境整治村民自治承诺书》万余份，逐级开展"美丽农户"评选活动，年内共评选出镇级"美丽农户"100户、区级"美丽农户"4户。组织各级妇联执委开展"户帮户亲帮亲互助脱贫奔小康"活动和3+1帮扶行动，全区38个村（社区）570名执委结对帮扶156名建档立卡贫困户，为贫困户捐赠2万多元现金和200多件生活用具。

中国农垦农场志

第十编

法制与国防事务

中国农垦农场志

第一章　治安管理

　　区内各农场自建场后分别成立农场公安派出所，与农场保卫科合署办公，行政上隶属农场领导，业务归口所在县公安局。1981 年，大通湖渔场设立南县公安局沙堡洲公安派出所。1983 年 8 月后，各农场开展严厉打击严重刑事犯罪分子斗争和多种专项整治斗争，维护社会治安秩序，保护国家利益和人民生命财产安全。1998 年 9 月，各农、渔场派出所纳入行政公安派出所序列，共有正式干警 27 人。2001 年底益阳市公安局大通湖分局正式成立，担负起全区治安维护、刑事侦查、户政管理、交通管理等各项职责。2009 年分局组建人口与出入境管理大队，开始独立办理公民出入境证照审批发放。2011 年起，分局以开展专项行动为抓手，集中警力依法打击各类违法犯罪活动。2020 年，分局下设 11 个队、室、所，另辖 6 个派出所，共有在编干警 97 人、辅警 84 人。2001—2020 年，共查处治安案件 5282 起，侦破各类刑事案件 2010 起。

第一节　机构队伍

　　1950 年 12 月，大通湖公安派出所成立，行政隶属大通湖蓄洪垦殖管理处，业务归口南县公安局，有干警 4 人。1951 年成立大通湖特区后，派出所归属特区政府和常德专署公安处双重领导，承担特区政府所辖大通湖农场和 13 个建制乡的公安工作。1952 年 1 月，派出所改为特区公安科，干警增至 13 人。1953 年 6 月，大通湖特区改为南县大通湖区，特区公安科拆解为南县公安局大通湖派出所和大通湖农场保卫科。农场保卫科履行农场辖区内公安职能，业务上隶属常德专署公安处，有干警编制 7 人。

　　1959 年 3 月，地方国营千山红农场成立，设武装保卫科，1961 年改为人事保卫科，1962 年单设保卫科，负责农场治安保卫工作，协助沅江县草尾派出所管理公安工作，有干警编制 5 人。

　　1962 年底，大通湖农场析为大通湖、北洲子、金盆等 3 个农场。翌年 3 月，经益阳专署公安处批准，区内各农场建立公安派出所，与农场保卫科合署办公，业务隶属所在县（南县、沅江）公安局，各有编制 5～7 人。

1973 年 9 月，益阳地区公安处决定撤销各农场公安派出所，保留农场保卫科，为农场内部保卫职能机构。1974 年 8 月，各农场公安派出所恢复，业务仍归口所在县公安局领导。

1981 年 8 月，经益阳地区公安处批准，大通湖渔场设立南县公安局沙堡洲派出所，干警编制 5 人，负责大通湖渔场安全防范和治安管理，协助南县公安局侦办涉大湖水域的各种案件。1986 年，大通湖渔场成立保卫科，与派出所合署办公，编制增至 8 人。

1988 年，各农、渔场按照益阳地区公安处要求，将场属科级单位的保卫干事纳入农场公安干警编制，统一配备警服枪械警具，区内干警规模达 110 人。1998 年 9 月，根据省人民政府《关于湖南省企业事业单位公安机构体制改革中录用人民警察的实施意见》，大通湖、北洲子、金盆、千山红、沙堡洲 5 个派出所正式纳入行政派出所序列，共定编 28 名，并与各场保卫科分设。南湾湖军垦农场则由沅江市公安局派驻 1 名干警。1999 年，益阳市人事局在各场干警中统一招收行政编制干警 27 名，分配到各场派出所。至 2000 年春，各农、渔场共有公安干警和保卫干部 55 人。

2000 年 9 月建区后，区开始筹建益阳市公安局大通湖分局。2001 年 12 月，分局正式挂牌成立。公安分局实行双重领导，行政归口属地，业务上接受益阳市公安局领导。其内设机构有办公室（加挂指挥中心、行政装备财务科牌子）、政工室、户籍管理室、法制办公室、纪检监察室（加挂警务督察室牌子），2004 年增设户政科；下设机构有治安巡逻警察大队（加挂经济文化保卫科牌子）、刑事警察大队（加挂国内安全保卫警察大队、出入境管理科、经济犯罪侦查大队、禁毒大队、区禁毒办等牌子）、交警大队（加挂益阳市公安局公路巡逻民警支队大通湖大队牌子）；直属机构有治安拘留所、收容教养所；派出机构有河坝、北洲子、金盆、千山红、南湾湖、沙堡洲 6 个派出所。全局共有干警 98 人。经几次改革调整，至 2020 年，公安分局下设 10 个队室，即指挥中心（加挂警令室牌子）、纪检监察室（加挂警务督察大队牌子）、政工室、警务保障室、执法监察大队、国内安全保卫大队（加挂"610"办公室牌子）、治安管理大队、刑事侦查大队（加挂经济犯罪侦查大队、禁毒大队、区禁毒办牌子）、交警大队、人口与出入境管理大队（加挂区流动人口管理办公室牌子），辖 6 个派出所，有直属机构治安拘留所。分局共有在编干警 97 人、辅警 84 人、工勤事业编人员 5 人，其中局长、政委和副局长共 7 人。2012 年起，区公安分局局长同时任区管委会副区长。历任局长为：周建军（2001 年 12 月—2004 年 7 月）、刘建芳（2004 年 7 月—2008 年 10 月）、颜建波（2008 年 10 月—2012 年 10 月）、郭清平（2012 年 10 月—2016 年 1 月）、吴灿（2016 年 1 月—2020 年 12 月）、肖文（2020 年 12 月—）。

第二节　管理工作

大通湖地区各农、渔场建立后，所属保卫科、派出所把内保、治安工作作为工作重点，维护经济社会秩序。分场建立治安领导小组、厂队设治保会，由总场干警、分场保卫干事、厂队治保主任组成三级治安管理网络。各场保卫、公安部门对旅社、文化网点、废旧物品收购站、印铸刻字和修理门店等特种行业，均依法、依规章制定相应的行业管理办法，实行治安管理责任制。1984年起，对于车站、码头、影剧院、歌舞厅和集贸市场等人员相对集中场所，各农场由民警率领治安保卫人员，组成治安巡逻队进行巡查执勤，及时处置各类矛盾纠纷和治安突发事件，维护公共安全。大通湖农场在1956—1992年的37年中，共发生各类治安案件4649起，查处3774起，查处率81.2%。金盆农场1963—1990年共查处流氓滋事、打架斗殴、赌博偷盗等各类治安案件864起，收审和行政拘留213人。大通湖渔场1981—1997年共查处治安案件238起。1983年9月，按照中共中央"严打"精神，各农、渔场成立整治社会治安秩序领导小组，由党委副书记挂帅，以保卫科、派出所为主力，人武部、工会等部门配合，发动广大干部群众开展声势浩大的"严打"斗争。此后，各场对各类违法犯罪行为一直保持高压态势，快侦快办，依法打击。至1995年，各场共查处偷摸盗窃、破坏经济秩序、扰乱社会治安案件2000余起，依法惩办30多人，促进了社会治安秩序持续好转。

2000年后，区成立社会治安综合治理领导小组，与区委政法委合署办公，各镇（办事处）相继成立综治办，村（社区）建立治保会、警务室，形成齐抓共管、群防群治的三级社会治安综合治理网络。区公安机关发挥主力军作用，加大对破坏社会秩序治安案件的查处打击力度，维护社会稳定。2001—2008年，区公安机关共查处各类治安案件1062起，治安拘留、行政处罚、治安罚款、治安警告等处理1796人次，抓获吸毒人员95人次，捣毁吸毒窝点3个，强制戒毒58人次。2009年，区公安机关开展社会治安整治行动，查处治安行政案件57起，行政拘留68人。2010年开展"夏季社会治安整治行动"和"冬季行动"，查处治安案件164起，治安拘留204人，强制戒毒29人，缴获火枪气枪17支、气枪子弹3300多发。2012年开展打击游戏机赌博专项整治行动，破获游戏机赌博案5起，缴获捣毁赌博机具30台。2011—2015年共查处各类治安行政案件1670起，处罚1350余人次；捣毁吸毒团伙3个，行政处罚吸毒人员360人次，强制戒毒116人次，社区戒毒79人次。2016年，区公安机关开展"收缴整治枪爆物品专项行动"，获评全省成绩突出单位。2020年，办理行政案件310起，行政处罚245人。

2001—2020 年，区公安机关累计受理查处治安、行政案件 5282 起，处罚 3455 人次。

第三节　刑事侦查

1998 年前，各场的公安派出所属国营厂矿企业派出所性质，不具备独立刑事侦查的职能，各农场发生的刑事案件，均由所在县市公安机关侦办、农场派出所协助配合。1956—1992 年，各场发生各类刑事案件 1587 起，破获 1221 起，破案率 76.94%。金盆农场派出所于 1963—1990 年协助南县公安局侦破各类刑事案件 694 起，抓获犯罪嫌疑人 832 名，挽回经济损失 100 多万元。1981—1997 年，大通湖渔场派出所协助破获各类刑事案件 219 起，还为外地查破漏案 54 起。在 1983 年 9 月开始的严厉打击刑事犯罪的专项斗争中，五大农、渔场坚持"从重从快""坚决打击，一网打尽"的方针，侦破各类刑事案件近 100 起，依法惩办各类犯罪人员 90 余名。嗣后，各场对刑事犯罪活动一直保持高压态势，发案率明显下降。

建区后，区公安机关持续加大对各类违法犯罪活动打击力度，保护人民生命财产的安全，维护社会稳定。2001—2010 年，区公安机关共立案各类刑事案件 1063 起，破获 714 起，破案率 69.7%；协外破案 46 起。刑拘 458 人，逮捕 259 人，移诉和直诉 273 人抓获各类逃犯 65 人。摧毁抢劫盗窃团伙 13 个，抓获盗窃犯罪嫌疑人近 100 人。2011 年起，区公安机关以开展专项行动为抓手，集中警力依法打击各类犯罪活动。2011—2015 年，先后开展"冬季行动""春季攻势""百日攻坚""清网行动""打四黑除四害""打击盗骗毒，全力保民安"等专项行动，共破案 707 起。刑事拘留犯罪嫌疑人 376 人，逮捕 456 人，打掉盗窃团伙 10 个、抢窃和诈骗团伙各 2 个，捣毁吸贩毒团伙 6 个，抓获涉毒犯罪嫌疑人 61 人，追捕逃犯 31 人。2016 年开展"雷霆·侦破打击大会战"，破获省公安厅交办的"5.13"特大制毒贩毒案，缴获毒品 22 千克、制毒原料 70 余千克；侦破"湖南省洞庭速生丰产林公司利用虚假林权证骗取台胞陈某辉财物案"，抓获犯罪嫌疑人 11 人，扣押违法所得 45.5 万元；侦破"邓某骗取国家农机补贴案"，抓获犯罪嫌疑人 9 人，扣押违法所得 170 多万元。2017 年开展"飓风""利剑"专项行动，现行案件侦破率 47.54%、侵财案件侦破率 44.36%。侦破公安部挂牌督办网络贩枪案，抓获犯罪嫌疑人 16 人，收缴枪支 20 支、铅弹 5000 发。2018 年破获益阳市创维纺织有限公司涉嫌虚开增值税发票案，涉及企业 180 余家，涉案金额 7.4 亿元，骗取国家退税 1.2 亿余元。2019 年开展"云剑行动"，抓获本地逃犯 3 人、外地逃犯 4 人；开展集中打击侵财类犯罪斗争，抓获犯罪嫌疑人 37 人，破获 1 起诈骗案，查扣涉案资金 730 万元；开展黄赌毒专项整治，抓获犯罪嫌疑人

126 人，刑拘 22 人，移送起诉 31 人。2020 年继续开展打击多发性侵财犯罪专项行动，破案 12 起，抓获侵财类犯罪嫌疑人 27 人，追回涉案资金 600 多万元。2018 年起重点开展扫黑除恶专项斗争，至 2020 年共打掉恶势力犯罪团伙和恶势力犯罪集团各 2 个，抓获犯罪嫌疑人 47 人，移送起诉 46 人。2016—2020 年，区公安机关共立案 1349 起，破获 589 件，刑拘犯罪嫌疑人 426 人，逮捕和移送起诉 713 人。

第四节 户政管理

农场户政管理始于 1954 年，各场派出所配户籍民警，负责本场人口户籍管理，隶属各所在县公安局户政部门。户籍管理采取户籍民警主办，分场、企事业单位统计和生产队会计（均为户籍员）协办的办法。常住人口和人口出生、死亡情况，由各单位户籍员逐级上报，派出所户籍民警办理户口登记或户口注销，报所在县户政部门备案。场内人口迁移凭单位调动手续，在各农场派出所办理即可。迁入、迁出农场的，由个人申请、逐级审批，获得许可证后，由农场派出所办理迁移手续，报所在县户政部门备案。每年人口统计数据均报县户政部门汇总。

各场先后经历 5 次人口普查，均由农场派出所及统计部门组织实施，最终数据报至所在县（市）相关部门归口统计汇总。1954 年第一次人口普查，大通湖农场人口归南县大通湖区管辖，人口未作单独统计。1964 年第二次人口普查，各场总人口 47468 人，其中大通湖 20324 人、北洲子 6323 人、金盆 11573 人、千山红 9248 人。1982 年第三次人口普查，各场总人口 73816 人，比"二普"人口增加 55.5%，其中大通湖 27480 人、北洲子 11232 人、金盆 15250 人、千山红 17673 人、大通湖渔场 2181 人。1990 年第四次人口普查，各场总人口 87648 人，比"三普"人口增加 18.7%。其中大通湖 28084 人、北洲子 17208 人、金盆 18922 人、千山红 21066 人、大通湖渔场 2368 人。2000 年第五次人口普查，5 个农、渔场总人口 92910 人，比"四普"人口增加 6%。其中大通湖 31410 人、北洲子 15354 人、金盆 18810 人、千山红 25010 人、大通湖渔场 2326 人。1987 年底至 1988 年初，各场对职工粮户关系进行清理整顿，共为干部职工及家属子女落实非农业粮食户口关系 1.2 万余人。

1984 年实行农业家庭联产承包后，外来务农、务工、经商的流动人口大量增加，流动人口管理成为各派出所的一项重要工作。据大通湖农场 1987 年统计，有外来农业承包户 1022 户 3631 人，外来务工人员 560 人，外来商贸个体户 257 户 771 人，共计外来流动人口 4962 人。千山红农场 1992 年有外来种田、务工、经商的流动人口 4562 人，其中农业承包户3112人、打工经商人员1450人。各场对外来流动人口均采取严格的管理措施，凡来场居住从业人员，需持有原住地公安、计生部门无犯罪、无超生记录证明，经用人单位初审、上级单位审查批准，方可办理暂住证，并由所在单位治保人员和场派出所共同管理。1989年开始，各派出所配合所在县市户政部门，开始为年满16周岁以上的居民颁发居民身份证和外来务工人员临时身份证。

2000年9月建区至2003年，区内户籍管理制度仍维持原状未变。2004年益阳市公安局批准设立大通湖公安分局户政科，接收原各场所在县市管理的各镇所有人口户籍，按照国家户口政策和益阳市《常住户口登记管理实施细则》，严格落户、迁移、出生上户、死亡销户等人口异动手续，对全区常住人口实行制度化、规范化管理。各派出所设户籍员，户籍管理实行微机化，常住人口信息实行电脑联网，进行头像、指纹采集等工作，每年年底做好常住人口统计和上报。2010年第六次人口普查，全区有户籍人口105172人，其中男性52931人，占总人口的50.33%，女性52241人，占49.67%；非农业人口84697人，占总人口的80.53%；农业人口20039人，占19.05%；户口待定的436人。2020年第七次人口普查，全区有户籍人口104625人，其中男性52408人，占总人口的50.09%，女性52217人，占49.91%；城镇居民人口49877人，占47.67%，农村居民人口54312人，占51.91%；户口待定的436人。

随着经济社会发展和就业多元化，许多本地户籍人口外出经商打工，导致区内劳动力严重短缺，大量外籍人口来区内就业创业，流动人口数量逐年增加，2015—2020年，全区流动人口年均1.18万人，占全区常住人口的10%左右。区公安分局户政部门认真做好流动人口登记工作，为流动人口办理暂住证、身份证，帮助符合落户条件的外来流动人口办理落户手续；在区政务中心开设专门窗口，为流动人口办证提供便利；推出户政疑难问题"会商会审"制度，解决好外来流动人口落户难的问题；坚持对外来流动人口实行严格管理、热情服务，在各派出所设流动人口专管员、村（社区）设协管员，层层做好对流动人口的管理服务。2020年为流动人口办理居住证100张、身份证204张，办理落户手续158人。公安分局会同相关部门，加强对流动人口的社会治安、计划生育、婚姻家庭管理及其他社会管理，维护社会秩序和社会稳定。户政部门还坚持按照国家规定，认真做好居民身份证发放工作。

第五节　出入境管理

20世纪80年代后，各场出国探亲、定居、旅游、贸易、留学等人口逐年增加，台港澳同胞及旅居国外的侨胞来各场探亲人员也时有出现，出入境手续和证照的办理由所在县（市）公安户政部门直接负责，各场派出所为其提供出入境人员的相关情况和资料。2004年，区公安分局户政科成立后，即从南县、沅江市户政部门接转区境出入境管理工作职能。2006年区开始独立办理出入境证照。2007年区公安分局治安管理大队下设人口出入管理中队，2009年单独建制为人口与出入境管理大队，负责全区公民出入境管理及出入境证照审批发放。2016—2020年，区先后审发办理出国护照6546份、港澳通行证7860份、台湾通行证720份，年均办证照3025份。其中2020年因新冠疫情影响，区办理出境证照325份，仅为上年的9.8％。

大通湖区2016—2020年出入境证照办理情况见表10-1-1。

表10-1-1　大通湖区2016—2020年出入境证照办理情况表

单位：份

证照年份	2016	2017	2018	2019	2020	合计
出国护照	1577	1659	1701	1471	138	6546
港澳通行证	1771	2086	2189	1647	167	7860
台湾通行证	177	89	246	188	20	720
合计	3525	3834	4136	3306	325	15126

第六节　交通管理

2000年前，区内公路属于企业内部专用公路，未纳入国家公路网，各场公安派出所不具有公路交通行政管理权，农用机动车之外的机动车辆及驾驶员牌证发放、管理、交通执法和事故处理，分别由南县、沅江市交警部门负责。

2001年底，区成立益阳市公安局交通警察支队大通湖大队，为正科级机构，归隶大通湖区公安分局领导管理，加挂益阳市公安局公路巡逻民警支队大通湖大队牌子，下设综合指导中队（加挂法制宣传股牌子）、交通事故处理中队（加挂河坝中队牌子）、交通秩序中队（加挂千山红中队牌子）、车辆管理分所等4个机构。2020年有干警11人、辅警14人。交警大队履行区内公安交通管理职能，对全区700余千米公路的交通安全、2.6万台各类机动车辆和2.1万名机动车驾驶人员实行全面管理。

区交警大队建队后，结合上级公安机关部署的交通安全专项整治行动，坚持定时不定时、定点不定点地上路执法巡查、设卡检查。在节假日，区交警大队每天24小时轮流执勤，维护交通秩序，严查各类交通违法行为。2011年5月酒驾入刑后，交警大队突出抓好酒驾、醉驾的查处，并协同公路、交通运输部门治理超限超载行为。2020年，按照省公安厅要求搭建城市快警平台，打造城区最快1分钟出警的警务新模式。启动"农村派出所管交通"联动工作机制，建设启用千山红交通执法服务站，实现警务前移，加大对农村交通违法管控的密度与力度，解决好农村交通秩序管理难、出警慢的问题。2001—2020年，现场查处交通违法行为3.29万起，非现场查处交通违法行为17.48万起，其中酒驾884起、醉驾65起。2010年以来，共刑事拘留52人、逮捕18人，处理各类交通事故6288起，协同开展治超行动3801次，查处超载货车1700余辆次。

2002年至2020年，区交警大队不断加强交通安全管理硬件建设，在辖区重点路段及各镇主要街道、学校周边、农村主要交叉路口共设置红绿灯15处、电子摄像执法卡口10处、标示标牌1200余块；在省道、县道、乡道与农村道路交叉处等事故高、易发路段共安装双层减速带1000余米，并在区公安技侦楼建起交通安全指挥监控中心。以"放管服"改革为契机，先后推出"互联网加服务"模式，启动PDA查验系统、车管业务自助系统、网上支付系统、自助体检拍照等电子化服务系统，实现群众办理业务"只进一扇门""最多跑一次"。2001—2020年，区交警大队共办理机动车上户2.39万辆，办理驾驶证业务1.56万件次，检测"五小"机动车核发检验标志3.59万辆次。举办驾驶员培训班70余次，受训8000余人，有3745人参加交警大队组织的科目一考试。区加强机动车辆营运专项整治，2017年与交通运输部门统一行动，在全益阳市率先取缔非法营运电瓶观光车。2018年整治黄标车，成为益阳市黄标车整治首个清零区县。2020年开展电动摩托车整治行动，完成省下达电动车上牌任务的109%，在益阳市区县大队中排名第一。

2003年，区交警大队获评湖南省春运道路安全管理先进集体；2006年获评湖南省优秀公安基层单位，湖南省县级公安交警部门执法质量考评先进大队；2012年获评湖南交警系统先进集体；2020年获得益阳市文明单位集体荣誉。

第二章 检 察

各场建立后,检察工作职能隶属所在县检察机关。1987 年,各场按照益阳地区人民检察院的决定,相继设立农场检察室,与农场纪委合署办公。1988 年后,检察室单设,编制 2 人,行政上隶属农场,业务上接受所在县检察机关的领导,主要以办理经济案件为主,开展反贪污贿赂犯罪的检察,配合上级检察机关办理刑事侦查检察案件。2000 年建区后,各场检察机构相应撤销,新组建南县人民检察院大通湖区检察室。2007 年 4 月,大通湖管理区人民检察院正式成立,全面负责区内反贪污贿赂犯罪和渎职侵权侦查、刑事检察、民事行政检察等检察事务。2007—2020 年,区检察院共办理各类职务犯罪案 19 件27 人,审查起诉职务犯罪案 29 件 37 人,受理移送审查刑事批捕案件 630 件、刑事起诉案件 1100 件。2016 年起区检察院开展环境保护、民事行政公益诉讼,建立"两法衔接"平台,构建公平正义的法治环境。

第一节 机构队伍

1987 年以前,各农场涉检察事务均由所在县人民检察院管辖。1987 年下半年起,各农场相继成立检察室,与场纪委合署办公,业务上接受所在县检察院的领导。1988 年起,各检察室与纪委分开单设。1992 年检察室改为检察科,为正科级单位,编制 2～3 人,检察员持益阳地区人民检察院工作证,业务上仍属所在县(市)检察院领导。2000 年 9 月,各场撤场建镇,检察科撤销,区组建南县人民检察院大通湖检察室,为副科级机构,人员3 人,以侦查办理经济案件为主,负责收集案件线索、协助所在县市检察院办理一些刑事案件和其他案件。

2005 年,最高人民检察院及益阳市机构编制委员会相继批复同意设立益阳市大通湖管理区人民检察院。2006 年 8 月,区成立大通湖管理区人民检察院筹备组。2007 年 4 月,区检察院挂牌成立,内设办公室、刑事检察科、职务犯罪侦查局 3 个机构,人员编制 18名,配备检察长、副检察长、纪检组长兼工会主席、党组成员兼职务犯罪局局长各 1 名,并组成检察委员会。2010 年 1 月,新建的办公技侦大楼投入使用。2013 年 11 月,增设案件管理中心。2017年11月，国家进行监察体制改革，检察机关的反贪、反贿赂及职务犯罪预防等职能转隶监察机关，区检察院随转行政编制和副科级职数各1个。2018年1月，区完成县以下基层检察院人财物省管改革。2020年9月，按照湖南省人民检察院关于基层检察院内设机构改革要求，区检察院撤销原有4个内设机构，改设政治部、检察业务部，有政法专项行政编制人员15人，其中员额检察官7人，配检察长1名、副检察长2名、政治部主任1名、专职检察委员会委员1名。历任检察长为：王善谋（2007年3月—2012年10月）、万红美（2012年10月—2016年9月）、谭铁军（2016年9月—2020年6月）、曹金辉（2020年6月—）。

第二节　检察事务

1987年，各场检察室组建以后，以打击经济领域的犯罪活动为主，认真接待群众来访，积极收集各类犯罪线索，依法对所有经济犯罪线索展开侦查，独立办理或协助所在县检察机关办理经济犯罪案件。1989年8月最高人民法院、最高人民检察院发布《关于贪污、受贿、投机倒把等经济犯罪分子必须在限期内投案自首的通告》后，各场集中力量打击经济领域犯罪活动。1988年和1991—1994年，北洲子农场检察室先后5年被评为南县检察系统先进单位，1989年、1991年两年被益阳市检察院授予"先进单位"称号。

区人民检察院成立后，持续加强反贪污贿赂犯罪和渎职侵权侦查工作。2017年底，按照国家监察体制改革要求，区检察院的反贪、反渎、职务犯罪预防等职能，转隶大通湖区监察工作委员会。

2006年前，各场及区检察机构主要负责掌握刑事犯罪动向，收集刑事犯罪线索，及时向所在县市检察机关反映情况，并配合上级检察机关办案，也受上级检察机关安排，独立办理一些轻微刑事犯罪案件。

国家《行政诉讼法》和《民事诉讼法》于1990年和1991年颁布实施后，各场的民事行政检察事务由所在县市检察院办理。2007年，该职能归隶大通湖管理区人民检察院。

2016年，区检察院探索构建环保领域公益诉讼制度，全力护航"生态大通湖"建设，对大通湖大湖水环境治理的各个环节和各责任单位行使职能情况开展监督检查，督促公职人员依法正确履职。

2017年，区检察院在区环保局和区食品药品市场监督局设立检察联络室。同年，开启"两法衔接"（行政执法与刑事司法衔接）工作，搭建"两法衔接"平台，全区13家行政执法单位全部接入平台并按要求进行执法案件数据录入。

2007—2020 年，区检察院独立办理或协助办理职务犯罪案件 19 件 27 人，审查起诉职务犯罪案 29 件 37 人；受理批捕刑事犯罪案 630 件，审结批捕犯罪嫌疑人 562 人、不捕 263 人；受理起诉刑案 1100 件，起诉 773 件、1036 人，不起诉 327 件、514 人；立案办理涉环境污染公益诉讼案 23 件，办理民事、行政诉讼案 33 件，纠正民事审判程序违法 2 起，向履职不当的行政执法部门发出检察建议 6 份。

第三章 审 判

1962年前，各场审判工作分由所在县人民法院办理。1963—1967年，各场先后成立人民法庭，业务归口所在县人民法院管辖，负责审理辖区内的民事、经济案件和轻微刑事案件。1984年法庭工作人员开始着法官服，审判工作逐渐步入正轨。1985年，南县人民法院在大通湖渔场设沙堡洲人民法庭。此后，各场法庭除审理民事案件、轻微刑事案件、经济财产纠纷案件外，还进行民事调解，为单位和个人提供法律服务。2000年9月建区后，原各场法庭相继撤销，新设立南县人民法院大通湖法庭和千山红法庭，承办区内民事、经济案件和部分刑事案件的审理。2007年成立大通湖管理区人民法院，全面负责刑事、经济、民事、行政一审案件审理和审结案件执行工作。2007—2020年，区共审理各类案件5364件，结案5242件，结案率97.7%，受理执行案件1620件，结案1613件，结案率99.6%。区法院先后多次获评省、市法院系统先进集体。

第一节 机构队伍

一、大通湖人民法庭

组建于1963年3月，行政隶属大通湖农场，业务归属南县人民法院。1966年5月之前，法庭仅1名办事员，业务限于一般婚姻纠纷案件的调处。1973年11月，各场恢复法庭建制，编制2人。1979年后，法庭编制扩充到5人，设科级审判员3人（其中正副庭长各1人）、助理审判员1人、书记员1人，可自组合议庭依法审理各类案件。1979—1987年，法庭连续9年被评为南县人民法院先进法庭，1986年、1987年连续2年被省高级人民法院授予"先进集体"称号。2000年9月建区后，区整合资源新组建大通湖人民法庭，负责河坝、北洲子、金盆3镇的审判业务。2007年成立大通湖管理区人民法院时法庭被撤销。

二、北洲子人民法庭

1967年1月，经益阳地区中级人民法院同意，北洲子人民法庭设立，行政隶属北洲子农场，业务归口南县人民法院，配有 2 个编制，与农场保卫科合署办公。1973 年 12 月，南县人民法院北洲子人民法庭恢复，庭长由南县人大常委会任命。1982 年，法庭人员编制增加到 5 个。1986 年法庭设审判庭，有审判员 3 人，助理审判员 1 人，书记员 1 人，可单独组成合议庭开庭审理案件。1986 年法庭先后被南县人民法院、益阳地区中级人民法院评为"五好人民法庭"，1988 年先后被省高院、地中院评为"五好人民法庭"，1989 年被评为南县人民法院"优秀合议庭"，1995 年被省高院授予"十佳人民法庭"称号。2000 年 9 月撤场建镇时法庭撤销。

三、金盆人民法庭

1963 年 3 月，经益阳地区中级人民法院批准，金盆人民法庭成立，行政隶属金盆农场领导，业务归口南县人民法院管理，配专职人员 1 名，负责一般民事纠纷的调解处理、婚姻登记事务办理。1973 年 12 月，金盆人民法庭恢复，由南县人大常委会任命庭长。1989 年 3 月，法庭配备 4 名人员编制，其中审判员 3 人、书记员 1 人，依法组成合议庭，负责辖区内的民事、经济及轻微刑事案件的审判工作。2000 年 9 月撤场建镇时法庭撤销。

四、千山红人民法庭

1964 年 6 月，经益阳地区中级人民法院批准，沅江县人民法院组建千山红人民法庭，有人员编制 2 个，主要负责农场范围内民事纠纷调处、婚姻事务办理，配合县法院进行一些轻微刑事案件的审理。1985 年，人员编制增至 5 个，有正副庭长、审判员 3 人，助理审判员、书记员各 1 人，组成合议庭，初具审理各类案件的条件和能力。法庭先后两次被省高级人民法院和市中级人民法院评为先进工作单位。2000 年 9 月，法庭改为南县人民法院千山红法庭，2007 年区人民法院组建时撤销。

五、沙堡洲人民法庭

1985 年 3 月，经益阳地区中级人民法院批准，大通湖渔场设立南县人民法院沙堡洲人民法庭，编制 2 人，庭长、审判员由渔场推荐、法院提名、县人大任命，经费由渔场承担。法庭的职责和工作主要是处理大通湖渔场及与周边有关联的民事纠纷、婚姻事务。1988 年，编制增至 3 人，设庭长、审判员、书记员各 1 人，依法组成合议庭，担负渔场范围及周边涉及渔场单位个人民事纠纷的调解处理、经济案件及轻微刑事案件的审理、婚姻事务的办理。1995 年渔场设立司法科，与法庭合署办公，人员编制增至 5 人。2000 年 9 月撤销。

六、大通湖管理区人民法院

2006 年 8 月，区成立大通湖管理区人民法院筹备组，2007 年 3 月法院正式挂牌建立，设有综合审判庭、办公室、执行局 3 个机构，共 10 名干警。组建审判委员会，建立陪审员制度和审判庭旁听制度。建院初期，租用原地税局旧办公用房办公，使用原大通湖法庭审判庭作为审判法庭。2011 年底，新建审判大楼投入使用，配备 2 台办案车辆，建有高标准的诉讼服务中心、执行指挥中心和 3 个科技法庭。相继投入运行"庭审直播""移动微法院""湖南网上法院""云上庭审"等平台，网上立案、网上开庭、网上送达、网上阅卷等先进审判手段得以应用。2020 年底，全院设立案庭（含诉讼服务中心）、综合审判庭、执行局、综合办公室（含司法警察大队）、政治部等 5 个综合部门，人员 27 人，其中员额法官 7 人。根据审判领域、专业性、工作量和案件难易程度，按照"法官、法官助理、书记员"模式组成 7 个审判团队。

2008 年区人民法院获评湖南省司法状况考评优秀单位，2008—2012 年连续 5 年获全省法院系统民意测评先进法院，2009 年法院领导班子被评为益阳市政法系统先进领导班子，2010 年、2012 年两次获得全省"优秀人民法院"称号，2018 年被评为益阳市法院系统先进单位，2020 年获评全省法院"基本解决执行难"工作先进集体。历任院长：任菊文（2007 年 2 月—2012 年 9 月）、王伟俊（2012 年 10 月—2015 年 10 月）、邹兆洲（2015 年 10 月—2019 年 12 月）、丁杰（2020 年 2 月—）。

第二节　审判工作

各场法庭自组建开始，主要管理一些轻微刑事案件，也受权审理个别重大刑事案件。区人民法院从 2007 年建立到 2020 年，共审理刑事案件 609 起，结案 598 起，结案率 98.2%。其中 2020 年审理刑事犯罪案件 105 起，结案 95 起，结案率 94.5%。平均每起案件办案天数由以往的 69 天缩减至 53 天。

2000 年以前，各场法庭把审理民事案件作为主要的职能职责，积极受理和审理各类民事争议、纠纷的自诉案件。区人民法院成立至 2020 年，共审理民事案件 2991 件，结案 2974 件，结案率 99.4%。2018 年起，区人民法院重点推进破产案件审理，至 2020 年共审结企业破产案 6 件。

1984 年最高人民法院规定各级法院设立经济审判庭后，各场人民法庭把经济案件审理作为工作重点，积极履行审判机关的职能职权，为经济建设保驾护航。大通湖法庭除审理案件外，派出法庭工作人员为场内骨干企业当法律顾问，指导经济合同、货款纠纷等经济诉讼。2007年后，区人民法院把经济案件审理作为维护市场经济秩序，促进经济健康发展的重要工作来抓，积极受理企业和公民个人的经济纠纷诉讼案件，坚持依法审理，快审快结。2012—2020年，累计受理各类经济纠纷案991件，结案892件，结案率90%。

1990年《行政诉讼法》实施，各场行政审判工作由所在县法院管辖，直至2007年区人民法院建立。2015年起，湖南省高级人民法院先后对郴州、永州、益阳3市基层法院行政案件审理进行相对集中管辖改革试点，区人民法院一审行政案件审理于2019年5月划转沅江市人民法院管辖。2007—2019年，区法院共审理行政诉讼案件51件，结案率100%。

第三节　案件执行

2007年前，区内各类审结案件的执行，由南县、沅江法院执行局负责，各场或区法庭予以配合。2007—2020年，区人民法院执行局共受理执行案件1620件，结案1613件，结案率99.6%。其中2020年受理执行案件352件，结案345件，结案率98%。

第四章　司法行政

1988 年前，各农场司法行政工作由各场人民法庭兼管。1989 年，各场先后设立司法办，1991 年改设司法科，负责区内司法行政、普法和矛盾纠纷调处、法律咨询服务等工作。2000 年 9 月，设立大通湖区司法办。2002 年，成立大通湖区司法局。嗣后各镇、办事处成立司法所，村社区设基层司法员，并逐步建立完善公共法律服务、法律援助和人民调解等机构。2019 年机构改革，区司法局并入区委政法委，内设司法事务办，加挂大通湖区司法局牌子。

自 1986 年开始，各司法行政机构围绕普及法律常识和依法治理工作，先后开展了 7 个"五年普法"，运用多种形式进行法律普及宣传教育，提高全民法治意识。建区后，区深入持久地开展依法治理人民调解、法律服务等工作，推进"平安大通湖"建设。2011—2021 年，大通湖区连续 10 年被评为湖南省"平安县市区"。

第一节　机构队伍

1988 年以前，各场无专门的司法行政机构，司法行政工作由各场法庭兼管，配 1 名司法专干，负责以司法调解为主的司法实务工作。20 世纪 60 年代起，各场建立起总场、分场、生产队调解组织，形成以农场司法专干、分场司法专干、基层司法员为核心的三级人民调解网络。1989 年，各场先后设立司法办公室，作为农场机关职能科室，履行司法行政职能，编制 1～2 人。1991 年，各农场改设司法科，1995 年大通湖渔场始建司法科。各场司法科负责本场基层司法调解组织建设、法治宣传、民事调解、法律服务及协助办理公证等工作，业务归口地区司法局管理。2000 年 9 月撤场建镇，各场司法科自然撤销。

2000 年 9 月后，设立大通湖区司法办公室，对外称司法局。2002 年成立大通湖区司法局，内设办公室、基层股、宣教股、政策法规股 4 个职能股室，人员编制 10 名，履行司法行政职能，并承担法律援助、政府法制、仲裁等工作。

2003 年，设立河坝镇、北洲子镇、金盆镇、千山红镇和沙堡洲办事处 5 个基层司法所，各所配助理司法员 2 名，在各村、社区设 1 名基层司法员，具体负责基层司法调解等司法事务。2006 年，区公共法律服务中心和区法律援助中心成立，合署办公，归隶区司法局管理。2007 年，各镇（办）司法所收归区司法局直管，实行局镇（办）双重管理，以区局管理为主。2015 年底，沙堡洲镇并入河坝镇，沙堡洲镇司法所撤销。同年，区司法局内设机构调整为办公室、政工室、政策法规股（承担区管委法制办日常工作）、社区矫正股（加挂基层股牌子）等 4 个股室，并设立大通湖区土地承包仲裁委员会办公室。

2019 年机构改革，区司法局并入区委政法委，内设司法事务办，加挂区司法局牌子，承担区委全面依法治理委员会办公室秘书组、区公共法律服务中心、社区矫正中心、安置帮教管理站、土地仲裁委员会办公室等机构职能，一套人马、多块牌子，人员编制 7 名。各镇司法所建制、管理体制未变。

第二节　法制宣传

20 世纪 80 年代中期开始，各场成立由副场级领导任组长的法治宣传教育工作领导小组，司法科（司法办）为其办事机构。2000 年 9 月建区后，区成立法治建设领导小组，其办公室设在区司法局，担负全区法治宣传工作。从 1986 年开始到 2020 年的 35 年间，按照国家统一部署，围绕基本普及法律常识和推进依法治理的目标，各场及大通湖区先后组织开展七个"五年普法"，深入持久推进法制宣传教育。

1986 年初，各场启动"一五"普法工作，分别成立普法工作领导小组，作出开展普及法律常识的决定，制定五年普法规划。此次普法，农、渔场属于农村范畴，普法内容是"十法一条例"，即宪法、刑法、刑事诉讼法、民法、民事诉讼法、婚姻法、继承法、兵役法、经济合同法、民族区域自治法、治安管理处罚条例。普法对象是一切有接受教育能力的公民，重点是各级干部，要求对干部群众进行"扫盲式"的法律常识启蒙教育。各场所辖单位均设立普法工作机构，指派专人负责普法工作。总场组建专职普法辅导队伍，层层培养普法辅导员，分场、企业设兼职普法辅导员，基层厂队各设 3～5 名群众辅导员。"一五"普法期间，各场有 90％以上干部群众参加普法学习。1990 年末，经省地普法领导小组验收，五家农、渔场全部普法合格。1991—2000 年，各场按照上级统一规定，分别开展了"二五""三五"普法工作，均如期通过上级达标验收。

2001 年，区内开启建区后的第一个五年普法（"四五"普法），"四五"普法的重点对象是各级领导干部、司法人员、行政执法人员、青少年和企业管理人员。普法内容为邓小平民主法制理论、宪法和国家基本法律、社会主义市场经济法律法规知识。基本目标是提高全社会法治化水平，实现由提高全民法律意识向提高全民法律素质的转变，实现由注重依靠行政手段管理向注重依靠法律手段管理的转变。5年内，区司法部门先后举办普法培训班80多期，发放各种宣传资料8000多份、省编"四五"普法读本6000多册。在区电视台开设法制宣传专题栏目，每年12月4日开展法制宣传日活动。组织全区村级以上干部分批集中学习国家行政许可法、行政复议法等，并对参学人员进行相关法律法规知识考试，检验学习效果。同时在各中学进行普法进校园、进课堂活动。各级干部及司法、执法人员参学率达95%以上，中学生参学率达98%。

2006—2010年，围绕科学发展观和构建和谐社会的目标，区进行"五五"普法，主要开展"法律六进"（进机关、进乡村、进社区、进学校、进企业、进单位）、法治区创建和法制文化建设等活动。区每年定期在全体公职人员中进行一次普法考试，于各学校开展"一周一题、一问一答"活动，指派司法干部担任各中小学法制副校长，开设法制教育课，还多次举行"法在身边"征文比赛。"五五"普法期间，全区累计开展大型宣传活动和各项法律服务27场次，巡回展出法制展板、宣传栏等800余块（期），悬挂横幅、标语1.4万余条，印发宣传资料8万余份，发放普法读本及相关法律书籍10.9万册，组织法律知识竞赛65场、法制文艺演出2场。

2011年，区启动"六五"普法，继续深化"法律六进"主题活动，深入推进依法治理。2012年6月，区委成立法治大通湖建设领导小组，明确"谁执法、谁普法"的责任原则，调整充实普法宣传教育骨干队伍，共有普法讲师团成员、普法志愿者、普法联络员128名。至2015年共举办村、社区干部以上公职人员法制学习班32期，参学人员1000多人次；开展大型宣传活动和专项法律服务活动21次，展出法制展板、宣传栏700多块（期），悬挂横幅、张贴标语万余条，印发宣传资料7.2万份，普法读本及法律书籍6000余册，举办各类普法讲座154次，录播"钢子说法"电视专栏74期，组织法律知识竞赛10场。全区"法律六进"实现全覆盖。2015年，《益阳日报》以《大通湖区法律"六进"助推依法治区》为题，推介大通湖区普法和依法治理工作经验。

2016—2020年，区开启"七五"普法，着重学习宪法、中国特色社会主义法律体系、习近平总书记关于全面依法治国的论述和党内法规等。各行业、部门依照自身特点，开设法治讲坛，邀请专业人员为干部职工讲授相关法律法规。区结合中心工作和有关节日，开展专项普法，如在村支两委换届时组织学习《中华人民共和国选举法》，进入汛期时学习《中华人民共和国防洪法》，开展水环境治理时学习《中华人民共和国环境保护法》《中华人民共和国水污染防治法》，"三八"妇女节进行妇女维权法制宣传教育，"3·15"国际消费者权益日宣传《消费者权益保护法》等。在此期间，持续推进法律"六进"活动，浓厚依法治区氛围，增强全民法治观念。

第三节　依法治理

1997 年 9 月，中共十五大提出依法治国方略。1999 年 3 月，九届全国人大二次会议通过的《宪法修正案》，把依法治国纳入根本大法。1997 年底至 1998 年初，各场相继成立由党委书记任组长的依法治场领导小组，下设办公室（简称依治办），由司法科长任依治办主任。各场依治办结合"三五"普法，开展依法治场的宣传教育等工作。2000 年建区后，依法治理工作持续深入。

一、依法治区

2001 年，大通湖区依法治区领导小组成立，由区委书记任组长，区长任副组长，领导小组办公室设在区司法办（局），主任（局长）任依治办主任。自该年起，区结合四个"五年普法"教育，坚持普治并举，持续推进依法治区工作。"四五"普法期间，建立区管委会法律顾问团，为区管委会领导成员提供法律咨询和法律服务。"五五"普法期间，完善《区管委会工作规则》，健全依法科学决策机制。区直部门及各镇（办事处）抓住"公示""承诺""监督""追究"四个环节，建立和推进以政务公开为核心的执法责任制、公示制、监察制和执法过错责任追究制，全面贯彻落实《中华人民共和国行政许可法》和《中华人民共和国政府采购法》，进行行政许可审批事项清理。在政务全面公开的基础上，加大行政执法监督力度，及时纠正行政规章和行政措施中的违法违规现象，规范行政行为。2011 年，区委、区管委会制定以"法治大通湖""平安大通湖"为主题，"依法执政、依法行政、公正司法、人人守法"为重点内容的依法治区工作目标。2012 年 6 月，区成立法治大通湖建设领导小组，印发《法治大通湖建设领导小组成员单位和领导小组办公室工作职责》，按照区委领导、区管委会实施、区人大（政协）联工委监督的领导机制，全面铺开法治建设和普法依法治理工作。区建立开放区委会议、区管委会合议制度，邀请部分人大代表、政协委员、企业代表列席有关议题会议，聘请律师作为依法行政的参谋助手，协助制定党务政务公开制度，健全依法处理群众信访工作机制、重大项目社会风险评估制度等。2016 年，益阳市人民政府下发《关于大通湖区管委会行政执法体制有关事项的通知》，落实委托执法，区行政执法部门启用市级对应部门的"2 号公章"。为进一步落实法律顾问制度，区管委会行政决策前进行法律咨询；重大事项决策前，进行合法性审查，听取法律顾问意见，坚持集体讨论决策，杜绝行政决策中擅权、专断等滥用权力现象；加强督促检查，对行政执法人员进行动态管理，实行行政执法案卷评查，规范执法行为。从 2011 年起，大通湖区连续 10 年获评湖南省"平安县市区"。

二、依法治理基层组织

2000 年建区后，各农场生产队撤并建为行政村，成立村级自治组织，各镇在集镇区设立 2～3 个社区居委会，作为社区基层居民自治组织。2001 年起，区把依法治理基层组织作为依法治区的一项基础工作，全面落实《加强农村基层民主法治建设实施意见》，围绕增加农民收入和产业结构调整，突出依法管理、民主管理，完善乡村民主决策、民主管理、民主监督、民主选举程序，建立健全村民自治组织和村民议事、村民监督机制。将每月 25 日定为各村村民民主议政日，区镇两级包村干部、村支两委干部同村民代表共同商议重大事项，实行民主决策，依法解决村民普遍关注的难点热点问题，及时化解基层矛盾。逐步规范村务公开的内容和程序，制定完善《村民自治章程》和村级内部管理制度、民主监督制度，保障村民的知情权、参与权、监督权。在各社区开辟"社区议事园"，搭建居民参与社区管理平台。2006 年起，区全面开展法治村、法治社区、法治学校、法制医院、法治工厂建设和"平安创建""无毒村（社区）创建"等活动。至 2015 年，共创建镇村平安单位 54 个，75％以上的村级组织实现"平安创建"。该年起区坚持并深化"依法治理、村民自治、民主管理"模式，开展"民主法制示范村（社区）"创建活动，至 2020 年，共有 5 个村先后获评省级民主法制示范村，河坝镇河万村获评全国民主法制示范村。

三、依法治理行业

2003 年起，区推进行业依法治理工作，开展"依法办事示范窗口单位"创建活动。每年初，区依法治理办公室对创建活动进行部署安排，司法局、各司法所按照创建标准对辖区内各单位进行指导，定期组织各单位干部职工参加法律知识培训，使他们学好用好专业法律知识，提高依法办事能力和自律意识。全区共有 85 个单位开展创建活动，区运管所、消防队先后获得省级"依法办事示范窗口单位"称号。各单位积极开展便民利民活动，依法简化各种行政审批手续，提高办事效率。2008 年和 2009 年，区镇两级分别设立政务服务大厅，各相关业务部门集中在政务大厅设办事窗口，实行"一站式"服务。从"五五"普法开始，全区司法机关和行政执法部门持续开展专业法律学习培训，在执法中坚持持证上岗、亮证执法，坚持公开、公平、公正的执法原则，规范执法行为。2011 年起，全区所有司法机关、行政执法机关都普遍聘请人大代表、政协委员、群众代表担任群众监督员，监督司法行政和执法工作。2015 年起，各镇和区直行政部门、执法单位先后聘请了常年法律顾问或公职律师，为依法治理提供法律咨询和法律服务。从 2016 年开始，区持续加大乱收费、乱罚款等热点问题的治理力度，规范行政审批、公共服务收费和执法处罚行为。对学杂费、医药费、水电费、文化服务费、办证工本费、市场卫生管理费等的收取都严格执行相关规定，公开收费项目和收费标准，相关监督部门加强督查督办，及时查处乱收费、乱罚款行为，纠正行业不正之风。

第四节 人民调解

20 世纪 60 年代初，各场人民法庭设有 1 名专职司法员，负责调处民间纠纷。各分场成立调解领导小组，由党总支副书记任组长，分场治安专干兼任调解专干；基层厂队成立人民调解委员会（以下简称调委会），由党支部副书记任主任，治保主任、妇女主任、团支部书记和若干名群众代表为成员，治保主任任调解员，形成三级调解网络。各级调解组织贯彻"调防结合、以防为主"方针，积极做好各类民间纠纷调解工作。1965—1986 年，大通湖农场三级调解组织共调处各类民事纠纷 3051 件，防止凶杀、自杀案 47 起，制止群众械斗 51 起。1985—2000 年，千山红农场调处各类民间纠纷 3897 起，防止凶杀、自杀案 23 起，制止群众性械斗 56 起，平息其他恶性纠纷 19 起。

2000 年建区后，区坚持"调解优先、调防结合、以防为主"的人民调解方针，成立区人民调解工作领导小组及镇、村两级调解组织，建立、完善矛盾纠纷多元化解机制、联防联调机制和调解联动工作体系。至 2020 年，有区级调委会 1 个，镇级 4 个，村（社区）级 38 个，企、事业调委会 3 个，区直部门单位设置专业性、行业性调委会 9 个，全区共有调解员 407 人。

2003—2005 年，区实行预测工作走在预防前、预防工作走在调解前、调解工作走在激化前的工作机制，开展"调解矛盾纠纷、创建平安大通湖"活动，其间共调处各类民间纠纷 1020 件，调处成功率 98%。2007 年起，实行矛盾纠纷化解"三调"（人民调解、行政调解、司法调解）联动，建立区、镇两级"三调"联动机构 19 个，安排工作人员 80 人。2008 年，区开展"真情为民大下访、化解矛盾保和谐"人民调解主题实践活动，各级人民调解组织和法律服务工作者深入基层、深入群众，围绕迎奥运、保稳定、促和谐，排查出各类矛盾 120 起，调处成功 118 起。2009 年，针对土地调整、土地流转中出现的大量土地争议纠纷矛盾，区、镇司法部门为全区村级组织在政策把握、合同签订、土地纠纷调处方面提供全方位服务，指导起草土地流转合同范本 38 份，参与调处土地纠纷 66 起。2011—2015 年，围绕"法制大通湖、平安大通湖"建设，开展"调解化积案、息访保平安""三调联动化矛盾、息访息诉保平安"专项活动，化解 5 年以上纠纷 1 件、2 年以上纠纷 3 件，对 9 件信访积案进行回复终结。在此期间，由区司法局牵头，与相邻华容、南县、沅江等县市开展边界联防联动工作，推进边界平安建设。2016—2020 年，在医疗、交通、消费维权、生态环保、劳动保障等行业领域及婚姻家庭、土地流转、民间金融等专业领域设立调委会，组织开展"三调联动解纠纷、防控风险促发展""四查四访化纠纷、千乡百村创四无""大排查、早调解、护稳定、迎国庆"等专项调解活动，共排查调处各类矛盾纠纷 4203 件，调处成功 4156 件，其中信访行政调解 60 件、公安治安调解 1623 件、法院诉前调解 286 件、部门行业性专业性调解 1406 件、各基层调委会调解 828 件，涉案金额 2703 万元，化解新发重大复杂案件 55 起。5 年间区内未发生群众性械斗、民转刑案件。

2016 年，河坝镇人民调解委员会被评为益阳市"十佳人民调解委员会"，高尚国被评为"十佳人民调解员"。

第五节　法律服务

一、法律咨询

2006 年，区公共法律服务中心成立后，按照法律法规认真做好群众涉法信访接待，解答法律疑难；为区、镇、村三级组织当好法律顾问，接受法律咨询，提供法律服务。同时会同相关部门开展"送法下乡"和专项法律咨询等活动。2010 年起，中心与区税务部门组成自行车宣传队，深入镇、村进行税法宣传，每年接受群众涉税法律咨询 50 多人次；会同区安委及成员单位开展"安全生产日"法律宣传咨询，年均接待群众法律咨询 100 余人次；配合市场监督管理部门在每年的"3·15"消费者权益日开展食品安全法、消费者权益保护法宣传，年均接受群众法律咨询约 210 人次。2018 年后，每年的农村法制宣传月活动由区法制办牵头、各成员单位参加，在人口密集地段搭台布展，为群众解答法律难题，年均接受群众现场法律咨询约 400 人次。

二、法律援助

2006 年开始，区法律援助中心根据情况变化，逐步扩大法律援助事项范围，将城乡低保人员、低收入困难家庭、接受政府临时救助人员、进城务工人员、年老无固定收入人员、残疾人等弱势群众作为重点对象，展开法律援助。截至 2020 年底，共接待群众来信来访求助 7300 人次，办理各类法律援助案件 608 件，其中 2020 年办理民事援助案件 20

件、刑事援助案件 16 件。

三、司法鉴定

2011 年前，区内司法鉴定由外地专业机构承担。该年 5 月，经湖南省司法厅批准，以区人民医院为依托，大通湖区三吉河坝司法鉴定所成立，为面向社会服务、有独立法人资格的司法鉴定机构，有 3 名获高级技术职称的鉴定人，主要从事法医临床鉴定。建所至 2020 年，提供司法鉴定咨询服务 1000 多人次，办理司法鉴定案件 782 件。其中 2011—2015 年办理 261 件，年均 52 件；2016—2020 年办理 520 件，年均 104 件。鉴定结论合格率、采信率均达 100%，无投诉、假鉴、错鉴案件。

第五章　国防事务

20世纪60年代，中国人民解放军某部开赴大通湖地区，创建南湾湖生产基地，对外称南湾湖军垦农场。基地为师级建制，担负军农生产和战备训练任务，1978年底改为团级建制。2001年改隶为湖南省军区南湾湖农副业基地。2019年基地建制撤销，资产资源划交中国融通农业发展公司经营管理。

1958—1963年，区内各场先后成立人民武装部，负责兵役、民兵建设、国防教育和退伍军人安置、军烈属优抚等工作。2000年成立大通湖区武装部和各镇武装部。2001—2021年，全区共有500多名应征青年光荣入伍，政治、身体均合格，未出现一例退兵现象。2020年，全区有民兵4500人，其中基干民兵456人，设有民兵排8个、246人，民兵应急分队5个、152人，民兵专业分队2个、58人。该年年底，河坝中心城区设有防空警报系统和紧急疏散避难所各3处。

第一节　驻军与机构

一、驻军

1961年冬，由曾在陕北南泥湾开展大生产运动的359旅一部改编的中国人民解放军第47军139师的两个团共10个连队进驻尼古湖，向大通湖农场借地近3000亩进行军农生产，拉开创建南湾湖生产基地的序幕。1962年，139师调防，由140师420团接替。后又增加419团。1966年，毛泽东发出《五七指示》，第47军奉广州军区命令，调139师4个团和140师2个团，总兵力2万余人，围堤扩垦尼古湖。至1967年6月，第47军共围堤27.5千米，开挖主渠道31.2千米、土方120万立方米，围湖造田6.2万多亩。同时将基地命名为南湾湖生产基地，对外称南湾湖军垦农场。1969年11月，第47军所辖部队奉命调防，抽调一部新组建145师，下辖3个步兵团、1个炮兵团，执行南湾湖军农生产任务。1975年3月，全师整编，3个步兵团各撤销1个营，炮兵团转隶131师。1978年12月，145师番号撤销，大部分官兵调往广西前线各作战部队，参加对越自卫反击战。余下机构和人员组成广州军区南湾湖生产基地，为团级建制。2001年改隶湖南省军区，更名为湖南省军区南湾湖农副业基地，驻守官兵逐年减至 20 多人，负责基地资源资产管理和经营。2019 年底，基地建制撤销，资源、资产划交中国融通农业发展（益阳）基地管理有限责任公司。

在南湾湖基地创建、发展过程中，许世友、张万年等部队首长曾先后到此视察。曾在基地工作的首长有：总参谋部原副部长钱树根、湖南省原副省长庞道沐、湖南省军区原司令员蒋金流等。基地先后被评为广州军区"十一五"先进农副业基地、全军先进农副业基地，并列入全军 50 家高度机械化粮食生产示范基地。2013 年和 2014 年，基地党委被中共广州军区党委评为团级单位先进党委。

二、人民武装部

1958 年，大通湖农场建立人民武装部。1961—1963 年，千山红、北洲子、金盆等 3 个农场自建场起即设武装部，各配备人员 2～3 人，部长由益阳军分区任免，主要担负兵役、民兵建设、退伍军人安置、军烈属优抚等工作任务。1986 年，人民武装工作改由地方管理，部长、副部长由农场任免，业务归口南县、沅江县武装部管理。1989 年统一着装，佩戴预备役徽章。2000 年建区后，区、镇各设武装部，为上下级隶属关系，业务由南县武装部指导和管理。区武装部隶属益阳军分区，设正副部长和干事，部长由区级领导兼任。镇武装部设部长、干事各 1 人，部长为镇党委委员，由中共大通湖区委任免。

第二节　兵　役

1950—1955 年，国家实行志愿兵役制，各场有 10 多名身体合格青年志愿参军服役。1955 年 7 月，《中华人民共和国兵役法》颁布实施，实行义务兵役制，凡年满 18～20 岁的男女公民都有义务服兵役。1984 年 5 月，全国人大六届二次会议通过新《中华人民共和国兵役法》，规定义务兵服役年限为陆军 3 年、海空军 4 年，实行义务兵与志愿兵相结合、民兵与预备役相结合的兵役制。1998 年 12 月，修改后的《中华人民共和国兵役法》规定，义务兵现役期为 2 年，继续实行义务兵与志愿兵、民兵与预备役相结合的制度。平时的兵源征集，一般在每年的冬季进行 1 次，偶有年份改为春季征集。2000 年前，各场每年征集名额、时间及具体要求，均以上级兵役机关命令为准。征集期间，各场层层成立征兵工作领导小组，组织人武、公安、卫生、宣传、教育、劳动等部门开展具体工作，严把兵员身体、政治关，做到好中选优、保证质量。1959—2000 年，各场均年年完成征兵任务，累计向部队输送身体、政治"双合格"兵员 1360 多人。士兵退伍后进行预备役登记，纳入地方民兵预备役管理。

2000 年建区后，区、镇人武部结合每年的民兵整组，采取宣传发动、报到登记、审查评议等步骤，对区内 18～22 岁的适龄公民进行兵役登记。在反复查对核实的基础上，根据各适龄公民的政治、身体、家庭和在校学习等情况，分为应服兵役、缓服兵役、免服兵役、不得服兵役等 4 种类型，分别予以造册。应服兵役者为应征对象，应当被征集服现役。应征对象除当年应征入伍者和在校学生外，其余全部编入预备役。在每年兵员征集中，区征兵工作领导小组，与各镇、办事处签订《征兵工作责任书》和《廉洁征兵责任状》，压实征兵责任，严明征兵纪律，严格征兵程序，严把政治关、身体关、定兵关，保证兵员质量。各成员单位各司其职，对应征青年做到"五优先""三不定"，即：体格强壮的优先，现实表现好的优先，文化程度高的优先，是党团员的优先，有一技之长的优先；本人思想不通的不定，身体条件可定可不定的不定，现实表现未查清的不定。2001—2021年，共有 500 多名应征青年光荣入伍，未出现一例退兵现象。每年新兵入伍时，区、镇、村、社区都举行隆重的欢送仪式，区管委会对新兵家属授予光荣军属牌，按政策落实好军属优抚待遇，提高军人及其家属的政治社会地位。

第三节　民兵组织

一、组织

1958 年 9 月，毛泽东发出"大办民兵师"的号召，全国掀起大办民兵师热潮。大通湖农场组建民兵师，场长任师长，党委书记任政委，武装部长任副师长兼参谋长。1964年，各农场均建立民兵团，团长、政委由益阳军分区任命，分场设民兵营，生产队设民兵连，共有民兵约 5500 人，占职工总人数的 18％。在每年征兵时期进行一次民兵整组，做好出入转队工作。各民兵团均设有一个预备役基干民兵连，由 18～22 岁青年民兵和退伍军人组成，每个连队约 80～120 人。1968 年，各场建武装基干民兵连，下设排、班若干，连队人数 140 人左右，由农场武装部统一管理，配发枪支，参与维护社会治安和重大活动保卫工作。1987 年，武装工作改属地方管理后，枪支集中于南县、沅江县武装部管理，集训时分发使用。1990 年后，5 个农、渔场共设 38 个民兵营、108 个连、319 个排，民兵总人数 1.21 万余人。其中基干民兵连（排）5 个，1015 人。

2000 年后，各镇均组建民兵连，镇武装部长任连长，党委书记任指导员。下设 1 个民兵综合应急排，每排基干民兵 30 人左右，各村、社区设民兵排。2015 年，区直单位按军事技能情况组编民兵应急分队和专业技术分队，与南县武装部共建 200 余人的民兵综合应急连和防汛抗洪舟桥连，各镇民兵综合应急排改称民兵应急分队。每年的3—4月，区进行民兵整组，由区人武部组织人员对各镇、办事处民兵队伍建设情况进行检查验收，对基干民兵军事素养进行点验，点验到位率保持在90％以上。2020年，全区共有民兵4501人，其中基干民兵456人。设有民兵连5个，其中民兵排8个、246人，民兵应急分队5个、152人，民兵专业分队2个、58人，主要担负抗灾救灾、维护社会治安、应对公共突发事件、处置其他急难险重任务等。

二、训练

1964年开始，各场按照中国人民解放军总参谋部颁发的《民兵军政训练大纲》，组织民兵训练。1972年起采用分期分批办法，组织基干民兵集中轮训，每批次40人左右，时间约1个月。受训项目主要有队列、射击、刺杀、投弹、战术和枪支拆解组装等。同时加强对民兵的政治教育，培养爱国主义、革命英雄主义思想，继承和发扬人民军队听党指挥、不怕牺牲、敢于胜利的优良传统。1985年后改为按总人口的1‰～2‰确定训练人数，各场每年集中训练1次，约30～60人。

2000年后，区人武部每年制定年度训练计划，分批次组织专职武装干部、民兵干部和基干民兵进行集中训练。2015年后，区人武部增加训练内容、提高训练强度，训练频次也由以往的每年1～2次增加到5次左右。训练内容包括军事基础理论、政治教育、步兵战术、射击、投弹、战争勤务、快速集结等项目及抢险救灾、事故救援等专业技能。训练期间，参训人员统一着战斗服，实行全封闭式管理，严格执行军人一日生活。训练结束时，对参训人员进行队列、实弹射击、战术和政治、军事理论考核，组织体能、救灾救援比武，开展武装战备拉练，对成绩优异的给予表彰，激励广大民兵争先创优，发挥好民兵组织战时战斗队、平时突击队的作用。

第四节　人民防空与国防教育

一、人民防空

区内人民防空工作起步于2001年，由区办公室管理，配备有机构、人员。2012年成立大通湖区人民防空办公室，为区办公室内设机构，负责管理和指导全区人民防空工作。2015年底，人民防空职能划转区建设交通环保局。2018年，益阳市人民防空办公室委托大通湖区建设交通环保局行使本区域的行政执法。2019年机构改革，明确区人民防空办公室为区国防动员委员会的常设办事机构，与区住房和城乡建设局合署办公，配专职副主任 1 名，内设人民防空股。办公室负责制定人民防空工作规划，开展人民防空宣传教育，组织专业队伍培训、防空防灾演习演练，组织管理人民防空工程建设、防空警报和信息化建设。

2012 年起，区人民防空办公室以电视、板报为载体，每年开展 1 次防空知识宣传活动，向民众印发防空知识手册。区把防空知识教育纳入公职人员理论学习内容，进行考试考核。2017 年后，区相继在河坝中心城区的各中小学明确兼职教师，进行防空知识授课，不定期开展防空疏散演练。区在区党政办公楼、银河社区党群服务中心、区第一中学共设 3 处防空报警系统，确定市民广场、生态公园、区第一中学校园为紧急疏散避难场所。将每年的 11 月 1 日定为防空报警试鸣日，试鸣之日前发出试鸣通告，以免引起民众恐慌。试鸣时间统一为上午 9 时 30 分至 49 分，分为预先警报、空袭警报、解除警报 3 类，相互鸣放间隔时间 5 分钟。其中预先警报鸣 36 秒、停 24 秒，反复 3 遍，时长 3 分钟；空袭警报鸣 6 秒、停 6 秒，反复 15 遍，时间 3 分钟；解除警报连续鸣 3 分钟。

二、国防教育

1988 年，根据中共益阳地委统一部署要求，各农场成立国防教育领导小组，在人武部设立国防教育办公室。国防教育由人武、宣传、教育部门牵头，民政、司法、新闻、工会、共青团、妇联等单位配合，共同组织实施。教育内容主要有国防理论、国防历史、国防精神、国防政策法规、国防义务、国防常识等，并以爱国主义为主线。20 世纪 80 年代末，国防教育以卫国戍边、拥军优抚为主，鼓励到边疆参军卫国；90 年代初，以社会主义教育为主，总结经验教训；90 年代中期，以倡导爱岗敬业、振兴经济、增强国防实力为主；90 年代后期和 21 世纪初，以爱国主义教育为主，结合港澳回归，强调爱国主义，谴责霸权主义，使人民群众充分认识国防建设的重要性。

2008 年后，区建立国防教育进机关、进乡村、进社区、进校园、进企业、进家庭"六进"制度，教育方式采取分门别类、因人制宜的方法。对各级领导干部、各级机关，主要利用年度军训、过军事日、集训等时机进行教育，并将国防教育纳入党员干部政治理论学习内容，进行年度考核考评。民兵是国防教育主要对象，对其的教育主要通过民兵政治教育等各种途径予以落实。对广大人民群众，主要是结合企业和城乡思想政治教育，通过宣讲和印发手册普及国防知识，以巩固国防建设的社会基础。学生是国家建设后备军，对他们主要通过军训、组织学习参观有关国防教育基地、开设国防教育课堂等进行国防教育。每年 9 月的第三个星期六，区利用电视、广播、电子显示屏、展板、墙报、手抄报、咨询服务台等，开展国防教育日活动，组织评选"最美国防教育家庭"，促进全民增强国防观念。

第十一编

民政　扶贫

中国农垦农场志

第一章　基层自治组织

2000 年农场改场建镇设区后，区内共设 76 个村民委员会和 10 个城镇社区居民委员会，逐步完善村民议事和村务监督等机构，实现村民自治。2013 年推行"四位一体"新型村级管理模式和"四议两公开"工作法，提升基层民主自治能力。2018 年，全面提质升级村、社区事务公开手段，规范党群服务中心平台公开，推行通信网络信息公开。该年起，修订实施村规民约和社区公约，实现自治与法治、德治三结合，持续推进全区乡风文明建设。

区内村（居）委会每届任期 3 年，届满依法进行换届选举，按要求优化班子结构。2018 年 12 月，国家颁布新的村民委员会组织法和城市居民委员会组织法，村（居）委会届期调整至 5 年。2020 年底，按省、市统一部署，区组织开展村（居）"两委"换届选举。全区 38 个村、社区共选举产生第七届"两委"成员 266 人，其中中共党员 215 人，女性班子成员 86 人，"90 后"年轻干部 27 人，村（居）党组织书记和村（居）委主任全部实现两职"一肩挑"。

第一节　村（居）民自治

2000 年 12 月，区内各镇撤销原分场、生产队和集镇建制，共设建 76 个行政村和 10 个城镇社区，各村、社区设立村民委员会和居民委员会，形成村（居）民自我管理、自我教育、自我服务的基层群众性自治组织。此后，逐步建立健全村民会议、村民代表会议、村务公开监督小组、村民理财小组，有效推进了民主选举、民主决策、民主管理、民主监督。

2012 年，区选定河坝镇河万村、北洲子镇北胜村等 6 个村，整合已有自治管理力量，试点探索以村党支部为领导核心、村民议事会（受村民会议、村民代表会议委托）为议事决策机构、村民委员会为村级自治事务执行机构、村务监督委员会为监督机构的新型村级管理模式，实现村务管理中权力的制约和协调。翌年，"四位一体"治村模式在全区 76 个村全面推开，区、镇、村制定工作方案，统一制定议事、监督规则，规范议事决策内容、程序和决策执行与监督工作流程，各村推选产生议事会、监督委员会成员，建立公示栏，实行"四位一体"运行公开、村务公开、党务公开、财务公开，初步形成了"村民的事情村民提、村民的事情村民定、村民的事情村民办、村民的事情村民管"的自治格局。2014年结合村"两委"换届，各村按照"一定一推一选一公布"办法，分别重新选举产生议事会成员 15 人、监委会成员 3 人。村民议事会一般每年议事 4 次以上，内容涵盖经济发展、公益事业和其他关系村民切身利益的内容，议决事项交由村民委员会落实办理，办理过程及结果接受村务监督委员会监督，并予公示公开。嗣后，区进一步全面推行"四议两公开"工作法，凡涉及公共基础设施建设、产业发展、村集体资源资产管理使用、惠农政策落实、土地流转、农垦危房改造、低保发放、廉租房分配、扶贫救济救助、人居环境整治、乡风文明建设和计划生育等的重大事项，均在村党组织领导下，按照"村党组织会议提议、村两委会商议、党员大会审议、村民代表会议或村民会议决议和决议公开、实施结果公开"的程序进行决策实施，提升民主自治能力，促进美丽乡村和法治乡村建设。

2018 年，区借助村、社区党群服务中心平台，全面提质升级村、社区事务公开手段，增设事项公开电子显示屏，开设手机微信群、信息群，实行网络公示公开。该年起，区创新基层自治方式，按照"坚持党的领导、坚持合法合规、坚持人民主体、坚持政策引导、坚持实用可行"五大原则，在全区 38 个村、社区实施村规民约和社区公约，将移风易俗、尊老爱幼、环境卫生、邻里关系、明礼守信、遵纪守法等作为重点，实现自治与法治、德治有机融合。建立村（居）民遵守情况评议制度及档案，作为村（居）民评先评优、享受"非普惠制"奖励扶持政策的重要依据。至 2020 年，各村、社区通过宣传引导、示范引领、劝导提醒等方式，带动了乡风民风持续好转，助推了乡村振兴。

第二节　村（居）委选举

大通湖区建区之初，为保证新旧体制平稳过渡，各村村民委员会、社区居民委员会的主任、副主任和委员，由各镇党委、政府临时指定，不久后按照村（居）委组织法、选举法，正式选举产生第一届村（居）民委员会，届期 3 年。村委会成员人数一般为 4~5 人，社区居委会成员人数 5~7 人。2004 年 3 月至 4 月，区选定河坝镇芸景村、北洲子镇东红村、金盆镇增福村、千山红镇向南村进行村委会换届选举试点。4 个村共有选民 2186 人，参加选举的选民 1559 人，参选率 71.3%，直接投票人数 1523 人，投票率 90.7%，当选的村委会班子成员平均年龄 40 岁。2005 年，全面铺开村委会换届选举工作，区委出台专门文件，实行区镇领导、干部包片包村负责制，指导换届选举。各村成立村委会换届选举领导小组和选举委员会，广泛发动群众参与，认真做好选民登记、协商提名候选人等各项工作。选举当日，区、镇包村干部全程现场指导，选举委员会组织选民严格按法定程序进行投票选举，选民参选率达 95％。全区新当选的村委会班子成员 294 人，其中中共党员占 93％，高中以上文化程度者占 82％，女性占 28％。同期顺利完成 10 个社区居委会的换届选举，当选的居委会班子成员平均年龄 47 岁，女性占 36％，交叉任职率 100％。此后，区分别于 2008 年、2011 年进行第三届、第四届村（居）委会选举。

2014 年，区结合开展党的群众路线教育实践活动，强化各级党组织书记的换届选举工作"第一责任人"的责任，严格落实村（居）委会组织法、选举法和《湖南省村民委员会选举规程》，把好村（居）委提名候选人质量关和投票选举程序关，于 6 月底前全面完成村（居）委会换届选举。全区 79 个行政村共有选民 5.74 万余人，其中女性选民占 39.4％。选举产生第五届村委会成员 235 人，其中中共党员 217 人，占比 92％；女性 82 人，占 35％；村党支部书记兼任村委会主任的 58 人，占比 74.4％。职数控制成功率达 100％。

2017 年区进行并村后的村（居）委会换届选举。各镇严格村（居）"两委"干部任职条件，建立多部门"八联审"制度，共前置审查提名候选人 376 人，取消候选人资格 31 人。换届工作纪律严明，区、镇纪检监察机关对换届选举工作实施全程监督，设立举报箱和举报电话，换届期间共受理群众信访举报 35 件，查处违反换届纪律案件 4 件，党纪、政纪处分 8 人。同年 6 月中旬，村（居）"两委"换届工作全面结束，村（居）"两委"主职全部"一肩挑"，共选出新一届村委会成员 173 名、社区居委会成员 63 名，其中"80 后、90 后"年轻成员 46 名，各村均有 1 名以上妇女进入村委班子。

2020 年 12 月，在先期完成千山红镇村（居）"两委"换届试点工作后，全面铺开村（居）"两委"换届选举。选举突出选人标准和换届质量，建立多部门参与的"十六联审"制度，严把候选人政治关、廉洁关、信用关。全区 38 个村、社区共选举产生"两委"成员 266 人，其中中共党员 215 人，女性班子成员 86 人，大专以上学历 131 人，平均年龄 43.4 岁，"90 后"年轻干部 27 人。

第二章　救　　济

2000 年前，区内各农场对因灾因病致贫的困难户，主要从职工福利基金和工会经费中安排部分资金给予救济。建区后，逐步完善社会救助体系，落实政府救助资金，组织社会捐赠，为困难群众纾困解难。2001 年启动城镇居民最低生活保障，2006 年实施农村居民低保，2009 年执行临时救助制度，2010 年启动孤儿定期定量救济，2016 年实行残疾人"两项补贴"，2017—2018 年开展农村低保和城镇低保专项清理整治。2009—2020 年，实施政府临时救助困难群众 1.63 万人次、近 1400 万元。2020 年，全区享受城乡低保政策人员 2439 人，发放低保金 1084 万元；孤儿救济对象 33 人，发救济金 20 余万元；残疾人"两项补贴"1817 人，每人月补贴标准 65 元；城、乡特困供养人员 330 人，年人均救济标准分别达 8100 多元和 5200 多元；实行集中供养 137 人。

第一节　临时救助

一、政府救助

1958 年，大通湖农场成立职工互助储金会，所储资金用于职工遭遇临时困难的应急借款。1963 年后，各场按职工工资总额的 10% 提取福利基金，其中 5.5% 用作公费医疗费用，4.5% 用于职工劳保福利和困难救济。同时农场工会每年提取一定数量的救济费，解决部分工会会员的生活特殊困难。建区后，区、镇两级政府在每年春节之前，安排一定的财政资金和民政专项资金，为困难群众纾困解难。2009 年 11 月，开始执行临时性生活困难救助制度，对各种特殊原因造成基本生活出现暂时困难的低收入家庭给予非定期、非定量生活救助。2015 年出台《大通湖区临时救助实施办法》，明确基本原则、救助对象、救助标准、救助程序、资金筹募与管理等。2019 年印发《关于科学制定临时救助标准的通知》，立足本地经济社会发展水平，结合其他社会救助政策标准，对困难家庭进行精准临时救助。2009—2020 年，共救济困难群众约 1.63 万人次，发放救助金近 1400 万元。

大通湖区 2009—2020 年政府救助情况见表 11-2-1。

表 11-2-1 大通湖区 2009—2020 年政府救助情况

年份	救助人数（人）	救助金额（万元）
2009	1	0.20
2010	875	36.43
2011	118	11.60
2012	188	33.07
2013	208	36.82
2014	753	62.41
2015	1619	102.36
2016	1733	122.53
2017	3628	256.56
2018	2486	240.42
2019	2261	223.67
2020	2410	271.82
合计	16280	1397.89

二、社会捐赠

2001 年始，区组织发动各级党员干部和社会爱心人士，围绕"安老、扶幼、助学、济困"，开展善款筹募和慈善救助，每年募集约 70 万元，对困难群众进行"送温暖，献爱心"春节慰问。2008 年 5 月发动党员干部和企业捐资 130 多万元，支援四川汶川地震灾区。2010 年和 2012 年先后成立的河坝镇爱心慈善捐赠会、金盆镇教育基金会，累计募集善款 140 万元，每年开展对口帮扶，共资助贫困学生 750 人。

2020 年 9 月，响应国家 9 月 5 日"中华慈善日"号召，开展"益行益善、益老益小"腾讯"9·9"公益日募捐暨"慈善一日捐"活动，通过腾讯募捐平台，组建"腾讯公益日微信捐赠群"，线上与线下、个人与单位同步募捐，资助区内"一老一小"特困群体。全区共募集 77.6 万元，其中线上捐款 54.2 万元、线下单位捐款 23.4 万元。

第二节 定期定量救济

一、孤儿救济

2010 年，区内启动孤儿定期定量救济工作。当年有 18 岁以下社会散居孤儿 24 人，由民政部门发放救济金每人每月 270 元。2011 年新增 11 人，月发放标准增至 300 元。2014 年，月发放标准提高至 600 元，共有 52 名孤儿享受救济。2018 年，救济对象减为 26 人，月发放标准增至 800 元。2019 年救济金标准再提高至 950 元。2020 年，全区享受救济的孤儿 18 人，另有事实无人抚养儿童 15 名，按孤儿救济标准全额或减半发放基本生活补贴，年发放救济金近 30 万元。

二、残疾人两项补贴

2016 年，根据国务院《关于全面建立困难残疾人生活补贴和重度残疾人护理补贴制度的意见》精神，启动残疾人"两项补贴"工作。对户籍在本区、持有第二代残疾人证且家庭或本人为最低生活保障对象的残疾人给予生活补贴，对其中残疾等级为一、二级的重度残疾人另给予护理补贴，补贴标准均为每人每月 50 元，年内共补贴 2190 人。2018 年补贴标准提高至 55 元，补贴人数 1656 人。2019 年和 2020 年，补贴标准增至 60 元、65 元，补贴人数分别为 1686 人和 1817 人。

第三节　最低生活保障

2001 年，区出台《关于发放 2001 年度城镇居民最低生活保障资金实施方案的通知》，对低保对象认定、低保金发放管理及违规处罚等作出明确规定。年内有 500 名城镇居民享受最低生活保障，年人均发放 1440 元。2004 年起，低保金实行银行卡社会化发放。2006 年启动农村最低生活保障工作，对城乡居民低保对象的信息资料实行微机管理，实现区、镇（场）、村（社区）三级联网。年内农村低保对象 1375 人，年人均发放低保金 668 元；城镇低保对象 3265 人，年人均低保金 1800 元。2007 年，出台《大通湖区农村居民最低生活保障制度实施办法》，设立低保基金专户，进行封闭式管理，确保专款专用。2010 年，开展以城乡低保对象、农村"五保"对象清理核查为主要内容的社会救助"阳光计划"，加强动态管理，做到应保尽保、应退尽退、进退及时。

2014 年，根据国务院颁发的《社会救助暂行办法》，全区建立"政府领导和民政部门牵头，有关部门配合，社会力量参与"的社会救助体系。组织民政、监察、财政等部门进一步开展城乡低保"阳光行动"专项整治，并相继在全区四镇建立起了"一门受理、协同办理"的服务管理平台，基本实现了"政策运用准确、程序操作准确、对象审批准确"的目标。当年，全区有城镇低保对象 3112 人，人均年低保金标准 3960 元；农村低保对象 4531 人，人均年低保金标准 1980 元。

2017 年开展专项清理整顿，对农村低保和社会保障兜底脱贫对象进行"全面核查、重新申请、重新审查、重新登记、规范管理"，重点解决"不按标施保、拆户保、违规保"现象，实现精准认定、精准救助。清理前全区有低保对象 4319 户、4897 人，保障率为

6.55%，户均人数为1.13人。清理整顿核减3397户、3890人，新增22户、38人，取消拆户保后整户纳入增加734人。清理后有农村低保对象944户、1779人，保障率降为2.39%，户均人数增至1.89人。2018年下半年清理城市低保，清理后全区城市低保对象为344户、512人，保障率1.51%。

2019年10月开始，城乡低保由按季发放改为按月发放。2020年，全区城市低保对象468人，年人均发放6240元：农村低保对象1971人，年人均发放4020元，全年发放城乡低保金1084万元。

大通湖区2001—2020年城乡低保发放情况见表11-2-2。

表 11-2-2　大通湖区 2001—2020 年城乡低保发放情况表

	年份	2001	2002	2003	2004	2005	2006	2007	2008	2009	2010
城市低保	发放人数（人）	500	4736	4788	3728	3989	3265	3995	3205	3601	4287
	年人均发放标准（元）	1440	1440	1440	1440	1440	1800	1800	2160	2160	2160
农村低保	发放人数（人）	—	—	—	—	—	1375	1398	1527	1793	2626
	年人均发放标准（元）	—	—	—	—	—	668	683	683	683	950
	年份	2011	2012	2013	2014	2015	2016	2017	2018	2019	2020
城市低保	发放人数（人）	4404	3763	3230	3112	3018	2758	2686	2482	512	468
	年人均发放标准（元）	2760	3600	3600	3960	4200	5040	5040	5160	6000	6240
农村低保	发放人数（人）	3354	4636	4023	4531	4653	4865	1779	1978	1977	1971
	年人均发放标准（元）	1080	1800	1800	1980	2100	2640	3036	3200	3720	4020

第四节　五保供养和集中供养

一、五保供养

2000年前，各场对丧失劳动能力、无依无靠、无生活来源的老、弱、病、鳏、寡人员和孤儿，均由各级工会负责实行保吃、保穿、保住、保医、保葬及孤儿保教（简称"五保"）的供养制度。

2000年建区后，五保供养工作由各镇负责管理，所需资金由区财政按年度专款下拨。2000年共计发放48.6万元，其中河坝镇19.1万元，北洲子镇8.8万元，金盆镇10.9万元，千山红镇9.8万元。2013年起，五保供养统一收归民政管理，出台《大通湖区农村五保供养工作实施细则》，对全区城乡五保对象进行全面认定，建立个人档案，救济资金按季打卡发放到人。年内有五保对象411人，年人均发放救济金2200元。2014年，根据国务院颁发的《社会救助暂行办法》，将农村五保供养对象和城市"三无"对象统称为特困人员。2017 年，对全区特困供养人员进行了生活自理能力评估，城市和农村特困救济标准按照城乡低保标准的 1.3 倍分开实施，年内 305 人共享受特困救济金 220.65 万元。

2019 年，为全区 319 名特困供养人员购买住院护理保险。在保险期限内，特困供养对象因遭受意外伤害、疾病而住院治疗的，由保险公司给付住院期间生活护理津贴，确保其在住院期间得到妥善的生活照顾。同年 10 月开始，特困人员供养资金由按季打卡发放改为按月打卡发放。2020 年，全区有特困供养对象 330 人，城市和农村特困对象年人均救济标准分别达 8112 元、5226 元。

二、集中供养

1991 年，大通湖农场始建敬老院，建区后更名为河坝镇敬老院。金盆农场敬老院始建于 1986 年，后更名为金盆镇敬老院，该敬老院 2010 年获"全国模范敬老院"称号，院长李目华于 2006 年被省人民政府记一等功，2014 年获评"全国孝亲敬老之星"。

2004 年，河坝镇敬老院由原大通湖农场六分场迁址到原一分场场部（现老河口村），投资 21 万元完成改扩建。2005 年金盆镇敬老院由原金盆农场一分场八队迁址到原三分场机关院内（现王家坝村）。2006 年，选址北洲子镇向阳村和千山红镇增福村，新建两所敬老院。2008 年后分别对各敬老院进行改扩建，增加护理床位，完善功能设施。至 2020 年底，全区有 4 所公办敬老院、2 所民办养老机构，共计床位 238 个，实际集中供养 137 人，其中集中供养特困人员 90 人。

大通湖区五保对象救济金发放标准情况见表 11-2-3。

表 11-2-3　大通湖区五保对象救济金发放标准情况表

年份	2011	2012	2013	2014	2015	2016	2017	2018	2019	2020
发放人数（人）	649	341	411	439	321	298	305	314	319	330
农村特困年人均发放标准（元）	1500	2000	2200	2640	3000	3200	3934	4160	4836	5226
城市特困年人均发放标准（元）	—	—	—	—	—	—	6552	6720	7800	8112

第三章　拥军　优抚　安置

20 世纪 50 年代初，大通湖农场响应国家号召，组织干部工人开展劳动竞赛，捐献钱物支援抗美援朝运动。1959 年后，各场先后成立人民武装部，负责人民武装、兼理兵役和开展拥军优属等工作。1961 年和 1965 年，先后划出土地 6 万多亩，支持部队创建南湾湖军垦农场。1981 年起，各场制定义务兵优待办法，按年发放家属优待金，并逐步提高标准。安置复退军人回场参加生产建设。做好伤残军人和"三属"优待抚恤工作。建区后，将复退军人和"三属"优抚生活补助纳入政府保障范围，按国家规定逐步落实下岗失业补贴、生活困难补助、定额生活补助、就业援助、医疗保险等政策待遇。2017 年开展复退军人尊崇优待活动，彰显军人尊荣。2000—2020 年，区委区管委会每年组织"八一"春节慰问活动，与部队驻军、军事机关座谈联谊，深化军地共建。三级以上转业士官、5～8 级伤残军人基本安置在行政事业单位，军转干部及随转家属得到妥善安置。

第一节　拥军优属

一、拥军

1950 年冬至 1951 年上半年，区农垦领导机构按照上级部署要求，开展轰轰烈烈的抗美援朝运动，组织干部职工开展劳动竞赛，增产支前，1023 名干部、职工共捐献 1470 万元（旧币）、大米 905 市斤、工分 2380 分（每分折现值约 2 元），区内还有 10 多名青年光荣入伍。1961 年春，大通湖农场将开建好的尼古湖 2966 亩耕地借给中国人民解放军第 47 军，进行农副业生产。1965 年又扩划 5.9 万亩土地供部队正式创建南湾湖军垦农场。之后在生产建设和社会管理诸方面互相支持帮助，拥军优属、拥军爱民工作持续深入。1996 年，长江流域遭受特大洪灾，大通湖所属各场汛情严重，防汛抢险吃紧，驻省驻益部队数百官兵在北洲子农场东大堤、大通湖农场湖子口隔堤抢险奋战 20 多天。为感谢子弟兵，各场除解决部队官兵吃住等生活保障外，还组织各界人士进行慰问并赠送纪念品。1997 年，结合庆祝中国人民解放军建军 70 周年，各场党委与南湾湖部队举行多场军民座谈会、联欢会、报告会等，实地研究解决部队子女就业、入学等问题。各农场每年在八一建军节、春节前由农场主要负责人带领，携带蔗糖、食油等土特产慰问南湾湖驻守官兵。建区后，区委、区管委会每年组织八一建军节、春节慰问，与南湾湖部队、南县武装部、区武警消防大队等单位座谈联谊，深化军民共建，密切军地关系。

二、优属

1959年，大通湖农场在职工子弟中首次征兵，武装部组织有关单位敲锣打鼓给军属赠挂"光荣军属"牌匾。嗣后每逢八一建军节、春节，各场组织相关单位开展拥军优属活动，慰问烈属、军属和伤残荣誉军人，帮助其解决生产生活上的实际困难。

1980年前，各场对个别生活困难的现役军人家属给予救助，但无固定标准。此后，为使义务兵安心服役，各场相继制定义务兵优待办法，由各单位每年发给义务兵家属一定数量优待费。实际发放标准：1981年每户80元左右，1982年至1985年240～260元，1986至1989年350元左右，1989年至2000年，义务兵家属优待金按农业户口每年350元、城镇户口减半的标准发放。2001年全区统一由各镇统筹，按500元标准发放。2003年发放标准提高到1000元。2013年，城镇和农村义务兵家属优待金分别达每年1.3万元、0.5万元。2018年起取消城乡差别，义务兵家属优待金统一为每年1.3万元。

第二节　优待抚恤

2000年前，区内荣誉军人（伤残军人）和"三属"（烈属、因工牺牲军人家属、病故军人家属）的抚恤工作，分别由南县、沅江市民政局负责，并对二等乙级以上伤残军人住院治疗实行医疗报销制度。每年八一建军节前夕，各场各级单位组织部分复退伍军人和现役军人家属进行座谈，通报单位建设发展重大事项，征求意见建议，赠送雨伞、脸盆、床单等纪念品。建区后，区内优抚工作划属区民政部门管理。共从南县、沅江市结转伤残军人档案35份、"三属"档案10份，12名二等乙级以上伤残军人医疗费转由区医疗保险统筹基金列报。

2001年起，将复退军人优抚生活补助纳入政府保障范围，带病回乡退役军人等按国家规定标准享受下岗失业补贴。同时建立企业在职军转干部解困补助和企业退休军转干部生活困难补助制度，按其入伍时间、军龄和在部队的职务职级，分别给予相应补助，并于2009年起增加医疗门诊、健康体检、丧葬抚恤等待遇。2005年，区属国有企业全面完成改制，对原在企业工作的部分军转干部共发放补助439万元。

2008年，按照国家和省市政策，对全区参战退役军人、企业退休复员军人实行定额生活补助。至 2020 年底，享受定补对象 373 人。

2009 年，启动复、退军人就业援助，帮助城镇户口退役未就业或下岗失业人员实现再就业，后发展为退役军人"零就业家庭就业援助"。2011 年对救助对象进行重新审核认定，确认 82 人为就业援助对象。此项工作受周边地区做法影响，逐渐由扶持就业变成单一发放定额救助金。

2011 年，区民政局印发《大通湖区优抚对象医疗保障实施细则（试行）》，对全区伤残军人、"三属"、在乡复员军人、带病回乡退役军人、参战退役军人实施医疗保障，建立起"资助参保参合、门诊医疗补助、住院医疗补助、特别医疗补助、慈善医疗补助""五位一体"的医疗保障体系。同年起，对农村籍退役义务兵实行生活困难补助，至 2020 年底，全区有农村籍退役士兵 103 人，按其每服役一年每月 45 元的标准给予补助。

2013 年，对 2011 年起退役的自主就业士兵（含士官）实施一次性经济补助，标准为每服役一年补助 2000 元，2020 年起提高至 4500 元。

2015 年抗日战争胜利 70 周年之际，由区委书记带队祭奠抗战烈士陵墓，登门拜望慰问抗战老兵。各级组织召开"三属"和复退军人代表座谈会，宣传弘扬抗战精神和爱国主义精神，开展拥军优属慰问活动等。同年开始，对大通湖籍荣立三等功以上现役军人家属开展"送喜报"活动，并给予资金奖励。

2017 年八一建军节前夕，全区各级开展复退军人尊崇优待活动，人均安排活动经费100 元以上。同年启动复退军人和军烈属信息采集工作，将各类优抚对象基本信息录入数据库，建立数字档案。在银行、车站等公共场所醒目位置摆放"军人优先""退伍军人优先"提示牌，彰显军人尊荣。至 2018 年，全区悬挂区管委会统一制发的优抚对象"光荣之家"牌匾 2500 余户。

2019—2020 年，针对部分"以政府安排工作方式退出现役的士兵"社保缴费中断的问题，采取优惠政策实行续保，共为 178 名对象完成养老、医疗保障费补缴，解决他们的后顾之忧。

第三节 退伍安置

20 世纪 50 年代初，先后有多名军转干部调配到农场组织领导大通湖的开发建设。1958 年，大通湖农场安排部队转业干部 63 名，随后接收广州军区 347 名军官参加劳动。1962 年前后，又多批次从益阳、岳阳、常德、长沙、湘潭等地招录工人，当地许多复员军人通过招工成为农场一员，后陆续成长为建设农场的中坚骨干。至 2001 年，区内有健在的 1953 年年底前入伍的转业复员军人 351 名。

1982 年开始，按照"从哪里来回哪里去"的原则，农场陆续接收本土籍退伍军人回场参加生产建设，大部分退役士兵回场后转为农业职工，后不少被选调至工商企业工作成为工商企业职工。2000 年前，因各场及所属企业经济效益滑坡，退役人员安置难度增大，直至 2011 年国家出台新的《退役士兵安置条例》方逐步缓解难题。此后，退伍义务兵主要采取货币安置方式。

2000 年建区后，三级以上转业士官、5～8 级伤残军人基本安置到机关行政事业单位，军队转业干部及随军家属安置任务不大，均妥善安置。

第四章　社会事务管理

2000 年前，各农场的分场、生产队地域名称均以序号命名。改场建镇时，各镇名称及区划由省民政厅行文确定，村、社区区划调整和地名变更分由南县、沅江市政府批复同意，全区共设 4 个镇、76 个行政村、10 个社区和 2 个办事处。2016 年镇村区划调整改革，设 4 镇、27 个行政村、11 个社区和 1 个办事处。

区内婚姻登记机关和结婚登记要求几经调整变化。2004 年成立区婚姻登记处，有专职人员 2 名。2017 年 4 月起实行婚姻登记免费办理。2019 年建成 3A 级婚姻登记机关。2000—2020 年，全区结婚登记人数约 1.44 万人，办理离婚登记 4074 人，离婚人数为结婚人数的 28.3%，比 2000 年提高 23.1 个百分点。

区内社会组织由区民政部门进行登记和年检年审。2020 年，共有登记注册的各类社会组织 62 个。2010—2020 年，经民政部门审查批准、合法登记的无子女家庭收养子女共 20 名。

区内实行殡葬改革前，民众死亡丧葬以土葬为主。2020 年 4 月建成区殡仪馆，启用 4 个农村公墓，5 月起全面推行强制火化，落实殡葬惠民"四项补助"。至年底，全区死亡人口火化率、入葬公墓率均达 100%。

第一节　区划地名管理

区地处洞庭湖平原腹地，行政区划分属南县、沅江市。20 世纪 60 年代，各农场与周边区、社的辖域界限时有争论，边界纠纷比较突出。1964 年 4 月，中共益阳地委书记孙云英和湖南省农村办公室副主任、省农垦局局长杨第甫在沅江县草尾区组织召开协调场社关系座谈会，各场场长、南县和沅江县的主要负责人及其所属的 3 个区、9 个公社负责同志共 32 人参加。经座谈协商，大通湖农场与南县河口、明山、乌嘴，金盆农场与沅江县阳罗、普丰、南大，千山红农场与沅江县草尾，南县八百弓、沙港市，北洲子农场与南县河口、舵杆洲等地的界限全部划定，双方签订协议，终结了场社边界纠纷。2000 年前，各场的分场、生产队地域名称均以序号命名。

2000 年，湖南省民政厅行文批复，同意 4 个农场改制建镇，以原农场管辖地域为行政区域，分别设立河坝镇、北洲子镇、金盆镇、千山红镇。另以南湾湖农副业基地、大通湖渔场为管理区域，分别设立南湾湖办事处和沙堡洲办事处。改场建镇后，各镇于 2000 年 12 月撤销分场、生产队和集镇建制，按行政管理体制要求构建基层自治组织。行政村按耕地 3000 亩左右规模划定，以原生产队为单位，按地域相连、村名易记的原则整合组建，下设若干村民小组。城镇社区按地理分布和区域规模划定设置。村、社区区划调整变更及名称变更，按行政区划管理权限，分由南县、沅江市政府批复确定，区民政部门行文发布村、社区名称及界域。4 镇共设 76 个行政村、10 个社区，其中河坝镇 26 个行政村、3 个社区，北洲子镇 14 个行政村、2 个社区，金盆镇 15 个行政村、2 个社区，千山红镇 21 个行政村、3 个社区。2006 年，千山红镇大莲湖渔场改制为大莲湖村。2008 年，金盆镇金星渔场分拆划入金福村、南京湖村，河坝镇新月村、新日村并为铭新村。2013 年撤销大通湖渔场和沙堡洲办事处建制，建立沙堡洲镇，辖沙堡洲、尼古湖、蜜蜂夹、铭新村等 4 个村。2015 年底，沙堡洲镇并入河坝镇。翌年 4 月，全省乡镇村区划调整改革，河坝镇原 28 个村合并成 11 个村，并辖银河、金山、银海、红旗 4 个社区，全镇区划面积 173.61 平方千米，城区面积 5 平方千米。北洲子镇原 14 个村合并为 4 个村，另辖宏发、银辉 2 个社区，镇域面积 41.08 平方千米。金盆镇原 15 个村合并为 5 个村，另设金漉、金桥 2 个社区，全镇面积 46.65 平方千米。千山红镇原 22 个村合并为 7 个村，并设有北汀、桥北、厚南 3 个社区，全镇面积 76.26 平方千米。至此，区辖 4 镇 1 办事处，共设 27 个行政村、11 个社区，区划建制和地名一直相沿。2020 年 9 月，编印出版《大通湖区地图》《大通湖区中心城区地图》各 1000 份、300 份。

大通湖 2016 年并村情况见表 11-4-1。

表 11-4-1　大通湖区 2016 年并村情况表

镇	新建村	辖原村
河坝镇	老河口村	山村、老河口村
	新秀村	新秀村、新月村
	芸美村	芸美村、芸象村
	芸洲子村	芸景村、芸湖村、芸洲子村
	河心洲村	河心洲村、河一村、河万村、河众村
	农丰村	农丰村、农谷村、农五村
	农乐垸村	农登村、农乐垸村
	三财垸村	三广村、三源村、三财垸村
	王家湖村	王家湖村、王业村、王兴村
	沙堡洲村	沙堡洲村、尼古湖村、蜜蜂夹村
	铭新村	铭新村

（续）

镇	新建村	辖原村
北洲子镇	向东村	向东村、顺河村、百利村、科旺村
	永兴村	东红村、长湖村、马排村、永兴村
	向阳村	向阳村、老龙河村、民乐村
	北胜村	北胜村、大湾村、中岭村
金盆镇	大东口村	大东口村、格子湖村、兴旺村
	增福村	增福村、香稻村、金福村、南京湖村五组
	王家坝村	王家坝村、腾飞村、玉成村
	南京湖村	南京湖村一至四组、西湖浃村、友谊村、东堤村四组
	有成村	有成村、东堤村一至三组、庆成村
千山红镇	利厚村	利厚村、利贞村、白龙村、中洲村
	大西港村	大西港村、小西港村、南河村、烂泥湖村
	种福村	种福村、向南村、胜利村、小莲湖村
	民和村	民和村、伍家园村、十字港村、新裕村
	大西湖村	五七村、西洲村、大西湖村
	东南湖村	东南湖村、金沙村
	大莲湖村	大莲湖村

第二节　婚姻登记管理

　　1950年，废除封建婚姻制度，国家颁布《中华人民共和国婚姻法》（以下简称《婚姻法》），实行婚姻自主、一夫一妻、男女平等的原则，规定男满20周岁、女满18周岁方可登记结婚。1980年，颁布新《婚姻法》，结婚年龄改为男22周岁、女20周岁，并提倡晚婚。此期间，各农场婚姻登记由公安派出所办理。1981年起，由场计划生育办协同公安派出所共同负责。1985年后，改由农场武装部（兼具民政职能）和计划生育办定期联合办证，结婚登记更为严格。办理结婚证时，除男女双方符合条件、双方自愿、持有单位证明外，还须进行婚前体检，参加培训学习班，签订计划生育合同。对男不足25周岁、女不足23周岁的，动员其推迟结婚。据历年婚姻登记统计，各场办理结婚登记、领取结婚证的结婚人数，由建场初期的90%左右增加至1990年的100%。初婚年龄逐步增大，晚婚率由27.1%提高到的71.4%。各场离婚率低，1990年前约为3%，1991—2000年为5.2%。

　　2000年建区后，各镇婚姻登记工作由镇社会事务办和计划生育办共同负责。2004年，在区社会发展局正式成立大通湖区婚姻登记处，配备婚姻登记员2人，同时撤销原各镇婚姻登记点。2013年10月，婚姻登记处入驻区政务中心大厅。2017年4月，根据财政部、发改委《关于清理规范一批行政事业性收费有关政策的通知》，取消收取婚姻登记工本费，结婚与离婚登记均实行免费办理。同年起，按照省民政厅婚姻登记机关标准化建设要求，以建设 3A 级婚姻登记机关为目标，完善婚姻登记的环境布局和设施配备，实行婚姻登记联网，举行结婚颁证仪式，开展婚姻家庭辅导等。2019 年 12 月，区婚姻登记处获省 3A 级婚姻登记证。

2000—2020 年，全区共办理结婚登记约 1.44 万人，补领结婚登记 1834 人，办理离婚登记 4074 人，离婚人数占结婚人数的 28.3％。

大通湖区 2000 年—2020 年婚姻登记统计情况见表 11-4-2。

表 11-4-2　大通湖区 2000 年—2020 年婚姻登记统计表

单位：人

年份	结婚	离婚	补领结婚登记
2000	534	50	—
2001	380	50	—
2002	452	64	—
2003	491	53	—
2004	499	183	—
2005	450	113	—
2006	698	116	—
2007	710	143	—
2008	769	167	—
2009	820	161	—
2010	874	223	—
2011	942	211	92
2012	954	234	104
2013	887	243	131
2014	937	252	152
2015	827	272	169
2016	768	295	177
2017	706	325	281
2018	639	313	266
2019	560	319	256
2020	495	287	206
合计	14392	4074	1834

第三节　社会组织与收养管理

一、社会组织

2000 年建区后，区民政部门根据国务院《社会团体登记管理条例》，对区内各类协会、基金会、民办非企业单位等社会组织实行登记管理，进行年检年审。2018年启动网上系统登记和年检年审。2019年启动社会组织参与村（居）民自治，对符合登记条件的社会组织依法予以登记，不符合条件的由乡镇实行备案管理。至2020年，全区共有登记注册的各类社会组织62个，其中社团48个、民办非企业单位13个、基金会1个。

二、收养管理

1992年，国家颁布实施《中华人民共和国收养法》，对孤儿及遗弃于社会的残疾儿童和婴幼儿，由符合条件的家庭或社会福利机构收养。1999年，颁布实施《中国公民收养子女登记办法》，对中国公民在中国境内收养子女或者协议解除收养关系的，依法进行收养登记。区内无儿童福利机构，家庭收养由区民政部门进行合法登记。需要收养弃婴和儿童的养父母，须具备4个条件，即无子女、年满30周岁、有抚养教育能力、无医学上认为不应当收养子女的疾病。2010—2020年，全区家庭收养子女20人。

第四节　殡葬改革

2020年实行殡葬改革前，区内民众死亡丧葬以土葬为主。机关事业单位人员及其离退休人员死亡后一般实行火葬，否则取消其遗属的抚恤费。对丧葬墓地未做统一规划安排，一般选址在垸内旧溃堤坡面和废弃的土丘低岗地段，不准占用耕地和一、二线防洪大堤。职工死亡的丧葬费及其遗属的抚恤费按不同时期规定的标准发放。

2019年，按照推进美丽乡村建设和上级政府的要求，成立大通湖区殡葬改革领导小组，出台《大通湖殡葬改革工作实施方案》，启动全区殡葬改革。同年8月，选址于河坝镇芸洲子村的空旷废地建区殡仪馆及陵园，占地面积197亩，总投资1亿元，翌年5月建成投入使用。同年12月，投资1000万元，分别在河坝镇河心洲村、北洲子镇向阳村、金盆镇南京湖村、千山红镇原建材厂的所属地域建成4个农村公益性公墓。各公墓已建成的墓穴位能满足辖区内2年以上丧葬穴位需求。

2020年4月，出台《大通湖区农村公益性公墓建设暂行管理办法》，发布《大通湖区全面实施殡葬改革有关事项的通告》。明确全区从2020年5月1日零时起全面推行强制火化，同时组织力量开展殡葬改革联合执法，落实殡葬惠民"四项"补助，即公墓安葬优惠项目、节地生态安葬补助项目、基本殡葬公共服务费用免除对象与免费项目、困难群众殡葬减免项目。至2020年12月，全区死亡人员火化率、入葬公墓率均达100%，减免或发放惠民补助资金110万元。

第五章　残　　联

　　2003年成立大通湖区残疾人联合会，后单独建制，设专职副理事长一人。各镇残联工作归口镇民政机构负责。2009年建立残疾人口基础数据库，纳入全国残疾人网上服务平台。2020年更新发放第三代残疾人证，全区共有持证残疾人3043人。

　　建区20年间，区内按照国家有关规定，严格落实残疾人的相关政策待遇，区残联每年组织开展助残宣传和助残募捐活动。2009年起开展残疾人免费技能培训，鼓励其自主创业。2013年建立残疾人就业保障金制度，为残疾人就业征集助残基金。2013—2020年，先后康复救助残疾儿童59名，实施贫困残疾人家庭无障碍改造50户。2018年起先后3次调整困难残疾人生活补贴和重度残疾人护理补贴标准，3年共发放"两项补贴"373万元，残疾人稳岗就业一次性房租补贴18户、3.6万元。

第一节　组织机构

　　2000年前，各场残疾人工作分由南县、沅江市民政部门管理，农场兼职民政机构仅负责工作联络。建区后，全区残疾人工作归口区社会发展局民政办公室负责。2003年11月，召开大通湖区第一次残疾人代表大会，成立大通湖区残疾人联合会，选举产生执行理事会，设正副理事长各1名、理事会成员15名。具体工作仍由民政办公室代办。2010年，完善残疾人联合会组织建设，单独建制为集社会团体和行政管理机构于一体的联合组织，隶属区社会发展局，主要维护残疾人合法权益，组织指导乡镇残疾人工作，动员社会力量推进残疾人事业。联合会会长由区级领导兼任，区社会发展局局长任常务副会长，工作人员实行专编专人。2019年后，区残疾人联合会改隶区民政和人社局，设专职副理事长1名，专管残联事务。各镇残联工作由镇民政职能机构负责。

第二节　残疾人现状调查

　　2001年起，开展残疾人摸底调查，建立残疾人现状基础档案，发放残疾人证。2009

年启动中国残疾人服务平台网上系统，建立残疾人人口基础数据库，实现残疾人证全网可查，更换第二代残疾人证，年内换证 481 人。2020 年，根据中国残联《关于推进第三代残疾人证（智能化）换发工作的通知》要求，进行第三代残疾人证换发。截至年底，全区共有持证残疾人 3043 人。其中视力残疾 371 人，听力残疾 191 人，言语残疾 26 人，肢体残疾 1605 人，智力残疾 273 人，精神残疾 495 人，多重残疾 82 人。

第三节　残疾人扶持

2000 年建区起，按照国家有关规定，对区内残疾人在教育、税收、就业等方面给予政策上的倾斜，严格落实"两项补贴""两项保险代缴"和"教育资助"。在每年"5·15 助残日"前后，开展助残宣传和助残募捐活动，免费为残疾人派发基本型辅助器具。2009 年后，区残联每年免费举办残疾人技能培训班，培训项目包括农作物种植、特种水产养殖、服务业、餐饮业、电子商务等，鼓励残疾人通过学习培训，掌握就业基本技能，为自主创业创造条件。2013 年开始，进一步落实《湖南省残疾人就业保障金管理办法》，对安排残疾人就业未达到规定比例的用人单位，按标准征收残疾人就业保障金。同年起对具有本区户籍、有康复需求和适应指征 0～6 岁视力、听力、言语、肢体、智力等残疾儿童进行康复救助，至 2020 年共救助 59 人。2018 年，根据《湖南省实施贫困残疾人家庭无障碍改造项目指南（2018 年版）》，对贫困残疾人家庭实施无障碍改造，改善残疾人居家自理环境和居家康复条件，至 2020 年共改造 50 户。2018 年 1 月起，调整重度残疾人护理补贴和困难残疾人生活补贴标准，取消城乡类别，按每人每月 65 元标准实行"一卡通"发放，至 2020 年，3 年共计发放"两项补贴"373 万元。2020 年，根据《湖南省残疾人联合会湖南省财政厅关于做好疫情防控期间残疾人稳岗就业有关事项的通知》精神，对普通盲人按摩店、残疾人个体工商户、私营业主按每户 2000 元的标准给予一次性房租补贴，全区共补助 18 户、3.6 万元。同年，河坝镇理发美容业主李友明被授予"湖南省自强不息模范"称号。

第六章　扶　　贫

2014年，区内成立扶贫开发工作机构，正式开启精准扶贫。2016年，按照中共中央和省、市委的统一部署，区全面推进脱贫攻坚战略。扶贫工作实行区委书记、区长"双组长"制，区直部门单位共组建扶贫工作队28个，区级领导分别联系行政村进行联点帮扶，区、镇、村共派驻1213名党员干部对所有贫困户进行结对帮扶，实现了领导干部联村帮扶、工作队驻村帮扶、党员干部结对帮扶"三个全覆盖"。

2016—2020年，区财政和各帮扶单位共投入扶贫资金1.18亿元，用于全方位脱贫攻坚和完善贫困村公共服务设施。按照"六个一批"的要求精准施策，全面落实贫困人口最低生活保障，低保金实行按月打卡发放；医疗保险实现"应保尽保"，贫困患者住院治疗费报销比例达70%～90%；实施易地搬迁32户、102人，解决了贫困户缺房和住房不安全的问题；开展贫困劳动力就业技能培训1291人，增强其脱贫致富"造血"功能；推进教育扶贫，贫困家庭学生助学补贴面达100%；建立利益联结机制，筛选优质农业经济组织进行产业扶贫，带动贫困户脱贫致富，年人均增收400多元。至2020年，全区11个省级贫困村先后摘帽出列，3962户9801人建档立卡贫困户全部如期脱贫，贫困发生率由2014年的13.7%降为零。

第一节　组织机构

2014年，在深入开展党的群众路线教育实践活动中，按照中共益阳市委的统一部署，结合"三访三化促发展解民忧"专项活动，区委成立大通湖区扶贫开发工作领导小组，区、镇机关部门组建工作组，深入全区79个行政村开展精准扶贫工作。

2016年初，根据《中共中央、国务院关于打赢脱贫攻坚战的决定》和省、市委有关文件精神，调整充实扶贫开发领导机构，区扶贫开发工作领导小组实行区委书记、区长"双组长"制，其他区级领导任副组长，各牵头单位、责任单位和驻村帮扶单位的主要负责人为成员。确立区统筹、镇落实、部门配合的领导体制和规划到村、扶贫到户的工作机制，在区农林水务局设立领导小组办公室，镇、村两级成立相应机构，落实扶贫专干和扶贫工作经费。区直部门共组建并村后的帮扶工作队 28 个，其中省级贫困村驻村帮扶工作队 11 个。另抽派 3 名干部组成工作队，指定区农业银行为责任单位，到安化县（国家级贫困县）羊角塘镇白沙溪村进行驻村对口帮扶。

第二节　扶贫攻坚

一、精准帮扶

2016 年起，区委、区管委会将脱贫攻坚作为重大政治任务和民生任务，纳入年度绩效考核和基层党建考核，实行"一票否决制"。坚持党建引领、分片包干、联点扶贫、驻村帮扶，重点推进"民之所需、行之所至""万名干部进千村入万户""践行初心使命，真情脱贫帮扶""三走访三签字"等主题活动，扎实开展精准识贫、精准施策、精准脱贫，做到真扶贫、扶真贫。每年派驻 32 名领导干部联系全区所有行政村和对口帮扶村，实现"领导干部联村全覆盖"；派驻 28 支由区直单位、驻区单位组成的帮扶工作队驻村帮扶，对贫困人口较多的非贫困村加派有项目建设资金来源的后盾单位结对帮扶，实现"驻村帮扶全覆盖"。区、镇、村三级共派 1213 名党员干部，对全区 3962 户、9801 人建档立卡贫困户进行结对帮扶，实现了"结对帮扶全覆盖"。驻安化县工作队 3 名队员结对帮扶 14 户，责任单位区农业银行 9 名中层骨干结对帮扶 38 户。

2016 年至 2020 年，区财政共安排专项资金 8313.95 万元用于全方位脱贫攻坚。全区 28 个帮扶单位对帮扶村的投入共计 3508.43 万元，改善了村基础设施和公共服务设施。

二、六个"一批"

兜底保障一批。2017 年贫困人口兜底保障对象 138 户、296 人，发放低保金 44.93 万元，人均 1518 元；全年对 315 名特困人员发放特困资金 154.1 万元、护理费 66.55 万元。2018 年全区农村低保对象 1005 户、1879 人，共发放低保资金 402.99 万元；兜底对象 127 户、253 人，发放兜底资金 28.55 万元；对 322 名特困人员发放特困资金 183.84 万元。2019 年，全区农村低保对象 1127 户、1993 人，发放资金 478.8 万元。发放困难残疾人生活补贴 43.43 万元，重度残疾人护理补贴 57.43 万元。2020 年，农村人口最低生活保障标准由上年的每人每年 3720 元提高至 4020 元，全区农村低保对象 1153 户、1971 人，实际补差发放 531.46 万元，人均 2696 元。全年享受残疾人两项补贴 1817 人，共发放两项补贴资金 141.71 万元，人均每月达 65 元。

改造搬迁一批。2017 年，对缺房和住房不安全的贫困户进行易地扶贫搬迁，共易地搬迁 32 户、102 人。其中千山红镇集中安置 21 户、64 人；河坝镇分散安置 2 户、7 人；北洲子镇分散安置 5 户、17 人；金盆镇分散安置 4 户、14 人。实现了全区贫困户和档外四类重点对象住房安全与保障率 100％。

培训就业一批。2016 年起，以区就业培训中心为主、相关职能部门和新型农村经济组织为辅，开展脱贫攻坚就业培训，年内培训农村致富带头人 38 人。2017 年举办贫困劳动力就业技能培训班，培训 271 人，其中贫困"两后生"（高中毕业后、初中毕业后的学生）11 人、致富带头人 15 人。2018 年培训贫困劳动力 308 人，全年新增转移贫困劳动力就业 77 人。2019 年，培训贫困劳动力 229 人，新增转移就业 79 人。2020 年培训 245 人，其中致富带头人 22 人。

教育助学一批。2018 年，资助家庭困难幼儿 442 人，发放资金 22.1 万元；对建档立卡四类家庭的 1635 名中小学生发放补助 114.41 万元。2019 年，资助家庭困难幼儿 421 人，发放 21.05 万元。对符合资助条件的 1533 名学生发放补助 89.32 万元。2020 年，全区 1330 名从幼儿园到高中的家庭经济困难学生实现教育助学全覆盖，共计发放教育助学金 89.54 万元。

医疗救助一批。2016 年起，实现农村贫困人口城乡医保"应保尽保"，参保率 100％，全区医疗机构开通"一站式"结算系统，实行"先诊疗，后付费"。实施健康扶贫"三个一批"工程，大病专项救治 95％以上，慢性病签约服务管理 100％，重病财政兜底 100％。2017 年按照省市要求，贫困人口住院及特殊门诊均按总费用的 82％由财政兜底，贫困人口住院 1194 人次，财政兜底付费 184.81 万元，特殊门诊 55 人，财政兜底 5.09 万元。2018 年，贫困人口在区内、区外住院的分别按实际费用的 90％、70％予以兜底报销，全年住院 2196 人次，区财政兜底 265.21 万元；同时，对贫困人口 43 种慢性病门诊报销比例提高 3％，受惠群众 89 人，增加报销 2.8 万元，贫困人口特殊门诊报销比例提高到 90％，16 名贫困患者增加报销额 15 万元。2019 年，全区贫困人口区内住院 2440 人次，财政兜底报销 516.66 万元；区外住院 438 人次，规范转诊的报销比率提高至 80％，财政兜底 119.26 万元。2020 年，按照《益阳市医保扶贫巡视问题整改方案》要求，贫困人口区内住院实际费用报销比率调整为 85％，区外住院的报销比例未变，全年财政兜底共计 102.02 万元。

产业发展一批。2016 年后，按照"四跟四走"和"四带四推"产业扶贫的思路，筛选出有实力、有特色的龙头企业、农民合作社和家庭农场，完善利益联结机制，采用"公司＋基地＋合作社＋农户"模式，推动大闸蟹、小龙虾、大米、果蔬等特色产业成为扶贫主导产业，带动贫困户脱贫致富，人均年增收 400 元以上。2017 年全区参与产业扶贫经济组织 123 个，产业带动贫困户 2480 户、6448 人，其中直接帮扶 1736 户、4513 人，委托帮扶 30 户、101 人，股份帮扶 714 户、1834 人。2018 年和 2019 年，参与产业扶贫经济组织分别 106 个、44 个。2020 年，优选 28 个经济组织帮扶带动贫困户 3773 户、9412 人。2016—2020 年，共为 1349 户贫困户发放扶贫小额信贷 6252 万元，无一笔本金和利息逾期；认定消费扶贫产品企业 21 家、44 个品种，累计扶贫产品销售额 2757.4 万元。

三、六大建设

交通建设。2016 年，全区新建贫困村硬化公路 2.24 千米，改建 12 千米。完成安保工程公路 24.25 千米。2017 年，投资 1645 万元，完成贫困村村际连通和瓶颈公路 55.36 千米、窄路加宽 7.84 千米、安保工程 32.31 千米。2018 年完成通自然村公路 10.9 千米，改建 23.47 千米，危桥改造 2 座，安保工程 114.63 千米。2019 年完成自然村公路 34.66 千米，危桥改造 3 座。2020 年新建农村公路 14 千米，改建 16.5 千米，改造危桥 8 座，完成安保工程 45.73 千米，总投资 1652.51 万元。全区各自然村建成内外循环通畅公路网络。

水利建设。2016 年投入 1738.87 万元，完成 14 座电排改造和 108 条大小河渠、20 处塘坝的疏浚清淤。2017 年投资 687 万元完成 1.43 万人的农村饮水安全改造工程，投资 1209 万元完成 293 条河渠、35 处塘坝清淤和 26 座涵闸、电排改造。2018—2019 年，投资 1980 万元完成防洪大堤达标建设，投资 791 万元对垸内主要堤坝进行护坡固基。2020 年完成河坝镇沙堡洲取水设施新建工程，投资 8200 万元全面推进泵站建设，投资 8800 万元实施大通湖流域生态修复与治理工程。

农村电网建设。2016 年实施农村电网提质升级改造，在 22 个行政村新建改造 10 千伏线路 35.73 千米、高压电缆 2.2 千米、低压线路 113.17 千米，新建改造变压器 79 台，共投资 1204 万元。2017—2019 年，农村电网建设投资共计 4815 万元。2020 年完成剩余 6 个行政村的电网升级改造，新建改造 10 千伏线路 38.65 千米、变压器 8 台、低压线路 11.08 千米，共投资 813 万元。

电视广播设施建设。2017 年 10 月全面完成全区农村广播"村村响"项目建设，建成区、镇、村三级广播平台，同时实现了数字电视到村到户目标。

网络通信建设。2016—2020 年，实施光纤到村工程，全面完成通信网络基站建设，共建设农村光纤入户端口 2680 个，实现全区所有行政村光纤入户、4G 网络全覆盖。

生态环境建设。2017 年，全区植树造林 1.1 万亩，其中重点造林 5500 亩（长防林造林 1500 亩，中央财政造林补贴造林 4000 亩）。打造王家湖村"香泡产业"扶贫村，村集体裁种香泡1万株，带动13个贫困户年增收300元。千山红镇珍贵乡土树栽种绿化苗木5万株，50多户贫困户受益。2018—2020年，全区新增造林面积4500余亩，"四旁"植树约70万株，镇村道路实现绿化全覆盖，绿化率达13.08%。区开展农村人居环境整治三年行动，推广普及农户庭院"六个一"整治模式。区进行农村厕所、生活垃圾和污水、农业面源污染、秸秆焚烧等专项整治，持续推进全域水环境治理，有效提升了区内环境质量。

2020年，全区11个省级贫困村全部摘帽出列，3962户9801人建档立卡全部脱贫，贫困发生率由2014年的13.7%下降为零，全面如期实现脱贫攻坚目标。

第十二编

城乡建设

中国农垦农场志丛

第一章　城镇建设

各农场建立后,场部驻地逐步形成集镇。20世纪80年代中期起,各场加快集镇发展,镇区规模、人口逐渐增加。2000年末,大通湖、北洲子、金盆、千山红等4家农场集镇建成区面积共4.6平方千米,有街道15条、总长1.42万米,商业门店摊位4000余个,各类房屋建筑面积148万平方米,常住人口2.82万人。

2000年建区后,河坝集镇成为全区政治、经济、文化中心。2002年,拉开中心城区开发建设序幕,至2020年,中心城区有主次干道19条、建成区面积4.6平方千米,主要街道10条、总长10.43千米,主要住宅小区12个、4100余户,常住人口2.2万人。城区给排水、环境卫生、绿化亮化、供电供气、网络通信等基础设施完善,文化教育、医疗卫生、商贸流通、娱乐休闲等公共服务功能齐备,是洞庭湖生态经济区的中心城镇之一,2020年入列国家卫生城镇。

区内小城镇建设改变以往无规划引领、无项目支撑、无资金保障的状态,北洲子、金盆、千山红等3镇的集镇经历年建设发展,市政基础设施提质升级,城镇功能结构得到优化,人居环境不断改善。2020年,3镇镇区建成面积4.9平方千米,常住人口2.75万人,比2000年分别增长64%、47%。

第一节　中心城区建设

河坝中心城区为区管委会及河坝镇政府所在地,是全区政治、经济、文化中心。20世纪40年代,胡子口河经三才垸东南角三岔分流,在垸堤外淤积出一滩地,成为渔、樵、垦民的集散交易场所,有居民数十人,开设有日杂、烟酒副食、屠行等店铺。1950年湖南省人民政府围垦大通湖,于此处拦河筑坝,因堤坝连接三才垸和吉星垸,故起名三吉河坝。1951年大通湖农场建场后,该地渐成小集镇。后因地域狭小,1974年开始陆续迁往堤坝垸内,农场划地2.5平方千米,规划建设新集镇街区。至2000年,镇区形成以五一路为主轴,迎宾路、友谊路、文化路为侧翼的"丰"字型街道布局,街道总长度4850米,建成区面积1.5平方千米,常住人口0.9万人。2001年区制定《益阳市河坝镇建设总体规划》，按照"北展西拓"思路和"织绿成园、园中织景"的特色定位建设新城区。城区范围东界胡子口河，南抵育才路，西接环城西路，北至广源路，规划用地面积7.07平方千米。2020年，中心城区建成区面积4.6平方千米，常住人口2.2万人，比2000年分别增加两倍和一倍多。

一、道路

1985年前，集镇街道为砂石路面，后相继改建成混凝土路面。2002—2003年，区投资3000万元建成宽46米的大通湖大道和宽35米的文化北路，形成城区"两纵两横"新骨架。2004年区改建五一路，后西延至工业园区，总长度2078米，宽30米。2005年，投资450万元对全长480米的文化南路进行改造，路宽由20米扩至35米。2008年投资1200万元新建人民路商业街，总长度1340米，路宽22米。在此期间，先后改造友谊路，新建幸福路、农垦路、御湖路、建设路、银河路。此后实施城区道路新建和提质改造工程，建成枫杨路、通富路、银海路、金湖路、育才路、环城西路和大通湖大道、人民路、映湖路西延线，对建成道路进行"白改黑"。至2020年，中心城区共有主、次干道19条，全部建为沥青混凝土路面，其中建成区主要街道10条，总长度10.43千米，总投资逾亿元，形成了"四纵六横"街道格局。

2020年，大通湖区中心城区主要街道建设情况见表12-1-1。

表12-1-1　2020年中心城区主要街道建设情况表

序号	街道名称	起止点	路长（米）	路宽（米）	新建改建投资（万元）
1	五一路	东起胡子口河西至环城西路	2078	30	1500
2	大通湖大道	东起生态公园西至枫杨路	1138	45	2000
3	人民路	东起人民医院西至枫杨路	1340	22	1200
4	幸福路	东起友谊路西至枫杨路	1138	16	650
5	文化路	南起区一中北至映湖路	1463	35	1800
6	友谊路	南起育才路北至映湖路	1420	30	1100
7	银河路	南起人民路北至映湖路	345	15	200
8	建设路	南起幸福路北至映湖路	384	17	480
9	御湖路	南起幸福路北至映湖路	376	15	500
10	农垦路	南起五一路北至映湖路	745	22	800
合　计		—	10427	—	10230

二、主要建筑

2000 年前，城区无五层以上建筑物，临街房屋建筑外形基本为方形构造布局，立面装修陈旧单一。2000 年 9 月建区时，对原农场工人俱乐部及附属平房进行简易装修改造，遂成区委、区管委会临时办公场所。2002 年后，结合新城区开发建设，先后有国土、建设交通、计划生育与卫生教育、农业水利、电力、财政等部门单位建成办公楼。2005 年惠万家大型超市在文化北路西侧建成。2007 年，投资 2100 万元的区党政机关综合大楼落成，次年 4 月投入使用。2008 年河坝镇机关搬迁至原区招待所，原机关院落改建为通盛花园酒店。嗣后，又相继新建人力资源和社会保障、公安、地税、国税、检察、审判、市场监督管理、公安交通、消防救援等机关单位的办公服务楼，大通湖大道两厢成为区内行政办公服务相对集中区。2014 年天恩酒店在文化北路与大通湖大道交汇处建成，后因产权转让更名为湘韵大酒店，是区内首家三星级宾馆。同年区人民医院建筑面积 1.34 万平方米的住院大楼竣工，后于 2020 年又新建十层门诊大楼，成为花园式的二甲医院。2015 年金泰大市场和大润发生活购物广场在建设路南端建成，区投资 1500 万元建成省级示范社区——银河社区群众活动中心综合大楼。2018 年建于惠万家超市原址的常信商业广场竣工。2019 年湘运汽车新站和湘韵物流商业街在大通湖大道南侧、通富路两厢建成，总投资 9000 万元。2020 年 5 月区开工建设区全民健身活动中心，项目选址于大通湖大道与人民路之间，占地 46.5 亩，建筑面积 2.4 万平方米，总投资 1.59 亿元，2021 年 10 月竣工投入使用。

三、住宅小区

建区后，随着中心城区基础设施日臻完善和集聚能力逐步增强，区内外民众来此投资兴业和购房居住者逐渐增多。中共大通湖区委、区管委会按照宜居宜业、宜购宜乐、建设滨湖新城的目标，科学规划城区功能布局，出台优惠鼓励政策，引导社会资本开发建设住宅小区。2007—2020 年，共建成主要住宅小区 12 个，小区用地总面积 28.91 万平方米，建筑总面积 65.26 万平方米，共计 133 栋、4147 户。楼高均为 5 层以上，其中 15 层以上的电梯楼 17 栋。大部分楼盘建有地面附属层，用做车库和储物间等。

大通湖区中心城区 2020 年主要住宅小区见表 12-1-2。

表 12-1-2　中心城区 2020 年主要住宅小区一览表

序号	小区名称	始建时间（年）	占地面积（平方米）	建筑面积（平方米）	栋数	层数	结构	居住户数
1	港湾小区	2007	22673	32100	8	6+1	砖混	228
2	惠民小区	2009	14698	41996	9	6+1	砖混	300
3	盛世华都	2010	80525	175196	42	6+1	砖混	1127
4	维维小区	2010	11422	20973	8	5+1	砖混	150
5	金泰小区	2011	41824	98569	28	5+1	砖混	700
6	柳杨村安置小区	2013	21327	41964	14	5	砖混	280
7	状元小区	2014	6125	17120	2	15	剪力墙	120
8	常信城市广场	2016	13320	26726	2	17	剪力墙	180
9	嘉和苑	2018	13654	27265	2	17	剪力墙	180
10	湘新苑	2018	28653	84367	3 / 7	16 / 6	剪力墙	246
11	城市花园	2018	5902	16866	1	18	剪力墙	120
12	碧桂园一期	2018	28955	69502	7	17	剪力墙	506
	合　计	—	289078	652644	133	—	—	4137

四、供水排水

1980 年，大通湖农场始建河坝集镇自来水厂，取地下水经常规处理后供集镇居民和企事业单位使用。后经两次扩建，日供水能力达 2000 吨左右。2000 年建区后，城区自来水需求量逐年增加，供需矛盾日渐突出。2004 年，区投资 1180 万元在文化北路西侧新建日产万吨自来水厂。经十余年运行，因厂址位于城区中心地带，水源点少，建厂成井过程中没有分层取水，导致源水水质较差，加之水处理工艺落后，自来水矿物质含量高、硬度高，实际产能只有总产能的 60% 左右，难以满足城区建设发展和居民生活需要。2016 年 4 月，区在河坝镇原河万村开工建设新水厂，以取代原水厂。项目采取公共私营合作制运作模式，由大通湖区城市建设投资开发有限公司与湖南南方宇航工业有限公司合作建设，规划占地 30 亩，设计日供水能力 2 万吨。2017 年 12 月，日供水 1 万吨的一期工程建成投产，总投资 2519 万元。新水厂有取水深井 4 口、备用水源点 4 处，采用生物预处理加常规处理、深度处理工艺，出厂水质符合国家《生活饮用水卫生标准》（GB 5749—2006）要求。同时优化管网布局，淘汰铸铁、水泥等材质的旧管道，投资 1750 万元新建、改建环保新型管网 69.63 千米，使城区饮用水安全得到保障。2019 年完成智能水表改造 6000 余户。2020 年 2 月建立大通湖区自来水公司微信公众号，开通线上缴费功能。

城区排水设施建设历经多年变化。2002年前，各大小街道和居民生活区、企事业单位院落均建有地下排水沟。但镇区地势低平、排水沟狭窄，自排泄流缓慢，每遇强降雨或外洪内涝时，易造成渍害。1988年9月，内湖水位涨至29.97米，镇区部分房屋也渍水盈尺，时间长达10余天。1991年加修通河泄水道节制闸，新建城区中心电排，渍害情况始得好转。2002年后开发建设中心城区，对排水设施建设进行科学规划、合理布局，城区排渍防涝能力增强。2015年中心城区污水处理厂建成，日处理污水能力0.5万立方米，铺设污水收集管网22.8千米，总投资6100余万元。2018—2020年投资1.4亿元，对污水处理厂及配套管网进行扩容提质改造，使之日处理污水能力增至1万立方米，按雨污分流要求全面完成污水收集管网建设，污水收集处理率达90%以上，出厂水达到《城镇污水处理厂污染物排放标准》一级A类标准。2020年，城区有排水主渠道6.55千米、排水泵站4座、节制闸7处。

五、路灯亮化

1992年，大通湖农场投资7.9万元在五一路、迎宾路、友谊路、文化路架设水泥电杆54根，安装高压汞灯67盏，确定专人管理，每晚定时开关。建区后，随着城区开发建设，路灯安装与道路新建、改建同步。2010年，各机关事业单位办公楼和主要公共建筑布设景观灯，亮化美化城区夜景。2020年，城区照明道路总长21.45千米，灯杆灯塔869杆（座），亮灯数2622盏，总功率260千瓦，埋地电缆22千米，路灯变压器4台，居民小区路灯全覆盖，确保了居民夜间出行方便、安全。

六、燃气供给

1990年，大通湖农场在镇区始建液化气站，由农场供销公司经营，后转让给个人经营。2000年后城区居民普遍使用液化气，基本淘汰煤柴灶具。2015年区在工业园区成立益阳大通湖中燃城市燃气发展有限公司，逐年投资铺设燃气管网，至2020年实现居民点火通气4000户、工商业用户31户，年用气量44.1万立方米。

七、环卫建设

20世纪80年代起，河坝集镇管委会设立环卫组，负责街道清扫和镇区垃圾清运。建区后，区建设交通环保局下设环境卫生管理处，负责中心城区环卫管理，落实单位、个人"门前三包"责任制，招聘环卫人员对街道进行清扫保洁。2004年后强化机关事业单位环卫工作责任，划定环境卫生责任区，定期组织干部职工开展卫生大扫除和市容市貌整治，带动全民参与，持续改善城区清洁卫生情况。2009 年 10 月，投资 3950 万元在城区东南角开工建设垃圾填埋场，占地面积 150 亩，填埋容量 30 万立方米，设计日处理规模 120 吨，2011 年 10 月完工投入使用。至 2017 年封场停用，累计清运处理入库垃圾 9.3 万吨。2017 年 8 月建成中心城区生活垃圾转运站，配备 2 台日处理能力 40 吨的压缩设备，3 台 12 吨密封式垃圾转运车及其他配套设备，总投资 354 万元。9 月区启动全区生活垃圾转运益阳工作，每天向益阳市生活垃圾焚烧发电厂转运垃圾 50 吨左右，无害化处理率 100%。同年启动创建卫生城区工作，2020 年中心城区获国家级卫生城镇授牌。

2019 年区机构改革，新组建区环境卫生管理中心，为区住房和城乡建设局的全额财政拨款事业单位，主要负责全区生活垃圾无害化处理、中心城区清扫保洁、绿化养护、设施维护维修、污水处理厂管理等工作。有管理维护人员 12 人，环卫工人 84 人。2020 年，城区清扫保洁面积 89 万平方米，大小街道按两厢每 80 米设垃圾桶一个，建成区垃圾容器覆盖率达 99% 以上，有垃圾收集中转车 7 台，垃圾日清日运，清运及时率 100%。

八、绿化园林

河坝集镇初建及逐步发展时期，街道两侧植以法桐、枫杨等遮阳乔木，后陆续更新为樟树等常绿树种。20 世纪 80 年代，农场在五一路主街道两旁增建花坛，栽植景观苗木和花卉。建区后，区按照"织绿成园，园中织景"思路，高起点规划城区绿化园林建设，实行绿化与开发建设同步。2004 年修建大通湖大道后，道路两厢栽种规格一致的高大樟树，并建成绿植花带。2005 年动工兴建生态公园，占地 218 亩，次年 5 月建成开园。2007 年 1058 米沿河风光带竣工，总投资 1340 万元。公园绿化上以高大乔木为主基调，植有樟树、桃花、红梅、樱花、紫薇、桂花、银杏、罗汉松 70 多个乔木品种，配栽灌木绿植和色带花草，设有中心广场、文化长廊、生态慢道、水上亭阁和健身休闲、儿童游乐设施等，夜间景观绚烂多彩，是市民和游客享受人与自然和谐共生的好去处。2008 年在大通湖大道行政办公服务区建立市民广场，凸显绿色生态品质。2015 年更新人民路、文化路树种，建成桂花树街道。2020 年在"一河两岸"景区建设中，辟地近千平方米建成农垦纪念林，栽植原农场时期乡土树种和常绿观赏树种。

城区绿化园林日常养护采用业务外包方式，主要项目由大通湖园林绿化有限责任公司承担，归隶区建设行政部门监督管理。至 2020 年，城区绿化面积 26.2 万平方米，绿化率 23%。

第二节　小城镇建设

一、向阳集镇

向阳集镇为北洲子镇人民政府所在地。1970 年，北洲子农场场部从龙河闸迁至十字沟。1974 年集镇开始修建场部办公楼、工人俱乐部。1980 年集镇在十字沟东侧建成商贸"半边街"。1983—1995 年，集镇拓展新街区，定名向阳镇。集镇先后新建招待所、自来水厂、集贸市场、职工医院、血防医院和中小学校，逐步完善基础设施和商贸服务功能，建成区面积 0.74 平方千米。2000 年集镇有街道 4 条、全长 2000 米，门店摊位 200 多个，常住人口 5000 人。

改场建镇后，区制定小城镇建设规划，向阳集镇规划控制范围为西至西延路、东至东胜路、北至梨园路、南至德雅路，共 1.04 平方千米。2004 年，镇区街道增设路灯，建成垃圾处理场。2008 年，镇区集中供水工程完成。2016 年后集镇结合棚户区改造项目，对临街建筑进行"穿衣戴帽"提质改造，新建、改建下水道 2000 米，完成饮用水水资源保护建筑工程 400 米。2017—2020 年集镇先后实施街道改造和雨污分流工程，街道改建为沥青混凝土路面，更新改造人行道、路灯和行道树，新建 1 座污水处理厂。2019 年投资 3000 多万元的明珠酒店和群众文化广场竣工投入使用。因河坝中心城区的虹吸效应，至 2020 年，集镇规模和常住人口数基本无变化。

二、金桥集镇

金桥集镇系金盆镇人民政府驻地，因建有横跨金盆洪道的金盆大桥而命名。1983 年始建集镇泥土街道 250 米。1985 年农场成立集镇管委会，制定集镇建设规划，至 1987 年修建水泥路面街道 672 米，宽 25 米，街道中线分段建有多个花坛，栽植玉兰、棕榈、蔷薇、雏菊等景观花木，镇区房屋建筑面积近 5 万平方米。2000 年，集镇建成区面积 0.85 平方千米，有主街道 3 条、全长 2670 米，有企事业单位 22 家，门店摊位 170 多个，常住人口 6640 人。

2000 年后，根据《大通湖区城乡建设总体规划》，金桥集镇镇区规划面积为 1.61 平方千米，控制范围为北至金同路、东抵金疗路、西临金纱路、南靠金湖路。2007 年集镇建成平安路，全长 1600 米。2008 年集镇新建保障性住房 448 套。2014—2015 年集镇实施三峡后续供水工程项目，完成日供水 3000 吨自来水厂及配套管网建设，总投资 1600 多万元，解决了集镇居民和全镇村民饮用水安全问题。2016 年后，区对集镇街区进行提质改造，金兴路、金中路 1150 米主街道改建为沥青混凝土路面，人行道铺设平整划一的红色地砖，栽种规格一致的行道树，更新改造街道和居民区路灯，主要建筑布设景观灯。金兴路两侧房屋外墙按统一风格全部改为农垦文化红色基调立面。新建污水处理厂，完成雨污分流排水管网改造。2020 年金桥集镇建成区面积 1.16 平方千米，常住人口约 6700 人。

三、北汀集镇

北汀集镇为千山红镇人民政府驻地，1985 年初建，有街道 1 条，房屋建筑面积 4.8 万平方米，人口 2400 人。1987 年，农场场部由北汀头溃堤南迁至三分场五队地域，新建办公楼、招待所各 1 栋，同时投资 108 万元建成长 1500 米、宽 20 米的北汀大道（建镇后更名为千山红大道）水泥路，投资 100 万余元新建农工商中心门市部。随后，大道两厢陆续新建、扩建企事业单位生产办公用房、集贸市场、商业门店、文教卫公共建筑和职工住宅，增建湘山路，拓展"五七公路"（省道 S202）街道，形成集镇中心街区。1994—1998 年，农场投资 180 万元硬化镇区路面 3 条、2300 多米。1999 年农场集资 120 万元改造集镇排水管网，新建汽车站，改扩集贸市场，鼓励个人新建商住房 87 栋、2.4 万平方米。至 2000 年，镇区建成区面积 1.5 平方千米，有主街道 4 条、总长 3500 米，企事业单位 18 家，商业门店摊位 231 个，常住人口 0.75 万人。

2000 年后，集镇规划区面积确定为 2.26 平方千米，控制范围为东至三巷路、南至红山路、西至友谊路和永兴路、北至汀北路。2004—2015 年，累计投资 3000 多万元，硬化镇区道路，完善给排水、电力、通信、环卫、绿化、亮化等公共基础设施，将五七大道改造为沥青路面，新建保障性住房 6 栋、265 套。2016 年投入 600 多万元，改造厚南社区居民旧房 221 户，临街建筑立面统一改建成青瓦楞、花格窗、封火墙、穿斗架、灰白色的江南特色风格建筑。2017 年，实施千山红大道和市民广场"白改黑"工程，铺设沥青路面 2.6 万平方米，按城市标准划设标线标示标牌，更新升级路灯亮化装置，新建镇南路、护城河路 2500 米，完成雨污分流和污水处理厂提质改造。2020 年末，集镇建成区面积 3 平方千米，常住人口 1.5 万人，比 2000 年均增加一倍。

大通湖区不同年份城镇建成区面积和人口情况比较结果见表 12-1-3。

表 12-1-3　大通湖区不同年份城镇建成区面积和人口情况比较表

城镇名称	建成区面积（平方千米）		常住人口（万人）	
	2000 年	2020 年	2000 年	2020 年
河坝中心城区	1.5	4.6	0.9	2.2
北洲子向阳集镇	0.74	0.74	0.5	0.5

（续）

城镇名称	建成区面积（平方千米）		常住人口（万人）	
	2000 年	2020 年	2000 年	2020 年
金盆金桥集镇	0.85	1.16	0.66	0.67
千山红北汀集镇	1.5	3.0	0.75	1.5
合　计	4.59	9.5	2.81	4.87

第二章　村庄建设

各农场建立初期即开始建造草木结构的职工家属住房。1965 年，各场开始使用电灯照明。1973 年后各场陆续开挖水井，取地下水饮用。1980 年，各场职工家属全部住上砖瓦平房。1984 年起各场鼓励职工群众自建庭院式住房，逐步加强分场、生产队道路建设，形成内外互通循环的交通网络。2000 年后，区整合各类项目资金，持续加大农村水、电、路等基础设施建设投入，推进新农村建设。至 2020 年，共投资近 4 亿元实施农村公路通畅、通达工程，硬化公路通达率达 100％。2006 年起启动农村安全饮用水工程和三峡后续供水工程，至 2020 年累计投资 1.07 亿元，实现了城乡居民安全饮用水全覆盖。2011—2017 年，实施国有垦区危房改造 4.07 万户，国家和省财政累计补助资金 5.1 亿元。2019 年完成 27 个村的村庄规划修编，年内有百余户村民新建乡村别墅。至 2020 年，全区农村居民人均住房面积 51.3 平方米，比 2000 年增加 20 余平方米。

第一节　住房建设

20 世纪 50—60 年代，各场陆续在下辖分场、生产队划设职工家属区，建造简易家属住房，方便职工群众生产生活。至 1970 年，各农场职工家庭住房均为公建的联排式茅草房，一般每栋十间，一间一户，仅知识青年居住点建有砖瓦结构的集体宿舍。此后，各场采用总场投资、集体烧制砖瓦、职工及家属义务投工方式，按计划分年度在指定的居住点新建砖瓦住房。至 1980 年，职工家属全部告别低矮草房，住上直筒式砖瓦房。1981—1983 年，各场农业单位职工住房制度改革，将公建住房折价让售给个人。1984 年实行家庭联产承包制后，各场制定优惠政策，鼓励职工自建住房以改善居住条件。金盆、千山红农场对新建砖瓦住房，给予每户 500～1500 元不等的建房补助；大通湖、北洲子农场拟定个人建房标准，在建筑材料供应方面给予优先优价。至 2000 年，农业单位的职工群众绝大部分建有单独庭院、功能较全的砖瓦房，少数建有二至三层的楼房，一般庭院占地面积 500 平方米左右，其他原住户通过对房屋改建扩建，居住条件也有很大改善，人均住房面积超 30 平方米。总场、分场集镇的居民和企、事业单位职工，有一半以上住上楼房，人均居住面积 27.5 平方米。

2000 年后，区经济社会快速持续发展，部分农村居民按照住房建设规划要求和报建许可程序，先后在所在辖区公路两侧、居民线、原宅基地新建乡村别墅。2009—2015 年，区开展统筹城乡发展和新农村建设试点，先后在金盆镇王家坝村、河坝镇王家湖村、北洲子镇北胜村（大湾村）建设村民集中居住区，共新建四层以上单元住宅楼 41 栋，424 户村民入住，户平均面积 120～135 平方米。2011—2017 年，实施国有垦区危房改造，以村为单位统一房屋外观风格，以政府补助资金带动村民住房投资。7 年共改造危房 4.07 万户，按改造加固和新建两类，给予每户 0.95～1.15 万元的补助，国家及省财政累计投入补助资金 5.1 亿元。2019 年起执行《益阳市农村住房建设管理条例》，完善全区 27 个行政村的村庄规划修编，落实建房控制区域、用地面积控制标准等要求，规范村民建房，有 102 户村民新建别墅楼房，人均住房面积达 80 平方米。2020 年，全区农村居民人均住房面积 51.3 平方米，比 2000 年增加 20 余平方米。

第二节　公共设施

一、道路

20 世纪 80 年代前，各场生产队的道路以居民集中居住点为中心进行布局，有一至两条简易土路连接分场干线公路，成为人们出行和农产品、生产资料运输的通道。1984 年后职工群众自建住房兴起，逐步建成新的纵横交错的居民线，简易道路随之拓展，至 2000 年初步形成了以砂石路为主、内外互通循环的道路网络。2000 年后，区持续加大农村道路建设投入，先后实施通畅、通达工程，整合各类项目资金改善农村公路通行条件。至 2020 年共投入近 4 亿元，新建、改建农村硬化路面近 600 千米，水泥路、沥青路修至各居民点、居民线，通达率 100%，基本实现了村民出行"雨不沾泥、晴不见灰"。

二、供电

1965 年前，农场的职工群众都采用煤油灯照明。1965 年农场由湘北电网供电，居民住房开始使用电灯照明，用电户占 15% 左右。后随电力设施建设加强和供电线路伸延，居民用电户数逐年增加，至 1973 年，约有三分之二的居民住房照明用上电灯，1975 年用电住户达 100%。20 世纪 80 年代后，农场职工群众收入水平提高，电风扇、电视机、电冰箱、洗衣机等家用电器普及，用电需求量逐年增加。至 2000 年前的 20 年内，由于电力资源矛盾突出，用电需求难以保障，各场拉闸停电现象较为频繁，居民照明仍需常备蜡烛和煤油灯具。2000 年建区后，区实施农村电网改造和提质升级改造，不断提升区内供电能力和供电质量，至 2017 年，居民生活用电保证率达到 100％。

三、供水

各场建场之初至 20 世纪 70 年代初期，居民饮用沟渠水或土井渗出水。1973—1977 年，各场陆续组织职工群众在各生产队居民点开挖水井，取地下水饮用。1984 年后职工分散建房，每户都采用手摇井取水，水中铁、锰含量超标，大部分住户先后建起滤水池，使用黄砂砾石和木炭进行过滤净化处理。2006 年区启动农村安全饮用水工程，主要通过更新改造各镇自来水厂、新建供水管网，采用集中供水方式，逐步解决农村居民饮用水不安全问题。至 2011 年，累计投资 1750 万元，全区农村居民安全饮用水人口达 3.58 万人，占比 56％。2014 年实施三峡后续供水工程，国家投资 1930 万元新建金盆、千山红水厂，日供水能力分别达 3000 吨、3300 吨，同时整合农村安全饮用水工程项目资金 656 万元扩延供水管网，使 1.5 万农村居民用上安全洁净的自来水。2015 年区投资 1527 万元，在河坝镇实施农村饮水安全管网延伸工程，惠及人口 2.86 万人。2016 年实施第二批三峡后续供水工程，总投资 2500 多万元，其中国家投资 1791 万元，新建河坝镇万吨自来水厂。2017 年实施农村饮用水安全巩固提升工程，总投资 1800 万元，其中国家投资 1024 万元，解决全区 8117 户、2.73 万人饮水不安全问题。2020 年自筹资金 527 万元，对千山红、沙堡洲水厂进行扩建，新铺设管网 1.2 万米，全区城乡居民安全饮水实现全覆盖。

第三章　交通建设

　　大通湖区围堤垦殖前为湖河密布的洲滩荒野，交通不便。各农场建立后，经多年艰苦建设，逐步建成场内公路网络和连通外界的陆路通道。至 2000 年，各场公路总长度586.7 千米，均属企业内部专用公路，公路等级低，通行能力差。建区后，大通湖区纳入国家路网和交通建设规划范畴，至 2020 年，共新建改建公路 936 千米，其中省道 4 条、65.87 千米，大型桥梁 5 座、中小桥（涵）153 座，累计投资 17.56 亿元。区融入全国高速公路网，农村公路全部硬化，通达率 100%。

　　2000 年前，各场对外水路交通以塞阳运河为主通道，可经黄茅洲船闸直入洞庭湖，通达长江和湘资沅澧四水，各场有河渠航道与之连通，形成水路交通网。后因内外航道逐年淤塞，至 2006 年基本丧失航运功能。

　　区内大通湖通用机场为湖南省"十三五"航空规划建设项目，2021 年 2 月开工建设，总投资 2.19 亿元。机场占地 607.5 亩，建水陆跑道各一条，为 A1 类通用机场，飞行区等级 2B，主要用于低空旅游、低空物流、应急救援、农林作业和飞行员培训等。

第一节　公路建设

　　各场建立之初，场内道路多为狭窄弯曲小道，连接外界的陆路以防汛大堤为主，后逐步开建总场至分场、生产队的简易土路。20 世纪 70 年代，结合大规模农田基本建设，各场内部公路初步形成网络，并陆续连通农场之间，农场与南县、沅江县之间的干线公路，建成连接外界的陆路交通网。在此期间，公路多为黏土路面，干线公路铺设了砂砾石。20世纪 80—90 年代，区拓宽干线公路和场内主要公路的路基路面，普遍建为砂石公路，少数路段采用单位筹资、个人捐资的办法，改建成水泥路、沥青路。2000 年，各场公路总长 586.7 千米，均属无行政等级、无路线编码的企业内部专用公路，公路等级标准一般在四级以下。有水泥、沥青公路 78.6 千米，仅占公路总里程的 13.7%。

　　2000 年 9 月大通湖区成立后，区内公路按省、县、乡、村道归类编码，全部纳入国家公路路网和交通建设规划范畴。2001—2020 年，全区共新建改建公路里程 936 千米，其中省道 65.87 千米、县道 64.8 千米、乡道 202.93 千米、村道 59.062 千米、旅游公路 11.78 千米。累计总投资 17.56 亿元。

一、干线公路

2007 年实施省道监（利）茅（草街）线（编码 S202）改建工程，区内里程 33.89 千米，2011 年竣工通车，完成投资约 1.1 亿元。该公路等级标准二级，水泥路面，是区直达益阳、长沙、岳阳等地的快捷通道。

2014 年 7 月开工建设河坝镇至沅江南大膳镇公路改建工程（S217 河南线），区内里程 13.7 千米，按二级公路标准建设，路基宽 12 米，路面宽 9 米，2017 年 5 月正式通车，总投资约 1.5 亿元。

2015 年 9 月新建沙堡洲至老河口公路（S217 沙老线），全长 9.15 千米，按二级公路标准建设，路基宽 10 米，路面宽 9 米，2019 年 7 月正式通车，总投资约 1 亿元。

2017 年 9 月动工新建益南高速大通湖连接线（编码 S307），全长 30.89 千米，其中南县段 2.31 千米，大通湖段 28.58 千米，起于益南高速大通湖互通，终于河坝镇大通湖大道。全线按一级公路标准建设，设计时速 80 千米，路基宽 21.5 米，路面宽 18 米，砼化沥青路面，双向四车道。同步配套新建千山红治超站、服务区、养护中心和大通湖大桥匝道。总投资 7.8 亿元，2020 年 5 月全线通车，区正式融入高速公路网。

2019 年 12 月启动大通湖东岸环湖旅游公路建设。以大通湖堤岸为路线，南起大通湖大桥南侧 1.08 千米处，北止大通湖大湖与南县交界处，全长 11.78 千米，按三级公路标准建设，面宽 6 米，红黑两色砼化沥青路面，设计时速 30 千米。沿线建有临湖观景台、绿化带及安防、亮化设施，兼具旅游观光和防汛功能，为大通湖东岸生态旅游风景区的基础性工程。2020 年 10 月建成通车，总投资约 7000 万元。

2020 年，按湖南省交通运输厅公路路线编码，区内有省道 4 条，即 S307 大通湖至慈利象市、S220 华容鲇鱼须至沅江新湾（原 S202）、S218 华容胜峰（省界）至沅江南大膳（原 S217）、S510 大通湖千山红至南县茅草街（原 S202 西线），总里程 65.87 千米，均全部建成贯通。

二、农村公路

区于 2006 年启动农村公路通畅、通达工程，年内实施项目 17 个，完成投资 700 多万元，改造硬化路面 35.7 千米。"十一五"期间累计投资 2400 余万元，硬化公路 277 千米，其中通村公路 235 千米、通镇公路 42 千米。"十二五"期间投资 4000 多万元，新建公路

144 千米，实现全部行政村通水泥路。2016 年起，结合精准扶贫、美丽乡村建设，区整合国土整理、农业综合开发、垦区危房改造、农业、水利、"一事一议奖补"等各类涉农项目资金，持续加大农村公路建设力度。"十三五"期间累计投资 3.1 亿元，新建村级公路 353 千米，实施窄路加宽 154.6 千米、安全生命防护工程 283.8 千米，完成重要县乡道路面升级改造 34.67 千米，完成断途路、边界路建设 56.8 千米。2020 年，全区农村公路总里程 590.62 千米，实现全部自然村通水泥（沥青）路，村庄内部硬化公路连线成网，通达率 100％。

三、桥梁

2001 年，为实现洞庭湖畅通工程项目，区投资 1887 万元于 2004 年建成省道监茅线（S202）大通湖大桥，开始突破区连通外界的主要交通瓶颈。2013 年投资 1200 万元新建三吉河坝大桥，连通大通湖东垸，增强了河坝中心城区的商业引流功能和辐射作用。2019 年 8 月投资 3500 万元新建金盆二桥，翌年底建成通车，使金盆镇的公路通行条件得到质的提升。同年投资 1050 万元改建河坝镇老三运河糖厂桥，改善了金山社区及南部各村的交通环境。

"十一五"至"十三五"期间，全区累计投资 630 万元改造农村中小危桥 126 座，投资 1450 万元新建农村公路中小桥（涵）27 座，彻底消除了危桥（涵）安全隐患，提高了农村公路通行能力。

四、公路养护

2000 年前，各场公路养护按管辖权限分为三级，即连接外界的干线公路和总场至分场、分场之间的主要公路，由各场林路管理站负责路面养护和路旁林木培育管理。各分场设有养路组，生产队有固定养路工，分别负责所辖支线公路的养护，费用由单位自行负担。

2000 年后，区成立大通湖区建设交通环保局，下设农村公路管理所，负责组织全区农村公路养护管理。区内省道（S202）路段养护由益阳市公路管理局委托南县、沅江市公路部门代管。2010 年，根据益阳市交通体制改革方案，成立大通湖公路管理局，为市局垂管差额拨款事业单位，定编 35 人，负责 S202 线的管养，列养里程 35.39 千米。2016 年，大通湖公路管理局改为属地管理，与原农村公路管理所职能整合，重新组建为大通湖区公路管理局，定编 26 人，在岗 35 人，负责全区国省干线和农村公路养护。管养线路包括省道 50.83 千米，县道 59 千米，乡道 194.33 千米，村道 234.36 千米。

2019 年区机构改革，撤销区公路管理局，组建区公路建设养护中心，为区交通运输局正科级公益一类事业单位，定编 13 人，在岗 15 人，配有压路机、养护车、洒水车、发电机组、动力钻、振动夯、平板夯各 1 台，割草机 8 台，负责全区国省干线和县道养护管理，指导镇、村开展乡道、村道养护。管养线路包括省道干线 65.87 千米，县道 64.8 千米，乡道 202.93 千米，村道 234.36 千米。

第二节　水路建设

1955 年前，大通湖农场对外水运航道为藕池东支的湖子口河，由三吉河坝经胡子口河进藕池东支，西至南县，东入洞庭。1955 年，胡子口河进藕池东支河口筑坝截流，航道堵塞。1956 年 3 月，由中共湖南省委、省政府安排，湘阴、常德民工 1000 余人疏挖三吉河坝经老河口至大通湖的老三运河 7.15 千米，连接阳罗至黄茅洲的内河航道，限于河窄水浅，仅可通行 30 吨左右船只。同年，黄茅洲建闸连通内外航道，大通湖航运可直入洞庭和湘资沅澧四水。1968 年，益阳专区组织沅江、南县和几大农场两度疏浚塞波咀至阳罗洲的塞阳运河，使之丰水季节可通行百吨级船舶。金盆农场水路交通便利，建场时有金盆河道西接塞阳运河，东经五门闸直入洞庭。1968 年冬，北洲子农场开挖北起十字沟南至向阳闸的向阳河，连接金盆河道，形成对外航运通道。1970 年，千山红农场投资 25 万元，投工 10 万个，开挖北起北汀头、南至四兴河的五港子通航渠道 12 千米，修建五港子船闸，连通塞阳运河。1977 年前，各场交通以水路交通为主，先后开设有河坝至黄茅洲和胜天、北洲子至黄茅洲、金盆至明山、千山红至胜天的客运班船，大宗货运则以塞阳运河连通外界航道和各场的大小货运码头。此后，各场公路交通发展，客运航道停用，但煤炭、木材、砂石和稻谷、食糖、砖瓦等大宗物资进出，仍以水路为主。1990 年后，公路交通占据主要位置，塞阳运河及各场通航河渠逐年淤塞，至 2006 年基本丧失航运功能。

第三节　机场建设

1965 年，中国民航湖南省管理局在北洲子农场、南湾湖军垦农场建有两处农用飞机场，为各农场提供农业飞防服务。2021 年 2 月，区投资 2.19 亿元的大通湖通用机场开工建设。机场位于北洲子镇北胜村，距河坝中心城区 3 千米，占地面积 607.5 亩，为 A1 类通用机场，飞行区等级 2B，建有长 1500 米、宽 30 米的陆上跑道和水上跑道各一条，同时建有航站综合业务楼、动力中心、维修机库、特种机库、停机坪及通信、供电、供油、供水、污水处理等配套设施。主要用于低空旅游、应急救援、低空物流、农林作业、包机体验、商务飞行、短途运输、航空器托管买卖和飞行员培训等。机场建成后，拟采取合作方式，由通用航空专业机构负责营运管理。

第四章　电力建设

　　各场于 1965 年并入湘北电网时，年用电量近 200 万千瓦时。20 世纪 90 年代，各场共有 35 千伏变电站 3 座、变压器 263 台，年用电量约 5500 万千瓦时。2000 年前，各场电力供需矛盾突出，用电配额有限，供电保证率为 80% 左右。

　　2000 年农场体制改革，区经济社会发展纳入省、市政府统一规划，比照县市区一级统筹安排。2002 年起逐步理顺电力管理体制，至 2020 年累计投资近 5 亿元，实施农村电网改造和提质升级改造，逐渐破解电力瓶颈，使供电能力和用电质量稳定提升。2020 年，全区有 220 千伏和 110 千伏变电站各 1 座，35 千伏变电站 3 座，配电变压器 899 台，总容量达 54.96 万千伏安，高低压线路总长 1879.37 千米，形成了主配网结构优化、用电负荷均衡分布、电网运行安全可靠的供电格局。全区总用电客户 4.8 万户，比 2002 年增加 1.1 万户；年用电量 1.46 亿千瓦时，同比增 1.53 倍，其中居民生活用电 6572 万千瓦时，增长 5 倍。

　　2000 年前，各场的电力管理由机电科或机电公司负责。2002 年成立大通湖区电力有限责任公司，统一管理全区电力建设与经营服务。公司历经代管、上收过程，2013 年 7 月更名为国网湖南省电力有限公司益阳市大通湖供电分公司。至 2020 年，公司辖 3 个内设机构、5 个专业班组、3 家二级实体单位，有员工 72 人。

第一节　电网设施

　　1965 年前，各场无输变电设施和供电线路，均自备小型发电机发电，主要用于打米厂生产和场部机关办公，居民照明使用煤油灯。1965 年 2 月，大通湖 35 千伏变电站建成，接入南县武圣宫 220 千伏至明山 110 千伏输变电网络，架设 6 条 10 千伏线路向大通湖、北洲子、金盆农场供电。千山红农场架设 10 千伏线路接入沅江县草尾人和变电站，建开关站 1 座。农场并入湘北电网，开始使用柘溪水电站的电力。1978 年，千山红农场自筹资金建 35 千伏变电站 1 座，总功率 6315 千伏安。1985 年，金盆农场改由沅江阳罗洲增吉坝变电站供电，建开关站 1 座；大通湖农场纱厂扩建，新建 35 千伏变电站 1 座，架设至明山变电站输电线路 16.4 千米。至 20 世纪 90 年代，各场有 35 千伏变电站 3 座，10 千伏高压线路 347.3 千米，主配变压器 263 台、4.63 万千伏安，实现了生产生活供电全覆盖。

2003—2006 年实施农村电网改造，总投资 7800 余万元，在河坝中心城区新建大通湖 110 千伏变电站，改造 35 千伏变电站 3 座；新架 110 千伏线路 21 千米，35 千伏线路 63.6 千米，10 千伏线路 64.8 千米；新增和改造配电台 267 台，总容量 6.48 万千伏安；新增和改造低压线路 458 千米。2012 年，按照"小容量、密布点、短半径、标准化"要求启动农网升级改造。2015 年投资 1.5 亿元，在千山红镇建成 220 千伏的滨湖变电站，解决了大通湖大垸用电需求。至 2017 年，共新建 220 千伏线路 35 千米，新建改造 10 千伏线路 100.76 千米，新增配电变压器 208 台、3.39 万千伏安，新建改造低压线路 524 千米，对 110 千伏变电站进行增容改造，完成电力调度全自动化改造和 4.8 万户智能电表改造，累计投资 2.18 亿元。2018—2020 年继续开展电力扶贫，共计投资 4634 万元，新建改造各行政村 10 千伏线路 105.2 千米、变压器 116 台、低压线路 340 千米。

2020 年，全区主干电网有 220 千伏和 110 千伏变电站各 1 座，容量分别达 24 万千伏安、8.15 万千伏安；有 35 千伏变电站 3 座，容量 29 万千伏安；有 220 千伏线路 2 条、35 千米，110 千伏线路 3 条、37.5 千米，35 千伏线路 5 条、54.3 千米。配电网设施有 10 千伏线路 27 条、526.87 千米，变压器 899 台、19.91 万千伏安，400 伏、220 伏低压线路 1280 千米。区实现了主网配网结构优化，主干电网互联互供，配电台区布局合理，用电负荷均衡分布，供电能力、电压质量均有安全可靠保障。

第二节　供电用电

各农场建立之初，所有电力靠小型柴油发电机供给，年供电量 3 万～10 万千瓦时，无法满足生产生活需要。1965 年并入湘北电网，各场年用电量共计近 200 万千瓦时。此后，随着国家电力事业和农场生产建设发展，供电能力和用电需求逐渐增加，至 20 世纪 90 年代，累计年用电量约 5500 万千瓦时。2000 年前，电力供需矛盾一直比较突出，农场用电配额有限，供电保证率为 80% 左右，用电高峰季节常出现断闸停电现象。为缓解电力短缺问题，农场各单位均备有汽轮发电机和小型柴油发电机，2000 年时共计保有 128 台、1.8 万千瓦，部分排灌站仍保留着固定式柴油发电机组。大通湖、千山红农场糖厂还先后建起 6000 千瓦和 3000 千瓦的小型热电站，以保证生产旺季用电需要。

2000 年后，通过理顺电力管理体制和实施电网改造，区供电能力稳定提升。2017 年完成电网升级改造后，供电安全可靠性进一步增强，年用电量稳定在 1.2 亿千瓦时以上。
2020 年，全区用电客户 4.8 万户，比 2002 年增加 1.1 万户。年用电量 1.46 亿千瓦时，比
2002 年的 5769 万千瓦时增 1.53 倍。其中第一产业用电量 2750 万千瓦时，同比增长
60.54％，用电结构占比 18.87％；第二产业用电量 2960 万千瓦时，同比增长 23.5％，用
电结构占比 20.3％；第三产业用电量 2293 万千瓦时，同比增长 3.1 倍，用电结构占比
15.73％；城乡居民用电量 6572 万千瓦时，用电结构占比 45.1％，比 2002 年的 1095 万千
瓦时增加 5 倍。

第三节　电力管理

1984 年前，各场电力管理由农场机电科负责。1984 年机电科改机电公司，下设电力
管理站，负责场内供电设施安装维护、电力分配调度和电费收缴。

2001 年 7 月，区启动电力体制改革，撤销原农场电力管理机构，安置分流人员，划
转电力资产。次年 8 月成立大通湖区电力有限责任公司，统一管理全区电力建设和经营，
开始执行《湖南电网销售电价表》，实现了区内用电"同网同价"。2003 年 10 月，公司由
益阳市电业局代管，更名为湖南省电力公司益阳大通湖电力局。2012 年 1 月上收为湖南
省电力公司直管的县级供电企业，翌年 7 月更名为国网湖南省电力有限公司益阳市大通湖
供电公司，专司电力供应销售、电力规划设计和安装维护、电力设备和材料购销，承担全
区电网建设、电力安全运行、供电服务等职责。公司先后推出并逐步完善"无缝对接、沟
通协调、停电协商及预告、应急响应"等服务用户机制，设立"95598"服务热线，24 小
时受理业务咨询、信息查询、服务投诉和电力故障报修。2016 年开通"网上国网"小程
序和"湖南电网"微信公众号，实现用户网上办电和缴费。

2020 年，公司有员工 72 人，内设综合管理部、配电部、客户服务中心，下设配网工
程、输配电运维抢修、变电运检、客户服务、营销监控等 5 个班组，辖千山红供电所、大
通湖供电服务站、益联电力建设集团有限公司大通湖分公司等 3 家二级实体单位。

第五章 水利建设

　　1950年，湖南省人民政府在东洞庭西沿修筑东口横堤16.8千米，建立蓄洪垦殖区。1957年和1959年农场围挽扩垦北洲子，新修临湖大堤构成10.35千米的一线防洪大堤。1970—1978年农场三度加修北洲子北干堤，与河坝至南县河口的胡子口河堤段相连，形成新的二线堤防12.15千米。经历年培修加固，2020年区一线大堤堤顶高程37.6～38.2米，面宽14.5米；二线大堤高程37.11～37.48米，面宽8米，均达设防标准。

　　大通湖原为洞庭湖的一部分，1950年衍为垸内湖泊，通过多年围湖筑堤和开发建设，至20世纪80年代，湖面由46万亩缩减至12.4万亩，形成了沟渠纵横、河湖连通的大通湖水系。1977年和2003年分别建成明山、大东口大型排涝站，担负大通湖渍水外排任务。2020年，全区内湖渍堤总长177.97千米，是区内防涝防渍的稳固屏障。区内建成了排灌分家、渠系配套的农田水利网络，拥有排灌泵站179座，总功率2.18万千瓦，农田有效灌溉面积28.5万亩，旱涝保收面积23万亩，分别占总耕地面积的97.33%、78.55%。

　　区内水利管理机构几经变化。2000年前各场设有水利建设科，分场有水利专干。2000年成立大通湖区农林水利局，下设水利股及堤防管理站，各镇设农林水利办公室和水利管理站。2019年区局更名为农业农村水利局，水利管理职能和机构设置未变，防汛抗旱职能划转区应急管理局，各镇水利管理职能并入镇农业综合服务中心和农业综合执法大队。

第一节　堤防建设

一、防洪大堤

　　区的防洪大堤，是大通湖防洪大圈的重要组成部分。1950年1月，为协调长江与洞庭湖的泄蓄关系，解决湘鄂两省长期以来的"江湖之争"，水利部批准实施大通湖蓄洪垦殖工程。同月，湖南省临时政府调集4万多民工，历时6个月，填筑土方101万立方米，修筑起一条北起三才垸三岔河（今三吉河坝）、南至增嘉垸莫公庙（今金盆桥一带）的东口横堤，使大通湖及周边108个大小堤垸与洞庭湖分离，组成一个整体大垸，成为长江干流第一个蓄洪垦殖区，便于大水年份蓄洪保武汉、平水年份垦殖搞生产。东口横堤全长16.8千米、堤顶高程34.8米，超1949年东洞庭湖最高洪水位1米。在野猫嘴（今北洲子镇向阳村）堤段留有1处长1000米、低于堤顶1米的蓄洪口。蓄洪口以南堤段面宽6米，外坡坡比1：2.5，内坡1：3；蓄洪口以北堤段面宽5米，外坡1：2，内坡1：3。

1954—1955年的洞庭湖堤垸修复工程中，大通湖大垸堤防得到加固，堤垸面积扩大。其范围西至沱江东岸，北至藕池东支，东至胡子口河西岸和东口横堤，南至大东口、阳罗、黄茅洲、草尾一线，同时将沅江县南大区的12个小垸并入大通湖大垸，形成南大膳垦区。1957年农场围挽北洲子，新修北起华容县溜口子，经沙堤拐转西达蓄洪口的临湖堤防8.2千米，围挽面积4.8万亩。1959年加固新修堤防，并将堤防岸线由沙堤拐改修至马排，与五门闸金盆临湖大堤相连成区内一线防洪大堤（东大堤），使东口横堤变为二道防线，围挽面积增至5.9万亩。

1962年，大通湖垸定为一般垦区，所辖一线防洪大堤，北起朝天口向东闸，南至金盆五门闸，全长10.35千米。经历年培修，大堤高程由1957年始建时的32.5米增加至1974年的37米，面宽由2.5米加宽至6米。堤身内侧筑有宽5米、高程33.4米的内平台，内坡比1：3。全线外坡用水泥预制板和块石护坡，高程至35～35.9米。其间培修马排至南县河口的二线堤防15.7千米，堤顶高程达36.2米，面宽6米。1970—1978年，农场三度培修东起向东闸、西至拦河坝的北洲子北干堤7.13千米，堤顶高程36米，面宽6米，与三吉河坝至南县河口的胡子口隔堤相连，构成区内新的胡子口河二线堤防，堤段总长度12.15千米。

1980年，大通湖垸被定为洞庭湖区十大防洪确保重点垸之一，堤防高程以五十年一遇的水位（按当地历史最高水位加0.5米计）为基准，按湖堤超基准2米、河堤超1.5米设防。区内一线大堤修防高程标准为37.6米（水位基准为1954年的35.1＋0.5米），二线大堤胡子口河隔堤为37.1米。1986—1987年培修一线大堤，堤面宽增至11米。1990年全线堤顶外缘衬砌混凝土防浪墙。1995年农场加高培厚胡子口隔堤，高程达36.3米，面宽8米，内坡比1：3，外坡比1：2.5，成功抵御了1996年特大洪水大通湖东垸溃决后，高位洪水对大通湖垸的直接威胁。

1997年，国家启动洞庭湖二期治理。区于1997—1999年对一线大堤内坡100米禁脚的鱼池和低洼地填塘固基。2001年起区实施防洪大堤达标建设，至2005年共投入2000万元培修一线大堤，完成土石方114万立方米，堤顶高程达37.6～38.2米，面宽14.5米，内坡比1：3，一级平台高程33.5米，面宽8米。其间全面完成高标准护坡和堤身灌浆。至 2008 年止，大堤向东闸段、东红闸段、大东口段禁脚填塘固基后续工程全面竣工，累计投资 326 万元。2017 年冬，区投资 90 万元完成向东闸处险工程，投资 720 万元完成堤顶路面硬化、全线照明设施和区一线防汛指挥部改造建设。

2003—2010 年，区累计投资 768 万元培修胡子口隔堤，接长加固保丰闸，对拦河坝 500 米内脚空虚堤段填塘固基。2017 年，国家投资实施胡子口隔堤达标治理工程，区内 12.15 米堤段实际投资 1370 万元，加修后堤顶高程达 37.11～37.48 米，面宽 8 米；内平台高程 32.11～32.48 米，面宽 3 米。其中河坝中心城区沿河风光带堤段长 1 千米，高程 36.2～36.6 米，需加筑达标防洪墙。

二、内湖溃堤

实施大通湖蓄洪垦殖工程前，大通湖地区大小堤垸堤身矮小单薄，常遭洪水侵袭而堤毁人迁。1950 年修建东口横堤，形成大通湖统一大垸后，区内旧垸和洲土湖泊全部收归国有，垦殖条件改善，农垦事业起步发展。1954 年春，为扩大垦殖规模，大通湖农场在王家湖南端拦湖筑堤 1300 米，截阻大通湖湖水。1955 年各农场围垦王家湖、丁家团湖，以有成垸、玉成垸北堤为基线，预留 200 米宽的大通湖泄洪道（今金盆河），修筑一条东起金盆北洲、西止拦湖堤的溃堤 13 千米，翌年西延至玉成垸西北角。1966 年秋，为贯彻落实毛泽东“军队又能从事农副业生产”的精神，广州军区和中共湖南省委、省人民委员会共同决定，在大通湖南侧湖面围湖造田，创办南湾湖军垦农场。共组织军民 2 万余人，历时 7 个月，新筑临湖、通湖溃堤 27 千米，围垦面积 8 万多亩，并与沅江四季红临湖堤段构成大通湖南岸堤防。1967 年冬，省水利厅组织疏挖塞阳运河（黄茅洲至大通湖航道）和大通湖泄洪道，加高培厚金盆农场玉成垸西堤 4.5 千米，新建培修全长 21 千米泄洪道两岸溃堤，并于 1970 年建成南起泄洪道湖口、北至大通湖北端的大通湖东岸堤防 12.1 千米。此后经大规模农田改造，各农场开挖众多通湖、通河渠道，形成垸内内港溃堤。至 20 世纪 90 年代，各农场有临湖、通湖和内港溃堤 218 千米。临湖溃堤高程 31～31.5 米，面宽 4 米，外坡均以块石护坡，内坡加修平台；通湖溃堤高程 30.5 米，面宽 4 米；内港溃堤高程 30.2～30.5 米。

2003 年，区投资 300 万元完成千山红镇和河坝镇临湖溃堤填塘固基 1.7 千米，护坡整治 2.66 千米。2004—2012 年，先后实施险工险段除险加固、泵站配套、水利血防和河塘清淤整治项目，累计完成投资 3343 万元。2013—2018 年，实施中小河流治理工程，完成金盆河、四兴河综合治理及堤岸整治 76.29 千米，总投资 7917 万元。2019 年实施排涝能力建设项目，加固河坝镇、千山红镇湖堤 15.64 千米；投资 1400 万元实施大通湖五七运河补水工程，完成岸坡整治12.62千米，附属堤防达标建设10.32千米，河道护坡2.74千米。2020年，区内防汛堤段总长177.97千米，其中临湖溃堤27.15千米，通湖溃堤105.86千米，内港溃堤44.96千米。

大通湖区2020年防汛堤段分布情况见表12-5-1。

表12-5-1　大通湖区2020年防汛堤段分布情况表

单位：米

| 单位 | 一线大堤 | 胡子口隔堤 | 内湖溃堤 | | | | 堤防总长 |
			临湖	通湖	内港	小计	
全区	10350	12150	27150	105878	44960	177988	200488
河坝镇	3300	5020	12100	40726	24950	77776	86096
北洲子镇	2200	7130	—	—	4500	4500	13830
金盆镇	2650	—	—	33650	—	33650	36300
千山红镇	2200	—	7250	31502	15510	54262	56462
南湾湖办事处	—	—	7800	—	—	7800	7800

第二节　农田水利

一、渠系工程

20世纪50年代初期，各场围湖造田后的排灌渠道沿用自然沟港和人工开挖的小型渠道。1955年围垦王家湖、丁家团湖时，各场对新扩湖田按统一标准开挖排灌渠道。东西向的横干渠，每隔800米一条；南北向的纵干渠每隔1500米一条，然后以支渠、斗渠分布其间，形成排灌渠系。1966年后，各场陆续兴建电力排灌设施，以排灌区为单位进行渠系建设。1974年前后，各场开展大规模农田水利建设，按统一规划新建、改建渠道和大量桥闸涵管及排灌控制性设施，形成了排灌分家、渠系配套的网络。排水干渠底高高程一般为25～25.5米，支渠26～26.5米，斗渠底高不等，一般低于地面1米上下，纵坡比在0.1%左右。灌溉干渠的底高，一般高于地面0.5米，再以支渠、斗渠节制闸控制，分流到田丘地块。2000年，区内排灌渠道总长2859千米，其中干渠424千米、支渠678千米、斗渠1757千米，渠系桥闸涵洞1513处。

2000年后，区相继实施农业综合开发、高标准粮田、环洞庭湖基本农田土地整理、现代农业示范区旱涝保收标准农田、旱地改水田、排涝能力与灌区建设和大通湖流域生态修复与治理等重大工程项目，全面提质升级渠系工程。累计新建各类渠道983.2千米、桥闸涵洞6832处。2020年，全区排灌渠道总长3842千米，桥闸涵洞8345处。

二、排灌泵站

1952 年，大通湖农场有 7 台柴油机动力水泵，大部分农田灌溉采用木制龙骨水车，其驱动方式有手摇、脚踏和牛拉 3 种。一部 3 人脚踏水车，扬程在 1 米左右，每小时可提水 20 立方米。1956 年建成排灌机埠 2 座，各安装 66 千瓦煤气机和 20 英寸轴流泵 3 台。1961 年排灌机械达 59 台、1769 千瓦。1966 年，各场开始兴建电力排灌泵站，至 1990 年前后，泵站设施在正常年份能基本满足农田排灌所需。2000 年，各场共有大小排灌泵站 191 座，装机容量 1.7 万千瓦。2001 年后，区先后对原有泵站进行更新改造，新建 19 座。2020 年，全区排灌泵站 210 座，装机 306 台，总功率 2.3 万千瓦。

为解决大通湖垸排涝防渍问题，益阳地区于 1977 年 6 月建成明山大型电力排涝站，装机 6 台，总功率 0.96 万千瓦，轴流泵直径 2.8 米，最大排涝流量每秒 120 立方米，工程造价 1109 万元。所排大通湖渍水经藕池河东支直入洞庭。后经更新改造，排涝站总功率增至 1.08 万千瓦，一直沿用。但在藕池河东支达保证水位以上时须停机停排，以减轻藕池河堤防压力。2000 年，国家投资近亿元兴建大东口排涝站，开挖进水流道与金盆河及阳罗至五门闸泄洪道连通，将大通湖渍水外排至东洞庭湖。泵站位于金盆镇五门闸堤段，装机 4 台，总功率 1 万千瓦，最大排涝流量每秒 90 立方米，扬水高程 9 米以上，属外湖外河高位洪水期的排涝设施。2003 年正式投入运行，为湖南省首家全自动化控制的大型排涝泵站。

大通湖渍水主要源自 749 平方千米流域内的降雨，冬春季渍水经五门闸自流外排入东洞庭湖，汛期排涝由明山、大东口排涝泵站承担。按渍水生成量和排涝能力计算：暴雨季节，大通湖垸 296 处、总装机容量 3.29 万千瓦的内排机埠全开，日排水总量 2628 万立方米，可使 12.4 万亩的大通湖水位每天升高 0.31 米。明山、大东口泵站最大日排涝流量 1000 万立方米左右，考虑河道面积滞水量，实际每天可降低大通湖水位 0.13 米，即一天的排入量需两天半左右时间排出，需提前空湖待蓄，以防渍涝灾害。

大通湖区 2020 年排灌泵站情况见表 12-5-2。

表 12-5-2　大通湖区 2020 年排灌泵站情况表

项目	全区	河坝镇	北洲子镇	金盆镇	千山红镇
泵站座数	210	57	52	65	36
装机台数	306	89	62	85	70
总功率（千瓦）	17268	7225	4068	5328	647

第三节　水利管理

　　各场建立之初，即设有农场水利科，负责场域堤防、农田水利建设管理和防汛抗旱工作。1968年撤销水利科，职能并入农场生产指挥组，1973年恢复水利科。1984年水利科转变职能，与农业、机电科等机构组织经营服务型公司。1987年单独建制恢复水建科，相沿至2000年农场体制改革。其间，各场所属分场均配有1～2名水利专干，负责分场水利技术管理，各排灌机埠由分场机耕队指定专人值守管理。

　　2000年建区后，区农林水利局成立，内设水利股，管理全区水利规划、水利工程建设，组织开展水利设施、水域及其岸线管理和保护，指导农村水利工作，负责水资源开发利用、调度、保护和水行政执法，承担防汛抗旱日常工作和抗洪应急抢险的技术支撑工作。另设大通湖区堤防管理站，负责管理一线防洪大堤和胡子口隔堤。各镇设农林水利办公室和水利站，负责本区域的水利管理工作。2019年机构改革，农林水利局更名为农业农村水利局，水利管理职能及机构设置不变，防汛抗旱职能并入区应急管理局。各镇水利管理职能和水行政执法职能，分别并入新组建的镇农业综合服务中心和综合行政执法大队。

第十三编

生态环境保护

中国农垦农场志丛

第一章　湿地保护与生态修复

大通湖区属东洞庭湖国际重要湿地和湖南省南洞庭湖自然保护区的叠加区，2014年底启动国家湿地公园试点建设，2019年通过国家林业和草原局评估验收，共有湿地面积8836.6公顷。2016年8月起，按照省委、省政府"退养、截污、疏浚、增绿、活水"的要求，区全面开展大通湖水环境治理，进行生态环境修复。至2020年，大湖流域累计投入水环境治理资金6.19亿元，其中中央3.48亿元、省1.45亿元、地方自筹1.26亿元。2018年区依法收回大湖经营权，实现退养禁捕。2018—2020年，区全面清退沿湖周边1000米范围内的畜禽水产养殖，实现区内1.26万亩珍珠养殖清零。共疏浚大中型沟渠893千米，微型小沟渠2800千米，恢复和新建湿地1.2万亩。建成五七引水闸枢纽工程，3年引水入湖2.3亿立方米，实现河湖水体自然流动。先后投资1.25亿元，在大湖种植各类水草10万余亩，水下荒漠再现"水下森林"盛景，水生动物和鸟类全面回归。建设水草繁育基地近3000亩。全面推行河（湖）长制，河湖整治和管理保护工作得到加强。2020年，大通湖地表水水质总体达Ⅳ类。

第一节　湿地公园建设

区内共有水域及水利设施用地17054.25公顷，占区总面积的45%。其中包括湖泊水面8273.3公顷，河流532.56公顷，坑塘5765.54公顷。区内生态资源丰富，有土著种子植物60科、143属、227种，常见的水生和湿生高等植物400余种。其中国家Ⅰ级重点保护植物1种，Ⅱ级重点保护植物3种。大通湖大湖有金鱼藻、穗花狐尾藻、莲、菱、苦草、轮叶黑藻、芡实、荇菜、睡莲、芦苇、浮萍、香藻等18种主要水草。栖息鸟类221种，多达数十万只，其中有国家Ⅰ级保护动物白鹤等9种，Ⅱ级保护动物小天鹅、鸳鸯、白琵鹭等26种，还有湖南罕见的赤嘴潜鸭等。水中生存鱼类108种，是国内青鱼、草鱼、鲢鱼、鳙鱼的重要产地。底栖动物有蚌类和螺类、虾蟹，包括比较稀少的钳形无齿蚌、背瘤丽蚌等种群，还有鳑鲏、麦穗鱼等小型鱼类种群和野生甲鱼、鳝鱼、泥鳅等水生动物。

1997年，湖南省人民政府批准建立湖南省南洞庭湖自然资源保护区，2001年保护区被列入《国际重要湿地名录》。2014 年 12 月，湖南省启动大通湖国家湿地公园试点建设，规划总面积 9906.9 公顷，主要包括大通湖大湖和金盆河、老三运河。2018 年初，区林业局审定批准《大通湖国家湿地公园范围和功能调整方案》，规划总面积 8939.5 公顷，划分 5 个功能区，其中生态保育区 8069.8 公顷，恢复重建区 402.2 公顷，宣教展示区 48.9 公顷，合理利用区 411.9 公顷，管理服务区 6.7 公顷。湿地公园中湿地面积 8836.6 公顷，湿地率达98.8%。湿地类型分为 3 类，其中湖泊湿地 8069.8 公顷、河流湿地 312.3 公顷、人工湿地454.5 公顷。同年 4 月，区成立大通湖湿地管理局（益阳市南洞庭湖保护管理局大通湖区分局），为正科级事业单位，内设 3 个机构，编制 8 人，具体负责湿地公园建设和保护管理。2019 年投资 400 多万元，建成面积 300 多平方米的，以湿地科普、湿地保护、大湖传奇、弧幕影像 4 个板块为主题的科普宣教馆一期工程。2020 年投资 460 多万元建设二期工程，建成颇有特色的观鸟栈道、游客步道、宣教长廊、宣传墙、大湖形状人工湿地等宣教场所，投资近 7000 万元完成大湖东岸环湖公路建设。其间，区先后建立大通湖湿地科研监测中心、分析监控室和植物、鸟类、鱼类 3 个科研监测室，引进专业科研人员，添置先进监测设备，建立、完善了科研监测体系。2019 年 12 月，大通湖国家湿地公园通过国家林业和草原局评估验收，正式成为以湿地生态资源为基础，以自然湖泊水生态保护为核心，以生态教育、生态休闲为重点，集湿地功能和湿地科研、监测、文化展示及防洪调蓄于一体的国家级湿地公园。

第二节　生态修复

大通湖是维系洞庭湖生态安全的重要水体和天然屏障。2008 年，区以 9520 万元将大通湖大湖 49 年的经营权租赁给外来私营业主。由于长期过度养殖和大湖流域各类污染物的大量排放，大湖水生态遭受严重破坏。2015 年 9 月，国家地表水质监测显示大通湖水质为劣 V 类，随后大通湖区被生态环境部专题督导、省政府专题约谈。2016 年 8 月，区委、区管委会成立以区委书记为组长的水环境治理领导小组和以区长为指挥长的水环境治理指挥部，把以湿地保护、大湖生态修复为中心的水环境治理作为全区"一号工程"，按照省委、省政府"退养、截污、疏浚、增绿、活水"要求，举全区之力全面推进水环境治理工作。

一、全面退养

2018 年 1 月，区通过长沙市仲裁委员会仲裁，依法解除大通湖渔场与湖南天泓渔业有限公司订立的49年期限的《大通湖大湖养殖使用权等资产转让合同》及其补充协议，收回"大通湖"牌注册商标权证，大湖由新组建的大通湖生态经营有限公司经营管理。同年拆围清栏，起捕鱼类，拆除围网118千米、大型投饵机30台，实现大湖实质性全面退养。随后，按照大湖流域水环境治理方案，区全面清退全区范围内1.26万亩珍珠养殖，临湖1000米内1.3万亩精养鱼塘全部退出精养模式，实现产业转型。主要入湖口238.5亩被占用的水面实现退养还湖。在大湖周围依次向外划定禁养区、限养区和适养区，共清退禁养区畜禽养殖51户，改造升级限养区和适养区畜禽规模养殖场118户，关闭2家万头猪场。至2020年，大湖周边退养工作全部结束，实现了禁养区内畜禽水产养殖清零，限养区和适养区养殖截污措施落实到位。

二、截污疏浚

2017年开始，区对入湖渠道和沿湖电排的入湖口进行整治修复，建立多级人工湿地3000亩，形成湿地缓冲带，过滤净化入湖水。在老三运河、五七运河、大新河、金盆运河等主要河流入湖口及沿岸湖滨带，建成湿地近8000亩，初步构造出以挺水植物荷花为优势群落的滨湖沿岸水植，拦截外源污染物。对14条通湖河渠上溯3千米范围内进行湿地植被恢复及岸线污染源整治，恢复湿地面积1293亩。至2020年底，区湿地保有量18万余亩，湿地保护率73.06%。

2018年起开展大通湖流域沟渠清淤三年行动，至2020年，全流域共疏浚大中型河渠361条893千米，小微型沟渠2058条2800千米，清淤塘坝61座；共设置清废入湖拦截钢制网45处。完成湖河沟渠清漂1600千米，清除水葫芦等漂浮物6万余吨，实现了大通湖水系自然连通。

三、增绿活水

2017年12月，区委、区管委会邀请武汉大学梁子湖湖泊生态系统国家野外科学观测研究站作为技术支撑合作单位进驻大通湖，进行大湖植被修复工作。2018年1月，全面启动大通湖水草种植工程，从大湖中央深水区向岸线依次构建"沉水—浮叶—挺水植被带"，发挥水生植被生态功能调节作用，改善大湖水环境。工程采用投播草籽、扦插活草方式，种植轮叶草、苦草、菹草、穗花狐尾藻、金鱼藻等水草15种，面积7万余亩。至年底，近10万亩水域被水草覆盖，其中覆盖率超过80%的达6万亩，大湖水体总磷含量比2017年下降39.2%。2018—2020年，共投资1.25亿元，在大湖种植各类水草10万余亩，形成单体规模超千亩的水生植被群落50多个，植被水下种子库2万余亩，"水下荒漠"重新变回"水下森林"。2020 年，大湖总磷含量为每升 0.097 毫克，比 2018 年和 2019 年分别下降 54.9％、20.5％，总体水质达Ⅳ类。2019—2020 年，区打造"洞庭之心、水草之都"，利用临湖退养鱼塘发展水草繁育基地近 3000 亩，培育的水草种苗落户韶山毛泽东故居前的水塘，销往广东、浙江、上海等地，年销售收入 300 多万元。

按照《大通湖清淤"活水"方案》，益阳市水务局于 2017 年启动大通湖引水工程，投资近 7000 万元建成五七引水闸枢纽工程，对五七运河进行全程清淤，从沅江草尾引澧水入大通湖，实现草尾河—五七河—大通湖—五门闸—东洞庭湖的水体自然流动，达成大湖换水的目标。2018 年 5 月工程建成引水，至 2020 年 9 月共引水入湖约 2.3 亿立方米。同时区对沿湖通湖河渠进行疏浚治淤治漂，净化入湖河水，科学制定换水计划和大湖水位年度调节方案，落实各时限段临湖电排停排的管控要求，实行统一调度、统一外排，使大湖水质得到改善。除主汛期和暴雨大风天气外，湖内绝大部分水域清澈见底，国控断面透明深度最佳时期达 2.6 米以上。

四、推行河（湖）长制

2017 年 5 月，根据中共中央办公厅、国务院办公厅印发的《关于全面推行河长制的意见》精神和省、市部署安排，区成立大通湖区河长制工作委员会，由区委书记任第一总河长，区长任总河长，区人大政协联工委主任任总督查长。区制定《大通湖区 2017—2020 年河长制实施方案》，建立"三长一站"（河长、督察长、警长、护河志愿者工作站）工作机制和巡河、督查、暗访、考核等制度。全区 2 个湖泊、7 条河流、141 条渠道均立有河湖渠长责任公示牌，形成了区、镇、村三级河长制责任体系。2018 年 6 月，贯彻落实湖南省第 1～5 号总河长令，启动河湖保护联合执法专项行动，开展河湖清废、"清四乱"等专项整治，全区投入 1.47 万人次，使用船只、挖掘机、除草机等设备 1328 艘（台），投入资金 442.68 万元，清理河道 242 千米，打捞漂浮物 1.8 万吨，拆除 28 处废弃棚屋、129 处栏网，毁除矮围 2 处。

2020 年，区级河长巡河 415 次，联合督查及暗访督查 7 次，发现问题 29 个，交办问题 37 个，均按要求整改完毕。区更新和完善 180 块河长制公示牌，新增重点水域防溺水公示牌 20 余块。按照湖南省总河长第 6 号令，对 12 项重点任务定期督办，均按时间节点完成任务。针对水利部暗访交办的"12 号点位"问题，区加大整改力度，按整改要求完成退养和塘湖连通工程，通过省水利厅复核认可。

第二章　污染治理与环境整治

20 世纪 80 年代中期起，各农场开始重视环境污染治理。2000 年建区后，区加大污染治理和环境整治力度，通过加快企业整改和治污设施建设的步伐，加强对"三废"排放的管控，关停重污染企业，限制污染企业上马，对企业进行清洁化生产改造等措施治理工业污染。区持续实施农业化肥减量增效，普及测土配方施肥技术，发展生态循环现代农业，进行畜禽养殖场标准化改造，实行大湖退养禁捕、沿湖周边畜禽水产全面退养和全域珍珠退养，加强农村"四洁"工程，全面推进农业面源污染治理。深入推进节能降耗，至 2020 年，全区能源消耗总量比 2015 年下降 16％。2016 年起，全区相继建成 5 个城镇污水处理厂，全面实施雨污分流项目，污水收集处理率超 90％，出水水质均达到排放标准。2018 年打响"蓝天保卫战"，整治企业烟尘排放和建筑工地扬尘，淘汰燃油公交车，禁止露天焚烧秸秆、燃放烟花鞭炮，治理大气污染。全面实施"百村示范、千村整治"行动，推进农户庭院"六个一"整治模式，开展农村环境治理"六大行动"，使农村人居环境得到明显改善。2019 年和 2020 年，大通湖区连续两年获评"全省农村人居环境整治先进县市区"。

第一节　工业污染治理

1986 年起，区内各农场对工业企业大小锅炉进行消烟除尘处理，特别是将链条炉改造为沸腾炉，使煤渣减少一半，排放的烟气基本符合国家规定的标准。嗣后，区持续加大工业"三废"治理力度，关停大批造成严重水污染的精干麻厂，推广生化法苎麻脱胶技术，搞好清污分流处理，减少废水排放。在各纸厂建碱回收设施，以实现终端水排放达标。推广普及砖坯掺煤灰焙烧技术，实现砖瓦行业节能减排。1992 年后，随着改革调整和市场配置，各农场大量中小企业关停并转，工业污染源减少。

建区后，区委、区管委会高度重视工业污染治理工作，对新上和改扩建工业项目，严格执行环评审批和环保"三同时"的规定，禁止污染较重企业上马。2012 年起，实施清洁能源替代工程，至 2017 年，全面淘汰 10 蒸吨以下燃煤小锅炉、停建 20 蒸吨以下燃煤小锅炉，区工业园区及产业集聚区均实现清洁能源替代。造纸、制药、食品加工等重点行业均全部改用高效节能环保型锅炉，大幅度削减了二氧化碳、氮氧化物、烟粉尘、挥发性有机物的排放。2017年，制定工业污染源全面达标排放计划，强化党政同责、属地主责，坚持"应查尽查、应罚尽罚、应移尽移"，加强在线监控和企业自行监测，建立工业污染问题整治台账，实行动态销号管理和超标排放联合惩戒。对重点排污单位主要污染物排放口全部实行自动监控，数据传输有效率达90％以上。2018年11月查处原金北顺纸厂在拆除环保设施时向东洞庭湖排放黑液一案，责令回收外排黑液，对当事人依法实施刑事拘留。2018年后，进一步推进纺织、食品、制药、建材等行业的清洁化生产改造，按照"源头严防、过程严管、后果严惩"原则，强化企业排污监管，对排放不达标的企业限期整改，整改不到位的一律依法关闭。至2020年，全区共关闭拆除砖厂7家，3家造纸企业全部永久关停退出市场。

第二节　农业面源污染治理

20世纪80年代开始，各场逐步推广使用低毒低残留农药，普及科学合理施肥技术，大面积回收农田地膜残留物，降低化学投入品对水环境和土壤环境的污染。2000年建区后，加大禁用剧毒农药力度，提高农作物测土配方施肥和施用有机肥的覆盖率。至2020年，测土配方施肥覆盖率95％以上，畜禽粪便、农作物秸秆等有机肥还田率60％以上，每年绿肥种植面积8万亩左右。区加强源头管控，科学引导发展生态化种养模式，实行稻油、稻虾、稻蟹、稻渔共生，水旱轮作，减少化肥农药施用量。全面实施畜禽养殖场标准化改造，完善养殖粪污处理配套设施，加强现场实时监管，确保粪污排放达标。区加强农村生活污水、生活垃圾集中处理，建立农业废弃物回收处理机制，有效控制农业污染源。2018年起实施大通湖生态环境整治三年行动计划，收回大湖经营权，实现禁养禁捕；大湖周边畜禽水产养殖全部退出转型；收回域内河道水面养殖权，不再允许人工养殖；对区域1.26万亩污染性较强的珍珠养殖实行全面退养。2018—2020年，全区改造生态化鱼塘1.2万亩，退出传统精养模式，发展鱼莲共生、"水草＋虾蟹"等生态循环养殖，减少养殖尾水排放。制定农药化肥施用零增长方案，持续推进农药化肥减量增效。2019年全区农药、化肥耗用量比上年下降6.84％、9.74％。2020年完成测土配方施肥41.3万亩，化肥施用量减少4％以上，实施农作物病虫害统防统治26万亩、绿色防控面积20万亩，实现农药施用量负增长；发展稻虾蟹综合种养14万余亩，减少农业污染物排放；持续开展流域禁磷工作，大湖水体总磷含量比上年下降20％以上。

第三节　大气污染治理

区内大气污染主要来源于泥石道路和建筑工地扬尘、企业生产烟尘、机动车辆油烟排放、露天秸秆焚烧、烟花爆竹燃放等。建区后，区大力实施城乡公路改造，使路面扬尘大幅度减少。2018年，全区打响"蓝天保卫战"，对废气排放不达标的企业和餐饮业进行强制标准整治，增添烟尘过滤设施，降低烟尘浓度和排放量；先后关停排放不达标的3家砖厂、1家塑料破碎厂、1家废品收购站，并对1家大型混凝土搅拌企业进行封闭厂房改造，于房屋建筑工地布设防尘网和降尘设施，督促10家加油站完成油气回收设施改造。2016—2019年，区公交公司逐年淘汰燃油公交车，全部换成新能源车辆。2019年起，全区城镇范围内禁止燃放烟花爆竹（春节期间除外）。2018—2020年，全面推行禁止露天焚烧秸秆、垃圾，推广秸秆肥料化、能源化、饲料化利用，支持种植大户和专业合作社开展秸秆资源化利用的商品化生产。2020年，空气质量优良天数343天，优良天气比例93.7％，细颗粒物（PM2.5）平均浓度为每立方米35微克，低于每立方米38微克的控制目标。

第四节　节能减排

2006年，区委、区管委会按照国家和省、市要求，着手开展以节约能源、降低消耗、减少污染物排放为重点的节能减排工作。因工作处于起步阶段，"十一五"节能减排总体目标未能如期实现，特别是建筑能源消耗快速上升，占总能源消耗量30％左右。"十二五"规划启动后，区委、区管委会成立区节能降耗协调领导小组，出台《大通湖区全民节能减排实施意见》，将节能降耗任务分解到各企业、各单位，建立考评激励约束机制，敦促全区规模企业对燃煤锅炉进行改造升级，全部采用以苇渣为燃料的无煤化锅炉。耗能大户金北顺纸厂，通过节能改造，每年节煤达3万吨左右，超额完成省重点控制企业节能目标。区加大工业结构调整力度，按绿色发展要求，逐步淘汰落后产能及工艺装备。至2014年，区内造纸、制板企业全部关停退出，每年减少10万多吨燃煤消耗。区加强对重点耗能企业的节能管理，以年能源消耗总量3000吨标煤以上的10户企业为重点对象，支持引导企业加大节能改造资金的投入力度，确保企业实现预期节能目标。2015年，全区规模以上工业的万元工业增加值能耗比上年下降5％，二氧化碳排放下降5.6％，规模工业增加值用水量降低5％，工业固体废物利用率提高1％。

"十三五"期间，区委、区管委会围绕建设"生态大通湖"的总体目标，继续加强节能减排工作力度。在工业节能领域，把能耗和环保作为招商引资的第一道门槛，切实把好企业准入关，杜绝落后产能、落后工艺设备企业入驻区内。区继续加大现有企业技术改造力度，完善节能环保设施，关停淘汰部分高能耗、环保不达标的黏土砖厂等，每年节约燃煤消耗 10 万吨以上。发展新能源产业和科技型企业，清洁能源、低耗低排工艺技术设备广泛应用于纺织、食品、机械制造等行业，初步构建起工业经济高质量发展新格局。在建筑领域扎实开展绿色建筑和建筑节能管理。至 2020 年底，全面实现装配式建筑方式，落实新建民用建筑 65％节能强制性标准，执行率达到 100％。城镇区域安装天然气 5600 户，气化率达到 45％。交通节能领域，区落实绿色交通发展政策措施，淘汰城乡公交线路燃油车，2019—2020 年共新增公交新能源车 243 台，实现公交车辆全部电动化。区加快推进长途运输市场公司化经营步伐，淘汰能耗高、污染严重的老旧车辆，区交通运输能耗明显下降。公共机构能源领域，区制定《大通湖区节约型机关创建行动方案》，共 31 个单位备案，设立公共机构名录 27 家。凡是涉及基本建设、设施设备、大宗办公用品等方面的采购都以节能为前提，由各单位对照《节能产品政府采购清单》，报请区政府采购中心审批后集中采购，避免重复购置。2020 年，全区能源消耗总量 13.52 万吨标煤，单位 GDP 能耗下降 1.25％，比 2015 年下降 16％。"十三五"期间，能源消费增量控制目标为 1.69 万吨标煤，实际增量 1.55 万吨标煤，比控制目标减少 8.3 个百分点。

2016 年起，区持续加大污染物治理减排力度，相继建成各镇污水处理厂，先后投资 1.7 亿多元拓展完善污水收集"毛细血管"，全面实施雨污分流项目，日处理污水总能力达 1.3 万吨，污水收集处理率达 90％以上，出厂水质均达到《城镇污水处理厂污染物排放标准（GB18918—2002）》一级 A 类标准。区先后投入 470 万元，集中整治糖厂、纸厂、麻纤脱胶厂等倒闭企业的污染残留，杜绝二次污染。2017 年，工业园投资 1390 万元，建成投产日处理能力 1200 立方米的污水处理厂，2018—2019 年进行提标改造，新建污水管网支线 3.4 千米，基本实现园区内雨水、生活污水和工业污水三水分流，出水水质达到排放一级 A 类标准。2019—2020 年，按照"搬迁一批、关停一批、整改一批"的方案整治散乱污染企业，共关停涉水企业 8 家，整改 3 家。区内 4 家重点涉水企业累计投入 3000 余万元，改造污水处理设施，使出水水质达到排放标准。

第五节　农村人居环境整治

2010 年 9 月，区启动农村"四洁"（清洁田园、清洁路渠、清洁村组、清洁庭院）工程，采用区领导包片、镇领导包村、村干部包户、区镇机关干部联村到户的办法，重点治理"三乱"（乱泼污水、乱倒垃圾、乱搭棚子），清理"三堆"（土堆、柴堆、粪堆），解决"三混"（人畜混居、生产生活物资混放、各种设施混建），处理"三废"（废瓶、废袋、废渣），美化"三口"（村口、路口、家门口），实现"五个基本没有"（田园基本没有有害废弃物、公路沿线基本没有成片杂草、沟渠基本没有漂浮物和杂草、农舍周边基本没有散落垃圾、农户庭院基本没有乱堆乱放）。至2017年，全区27个行政村全部达到"四有两无"（有垃圾集中设施、有垃圾清运网络、有家庭"三包"责任制、有定期清洁日活动，无裸露垃圾、无二次污染）清洁村创建目标。

2018年，根据党的十九大提出的"开展农村人居环境整治行动"的要求，区成立由区委书记任组长的大通湖区农村人居环境整治领导小组，下设办公室，配编6名，各镇、村成立相应机构，形成了"区级主导、乡镇主抓、村（居）主干"的三级联动机制。出台《大通湖区农村人居环境专项整治三年（2018—2020年）行动计划》，深入实施"百村示范、千村整治"行动，推进农户庭院"六个一"整治模式，开展农村生活垃圾治理、农村厕所治理、农村生活污水治理、农业面源污染治理、村容村貌提升、乡风文明提质"六大行动"。2018—2020年，按照美丽乡村建设标准，完成全区27个行政村的村庄规划编制，编制完成率100%。扎实推进农村"四好"公路建设，实现村庄道路硬化、绿化、美化、亮化，新建农村硬化道路106.3千米，实施沥青路面改造92.3千米；新增造林面积4574亩，"四旁"植树69.22万株，全区镇、村道路实现绿化全覆盖，绿化率达13.08%，主要村道、村民居住和集中区全部安装路灯、种植花草。创新改厕模式及粪污治理，采用"玻璃钢三格化粪池＋人工小微湿地"处理工艺，改造新建家庭无害化卫生厕所1.46万户、公厕31座，实现全区旱厕清零。对分散农户的污水采用三格池、四格池和多户联建、"黑灰"分离等处理设施，改水改厕一体实施，累计建成散户污水处理设施1.67万个，污水处理比例达75%以上，有效遏制了直排、乱排现象。先后投资5000多万元为区内所有保洁员配备专用垃圾收集车辆及分类收集设施，新建5个镇（办事处）垃圾压缩中转站，全面建成"户分类、组保洁、村收集、镇转运、区无害化处理"的城乡垃圾处理一体化体系。2018—2020年，区内无害化处理农村生活垃圾约5万吨，处理率达100%。在此期间，以"零容忍、零懈怠、严处罚"态度，实行部门联动、严格执法，全面禁止秸秆、垃圾焚烧，每年秸秆还田面积30万亩以上。2020年正式实施殡葬制度改革，新建殡仪馆，在各镇设农村公墓，全面实行火化和集中安葬。

自2014年起，王家坝村、北胜村、王家湖村、大西港村、大东口村、沙堡洲村等6

个村，先后被评为湖南省美丽乡村创建示范村。2020年，河坝镇获评国家级卫生镇，其他3镇分获省级卫生镇，27个行政村均为省级卫生村，千山红镇获得"湖南省美丽乡村建设示范镇"称号。2019和2020年，大通湖区连续两年被授予"全省农村人居环境整治先进县市区"称号。

第三章　环境保护管理

2000年以前，各场环保工作由工业部门管理。2000年建区后，区环保管理职能并入区建设交通局，设区环境保护监理所。2013年，环保所改为区环境保护监察大队。2016年1月，区组建建设交通环保局。2019年4月，组建益阳市生态环境局大通湖分局，同年8月设立大通湖区生态环境监测站。2015年后，先后成立区生态环境保护委员会、突出环境问题整改领导小组、大通湖水环境治理工作领导小组、区水环境治理指挥部、区农村人居环境整治工作领导小组并下设专门办公室。区委、区管委会将环境保护工作列入区经济和社会发展中长期规划，先后出台大通湖水环境治理、生态环境整治和农村人居环境整治的三年行动计划及各项环保工作年度目标管理考核办法。区环保部门对全区环保工作实行依法管理，会同司法机关查处各类破坏生态环境的案件，开展各环节生态环境执法专项行动。2016—2020年，区共查处环境污染案19起，2020年开展大湖禁航禁捕和打击涉湖违法行为等活动，查处违法人员50人次，依法关停规模养殖场2家。

第一节　行政管理

一、管理机构

2000年以前，各场环保工作由农场工业部门管理。2000年9月建区后，组建大通湖区建设交通局，并入环保职能，一名副局长专管环境保护，下设区环境保护监理所，具体履行全区环境保护职责。2013年，区环境保护监理所改为区环境保护监察大队，职能、职责未变。2019年4月，组建益阳市生态环境局大通湖分局，其为益阳市生态环境局的派出机构，核定编制9人，管辖大通湖区域内环境保护和监测工作。同年8月，设立大通湖生态环境监测站，核定全额事业编制8名。在此期间，为加强对全区环境保护工作的领导，区先后成立由区管委会主要领导牵头的大通湖区生态环境保护委员会、突出环境问题整改工作领导小组、大通湖水环境治理工作领导小组、大通湖水环境治理指挥部、区农村人居环境整治工作领导小组并下设专门办公室，统一领导和组织各级、各部门开展相关工作。

二、规划及目标管理

2015 年开始，环境保护工作被列入区经济和社会发展整体规划，对每年环境保护总体目标、环境保护工作具体措施要求、环境保护基础设施建设项目，都有明确的规划和安排。2017 年起，区委、区管委会分年度制定《大通湖水环境治理工作方案》。2018年 5 月区出台《大通湖区洞庭湖生态环境专项整治三年（2018—2020 年）行动计划实施方案》和《大通湖区农村人居环境整治三年行动计划（2018—2020 年）》，同年 7月，区委、区管委会又下发《打好大通湖水环境治理攻坚战的通知》；2019 年 2 月，区委、区管委会制定《大通湖区贯彻落实湖南省第五环境保护督察组督察反馈意见整顿方案》和任务清单，将环境保护整治任务分解落实到责任单位及责任人，同时制定《大通湖大湖水环境治理督查方案》《大通湖区大湖水环境治理责任追究办法》及年度环境保护工作目标管理考核办法，按旬考评督导，层层传导压力，将环境保护工作的规划和目标管理落到实处。

第二节　法制管理

建区后，区环境保护部门按照国家相关法律法规，对全区生态环境实行依法管理，依法开展生态环境执法监督，开展企业和建设项目环境影响评估审批，核发排污许可证，征收排污费和排污权有偿使用费，查处破坏生态环境的违法行为。2016—2020 年，区先后查处环境污染案件 19 起，涉及企业 14 个、个人 5 人，其中未批先建 7 起，排放物超标 2 起，渗坑排污、燃烧秸秆、无证排污、外排废水各 1 起，其他 6 起，罚款86.85 万元。

2020 年，区开展大湖禁航禁捕工作，区公安分局加强巡逻巡查，严厉打击涉湖违法行为，与周边县市配合，推进"雪亮工程"，沿湖共安装监控摄像头 44 个（其中大通湖区安装 25 个），抓获违法人员 50 人次，刑拘 22 人，办理破坏环境资源犯罪案件 4 起。区环保行政执法部门依法开展大湖环境治理执法专项行动，对大湖日常巡逻 4557 人次，处罚环境治安案件 7 起 7 人，移送环保刑事案件 3 起，收缴垂钓工具 694 件、收缴地笼 3896个、渔网 142 张，暂扣捕捞船 12 艘；非法垂钓登记人数 183 人次，训诫 182 人次。下达环保监察文书 70 份，下达限期整改通知书 4 份，责令改正违法行为决定书 2 份，行政处罚决定书 2 份，依法关停 2 家规模养殖场。

第十四编

科技　教育
文化　卫生
体育

中国农垦农场志丛

第一章　科学技术

20世纪50—60年代，各场先后成立农业科研机构，进行良种选育和科学试验，推广应用先进生产技术。1980年前后设立科技科，专职管理科技工作，同时组建各类专业科技组织，开展技术攻关，推广普及科学技术。1985年后，各场建成以总场农业（生产）科为农头、农科所为支撑、分场农技站为骨架、科技示范户为基础的三级农业科技网络，开展科普科研和技术推广。至2000年，区内五大农、渔场有各类专业技术人员3200多人，其中高中级专技人员820余人。多项科技成果转化为现实生产力，促进了科技进步和经济社会发展。

建区后，区委、区管委会坚持科学技术是第一生产力的思想，多渠道、多层次增加科技投入，建立、健全各种科技机构，深化科技合作与学术交流，一大批先进技术应用于现代农业、工业制造和生态环保等领域，提高了区域高质量发展的核心竞争力。至2020年，全区有各类专业技术人员753人、各类科协组织35家、国家级高新技术企业5家、省市级星创企业和科技型企业19家。

第一节　机构队伍

一、科技管理机构

各农场建场之初，科技工作由生产科管理。1980年前后，各场设立科技科，负责贯彻国家科技方针政策，制订农场科技发展规划，推广应用科技成果，为各生产单位提供科技情报，开展科普教育科技咨询，管理各类科技人员。其后机构调整，先后改为科技教育科、科技农业科等。

2000年建区后，区成立大通湖区社会发展局，内设科技体育股，承担全区科技管理。2001年，成立科技工作领导小组，区管委会领导任组长，领导小组办公室设在社会发展局。各镇相应成立由镇长任组长的科技工作领导小组，设立科技服务站。2019年4月区机构改革，组建区科技和工业信息化局，其科技管理方面的主要职能职责是：贯彻落实党和国家发展科技的方针、政策和法规，制定全区科技发展计划并组织实施，组织并管理科技立项、专利申报、科技攻关、科技推广、科研成果鉴定、申报奖励、技术市场、民营科技企业及机构、科技协会等。

二、科研和技术推广机构

区内科研工作以农业科研为主。1952年秋，区建立大通湖农业试验场，业务和财经由省农业厅管辖，行政归属大通湖农场领导，设水稻、棉花、麻类、杂作、植保、栽培、气象7个研究组，科技人员30名，试验基地1000亩。1955年试验场更名为大通湖农业试验站，行政、业务均由大通湖农场管理。1958年试验站改为大通湖农场农科所，增设土肥研究站。1964年农科所划归省农垦局管理，改称湖南省农垦科学研究所，1969年复改大通湖农场农科所。1992年，农科所设粮油、棉麻、甘蔗、农化、植保、气象6个研究室，有科技人员37人，其中高级农艺师2人、农艺师4人。农科所有试验田面积113亩，科研用房4475平方米，科研设备总价值30万元。同年，农科所被农业部授予"全国农垦先进科研单位"称号。

20世纪60年代初，千山红、北洲子、金盆等农场建为省属农垦企业后，都建有农科所。大通湖渔场于1975年成立水产科研所，专门从事家鱼人工催产繁殖的研究推广。农场的各农业分场都建有农科站，生产队设有农科组，形成三级农业科研网络，进行对各种优良品种和先进栽培技术的试验推广。

2000年9月撤场建镇，各农场科研机构同时撤销。2001年5月，区以原大通湖农场农科所为基础，成立区农业技术推广中心，其为区农业水利局所辖的全额拨款事业单位，有专业技术人员8人，科研基地1100亩，分管植保、经作、粮油、气象等几大项科研工作。各镇相应设立农业技术推广站。区农业技术推广中心的主要职能、职责有：参与制订农业技术推广计划并组织实施；组织农业技术培训和普及农业科技知识；引进先进的农业技术和科研成果；对选定推广的农业技术进行试验、示范；制定技术规程、执行技术标准，参与农业技术推广的技术鉴定；为农民提供技术和信息，开展产前、产中、产后系列化技术服务；组织各镇农技站和民营农业企业、农业技术人员开展农技推广活动。2016年4月，区委、区管委会对区直机构实行"三定"，原属农业农村和水利局农业股的土肥、科教、绿色食品管理、农情信息、科学管理、农业资源与环境保护管理、蔬菜、农产品质量监管等职能调整到区农业技术推广中心。2020年，中心有在岗人员8人。

三、科学技术协会

各农场自20世纪70年代末相继成立科学技术协会（以下简称科协），由1名副场级领导兼任会长，与科技科合署办公。各场科协会员人数不等，一般为 15～20 人。随后各场又先后成立农学、财会、医学、教育、工程、畜牧水产等学会及老年科协，在各自行业领域开展科学研究和学术探讨，组织科技攻关，传播推广先进科学技术。

2002 年，区和镇两级科协先后成立。2004 年区老年科协成立，会员中有中级以上专业技术职称的达 53 人，各镇也相继成立老年科技协会。2019 年机构改革，区科协设专职副主席 1 人，日常工作由区科工局科技和科协股具体承担，负责组织科技工作者开展科技创新、学术交流、科学论证和咨询服务，普及科学知识，推广先进技术，促进科技成果转化；对科普示范基地、示范户、农技协会进行归口管理和业务指导；协调自然科学学会有序承接政府委托工作，发挥党和政府联系科技工作者的桥梁纽带作用。2019—2020 年，区相继在区工业园和食品、医药、纺织、机械制造、生物科技等领域成立企业科协组织 14 个。2020 年，全区共有各类科协组织 35 个，区老年科协有会员 356 人，包括退休老科技工作者、老基层干部、能工巧匠、致富能手等，其中科技人员 167 人。2016 年和 2019 年，区科协分别被评为全市科协工作先进单位和全市院士专家工作先进单位。

四、科技队伍

1951 年，大通湖农场有农技、畜牧、机电、医护等科技人员 31 人。20 世纪 60 年代起，每年都有数量不等的大中专毕业生分配到各农场工作，成为各农场科技工作的骨干力量。另有少数在各条战线自学成才的"土专家"，都是技术攻关的能手，各农场从中选拔具有培养潜质的人员，送到大中专院校、科研机构进修委培，回场后成为科技工作的重要力量。1978 年起，各场落实知识分子政策，对在历次政治运动中受到错误处理的科技人员进行平反，将他们安排到重要技术岗位和各级领导岗位上。对科技人员上浮一级工资，发放生活补贴、报刊资料费，优先安排住房和子女就业，为大专以上学历或中级以上技术职称的科技人员和家属解决城镇户口。1982 年各场开始进行科技人员技术职称评定和晋升工作。之后，各场普及函授、电大等成人学历教育，科技人员队伍逐步扩大。到 2000 年，5 家农、渔场共有 3229 人取得各类、各级专业技术职称，其中农业系列 266 人、工程系列 520 人、经济系列 426 人、财务系列 615 人、教育系列 914 人、医护系列 488 人。各场有中高级职称者 822 人，占总专业技术人数的 25.5%。

2000 年农场体制改革后，年老的科技工作人员逐渐退休，部分年轻的科技工作人员自主择业，区停止经济、财会系列技术职称评定，区内拥有各类技术职称的在岗科技人员有所减少。2018 年，区开始实施人才强区战略，至 2020 年，共引进具有硕士研究生以上学历的各类科技人才 13 人。2020 年末，全区拥有技术职称的专业技术人员共 753 名，有其中高级技术职称的 100 名，占 13.3%；中级技术职称的 335 名，占 44.5%；初级技术职称的 318 名，占 42.2%。

第二节　科技活动

一、技术普及

各农场建场后，先后开办各种职业技术培训班，从青年职工中招收学员，学制 1～2 年，开设有农技班、机务班、财会班、护理班及工业技术和管理等专业。每逢农闲季节，各农场在农业系统举办各种基层干部短期培训班，集中学习农业科技知识。20 世纪 70 年代起各场开设广播讲座，普及推广农业技术；80 年代农场组建中央农业广播电视学校分校，系统培训农业实用技术人才；90 年代各场电视台建成后，开设科普专栏，由农技人员举办农业技术电视讲座。1984—1990 年，大通湖农场科技科编辑《大通湖科技报》，八开二版，每半月发行一期，每期印刷 5000 份。各场根据农情，及时发布病虫情报、天气预报，印发农作物栽培管理技术资料，指导农业生产。1985—2000 年，各场建立完善以农业（生产）科为龙头、农科所为支撑、分场农技站为骨架、科技示范户为载体的三级农技推广普及网络，稻、蔗、棉、油等主要农作物先进栽培技术得到普及应用。

建区后，区搭建包括区农业水利局、农技推广中心、各镇农技站、新型专业合作组织和试验示范基地的技术推广网络，采用专题培训、电视讲座、现场指导、现场观摩、新媒体网络咨询服务等手段，实现了现代农业技术水平和装备水平的大幅提升。2003 年起，区内先后创建多家科技工业企业和农业科技企业，普及应用前沿科学技术。至 2020 年，全区有东大光伏发电、湘易康制药、永盛纺织、金健米业、众仁旺科技养殖等 5 家国家级高新技术企业，2 家省级星创天地，5 家省级科技企业，14 家市级民营科技企业或科技示范基地。各级政府每年向各科技企业下拨 5～10 万元的专项经费，支持企业的技术研发。

二、科研推广

（一）良种选育

1. 棉花"洞庭一号"　1954 年，大通湖农场农科所开始从岱字棉 15 中采用单株选育良种，1957 年培育出农艺、经济性状优异、稳定的棉花新品种，1961 年农业部确定其为区域化良种，1962 年经国家作物品种审查委员会审定命名为"洞庭一号"。该品种抗寒性强，适应性广，比常规品种增产 12.1%～23.8%。

2. 水稻"大农一号" 由大通湖农场农科所于 1962 年以早粳 16 无芒早稻选育而成，属早稻早熟粳稻品种，抗寒性强，耐肥、抗倒，同年参加湖南省区域品比试验，对比宁丰早增产 16.5%。

3. 水稻"益早二号" 由大通湖农场农科所于 1976—1985 年以益引 37 与龙革 10 早稻品种杂交选育而成，属迟熟早籼品种，抗病、抗倒、耐肥、不早衰，丰产性能好，1986 年经益阳地区作物品种鉴定小组鉴定命名。

4. 甘蔗"湘蔗一号" 由大通湖农场农科所于 1975 年以赣蔗 8 号作母本、川蔗 2 号作父本进行人工有性杂交选育而成，具有早熟、高糖、前期生长快、丰产性能好等特点。1983 年 11 月，经省农业厅技术鉴定为湖南省选育的第一个甘蔗良种；1985 年经省作物品种审定委员会审定命名为湘蔗一号。

5. 甘蔗"湘蔗二号" 由大通湖农场农科所于 1975 年采用"纳印 310"和"川蔗 2 号"杂交选育而成，该品种成熟早、含糖率高、植株高大、抗倒伏。1985 年经省作物品种审定委员会审定命名。

6. 水稻"早香 17""金香 1 号""益早香 1 号" 20 世纪 70 年代末，由金盆农场农科所高级农艺师师尚才主持选育而成，均为籼型香稻新品种，经省作物品种审定委员会审定命名。

7. 繁育推广杂交水稻 1975 年 11 月，区内 4 家国营农场派出 180 多名干部、农技人员和农业职工，赴海南繁育杂交稻种（简称"南繁"）。1976 年各场试种繁育品种 1.2 万余亩均获丰收，亩产 325 千克，比常规晚稻每亩增产 60 千克。1977 年各农场扩种杂交晚稻，占晚稻总面积 60%左右，比常规稻增产 48%左右。1982 年，大通湖农场白森安、千山红农场陈安球分别承接湖南省农业厅下达的杂交稻新组合筛选课题，经多次对比试验，解决了洞庭湖区品种组合与栽培技术等问题。1983 年后，各场杂交晚稻种植面积稳定在90%以上。

8. "北醇葡萄"繁育 1980 年，千山红农场林科所用插苗法，直接定植"北醇葡萄"成功。经北京植物园化验，葡萄浆果出汁率达 77.4%，可溶性固形物含量 18.5%～24.6%，含酸量 0.6%～1.16%，发酵完毕的果汁含酒精度 10～11 度，总酸量为 0.83%，适宜加工酿造，填补了湖南省酿酒葡萄栽培的空白。

9. 优质稻筛选 2009 年区从广东农科院引进一季稻"黄华占"优良品种，在全区普遍推广，其适应性优异、优质稳产、抗倒抗病、再生能力强、易栽培管理等特性，深受稻农欢迎，区内每年种植 16 万亩以上，占一季稻种植面积的 80%。2015 年起，通过品比试验筛选，区全面推广盛泰优018、湘晚籼13等9个高档优质稻品种，至2019年，全区高档优质稻面积稳定在17万亩左右，占水稻种植面积的6成以上。

（二）先进农业生产技术推广

1. 化学除草 1964年各场开始推广化学除草技术，用敌稗防除秧田稗草，后又用五氯粉钠防除杂草；1972年，各场大面积推广使用除草醚防除单子叶杂草，使用二四滴、二甲四氯防除稻田双子叶杂草；1977年各场使用二甲四氯断掉杂交晚稻南优二号的秧根；1981年各场推广使用50％杂草丹乳油防除稻田杂草；1982年各场推广使用拉索防除棉地杂草，使用草甘膦防除路边和林地杂草；1985年各场推广使用丁草胺、禾大壮防除水田杂草；1986—1995年各场全面推广使用阿特拉津、二甲四氯防除蔗地杂草，使用盖草能、稳杀得防除棉地杂草。各场化学除草面积占耕地面积的80％左右，除草效果达90％以上。建区后，化学除草技术广泛应用于水稻、旱地作物、果园、林地及沟渠路边杂草防除。

2. 地膜覆盖 20世纪70年代各场进行农膜覆盖早稻育秧示范，因成本高未能全面推广。1983年各场全面推广地膜覆盖早稻育秧，用种量由每亩17.5千克下降到每亩10千克左右。1981年起，地膜覆盖开始用于甘蔗栽培，1984年全面普及应用。使用甘蔗地膜覆盖技术，能提早播种期15～20天，且有增温、保湿、保肥功能，促进甘蔗早生快发，亩增产30％以上。1987年后，地膜覆盖栽培成为各场甘蔗生产的主要栽培方式，应用面积占比超80％。1993年各农场推广棉花低拱地膜覆盖营养钵育苗技术，应用率达100％。2005年后，地膜覆盖技术主要应用于蔬菜、瓜果栽培，促进优质早熟高产。

3. 飞机农用作业 1962年，大通湖农场率先租用民航农防飞机，给稻田喷洒农药。1965年，大通湖、北洲子农场与湖南民航管理局签订飞防协议，并在北洲子农场建立简易机场。虫灾严重年份，各场都租用飞机喷洒农药、防治虫害，4家农场飞防总面积15～20万亩。1985—1990年，各场用飞机对早稻喷施锌肥、防止僵苗不发，对蔗地喷施稀土，提高甘蔗含糖率和甘蔗产量。

4. 施用微肥和激素 1980年起，各场对蔗地普遍施用稀土，提高甘蔗含糖率1.5～2个百分点，增加甘蔗产量4％～15％。1983年，各场对早稻大田和棉地喷施硫酸锌，水稻增产8％～12％，棉花结铃多且桃铃大。1989年，各场在棉花蕾期大面积施用助壮素，解决棉花蕾期因大肥大水造成疯长和蕾铃脱落问题；在棉花采摘后期喷施草甘灵等脱叶剂，减少烂铃，提高棉花品质。1990年后，各场把多效唑用于晚稻育秧、油菜育苗，促进壮苗早发等。

（三）专业种养技术与加工制造技术的研究应用

1982年，千山红葡萄酒厂研制的"蟠桃宴"中国红葡萄酒，经国家轻工业部发酵研究所先后两次品评，均获好评，其以宝石红色、澄清透明、浓香怡雅、柔和爽口而深受欢迎。

1984年，金盆香稻酒厂研制出以香稻米为原料的"中国香稻酒"。

1986年，大通湖机械厂成功研发出电力机车支承板整体压塑工艺技术，该厂先后被山西铁路车辆厂、株洲电力机车厂定为支承板定点供应厂家。

2011年，湖南天健纤维板有限公司成功研发出资源节约型无人工甲醛人造板制造关键技术。

2012年，天泓渔业股份有限公司的"低碳渔业技术与生态养殖模式研究与应用""大闸蟹原生态放养产业化关键技术研究与示范项目"，被省科技厅鉴定为应用技术类科技成果。

2018年，宏硕生态农业农机合作社的"水稻减肥种植技术与机具应用研究"项目通过市级验收。

2019年，宏硕生物科技有限公司的"智能化禽畜粪污加工生物有机肥技术研究与产业化"项目研究成果，在省科技厅进行技术成果登记。同年11月，铁牛水稻专业合作社的"全程机械化育插秧生产最佳效益模式研究"、金健米业有限公司的"高富硒大米制备关键技术研究与应用"、宏硕生物的"洞庭湖区扣蟹培育技术成果转化和产业化示范"、学文养殖专业合作社的"稻虾共作高效利用关键技术研究与产业化示范"等4个项目被列为市级科技创新计划项目。

2020年，区内新增3个市级科技创新计划项目，即宏硕生态农业农机合作社的"稻蟹田不同类型水稻品种和适宜性评价筛选"、金健米业的"利用发酵工艺降低大米中重金属镉的方法研究与应用"项目和食安天下农业开发有限公司的"油炸小龙虾保鲜技术发明"项目。

三、科技合作

1981年，经国家农垦部牵线，大通湖农场农艺师李中衡与德国许宁公司经理于尔根·泽勒合作，对脱叶脲在棉花生产上的应用进行研究试验。10月份省农管局马恩惠、香港捷成洋行吴国华同时参与研究。经两年研究，确定了脱叶脲的脱叶效果及在棉花生产上的应用价值。同年，北洲子农场与省农科院研究员李璞合作推广棉花免耕技术，到1984年，共进行了1325亩棉花免耕试验，每亩省工12个，增产21.4%。

20世纪80年代中期到90年代前期，千山红葡萄酒厂先后与全国12所院校合作，就葡萄栽培、酿制、贮藏和果汁饮料开发等进行技术攻关。金盆农场与北京大学植物生态工程研究所合作，开展甘蔗增产菌研究并获得成功，填补了国内甘蔗专性增产菌的空白。

1986 年，大通湖糖厂与华南工学院合作，成功研究应用微电脑控制煮糖工艺技术。后该技术应用于长江中游地区各糖厂。

2010 年 5 月，大通湖区与湖南农业大学进行校区合作，由校方为区内科技人才培养、科技成果转化、高产示范基地建设等提供技术支持，大通湖区为校方提供科研和实习基地。

2018 年 1 月，大通湖区管委会与武汉大学梁子湖湖泊生态系统国家野外观测研究所合作，成立大通湖工作站，进行大通湖水生植被恢复研究，为恢复大湖植被提供全面技术指导。

2020 年 10 月，大通湖区与湖南农业大学签署产学研合作协议，由湖南农大组建专家团队，在发展优质特色农业产业、建设现代农业产业优势区方面与大通湖区进行对接，开展科技服务。大通湖区为湖南农大的新品种、新技术等最新科技成果进行试验示范，同时由湖南农大为大通湖区培养农业技术人员和企业技术骨干，开展学术交流。

第三节　科技成果

一、专利

1990 年起，各场开始重视专利工作，将新产品、新技术及时向上级专利管理部门申报，申请专利权，加强对产品商标的注册和保护工作。各场涌现出一批著名商标，其中"金盆牌中国香稻酒""蟠桃宴牌中国红葡萄酒""三甘牌白砂糖"成为远近闻名的注册商标。

2000 年建区后，区先后在社会发展局、科技和工业信息化局设立专利管理机构，及时申报办理新发明、新技术、新品种等专利。2009 年，口口香米业股份有限公司申请国家专利 10 项，被益阳市知识产权局列为知识产权试点企业。2013 年全区获授权专利 29 件，其中发明专利 2 件、实用新型专利 4 件、外观专利 23 件。"大通湖大闸蟹"获国家地理标志产品保护标牌。2016 年全区申报专利 38 件，其中发明专利 19 件，至同年年底有效发明专利 14 件。2014—2020 年，湘易康制药有限公司共有 12 种原辅药料获授国家发明专利。2020 年，全区申报专利 46 件，其中发明专利 15 件，当年授权 25 件，专利密度每万人 1.24 件，"大通湖大米"获国家地理标志产品证明商标。

二、成果转化

（一）农业科技成果转化

1961 年，区选育的棉花品种"洞庭一号"，被农业部确定为国家区域化良种，至 1977

年累计推广应用 2000 万亩，在此期间一直是长江流域的棉花当家品种。水稻"大农一号"选育成功后，在湖南省大面积推广，年种植面积 100 万亩以上。甘蔗品种"湘蔗一号""湘蔗二号"，自 1985 年起在滨湖各农场普遍推广，每年种植 18 万～20 万亩，使产量提高 18.4％、糖分提高 1.7 个百分点。1979—1982 年，各农场开展农业资源调查和农业区划，编制土壤普查、农业气象、水文水利、畜牧水产、林业等多项专业报告和多幅综合农业区划挂图，一直广泛应用于各农场的农业农村建设和防灾抗灾领域。1987 年前后，千山红农场推广苎麻根茎密切快速繁育技术，在种子用量相同的前提下，将种植面积由 700 亩增加到 1500 亩。杂交水稻在各农场推广普及，种植面积占晚稻总面积的 90％以上，亩产增加 15％～30％；1997 年各场引进甘蔗早熟高产新品种"选二九"，逐步取代"湘蔗一号""纳印 310"等老品种，种植面积占总种植面积的 70％以上；2010 年后，稻虾、稻蟹共生种养技术在全区大面积推广，2020 年种植面积达 14.2 万亩，占水田面积的 72％。

（二）工业科技成果转化

余热发电技术在各农场糖厂普遍应用，解决了外电供应不足的问题，确保了榨季生产，创造了经济效益。微电脑煮糖技术的应用，优化了煮糖工艺，缩短了煮糖时间，提高了出糖率。各砖厂应用煤灰掺入砖坯焙烧技术，节约了生产成本。蔗渣液态干燥节能新技术广泛应用于各糖厂，仅千山红糖厂 1984 年一个榨季就节煤 2800 多吨，节电 6.8 万余度，节约资金 17 万多元。2010—2020 年，湖南湘易康制药有限公司先后研发出具有自主知识产权的十多种药料制备方法，投入应用后形成固定产能。湖南宏硕生物科技有限公司应用智能化畜禽粪污加工生物有机肥技术，开发出多种生物有机肥，在山东、广西、甘肃及湖南省内多地设有生产基地。

（三）其他技术成果转化

1980 年前后，各场普遍应用"运用自然催化法净化洞庭湖区地下水技术"，提高了生活用水和工业用水水质。1982 年，金盆农场创造的"纤维板设障埋缸灭鼠法"及衍生灭鼠技术，一直被沿洞庭湖各县、各农场应用，在减少农业鼠害损失、阻断鼠传钩端螺旋体病疫传播方面发挥了很大作用。20 世纪 80 年代起，各场大力推广"三元杂交猪"养殖技术，促进了生猪养殖业的较快发展。

三、获奖项目

20 世纪 80 年代起，各农场每年都选送一批科技成果项目参加地市级以上科技项目评审，不少项目获得奖励。到 2000 年止，共有 97 项（其中大通湖农场 35 项、北洲子农场 23 项、金盆农场 18 项、千山红农场 21 项）科技成果获各级各类奖励，其中国际金奖 1 项次（"蟠桃宴"牌中国红葡萄酒，获1994年蒙古国乌兰巴托国际博览会酒类金奖），国家级奖励8项次（蟠桃宴中国红葡萄酒、金盆牌中国香稻酒、籼型优质香稻米、稀土农田推广、飞机稻田喷锌技术、甘蔗增糖增产技术推广、甘蔗飞机喷施稀土研究、吨粮田开发），省级奖励25项次（其中二等奖5项次、三等奖9项次），地市级奖励65项次。

2012年1月，湖南天健纤维板有限公司"资源节约型无人工甲醛人造板制造关键技术"项目获湖南省科技进步奖一等奖。同年，大通湖天泓渔业股份有限公司的"大闸蟹原生态放养产业化关键技术研究与示范""低碳渔业技术与生态养殖模式研究与应用"，分获益阳市科技进步一、二等奖。2020年，湖南宏硕生物有限公司"智能化畜禽粪污加工生物有机肥技术与产业化项目"，在全国创新创业大赛中晋级省赛并获优胜奖；"洞庭晶玉蟹田米"获第二十二届中国中部（湖南）农博会金奖。

区十分注重青少年创造发明力的培养与实践。2004年，区组成中学生代表队参加益阳市第25届青少年科技创新大赛，获1项创新三等奖、1项动画三等奖。2018年，在益阳市第39届青少年科技创新大赛中，大通湖区代表队获三等奖10项。2019年，区组队参加全市筑梦航天知识竞赛，获三等奖。2020年，在益阳市第41届青少年科技创新大赛中，大通湖区代表队获二等奖2项、三等奖9项。

第二章　教　　育

　　20世纪50~60年代，各农场建立之初即开办小学复式班和幼儿园，对职工子弟进行基础文化教育和学前教育。后随着人口增长和生源增加，农场联校和职工子弟学校相继成立，在各分场设分校，逐步发展成为完全小学，并附设初中班。1970—1971年，各场初中与小学分设，农场职工子弟中学成立，开始设置高中教学班。1996—1997年，各场的学校先后通过省级"两基"达标验收。2000年，全区有中心完小4所、村级小学14所、小学教学点7个、初级中学5所、高级中学2所，在校学生1.46万余人，教职工总数1002人，其中教师831人。在此期间，各场坚持开展中等职业技术教育，培养农场建设方面的实用人才，多种形式发展成人教育，提高职工文化水平和职业能力。

　　建区后，区委、区管委会坚持教育适度超前发展的理念，持续加大教育投入，加强教育基础设施建设和教师队伍建设，调整优化学校布局，不断改善办学条件。至2020年，全区共有小学15所、初级中学4所、高中学校1所，教职工627人，在校中小学生7542人；幼儿园26所，教职工235人，在园幼儿2401人。区2020年全年教育经费投入1.09亿元，支出1.04亿元，学生人均支出标准达1.34万元。2001—2020年，大通湖一中累计高考上线人数1360人，上线率21.2%。

第一节　学前教育

　　1956年10月，大通湖农场机关创办第一个幼儿园，招收幼儿56名，设2个班。20世纪60年代前期，千山红、北洲子、金盆农场相继成立后，各农场总场、分场、生产队（厂）都办有幼儿园，主要利用食堂、仓库等空旷宽敞之地作为场地，园内有桌椅、凉板、木马、跷跷板、滑梯等设施器械和球类玩具，供幼儿学习、娱乐和休息。幼师以小学、初中毕业生为主。教学内容有儿歌、算术、游戏、舞蹈、生活常识等，一直相沿至改革开放。1980年春，大通湖农场投资20万元，在场部兴建一所全托幼儿园，建筑面积988平方米，建有教室、卧室、游乐场、花园等，设小班、中班和学前班各1个，入园幼儿150多名。1981年，教育部颁发《幼儿园教育纲要》，各农场幼儿园开设语言、计算、常识、体育、音乐、美术 6 科。1984 年实行农业家庭联产承包后，农业单位幼儿园改为季节性幼儿园，机关、企事业单位幼儿园继续开办。1986 年起，各小学先后开设学前班，周课时 25 节，抽调在职教师担负教学任务。1990 年后，各农场开设的各级公立幼儿园逐步撤销，私立幼儿园发展壮大，成为学前教育的主体。

2000 年建区后，全区学前教育仍处在相对滞后状态，公办幼儿园只有各小学办的学前班，学前教育小学化现象严重。民办幼儿园条件简陋，教学内容不规范，安全隐患大，办园质量低。2010 年，区制定学前教育三年行动计划，开始建设恢复公办幼儿园。2011—2012 年，区投资 2325 万元完成北洲子镇、金盆镇中心幼儿园的改扩建工程，配齐教学设施设备。2015—2016 年，区投资 1700 万元建成可开设 15 个班的河坝镇中心示范幼儿园，此后相继建成农乐完小、芸洲完小、王家湖完小、小西港小学等 4 所比较规范的村小附属幼儿园。河坝港湾乐中乐幼儿园投资近 2000 万元，易地建设可开设 12 个班的新园 1 个；老河口哈佛幼儿园投资 200 万元，建成可开设 5 个班的 3 层教学楼；河坝镇南区幼儿园新建 2 层教学楼 1 栋。各镇区范围内的民办幼儿园也纷纷扩大园舍规模，增添设施设备，改善办园条件。2019 年 9 月，区建立千山红镇中心幼儿园，办学地点为小西港完小，并在镇区启动选址新建工作。至 2020 年，全区办有各类幼儿园 26 所，其中公办 5 所、合办 1 所、村小附属园 8 所、民办园 12 所，在园幼儿 2401 人，学前教育毛入学率 95.58%。其间，各校逐步加强师资队伍建设。2013—2020 年，区先后公开招录具有任职资格的教师编幼师 12 名，选送 27 名本地籍的初中毕业生到师范院校进行五年制定向委培，改善幼师队伍结构。同时，区加强对在职幼师的业务培训，定期举办幼师培训班，选派人员参加省、市组织的专业培训，鼓励教师参加专业学历提升教育培训，给民办幼儿园教师享受各级培训与评优的机会，提高学前教育的师资水平。2020 年，全区共有学前教育教职工 235 人，其中取得幼师资格证的 83 人，接受过保育培训的 84 人。

2010 年起，按照健康优质发展学前教育的要求，区整顿学前教育秩序，规范管理学前教育机构和学前教育行为，对公办幼儿园、村小附属幼儿园实行年度目标考核，推进常规保教，规范园务管理。2014 年后，区按照"整顿一批、领证一批、取缔一批"的办园许可办法，持续整顿无证幼儿园，至 2018 年在湖南省内率先全部消灭无证幼儿园。2015 年，北洲子镇中心幼儿园被评为益阳市示范幼儿园。2017 年，河坝镇中心幼儿园获"益阳市安全文明校园"称号。2018 年区开展幼儿园"小学化"专项治理，组织教学案例观摩，进行对"小学化"危害性的宣传，先后举办幼儿教学能手比武活动 4 次、幼儿玩具创作大赛和园长素养大赛各 1 次，开展幼师教学活动设计、观察记录评比，促进全区幼师五大领域常规教学的规范化，遏制了幼教"小学化"倾向。

第二节　义务教育

一、学校设置

1951 年春大通湖特区政府建立，辖 13 个乡，各乡均办有小学，共有教师 31 人、学生 1200 余人。同年秋，区在河坝大堤西侧创建大通湖农场子弟小学，设一个小学 1～3 年级复式班，有 43 名学生、1 名教师。1956 年该校易地新建校舍（今区一中校址），发展为完全小学，有学生 216 名、教师 8 名。1958 年 9 月建为联校，下设小学 5 所，共有 23 个班、学生 1128 人，另附设初中班 2 个、学生 94 人、中小学教师 37 人。同年，联校在北洲子、金盆各设 2 所分校（1963 年随北洲子、金盆农场单独建制析出），共有学生 1210 人。1968 年，联校改称河坝学校，所辖小学改为分场学校。1970 年各校共有初中班 18 个、学生 809 人，小学班 90 个、4088 人。嗣后随着学校布局调整变化，从 1992 年起，全场设有小学 7 所、初中中学校（部）2 所，常年开设小学班级 70 个、初中班级 24 个，每年学生总人数约 3700 人。

1959 年 3 月，地方国营千山红农场组建时，南县长乐人民公社利厚大队被划入农场，利厚完小搬迁至场部北汀头，改名为千山红完小，由沅江县教育部门管辖。同年 4 月，千山红联校成立，下设 5 所分校，共有学生 1005 人、教师 33 人。1963 年 9 月，千山红农场联校开办附设初中班 1 个，之后每年招收 1 个班级，学生人数 40 名左右。1968 年起，各分场学校先后开办附设初中班，到 1990 年后相继撤销，初中学生集中到农场职工子弟中学就读。

1962 年底，北洲子农场、金盆农场单独建场。1963 年，北洲子农场新建第一完小，并将原大通湖联校第五、第九分校分别改为第二、第三完小，共开设 14 个班级，有 605 名学生、23 名教职工。金盆农场新建第二完小，将原大通湖联校第七、第八分校分别改为第一、第三完小。两家农场的高小毕业生参加大通湖联校的招生考试，成绩达标者录取到该校就读初中。1968 年和 1969 年，北洲子、金盆农场先后在各完小附设初中班。1970—1971 年，北洲子农场和金盆农场职工子弟中学相继建立。1972 年大通湖渔场单独建制后，组建职工子弟学校，开设 8 个小学班、3 个初中班，有学生 338 名。南湾湖军垦农场亦建有子弟学校，开设小学、初中班级，学校管理归隶沅江县教育局。在此期间，各农场根据"小学不出队"的要求，在边远生产队开设小学教学点，一般设 2 个复式班，1980 年前后陆续停办。至 2000 年，区内有初中 5 所、中心完小 4 所、村小学 14 所、教学点 7 个（均为原来规模较小的分校），共有初中班级 86 个、学生 4256 名，小学班级 233

个、学生9564名。

2004年和2009年，区内优化教育资源配置，先后进行两轮学校布局调整，共撤销南湾湖学校、向东学校、长湖学校、种福学校、利厚学校、大东口学校等6所农村小学和7个教学点。2020年底，全区共有初中学校4所、教学班40个、在校学生1825名、教职员工204名（其中教师185名）；小学15所、教学班149个、学生4691名、教职员工323名（其中教师312名）。

大通湖区2000—2020年义务教育阶段学生人数、班级数见表14-2-1。

表14-2-1　大通湖区2000—2020年义务教育阶段学生人数、班级数统计表

单位：个

年度	小学		初中		合计	
	人数	班数	人数	班数	人数	班数
2000	9564	233	4256	86	13820	319
2001	8243	202	4981	96	13224	298
2002	8579	207	4858	99	13437	306
2003	7479	175	5112	99	12591	274
2004	6787	160	4780	92	11567	252
2005	6216	146	4289	85	10505	231
2006	5642	144	3675	73	9317	217
2007	5370	138	3283	57	8653	195
2008	5197	134	2863	62	8060	196
2009	4926	133	2567	57	7493	190
2010	4707	127	2346	54	7053	181
2011	4517	125	2220	50	6737	175
2012	4469	125	2228	50	6697	175
2013	4398	125	2124	47	6522	172
2014	4260	124	1959	46	6219	170
2015	4356	126	1893	46	6249	172
2016	4540	130	1795	45	6335	175
2017	4656	137	1687	41	6343	178
2018	4712	141	1730	42	6442	183
2019	4597	144	1810	42	6407	186
2020	4691	149	1825	40	6516	189

二、学制与课程

（一）学制

1968年以前，各场实行小学初小4年、高小2年的小学6年制和初中3年制。1969

年1月起，按照"学制要缩短"的精神，各场实行七年一贯制，即小学5年、初中2年，小学不再分初小、高小。1980年秋季起，恢复小学6年和初中3年制。1986年起全面推行九年一贯制义务教育，一直沿用。

（二）课程

1966年前，各场初小课程设置为语文、算术、体育、音乐、美术5门，高小增设自然、历史、地理3门，共8门，使用教育部统编教材教学。初中开设语文、数学（代数、几何）、物理、化学、外语、政治、生物、音乐、体育、美术共10门课程，每周课时33节。1978年，教育部颁发《全日制中小学教学计划（试行草案）》后，各场中小学统一使用省编教材，教学秩序步入正轨。1981年起，中小学均按部颁《教学计划》设置课程，使用国家统编教材。小学政治改为思想品德教育，增设手工制作课，初中陆续开设实验课、电教课，采用幻灯、录音、录像、计算机等手段教学。

2003年3月，湖南省教育厅批准大通湖区为新课程改革实验区，对一年级、七年级教师进行全员培训，其他各年级教师同步参加，课程按新的部颁标准设置，相沿无变。

三、教育普及

1985年下半年，益阳地区行署组织普及初等教育验收，5个农、渔场学龄儿童入学率均在99%以上，巩固率95.5%左右，小学毕业合格率达90%以上，普及率99%左右，5个农、渔场均获得湖南省政府颁发的《普及初等教育合格证》。

1986年7月起，《中华人民共和国义务教育法》实施，各场依法保障适龄儿童、少年接受规定年限的义务教育的权利。1991年前后，各场小学毕业生全部入学初中，进入九年制义务教育普及圈。1996年和1997年，大通湖农场和北洲子、金盆、千山红农场均分别通过省级教育"两基"达标验收。

2001年2月，区委、区管委会制定《大通湖控流保学暂行规定》，把巩固"普九"成果、搞好义务教育纳入各级各单位工作目标，作为政绩考核的一项重要内容，建立稳定长效的控流保学机制。2003年，全区小学生入学率达100%，残少儿入学率97%，年辍学率0.5%；初中学生毕业率90.2%，升学率73.4%，年辍学率1.9%，受到省市"普九"验收团好评。2005年，区制定《大通湖区农村义务教育阶段贫困家庭学生"两免一补"工作实施办法》，启动特困学生免杂费、课本费和寄宿生活费补助工作，年内享受全年教科书免费的学生2950人，免除金额30.2万元；为贫困学生免杂费1.68万元，资助学生210人。此后形成了长效机制。

第三节　普通高中

一、学校布局

1970 年，大通湖农场职工子弟学校开设高中班 1 个，招收学生 48 名。之后农场将中小学分开办校，设立河坝中学。1975 年起，各分场学校设高中班，至 1978 年共办高中班 14 个。1980 年，各场贯彻"调整、整顿、改革、提高"的方针，逐步停办各分场学校高中班，高中学生集中到河坝中学就读，设高中教学班 9 个。1984 年，河坝中学被确定为完全中学，命名为大通湖农场第一中学。自逐步强化计划生育政策后，高中生源逐年减少，常年开设高中教学班 3～6 个，在校高中学生 150～300 人左右。2000 年，大通湖农场第一中学有高中教学班级 6 个，学生 282 名。

北洲子农场于 1970 年将中小学分开办校，建立北洲子农场职工子弟中学，开设高中教学班 1 个，学生 32 名；学生数量最多的 1990 年时，曾开设 6 个高中班。后高中生源逐年减少，至 1995 年有 3 个教学班。2000 年 9 月，高中班级停办，初中毕业生参加中考，被录取者到大通湖农场第一中学就读高中。

金盆农场于 1971 年在第一完小开设高中班 1 个，招收学生 50 人。同年中小学分开办校，金盆农场职工子弟中学建立。1975 年下学期，第二、第三完小扩办高中。同年职工子弟中学更名为金盆一中，第二、三完小分别更名为金盆二中、金盆三中。1977 年，高中教学班发展到 14 个。1980 年，金盆二中、三中停办高中。1990 年时，金盆一中有高中班 5 个，高中学生 263 名。1998 年下半年，金盆一中停止高中招生，初中毕业生中考合格后到大通湖农场第一中学就读。

1970 年春，千山红农场成立职工子弟中学，开办第一个高中教学班级，招收学生 41 名。此后，高中班级逐年增加，至 1978 年共有高中班级 9 个。1976—1977 年，四分场学校、五分场学校各开设 1 个高中班，1978 年停办。1981 年后，该校每年的高中教学班一直保持 6 个不变。

2000 年建区时，区内有大通湖农场第一中学和千山红镇中学两所完全中学，高中教学班 20 个，在校高中学生 861 名。同年大通湖农场第一中学更名为大通湖区第一中学。2007 年 9 月，千山红镇中学更名为大通湖区第二中学。2010 年 8 月区进行高中布局调整，整合高中教师资源，将区二中高中班并入区一中。至 2020 年，区一中有 21 个高中教学班级、教职工 100 人、在校高中学生 1026 人。

二、招生

1970—1976 年，各场高中招生均实行推荐与选拔相结合的办法。1977 年全国恢复高考后，各农场废除旧的高中招生办法，执行招生统考和择优录取制度。1983 年起，中专学校开始在农场招收初中毕业生，与高中招生同题同考，由地区教育部门组织统一命题、统一考试，划定中专和高中两条录取线。

三、学制与课程

各场创办高中时，按国家中小学学制规定实行高中两年制。1982 年起执行高中三年制。1977 年起，学校逐步以教学为中心，按高考科目调整教学内容、课程。1978 年，教育部颁发《全日制十年制中小学教学计划（试行）》及各科《教学大纲（试行草案）》，各农场高中教学按部颁计划开设政治、语文、数学、物理、化学、英语、历史、地理等科目，使用全国统编教材，按文、理分科编班。1982 年后，高中课程按全国高考文、理分类考试科目对应设置课程。

四、高考

1977 年恢复高考制度后，各场学校组织高中毕业生（初期几年包括社会青年）参加全国统一高考，每年都有一定数量的考生被各类大中专学校录取。大通湖农场一中1977—2000 年累计被录取人数 1191 人，其中录入北京大学、清华大学、中国人民大学 8人，录取为飞行员 13 人；北洲子农场子弟中学 1977—1995 年累计被大中专院校录取 143人，其中大学本科 49 人；金盆一中 1977—1990 年共为高等院校输送本科、专科新生 93人，中专 62 人；千山红农场中学 1978 年有 9 名应届毕业生被录取为大学本科、专科新生，1979 年有 19 名应届毕业生被大本、大专、中专学校录取。2001—2010 年，大通湖区一中累计参加高考人数 3357 人，一、二本大学录取人数 791 人；2011—2020 年累计参加高考人数 3058 人，一、二本大学录取人数 569 人，其中一本大学录取 148 人、二本大学录取 421 人。

第四节　中等职业教育和成人教育

一、中等职业教育

1958 年，大通湖农场创办农业技术学校，实际招生 170 人，开设农机、会计两个专业 4 个班级，学制 2 年。毕业考试合格的 129 名学生，由学生所在单位安排工作。1960 年 9 月农场开办大通湖农业中学，招收高小毕业以上文化程度学员 90 名，开设机务、农技各 1 个班级，学制 2 年，半工半读，1961 年暑假后停办。1965 年办植棉、机务职业技术班各 1 个，每班 50 名学生，学制 3 年，经综合考试后，发给毕业证。1984—1992 年秋，大通湖农场第一中学先后开设轻纺、财会、机电、卫生护理等职业高中班共 9 个，从应届初中毕业生中招录学生 392 人，学制均为两年，除设置语文、数学、政治等基础课程外，主要讲授对应的专业课。学生毕业后大都安排到对口的一线工作岗位。

北洲子农场于 1976 年在职工子弟中学建立"共产主义劳动大学"，设 4 个大专班，开设农技、机电、财会 3 个专业，学员 241 名。学员除学习文化基础课外，主要学习专业知识。1978 年停办，学员回原单位分配工作。1981 年，职工子弟中学开设师训班和农机班各 1 个，分别有学员 18 名、26 名，学制均为 2 年。1985—1990 年，职工子弟中学先后开设两届财会职业班，学制 2 年，共有学员 52 人。

金盆农场于 1965 年 7 月在第一完小开办农业初中班 1 个，学生 54 名，配备教师 3 名，半工半读，除开设普通初级中学的所有课程外，增设农业技术课程，学制 3 年。1985 年下学期，农场在金盆二中办养殖专业职高班 1 个，学生 38 名，聘请文化课和专业课兼职教师 5 名，开设高中语文、数学、政治等基础课和养殖专业技术课程，学制 2.5 年。

千山红农场于 1960 年 3 月在千山红完小试办农业中学班 1 个，学生 45 名，教师 2 名，1960 年 9 月停办。1975 年农场在五分场学校开设机电班 1 个，学生 38 名，学制 1 年。学员从历届高中毕业生中选拔，专业教师由长沙农机学校毕业的下乡知青担任。1980 年，农场在农场职工子弟中学开设农技专业班 1 个，专业教师由农学院毕业的农业科技人员担任。1981 年，农场开设教师培训班 1 个，学生 24 人，全部从历届高考落选生中择优录取，按照国家中等师范教学计划设置课程，学制 2 年。1985 年开设会计专业职高班 1 个，学生 48 名，学制 2 年。

2006—2008 年，大通湖区第一中学每年开设 1 个计算机应用职业班，3 届学生总数 393 名，学制均为 2 年。此后，职业技术教育走向专业化、社会化，区内停办校园中等职业教育。

二、成人教育

各农场建场初期，成人教育以"扫盲"教育为主，主要对象是基层干部和农业职工。1952 年冬，大通湖农场成立职工教育委员会，在全场分片开设 42 个扫盲班，学员千余人。至 1960 年，职工中的文盲人数由 1952 年的 60% 减少到 10%。1963 年后，各农场先后成立职工业余教育办公室（简称职教办），在各生产队成立职工夜校，按职工文化基础编成扫盲班和提高班，抽调学校教师和文化程度较高的干部职工组成夜校教师队伍，继续进行扫盲为主的职工业余教育。1979年，根据在湖南省桃江县召开的全国"三教"工作会议精神，各场先后成立职工业余教育委员会，抽调学校教师充实职教师资队伍，分场成立职工业余教育领导小组，设立职教专干，生产队、企业成立职工业余夜校。各场统一设置夜校课程，以学习文化知识为主，兼学各行业的专业知识，使用全省统编的工农业余教育课本，采取统一学政治、分班学文化、对口学业务的方法教学。1984年，经上级政府验收，各场基本扫除青少年文盲。

1981年，各场相继成立中央农业广播学校农场分校，先后招收3~4期学员，每期学员数不等，结合实际需要分别开设农学、植保、财会、企业管理、机电、经济贸易、制糖、幼教等专业。1990年后，各场广播学校相继停办。4个国营农场累计毕业700余人，大部分成为生产工作骨干。在此期间，金盆农广校分校先后3次被省地农广校评为先进办学单位，北洲子农广校被认定为国家认可的成人中等专业学校。

大通湖农场自1984年起，对青年工人开展技术培训，采取厂内开办技术培训班、选派青工到外地相关行业和学校系统培训、鼓励青工参加函授学习等措施，提高青工的专业技术水平。场职教办长期与湖南农学院合作开办大专函授班，提升在职干部职工学历。北洲子农场职教办自1988年起与北京经济函授学院联合办学，招收学生21人，学制2年；1992年与长沙轻纺职工中等专业学校联合办班，学员32人，学制4年，培养农场纱厂急需人才。1991—1997年，金盆农场先后与湖南农学院合作开办会计统计、经营管理专业大专班，学制3年；1995年9月，与益阳教育学院合办中学教师文科大专班，招收在职教师36名，学制3年。千山红农场先后开办以青年工人为主要对象的文化补习班、技术培训班，选派青工到外地委培进修，提高青工的文化、业务、技术素质。在此期间，各农场还陆续选送干部、优秀青年到"电大""业大"或相关院校脱产进修培训，组织动员干部职工报考各类"函大""夜大"和参加自学考试。各场对如期毕业、成绩优秀者给予奖励，安排适当工作岗位。到2000年，各场各级管理干部中，中等专业以上文化程度者占近80％。

2000年后，区内成人教育工作重点放在职人员继续教育、岗位培训、下岗待业人员再就业培训等几个方面。教育内容以提升岗位技能、管理水平为主，由相关部门采取办短训班的形式，对各类人员进行岗位职业技术、技能培训。2000—2008年，区组织干部、教师参加学历提升专业学习，共有378人获得本科、大专文凭。2008—2020年，区开展"一村一名大学生""农民大学生""基层定向培训计划"等学历教育，全区获得大专以上学历的有 304 人。2001—2020 年，教师继续教育累计参训 1935 人次，其中参加省级骨干教师培训 14 人、市级教师培训 109 人、校长培训 22 人、新课改培训 420 人。在此期间，区组织人事部门组织 50 周岁以下在职干部进行计算机技术轮训，提高中青年干部适应现代化办公的能力。区劳动、人力资源部门按照"大众创业、万众创新"要求，设立再就业培训学校，每年举办下岗待业人员职业技能培训若干期，增强参训人员的创业、就业本领。

第五节　教师队伍

1953 年，大通湖农场建立职工子弟学校时，有教师 2 名。1955 年起，农场逐年从农场青年职工中选用初、高中毕业生担任教师，至 1958 年教师增加到 37 人。1959 年，上级分配 1 名中等师范毕业生到校任教。同年，原南县利厚完小划为千山红农场完小，原校 10 名教师随校全部转入，其中有 3 名初师毕业生。1963 年起，省教育厅每年分配约 10 名大中专师范毕业生到各农场学校，同时各场从分配到场人员中抽调近 30 名有教学能力的人员充实教师队伍。至 1968 年，各场教师队伍中约 70％为师范大中专毕业生。此后，学校规模不断扩大，加之增设了数十个生产队教学点，师资严重缺乏，各场陆续从回乡、下乡知识青年中选拔部分初高中毕业生到学校"以工代教"，"以工代教"人员占教师队伍的三分之一左右。1983 年，益阳地区教育局、农场管理局对"以工代教"人员进行统一文化考试，翌年从中择优遴选 662 人转为国家教师。其后，各农场教师增补对象以师范院校毕业生为主，并逐年将未能转正的"以工代教"人员调离教师岗位。

1977 年恢复高考制度后，各场每年暑假组织教师进行岗位培训，经常开展教学研讨、听课评课、互帮互学活动，选派教师到师范院校培训进修，组织教师参加自考、函授学习。至 1992 年，4 家农场共有 867 名教师获得各类高等教育学历，小学教师（中师以上）、初中教师（大学专科以上）学历达标率分别在 80％和 70％以上，高中教师（大学本科以上）达标率 40％左右。对学历未达标的教师，各农场进行岗位教学培训和教材教法过关考试，使其胜任或基本胜任教学工作。2000 年，各农场共有高级职称教师 26 人、中级职称教师 377 人、初级职称教师 485 人，总计 888 人，占教师总人数的 82.5％。

2000 年后，根据中共中央、国务院《关于深化教育改革全面推进素质教育的决定》等系列文件精神，区着力建设高素质教师队伍。2002 年 7 月，全区中小学全面推行教育人事制度改革，清理、清退富余、代课、关系挂靠及不合格教师等各类人员 298 人，占原有教师总数的 27.8％，教师人数由原有的 1073 人精减到 775 人。2004 年 8 月，区进行第二轮教育人事制度改革，严格按照编制核定各学校教师人数，精减 39 人；从师范院校引进 17 名本科毕业生，充实大通湖区第一中学教师队伍。从 2015 年起，区财政每年安排 50 万元给大通湖区教育基金会，奖励在中小学教学质量提升方面作出突出贡献的一线教师。此后，按照核定编制"退一补一"原则，区加大教师补员力度，通过公开招聘、在高校直接招聘、引进特岗教师和实施农村定向公费师范生计划等途径，历年共补充教师 291 名。

2001 年和 2002 年区组织教师进行信息技术培训，使用教育部指定教材，培训教师 618 人，均获得中级以上等级合格证。持续开展师风师德教育、小学教育四项基本功和课程技能培训，教师参训比例超 95％以上。先后多次举办教师普通话培训班，教师三级甲等以上普通话合格率达 100％。为提高教师学历层次，区教育部门先后与益阳教育学院、湖南农业大学、湖南广播电视大学、湖南师范大学等高校联合办班 6 个，参学人数 395 人，参加自考、函授学习的人数也逐年增加。到 2020 年，全区教师学历合格率达 95％以上。各公办幼儿园共有幼儿教师 24 人，其中大专学历 18 人、本科学历 6 人；中小学教师共 627 人，其中大专学历 245 人、本科学历 377 人、其他 5 人。中小学教师中，有技术职称的 594 人，占 94.7％，比 2000 年提高 12.2 个百分点。其中有高级技术职称者 73 人，占教师总数的 11.6％，中级 248 人，占 39.6％，初级 273 人，占 43.5％。

2001—2020 年，全区教研教改共获得国家级教学教研成果奖 62 项（其中一等奖 13 项、二等奖 21 项、三等奖 28 项）、省级成果奖 365 项（其中一等奖 64 项、二等奖 63 项、三等奖 238 项）、市级 1454 项（其中一等奖 385 项、二等奖 462 项、三等奖 607 项）。区教师中，1 人被评为特级教师，2 人被评为市级名师、名班主任，4 人评为市级骨干教师，2 人获得益阳市教育突出贡献奖，4 人被评为益阳市最美乡村教师，1 人荣获"湖南省最美乡村教师"称号。

第六节　经费与设施

一、教育经费

2000 年前，各场由企业办学，教育经费除政府财政每年给予少量政策性拨款外，绝大部分由农场自身负担。20 世纪 50～60 年代，各农场学校的教学和建设规模不大，教师工资不高，教育投入较低，4 家农场每年教育经费总计 10 万～20 万元。之后，根据教育事业发展实际需要，各场加快校舍新建和改造，更新、添置教学设备，提高教师待遇，教育投入由 1970 年的 20 万元逐步增加到 1980 年的 120 万元，其中上级财政拨款约 40 万元。1985 年 4 家农场教育总投入 240 万元，1990 年达 509 万元。1995 年后，各场陷入困境，但仍然紧缩其他开支，确保教育投入。2000年，4家农场教育总投入1052万元，比1990年增长1倍，其中上级政府教育拨款120万元，占比11.4%。

2001年起，区委、区管委会建立起稳定的教育经费保障机制，在编制财政预算时和预算执行中确保教育经费达到法定增长幅度，并保证其高于财政经常性收入增长幅度，实现教师和学生人均经费逐年增加，同时有计划地加大教育基础设施建设投入力度，改善办学条件。2020年，全区教育经费投入约1.08亿元，比上年增长11.56%，高于地方财政收入增幅7.5个百分点，比2000年增长9.4倍。教育支出1.04亿元，学生人均支出标准1.34万元，与建区之初的2001年相比分别增加5倍和10倍。

大通湖区2001—2020年教育经费投入支出情况见表14-2-2。

表14-2-2　大通湖区2001—2020年教育经费投入支出统计表

年份	教育经费投入（万元）					教育经费支出（万元）				学生人均支出（元）
	小计	财政拨款	事业收入	社会捐款	其他收入	小计	人员经费	公用经费	基本建设	
2001	1757.7	1173.2	426.2	147.7	10.6	1720.4	1262	428.4	30	1195
2002	1660.8	1041.5	543.8	—	75.5	1660.8	1181.6	369.2	110	1142
2003	1846.2	1140.3	536.7	—	169.2	1846.2	1287	499.2	60	1313
2004	1963.5	1305.2	482.5	—	175.8	2005.5	1503.1	502.4	—	1498
2005	2222.5	1457.5	618.8	—	146.2	2292.3	1729.9	562.4	—	1816
2006	3286.6	2103.6	858.5	26.6	297.9	3286.6	2349.2	937.4	—	2872
2007	4062.6	3057.5	559.8	—	445.2	4062.5	2807.2	1255.3	—	3845
2008	5011.2	4168.1	460	—	383.1	5047.2	3612.7	1284.5	150	5186
2009	6120.9	5403.1	316.4	109.5	291.9	6120.9	3953.4	1807.5	360	6908
2010	6567.1	5281.5	775.9	—	509.7	6567.1	4022.4	2164.7	380	7956
2011	6445.5	5346.6	686.3	—	412.6	6445.5	4109.8	2215.7	120	8140
2012	6489.4	5991.67	497.73	—	—	6166.52	3888.45	2278.07	—	7826
2013	7149.81	6474.22	675.59	—	—	7243.24	5132.31	2110.93	—	9386
2014	7175.79	7175.79		—	—	7663.27	5348.6	2299.69	14.98	10326
2015	8867.02	8327.87	539.15	—	—	8186.29	6085.13	2011.16	90	11002
2016	11621.27	10913.51	707.76	—	—	11314.83	8971.5	1494.9	848.43	15046
2017	11282.17	10121.35	1066.1	—	94.72	10938.75	8071.66	2287.99	579.1	14695
2018	10161.41	9618.32	390.74	—	152.35	9435.37	7194.82	1113.17	1127.38	13105
2019	9641.44	9401.13	240.31	—	—	10355.76	7285.18	1743.07	1327.51	13951
2020	10755.7	10367.68	388.02	—	—	10417.49	7183.96	2684.13	549.4	13413

二、教育设施

20世纪60年代中期前，各场学校校舍均为茅草房。此后开始新建砖瓦结构的平房校舍，添置地图、地球仪、植物标本、化学实验器皿等简单教学用具。改革开放初期，各场落实上级"一无两有"（校校无危房、班班有教室、人人有课桌）要求，所有校舍均改为砖瓦结构，并陆续建成实验室、音乐室、电教室。在此期间，大通湖一中先后建成各3层的图书楼、电教楼及4层的实验楼，1992年又兴建一栋5层30个教室的教学大楼。金盆农场建3层教学楼1栋，千山红农场先后建中学2层和3层教学楼各1栋。1994年，各场学校推动"普实"（普及实验教学）工作，配齐教学仪器、教具、教学设施、电教设备等，基本满足了教学需要。

　　2001—2007年，区财政共投入798万元，改造中小学危房3.37万平方米。2008—2010年，区开展帮扶共建中小学校行动，组织发动各共建单位、施工单位和社会各界一起努力，实现"中小学校硬件建设大幅提升""学校花园式""教学软件上台阶"的建设目标。3年投入中小学校建设资金889万元，改造危房2.33万平方米，实现全区D级危房校舍清零，硬化校园道路、改善学生活动场地各4800平方米，新建篮球场10个，改建、新建运动场13个。拆除危房校舍8栋，购置教学仪器设备价值150万元。2011年开始，区加快合格学校建设步伐，全区共投入资金1087.6万元（其中本级财政212万元），两年内完成合格学校建设任务，于2012年10月通过上级验收，区被评为益阳市义务教育合格学校建设先进单位。2001—2020年，区按照"教学楼＋教师周转房＋食堂（礼堂）＋运动场＋设备更新"套餐标准，先后申报利用国家校舍安全工程、薄弱学校改造工程、教育现代化推进工程、农村寄宿制学校和农村规模学校工程、义务教育薄弱环节和能力提升工程等专项建设资金，加上区本级配套资金，总共投入2.08亿元，新建中小学教学楼13栋、综合楼4栋、学生宿舍3栋、食堂（礼堂）5栋、教师周转宿舍11栋122套、塑胶标准运动场4个、公立幼儿园1座。

第七节　教育行政

　　1955年前，大通湖农场教育行政隶属南县管理。1956年，大通湖农场设立联校，下设两个学区，联校代行农场教育行政职能，管理全场教育。1959年，千山红农场设立千山红联校，管理全场教育。1971年底，各场先后召开党代表大会，成立党委宣传部，由宣传部管理教育，并成立教学辅导站，负责具体教学业务工作。1978年，各场教学辅导站改为文教办公室，履行教育行政职能。1984年1月，按照中共益阳地委的统一部署，各场设立教育科，内设办公室、教研室、财务室和职教办（含幼教）4个职能股室，履行管理学校行政、教学教研、职教幼教等方面的职责。1985年，各场将教育科与农场中学科校合一，由教育科长兼任中学校长，配副科长2人、副校长1～2人，管理本场中小学。后科校曾分设，不久又合并，至2000年，大部分时间都维持科校合一的教育行政管理体制。

2000年9月建区后，成立大通湖区社会发展局，并入教育行政职能，由1名副局长专管教育，对外称大通湖区教育局，内设教育股和招生办两个职能股室，后增设区教育督导室、教研室、教师股，各股室配备2～3人，主管全区普通教育及成教、幼教、招生工作。原农、渔场中小学校和幼儿园全部归并区社会发展局管理，人事、财务、业务与各镇脱钩。全区教育管理体制由企业办教育平稳过渡到政府办教育。

2019年机构改革，撤销社会发展局，组建教育和卫生健康局。教育方面设区管委教育督导室，设主任督学1名。内设机构有党建人事股、教育股（学生资助中心、教育史志办）、安管基建股（综治办、校车管理办）、计划财务股、教师医师工作股（区招生办、区电大工作办）；下设事业单位有区青少年体育卫生艺术发展中心、区教育教学研究室；下辖25所学校和幼儿园，其中高中1所、初中4所、完全小学15所、公办幼儿园5所。

附记：大通湖区第一中学

大通湖区第一中学始建于1958年，最初为大通湖农场联校中学部。1961年改称大通湖农场职工子弟中学。1969年3月，更名为大通湖农场河坝学校，下设初中部、小学部。1970年春开办高中。1984年，中小学分开办校，中学部改名为"国营大通湖农场第一中学"，为完全中学。2000年9月，更名为"益阳市大通湖区第一中学"，是区内唯一的完全中学，为市级示范中学。

至2020年，学校占地面积138亩，总建筑面积3万余平方米，有3栋教学大楼、2栋科技楼、1栋青少年活动中心大楼、3栋学生公寓、1栋教工宿舍大楼，建有图书馆、体育馆、多功能报告厅、400米标准塑胶运动场、足球场和2个标准篮球场。拥有先进的教学设备，高中部全部实现多媒体教学，理化实验室条件达到国家标准。校园内绿树成荫，花草葱郁，环境优美。全校共有44个初、高中教学班级，2000多名在校学生。有教职工173人，其中教师154人。教师中拥有硕士研究生以上学历的6人，有特级教师1名、高级教师33名。

学校秉承"敦品励志，笃学自强"的校训，坚持"以人为本、以德育人、注重特色、全面发展、常规为主、质量为上、求真尚美、跨越创新"的办学思想，紧紧围绕"全程育人、全员育人、全面育人"的目标，严明制度，严格管理，构筑起良好的校风校纪和教风学风。学校注重对学生基础知识的培养和基本技能的培训，特别注重提高学生综合素质，先后成立了足球队、篮球队、舞蹈队、合唱团、美术组、文学社、理化生兴趣小组、科技活动小组等多个学生社团，为国家培养了一批批优秀合格人才。自1977年恢复高考到2000年，学校累计高考参考人数3717人，录取人数1191人，录取率为32%，其中录入北京大学、清华大学、中国人民大学的 8 人，录取为飞行员的 13 人。2001—2020 年，学校累计高考参考人数 6410 人，录取 1360 人，录取率 21.2%。

2006 年 3 月，大通湖区第一中学与湖南名校长沙市长郡中学实行联合办学；2016 年起与益阳市一中实现帮扶结对、资源共享。2017—2019 年，学校连续 3 年获得益阳市高中教学质量进步奖。学校近年来先后被评为益阳市消防安全示范学校、省中小学教师培训基地学校、省防震减灾科普教育示范学校、省级安全文明校园和省市级文明校园。

第三章　文化　体育

区内各场成立后不久，均建工人俱乐部，陆续开设电影放映厅、歌舞厅、书报阅览室、游艺活动室等，丰富职工群众业余文化生活。各场逐步加大投入，发展广播、电影事业，组织开展多种形式的群众文化娱乐活动，还曾组建专业团体进行文艺演出。1992年后重点发展电视事业，电视入户率达90％以上。2000年建区后，区相继成立书画、摄影、舞蹈等多种群众文化组织，逐步完善镇、村（社区）文化设施，经常开展摄影、书画作品展和舞蹈比赛。部分文艺爱好者先后创作出多篇反映农垦历史和时代风貌的文学、文艺作品，多项作品获得市级以上奖励。2007年起区连年举办春节联欢晚会，并进行电视现场直播，邀请专业团队开展"送文化下乡"活动。2012—2020年，区每年举行1次以上大型群众文艺汇演，弘扬爱党爱国精神和农垦精神，彰显时代主题。区电视台自2007年起先后举办"湖乡歌手擂台赛"6届，打造百姓自己的大众明星。2020年新建区文体中心，内设演艺中心、文艺作品展示厅、数字影院、图书馆、游泳馆和各类球场等。

区内群众体育活动与农垦开发建设同步，各农场经常组织开展球类、棋牌类、田径类比赛和龙舟、舞龙、舞狮等比赛活动。各场学校从1963年起按"劳卫制"标准设置体育课程，进行训练考核。1971年后，各中小学校每年举办1次田径运动会，并选派学生参加省地（市）青少年运动会，为大专院校输送了一批体育特长生。建区后，加大体育基础设施投入，连续多年举办"迎国庆"篮球赛、职工气排球赛，先后举行多项目全民健身运动会和校园体育运动会，多次遴选选手参加市级以上体育赛事，并获得较好成绩。2019年和2021年，刘亭分别获得全国柔道锦标赛和第四届全运会女子柔道48公斤级冠军。

第一节　群众文化

一、文化设施

1952年，大通湖农场建成可容纳800人的工人俱乐部，设有文娱、游艺、歌舞、电影放映等厅室和图书馆。1959年农场新建1075平方米的工人俱乐部，1977年再度扩建，增设楼座，可容纳观众 1400 人。1979 年，大通湖农场在俱乐部前坪修建露天电影放映场。千山红农场于 1960 年建成可容纳 800 人的总场大礼堂，可进行文艺、戏剧演出和电影放映。1975 年新建工人俱乐部，并在 2 年后增设楼座，可容纳观众 1200 名。北洲子农场、金盆农场在 1970 年前后相继建成可容纳 600 人的工人俱乐部。1975 年后，农场的绝大多数分场都兴建可容纳 600～800 人的大会堂，平时用于文艺演出、电影放映和大型会议，水稻、棉花收获季节用作临时仓库。此后，各农场都在工人俱乐部建有书报阅览室、文化活动室、歌舞厅等文化活动场所，由各农场工会管理。

2006 年 5 月，河坝中心城区建成生态公园文化广场，包括娱乐广场、腾飞广场、休闲广场 3 个板块，设有文化走廊、健身区等。全区先后建成 4 所少年宫，其中河坝镇和北洲子镇的 2 个中心完小少年宫由国家彩票公益金支持建设。2009—2016 年，各行政村、社区陆续完成党群服务中心建设，先后开设"百姓大舞台"，用于文艺演出、电影放映、舞蹈健身、休闲娱乐等，同时建起了文化活动室和农家书屋。各镇文化站建立图书室、阅览室、娱乐室，开辟文艺演出、电影放映、节日活动场所和橱窗展览、板报宣传等文化设施。2020 年，区投资 1.57 亿元开工建设区文体中心，计划翌年 9 月投入使用。文体中心占地面积 46.48 亩，总建筑面积 2.4 万平方米，内设新华书店、儿童娱乐中心、演艺中心、数字影院、新时代文明活动中心、图书馆、档案馆和融媒体中心。

二、文化活动

各场建场初期，建设任务繁重，生活条件艰苦，极少开展职工业余文娱活动。1970 年起，大批城市知识青年来到农场，带动职工群众举办各种文艺会演、歌咏比赛，活跃了各场的文化生活。改革开放后，群众文化活动丰富起来，龙灯、舞狮、地花鼓等传统文娱活动复苏，歌舞娱乐、文艺会演、美术、摄影、诗词楹联、棋牌竞技等活动逐渐兴盛，同时选出一些优秀节目和作品参加地市以上举办的群众性文化活动。

2000 年建区后，区相继成立书画协会、摄影协会、旗袍文化协会、老年合唱团、学生合唱团等群众性文化组织，绝大部分村、社区组建起广场舞队，还有器乐队、腰鼓队、旗袍表演队等。基层群众利用业余时间跳广场舞形成风气，区镇文化部门不仅为群众提供场所、聘请老师进行舞姿培训，还经常举办由村、社区组队参加的广场舞比赛，各镇、部分区直单位、部分企业、村社区为比赛提供资助。在每年的国庆节等重大节日期间，区、镇两级政府都举办书画、摄影作品展览。2012 年起，区先后举办"广电移动杯"大通湖区电视舞蹈大赛（2012 年 9 月）、"欢乐潇湘幸福益阳"群众文艺汇演暨庆祝建党 92 周年大通湖区文艺晚会（2013 年 7 月）、"欢乐潇湘·幸福大通湖"大型群众文艺汇演（2014

年7月）、"中国人民抗日战争暨世界反法西斯战争胜利70周年"合唱比赛（2015年8月）、"庆祝建党95周年暨欢乐潇湘·文化益阳"大通湖区大型群众文艺汇演（2016年7月）、大通湖区"双创"启动式文艺晚会（2017年9月）、庆祝中国计生协会成立38周年暨第20个计生协会会员活动日大型文艺晚会（2018年5月）、大通湖区庆祝"五四运动"100周年暨首届大通湖区十佳青年颁奖典礼文艺汇演（2019年5月）、大通湖区禁毒文艺晚会（2019年6月）、大通湖区庆祝新中国成立70周年红色歌曲比赛（2019年9月）、"砥砺奋进20年——活力大通湖"群众舞蹈大赛（2020年10月）等多场大型群众文艺活动。区还多次举办大通湖大闸蟹美食节和金盆龙虾美食旅游节的开幕式文艺汇演，丰富了群众文化生活。

区电视台从2007年开始，先后举办六届"湖乡歌手擂台赛"，采用海选赛、20强冲刺赛、10强淘汰赛、前3名总决选等赛制，打造百姓自己的大众明星，充实群众文化娱乐生活。每届报名参赛选手人数均为600人以上，除本地及周边地区选手外，还有省外声乐爱好者报名参赛。决出的20强均可获得价值不等的奖励，前3名直接进入益阳电视台"乡村歌王"总决赛，纳入区重大演出活动演员库。

三、文艺创作

2000年前，区内群众文艺创作以摄影、书画为主。1987年，大通湖农场有7幅作品参加北京美术馆《洞庭赋》摄影展览；同年国家农牧渔业部举办的《农垦回顾》摄影展览上，大通湖农场又有3幅作品参展。大通湖渔场聋哑人郑子元坚持20多年，创作20多幅美术作品，1997年获全国"龙脉杯"书画大赛优秀奖。

2000年后，区内以农垦为题材的各类文艺创作逐渐繁荣。金盆镇退休干部袁定隆先后创作出版《三代女人》等3部长篇小说，牵头编辑反映农垦历史的《永远的农垦丰碑》。2012年，由区委党群部主持编辑、岳麓书社出版的《刻骨铭心的岁月》一书，共收录纪实作品49篇，成为反映大通湖垦区历代农垦人弘扬农垦精神的本色记录。2013年起，文章华先后在《中国农垦》杂志上发表散文《电影票与巴掌》、诗歌《农垦之歌》，在《新益阳》发表纪实文学《大通湖剿匪》。2014年，徐钢创作的花鼓舞蹈《水乡锣鼓》获湖南省"快乐潇湘"文艺展演一等奖。2015年，郑子元创作的工笔画《渔家乐》获湖南省"欢乐潇湘"群众美术二等奖。2016—2018年，徐钢创作的歌曲《农垦前辈》荣登全省好歌曲榜单，歌伴舞《湖乡治水谱新篇》获全省"欢乐潇湘"群众文艺汇演二等奖。2018年，"欢乐潇湘·文化益阳"群众书法美术摄影作品展览活动中，郝佳敏的摄影作品《爱》先后获得省、市一等奖。2019年，易志斌创作的《人生必修的15堂课》一书，被选为湖南省第九届优秀社科普及读物，纳入"书香湖南"和农家书屋推荐书目。2020年，在湖南省文化旅游厅主办的"艺抗疫情·云游湖南"主题创作活动中，郑子元、徐立平等6人的美术作品获优秀作品奖，刘春英、谭学奇等11人的书画作品被湖南公共文旅云平台收录；在"体彩工艺墨香雅韵"湖南女书法家作品展和益阳市女书协举办的临帖大赛中，刘春英的作品均获优秀奖。

四、文艺演出

1958年，大通湖农场组建丰收剧团，成员50多人，大都来自南县滨湖湘剧团，以湘剧演出为主，也演出花鼓戏剧目，属专业性剧团。1961年剧团改为农场文工团，吸收广州军区的文艺人员，充实了演艺力量。文工团除在总场演出外，还经常下分场、生产队演出。1959年千山红农场成立业余文工团，成员18人，主要演出古装花鼓戏和话剧等，每年在总场和分场演出几十场，1966年上半年解散。1965年，千山红农场成立文艺轻骑队，在场内巡回演出，自编、自导、自演歌舞、相声、快板、三句半、对口词等节目，也排练一些现代小型花鼓戏，1966年底解散。1970年后，各农场成立"毛泽东思想文艺宣传队"，由场内热爱文艺的学校师生和文艺爱好者组成，隶属各场党委宣传部或工会领导。文艺宣传队深入各基层单位，演出群众喜闻乐见的各种文艺节目，同时演出一些"样板戏"选段。1976年后，各场文艺宣传队相继解散。1978年，千山红农场重组花鼓戏剧团，成员除场内的新老戏骨外，还从外地招收演职人员，剧团人员从初建时30余人逐渐发展到60余人，是专业性文艺团体。剧团不仅常年在农场巡回演出，还到周边县乡、农场进行商业演出。该团编导演出的大型现代花鼓戏《水乡锣鼓》，在1990年江南六省地方戏曲调演和1991年10月湖南省"映山红民间艺术节"上，均获花鼓戏曲类一等奖，并进京参加文化部举办的全国地方戏曲汇报演出。1992年该剧团在外演出时遭遇车祸，造成重大人员伤亡和经济损失，被迫解散。

2000年后，区内大型文艺演出都由组委会向各级、各单位下达节目编排任务，组织群众参与，并邀请文艺界的名人和演艺团体参加。每逢重大节日和一些大型活动，区都会组织举办大型综合文艺演出。2007年区第一次举办春节电视联欢晚会，组织群众现场观看，并进行电视现场直播，随后春节电视联欢晚会年年举办。区文化部门还多次组织文艺下乡活动，由市级以上演出团体到各镇进行巡回演出。各镇还多次引进外地花鼓戏剧团、歌舞团演出。2019年10月，原千山红农场花鼓戏剧团部分演职人员自发组织起来，为当地群众连续进行了3场义演。

第二节 广播 电视 电影

一、广播

1952年，大通湖农场建立广播站，有300瓦功率扩大机1台、电唱机1台，工作人员2人。1954年，全场19个生产队全部安上5瓦喇叭，广播覆盖率达95％。1960年后，新成立的千山红、北洲子、金盆等3家农场相继建立广播站，分场建广播扩大站，高音喇叭入队，木箱喇叭到户。1984年实行农业承包到户后，农业职工居住日渐分散，广播覆盖率一度下降到60％左右。随后，各场进行广播喇叭入户建设，广播覆盖率再次达到90％以上。1990—1992年，各场建成调频广播，增添广播设备，加配工作人员，进一步扩大了广播站规模。后随着电视事业快速发展，电视逐步取代广播，但各分场、生产队的广播一直保留下来。

各场广播站每天早、中、晚播出3次，转播中央人民广播电台及省广播电台重要节目，自办《农场新闻》《科技讲座》《法制园地》《音乐欣赏》《天气预报》等栏目。各分场、生产队利用广播召集群众会议、传达上级精神、指挥安排生产，广播成为进行思想教育、传播技术知识、组织生产经营的重要载体。

2000年改场建镇后，原农场、分场广播站撤销，保留村广播室，作为发播通知、安排生产的专用工具。2017年10月，区按照光缆与调频相结合的方式投入156万元建成运行"村村响"广播建设工程，全区设1个区级广播平台、4个镇广播站、27个村广播室、270个广播站点，共安装540个高音喇叭。2020年，区建立农村广播"村村响"运行管理机制，由区委宣传统战部负责监督管理，区融媒体中心（区广播电视台）负责广播设备维护、节目制作和播出等日常工作。广播内容主要有转自上级广播平台的内容，自办新闻、政策法治宣传、农业科技讲座、地方文艺欣赏、听众点歌等，也会发布致富信息、供求信息、应急信息等。

二、电视

1975年前后，各场开始用上电视机，先是总场、分场机关和企事业单位相继购买，置于会议室，随后少数群众开始添置，农场的电视机数量逐年增加，但信号微弱，收视效果不好。1982—1987年，各场先后建立电视差转台，转播中央和湖南电视台节目，收视效果有所提高。1992年，各场分别成立广播电视台，建立地面卫星接收站和电视发射塔，购置摄像、录像、字幕、监视等摄录制作播放设备，开始制作农场新闻、观众点歌等自办节目，举办各种电视讲座。各场集镇区域开设有线电视网络，无线发射覆盖整个农场，可收看节目增至 30 多套，电视入户率达到 90％以上。

2001 年 7 月，区以大通湖农场电视台为基础组建起大通湖区广播电视台，设有新闻采编部、节目制作播出部、技术部，各镇设立有线电视管理站，并实现区镇有线电视光缆联通。2002 年 4 月，各镇及金山社区等 5 个有线电视管理站收归区广播电视台统一管理。2004—2006 年，区投资 500 万元完成有线网络升级改造，共架设光纤干支线 203 千米，实现了全域有线电视网络大联网。2009 年，区配合国家广电总局、省广电局完成区内各镇直播卫星接收设备安装，覆盖区及周边各镇，有线电视用户达 1.5 万户。2010 年，新闻部、节目制作播出部扩展为新闻中心和节目制作播出中心，后在新闻中心内增设专题部，并新成立大型活动部。2011 年 5 月，区广播电视台与湖南广电移动电视有限责任公司合作，成立湖南广电移动电视大通湖分公司，以数字电视逐步取代模拟信号电视，到2015 年可收视节目达 80 多套。2016 年，区重点推进贫困村广播电视直播卫星户户通工程建设，共为贫困村安装电视卫星接收设备 1040 个。2017 年，区开通大通湖电视台官方平台公众号"三湘第一湖"，将新闻节目向互联网推广。2018—2019 年，区全面完成中央广播电视无线数字化覆盖工程和播控平台建设，实现全区广播电视直播卫星户户通。

2019 年 9 月，区广播电视台改建为区融媒体中心，属区委宣传统战部下设的公益二类副科级事业单位，核定事业编制 21 人。中心后升格为区委直属正科级事业单位，设主任、总编辑各 1 名，副主任 2 名。同年，区与红网合作，建立红网大通湖网站；同年 11月，云梦洞庭小程序上线，打通大通湖稿件直接上"省媒"的通道。

区广播电视台建立之后，坚持正确的舆论导向，宣传党和国家的方针政策，颂扬先进人物、时代新风，传播法治观念、科技知识，促进改革发展。2001 年时，电视宣传以自办栏目《大通湖新闻》为主，每周播出 3 期，同时开办《农业科技园地》《时代先锋》《改革开放看湖乡》《劳模风采》《空中课堂》《人口天地》等十多个专栏；2010 年以后，又先后开辟《生态大通湖》《新常态新思路》《先锋赞》《胖胖走基层》《湖乡农家行》《劳动最美丽》《重点项目工程巡礼》等专栏。对农节目《湖乡季风》每周播出 1 期；政法栏目《平安大通湖》每年播出 8 期，自办法制节目《钢子说法》每年播出 40 期；优生优育栏目《人口天地》每年播出宣传电视片 24 期。

三、电影

1952 年，大通湖农场建立电影队，有"百代"16 毫米放映机 1 台、工作人员 3 名，在工人俱乐部定点放映。1956—1962 年，电影队先后添置 3 台 16 毫米放映机，工作人员增至

8人，设立3个放映组，除定点放映外，还到各分场、生产队巡回放映。1963年前后，千山红、北洲子、金盆农场相继成立电影队，采用室内定点放映和巡回露天放映方式，为群众提供电影服务。各农场每年放映场次均达三四百场。1980年前，农场的影片拷贝分别由南县、沅江电影发行公司提供，1981年开始由地区农管局影片发行站安排。1985年后，各农场电影队先后解散，对放映机和工人俱乐部实行个人承包经营，室内和下基层露天播放均属经营性质，室内放映需购票，露天放映由单位支付费用，每个农场每年放映1500～1800场电影。此后，电视事业快速发展，各场电影市场逐年萎缩，到20世纪90年代中期，除相关部门规定必看的电影和上级部门的慰问性放映外，经营性电影放映基本停止。

2000年后，区内电影放映以上级文化部门送电影下乡为主。至2020年，上级文化部门共送电影下乡6000余场。2020年5月区动工兴建区文体中心，内设数字影院，重新起步发展电影事业。

第三节　图书　文物

一、图书

1955年，大通湖农场建图书馆，面积200平方米，藏书万余册，馆内设有成人和儿童阅览室，定期开放。1963年，北洲子、金盆、千山红等农场先后在农场工会设立图书室，藏书5000～6000册。1972—1974年，各农场重新开放图书室，但图书不多，以政治类为主，借阅人数少。1978年后，大通湖农场重建图书馆，藏书3万余册、各种报刊120多份。其他各场图书馆各有藏书万余册、报刊上百种。1984年开始，各图书馆大量购买各类图书，安排1～2人专管或兼管，同时在各分场、骨干企业设立图书室，4个农场藏书近10万册。书籍种类繁多，借阅人员大量增加。

2000年后，各镇文化站在原农场图书馆的基础上进行充实完善，添置大量图书，配置书架、桌椅、空调等设施，并在各村、社区设农家书屋和图书阅览室。每镇藏书量达4万余册，报刊数十种。全区中小学校设有图书馆室20个，藏书19万余册，其中15所小学图书室藏书8.3万册，4所中学图书室藏书6.8万册，大通湖区第一中学图书馆藏书3.9万册。

二、文物古迹

（一）铁牛镇湖

1965年，大通湖农场在北洲子舵杆洲发掘出土铁牛1樽，大小、形态如真牛，呈蹲卧式，重约 3 吨。据考证，清雍正九年（1731 年），朝廷拨银 20 万两，于洞庭湖内修筑石台，作为商旅船舶避风之港。石台周长 257 丈，长 96 丈、宽 30 丈、高 6 丈。台北为弓背形，台南修月堤，中为泊船港湾。台上建有神庙，台角以铁铸水牛压镇。后因失于维修，石台垮塌，铁牛坠落湖底，港湾淤为湖洲。铁牛出土后置于农场场部大院，后因故损坏，目前已无存。

（二）王家坝遗址

1990 年，大通湖农场在二分场三队（现河坝镇芸洲子村）发现一些古代陶器残片，经南县文物部门初步发掘考证，南县人民政府将王家坝遗址定为县级重点文物保护单位，划定遗存面积 5600 平方米。1992 年经国家文物局批准，由益阳地区文化局、博物馆组织发掘，出土大量石器、陶器，经鉴定系 6000 年前的居民遗址，属大溪文化遗存。

（三）肖公庙石碑

1966 年围挽大通湖西南湖面时，于湖洲小岛发现石碑一方，碑刻"流芳百世"字样及浮雕清晰可辨。据考，此碑系肖公庙石碑。《南县地名志》载，肖公名肖伯轩，相传明初救朱元璋于洞庭，肖死后被封为肖公菩萨，并为其建庙。庙旁立清朝嘉庆四年（1799年）冬月石碑一块，上刻"首士湖北汉川县渔民周渡乡"和 247 户捐银名单。此后，肖公庙备受渔民敬奉。庙旁有几棵大柳树，树高叶茂，为历代方圆百里水域渔民商贾航行定位的地标。现石碑立于南湾湖办事处院内，常有信民敬奉。

第四节 文化市场管理

20 世纪 80 年代中后期，区内文化市场渐趋活跃。各场场部所在地陆续出现歌厅、舞厅、录像放映厅等文化娱乐场所。20 世纪 90 年代，电子游戏店、书店、文印店、刻字店、图书音像摊点逐渐增多，市场日益繁荣。各场党委宣传部安排专人管理文化市场，以查处非法经营和"扫黄打非"为重点，会同公安民警对营业门店摊点进行定期或不定期检查，主要查处无证经营、贩卖黄色淫秽和盗版图书、音像制品、私刻公章、未经许可擅自打印复制机密文件、未成年人进网吧等违法现象。至 2000 年，各农场分别多次收缴销毁黄色盗版书刊、音像制品及非法出版物，对违法经营的门店摊点予以取缔、罚款等处罚，或责令限期整改。

2000 年建区后，区委党群部下设文化市场稽查队，编制 2 人。2019 年机构改革，新组建区委宣传统战部，下设区文化执法局，编制 4 人，负责全区文化市场管理。2001—2020 年，区逐步规范文化市场管理，所有文化门店网点在办理工商登记许可时，都必须经过公安、消防部门审批，文化部门核发文化经营许可证。区内文化市场经营许可证由益阳市文化行政主管部门审批，区文化市场执法稽查部门代为办理。截至 2020 年底，全区共发放文化市场经营许可证 21 张，其中歌舞娱乐 10 张、游艺娱乐 1 张、书店 5 张、网吧 5 张。执法稽查仍以"扫黄打非"为主，重点稽查歌舞厅色情服务和书店、书摊贩卖黄色淫秽盗版书籍、音像制品及非法出版物等行为。

第五节　体　　育

一、群众体育

各场建场初期，开始在一些重大节日或冬闲时季，组织群众开展篮球、羽毛球、乒乓球、田径、拔河、自行车、龙舟、棋牌和舞龙舞狮等比赛活动，各分场、企业、机关事业单位均组队参加。1970 年前后，大批城市知青下放到各农场，群众性体育活动日趋活跃。各农场拨款为基层生产队修建简易篮球场和水泥乒乓球台，丰富知青和群众的业余生活。1990 年起，各农场陆续修建标准较高的灯光球场，组建业余篮球队，年年"国庆"期间开展大型篮球比赛活动，并经常进行农场之间、场县之间的友谊赛。其间，还组织一些比较大型的田径运动会、老年运动会，并从中选拔运动员参加省、地（市）的大众运动会、农民运动会、老年运动会和一些单项体育赛事。1977 年，大通湖农场篮球队参加地区分片联赛，获得亚军，1979 年参加地区农垦系统篮球比赛，获得冠军；1988 年，北洲子农场的选手获得地区首届老年运动会象棋个人比赛亚军；1991 年，千山红农场青年女职工王琼获得省农民运动会女子象棋冠军，金盆农场女职工肖元满获得地区女子自行车选拔赛第一名。

2000 年后，区不断加强群众体育基础设施建设，河坝中心城区和各镇集镇都开辟有多处群众文体广场，部分机关事业单位建有高标准的灯光篮球场和排球、羽毛球场，有乒乓球室和健身房，群众性体育运动迅速推广普及。2005 年开始，区逐年投资分批进行村（社区）体育设施建设，到 2018 年，全区 38 个村、社区全部建成健身广场和"百姓大舞台"，设有篮球场、羽毛球场、乒乓球台和一些健身器械，还在 6 个社区、村修建了大众足球场，全区参与经常性健身体育活动的人数达 5 万多人。2020 年区新建全民健身活动文体中心，内设游泳馆、篮球馆、排球馆、羽毛球馆等体育场馆。翌年 9 月中心投入使用，成为群众进行体育活动和举办各类大型赛事的主要场所。

2001 年起，由区总工会主办、企业出资冠名，连续多年举办"迎国庆"篮球赛，每年参赛球队约 20 支。各村、社区都组建广场舞队，每天早晚按时进行广场舞演练；城镇中老年人自发组织太极武术（刀、剑、扇、拳）队，早晚集中训练，切磋交流技艺。2009

年9月，为庆祝中华人民共和国成立60周年，区举办大型全民健身运动会，设篮球、乒乓球、中国象棋、围棋、广场舞、环城跑等比赛项目，参赛队伍34支、选手1600多人。2016—2020年，连续举办5届大通湖区职工气排球比赛。2018年区举办"讲文明、树新风"环城赛跑和职工乒乓球赛。2019年先后举办"扬新风、凝活力、迎新春"职工拔河比赛、"亲近湿地·秀美大通湖"环湖健步活动和职工篮球比赛。2020年区举办"砥砺奋进20年——生态大通湖"群众健身跑活动、"中国梦·劳动美"大通湖区职工篮球比赛，还多次选派选手参加省市级运动会。2004年派出选手参加益阳市第六届大众运动会，获围棋团体总分第一名，并获个人比赛冠、亚军。2010年，彭雅琼、刘亭在省十一届运动会上分获女子柔道甲组64公斤级和乙组48公斤级冠军。2016年，区选手在益阳市第十六届大众运动会上，获得登山团体二等奖、围棋团体第二名、射击团体三等奖和个人第二名，足球比赛亚军。2017年区选手在市第十七届大众运动会上，获中老年健身操冠军、太极拳一等奖、钓鱼比赛二等奖、气排球第三名、乡村社区运动会团体第四名。2019年，区选手获市十九届大众运动会健身气功二等奖、工间操三等奖、老年人健身操一等奖、太极拳一等奖。2019年和2021年，刘亭分别获得全国柔道锦标赛和第十四届全国运动会女子柔道48公斤级冠军。

二、校园体育

1963年起，各场学校按国家规定实行"准备劳动与保卫祖国"体育制度（简称"劳卫制"），每周上两节体育课，教授田径、球类、体操等课程，按"劳卫制"标准进行体育考核。1964年，国家制定《青少年体育锻炼标准（试行）》，各校按《标准》规定项目组织教学，对中小学生进行达标测试，测试结果计为体育成绩。1971年起，各场逐步推行做课中操、课间操、眼保健操，先后推行2～6套广播体操、少年广播体操和儿童广播体操。各中小学每年举行1次田径运动会，中学还组织开展各项球类比赛。各中学成立学生田径队，选派学生参加省、地（市）青少年田径比赛，为大专院校输送了一批体育特长生。

2000年建区后，区加大校园体育投入，持续改善各中小学校体育基础设施条件。至2020年，全区20所学校的运动场全部按高规格整修改建，辟有课间操场、环形跑道、篮球、足球场等场地，配齐了体育教学所需的各种器械器材，为区一中、二中、北洲子中学、河坝中心完小等4所学校修建400米塑胶跑道标准运动场，在一中、二中修建了1000平方米的体育馆。

全区各中小学严格按照部颁体育教学计划组织教学，开设体操、田径、球类等各门教学课程，按照国家中小学生体育锻炼标准进行达标测试与比赛。遴选体育特长生进行专业训练，培养专业体育人才。2005 年，河坝镇中心完小学生晏乐华在湖南省青少年体育比赛中荣获男子柔道乙组 45 公斤级第一名。2006 年，金盆镇中学学生彭雅琼获湖南省第十届运动会女子柔道乙组 52 公斤级冠军。2014 年起，区按照国家青少年校园足球特色学校标准，先后建成区一中、区二中、河坝中心完小等 9 所足球特色学校，翌年，区一中获评"全国青少年校园足球特色学校"。2016 年，区一中获湖南省学生阳光体育节初中组足球冠军。至 2020 年，区内共举办中小学生足球联赛 7 届，连续 8 年组队参加益阳市中小学生足球比赛，多次获奖，其中 2020 年大通湖区代表队获得益阳市小学男子足球比赛一等奖、小学女子足球比赛二等奖、初中男子足球比赛一等奖、高中男子足球比赛二等奖。

第四章　卫　　生

各场成立之初即建立医疗卫生机构，初步形成总场、分场、生产队三级医疗服务网络。后随农垦事业发展，各农场加强医疗基础设施和医疗队伍建设，逐步改善医疗服务条件，提高医疗诊治技术水平，持续开展爱国卫生运动，强化各类传染病、血吸虫病防治，加强预防接种和妇幼保健等工作，有力地保护了职工群众的身体健康。到 2000 年农场改制时，各场共有 5 家综合职工医院、22 个卫生所（室）、532 名医护人员，共有病床 520 张、大中型医疗设备 17 台件、救护车 4 台。

建区后，区建立完善卫生行政管理机构，深化医疗体制改革，加强村（社区）卫生室建设，优化医疗队伍和医疗卫生服务体系。持续加大医疗卫生投入，更新升级基础设施和诊疗设备，加强医护人员培训，全面推进卫生防疫、疾病控制、妇幼保健、基本公共卫生服务、居民卫生健康行动，全区医疗水平和群众健康保障水平得到了大幅提升。2020 年建立以区人民医院为龙头的全域紧密型医共体。同年年底，区内共有医疗机构 77 家，其中二级甲等大型综合医院 1 家、乡镇卫生院 4 家、民营综合医院 1 家、妇幼保健和卫生防疫机构 2 家、村（社区）卫生室 58 家、个体诊所 11 家。区人民医院及 4 个卫生院共有病床 470 张、大中型医疗设备 20 台件，有医护人员 398 人，其中主任医生 2 人、副主任医生及副高级职称人员 20 人、中级职称人员 99 人。5 家公立医院全年门诊病人 9.78 万人次，住院治疗 1.75 万人次。

第一节　机　　构

一、卫生行政机构

1983 年前，各场卫生事业由职工医院管理。1983 年，各农、渔场相继设立卫生科，履行卫生行政职能，开展卫生防疫、妇幼保健、血防、爱国卫生、食品卫生监督等工作。1984 年，各农场实行"科院合一"的卫生工作管理体制，卫生科长兼职工医院院长，设 1 个副科长、1～2 个副院长。局下设卫生防疫站、妇幼保健站、血防站、爱卫办、食品卫生监督站，对全场医疗机构和卫生防疫等各方面的行政、事务性工作实行系统管理。其后，各农场科院几度分合，到 2000 年农场改制时仍以科院合一的形式存在。

2000 年 9 月，区成立大通湖区社会发展局，由 1 名副局长分管卫生工作，对外称大通湖区卫生局。局下设卫生股，负责全区卫生行政、医疗、药政监督、卫生机构设置、医务人员从业审批和发证等具体工作。2001 年起，先后设立区疾病预防控制中心、卫生监督所、妇幼保健站、血防办、爱卫办等事业机构，实行几块牌子、一套人马、合署办公，编制 15 人。2003 年，成立区公卫办和各镇卫生院公卫办，负责疾病预防控制、血防、爱国卫生等。2013 年，分设爱卫办（含红十字会）、农村合作医疗办、疾控中心、卫生监督所（含食品卫生、药品监督管理所）、妇幼保健站，各有编制 3～7 人。2019 年 4 月，区新设教育和卫生健康局，卫生线设基卫医改信息股（医改医管办），履行全区医疗卫生行政职能；设医师股（与教师股合称教师医师股），管理全区医疗从业人员，负责医德，医风相关工作。下设事业单位有：区卫生和计划生育综合执法监督局，副科级单位，编制 10 人；区妇幼保健计划生育服务中心，副科级公益一类事业单位，编制 8 人；区疾控中心（含血防站、突发公共卫生事件应急中心），正股级公益一类事业单位，编制 6 人。各单位依据所担负的职能、职责开展工作。

二、医疗卫生机构

2000 年前，各场医疗卫生机构主要有：职工医院、卫生防疫站（含妇幼保健站、血防站、卫生监督站、爱卫办）、各分场及主要工业企业卫生所。建区后，陆续建立区人民医院、区妇幼保健站、区疾病预防控制中心和各镇卫生院，在村、社区设立卫生室，并准许执业医师依法开办私人诊所。2020 年，全区共有医疗卫生机构 77 家，其中公立医院 5 家、民营医院 1 家、公卫机构 2 家、村（社区）卫生室 58 家、个体诊所 11 家。5 家公立医院共有医护人员 398 人。

（一）大通湖区人民医院

前身为大通湖农场职工医院。1951 年秋，大通湖农场接管大通湖蓄洪垦殖管理处医务室，建立农场卫生所，有医护人员 6 人。1953 年建住院部、门诊部，1954 年在部分作业区设医疗室。1958 年，卫生所扩建为农场职工医院，有门诊部、住院部各 1 栋平房，病床 78 张，医务人员 47 名，设有内科、外科、传染科。各分场设卫生所。1959 年，南县人民医院设在三吉河坝的诊所并入大通湖职工医院。1962 年底，北洲子农场、金盆农场从大通湖农场析出，大通湖农场职工医院改称大通湖职工联合医院，在北洲子、金盆农场设立卫生所。1963 年，北洲子、金盆卫生所分别归属所在农场，大通湖职工联合医院恢复原称谓。至 2000 年，医院占地面积 120 亩，有 4 层门诊楼 1 栋、3 层和 2 层住院楼各

1栋、传染病住院平房1栋。病床210张，医护人员184人，设有内科、外科、传染科、儿科、妇产科、五官科等科室，有检测、化验、治疗等各类仪器设备，其中大中型医疗设备10台件、救护车1台。

2001年8月，医院改建为大通湖区人民医院。先后购进GE磁共振、GE16排螺旋CT、数字化直接成像系统、超导磁共振成像、口腔CT、飞利浦彩超、6人高压氧舱、全自动化学发光分析仪等先进医疗设备，建成普外科、骨科、呼吸内科、消化内科等4个市级重点专科。2007年，医院投资400万元建成2500平方米外科门诊楼。2008年医院与湘雅三医院缔结友好医疗单位。2011—2014年，医院投资6000万元建成一栋9层1.34万平方米的住院大楼。病房设施齐全，有中央空调、彩电、独立卫生间，装有中心吸氧、负压吸引和呼叫系统。2018年医院增设体检中心。2020年医院投资1亿元的十层门诊大楼落成投运，建筑面积1.5万平方米。同年，医院被授予国家二级甲等医院匾牌。至2020年底，医院有病床186张，大中型医疗设备14台（件），医护人员232名、医技人员41名，其中正高职称者2名、副高职称者15名、中级职称者76名。可开展内镜诊疗术、髋关节置换术、血液透析术等六大限制类诊疗，术种达26个。2019年，医院门诊6.52万人次，日均179人次；住院治疗1.35万人次，病床使用率92%；日均手术4.2台，危重病人抢救成功率92%。2020年，医院门诊2.19万人次，住院治疗1.19万人次。

（二）北洲子镇卫生院

前身为北洲子农场职工医院。1963年，原大通湖职工联合医院设在区内的卫生所改为北洲子农场医疗室，有医护人员17名。1967年，医疗室改建为农场职工医院，先后建成2栋平房、面积共1280平方米的住院部和1栋590平方米的门诊部。1973年增设10张病床的传染病房。1985—1986年，医院建成1栋3层的住院楼和1栋2层的门诊楼，设病床105张。之后逐年添置了一批化验、检测、治疗设备和1台救护车。1983年医院成立血防医院，设病床20张。1990年，血防医院并入职工医院内科，建为第二门诊部，并设立糖厂医务室和2个分场卫生所。至2000年底，医院共有医护人员64人、病床105张。2001年8月，职工医院更名为北洲子镇卫生院。至2020年底，卫生院占地面积86亩，建筑面积2394平方米，有病床60张、大中型医疗设备2台件、救护车1台，设有门诊部、住院部和内科、外科、妇产科、儿科、化验室、放射室、公卫办等科室，有医护人员29人，其中具中级技术职称的11人。2020年，卫生院全年门诊0.7万人次，住院治疗801人次。

（三）金盆镇卫生院

前身为金盆农场职工医院。1963年，金盆农场将大通湖联合职工医院所属七分场卫生所改为金盆农场卫生所，有医护人员 23 人、病床 12 张。1964 年，卫生所改建成金盆农场职工医院，新建门诊、住院平房各 1 栋，设病床 27 张，下设 2 个分场卫生所。1970 年、1979 年医院分别增建住院和传染病房各 1 栋。1985 年，卫生院新建 2 层住院楼 1 栋，先后添置各类化验、检测、治疗设备，建起化验室、放射室、手术室，购买救护车 1 台。至 2000 年底，医院占地面积 78 亩，建筑面积 3400 平方米，有门诊住院楼房 1 栋、平房 2 栋，病床 112 张，大中型医疗设备 3 台件，救护车 1 台，医护人员 110 人，设有内科、外科、儿科、妇产科、传染科等科室。2001 年 8 月，医院更名为金盆镇卫生院，2003 年，卫生院建立公卫办。2020 年，全院有医护人员 36 名，其中有副高职称者 2 人、有中级职称者 3 人、有初级职称者 30 人；有病床 60 张，各种大中型医疗设备 3 台件，救护车 1 台。年内门诊患者 8464 人次、住院 1895 人次。

（四）千山红镇中心卫生院

前身为千山红农场职工医院。1959 年建立千山红农场时，设农场医务室，有医护人员 10 人。1963 年千山红农场卫生院成立，有医护人员 26 人、病床 32 张。1965—1967 年农场在 5 个分场设卫生所，每所配备 3～4 名医生、1～2 名药剂员，设 3～4 张病床，有接诊室、医疗室。1969 年，卫生院更名为农场职工医院，由北汀头搬迁至种福垸。1970 年医院建住院部平房 2 栋，1973 年增建病房 1 栋、病床 35 张。1978 年医院建 1 栋两层门诊楼。逐年添置化验、检测、医疗设备和救护车，建立化验室、放射室、手术室、理疗室，设立内科、外科、妇产科、儿科、牙科等专业科室。医院以产科、牙科最为出色，周边乡镇不少产妇和患者前来临产和就医。1997 年医院被评定为一级甲等医院。2000 年，医院占地面积 136 亩，有医护人员 166 人、病床 100 张、大中型医疗设备 4 台（件）、救护车 1 台。2001 年 8 月医院更名为千山红镇中心卫生院。2007 年，卫生院投资 110 万元修建 2 层住院楼 1 栋，建筑面积 1420 平方米，并逐年添置一些先进医疗设备。2020 年底，卫生院拥有医务人员 45 人，其中有副高职称者 2 人、有中级职称者 6 人、有初级职称者 35 人；有病床 60 张，设有内科、外科、妇科、儿科、牙科、皮肤科、传染科、麻醉科、预防保健科、医学检验科、影像科和公卫办。2020 年卫生院门诊病人 8050 人次，收治住院患者 2920 人次。

（五）沙堡洲卫生院

前身为大通湖渔场职工医院。1958 年渔场设医疗室，配医生 2 名。1959 年并入大通湖农场，改称养殖分场卫生所，配中医、西医各 2 名，护理、药剂员各 1 名。1968 年，渔场成立血防所，建平房 5 间，设病床 8 张。1972 年，渔场单独建制，卫生所业务管理划属南县卫生局，配医护人员 8 名，设中医、西医、肾病、妇产 4 个病室。1974 年卫生所建为大通湖渔场职工医院,有医护人员 14 人,新建 1 栋 2 层门诊、住院楼房,设病床 30 张,添置一般常用医疗器械和设备。1991 年医院门诊、住院分设,增设病床 20 张。1995 年医院在南湾湖军垦农场借房设立卫生分所。2001 年 8 月,医院更名为沙堡洲卫生院,配医技人员 8 人,其中有中级职称者 3 人。2009 年医院迁址新建 1 栋 3 层医技楼,建筑面积 480 平方米,有病床 10 张。2020 年医院门诊患者 2290 人次、住院 10 人次。

(六) 大通湖区妇幼保健站

2001 年,大通湖区妇幼保健站成立,与区疾控中心、血防站、卫生监督站等机构合署办公。2010 年,区妇幼保健站单设,加挂区妇幼保健计划生育服务中心的牌子,定编 3 人。保健站负责全区妇幼保健业务指导检查、妇幼卫生信息上报及管理、妇幼卫生宣传教育;承担各医院、卫生院妇幼保健医疗技术的指导和培训,进行母婴保健检测、孕产妇保健管理、儿童卫生监测和管理等。妇幼保健医疗技术工作依托区人民医院、各镇卫生院进行。

(七) 大通湖区疾控中心

2001 年 6 月成立,核编 15 人。2010 年 7 月职能调整,定编 7 名,主要负责疾病预防控制和血吸虫病防治、全区突发性公共卫生事件的应急处理,进行传染病、流行病、慢性病、严重精神病、艾滋病和血吸虫病的调查和防疫冷链管理,开展血吸虫病查螺灭螺灭蚴、晚期血吸虫病人救治等。中心先后添置冷链运输车,建成疫苗冷藏室、应急物资储备室。

(八) 大通湖区仁爱医院

创建于 2015 年 4 月,是区内唯一的民营综合医院。建筑面积 2980 平方米,设有病床 40 张,开设预防保健科、中医科、内科、外科、妇科、康复科、检验科、医学影像科,为区内老年人医养结合试点单位和职工医疗保险住院定点单位之一。共有医护人员 29 人,其中执业医生 14 人(主治医生 2 人)、执业助理医生 3 人、护士 12 人。

第二节 中西医疗

各场建场初期,医疗机构的医生源自组织调配和本地民间。民间医生以中医为主,约占医生总人数的 40%。各场职工医院都设有中医科,每个卫生所都配有 1~2 名中医,中医治疗占有重要位置。20 世纪 60 年代后期,分配来场的医学专业毕业生和部队转业的军医逐年增多,这些医生大都以西医为主,使农场医疗机构的中医占比逐步降低,但各医院一直保留中医科的设置,开设中医门诊和中药房。

各场医疗服务以职工医院为主体，结合各分场卫生所、生产队卫生员，形成三级医疗网络。每个生产队配有 1～2 名卫生员（亦称赤脚医生），由职工医院定期进行业务培训，卫生所为其配备常用药品，就地诊疗一些小伤小病。各分场卫生所实行坐诊与巡诊、出诊、转诊相结合，诊疗一些常见病，医师白天以包片巡诊为主，晚上轮流值班坐诊，遇到不能来所的患者就上门治疗，急重病人、慢性病人和流行病患者转送职工医院诊疗。1984 年实行农业承包责任制后，各场逐步取消生产队卫生员设置，各分场卫生所亦于 1995 年后相继撤销或转让给个人成为个体诊所。

20 世纪 60 年代，各职工医院能进行阑尾、肛瘘、包皮环切、剖宫产等手术和伤寒、痢疾、流脑等危重病例的救治，疑难病人须转送地区和省城大医院治疗。此后，各医院陆续引进人才和新设备、新技术，逐步提高了医疗水平。至 70 年代，各医院能进行血液化验、体液检测、关节穿刺检查等诊断，外科能进行胃次全切除、胆道手术、脾切除、子宫次切除等较大手术。至 20 世纪 80—90 年代，各医院可进行对感染性休克、重度农药中毒、流行性出血热、肺出血型钩体病、呼吸衰竭、心力衰竭、急性肾功能衰竭等疑难病症的救治，能完成甲状腺次全切除、前列腺摘除、肝叶部分切除、十二指肠吻合、子宫全切、开颅等大手术。

2000 年后，区人民医院持续加强基础设施建设，引进高尖端医疗设备，筑巢引风壮大医疗队伍，医疗技术显著提高。至 2020 年，区人民医院具有限制类诊疗技术 6 大类，其中内镜技术 4 大类；诊疗术种 26 个，其中四级术种 6 个、三级术种 18 个；可进行普外科、骨科、消化内科、呼吸内科共 20 余种疑难杂症的检查。其儿科诊疗、腹腔镜微创术、钬激光碎石术、人工关节置换术、经皮椎间孔镜下髓核摘除术、软组织缺损皮瓣修复术、脑颅内血肿微创清除术、脑梗死溶栓术等，在周边地区有较大影响力。

2002 年，各村（社区）相继建立卫生室，重构新的区、镇、村三级医疗卫生网络。

2018 年，区组建以区人民医院为龙头、河坝镇卫生院为枢纽、下辖 13 个村（社区）卫生室为基础、辐射各镇卫生院的区域一体化医疗服务共同体（简称医共体），建立急慢分治、合理有序的分级诊疗制度，满足城乡居民的医疗、预防、保健需求。2020 年，区进一步推进全域紧密型医共体建设，组成区人民医院牵头、仁爱医院和 4 个镇卫生院为成员单位、58 个村（社区）卫生室为基础的紧密型医共体。区医共体坚持以人民健康为中心，遵循政府主导、部门协同、区镇整合、防治一体的原则，加强医疗、医保、医药联动改革，统一管理各级医疗机构和基本公共服务卫生工作，构建管办分离、政府出钱购买服务的新医疗卫生管理服务体系，形成了"基层首诊、小病在基层、大病在医院、康复回基层"的新格局。医共体建成后，加强同质化培训，采取选派专家下镇卫生院坐诊指导、抽调基层医护人员到区人民医院跟班进修等方式，提升医疗服务能力。年内共下派专家 157 人次、抽调进修 42 人。

第三节　卫生防疫和疾病控制

一、计划免疫

20 世纪 60 年代，各场开始对儿童进行牛痘、麻疹等疫苗接种。1977 年对 7 岁以下儿童进行摸底选册，建立疫苗接种卡片。后随预防"靶病"的生物制品种类增加，接种疫苗种类也相应增多。1985 年，各场职工医院购置冷链设备，实行每两个月定时接种疫苗一次，减少漏种现象。同年还启动了新生儿和幼儿的乙肝疫苗接种。1986 年，各场实现儿童基础免疫目标、建卡率、人卡符合率"三个"100％，"四苗"（卡介苗、百白破三联疫苗、麻疹疫苗、小儿麻痹糖丸疫苗）全程接种率达 95％以上。至 2000 年，儿童预防接种的疫苗主要有牛痘、流脑、乙脑、麻疹、百白破、小儿麻痹、乙肝、螺旋钩体病、卡介苗等。

建区后，区、镇公共卫生机构对儿童各类免疫接种情况重新摸底造册、查漏补缺，核发预防接种本，确保了适龄儿童全程免疫接种全覆盖。2008 年 10 月起，按湖南省卫生厅要求，区将甲肝疫苗、流脑疫苗、乙脑疫苗、麻疹、腮腺炎风疹联合疫苗、无细胞百日破疫苗纳入免疫计划，对适龄儿童普遍实行预防接种，并根据传染病流行趋势，对流行区域的重点人群进行流行性出血热疫苗、钩端螺旋体疫苗接种。

二、传染病防控

（一）疟疾

俗称"打摆子"。20 世纪 50—60 年代在各场普遍流行，发病率 5％～10％。经采用"八大疗法"进行抗原复发治疗和系统治疗，并加强灭蚊和个体防护，基本控制住流行趋势，至 20 世纪 70 年代发病率下降至 0.6％～1.8％。1986 年后基本无疫病发生。2001—2020 年仅发现 1 例轻微疟疾患者。

（二）麻疹

1956—1958 年在大通湖农场流行，患者 300 余人，经突击防治，疫情得以控制，有 14 名危重患者死亡。1972 年和 1974 年，大通湖、金盆、千山红等 3 家农场先后流行疫病，经采取积极措施均被及时控制，没有发生人员死亡。1973 年，各场普遍实行免疫接种后，疫病再未流行。2000 年以后偶有散发麻疹患者出现，但症状轻微，经治疗均痊愈。

（三） 流行性脑脊髓膜炎

简称流脑。1966 年底，大通湖农场出现流脑病人。次年 2 月大流行，农场专设隔离病室抢救患者 458 例，死亡 15 人。同时采取中西药结合的预防办法，迅速控制了疫情。1973 年北洲子农场发病 18 例，死亡 1 人。之后，各场连年进行流脑疫苗接种，偶有 1～2 例散发患者，但无死亡。1990 年南湾湖军垦农场务工人员家属发病 3 例，死亡 1 人。此后区内再无病例报告。

（四） 痢疾

20 世纪 50 年代至 70 年代初期，痢疾是各场主要的肠道传疫病，于每年夏秋季流行。1975 年开始，各场以打井汲水的方式提高饮水卫生质量并采取其他防疫措施，使发病率逐年下降，发病病例数由 1972 年的 1 万余人次下降到 1979 年的 206 人次。2000 年后只有极少散发患者出现。

（五） 肝炎

1968 年，金盆、千山红农场出现甲肝病人；1979 年 6 月大通湖农场七分场五队发现甲肝患者 46 例，全为学龄儿童，经治疗后痊愈。1980 年前后仍有散发流行。1982 年冬，湖南医学院流行病教研室到大通湖农场抽样调查，发现乙型肝炎总感染率为 91.35%，表明各场为乙型肝炎高发区。1985 年，国家生产出乙肝疫苗，各场实行预防接种，发病率逐年下降。

（六） 钩端螺旋体病

1971 年，大通湖农场首次发生钩端螺旋体病，以流感伤寒型为主，患者数百人；1979 年发生较大流行，仅四分场四队就有患者 40 余人；1983 年 7—9 月，再次出现以肺出血型为主的疫病，患者 157 人，死亡 5 人。1975—1981 年，北洲子农场先后出现患者 812 人，经治疗均无死亡。1984 年后，各场进行钩端螺旋体病疫苗接种，每年开展 2～3 次大规模灭鼠运动，铲除传播源，使疫情得到基本控制，年发病率均在万分之一以下。

（七） 结核病

1975 年 8—10 月，省结核病医院会同大通湖农场职工医院组成结核病调查队，对农场 2.28 万职工及家属进行普查，受检率 88.4%，发现患者 255 人，患病率 1.12%。后对患者按病情进行分类治疗，同时为 1.2 万名 15 岁以下少年儿童进行卡介苗接种。1986 年 9 月，大通湖农场职工医院复查 2980 人，发现结核病患者 12 人，患病率 0.4%。2003 年，区全面开展结核病规范管理和防治工作，启动银行贷款结核控制项目。2006 年 6 月，区开通网络直报系统，加强医务人员业务培训和结防网络建设；区人民医院设置结核病门诊，集中收治结核病患者。至 2020 年，全区共免费检查肺结核症状可疑者 1952 例，确诊登记病人 1460 例，治疗 1448 例，其中复治涂阳病人 58 例。

（八）非典型性肺炎

2003 年，全国非典型性肺炎流行期间，大通湖区成立"非典"防治领导机构和防控工作队伍，投入 70 余万元设置发热门诊，建立隔离病房，购置呼吸机、防护服及消毒物资等，严格进行对出入区人员特别是外来人员的检测、排查、监控，全区无 1 例"非典"患者和疑似病人报告。

（九）新冠疫情

2020 年春节前后，新冠疫情暴发流行。区成立区党政一把手牵头的新冠肺炎疫情防控领导小组，举全区之力抗击疫情。区在主要道路入口设立疫情防控检查站，出动警力 860 人次、医护人员 220 人次，全天候轮班值守检查入区车辆人员。对高中风险地区返乡来区人员，由村、社区逐一排查，进行核酸、体温检测，实行集中隔离和居家隔离，闭环管理，全年共摸排 1309 人，集中隔离重点人员 112 人。对学校、医院、机关、车站、大型超市和农贸市场等重点场所强化疫情防控，派出专人整天值守，督促进入人员戴好口罩、测量体温、查验健康码，娱乐场所停止营业。区人民医院成立医疗专家组，建造隔离病室 10 间，先后对 9 名疑似病例和 32 名密接人员进行流行病学调查。各医疗单位严把预检分诊关，落实首诊责任制，对发热病人实行专区就诊、详细登记、及时上报。同年 1 月 22 日，沅江市四季红镇一名自武汉返乡的发热患者到区人民医院就诊，医疗专家组紧急会诊，怀疑其为新冠疫情患者，立即逐级汇报，快速处置；24 日确认其为新冠疫情患者，是益阳市首例确诊和首例痊愈出院的病例。抗疫期间，区财政安排专项资金 945 万元，中央、省财政下拨专款 79.25 万元。相关部门单位紧急调购口罩、消毒液和检测、防护等防控物资，并做好应急储备。各级、各单位建立起疫情防控长效机制，借助大数据疫情平台，外防输入、内防扩散。至年底，全区未出现 1 例新冠肺炎患者，受到上级党委政府高度评价。区人民医院被评为湖南省抗击新冠肺炎疫情先进单位，尹平、陈喆获评全省抗击新冠肺炎疫情先进个人。

三、血吸虫病防治

血吸虫病是洞庭湖区的一种地方病，其尾蚴寄生在钉螺体内，通过人体皮肤接触进入血管，进而破坏脾脏、肝脏，引起腹水，俗称"大肚子病"，病情严重者丧失劳动能力甚至死亡。区属洞庭湖血吸虫病流行重点疫区，开发大通湖初期，血吸虫病患者随处可见。1954 年溃垸后，钉螺扩散，疫情加重，患者数量剧增，垸内人口血吸虫病感染者阳性率超三分之一。1956 年后，各场先后成立血防机构，组织群众采取各种办法消灭钉螺、切断病源，开展疫病普查，对患者分期分批集中治疗。1964—1970 年，各场持续开展灭螺大会战，改造荒湖废泽，清除河湖、田埂、路边杂草，减少钉螺栖身之所；采取土埋、药杀、火焚办法灭螺，降低钉螺基数。各场共查出感染者近 3000 人，分批给予治疗。1971 年后，各场进一步健全血防机构，建立总场、分场、生产队三级监测网络，组织开展湖边、堤边、沟边钉螺分布大复查。通过修堤取土改造垸外血吸虫易感地带，结合农田改造，深翻耕地 10 万多亩，深埋残存钉螺。至 1974 年，垸内基本无钉螺活体，达到省基本消灭血吸虫病标准。1977 年各场开始进行改水改厕，共打深水井近 2 万口、建家庭卫生厕所 1.7 万个，管好人畜粪便，防止病源虫卵扩散。1993 年，经上级血防机构验收，认定各场血吸虫病已终止流行，达到国家《消灭血吸虫标准及其技术指标》的要求。

2000 年建区后，区血防部门坚持每年开展查病检测，及时治疗患者。2003—2008 年，区血防部门对现症晚血病人实行每人每年 500 元的免费治疗。2004 年起，对外湖沿线动物血防高风险区域的牛羊等草食动物进行检验和化疗。每年主汛期，在外湖岸线水域投放药品，灭杀血吸虫尾蚴。2009 年起，区按照《湖南省贫困危重晚期血吸虫病人临床救助管理办法》，实行区人民医院"定点医院临床治疗救助"，对救治患者给予 3000～7500 元的医疗费用减免补助。2008 年、2013 年和 2018 年，大通湖区的血吸虫病防治分别达到疫情控制标准、传播控制标准、传播阻断标准。至 2020 年底，全区尚有在册晚血病人 98 人。

第四节　卫生保健

一、妇幼保健

（一）新法接生

各场建立后，陆续在各生产队培养接生员，推广新法接生。1968 年前，受医院医护条件限制，大部分产妇在家中分娩，由生产队接生员接生，妇婴死亡现象时有发生。嗣后，各场持续加强接生员技术培训，普及新法接生，在医院开设剖宫产手术，基本控制了产妇产后并发症和新生儿破伤风的发生。1978 年起各场职工医院先后设立妇产科，产妇均在医院住院分娩。生产队接生员自然取消。2001 年以后，区、镇医院产科逐年添置医疗设备，提高接生技术和产后护理技术，保证了产妇和新生儿生命安全。2003—2020 年，区累计出生 16012 人；产妇死亡 4 人，死亡率万分之二点五；新生儿死亡 1 人，死亡率万分之零点六。

（二）妇女保健

各场自建场开始，对保护妇女身体健康分别作出规定，要求安排农活和工种时必须考虑妇女生理特点，于月经期、妊娠期、哺乳期给予照顾。20世纪70年代后期起，各场定期开展妇科病普查，每隔几年进行一次，对普查中发现的妇科病患者及时给予治疗。2000年建区后，区、镇妇幼保健站和计划生育服务站相继成立，每个村（社区）由卫生室医生和计生专干协调妇幼工作，形成妇幼保健三级服务网络。区坚持每年对已婚育龄妇女进行一次生殖健康检测和乳腺检测，提供婚前医学检查、孕前咨询指导、孕妇孕期胎检、产前诊断、产后保健等服务，同时强化妇女病普查普治，保护妇女身心健康。2009年开始建立全区孕妇档案，实行农村孕妇住院分娩补贴。2011年区开始实行免费婚前体检、叶酸补服、孕前优生检查、产前筛查、两癌筛查、常见病筛查等面向妇女的公共卫生服务项目。2017—2020年，区内4年间进行两癌筛查的妇女1.3万余人。2019年，区妇幼保健纳入基本公共卫生服务体系。2020年，全区免费婚前检查399对，妇女补服叶酸581人，孕前优生检查260人，产前筛查500人；对20～64岁妇女进行常见病筛查，筛查总人数1.03万人，查出常见病患者508人。

（三）儿童保健

20世纪50—60年代，各场的生产队等基层单位都办有托儿所、幼儿园，重点是搞好婴幼儿童的看护管理，解决职工的后顾之忧。此模式相沿至80年代经济体制改革。1979年后正式实施独生子女政策，各场对领取独生子女证的儿童每人每月发放5元保健费，直至年满14周岁。1983年后，各场成立妇幼保健站，每年定期开展7岁以下儿童健康体检。检查涉及儿童生长发育的各个方面，对查出的疾病及时进行治疗。2000年后，区妇幼保健机构逐步建立儿童健康档案，提高儿童保健系统管理覆盖率，每年集中进行儿童免费体检。2020年，区0～6岁儿童健康体检人数6109人，覆盖率93.2%，异常人数13人；视力检查1771人，视力不良人数193人，占检查人数的10.9%。

二、爱国卫生运动

1953年，大通湖农场建立起各级爱国卫生运动组织，开展以除"四害"（蚊、蝇、鼠、雀，1960年麻雀改为蟑螂）为重点的爱国卫生运动。农场组织发动群众订立卫生公约，讲究卫生，除害灭病，改善生活工作环境，提高健康水平。1959年和1962年，千山红、北洲子、金盆农场先后建立后，相继成立爱国卫生委员会（简称爱卫委）。各场以"除害灭病（血吸虫病和各种传染病）"为中心，开展环境卫生、劳动卫生、饮食卫生工作。1966年后机构撤销。1978年后，按照上级统一部署，各场重新组建爱卫委及其办公室，配备专职人员。1980年起各场开展"两管"（管水、管粪）、"五改"（改厕、改水、改猪牛栏、改炉灶、改环境）活动，实行环境卫生"门前三包"责任制，定期组织检查评比。各场采取私建公助形式，为农业职工群众打井近2万口，改厕1.5万余个。1989年起各场每年4月进行"爱国卫生月"活动，重点解决集镇环境卫生的脏乱差问题。

2001年6月，区爱卫会及其办公室成立。2004年区启动城镇区域"五化一创"工作，强化区镇环卫部门管理责任，落实单位、个人"门前三包"制，组织干部群众持续开展每月一次的"环卫日"主题活动。2011年起区开展农村清洁工程行动，每年组织千余名干部深入村组开展"环卫日"活动，带动群众创建"四有两无"清洁村（四有两无，即有垃圾集中设施、有垃圾清运网络、有家庭"主包"责任制、有定期清洁日活动，无裸露垃圾、无二次污染）。2015年区组建创建卫生城镇和农村人居环境整治专门机构，负责全区爱卫、创卫、改水改厕、治污等工作。区按照建设"健康中国"要求，先后实施健康知识传播、健康环境改善、全民健身、除害防病、城乡环境卫生专项整治、共推"厕所革命"、共创卫生健康等多项行动，促进了全区爱国卫生运动和卫生村镇创建制度化、常态化、实效化。2014年起至2020年，全区4个镇先后获评省级卫生镇，河坝镇入列国家级卫生镇；27个行政村被评为省级卫生村，有6个村先后被授予湖南省美丽乡村牌匾。

三、公共卫生服务

2003年，区、镇成立基本公共卫生服务办公室（简称公卫办），启动基本公共卫生服务逐步均等化工作，促进城乡居民树立自我健康管理理念，预防和控制传染病及慢性病的发生和流行。2008年，区聚焦"三聚氰胺奶粉事件"，制定应急预案，全面排查婴幼儿食用"问题"奶粉情况，及时收治患儿36人。2009年，区开始实施政府购买公共卫生服务项目，按服务人口每人每年20元（中央财政15元、地方财政5元）的标准设立专项基金，由区财政和卫生行政部门主管，镇卫生院、村（社区）卫生室具体实施，为城乡居民免费提供基本公共卫生服务，重点搞好老年人、孕产妇、0～6岁儿童、高血压等慢性病患者在内人群的健康管理服务。同年，全区建立城乡居民健康管理纸质档案1.17万余份，其中包括高血压患者1032份、糖尿病患者418份、重性精神病患者118份、肺结核患者109份、65岁以上老年人5335份、孕产妇235份、0～6岁儿童1461份。嗣后，区逐年增加公共卫生服务项目的资金投入，2014年服务对象人均30元，2015年人均40元，2020年提高到人均74元。2017年起，区、镇两级卫生机构开始每年一次免费为在职工作人员、65 岁以上老年人进行健康体检。建立居民健康档案 9.52 万份，建档率 88.7%。2019 年起将原重大公共卫生服务和妇幼保健服务、老年健康服务、医养结合、卫生应急、孕前检查等内容纳入基本公共卫生服务，形成了覆盖城乡、全面实施的公共卫生服务体系。

中国农垦农场志

第十五编

人口 人文

中国农垦农场志

第一章　人　　口

　　大通湖地区属于千百年来江湖演变而成的湖洲泽地，从19世纪70年代起，远近豪绅纷至沓来，围湖挽垸，垦荒招佃。由于地势低洼，冬为洲地，夏变水泊，结庐而居者十之五六，来去无常。1951年春大通湖农场创建，移出洲民2.9万人回原籍地参加土改，分得土地房屋。余下的1.7万人，后随扩场需要大部分迁出，少量成为农场人口。同年，农场有186户、2170人，人口密度每平方千米43.7人。1959年千山红农场成立时，有人口407户、1608人，人口密度每平方千米31.35人。其后，各场逐年从外地招收、接纳干部职工和复退军人及家属、城市知识青年及其他人员，加上婚迁和人口自然增长，人口规模不断增加。1963年，4家农场总人口为4.48万人，人口密度达到每平方千米118.14人。1984年后，各场先后接收外来人口从事土地承包经营，共有6000余户、2万来人成为农场常住人口。2000年，6家农、渔场总人口9.52万人，人口密度每平方千米251人。2020年底，全区总人口10.46万人，人口密度每平方千米275.84人。

　　区人口源自30个省、自治区、直辖市，以湖南籍为主。有25个民族，以汉族为主，占97.7%，24个少数民族人口占比2.3%。随着经济发展和社会进步，区内人口结构渐趋合理，人口素质不断提高。2020年，全区人口男女性别比为100.37∶100，18～59周岁人口占总人口的62.7%，城乡居民之比约1∶1，15周岁以上人口中，初中文化人口占47.1%，高中以上文化人口占27.22%。在业劳动力5.23万人，从事农业和二、三产业人口分别占16.85%、83.15%。

第一节　人口源流与分布

一、人口源流

　　1950年4月大通湖蓄洪垦殖管理处成立，通过调入干部、技术人员、公安战士和招收农业工人，年底有干部职工180余人。1951年1月湖南省筹建大通湖农场，从益阳、常德、南县、澧县、岳阳、湘阴、湘乡、醴陵等8县招收农业工人1224人，加上少量留场的原有居民和20余名分配来场的院校毕业生，年底农场总人口186户、2170人。1954

年，农场从湘潭、常德、湘阴、湘乡、双峰等县招收农业工人 1643 人。1956 年 9 月，原下放城步县南山农场的知识青年 150 人，由团省委安排到大通湖农场落户。1957 年冬，农场围挽北洲子，有 150 户、700 余人原地居民转入农场。1958 年，农场又接受省地下放干部 142 人、军转干部 63 人以及广州军区、湖南大学等单位人员 347 人。1959 年 12 月，农场接受慈利县移民 643 户、2718 人，其中分配到北洲子 130 余户。同年，经中共湖南省委决定，原隶南县的地方国营金盆农场和大通湖养殖场整体划入大通湖农场，年末农场总人口达 9162 户、2.76 万人。

1959 年 3 月，地方国营千山红农场成立，沅江县民和乡、南县长厚公社利厚大队和原劳改农场刑满就业人员划归农场，又从沅江县草尾、赤山、三眼塘等地调入 700 多户、近 2000 人，从南县、益阳、沅江等地零星迁入 513 户，加上原居民 407 户、1608 人，年底总人口 2497 户、7802 人。

1960 年至 1962 年，近 600 名长沙、株洲、湘潭等城市社会青年来到大通湖农场和千山红农场，其中千山红农场 417 人。

1961 年 10 月，因湘黔铁路停建，200 余名益阳籍修路民工安置到大通湖农场北洲子落户。1961—1962 年，千山红农场先后从沅江、益阳、安化、桃江、南县招收 200 余户、700 余人。

1962 年底，北洲子农场、金盆农场从大通湖农场析出。1963 年末，4 家国营农场共有人口 12677 户、44210 人，其中大通湖农场 5721 户、19453 人，北洲子农场 1674 户、5379 人，金盆农场 2964 户、11043 人，千山红农场 2318 户、8335 人。

1964 年，湖南省茶盘洲、西洞庭农技校共 130 余名学生分配到农场工作，其中大通湖农场 28 名、北洲子农场 73 名、千山红农场 32 名。

1968—1975 年，先后有 6400 多名长沙、株洲、衡阳、益阳等地的城市知识青年安置到各农场落户，其中大通湖农场 1667 人、北洲子农场 2542 人、金盆农场 500 人、千山红农场 1704 人。后因招工、升学、参军、病转和落实知青政策，绝大部分人陆续返城。

1978 年后，各场陆续从外地迁入长期住户，成为农场职工。1984 年起，各场引进大量外地农户承包土地，并逐年有条件地解决部分农户的农场户籍，加上自然增长，各场人口逐年增加。1951—2000 年的 50 年间，因干部调配、军人退役、垦民留场、计划招工、定向移民、城镇知青下放、婚迁转入等，各场形成了五湖四海的人口源流。到 2000 年底，区总人口达 9.52 万人，其中大通湖农场 3.14 万人、北洲子农场 1.54 万人、金盆农场 1.88 万人、千山红农场 2.5 万人、大通湖渔场 2326 人、南湾湖军垦农场 2290 人。

2000 年建区后，区内人口基本呈现稳定增长趋势。人口年均增长率 2007 年以前为

3‰左右，2008—2011 年约为 2‰，2012—2014 年降至 1‰左右。2015—2020 年因本地人口迁出数量增多，加之新出生人口减少，人口总量整体小幅下降。到 2020 年末，全区总人口 4.88 万户、10.46 万人，分布情况是：河坝镇 1.88 万户、4.12 万人，北洲子镇 8343户、1.63 万人，金盆镇 9657 户、2.04 万人，千山红镇 1.19 万户、2.65 万人，南湾湖办事处 76 户、167 人。

表 15-1-1　大通湖区 2011—2020 年各镇人口统计表

单位：人

年份	总人口	其中		分布情况					
		男	女	河坝镇	北洲子镇	金盆镇	千山红镇	沙堡洲办事处	南湾湖办事处
2011	105645	53168	52477	38470	16756	20954	26825	2423	217
2012	106920	53711	53209	39103	16867	21194	27107	2431	218
2013	108206	54262	53944	39878	16944	21273	27443	2449	219
2014	109077	54583	54494	40436	17060	21231	27683	2455	212
2015	108494	54102	53906	42747	16895	20992	27662	—	198
2016	108501	54212	54233	42902	16957	21093	27356	—	193
2017	108022	54051	54140	42637	16828	20983	27384	—	190
2018	107373	53664	53774	42268	16740	20875	27302	—	188
2019	105455	52841	52614	41547	16477	20603	26656	—	172
2020	104625	52408	52217	41195	16318	20439	26506	—	167

注：2015 年沙堡洲与河坝镇合并。

二、人口密度

1951 年大通湖农场建场时，土地面积 21.65 平方千米，总人口 2170 人，人口密度为 100.2 人/平方千米。1962 年，农场总面积达 270.6 平方千米，总人口 3.59 万人，人口密度上升到 132.7 人/平方千米。千山红农场建场之初的 1959 年，总面积 51.3 平方千米，总人口 1608 人，人口密度为 31.35 人/平方千米。1962 年底新建立北洲子、金盆农场后，4 家农场人口密度为 118.14 人/平方千米。之后，随着人口增长，人口密度逐渐增加。至 2000 年，5 大农、渔场和南湾湖军垦农场总面积 379.30 平方千米，总人口 9.52 万人，人口密度为每平方千米 251.00 人，其中大通湖农场每平方千米 353.00 人，北洲子农场每平方千米 373.76人，金盆农场每平方千米 403.21 人，千山红农场每平方千米 379.30 人，大通湖渔场每平方千米 25.65 人，南湾湖军垦农场每平方千米 54.90 人。

2020 年，全区总人口 10.46 万人，人口密度每平方千米 275.80 人，比建区时增加24.80 人。其中河坝镇与沙堡洲办事处于 2015 年合并，区域面积扩大，人口密度为每平方千米 235.9 人，比 2000 年减少每平方千米 118.1 人。原南湾湖军垦农场经历次改革调整，人口数量骤减，至 2020 年人口密度下降为每平方千米 4.0 人。

大通湖区 2000 年与 2020 年人口密度情况见表 15-1-2。

表 15-1-2　大通湖区 2000 年与 2020 年人口密度表

单位	2000 年			2020 年		
	总人口（人）	总面积（平方千米）	人口密度（人/平方千米）	总人口（人）	总面积（平方千米）	人口密度（人/平方千米）
河坝镇	31410	88.73	354.00	41195	174.60	235.9
北洲子镇	15354	41.08	373.76	16318	41.08	397.2
金盆镇	18810	46.65	403.21	20439	46.65	438.1
千山红镇	25010	75.26	332.31	26506	75.26	353.9
沙堡洲办事处	2326	85.87	27.09	2015 年并入河坝镇		
南湾湖办事处	2290	41.71	54.90	167	41.71	4.0
全区	95200	379.30	251.00	104625	379.3	275.8

第二节　人口变动

一、自然变动

区内人口自然变动数量主要随国家计划生育政策的调整而变化。1963 年，各农场成立计划生育工作领导小组，宣传国家计划生育政策，倡导"一对夫妇以生育两个孩子为宜"。但职工群众难以摒弃"多子多福"的传统观念，加之其他因素影响，生育控制收效不大。1964 年起各场进入生育高峰期，至 1968 年的 5 年间，各场每年出生人口总数 1300～2000 人，年均人口自然增长率达 4% 以上。1972 年后各场贯彻宣传"一胎最好，二胎不少，三胎多了"的生育观念，指导育龄夫妇落实节育措施，人口净增率下降到 2% 左右。1979 年，湖南省开始执行一对夫妇"最好生育一个子女"的政策，各场建立健全总场、分场、生产队三级计生工作队伍，制定计划生育管理规定，引导鼓励适婚男女青年晚婚晚育、优生优育，出台独生子女优惠奖励政策，加强计划生育管理服务。1980 年起各场强化生育指标控制管理，实行计划生育准生证制度。1982 年起，国家把计划生育作为长期坚持的一项基本国策，实行一对夫妇只生育一个孩子的政策。各场进一步加大计划生育管理服务的力度，控制人口过快增长。至 1987 年，每年各场出生人口总计 720～1000 人，出生率降为 1%～1.2%。同年开始落实农村独女户可以生育二孩政策，各场人口出生量逐年增加，至 2000 年，每年出生人口 1000～1200 人，出生率回升到 1.2%～1.4%。2000 年建区后，区按照国家计划生育政策调整方向，把工作中心放在宣传教育、优质服务和落实奖励扶持政策上，人口出生情况保持相对稳定。2003—2020 年，全区新出生人口总数 17419 人，年均出生 1000 人左右，出生率约 1%；人口死亡总数 12789 人，年均 710 人，死亡率 0.7‰，人口自然增长率 0.258%。

二、迁移

各场建场初期，主要从各地招收、调入职工及家属，进行批量移民，充实农场职工队伍。1968 年前，各场除自主招工外，还接收上级安置来场的人员以及其他人员，为他们办理迁入落户手续。1968—1975 年，有 6400 余名城市知识青年有组织地到农场落户。农场体制和资源优势明显，婚迁和投亲靠友进来的多、出去的少，妇女嫁出多年后，大多把户口留在农场，甚至生育的子女也都在农场上户口。至 2000 年，5 家农、渔场累年迁入的人口数，与建场之初原居民人口加建场后自然增长的人口总数基本持平。迁出人口方面，除每年有少量零星迁出外，成批迁出的主要包括：大通湖农场在 1955 年 2 月输出干部、机务工人、生产组长 176 人，援建西洞庭农场；1958 年调出干部职工 361 人，援建钱粮湖农场。20 世纪 70 年代末，各场有 6000 多名知青及家属返城。1978 年后，南湾湖军垦农场几次改革调整，人员成建制减少。

2000 年后，区迁入落户人口主要有两类：一类是原各场接收的来农场多年且符合相关落户条件的农业承包户、经商务工人员及子女，另一类是每年从各地招录来区的公务员和事业编制人员。户口迁出方面，主要是国家放宽户口管理政策后，一部分多年在外地经商务工人员迁出户口于所在地安家落户。2003—2015 年，每年的迁入人口多于迁出人口，其中 2007 年迁入 3152 人、迁出 1026 人，迁入比迁出多 2126 人。2016 年后，每年迁出人口多于迁入人口，区内人口出现负增长。2020 年，共迁入人口 279 人，比迁出人口少 510 人。

三、区域变动

1959 年 3 月，南县地方金盆农场、庆成乡和大通湖水产养殖场的土地、人口整体并入大通湖农场，农场总人口达到 27600 人，比上年增加 16168 人。1962 年底，大通湖农场一分为三，北洲子农场、金盆农场单独设场，实行人口"随场走"，其中划入北洲子农场 5379 人、金盆农场 11043 人。1972 年，大通湖农场析出大通湖渔场，划出人口 380 户、1808 人。同年，益阳地区行署为平衡各场的人口和劳力，从金盆农场一、三分场迁调 500 余人到千山红农场五分场。

2013 年，大通湖渔场建制为沙堡洲镇。2015 年与河坝镇合并，其 2454 名人口一并转入新的河坝镇。嗣后，区内人口无区域调整变动。

至 2020 年末，全区在籍总人口 104625 人，比 2000 年增加 5425 人，增长 5.47%；比人口最高年份 2014 年减少 4452 人，下降 4.08%。其中河坝镇因中心城区的虹吸效应及区划调整，人口由 2000 年的 3.14 万人增至 4.12 万人，增长 31.21%。其他 3 镇人口数表现为稳定略增态势。

大通湖区 2003—2020 年人口增减情况见表 15-1-3。

表 15-1-3　大通湖区 2003—2020 年人口增减统计表

单位：人

年份	增加		减少		净增
	出生	迁入	死亡	迁出	
2003	695	2183	862	1152	864
2004	1313	2996	359	2712	1238
2005	1205	2651	525	2135	1196
2006	992	1844	486	2613	—263
2007	694	3152	611	1026	2209
2008	720	2039	592	787	1380
2009	874	2478	745	631	1976
2010	923	2309	1187	681	1364
2011	835	2692	510	568	2449
2012	913	1724	662	700	1275
2013	1037	1408	700	531	1214
2014	1258	1049	749	687	871
2015	1137	812	711	612	626
2016	1065	627	734	735	223
2017	1155	502	901	1083	—327
2018	884	432	749	1246	—679
2019	962	357	846	1058	—585
2020	757	279	860	789	—613
合计	17419	29534	12789	19746	14418

第三节　人口构成

一、自然结构

（一）人口性别

各场建场初期招收的大多是单身男职工，女职工和住场家属少，加之重男轻女封建思想作祟，部分夫妇生多胎是想多生男孩，故男女比例相差较大。如大通湖农场的人口男女比例，1957 年以前为 108.36：100 左右，1962 年达到 113.47：100。千山红农场的人口男女比例 1961 年前为 108.33：100，1962 年达到 124.09：100。1962 年后，职工家属陆续迁入，各场逐年招收部分女工，加上逐步落实计划生育政策，农场人口性别结构得到改善，至 20 世纪 90 年代，各场男女比例大致为 103：100。2000 年第一次出现男比女少，男女性别比为 96.08：100。

2000年后，区人口性别比例一直保持在合理区间，且差距逐年缩小。2015年，男女性别比为100.36:100，性别比之差比2003年下降5.46点。2020年，全区人口中，男性52408人，女性52217人，男女比例为100.37:100。持续保持了男女比例基本平衡。

大通湖区2003年—2020年人口性别比例见表15-1-4。

表15-1-4 大通湖区2003年—2020年人口性别比例统计表

年份	占总人口（%）		男女性别比（女为100）	年份	占总人口（%）		男女性别比（女为100）
	男	女			男	女	
2003	51.40	48.60	105.82:100	2012	50.23	49.77	100.94:100
2004	51.36	48.64	105.63:100	2013	50.15	49.85	100.59:100
2005	51.37	48.63	105.63:100	2014	50.04	49.96	100.16:100
2006	51.12	48.88	104.57:100	2015	50.09	49.91	100.36:100
2007	50.90	49.10	106.74:100	2016	49.99	50.01	99.96:100
2008	50.74	49.26	103.01:100	2017	49.95	50.05	99.87:100
2009	50.64	49.36	102.59:100	2018	49.94	50.06	99.80:100
2010	50.44	49.56	101.76:100	2019	50.11	49.89	100.43:100
2011	50.33	49.67	101.32:100	2020	50.09	49.91	100.37:100

（二）人口年龄

据区户政部门2003—2020年常住人口统计资料，2003年区总人口数量9.19万人，其中18周岁以下（不含18周岁，下同）未成年人口总数为1.68万人，占总人口的18.28%；18～34周岁2.52万人，占27.42%；35～59周岁3.68万人，占40.04%；60周岁（含60周岁，下同）以上1.32万人，占14.36%。2004年后，人口老龄化趋势逐步严重。2020年，全区总人口约10.46万人，其中18周岁以下1.59万人，占15.20%；18～34周岁2.08万人，占19.89%；35～59周岁4.48万人，占42.83%；60周岁以上2.31万人，占22.08%。从人口年龄结构来看，区在2003年和2020年两个年份，18～59周岁人口总数分别占总人口的67.46%和62.70%，是人口的主体，属年轻型人口结构。但人口老龄化趋势比较严重，与2003年相比，2020年区60周岁以上人口所占比例提高7.83个百分点。

大通湖区2003—2020年人口年龄比例统计情况见表15-1-5。

表15-1-5 大通湖区2003年—2020年人口年龄比例统计表

单位：人

年份	总人口	18周岁以下		18—34周岁		35—59周岁		60周岁以上	
		人数	占总人口%	人数	占总人口%	人数	占总人口%	人数	占总人口%
2003	91932	16759	18.23	25226	27.44	36789	40.02	13158	14.31
2004	93070	11780	12.64	26131	28.05	38943	41.80	16216	17.40

（续）

年份	总人口	18周岁以下		18—34周岁		35—59周岁		60周岁以上	
		人数	占总人口%	人数	占总人口%	人数	占总人口%	人数	占总人口%
2005	96267	11596	12.05	25655	26.65	41121	42.72	17895	18.59
2006	95498	10885	11.40	25234	26.42	41323	43.27	18056	18.91
2007	98476	10213	10.37	24892	25.28	44982	45.68	18389	18.67
2008	99856	9467	9.48	25583	25.62	46081	46.15	18725	18.75
2009	101832	14346	14.09	24199	23.76	45856	45.03	17431	17.12
2010	102096	14358	13.91	24663	23.90	45541	44.13	17534	16.99
2011	105645	14372	13.60	25498	24.14	47454	44.92	18321	17.34
2012	106920	14433	13.50	25902	24.23	47605	44.52	18980	17.75
2013	108206	14731	13.61	25971	24.00	47963	44.33	19541	18.06
2014	109077	15206	13.94	25773	23.63	47689	43.72	20409	18.71
2015	108008	15499	14.35	25071	23.21	46944	43.46	20494	18.97
2016	108442	15672	14.45	24742	22.82	46572	42.95	21456	19.79
2017	108191	15987	14.78	23797	22.00	46147	42.65	22260	20.57
2018	107438	16039	14.93	22888	21.30	46023	42.84	22488	20.93
2019	105455	16031	15.20	21952	20.82	44939	42.61	22533	21.37
2020	104625	15899	15.20	20773	19.85	44832	42.85	23121	22.10

（三）人口籍贯

区内人口源自30个省、自治区、直辖市，以湖南籍为主。据大通湖农场1992年统计，总人口中，本省籍人口31296人，占90.4%，来自61个县市，其中南县籍占19.1%，湘乡、宁乡籍各占10.3%、10.4%，沅江籍8.2%，益阳、双峰籍各为7.8%、7%。外省籍人口3317人，占9.6%，来自23个省、自治区、直辖市。北洲子农场1990年统计，全场人口原籍来自23个省、自治区、直辖市的108个县、市，其中本省益阳、沅江、南县、慈利籍的人数居多。金盆农场1989年统计，本省48个县、市籍人口占全场人口的98.6%，其中南县籍39.3%、益阳籍14.6%、长沙籍8.9%、湘乡籍6.7%、沅江籍6.2%。来自16个外省、市、自治区籍的人口占1.4%。千山红农场2000年统计，本省61个县、市籍人口占全场人口的87%，其中南县籍11.7%，沅江籍10.1%，益阳籍9.5%，占4%左右的有湘乡、宁乡、双峰、桃江等县籍的人口。来自23个外省、市、自治区的人口占13%，以云南、四川、湖北、贵州籍居多，湖北籍的主要是20世纪70年代移民而来，云、贵、川籍的多为20世纪80—90年代迁入的农业承包户。

2010年第六次人口普查，大通湖区人口籍贯构成中，本省籍人口占94.7%，以南县、沅江、益阳、湘乡、宁乡、慈利、安化、桃江、双峰籍居多；外省籍人口占5.3%，分别来自30个省、自治区、直辖市。

二、社会结构

（一）城乡结构

各农场建场初期，除少部分调配进来的干部、教师和医护人员外，其余人口均为农业人口。后下放干部、军转干部和国家分配来场的干部、教师、医生逐年增加，加之改革开放后落实干部和知识分子政策，部分农业户口家属子女转为非农业人口，农业人口比例逐年下降。2000年，区内总人口中，农业人口占71%，非农业人口占29%。

建区后，区加快推进新型城镇化建设，鼓励区内外村民到城镇投资置业，城镇人口数量持续增加。2008年为推进区域统筹城乡发展，区将原农场农业职工家庭人口转为非农业人口，至2010年区内农业人口比例下降至19.05%。2014年国家户籍制度改革，建立城乡统一的户籍登记制度，取消农业人口与非农业人口性质区分。2015年，全区实际城镇居民人口4.76万人，占总人口的44.05%，比2000年提高15个百分点。2020年第七次人口普查，全区农村居民人口5.35万人，占总人口的51.15%；城镇居民人口5.11万人，占48.85%。城镇化率比2000年提高20.4个百分点。

（二）民族结构

区内人口以汉族为主，在历年招工、招干、婚嫁等过程中，迁入了一些少数民族人口，但总人口占比不高。1990年第四次人口普查，大通湖农场有9个少数民族共199人，占总人口的0.58%；北洲子农场有6个少数民族共59人，占总人口的0.35%；金盆农场有5个少数民族共126人，占总人口的0.65%。千山红农场2000年有9个少数民族人口229人，占总人口的0.91%。2000年后，区内少数民族人口有所增加。至2018年，共有土家族、苗族、侗族、彝族、壮族、回族、布依族、蒙古族、白族、水族、藏族、维吾尔族、朝鲜族、满族、傣族、黎族、土族、佤族、仡佬族、赫哲族等24个少数民族，人口2424人，占总人口的2.26%。其中土家族人口最多，有1021人，100人以上的有苗族551人、侗族325人、彝族177人、壮族146人。

（三）文化结构

各农场自建场起，即开展全民扫盲教育、幼儿教育，推行九年一贯制基础教育，逐步发展高中教育和成人教育，不断提高全民文化素质。改革开放后，教育事业摆上优先发展位置，具有中高等教育学历的人口增长较快。2010年第六次人口普查统计时，区包括在校生在内的总人口中，具有小学文化程度的有3.91万人，占38.3%；初中文化程度的有5.42万人，占53.1%；高中文化程度的有1.65万人，占16.2%；大学专科文化程度的有4255人，占4.3%；大学本科学历的1533人，占1.5%；硕士研究生以上学历的70人，占 0.07％。2020 年第七次人口普查统计时，区 15 岁以上人口中，文盲、半文盲 1740 人，小学文化程度的有 1.64 万人，分别占 2.46％、23.2％，主要为各场建场初期来场的已退休人员；初中文化程度的有 3.34 万人，占 47.1％；中专和高中文化程度的有 1.37 万人，占 19.4％；大专文化程度的有 3986 人，占 5.6％；大学本科文化程度的有 1517 人，占 2.14％；硕士研究生以上学历的有 56 人，占 0.08％。

（四）职业结构

20 世纪 70 年代前，各场从业人员职业以农业为主，后各场逐步发展工商业和服务业，二、三产业从业人员逐年增加。建区后，区加快推进新型城镇化和新型工业化，拓展传统服务业，发展现代服务新业态，加快劳动力转移就业，区内二、三产业从业人口快速增长。2020 年，区内在籍人口中共有劳动人口 5.3 万人，其中城镇劳动力 1.3 万人、农村劳动力 4 万人。劳动人口中，男性 2.94 万人，女性 2.36 万人，比例为 124：100；16～20 岁 2725 人，占劳动人口的 5.14％，21～30 岁 9895 人，占 18.67％，31～45 岁 1.84 万人，占 34.72％，45～60 岁 2.2 万人，占 41.51％。在业人口 5.23 万人。第一产业在业人口 8810 人，占比 16.85％，以中老年劳动者为主；第二、三产业在业人口 4.35 万人，其中区外就业人口 3.99 万人，占在籍劳动人口总数的 75.21％，可见大通湖区属典型的劳动力输出型地区。

（五）家庭结构

各场建场初期，一般职工家庭有 2～3 个子女，三代同堂的约占总户数的 40％。20 世纪 60 年代末，人口出生率达高峰，6 口之家占总户数的近七成。20 世纪 70 年代，各场逐步实行计划生育政策后，人口自然增长率下降，已婚子女单独建户，原以父母为主、兄弟姊妹一起生活的大家庭逐渐解体，三口之家占总户数的 70％以上，父母与子女居住、三代同堂的只占家庭总数的 6％左右。2000 年建区后，城乡居民家庭人口普遍为 3～4 人，以三口之家为主。大部分老年人口均自有住房，自理生活，子孙晚辈经常登门拜望。

第二章　地域人文

大通湖区属洞庭湖乡，由湖洲荒泽垦殖而成。区内人口来自全国各地，以本地（南县、沅江）居民为主，约占总人口的70%，省内其他县市和外省各地人口占30%左右。各地人员初来之时有着各自不同的风俗习惯，随着时间推移，逐渐入乡随俗，融入洞庭湖乡人文社会，原籍的各种习俗被本地习俗所同化，在衣食、婚嫁、生育、寿诞、丧葬及传统节日等方面形成了比较一致的民俗。区内土语方言有数十种，以南县、沅江方言为主，经长期的交融汇聚，不同籍贯、不同民族的民众在相互交流时一般使用南县、沅江方言，少数使用普通话。区内地名多以地形地貌、自然成因和人文活动得名，并随历史积淀固化相传，构成地名文化。

第一节　湖区民俗

一、服饰

中华人民共和国成立以后，干部职工多着蓝、灰色制服，男为中山装，女为列宁装；戴解放帽，穿解放鞋，女青年多喜留齐耳短发或扎双辫。夏秋，男子着开襟衫，女子着大襟衫；春冬，中青年着短棉袄，老年人着长棉袍，男子头缠长白巾，女子头披花毛巾；儿童戴项圈、长命锁，上镂"长命百岁"，男女老少均穿布鞋。湖乡渔民多，渔民们喜着皂色大"操裤"，裤腰包裹上衣，避风避雨防邋遢。

20世纪60年代中期到70年代前期，青年男女时兴穿草绿军便装、戴草绿军帽，着草绿胶鞋，背黄挎包。70年代中后期，时兴穿紧腿小裤脚裤子，青蓝色解放服，大头黄皮鞋。80年代流行西装、夹克衫、牛仔裤、黑皮鞋。90年代以后，男青年夏秋穿T恤衫，春冬穿皮夹克，牛仔裤普遍化；女青年穿花衣、花裤、花裙子，花枝招展；中老年妇女也开始喜花色衣服，爱着裙装。进入21世纪，服饰日趋个性化，品质品牌讲究高端化，上班穿职业装，工余穿休闲装，五花八门，舒适方便，追求时尚品位成为着装主流。

二、饮食

湖乡盛产稻谷，大米饭自然成为人们一日三餐的主粮。餐桌上的菜肴，20世纪70年代以前以蔬菜为主，荤菜以湖区特产鱼、虾、螺、蚌为主，猪肉稀贵，一个月难吃一两餐，吃肉称为"打牙祭"。改革开放后，鱼、肉、鸡、鸭成为常菜。湖乡人家爱做爱吃泡菜、酸菜，家家户户有炮制酸菜的菜缸、菜坛，浸泡豆角、萝卜、黄瓜、辣椒等酸菜，用豆腐干霉制"猫鱼"（腐乳）；"剁辣椒""腊八豆"家家都有。来了客人，主人会泡上一杯黄豆芝麻茶或姜盐茶进行款待。当地渔民多，工作以捕捞为主，常年早出晚归，日食两餐，荤腥主菜以鱼为主，所谓"家有三千钓，无鱼不吃饭"，且食而不厌。吃鱼分干吃和鲜食，干鱼有盐干、淡干、风干和熏干（腊鱼），做法有油炸、烧炒、豆豉辣椒蒸干鱼、腊肉蒸腊鱼等；鲜食方法有清炖、清蒸、红烧、油煎，或做成鱼丸、拉成鱼片下火锅等。无鱼不成席，成为湖乡人们多年来的习俗。

三、婚嫁

20世纪60年代前，农场男女婚嫁沿袭古老习俗，媒人介绍，父母首肯，"八字"相合，交换庚帖，便行订婚之礼，由男方摆设酒宴，款待双方至亲，俗称"定庚酒"；男方按当地习俗，给女方送上些许衣料、彩礼即可。男方择定良辰吉日后，略备礼品去女方"报日"，确定结婚日期。进入20世纪70年代，男女自由恋爱，包办婚姻彻底废除，"定庚""报日"礼相继摒弃。男女双方相识相恋瓜熟蒂落后，自主商定结婚日期，告知并征得双方父母同意即可。结婚当天，男方到女方家"接亲"时，须送去边猪塔（坛的意思）酒，一对鲤鱼，并备上一桌酒席，称为"告祖席"。接亲日先天，要把媒人请到男方家，商讨到女方接亲事宜及礼品礼金，并办"大媒酒"，款待媒人。结婚当日为"正酒"，宴请女方"送亲"诸人及男方亲朋邻里；结婚第二天为"当台宴"，招待至亲好友；第三天新婚夫妇回娘家，称为"回门"，由娘家办"回门酒"，宴请女方亲朋好友及左邻右舍；新媳妇回门后须当天返回婆家。各场曾风行以基层厂队为单位，选择在节日佳期（如"五一""五四""十一""元旦"等）为新婚男女青年举办集体婚礼，单位向新婚夫妇送上生活用品或生产工具，以示祝贺。进入80年代，婚嫁的烦琐礼节逐步简化，男方办一堂娶亲酒，女方办一堂出嫁酒，两家住得近的甚至双方共办一堂婚宴，宴请双方亲友邻里。随着职工生活水平的提高和超前消费思想的影响，婚嫁喜事开始出现"三多一少"：热衷于讲排场、比阔气，开支大、消费多；"找个对象能进城，千方百计出'农门'"，嫁到城里的女青年多；大摆宴席，请客送礼的多；喜事新办、崇尚节约的少。结婚仪式逐渐变得隆重，由新旧结合到土洋结合，彩礼与嫁妆亦日益阔绰、竞相攀比。2000年后，城镇家庭操办婚事一般选定大型酒店，聘请婚庆礼仪公司主持婚礼，筵席标准提高，住房、小汽车成为部分新婚夫妇的首选配置，但也有不少新婚夫妇崇尚节约、理性务实。

四、贺生

20世纪80年代前，生儿育女时男方要向女方娘家"报喜"，带上礼品，到岳家放封鞭炮，告知岳家。小孩出生第三天，为"三朝"，男方家里做"三朝酒"，岳家及亲朋好友都前来恭贺。岳家送来婴儿用的摇窝、坐栏、衣服鞋帽及产妇需要的鸡、蛋、红糖等物，亲友则多以布料及食品为贺礼，称为"打三朝"。亦有不做"三朝酒"，改做"九朝""满月酒"的。婴儿满月后，母婴到外婆家，称为"出窝"，一般居住数日，回家时外婆家会送一些钱物给外孙。小孩满一岁时，父母或爷爷奶奶会为其做"周岁"，办周岁酒，亲朋好友前来祝贺。周岁那天，会举行"抓周"活动，即在堂屋桌上放置书、笔、算盘及尺等物，让小孩去抓，按所抓之物预测小孩未来的职业和前途。20世纪80年代后，此项习俗逐渐改变、淡化，但做"三朝"（或"九朝""满月"）酒和周岁酒的习俗仍然延续，而送礼物变成了送红包、上礼簿。

五、寿诞

区内男女老少，都习惯在阴历生日那天做几个好菜，家人或亲朋好友聚集一起，庆贺一番。过整寿更是广请亲朋，举办酒宴。不过有个习俗，是男不做三十，女不做四十，还有"七（七十）做八（八十）不做"之说。人们特别注重三十六岁和六十岁的寿诞，必隆重庆贺。有"三十六岁为劫难之年"之说，所谓"人人有个三十六，喜的喜来忧的忧"，届时设宴请客冲喜，以避劫难；六十岁乃花甲之年，高寿之梯，自当摆酒庆贺。庆贺寿诞，习惯男做"进"（虚岁）、女做"满"（周岁）。

六、丧葬

20世纪50年代至60年代前期，民间丧葬沿袭旧社会的习俗，请道士做道场以超度亡灵，一般持续三天时间，亦有持续七天甚至四十九天的。送葬时，由道士开路，死者晚辈长子（女）捧灵，其后按亲疏依次披麻戴孝走在灵柩前面。抬灵柩者称为"金刚师"，亦称"殡夫"；凡抬殡者停放灵柩休息，孝子们下跪，主孝给"殡夫"们磕头。出葬途中，沿途住户燃放鞭炮给亡者送行，孝家派孝子磕头致谢。21世纪20年代区实行殡葬改革，推行火化，开追悼会，但做道场的习俗还依然存在。20世纪50年代至70年代，谁家有人去世，亲朋和邻里会送上一段布料（称为"祭幛"）以示悼念，80年代后大多改送礼金。出殡当日，丧家会办酒筵，答谢前来帮办丧事和吊唁的亲友邻里，称"吃烂肉"。

七、搬迁

20世纪80年代前，农场职工乔迁新居，一般只对参与帮忙的亲邻友好，以简便饭菜烟酒加以招待。20世纪80年代后，单位营建新屋落成，职工建房、购房、搬迁等都要送礼祝贺，称"贺新"。往贺者鸣放鞭炮、送上礼金；被贺者大摆宴席，款待宾客。2000年后，此习俗逐渐淡化。

八、阴历节日

正月初一是春节，各家各户在凌晨争先恐后燃放鞭炮，拜天地，祭祖宗，"开财门"。部分人家赶早吃年饭，边吃边等天亮，以示新的一年越过越亮堂。正月里拜年流行"初一崽（子孙辈向自家长辈拜年）、初二郎（女婿率妻儿到岳家拜年）、初三初四拜团方（邻里间互相拜年）"。正月初五一般不走亲戚，认为不吉利。初六起到正月十五，亲朋好友相互接客宴请，称为"接春客"。春节期间，一些群众会自发组织耍龙灯、打地花鼓，走家串户送喜送财神，主家以鞭炮迎接并赠送红包。

正月十五元宵节，一家老少聚集一堂，吃元宵庆贺；玩龙灯的挨家挨户"圆灯"；晚上燃放烟花鞭炮，直至深夜，标志着"过年"结束。20世纪60—70年代，还流行在元宵这天点火把焚烧田间稻草，俗称"赶猫狗"，除草灭虫企盼丰收。

阴历三月清明节，各家各户在"前三（节前三天）后四（节后四天）"祭祖扫墓，在坟墓之上挂彩幡彩球（又称"挂山"）烧香焚冥币，燃放鞭炮，祭奠亡灵。

三月三，人称"踏青节"，一些中青年喜欢邀上三五好友，踏青游春，野炊欢聚。人们采地菜、煮鸡蛋，吃蛋喝汤，传说可消病健体。还有吃"蒿子粑粑"的，曰"踏蛇眼"，传说可免遭蛇咬。

五月初五端午节，各家各户在正门旁挂菖蒲、艾蒿，用以驱邪；包粽子、吃麻花、喝雄黄酒。女婿率妻儿去给岳家拜节。

六月六，又称"天贶"节，当地人素有"六月六，晒红绿"之俗，意即在这天太阳晒过的衣物可以防霉防蠹。区内妇女至今仍沿袭此俗，在当天将衣物被褥拿出翻晒。部分中青年男性流行"六月六，吃狗肉"，以祈强身健体，一直相沿无变。

七月十五中元节，俗称"鬼节"，节前几天，各家各户至亲相聚，摆桌酒席，祭奠亡者；傍晚时分，将纸钱（冥币）装包，分别写上亡者名字后焚烧，称"烧包"，吃"烧包饭"。

八月十五中秋节，是家人团聚之日，合家老小欢聚一堂，吃酒席、月饼。亲友间互赠月饼，祝贺团圆。还流行用糯米做粑粑招待来客。

阴历年的最后一天是除夕，大年三十之前，从腊月二十四（俗称"小年"）开始，各家各户忙碌起来，打扫卫生，准备年货，用糯米煮熟打糍粑。除夕日，家家户户贴春联、挂灯笼，全家老小吃团年饭，然后聚在一起，围炉烤火，谈笑玩耍至深夜转钟，称作"守岁"。户主或长辈给家人、晚辈发"压岁钱"。20世纪80年代起，人们生活富裕起来，会在零时新旧年交替之际，燃放烟花鞭炮，送旧迎新。电视普及后，观看中央电视台春节联欢晚会成为守岁的主要内容。

九、方言

区内方言以南县、沅江土籍方言为主体，客籍方言按照人口源流和人口多少，依次有益阳、湘乡、宁乡、湘阴、安化、长沙、湘潭、株洲、衡阳、桃江、慈利、汉寿、澧县、双峰、涟源和湖北、贵州、云南、四川等地方言土语数十种。它们以音达意、千差万别。人们在与同籍人交流时一般使用原籍方言土语，与区内当地人及其他客籍人交流时，往往因语言不通多有不便。随着时间的推移，为方便交流，客籍人慢慢学习南县、沅江语言，大都能操上一口流利的带有各自乡音的南县或沅江话。

第二节　地名缘由

大通湖　据《南县地方志》记载：大通湖为洞庭湖的心脏，系洞庭湖淤积分割而成。清咸丰年间，藕池溃口，泥沙淤积，洞庭湖迅速缩小。光绪年间，赤磊洪道冲积扇与藕池河东支冲积扇合围，使大通湖从东洞庭湖分离出来，当时湖面大到320多平方千米，东通东洞庭湖，南连南洞庭湖，西注目平湖，北纳藕池水，四通八达，故名大通湖。

河坝　又名三吉河坝。1950年春，湖南省政府围修大通湖蓄洪垦殖区时，将湖子口河西支建坝堵塞，因坝址位于三才垸与吉星垸之间，故取两垸名之首字，称之为三吉河坝。后周边居民陆续迁居于此，形成集镇，河坝成为地名。

芸洲子　位于河坝镇。20世纪初，此处形成湖滩荒洲。1920年，湖南省主席何键占有此洲并招佃收租，因何健字芸樵，故称芸洲子。原隶大通湖特区三吉河乡，今为河坝镇芸洲子村。

沙堡洲　位于河坝镇。1880年前后，藕池河东支之水夹带泥沙，经湖子口河在此淤积成沙洲，呈方矩形，伸入湖内，若似城堡，故称沙堡洲。系大通湖渔场驻地，现为河坝镇红旗社区。

三才垸　位于河坝镇。1940 年修建，取"天、地、人"三才之意而命名。现大部分为河坝中心城区。

河心洲　位于河坝镇。20 世纪 20 年代初形成，时湖子口河流经此地分成南北二水，中夹湖洲，人称河心洲。现为河坝镇河心洲村。

金盆　位于大通湖南部、隆庆河以北，地势甚低，形状如盆，土壤肥沃，物产较多，故原名金盆北洲。1924 年为湘阴祝姓所占，建祝家局。1950 年划属大通湖蓄洪垦殖区。后地域拓展，辖金盆北洲、增福、南京湖、有庆、玉成六垸，1962 年底建省属国营农场时，以金盆命名。

千山红　镇内有三垸（种福垸、民和垸、利厚垸）、二洲（中洲、西洲）、八湖（东风湖、大莲湖、小莲湖、余亩湖、厚南湖、长泊湖、三角湖、蒿草湖）。1949 年前，堤垸常溃，洪水泛滥，垦地复成湖洲，泓沟纵横，渔樵洲民称之"青山泓"，后取其谐音"千山红"定名。又曰辖区内湖泊水面众多，长满莲荷，夏秋之季，荷花盛开，俯瞰如千山红遍，故名。1952 年湖南省第一监管农场依"青山泓"之谐音和千山红遍之景观，取名为千山红监管农场。此后"千山红"之名一直沿用。1959 年建立千山红农场，2000 年 9 月改制为大通湖区千山红镇。

附　录

中国农垦农场志丛

大通湖区英模录

一、革命烈士

姓名	性别	牺牲时间	牺牲事由	追授部门	所属单位
吴运芝	男	1951.7	抗美援朝	志愿军司令部	千山红农场
曾岳云	男	1953.3	抗美援朝	志愿军司令部	千山红农场
唐春生	男	1978.7.5	军事训练	中央军委	千山红农场
杨义兵	男	1979.3	对越自卫反击战	中央军委	千山红农场

二、立功人员（军人）

姓名	性别	职业	立功等级	立功时间	授功部门	所在单位
付畅龙	男	军人	二等功	1950	中国人民解放军陆军部队	大通湖农场
唐春生	男	军人	二等功	1978.7	中央军委	千山红农场
向 平	男	军人	一等功	2015	新疆武警总队	千山红镇种福村
曹建彪	男	军人	二等功	2013	沈阳军区空军部队	河坝镇河心洲村
曹建彪	男	军人	二等功	2015	沈阳军区空军部队	河坝镇河心洲村
代 维	男	军人	二等功	2013	南京军区政治部	河坝镇银河社区

三、劳动模范（省级以上）

级别	姓名	性别	授予部门	授予时间	所在单位	备注
国家级	马海义	男	农业部	1956	大通湖农场	
	邓春作	男	农业部	1959	千山红农场	
	曹友余	男	农垦部	1978	金盆农场	
	杨肯牧	男	农牧渔业部	1982	千山红农场	

（续）

级别	姓名	性别	授予部门	授予时间	所在单位	备注
国家级	杨正泉	男	农牧渔业部	1985	北洲子农场	
	李序浏	男	教育部	1985	千山红农场	
	张胜云	男	农业部	1988	北洲子农场	
	林伏生	男	农业部	1989	金盆农场	
	樊玉英	女	农业部	1989	金盆农场	
	黄长庚	男	农业部	1989	千山红农场	
	孙群珍	女	农业部	1990	千山红农场	
	余松泉	男	农业部	1995	大通湖农场	
	杜玮	男	国务院总政	1998	千山红农场	
	杜玮	男	全国总工会	1999	千山红农场	全国"五一"劳动奖章
	彭锦辉	男	国务院	2010	河坝镇	
	周明德	男	人社部	2017	区人社局	
省级	苏大贤	男	省人委	1952	大通湖农场	
	周凤鸣	男	省人委	1952	大通湖农场	
	沈霞生	男	省人委	1952	大通湖农场	
	王庭发	男	省人委	1952	大通湖农场	
	钱丙生	男	省人委	1952	大通湖农场	
	孟羽常	男	省人委	1952	大通湖农场	
	袁国华	男	省人委	1952	大通湖农场	
	段传迪	男	省人委	1952	大通湖农场	
	杨桂生	男	省人委	1952	大通湖农场	
	李庆云	男	省人委	1952	大通湖农场	
	李子香	男	省人委	1952	大通湖农场	
	龚道正	男	省人委	1952	大通湖农场	
	姚桂生	男	省人委	1952	大通湖农场	
	赖建保	男	省人委	1952	大通湖农场	
	王世道	男	省人委	1952	大通湖农场	
	聂沛然	男	省人委	1952	千山红农场	
	蔡以均	男	省人委	1956	大通湖农场	
	莫佳元	男	省人委	1956	大通湖农场	
	熊梦飞	男	省人委	1956	大通湖农场	
	黄兴业	男	省人委	1956	大通湖农场	
	钟三槐	男	省人委	1956	大通湖农场	
	万邦孝	男	省人委	1956	北洲子农场	
	李来春	男	省人委	1956	金盆农场	
	胡继光	男	省人委	1958	大通湖农场	
	彭忠恕	男	省人委	1958	大通湖农场	
	冯南桥	男	省人委	1958	大通湖农场	

（续）

级别	姓名	性别	授予部门	授予时间	所在单位	备注
省级	刘沽	男	省人委	1958	大通湖农场	
	史太山	男	省人委	1958	大通湖农场	
	陈迪谦	男	省人委	1958	大通湖农场	
	钟桂生	男	省人委	1958	北洲子农场	
	曹运甫	男	省人委	1958	金盆农场	
	杨双湘	男	省人委	1959	大通湖农场	
	邵志明	男	省人委	1959	大通湖农场	
	彭涤昆	男	省人委	1959	大通湖农场	
	徐光武	男	省人委	1959	北洲子农场	
	张祥吾	男	省人委	1959	金盆农场	
	彭冬生	男	省人委	1959	千山红农场	
	杨名声	男	省人委	1959	千山红农场	
	刘光政	男	省人委	1959	千山红农场	
	邓春作	男	省政府	1961	千山红农场	
	韩湘媛	女	省政府	1964	大通湖农场	
	李菊红	女	省革委	1978	千山红农场	
	周大志	男	省政府	1979	大通湖农场	
	曹友余	男	省政府	1980	金盆农场	
	王伏林	男	省政府	1980	金盆农场	
	单德纯	女	省政府	1982	大通湖农场	
	陈安球	男	省政府	1982	千山红农场	
	刘铭贵	男	省政府	1987	金盆农场	
	余松泉	男	省政府	1988	大通湖农场	
	欧阳秋高	男	省政府	1988	大通湖农场	
	肖正苏	男	省政府	1988	北洲子农场	
	谭资源	女	省政府	1995	千山红农场	
	李亭	男	省政府	1995	千山红农场	
	唐鸿翔	男	省政府	1996	千山红农场	
	杜玮	男	省政府	1998	千山红农场	
	阳利民	女	省政府	2000	河坝镇	
	彭锦辉	男	省政府	2005	河坝镇	
	樊富强	男	省政府	2010	河坝镇	
	邱国清	男	省政府	2015	河坝镇	
	杨志成	男	省政府	2000	千山红镇	
	熊姣军	女	省政府	2020	千山红镇	

后记

湖南大通湖区(农场)志

HUNAN DATONGHU QU(NONGCHANG) ZHI

《中国农垦农场志丛·湖南大通湖区(农场)志》是中华人民共和国成立后由农业农村部统一部署的农场修志的一大成果，是大通湖区一项重要的文化建设工程。

大通湖区委、区管委会对这项工作十分重视，于2020年10月下发工作方案，成立编纂工作领导小组和编纂委员会，组建编辑部，聘请3位资深老同志负责区志编纂。当月召开修志动员大会，举办撰稿人员培训班，启动编纂工作。拟定志书编目后，全区38个承编单位均明确1～2名采编人员根据篇目分工，按照"广征博采、考证核准、甄别提炼、精编严审、力求精品"的编纂要求，搜集编写资料，对年代久远的资料进行抢救式挖掘。各部门、各单位为完成志书资料编写作出了艰辛的努力。

2021年6月开始志书编纂，2022年3月进行统稿，6月完成统稿总纂，编纂组先后进行四轮改稿、核稿，在全区各单位广泛征求意见，之后撰写序言、概述、大事记，收录劳模名录等。在吸纳意见修改后完成自审，送中国农垦农场志丛编纂委员会进行"三审三校"，按照审稿意见反复修改完善，形成终审稿，经中国农垦农场志丛编纂委员会验收批准正式出版发行。

《中国农垦农场志丛·湖南大通湖区(农场)志》正本时限为1950—2020年，全书分为15篇64章210节，约88万字。重点反映农场特点和时代特色，再现农垦 70 年政治、经济与社会发展的历史轨迹；在对重要资料分列类目、摘选汇编时，既注重几个场志的整合载录和承接，又使建区后的续志更详尽且具有独立性。彩图多用档案部门、新闻媒体收录的照片，经专业人士审定。本志表格较多，且随文走，使人有寓繁于简、文约事丰之感，是为一大特色，但因数据较多且部分年份缺失，难以取舍和审核，这是编纂颇费周详的地方。幸最后实现了数据统一，以便对照。

本志的篇目编排、统稿、送审稿的修改由总纂陈新元负责，同时负责编纂概述、第一编 1～4 章、第二编第 1 章、第三编 1～6 章、第四编 1～2 章、第五编 1～6 章、第十编第 5 章、第十二编 1～5 章；文知平负责编纂第二编 2～7 章、第六编 1～4 章、第七编 1～4 章、第八编 1～3 章、第九编 1～3 章，第十一编 1～6 章和大事记；李振华负责编纂第十编 1～4 章、第十三编 1～3 章、第十四编 1～4 章、第十五编 1～2 章及附录；戴丽华负责部分附录和大事记的编撰及志稿的审校，徐钢负责彩版照片的收集组编。姜利文、余政良、李建良、黄国权等熟悉农垦史的领导和退休老同志对志书认真审读，提出了宝贵的意见。本书的编纂同时得到大通湖区社会各界人士的关心支持。

中共大通湖区委、区管委会高度重视志书的编纂出版，在人财物诸方面给予充分保障。区领导审读志稿，提出了中肯的修改意见。在编纂过程中，特别得到了农业农村部农垦局、中国农业出版社、湖南省农垦工作站、省市地方志编纂部门领导的深情关爱和鼎力支持，省市地方志编纂部门的领导和专家亲临大通湖指导，使主修人员备受鼓舞，在较短时间内完成了这一鸿篇巨制。在此，谨对农业农村部、中国农业出版社、省农垦工作站和省市地方志编纂部门的领导和同志们表示衷心感谢！

"一卷书成留千古，何计辛劳与短长"。修志是一项开创性的工作，没有可依的蓝本。《中国农垦农场志丛·湖南大通湖区（农场）志》的编纂，本着"学为实事，文非空言"的原则，分工合作，历时三载余，编纂人员废寝忘食，数易其稿，终于付梓。但由于志书时间跨度长，涉及内容广，且资料不够齐全，编者水平有限，错误、遗漏和不确切之处在所难免，敬请各级领导和各界人士批评指正，以供续志者补充、订正。

湖南大通湖区（农场）志编纂委员会

2022 年 12 月

中国农垦农场志